Aufmaß und Diskurs

Astrid Lang und Julian Jachmann (Hg.)

Aufmaß und Diskurs

Festschrift für Norbert Nußbaum zum 60. Geburtstag

Lukas Verlag

Umschlaggestaltung unter Verwendung einer Schadenskartierung (Ausschnitt) der Ringmauer von Schloss Broich (Mülheim an der Ruhr) und mit freundlicher Genehmigung von
- Forschung am Bau GbR, Köln
- Kunsthistorisches Institut der Universität zu Köln, Abt. Architekturgeschichte
- Mülheimer Stadtmarketing und Tourismus GmbH (MST)

Die Publikation wurde durch die Fritz Thyssen Stiftung gefördert.

© by Lukas Verlag
Erstausgabe, 1. Auflage 2013
Alle Rechte vorbehalten

Lukas Verlag für Kunst- und Geistesgeschichte
Kollwitzstraße 57
D–10405 Berlin
www.lukasverlag.com

Umschlag: Claudia Deckers
Foto Norbert Nußbaum: Sabine Lepsky
Reprographie und Satz: Susanne Werner
Druck: Elbe Druckerei Wittenberg

Printed in Germany
ISBN 978–3–86732–170–9

Inhalt

Vorwort	7
Zwischen Intuition und Messgenauigkeit Auf der Suche nach dem rechten Maß der Aachener Pfalzkapelle ULRIKE HECKNER	11
Die Emporen der Pfarrkirche St. Johannes Baptist in Nideggen Einmalig im Rheinland UDO MAINZER	26
Die Rundpfeiler des Altenberger Domes Ein terminologisches Problem GÜNTHER BINDING	44
Ground Plan Geometries in Suger's St-Denis A Prototype for Altenberg ROBERT BORK	57
Das Tal der Dhünn am Altenberger Dom ELKE JANSSEN-SCHNABEL	71
Zeugnisse der Glasrestaurierungen Alexander Linnemanns in der Kirche der ehemaligen Zisterzienserabtei Altenberg CATRIN RIQUIER	87
Mediale Räume des Herrschers SUSANNE WITTEKIND	100
Die Architekturmodelle am Dreikönigenschrein BARBARA SCHOCK-WERNER	119
Eine osmanische Bastion von Negroponte im Wittenberg des 16. Jahrhunderts Reflexionsfigur frühneuzeitlicher Architekturzeichnungsforschung SEBASTIAN FITZNER	135
Baumeister von Adel Ulrich Pesnitzer und Hans Jakob von Ettlingen als Vertreter einer neuartigen Berufskonstellation im späten 15. Jahrhundert STEPHAN HOPPE	151
Demonstration avantgardistischer Architektur ›à la mode françoise‹ an der SS. Trinità dei Monti in Rom HUBERTUS GÜNTHER	187

Hierarchie, Repräsentation und Inszenierung 212
Die sozialen Topographien des frühneuzeitlichen Kirchen- und Theaterraums in England
Astrid Lang

Sans en ôter le coup-d'œil amusant 233
Ästhetische und konstruktive Überlegungen zur Benrather Maison de Plaisance
Sabine Lepsky

Architektur und Farbigkeit 245
Ulrich Stevens

Paradoxien der Konstruktionsgeschichtsschreibung und die Bauforschung 259
Eine kurze Untersuchung am Schabolovskaya Sendeturm in Moskau
Uta Hassler und Ekaterina Nozhova

Direktiven für die Direktion? 276
Das unterschätzte Untergeschoss der Neuen Nationalgalerie von Ludwig Mies van der Rohe
Britta Bommert

Das Mallinckroth-Gymnasium in Dortmund 295
Ein Beitrag zur Nachhaltigkeit im Schulbau
Sonja Schöttler

Geschichte und Theorie der Architektur als Herausforderung 310
Wolfgang Sonne

Ballard und Koolhaas 318
Eine retroaktive Autopsie der Moderne
Claudia Deckers und Julian Jachmann

Mapping the Studio 341
Zur Vermaßung kreativer Räume
Ursula Frohne

Raum-Konfigurationen im Werk von Dan Graham 358
Stefanie Lieb

Zwischen Bild und Modell 371
Ein Versuch zum epistemischen Potential Geographischer Informationssysteme (GIS) aus kunsthistorischer Perspektive
Alexander Kobe

Schriftenverzeichnis 391

Vorwort

Aufmaß und Diskurs? Von diesem knapp formulierten Begriffspaar aus entfaltet sich in mehreren Ebenen das wissenschaftliche Selbstverständnis von Norbert Nußbaum. Das dialektische Spannungsverhältnis einer Dichotomie steht dabei nur am Anfang, obwohl es aus der Perspektive des wissenschaftlichen Diskurses bereits eine zentrale Position einzunehmen scheint. Seit Jahrzehnten kämpft die Architekturgeschichte mit dem Problem, die ebenso anspruchsvollen wie spezialistischen technischen und archäologischen Aspekte der Materialsicherung mit dem seit der Postmoderne immer facettenreicher werdenden akademischen Methodendiskurs zusammenzuführen; zwischen den Forderungen, weder auf die Evidenz der materiellen Überlieferung noch auf die Reflexionsebenen und Innovationen aktuellster Methodologie verzichten zu dürfen, kann sich die historische Analyse von Baukunst häufig nur noch mit dem Bescheidenheitstopos eines Scheiterns auf hohem Niveau rechtfertigen.

Der Jubilar hat sich nie gescheut, gerade derartige Verwerfungszonen zum Thema zu machen oder, präziser formuliert, in eine reflektierte Praxis einzubetten. Die Materialsicherung, das messende, zeichnende, beobachtende Arbeiten vor Ort und die Rezeption und kritische Weiterentwicklung von Methoden und Geschichtsmodellen stellen für ihn keine isolierten Strategien dar, sondern können vielmehr nur gemeinsam die Basis für eine erschöpfende wissenschaftliche Analyse bilden. Die Leichtigkeit, mit der ihm die Sprünge vom Baugerüst in den Hörsaal und zurück gelingen, täuscht allerdings oft über die Tatsache hinweg, wie mutig hier interdisziplinäres Neuland betreten wird.

Resultate des beschriebenen methodischen Brückenschlags sind Projekte wie etwa der Kölner Stadtschichtenatlas, ein geographisches Informationssystem, das Daten und Praktiken unterschiedlicher wissenschaftlicher Disziplinen aufnehmen und auf Planmaterial von Archäologie und Urbanistik projizieren kann. Viel wichtiger scheint uns jedoch die kommunikative und reflektierende Praxis, die Norbert Nußbaum entwickelt hat und auf eingängige, unprätentiöse Art und Weise in der Lehre vermittelt. Charakteristisch ist dabei die bewusst kompromisslose Art, Befunde und Techniken unmittelbar und rücksichtslos zur Debatte zu stellen, von der Nahsicht der messenden und beobachtenden Detailarbeit jederzeit zurücktreten zu können, um über den Kontext und die Berechtigung der eigenen Prämissen und Schwerpunkte zu debattieren. Besonders wirksam ist dabei eine scheinbar einfache Sprachlichkeit, die darauf angelegt ist, das einzelne Problem jederzeit in unterschiedlichen Dimensionen entfalten und weiterentwickeln zu können – auch diesem provokant lakonischen Duktus soll der Titel dieses Buches gerecht werden.

In diesem Zusammenhang gilt unser besonderer Dank drei Institutionen, die für Norbert Nußbaum sehr wichtig sind und welche diese Publikation durch eine großzügige Förderung ermöglicht haben, der Fritz Thyssen Stiftung, der Deutschen Stiftung Denkmalschutz und dem Altenberger Dom-Verein. Auch für die Hilfe der Mitarbeiter der Abteilung Architekturgeschichte des Kunsthistorischen Institutes der Universität zu Köln bedanken wir uns an dieser Stelle herzlich, ebenso für die freundliche und professionelle Umsetzung des Vorhabens durch den Lukas Verlag für Kunst und Geistesgeschichte.

Köln, Januar 2013, Julian Jachmann und Astrid Lang

Zwischen Intuition und Messgenauigkeit

Auf der Suche nach dem rechten Maß der Aachener Pfalzkapelle

Ulrike Heckner

Als eine der frühen Baumonographien des Aachener Münsters erschien 1818 die »Archäologische Beschreibung der Münster- oder Krönungskirche in Aachen« von Ferdinand Nolten (1768–1847). Der Autor stellt sich selbst vor als »königlich preußischer Bezirks=Einnehmer in Aachen«, war also ein Angehöriger der preußischen Finanzbehörde. Gleich zu Anfang beginnt er das Kapitel »Das Innere« mit den Worten: »Die Kirche ist ein Oktogon von etwa 48 Fuß (*) Durchmesser […].«[1] Das Sternchen verweist auf eine Fußnote unten auf der Seite: »(*) Genau Meter 14,46.« Nolten verwendet das ihm geläufige Fußmaß noch ganz selbstverständlich. Es ist vielmehr bemerkenswert, dass er zusätzlich auch die neue metrische Maßeinheit ergänzt, die 1793 durch den Pariser Nationalkonvent festgelegt und 1795 durch das Pariser Urmeter fixiert wurde. Erst 1868 übernahm Preußen zusammen mit dem norddeutschen Bund das metrische System. Es ist aufschlussreich, dass Nolten mit dem Fußmaß offensichtlich per se eine gewisse Ungenauigkeit verbindet, was die Formulierung »etwa 48 Fuß« zum Ausdruck bringt, während er die Meterangabe präzise bis auf zwei Stellen hinter dem Komma erfasst. Der von ihm angegebene Innendurchmesser des Oktogons von 14,46 m stimmt im Übrigen nahezu auf den Zentimeter mit dem Ergebnis der aktuellen Vermessung überein.[2] Eine genaue Umrechnung von Fuß in Meter interessiert Nolten nicht weiter, ebenso wenig die weiteren Maßverhältnisse der Kirche. Dennoch trifft er mit »etwa 48 Fuß« schon ziemlich genau das Maß des Oktogons (im Duodezimalsystem!).

Die Maßverhältnisse der Aachener Pfalzkapelle haben die architekturgeschichtliche Forschung seit dem frühen 19. Jahrhundert immer wieder beschäftigt. Lange bevor verlässliche Bauaufnahmen vorhanden waren, wurde das Bauwerk als perfekte Architektur wahrgenommen und seine ausgewogenen Proportionen intuitiv erfasst; nur so sind der ungebrochene Eifer und die vielen unterschiedlichen Modellvorschläge auf der Suche nach dem »rechten Maß« der Pfalzkapelle zu erklären. Bei alledem

---

1 Ferdinand Nolten: Archäologische Beschreibung der Münster- oder Krönungskirche in Aachen, mit einem Versuch über die Lage des Pallastes Karls d. Gr. daselbst, Aachen 1818 (ohne Paginierung). – Zur Biographie von Ferdinand Nolten: J. Becker: Ferdinand Nolten, in: Zeitschrift des Aachener Geschichtsvereins 8, 1886, S. 256–266.
2 Im Erdgeschoss beträgt der Innendurchmesser des Oktogons 14,39 m, am Tambour 14,47 m, gemessen jeweils in Nord-Süd-Richtung. Das Maß des Erdgeschosses wird heute durch die Marmorverkleidung der Pfeiler (die 1818 noch nicht vorhanden war) etwas reduziert. Als »Durchmesser« wird auch im Folgenden immer das Maß zwischen zwei Polygonseiten bezeichnet (im Unterschied zur Diagonale zwischen zwei Ecken).

wurde das Fehlen von genauen Bauplänen immer wieder beklagt und stellte eine erhebliche Fehlerquelle dar. Erst eine von der Aachener Dombauleitung beauftragte Neuvermessung, die in zwei Kampagnen durch die RWTH Aachen, Geodätisches Institut, und die Gesellschaft für Bildverarbeitung, Vermessung und Dokumentation (gbvd) in Müllheim vorgenommen und in einigen Bereichen durch die Vermessung des LVR-Amtes für Denkmalpflege im Rheinland ergänzt wurde, lieferte exakte Plangrundlagen, deren Messgenauigkeit bei etwa +/- 1 cm liegt. Diese Pläne waren nicht nur bei der jüngsten Sanierung des karolingischen Kernbaus eine unverzichtbare Grundlage, sondern führten auch zu neuen Erkenntnissen über Geometrie und Maß der Pfalzkapelle.[3] Der folgende Überblick über die Forschungsgeschichte zu den Maßverhältnissen der Aachener Pfalzkapelle kann angesichts der weitgestreuten Literatur keine Vollständigkeit beanspruchen, sondern will einige wichtige Stationen aufzeigen, seit Hofrat Nolten 1818 die ersten Maße veröffentlichte.

Am Anfang steht der »Bericht über die baulichen Alterthümer des Aachener Domes« (um 1843) von Cornelius Peter Bock (1804–70), einem aus Aachen stammenden Archäologen, Kunsthistoriker und Universitätsprofessor. Das handschriftliche Original befindet sich in der Stadtbibliothek Aachen (Ms. 310), eine von Ernst Stephany angefertigte maschinenschriftliche Abschrift (nach der im Folgenden zitiert wird) im Domarchiv.[4] Auf der Basis einiger von »Hofrat Nolten« mitgeteilten Messwerte versucht Bock, das genaue Fußmaß der karolingischen Pfalzkapelle zu berechnen. Die 1816 erschienene Untersuchung zu Längen- und Flächenmaßen in der Antike von L. Ideler dient ihm dabei als Quelle für historische Fußmaße.[5] Den »altrömischen« Fuß (kapitolinischer Fuß, »pes monetalis«, laut Ideler 29,55 cm) scheidet Bock wegen fehlender Übereinstimmungen aus und erwägt stattdessen den um ein Achtel größeren »pes drusianus«, der nach den Angaben des römischen Agrimensors Hyginus in Niedergermanien üblich war.[6] Bock folgert, dass der drusianische Fuß möglicherweise auch in karolingischer Zeit noch gebräuchlich gewesen sei und findet seine Anwendung

---

3   Ulrike Heckner: Der Tempel Salomos in Aachen – Datierung und geometrischer Entwurf der karolingischen Pfalzkapelle, in: Die karolingische Pfalzkapelle in Aachen, Bauforschung – Bautechnik – Restaurierung (= Arbeitsheft der Rheinischen Denkmalpflege 78), Worms 2012, S. 25–62, hier bes. S. 43–62 [im Folgenden zitiert als HECKNER 2012A]. – Zur Sanierung: Helmut Maintz: Die Sanierung des karolingischen Mauerwerks. Bericht des Dombaumeisters über die Maßnahmen 2000–2004, in: ebd., S. 73–116. – Kurzfassung zur Geometrie der Pfalzkapelle: Ulrike Heckner: Die perfekte Geometrie der Pfalzkapelle Karls des Großen, in: Denkmalpflege im Rheinland 29, 2012, S. 85–87 [im Folgenden zitiert als HECKNER 2012B].

4   Cornelius Peter Bock: Bericht über die baulichen Alterthümer des Aachener Domes, abgestattet Sr. Hochwürden Herrn Dr. Claessen, Probst des Kollegiat Stiftes, um 1843, maschinenschriftliche Abschrift, Domarchiv Aachen, S. 40–46 (zu den Maßen des karolingischen Baus). Dr. Anton Gottfried Claessen war 1840–44 Propst in Aachen. Zu Cornelius Peter Bock: Alfred von Reumont: Cornel Peter Bock, in: Zeitschrift des Aachener Geschichtsvereins 5, 1883, S. 157–190.

5   L. Ideler: Über die Längen- und Flächenmaße der Alten, in: Abhandlungen der königlichen Akademie der Wissenschaften in Berlin aus den Jahren 1812–1813, Berlin 1816, S. 121–200.

6   »Item dicitur in Germania in Tungris pes Drusianus, qui habet monetalem pedem et sescunciam.« Zitat laut IDELER 1816 (wie Anm. 5), S. 162. – Siehe auch: Carolus Thulin (Hg.): Corpus agrimensorum romanorum, Leipzig 1913, S. 86. – Paul von Naredi-Rainer: Architektur und Harmonie. Zahl, Maß und Proportion in der abendländischen Baukunst, Köln 1982, S. 112.

beim Bau der Pfalzkapelle bestätigt. Zentraler Ausgangspunkt ist für ihn die innere Breite einer Oktogonseite, die »nach Herrn Nolten's Vermessung« 5,99 m beträgt, was Bock mit 18 Fuß gleichsetzt.[7] Daraus errechnet er ein Fußmaß von 33,27 cm. Sein besonderes Augenmerk gilt dabei der inneren Abwicklung des Oktogons, die demnach 144 Fuß ergeben würde, was er auf die Beschreibung des Himmlischen Jerusalems in der Apokalypse bezieht. Bock führt aus, »daß die Anwendung des von mir angenommenen Fußmasses bei allen bekannt gewordenen Längen einzelner Teile der Kirche runde Zahlen gibt, deren Wahl sich nach den Ansichten, welchen die Baukunst des Zeitalters huldigte, gar wohl rechtfertigen läßt.«[8] Er setzt 50 drusianische Fuß à 33,27 cm für den Außendurchmesser des Oktogons, 25 Fuß für den Umgang (inkl. Außenmauer) und 100 Fuß für den Außendurchmesser des Sechzehnecks an. Die Gesamtlänge der Kirche (»bis zum Scheitelpunkt des ursprünglichen Chores«) veranschlagt er mit 144 Fuß. Zur Höhe schreibt er: »Eine mir zugekommene Notiz gibt die Höhe der Aachner Kirche auf 106 Aachener Fuß. Es wird nicht überraschen, wenn eine künftige Vermessung eine völlige Übereinstimmung zwischen der Höhe und der Breite des Gebäudes nachweisen wird.«[9] Bock ist sich also der Unzulänglichkeit seiner eigenen Maßgrundlagen durchaus bewusst und schließt mit einem Appell: »Zu dieser Forschung ist die genaueste Kenntnis aller Dimensionen unentbehrlich; ich mache gerne auf den vielfachen Nutzen aufmerksam, den eine den Zwecken der Wissenschaft gewidmete Vermessung der Kirche gewähren wird.«[10]

Welchen Bestand die Maße und Angaben Bocks aus heutiger Sicht haben, lässt sich angesichts der Neuvermessung recht genau beziffern. Der innere Umfang des Oktogons sowie die Gesamtlänge der Kirche sollten nach Bocks Rechnung 144 drusianische Fuß oder 47,91 m betragen. Die aktuelle Vermessung im Erdgeschoss ergibt als inneren Umfang des Oktogons 47,69 m, allerdings ist hier die 1913 angebrachte Marmorverkleidung der Pfeiler zu berücksichtigen, die den Umfang etwas verkleinert. Die Gesamtlänge der Kirche ist eindeutig zu groß angegeben. Nach den neuen Zeichnungen (mit rekonstruiertem Rechteckchor auf der Grundlage des Grabungsplans von Erich Schmidt, 1914[11]) beläuft sie sich auf 46,43 m. Bock und andere Forscher beziehen sich immer wieder auf die Außenmaße von Oktogon und Sechzehneck. Diese betragen nach der Neuvermessung:

Außendurchmesser Oktogon: 16,65 m,
Außendurchmesser Sechzehneck: 32,96 cm,
äußere Höhe der Kuppel des Zentralbaus: 31,50 m.[12]

---

7   Bock, um 1843 (wie Anm. 4), S. 41. Die Länge einer Oktogonseite errechnet Bock vermutlich aus dem von Nolten angegebenen Durchmesser nach der Formel: 14,46 m : (1 + √2) = 5,99 m. Es handelt sich also um ein berechnetes Idealmaß, nicht um ein gemessenes Maß.
8   Bock, um 1843 (wie Anm. 4), S. 41.
9   Bock, um 1843 (wie Anm. 4), S. 45.
10 Bock, um 1843 (wie Anm. 4), S. 46.
11 HECKNER 2012A (wie Anm. 3), S. 45, Abb. 11.
12 Die Durchmesser von Sechzehneck und Oktogon sind gemessen im Erdgeschossgrundriss in Nord-Süd-Richtung. In dieser Achse befinden sich keine späteren Anbauten an das Sechzehneck. Beim

Der Bock'sche Wert für den Außendurchmesser des Oktogons mit 50 drusianischen Fuß oder 16,63 m stimmt also recht genau mit der Neuvermessung überein. Deutlich zu groß angegeben sind dagegen die Werte für den Außendurchmesser des Sechzehnecks (100 Fuß oder 33,27 m) und für die Höhe des Zentralbaus (106 Fuß oder 35,26 m). Beide Strecken sind ohne geodätische Vermessung tatsächlich auch nur schwer und ungenau zu ermitteln. Abgesehen von diesen Abweichungen liegt jedoch ein grundsätzlicher Widerspruch der Bock'schen Theorie darin, für das Oktogon sowohl den (inneren) Umfang als auch den (äußeren) Durchmesser als glattes Maß anzunehmen. Legt man nämlich den Durchmesser eines Polygons als glatte Maßzahl fest, so ergibt sich der Umfang zwangsläufig als irrationale und damit inkommensurable Zahl – und umgekehrt. Ein Wechsel zwischen Umfang und Durchmesser, zwischen Innen- und Außenmaßen, zwischen Duodezimal- und Dezimalsystem, wie ihn Bocks Hypothesen voraussetzen, ist also als Grundprinzip des Entwurfs wenig wahrscheinlich. Cornelius Peter Bock verband die Suche nach glatten Maßzahlen mit der Annahme, dass bestimmte Zahlen eine symbolische Bedeutung haben, eine grundlegende These, auf der auch die meisten folgenden Untersuchungen zu den Maßverhältnissen der Aachener Pfalzkapelle basieren. Unabhängig von den absoluten Maßangaben implizieren seine Beobachtungen, dass die Proportionen des Kirchenbaus in Breite, Höhe und Länge aufeinander abgestimmten Maßverhältnissen entsprechen. Diese Maßverhältnisse genau zu definieren, war seither das Anliegen vieler weiterer Forschungen. Trotz der Widersprüchlichkeit von Bocks Berechnungen und der fehlenden Passgenauigkeit seiner abgeleiteten Maße wurde der »drusianische Fuß« fortan ungefragt als Maß der Pfalzkapelle mit nur leichter Schwankungsbreite in den meisten Untersuchungen übernommen.

In den frühen Baumonographien von Carl Rhoen (1886), Karl Faymonville (1909) oder Albert Haupt (1913) spielten die Maße allerdings noch kaum eine Rolle.[13] 1934 veröffentlichte Theodor Fischer eine Proportionszeichnung zum Grundriss der Aachener Pfalzkapelle nach dem Prinzip der Quadratur, deren Bezug zum Bauwerk sich der Verfasserin nicht erschließt.[14] (Abb. 1) Mit der Frage des Fußmaßes beschäftigte sich schließlich eingehend Fritz Victor Arens in seiner Dissertation zum »Werkmaß in der Baukunst des Mittelalters« (1938). Arens vertritt ebenfalls die These, dass der von Hyginus erwähnte »pes drusianus« im frühen Mittelalter als »karolingischer Fuß« (zu 33,3 cm) verbreitet war, und überprüft dieses Maß an verschiedenen Bauwerken, darunter die Aachener Pfalzkapelle – erstaunlicherweise ohne C. P. Bock zu zitieren

---

Oktogon wurde das Maß an der Außenseite der inneren Vorlagen der Erdgeschosspfeiler genommen, da dieses üblicherweise als Außenmaß des Oktogons zugrunde gelegt wurde. Es stimmt trotz der heute an den Pfeilern vorhandenen Marmorverkleidung bis auf einen Zentimeter mit dem Außenmaß des Tambours überein (gemessen im Querschnitt im Bereich unterhalb der Fenster: 16,64 cm).

13 Carl Rhoen: Die Kapelle der karolingischen Pfalz zu Aachen, in: Zeitschrift des Aachener Geschichtsvereins 8, 1886, S. 15–99. – Karl Faymonville: Der Dom zu Aachen und seine liturgische Ausstattung vom 9. bis zum 20. Jahrhundert, München 1909. – Albrecht Haupt: Die Pfalzkapelle Kaiser Karls des Großen zu Aachen (= Monumenta Germaniae Architectonica 2), Leipzig 1913.
14 Theodor Fischer: Zwei Vorträge über Proportion, München/Berlin 1934, S. 15–17.

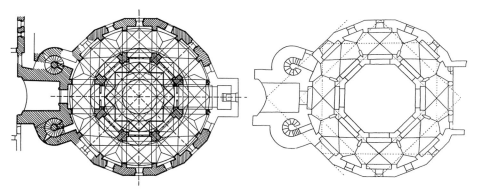

1   Grundriss der Aachener Pfalzkapelle mit Quadratur, links nach Theodor Fischer (1934), rechts nach Walter Boeckelmann (1957)

oder auch nur zu erwähnen.[15] Arens entnimmt seine zahlreichen Einzelmaße zur Pfalzkapelle den Aufmaßen von Fritz Krause, die für das 1916 erschienene Kunstdenkmälerinventar des Aachener Münsters von Karl Faymonville angefertigt wurden[16], sowie Aufmaßen von Joseph Buchkremer. Diese weichen teils mehr und teils weniger deutlich von den heutigen Vermessungsergebnissen ab, so dass die darauf basierenden Berechnungen insgesamt fehlerhaft sind. Auch Arens sucht nach runden Maßzahlen. Auf der Basis seines Fußmaßes von 33,3 cm setzt er den Außendurchmesser des Oktogons ebenfalls mit 50 Fuß, den Außendurchmesser des Sechzehnecks mit 100 Fuß und die innere Höhe der Kuppel mit 90 Fuß an, d.h. der Durchmesser des Sechzehnecks ist zu groß (34 cm), die Höhe der Kuppel dagegen 49 cm zu niedrig.

Walter Boeckelmann kommt 1957 »nach Durchprüfung und Umrechnung zahlreicher Maßangaben« (in der zugehörigen Tabelle sind 5 Maße verzeichnet) zu dem Schluss, dass das Außenmaß des Oktogons mit 50 Fuß das Modul des Entwurfs darstelle.[17] Dabei legt er unter Berufung auf Arens einen »karolingisch Fuß« von 33,29 cm zugrunde. Die Maße der Pfalzkapelle kompiliert Boeckelmann nach eigenen Angaben aus unterschiedlichen Aufmaßzeichnungen von Carl Rhoen, Erich Schmidt bis Joseph Buchkremer, summiert verschiedene Einzelmaße durch Addition und verzeichnet das Ganze in der bereits erwähnten Tabelle erstaunlicherweise als »am Ort gemessenes Maß«. Der von ihm auf diese Weise ermittelte Außendurchmesser des Oktogons weicht recht deutlich von seinem zuvor postulierten Fußmaß ab, dennoch erklärt er geradezu euphorisch: »Das sind nur […] 9 ½ cm Differenz zum Modul von 50' – ein neuer Beleg für die Sorgfalt, mit der in Aachen gebaut worden ist.«[18]

---

15 Fritz Victor Arens: Das Werkmaß in der Baukunst des Mittelalters, 8.–11. Jahrhundert, Würzburg 1938, besonders S. 34–38 und 45–49.
16 Karl Faymonville: Die Kunstdenkmäler der Stadt Aachen. Das Münster zu Aachen (= Die Kunstdenkmäler der Rheinprovinz, Bd. 10, Abt. 1), Düsseldorf 1916.
17 Walter Boeckelmann: Von den Ursprüngen der Aachener Pfalzkapelle, in: Wallraf-Richartz-Jahrbuch 29, 1957, S. 9–38, hier S. 21f.
18 BOECKELMANN 1957 (wie Anm. 17), S. 22.

Besonders deutlich zeigen sich die Abweichungen wiederum beim Außendurchmesser des Sechzehnecks. Wie schon zuvor Bock und Arens setzt auch Boeckelmann diesen mit 100 Fuß an (33 cm zu groß). Boeckelmann überträgt die 100 Fuß auch auf die »Gesamthöhe des Oktogonbaus vom Fußboden bis zur Spitze des urspr. Zeltdaches, aber ohne die urspr. bekrönende goldene Kugel«; hierin folgt er vermutlich einer Angabe von Felix Kreusch, der später dieselbe These vertritt.[19] Ein über der karolingischen Kuppel rekonstruierter hölzerner Dachstuhl muss also zum Nachweis eines zuvor postulierten Maßes herhalten – ein klassischer Zirkelschluss. Auch Boeckelmann liefert eine Proportionszeichnung des Grundrisses nach dem Prinzip der Quadratur ineinander gestellter Quadrate. (Abb. 1) Diese stellt das Oktogon durch zwei um 90° versetzte Quadrate dar, die durch eine zweifache Quadratur vergrößert werden (die zweite Quadratur ist nur im westlichen Teil angedeutet). Diese unnötige geometrische Operation verdoppelt jedoch lediglich den Durchmeß. Sie erklärt nicht die geometrische Herleitung des Sechzehnecks.

Die Gedanken von C.P. Bock, die ganz am Anfang des Exkurses über die Maßverhältnisse der karolingischen Pfalzkapelle standen, werden mehr als 100 Jahre später vom Aachener Dombaumeister Felix Kreusch wieder aufgegriffen. In seinem 1964 erschienenen Aufsatz »Das Maß des Engels« bezieht sich Kreusch ganz ausdrücklich auf Bock, indem er 144 drusianische Fuß à 33,27 cm als inneren Umfang des Oktogons annimmt und dies im Hinblick auf die biblische Beschreibung des Himmlischen Jerusalems deutet.[20] Weitere Maße der Pfalzkapelle interessieren ihn zunächst nicht. Stattdessen versucht er ausgehend von unzureichenden Plangrundlagen, die Maßeinheit 144 als Mauerumfang bei weiteren frühchristlichen Zentralbauten nachzuweisen. Ein Jahr später geht Kreusch in seiner umfangreichen Abhandlung zur Aachener Pfalzkapelle, die 1965 im Begleitband der großen Aachener Karlsausstellung erschien, erneut auf die Maße der Pfalzkapelle ein.[21] Er korrigiert das Fußmaß leicht auf 33,28 cm und wiederholt die Ansicht, dass der innere Oktogonumfang 144 Fuß betrage. Als weitere Maße setzt er – ebenso wie vor ihm Bock, Arens und Boeckelmann – für den Außendurchmesser des Oktogons 50 Fuß und für das Sechzehneck 100 Fuß an. Da Kreusch jedoch schon über eine gute Vermessung verfügt, bleibt ihm die fehlende Passgenauigkeit beim Sechzehneck nicht verborgen, dessen tatsächliche Außenbreite er mit 32,93 m sehr exakt angibt. Für die festzustellende Abweichung findet er jedoch eine Erklärung: »Hundert Fuß wären 33,28 m. Bei einer Ungenauigkeit von nur etwa ein Prozent darf man aber 100 karolingische Fuß als Absicht annehmen […] Das Maß von 32,93 m ergab sich auch bei unserer Rekonstruktion der Durchschnitte […] für die Höhe bis zur Dachspitze, und zwar ohne den vergoldeten Apfel.«[22] Auf

---

19 BOECKELMANN 1957 (wie Anm. 17), S. 22. – Felix Kreusch: Kirche, Atrium und Portikus der Aachener Pfalz, in: Wolfgang Braunfels (Hg.): Karl der Große, Lebenswerk und Nachleben, Bd. 3, Düsseldorf 1965, S. 463–533, S. 499.
20 Felix Kreusch: Das Maß des Engels, in: Vom Bauen, Bilden und Bewahren. Festschrift für Willy Weyres zur Vollendung seines 60. Lebensjahres, Köln 1964, S. 59–82.
21 KREUSCH 1965 (wie Anm. 19), S. 499–501.
22 KREUSCH 1965 (wie Anm. 19), S. 499.

die Problematik, die Höhe des Oktogons nicht bis zur Kuppel, sondern bis zu einem rekonstruierten hölzernen Dachstuhl zu messen, wurde bereits hingewiesen. Kreusch wird auch auf das Dilemma aufmerksam, dass ein innerer Umfang des Oktogons von 144 Fuß zusammen mit einem äußeren Durchmesser von 50 Fuß nur schwer zu realisieren ist. Doch auch hierfür bietet er eine Lösung an: »Die Dicke der Oktogonmauer mit etwa 105 cm war gegeben durch die Hauptmaßbeziehung des inneren Umfangs von 144' und der äußeren Breite, zwischen zwei gegenüberliegenden Oktogonfronten gemessen, von 50'. Dadurch war die Dicke der Mauer als Differenz zwischen beiden Figuren festgelegt.«[23] Die Mauerstärke des Oktogons würde sich nach dieser Theorie also als Differenz aus zwei nach unterschiedlichen Prinzipien konstruierten Maßfiguren ergeben. Dies widerspricht jeglicher Baupraxis, von den Schwierigkeiten beim Austragen eines derartig konstruierten Grundrisses auf der Baustelle ganz abgesehen. Den Wechsel von Duodezimalsystem und Dezimalsystem deutet Kreusch als »besondere Differenzierung«.

Insgesamt übernimmt Felix Kreusch den Bock'schen Ansatz in seiner ganzen Widersprüchlichkeit, für die er mühsam Erklärungen sucht und findet. Er unterlegt seine Ausführungen als Erster mit schon sehr genauen Maßzahlen, die aus einer geodätischen Vermessung der RWTH Aachen und eigenen Messungen stammen, und überprüft eine Reihe von Abmessungen nach dem von ihm im Zehntelmillimeterbereich korrigierten Fußmaß von 33,28 cm. Auch dabei stößt er jedoch auf Widersprüchlichkeiten, besonders bei den Maßen des Westbaus: »Da die genannten Fußmaße auch in keinen Kanon nach römischem Fußmaß passen und wir die Anwendung eines weiteren Fußmaßes nicht annehmen können, zeigt sich, daß noch andere Gesetze am Werke sind, und seien es ästhetische. Trotz hiernach gebotener Vorsicht bei weitgehenden Schlüssen aus dem Maßkanon, lag ein solcher aber sicher dem Bau allgemein zugrunde.«[24] Zu weiterreichenden Schlüssen kommt Kreusch dann etwas unvermittelt 1974, indem er darlegt, Karl der Große habe die Pfalzkirche im drusianischen Fuß (33,28 cm), die Palastaula im kapitolinischen Fuß (29,56 cm) und das Atrium im langobardischen Fuß (28,64 cm) erbaut. In der Verwendung unterschiedlicher Fußmaße vermutet Kreusch eine politische Aussage.[25]

Es hat nicht zur Klärung der ohnehin verworrenen Situation beigetragen, dass im Band zur Aachener Karlsausstellung 1965, in dem Felix Kreusch seine Untersuchungen veröffentlichte, ein weiterer Beitrag von Leo Hugot erschien, der im Hinblick auf das

---

23 KREUSCH 1965 (wie Anm. 19), S. 500.
24 KREUSCH 1965 (wie Anm. 19), S. 501.
25 Felix Kreusch: Werkrisse und Werkmaß der Chorhalle des Aachener Doms, in: Beiträge zur rheinischen Kunstgeschichte und Denkmalpflege II (= Die Kunstdenkmäler des Rheinlandes, Beiheft 20), Düsseldorf 1974, S. 115–136, hier S. 135: »Karl d. Gr. baute die Pfalzkirche im drusianischen Maß, die Palastaula im kapitolinischen Fußmaß zu 29,56 cm, das Atrium aber im langobardischen Maß zu 28,64 cm. Das kann bei diesem letzteren der drei Baukomplexe für die Herkunft der Bauleute aus der Lombardei sprechen. Sollte aber dafür die Beteiligung lombardischer Werkleute bei Kirche und Aula ausgeschlossen sein? Könnte nicht vielmehr Karl, König auch der Langobarden, Wert darauf gelegt haben, deren Fußmaß, jetzt auch seines, in seiner Pfalz zu dokumentieren? Das wäre eine hoheitliche An-›maßung‹, die das Eroberte gleichberechtigt sich eingliedert.«

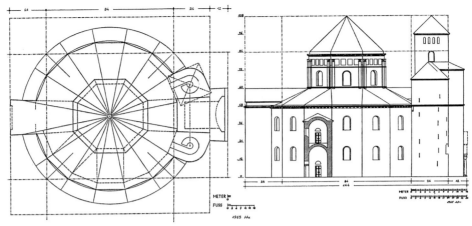

2 Grundriss und Nordansicht mit Maßsystem, Rekonstruktionszeichnungen von Leo Hugot (1965)

Maßsystem eine völlig andere Auffassung vertritt.[26] Hugot korrigiert hier seinerseits eine 1962/63 von ihm geäußerte Meinung, die unterschiedliche Maßsysteme für den Zentralbau (Dezimalsystem) und für den Westbau (Duodezimalsystem) sowie leicht differierende Fußmaße für beide Bauteile voraussetzte.[27] Nunmehr entscheidet er sich einheitlich für das Duodezimalsystem und ein Fußmaß, das er zwei Zehntelmillimeter größer als Kreusch, also mit 33,3 cm ansetzt. Hugot geht davon aus, dass dem gesamten Pfalzbezirk ein Modul von 12 Fuß (entsprechend 4 m) und eine quadratische Einheit von 84 × 84 Fuß (= 7 × 7 Modul) zugrunde liegt. Die noch von Kreusch wenige Seiten zuvor geäußerte Meinung, dass der äußere Durchmesser des Sechzehnecks 100 Fuß betrage, weist er aufgrund der bereits festgestellten fehlenden Maßgenauigkeit zurück: »Die verschiedensten Aufmaße geben immer andere Resultate an, aber die Ergebnisse lassen erkennen, daß der Durchmesser bei etwa 33 m liegt. […] Bei der Genauigkeit, mit der die Pfalzkapelle gebaut ist, kann ein Fehler von rund 33 cm ohne Grund kaum glaubhaft sein.«[28] Die Durchmesser von Oktogon und Sechzehneck ergeben nach Hugots Auffassung keine glatten Zahlen; stattdessen nimmt er ein Quadrat von 84 × 84 Fuß als Ausgangspunkt für die Konstruktion an: »Dem Baumeister Karls des Großen wurde die Aufgabe gestellt, über diesem einen Baukörper zu errichten, dessen Gesamtlänge das Maß 144 und dessen innere Abwicklung des Oktogons ebenfalls das Maß 144 beinhalten mußte.«[29] Der Verfasserin erschließt sich allerdings weder

---

26 Leo Hugot: Die Pfalz Karls des Großen in Aachen, in: Wolfgang Braunfels (Hg.): Karl der Große, Lebenswerk und Nachleben, Bd. 3, Düsseldorf 1965, S. 534–572, hier bes. S. 542f. und S. 556–565. Leo Hugot war zu diesem Zeitpunkt Bauleiter an der Aachener Dombauhütte und wurde 1974 Nachfolger von Felix Kreusch als Dombaumeister
27 Leo Hugot: Der Westbau des Aachener Doms, in: Aachener Kunstblätter 24/25, 1962/63, S. 108–126, hier S. 108f. (Fußmaß Zentralbau: 33,29; Westbau: 33,4 cm).
28 HUGOT 1965 (wie Anm. 26), S. 556.
29 HUGOT 1965 (wie Anm. 26), S. 557.

aus der Erklärung des Textes inklusive der beigegebenen mathematischen Formeln noch aus den zugehörigen Zeichnungen, welchen Bezug das Quadrat von 84 × 84 Fuß zum Baubestand des Grundrisses oder des Aufrisses hat. (Abb. 2) Der Hugot'sche Grundriss ist schwer zu deuten, denn die Außenmauer des Kirchengebäudes ist kaum ersichtlich. Hier liegt auch das Problem der Zeichnungen, die nämlich nicht den Baubestand, sondern eine Ideal-Rekonstruktion wiedergeben, die Hugot passend nach seinen eigenen Vorgaben angefertigt hat. So ist der Kirchenbau mit 47,95 m rund 1,5 m länger als in der Zeichnung von Kreusch, die sich am Bestand und hinsichtlich des Rechteckchores an den Grabungsergebnissen orientiert. Um dieses Maß zu erreichen, verlängert Hugot den Chor mit Pfeilervorlagen und nimmt vor dem Westbau noch eine Art Portalvorbau an, für den es keinen Beleg gibt und der auf seiner Ansichtszeichnung der Westfassade erstaunlicherweise auch nicht wieder auftaucht. Eine noch eklatantere Abweichung vom Baubestand ist bei der Höhe des Zentralbaus (108 Fuß oder 35,96 m) gegeben. Die Höhe der äußeren Kuppelschale beträgt 31,50 m. Hugot muss also einen Dachstuhl mit einer Höhe von 4,46 m über dem Oktogon rekonstruieren, um die zuvor postulierte Höhe zu erreichen, die durch die Spitze seiner Dachkonstruktion markiert wird. Hugot hat sein Maßschema noch in verschiedenen Publikationen wiederholt, und trotz grundsätzlicher Kritik hat es weite Verbreitung gefunden.[30]

Konrad Hecht setzte sich 1977 kritisch mit der Vielzahl von Maßmodellen zur Aachener Pfalz auseinander, die er in beeindruckender Vollständigkeit auflistet. Im Gegensatz zu allen bisherigen Versuchen wendet Hecht ein Fußmaß von 34,24 cm an, das er bei seiner Maßanalyse der karolingischen Sylvesterkapelle in Goldbach am Bodensee ermittelt hat.[31] Übertragen auf Aachen setzt Hecht für den äußeren Durchmesser des Oktogons 48 Fuß an, für den des Sechzehnecks 96 Fuß, für die innere Höhe 89 Fuß. Die zugrunde gelegten Maße kompiliert er – wie seine Vorgänger – aus unterschiedlichen Quellen, wobei seinen zahlreichen Maßtabellen und Umrechnungen nicht immer leicht zu folgen ist. Die unübersichtliche Aufstellung diverser Zahlenkolonnen hält jedoch einer Überprüfung nicht stand: So fehlen schon beim Außendurchmesser des Oktogons (laut Hecht 48 Fuß à 34,24 cm) nach den neuen Messungen knapp 21,5 cm. Überzeugender sind seine Überlegungen zur geometrischen Konstruktion des Achtecks und des Sechzehnecks. Hecht beschreibt verschiedene praktikable Verfahren zur Austragung des Grundrisses auf der

---

30 Leo Hugot: Das Kloster Inda und der Klosterplan von St. Gallen, in: Zeitschrift des Aachener Geschichtsvereins 84/85, 1977/78, S. 473–498, hier S. 485–487. – Leo Hugot: Der Dom zu Aachen, ein Wegweiser, Aachen 1986, S. 8–10. – Vgl. die Kritik von Cord Meckseper: Methodische Probleme der Rekonstruktion karolingischer Pfalzen- und Kirchenbauten, in: Deutsche Königspfalzen: Beiträge zu ihrer historischen und archäologischen Erforschung, Bd. 5, Göttingen 2001, S. 211–228, hier S. 215f.

31 Konrad Hecht: Die Sylvesterkapelle zu Goldbach, ein Schlüsselbau für Maß und Zahl in der Baukunst des frühen Mittelalters, in: Abhandlungen der Braunschweigischen wissenschaftlichen Gesellschaft 28, 1977, S. 137–186, zur Aachener Pfalz S. 165–181. – Vgl. auch Konrad Hecht: Maß und Zahl in der gotischen Baukunst, Hildesheim 1979, S. 329f. – Konrad Hecht: Der St. Gallener Klosterplan, Wiesbaden 1997, S. 198f.

Baustelle.[32] Er geht dabei von einem Achsenkreuz aus und bemerkt, dass die Läufe der beiden westlichen Treppentürme durch eine Diagonale des Achtecks bestimmt werden. Konrad Hecht hat in seiner Studie das bisher als verbindlich angesehene Fußmaß der Aachener Pfalzkapelle in Frage gestellt, dennoch kann auch die Anwendung »seines« Maßes von 34,24 cm nicht überzeugen. Hecht geht immer noch von unzureichenden Plangrundlagen aus, allerdings sind seine Beobachtungen zur geometrischen Konstruktion des Grundrisses und zur praktischen Umsetzbarkeit von grundsätzlicher Bedeutung und Gültigkeit.

Michael Jansen verfolgte in zwei Beiträgen 1992 und 1997 einen neuen Ansatz.[33] Basierend auf Boeckelmann (1957) sieht Jansen das Oktogon als Modul des Entwurfs an und geht dabei erstmals nicht von den äußeren oder inneren Abmessungen, sondern von den Achsen aus: »Dabei ist der Modul nicht als ›Linienoktogon‹, sondern als ›Maueroktogon‹ zu sehen, auf dessen äußere Begrenzungslinien sich eine Mittellinie bezieht, die gleichzeitig Klappachse ist.«[34] Durch »Klappung« des Oktogonmoduls nach allen Seiten erzeugt Jansen ein »komplexes ›arabeskes‹ Muster, in dem der Grundriß des Domes eingewoben zu sein scheint.«[35] Der Bezug des »Musters« zum Grundriss lässt sich allerdings kaum nachvollziehen. (Abb. 3) Überzeugender ist dagegen Jansens Darstellung des Schnitts. Hier geben zwei nebeneinander gestellte Oktogone die Breite und zwei aufeinandergestellte Oktogone die Höhe des Zentralbaus an. Da Jansen die Achsen zugrunde legt, passen auch die Maße, d.h. Höhe und Breite des Zentralbaus = zweifache Breite des Oktogons. Jansen ist der Erste, der dieses Maßverhältnis in einer Zeichnung darstellt, auch wenn nach Meinung der Verfasserin nicht das Oktogon, sondern der Kreis die geometrische Grundfigur des Entwurfs bildet. In seiner Untersuchung klammert Jansen die Frage des zugrundeliegenden Fußmaßes bewusst aus.[36] Zur Einmessung des Baugrundes und zur Anlage eines regelmäßigen Achtecks, das nach den Himmelsrichtungen ausgerichtet ist, verweist er auf eine detaillierte Anleitung bei Vitruv.[37]

Zeitlich parallel zu Michael Jansen veröffentlichte der Aachener Physiker Axel Hausmann in den Jahren 1994 und 1997 seine Thesen zum Maßsystem der Pfalzkapelle.[38] Hausmann geht von der irrigen Annahme aus, dass der Mittelteil des Westbaus mit der großen Außenkonche ebenso wie die archäologisch ergrabene Altarstelle im Ostjoch zu einem pippinischen Vorgängerbau gehören, den er als dreischiffige Basilika mit Querhaus rekonstruiert. Das Maß des Langhauses dieses fiktiven Vorgängerbaus (51,5

---

32 Hecht 1977 (wie Anm. 31), S. 172f.
33 Michael Jansen: Weitere Überlegungen zu Modul und Ikonographie des Aachener Doms, in: Architektur und Kunst im Abendland, Festschrift zur Vollendung des 65. Lebensjahres von Günter Urban, Rom 1992, S. 115–128. – Michael Jansen: Concinnitas und venustas – weitere Überlegungen zu Maß und Proportion der Pfalzkapelle Karls des Großen, in: Karl der Große und sein Nachwirken: 1200 Jahre Kultur und Wissenschaft in Europa, Bd. 1, Wissen und Weltbild, Turnhout 1997, S. 367–396.
34 Jansen 1997 (wie Anm. 33), S. 377. – Zur Bedeutung der Achsen als Ausgangspunkt des Maßsystems siehe auch Günther Binding: Deutsche Königspfalzen von Karl dem Großen bis Friedrich II. (765–1240), Darmstadt 1996, S. 97.
35 Jansen 1997 (wie Anm. 33), S. 380.

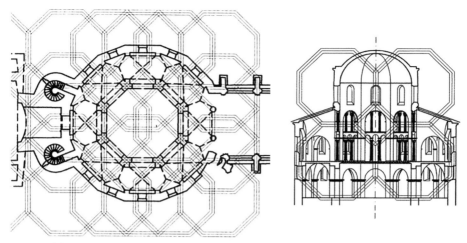

3 Grundriss (Ausschnitt) und Querschnitt mit dem Modul des Oktogons nach Michael Jansen (1997)

römische Fuß à 29,6 cm) sieht Hausmann als Basisgröße für den karolingischen Neubau an, aus der sich nach dem Idealschnitt die Maße der Pfalzkapelle errechnen. Da die Ausgangsthese falsch ist, entbehren die komplizierten Konstruktionsvorschläge und weitgefassten Berechnungen insgesamt einer baulichen Grundlage.[39]

Unter Bezug auf die Maßanalysen von C.P. Bock und Felix Kreusch setzte sich der Kölner Dombaumeister Arnold Wolff 1994 mit der Frage auseinander, wie ein Achteck von 144 Fuß auf der Baustelle abzustecken sei und stellt ein Verfahren vor, das auf einer Seitenlänge von 18 Fuß und den Innenwinkeln im regelmäßigen Achteck von 135° basiert.[40] Wolff macht auch auf den Widerspruch zwischen der Annahme einer ganzzahligen Seitenlänge des Achtecks bei gleichzeitigem ganzzahligen Durchmesser aufmerksam: »Rein mathematisch ist dies […] nicht zu erreichen.« Er sieht jedoch – wie zuvor schon Kreusch – in einem Gesamtdurchmesser des Sechzehnecks von 100 Fuß einen womöglich in der Absicht des Bauherrn liegenden »recht guten Näherungswert«.[41]

---

36 JANSEN 1992 (wie Anm. 33), S. 116, Anm. 9. – JANSEN 1997 (wie Anm. 33), S. 384.
37 JANSEN 1997 (wie Anm. 33), S. 387.
38 Axel Hausmann: Kreis, Quadrat und Oktogon, Struktur und Symbolik der Aachener Kaiserpfalz, Aachen 1994. – Axel Hausmann: »… Inque pares numeros omnia conveniunt …«: der Bauplan der Aachener Palastkapelle, in: Karl der Große und sein Nachwirken: 1200 Jahre Kultur und Wissenschaft in Europa, Bd. 1, Wissen und Weltbild, Turnhout 1997, S. 321–366.
39 Vgl. die aktuelle Bauuntersuchung des karolingischen Baus: Ulrike Heckner, Christoph Schaab: Baumaterial, Bautechnik und Bauausführung der Aachener Pfalzkapelle, in: Die karolingische Pfalzkapelle in Aachen, Bauforschung – Bautechnik – Restaurierung (= Arbeitsheft der Rheinischen Denkmalpflege 78), Worms 2012, S. 117–228, zum Westbau bes. S. 208–222.
40 Arnold Wolff: Numeri pares. Zum Maßsystem der Aachener Pfalzkapelle, in: architectura 24, 1994, S. 319–322.
41 WOLFF 1994 (wie Anm. 40), S. 321.

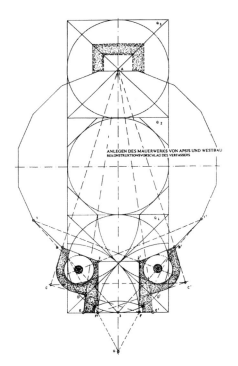
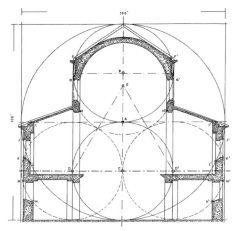

4 Anlage des Grundrisses mit Rechteckchor und Westbau sowie Querschnitt nach Hans Karl Siebigs (2004)

Der Aachener Dombaumeister Hans Karl Siebigs hat sich 2004 mit den Maßen und dem Entwurfskonzept der Pfalzkapelle beschäftigt.[42] Er entwickelt sehr detaillierte und komplexe Vorstellungen über die Einmessung des Baugrundes, die Anlage der Fundamente und des aufgehenden Mauerwerks. Siebigs übernimmt die Auffassung von Bock und Kreusch, dass die (Außen-)Breite des Zentralbaus 100 Fuß und die des Oktogon 50 Fuß betrage. Den bereits häufig bemerkten Widerspruch zur inneren Abwicklung des Oktogons mit 144 Fuß versucht er durch eine geometrische Ableitung zu lösen, die wiederum auf der Festlegung bestimmter Wandstärken basiert.[43] Siebigs legt sich nicht auf eine Fußgröße fest, sondern spricht stattdessen von »Maßeinheiten«. Seine Überlegungen zum Entwurfskonzept des Grundrisses betreffen nicht nur den Zentralbau, wie bisher fast ausschließlich üblich, sondern beziehen auch Westbau und Rechteckchor mit ein. Dabei ist seine dreifache Anordnung des Oktogon-Außenmaßes in der Längsachse der Kirche jedoch deutlich zu groß. (Abb. 4) Das gleiche Bild ergibt sich beim Querschnitt: Siebigs zeichnet eine Proportionsfigur des Schnitts auf der Basis des Maßkonzepts von Kreusch, der selbst hierzu nie eine zeichnerische Darstellung publiziert hat. Die Kreise und Achsen, die in der Zeichnung das äußere Oktogonmaß wiedergeben, sind eindeutig zu groß: Sie überragen den Scheitelpunkt

---

42 Hans Karl Siebigs: Der Zentralbau des Domes zu Aachen, Unerforschtes und Ungewisses, Worms 2004, S. 32–35 und 39–48.
43 SIEBIGS 2004 (wie Anm. 42), S. 46f. (Abb. 40a).

der Kuppel, aber auch Höhe und Breite des Sechzehnecks oder die Bodenhöhe des Umgangs, wofür ausholende Begründungen angeboten werden.[44] Die Zeichnung macht so mehr als alle Erklärungsversuche deutlich, dass das Außenmaß des Oktogons tatsächlich nicht das Modul des Entwurfs darstellt.

An dieser Stelle soll ein knappes Resümee gezogen werden: Nach fast 200 Jahren Forschungsgeschichte sind alle Ansätze vorhanden, die zu einer schlüssigen Lösung führen können, wenn man sich von einigen weithin tradierten Glaubenssätzen trennt, die im Wesentlichen auf die Überlegungen von C. P. Bock (um 1843) zurückgehen. Hierzu gehören an erster Stelle die These, dass die innere Abwicklung des Oktogons 144 Fuß ergeben solle, sowie die dadurch bedingte Festlegung auf den »drusianischen« Fuß (angegeben mit 33,27 bis 33,3 cm). Die vielfach versuchte Übertragung dieses Fußmaßes in glatten Zahlen auf den Außendurchmesser von Oktogon und Sechzehneck sowie auf die Gesamthöhe und -länge der Kirche führte tatsächlich zu zahlreichen geometrisch-konstruktiven Widersprüchen und maßlichen Differenzen. Gerade das beharrliche Festhalten an dem von Bock mit zweifelhafter Argumentation vorgegebenen drusianischen Fuß und die Fokussierung auf die Außenmaße haben die Untersuchungen zum Maßsystem der Aachener Pfalzkapelle erheblich behindert. Zur Untermauerung mussten umständliche Erklärungen für die fehlende Passgenauigkeit gesucht werden bis hin zur erfolgten Anpassung von Rekonstruktionszeichnungen an das zuvor postulierte Maß. Offensichtlich erschien es eher als opportun, den Bau an ein vorher festgelegtes Fußmaß anzugleichen als das Fußmaß an den Bau. Vor diesem Hintergrund ist die Tendenz jüngerer Untersuchungen, die Frage des Fußmaßes ganz auszuklammern, durchaus verständlich.

Mit der Erstellung einer neuen geodätischen Vermessung wurden die bisher fehlenden oder unzureichenden Bauaufnahmen durch exakte Messdaten und darauf basierende Planzeichnungen ersetzt, die eine sichere Grundlage für eine Analyse der Geometrie und Maßverhältnisse bieten. Es bedarf im Grunde nur weniger, aber entscheidender Justierungen, um ausgehend von der Geometrie des Bauwerks eine nahezu vollkommene Übereinstimmung aller Maße und Proportionen zu erreichen. Voraussetzung ist, dass das Achsmaß des Oktogons (nicht das Innen- oder Außenmaß) als Modul des Entwurfs zugrunde gelegt wird. Dann – und nur dann – ist die Geometrie perfekt. Breite und Höhe des Zentralbaus betragen das doppelte Maß des Oktogons, die Länge das dreifache Maß.[45] Es ist naheliegend, dass diesem Modul auch glatte Fußzahlen entsprechen: 48 Fuß für den Durchmesser des Oktogons, 96 Fuß für Höhe und Breite des Zentralbaus und 144 für die Gesamtlänge der Kirche. Nur Maße innerhalb des Duodezimalsystems garantieren eine so häufige Teilbarkeit in ganzen Zahlen, wie sie für den Entwurf erforderlich ist. Insgesamt liegt dem Aufriss und dem Grundriss der Kirche ein 6-Fuß-Raster zugrunde. Der Entwurf und das Maßsystem sind ebenso einfach wie genial. Streng geometrisch aufgebaut basieren sie auf Kreis und Quadrat, sind mit Zirkel und Lineal leicht zu konstruieren und umfassen das

---

44 Siebigs 2004 (wie Anm. 42), S. 47.
45 Heckner 2012a (wie Anm. 3), S. 43–62. – Heckner 2012b (wie Anm. 3).

gesamte Bauwerk mit einheitlichen Maßverhältnissen. Das lässt sich besonders gut am Querschnitt des Zentralbaus ablesen. (Abb. 5) Eingeschriebene Kreise von 96 und 48 Fuß sowie ein Raster von 24 und 6 Fuß verdeutlichen das Prinzip: Höhe und Breite des Gesamtbaus betragen 96 Fuß, der Durchmesser der Kuppel und des Oktogons sowie die Höhe der Außenmauern des Sechzehnecks 48 Fuß. 24 Fuß entsprechen der Breite und Höhe des Umgangs, bei 12 Fuß befindet sich die Kämpferhöhe der Erdgeschosspfeiler, 6 Fuß misst die Fensterbreite im Oktogon und im Sechzehneck. Der gesamte Aufriss folgt einem einheitlichen System, alle Maße und Zahlen sind untereinander verbunden. Der Entwurf wurde zeichnerisch mit geometrischen Methoden entwickelt. Der Grundriss baut sich aus drei konzentrischen Kreisen auf (48 – 96 – 144 Fuß), die Gesamtlänge entspricht dem dreifachen Maß des Oktogons. Dabei entstand jedoch ein Problem, denn die Anlage des kleinen rechteckigen Chores im Osten und des mächtigen Westbaus konnte nicht symmetrisch zum Mittelpunkt des Zentralbaus erfolgen. Die verblüffend einfache Lösung: Das Stück, das beim Rechteckchor bis zur Kreislinie fehlte, wurde beim Westbau angefügt (= schraffierte Fläche). Das schraffierte Kreissegment bestimmt die Form der äußeren Nische des Westbaus und verlängert ihn exakt um die 6 Fuß, die im Osten fehlen.

Die Pfalzkapelle wurde nach einem vollkommenen geometrischen Plan konzipiert. Auf der Grundlage der zeichnerisch entwickelten Geometrie lässt sich auch das Fußmaß errechnen: Das Achsmaß des Oktogons beträgt nach den neuen Vermessungsdaten 15,47⁵ m (entsprechend 48 Fuß), das Achsmaß des Sechzehnecks 30,95 m (entsprechend 96 Fuß). Daraus ergibt sich rein rechnerisch 1 Fuß = 32,24 cm.[46] Es handelt sich dabei um das »Sollmaß« des Entwurfs, dessen Passgenauigkeit zeichnerisch anhand der Vermessungspläne überprüft werden kann. Anders als viele bestehende Maßuntersuchungen geht dieser Ansatz nicht von der Akkumulation und statistischen Auswertung möglichst vieler Einzelmaße aus, sondern von der übergreifenden Analyse des geometrischen Konzeptes, das sich im Falle der Aachener Pfalzkapelle in den Zeichnungen sehr klar herausbildet. Die Kenntnis der Geometrie ermöglicht es, zwischen kommensurablen und nicht kommensurablen Maßen zu unterscheiden und durch die Bauausführung verursachte Abweichungen zu erkennen. Auch das Baumaß ergibt sich als logische Folge aus der Geometrie. Dabei ist nicht die Suche nach einem zuvor definierten historischen Fußmaß entscheidend, sei es nun »kapitolinisch«, »drusianisch« oder »karolingisch«, sondern allein die Ableitung aus dem vorhandenen Baubestand. Dass das errechnete Maß von 32,24 cm dem sogenannten Pariser oder französischen Königsfuß nahe kommt und auf den Ursprung dieses im Mittelalter weit verbreiteten Maßes in Aachen hindeuten könnte, ist dann erst eine nachgeordnete Schlussfolgerung. In der Vollkommenheit der Geometrie und in der Harmonie der Maße liegt die Kernidee der Aachener Pfalzkapelle, die

---

46 Dieser Zahlenwert gibt den auf zwei Stellen hinter dem Komma gerundeten Umrechnungsquotient von Meter in Fuß an. Die Angabe von zwei Dezimalstellen hinter dem Komma ermöglicht eine genauere Umrechnung auch bei größeren Strecken. Sie beinhaltet keine Aussage über die zugrundeliegende Mess- oder Ausführungsgenauigkeit.

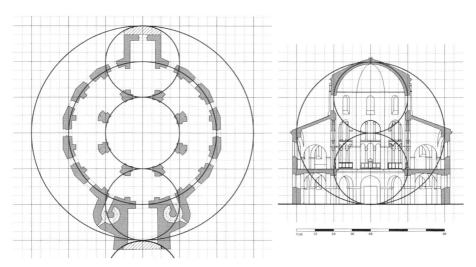

5 Grundriss und Querschnitt mit Maßsystem, Zeichnung Heckner/Meyer (2012) auf der Grundlage der Vermessung der RWTH Aachen, Geodätisches Institut, und der gbvd, Müllheim

von den Zeitgenossen als Tempel Salomos begriffen wurde. Von den vollkommenen Maßverhältnissen der Architektur kündet auch die am Ende des 19. Jahrhunderts wiederentdeckte karolingische Bauinschrift im Inneren des Oktogon: »Und wenn in gleichen Abmaßen alles zusammenstimmt, pranget das Werk des Bauherrn, der das ganze Kirchengebäude errichtet« (*Inque pares numeros omnia conveniunt, claret opus domini, totam qui construit aulam*).[47] Die geometrische Konzeption des Entwurfs ist unmittelbar einleuchtend, von großer Klarheit, Schönheit und logischer Konsequenz. Sie kann durchaus intuitiv erfasst, aber nur auf der Grundlage einer genauen Vermessung und Auswertung präzise dargestellt werden.

Bildnachweis

1, links: aus FISCHER 1934 (wie Anm. 14), S. 16. – 1, rechts: aus BOECKELMANN 1957 (wie Anm. 17), S. 25. – 2: aus HUGOT 1965 (wie Anm. 26), S. 558 und 562. – 3: aus JANSEN 1997 (wie Anm. 33), S. 381 und 382. – 4: aus SIEBIGS 2004 (wie Anm. 42), S. 46 und 47. – 5: Ulrike Heckner/Hans Meyer: LVR-Amt für Denkmalpflege im Rheinland, auf der Grundlage der Vermessung der RWTH Aachen, Geodätisches Institut, und der gbvd, Müllheim.

---

47 HECKNER 2012A (wie Anm. 3), S. 54f. Übersetzung der Inschrift: Clemens M. M. Bayer: Die karolingische Bauinschrift des Aachener Domes, in: Der verschleierte Karl. Karl der Große zwischen Mythos und Wirklichkeit, hg. von Max Kerner unter Mitwirkung von Heike Nelsen, Aachen 1999, S. 445–452, hier S. 448.

Die Emporen der Pfarrkirche St. Johannes Baptist in Nideggen

Einmalig im Rheinland

Udo Mainzer

Mit zu den eindringlichsten kulturlandschaftlichen Offenbarungen der Eifel gehören die ausgedehnten Großburganlagen, welche auf exponierten Bergspornen die Gunst der Topographie fortifikatorisch nutzten und den bürgerlichen Ansiedlungen in ihrer engsten Nachbarschaft Schutz boten. Neben Kronenburg und Reifferscheid verkörpert namentlich der Burgberg von Nideggen hoch über dem Rurtal in beeindruckender Weise eine solche glanzvolle Symbiose von Natur und Architektur.

Etwas unterhalb der Burg verbreitert sich das Gelände zu einem Hochplateau, auf dem der streng gefügte Baukörper von St. Johannes Baptist über dem Umland aufragt. Die ein wenig tiefer im Hang stehenden Befestigungsmauern weisen den Bezirk unmittelbar um die Kirche als ehemals bewohnten Burgflecken aus, der ursprünglich durch einen Halsgraben von der Burg auf der Spornspitze getrennt war. Weiter nach Südosten abwärts liegt auf abfallendem Terrain über unregelmäßigem Rechteck um einen zentralen Marktplatz an einer Straßenkreuzung die im ausgehenden 13. Jahrhundert angelegte Siedlung. Sie war keine Erweiterung des Burgfleckens, sondern eine Neuanlage, die 1313 zur Stadt erhoben wurde.[1] Die architektonische Rhythmisierung des Bergrückens durch den vom roten Ton des heimischen Rursandsteins so stimmig gefügten Dreiklang aus Burg, Kirche und befestigter Stadt hat bis heute nichts an Faszination verloren.

Geschichte

Wie ein Bindeglied steht der Kirchenbau[2] zwischen und zugleich inmitten von Stadt und Burg, eine Position, die funktionale und damit entwicklungsgeschichtliche Abhängigkeiten vor Augen führt: Kirche und Stadt verdanken ihre Entstehung der Existenz der Burg. Diese hatte Wilhelm II., Graf von Jülich, ab 1177 nach Verlegung von dort zu seinem Stammsitz ausgebaut. Als kölnisches Lehen diente sie dem Erzbischof

---

1 Jörg Füchtner: Rheinischer Städteatlas Nideggen, Köln 1976.
2 Paul Hartmann, Edmund Renard: Die Kunstdenkmäler des Kreises Düren (= Die Kunstdenkmäler d. Rheinprivinz, Bd. 9,1), Düsseldorf 1910, S. 220–234. – Hans Erich Kubach, Albert Verbeek: Romanische Baukunst an Rhein und Maas, Bd. 2, Berlin 1976, S. 839–841. – Theodor Schäfer: Die Pfarrkirche St. Johannes in Nideggen (Rhein. Kunststätten, H. 200), Neuss 1985. – Georg Dehio: Handbuch der Deutschen Kunstdenkmäler, Nordrhein-Westfalen, I. Rheinland, München/Berlin 2005, S. 1012–1013. – Udo Mainzer: St. Johannes Baptist in Nideggen (= Rhein. Kunststätten, H. 507), Köln 2008.

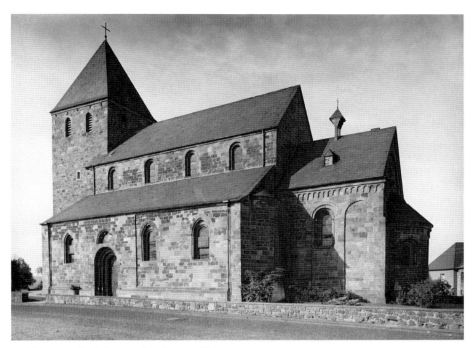

1 Nideggen, St. Johannes Baptist von Südosten

von Köln als Gegenburg zur nur zwei Kilometer entfernten Reichsburg Berenstein jenseits des Rurtals. Neben der Kapelle im sechsgeschossigen Wohnturm der Burg[3] erforderte die seelsorgerische Betreuung der Bewohner innerhalb des Burgfleckens im späten 12. Jahrhundert die Errichtung einer eigenen Kirche.

Diese erstmals 1219 urkundlich erwähnte ecclesia schenkte Graf Wilhelm III. noch im gleichen Jahr dem Deutschen Orden. Ihm gewährte Erzbischof Engelbert I. von Köln 1220 die Pfarrrechte. Offenbar nach Rückgabe an das Grafenhaus übertrugen Gräfin Ricardis und ihr Sohn Walram, der spätere Kölner Erzbischof, das Patronatsrecht für die Kirche 1283 dem Johanniterorden, der dort eine Kommende einrichtete. Verbunden mit dieser neuerlichen Schenkung war wohl die Absicht, dem Haus Jülich in der Nideggener Kirche eine angemessene Grablege zu schaffen – oder zumindest eine Stätte zum Gedächtnis an die verstorbenen Familienangehörigen. Zur Verstetigung dieses Totengedenkens bemühte sich seit 1329 Graf Wilhelm V. vergeblich um die Umwandlung der Pfarrkirche in ein Kanonikerstift.

Die Kirche im inzwischen zur Wüstung verfallenen Burgflecken musste 1637 durch Blitzschlag, zehn Jahre später durch hessische Truppen und 1757/59 durch

---

3   Ulrich Stevens: Burgkapellen im deutschen Sprachraum (= 14. Veröff. d. Abt. Architekturgesch. d. Kunsthist. Inst. d. Univ. Köln), Köln 1978, S. 236–238. – Ders.: Burgkapellen. Andacht, Repräsentation und Wehrhaftigkeit im Mittelalter, Darmstadt 2003, S. 166–167.

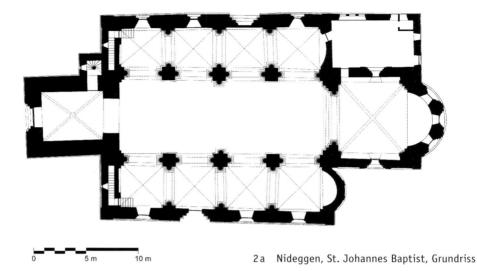

2a Nideggen, St. Johannes Baptist, Grundriss

Erdbeben vor allem an ihrem Turm erhebliche Schäden hinnehmen. Deren Behebung zog sich bis 1790 hin. Eine grundlegende Instandsetzung erfolgte 1898 durch den Straßburger Münsterbaumeister Ludwig Arntz, der das innere Erscheinungsbild der Kirche deutlich veränderte.[4] Durch die Einziehung eines Rippengewölbes anstelle der Flachdecke erhielt das Mittelschiff ein neues Gepräge. Einwölbungen erfuhren auch die beiden unteren Geschosse des Turmes, dem nordseitig in der Ecke zur Westwand ein Treppenturm beigestellt wurde. Von Oktober 1944 bis Februar 1945 war das Kirchengebäude wiederholt Opfer verheerender Bombenangriffe: Weitgehender Verlust der Dächer, völlige Zerstörung des Turmes bis auf dessen Südwand und den umlaufenden Sockel; Einsturz der Mittelschiffgewölbe und der drei westlichen Joche des nördlichen Obergadens; Absturz des Gesimses über dem südlichen Obergaden; Beschädigung des Ostgiebels und des Fensters im Chorscheitel. Das heute vor uns stehende Kirchengebäude ist folglich zu einem großen Teil das Ergebnis der bis 1959 abgeschlossenen Wiederaufbaumaßnahmen, deren Ausmaß sich außen, vor allem aber innen an den einfacheren Formen der ersetzten Kapitelle ablesen lässt.

Die Architektur

Der Baukörper der dreischiffigen Basilika gefällt durch die ausgewogenen Maßverhältnisse seiner stereometrisch klar umrissenen Kuben, die einerseits von der Apsis über Chorjoch und Langhaus mit zunehmender Schrittlänge stufenweise zum der Westfront vorgestellten Turm hin ansteigen und sich andererseits vom Mittelschiff

---

4   Ludwig Arntz: Wiederherstellung der katholischen Pfarrkirche Nideggen, in: Berichte über die Thätigkeit der Provinzialkommission in der Rheinprovinz und die Provinzialmuseen in Bonn und Trier 4, 1899, S. 20–26.

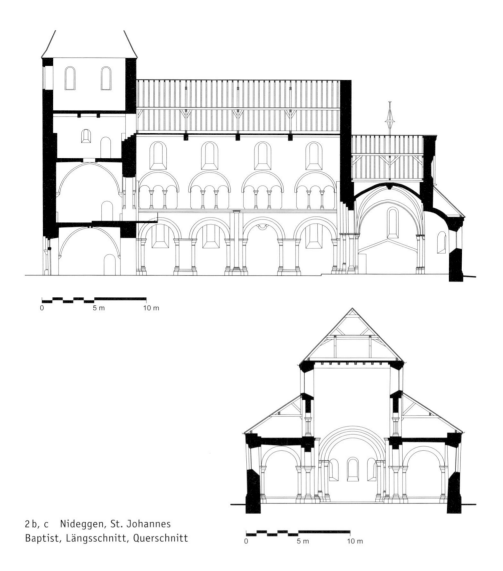

2b, c Nideggen, St. Johannes
Baptist, Längsschnitt, Querschnitt

über die Nebenschiffe seitwärts abstufen. Diese Harmonie wird vor allem erzeugt durch das quadratische Grundrissraster der einzelnen Bauteile, die untereinander einem Proportionsverhältnis von eins zu zwei unterliegen.

Erst beim Betreten des Inneren wird offenkundig, dass es sich um eine Pfeilerbasilika handelt, die über Emporen verfügt. Im Hauptschiff sind den mittleren Pfeilern bis zum Stockgesims Halbsäulen vorgelegt, die ursprünglich bis in den Obergaden reichten.[5] Diese nutzte Arntz 1898 zum Abfangen seiner Gewölbe, für die er zusätzlich Konsolen oberhalb der äußeren Pfeiler anlegte. Auf dem jetzt mit den halbrunden

---

5   ARNTZ 1899 (wie Anm. 4), S. 21 gibt jedoch nicht genauer an, bis zu welcher Höhe.

Pfeilervorlagen verkröpften Gurtgesims erheben sich in Breite der Scheidarkaden die Bögen der Emporenöffnungen.[6] Sie überfangen die zurückversetzten Drillingsbögen, die von den Kämpfern der Wandpfeiler ausgehend auf gekuppelten Säulen ruhen, deren Blatt- und Knospenkapitelle zum Teil noch original erhalten sind. Freie Treppenläufe jeweils am Westende der Seitenschiffe führen durch Türen ins Mauerwerk der Westwand, um sich darin, von Schlitzfenstern belichtet, bis zu den Emporen fortzusetzen. Die ansteigende Stufenfolge nachzeichnend kragt die Wand zu deren Verbreiterung in Viertelbögen auf Konsolen in den Raum vor. Von diesen Treppen aus zugänglich ist außerdem der kreuzgratgewölbte Raum im ersten Turmobergeschoss. Zum Mittelschiff hin öffnet sich dieser mit einem stattlichen Bogen, beidseitig gerahmt von paarigen Säulen, auf denen ein eingelegter Wulst lastet. Diese Öffnung wurde nachträglich für eine Orgelempore nach unten verlängert.

Diese, wenn auch kriegsbedingt in ihren Formen erneuerte, repräsentative Bogenöffnung legt die Vermutung einer dort einstmals befindlichen Empore, wenn nicht vielleicht sogar einer Turmkapelle für den Feudalherrn nahe. In dem halben Jahrhundert von etwa 1130 bis 1180 war im Rheinland eine Vielzahl solcher Obergeschossanlagen in Westtürmen überwiegend ländlicher Kirchen entstanden.[7] Sie waren Ausdruck und Symbol einer Hoheitsform und -funktion. Wahrscheinlich wollte sich der Jülicher Graf mit dieser Empore neben seiner Kapelle in der Burg bei seiner Anwesenheit in der Kirche einen eigenen Aufenthaltsraum schaffen. Ihm und seinem Gefolge hat dazu wohl die heute vermauerte Türöffnung in der Südseite des Turmes – vermutlich über eine hölzerne Treppenanlage – einen separaten Zugang gewährt.

Datierung

Abgesehen von der offenkundigen zeitlichen Zuordnung des Kirchengebäudes allgemein in die spätromanische Bauphase gibt es zusätzliche Hinweise, die eine differenziertere Abfolge seiner Errichtung erlauben. So förderten Aufräumarbeiten bei der Behebung der Kriegsschäden 1953 in der alten Altarmensa zwei Siegel zu Tage, die für deren Weihe einen terminus ante quem liefern. Diese Siegel waren Bruno von Sayn, Propst von St. Maria ad Gradus in Köln, zuzuordnen, welcher Nideggen als Dechant vorstand. Er übte dieses Amt 1180–92 aus, bevor er bis 1206 Propst des Cassiusstiftes in Bonn und danach bis zu seinem Tode 1208 Erzbischof von Köln war. Es darf folglich von einer Konsekration des Altares vor 1192 ausgegangen werden, was die Fertigstellung zumindest von Apsis, Chorjoch und vermutlich aber noch weiterer Bauabschnitte voraussetzt.

Die Bauplastik weist Formen auf, die für die Spätromanik, 1180–1230, charakteristisch sind. Dazu gehören die überwiegend attischen Basen mit Eckzieren und die durchweg als Kelchblock ausgebildeten Kapitelle, die mit ihrem aufgelegten

---

6 Arntz hatte die zwischenzeitlich zugemauerten Emporenöffnungen wieder freigelegt; ebd.
7 Georg Wilhelm Holzinger: Romanische Turmkapellen in Westtürmen überwiegend ländlicher Kirchen im südlichen Teil des alten Erzbistums Köln, MS Diss. RWTH Aachen 1962, hier bes. S. 82–83.

3   Nideggen, St. Johannes Baptist, Inneres nach Westen

Blattwerk die mittelalterliche Ausprägung eines korinthischen Kapitells variieren. Eine genauere Betrachtung dieser Schmuckformen kann helfen, auch eine relative Bauabfolge nachzuzeichnen. So fällt auf, dass die Basen vom Chor über das Chorjoch bis ins Langhaus in zunehmendem Maße als Tellerbasen über den Plinthen vorstehen. Im

Einmalig im Rheinland

Verein mit der Sockelgestalt der Stützen und den im Detail durchaus unterschiedlichen Kapitellen ist ein Baufortschritt wahrscheinlich, der vom Chor über das Chorjoch ausgehend das gesamte Langhaus im Umriss seiner Außenmauern bis auf Sockelhöhe ausführte. Danach wurden die etwas reicheren Unterbauten der Arkadenpfeiler gesetzt.

Die vergleichsweise altertümlich anmutenden, mehr flächigen Kapitelle auf der Nordseite mit ihren palmettenartig gefälteten Blättern dürften noch dem ausgehenden 12. Jahrhundert, spätestens aber dem Beginn des nachfolgenden zuzuordnen sein und sprechen damit für eine sich anschließende Fertigstellung des nördlichen Seitenschiffs. Die weicher konturierten und zugleich stärker ausgeformten Kapitelle mit kräftigen Eckknospen auf der Südseite verraten eine reifere Entwicklungsstufe und zeugen insofern für die wahrscheinlich später erfolgte Vollendung des südlichen Seitenschiffs, wenn man nicht von verschiedenen, gleichzeitig arbeitenden Steinmetzen ausgehen möchte. Ein solches Nacheinander im Baugeschehen wird durch die unterschiedlichen Fensterausbildungen der Seitenschiffe bestätigt. Als nächstes kam es zusammen mit dem Obergaden zur Aufhöhung der Emporengeschosse, deren Kapitelle sich bereits der schlankeren Kelchform annähern. Als Widerlager wird der Turm kontinuierlich mit emporgewachsen sein. Zum Zeitpunkt der Überweisung der Kirche an den Deutschen Orden im Jahr 1219 dürfte sie fertiggestellt gewesen sein.

Dieses offenkundig in zögerlichen Phasen gewachsene Sakralbauwerk bietet sich insgesamt als eine baukünstlerisch solide Architekturschöpfung dar, die in der Spätzeit der staufischen Kirchenbaukunst im Rheinland noch weitgehend dem Erscheinungsbild eines klassischen Mauermassenbaus verpflichtet ist. Lediglich in der üppigen Stapelung etlicher Profile in den Pfeilersockeln wie an den Kapitellen werden gestalterische Ambitionen ablesbar, die dem Anspruch des gräflichen Bauherrn Rechnung tragen sollten. Gleichwohl gibt das Bauwerk eigentlich keinen Anlass zu einer neuerlichen architekturhistorischen Würdigung, läge nicht eine Besonderheit vor, die diesem Kirchenbau innerhalb der romanischen Sakralarchitektur zwischen Rhein und Maas ein Alleinstellungsmerkmal verleiht: Ihre Emporen über den Seitenschiffen.

Die Emporen

Die von dem Paul Clemen-Schüler Paul Ortwin Rave in seiner 1921 erstellten und 1924 druckgelegten Dissertation formulierte und bis heute gültige Definition weist jene als sogenannte unechte Emporen aus.[8] Deren charakteristisches Merkmal ist zum einen ihr oberer Abschluss unmittelbar durch die Dachkonstruktion der Seitenschiffe und zum anderen das Fehlen einer eigenen Befensterung. Damit jedoch geraten solche Emporen letztlich mehr oder weniger zu Dachräumen.

---

8   Paul Ortwin Rave: Der Emporenbau in romanischer und frühgotischer Zeit (= Forschungen z. Formgeschichte d. Kunst aller Zeiten und Völker, Bd. 8), Bonn/Leipzig 1924, S. 16. Ihm folgt Hans Martin von Erffa: Empore, in: Reallexikon zur Deutschen Kunstgeschichte, Bd. 5, Stuttgart 1967, Sp. 263–264. – Günther Binding: Empore, in: Lexikon des Mittelalters, Bd. 3, München Zürich, 1986, Sp. 1895–1896. – Hans Koepf, Günther Binding: Wörterbuch der Architektur (= Kröners Taschenausgabe, Bd. 194), Stuttgart 1999, S. 150.

4   Nideggen, St. Johannes Baptist, Inneres nach Südosten

Das Aufreißen der Mittelschiffwand zwischen den Scheidarkaden und den Obergadenfenstern zum Dachraum der Seitenschiffe durch Bogenöffnungen kennt im Rheinland ältere Vorläufer. Als erstes tauchen derartige die Mauerdicke durchbrechende Elemente im frühen 12. Jahrhundert an der einstigen Stiftskirche St. Vitus in Elten auf.[9] Dort befinden sich in Verlängerung der Sohlbänke der paarigen Obergadenfenster Biforien mit einer Säulenrahmung. Nach Kubach/Verbeek ist diese »bemerkenswerte triforienartige Obergadengliederung [...] vielleicht als Reduktion einer Emporenanlage zu verstehen.«[10] Ähnliche, wenn auch jochweise nur einzelne, in gestufter Blende und mit mittlerer Säule gekuppelte Zwillingsarkaden zu den Seitenschiffdächern besitzt die nur wenig weiter rheinaufwärts gelegene ehemalige Stiftskirche St. Clemens in Wissel aus der Mitte des 12. Jahrhunderts.[11] Diesen sehr ähnlichen Biforien begegnen wir noch weiter südlich dann um 1200 an St. Kastor in Koblenz, stärker differenziert durch den Blenden seitlich eingestellte Säulen, die einen Wulst tragen.[12] Daneben aber kann das Rheinland, das vom Nieder- bis zum Mittelrhein mit etwa dreißig Bauten innerhalb von Deutschland als das gelobte Land der

---

9   Kubach/Verbeek, Bd. 1 1976 (wie Anm. 2), S. 252.
10 Ebd.
11 Kubach/Verbeek, Bd. 2 1976 (wie Anm. 2), S. 1257.
12 Kubach/Verbeek, Bd. 1 1976 (wie Anm. 2), S. 488.

Emporenbasiliken gepriesen werden darf[13], kaum mit weiteren bekannten Vorläufern, geschweige mit Parallelbeispielen zu den unechten Emporen in Nideggen aufwarten.

Exkurs nach Nordfrankreich

Auf der Suche nach denkbaren Vorbildern für diese unechten Emporen hatten Kubach/Verbeek knapp und allgemein auf das nördliche Frankreich, hauptsächlich auf die Normandie hingewiesen, ohne allerdings konkrete Bauten zu benennen.[14] Folgt man ihrem Fingerzeig, trifft man in Jumièges mit Saint-Pierre auf den frühesten Bau, der gut ein Jahrhundert vor Elten, um 1000, über den Arkaden und oberhalb eines Paares zwischengeschalteter Kreisblenden in einer Kastenrahmung Biforien mit eingestellter stämmiger Mittelsäule unter weit ausladendem Kämpfer besitzt.[15] Dahinter verläuft ein tonnengewölbter Laufgang, in dem eine der Quellen angelegt ist für die wiederholte Diskussion über das in seiner Grenzziehung offenbar nicht immer eindeutige Verhältnis von unechter Empore und Triforium, wie es in der zuvor zitierten, etwas zwiespältig anmutenden Definition von Kubach/Verbeek im Fall von Elten bereits angeklungen ist[16], ein Disput, der auch im Folgenden unterschwellig immer wieder durchschimmern wird. Doch hatte Kubach schon in seiner 1933 ebenfalls bei Paul Clemen erstellten Dissertation über die rheinischen Triforienkirchen der Stauferzeit ausgeführt, dass die unechten Emporen eine Zwischenform von echter Empore und Triforium darstellen und insofern weniger eine Raumöffnung als vielmehr eine Mauerdurchbrechung sind, wobei allerdings die Bögen der unechten Empore meist in Größe und Form denen der echten näher stehen als jenen des Triforiums.[17]

Mit dieser Schärfung des Beobachtens darf man sich der nur wenige Jahre nach Saint-Pierre in Jumièges erbauten Abteikirche Notre-Dame in Bernay zuwenden.[18]

---

13 Vgl. die entsprechenden Verbreitungskarten bei Rave 1924 (wie Anm. 8), im Anhang und bei Kubach/Verbeek, Bd. 4 1989 (wie Anm. 2), S. 383.
14 Ebd., S. 384.
15 Reinhard Liess: Der frühromanische Kirchenbau in der Normandie, München 1967, S. 246–252. – Heinfried Wischermann (Hg.): Die romanische Kirchenbaukunst der Normandie. Ein entwicklungsgeschichtlicher Versuch (= Berichte u. Forschungen z. Kunstgesch., Bd. 6), Freiburg 1982, S. 5. – Lucien Musset: Romanische Normandie (Ost), Würzburg 1987, S. 113–121. – Jacques Le Maho, James Morganstern: Jumièges, Église Saint-Pierre. Les Vestiges Préromans, in: Congrès archéologique de France. 161e Session 2003. Rouen et Pays Caux, Paris 2005, S. 97–166. – Valérie Chaix: Les églises romanes de Normandie. Formes et functions, Paris 2011, S. 278–281; dort S. 95–110, Überblick über Form und Funktion der Emporen von Kirchen in der Normandie.
16 Ernst Gall: Die gotische Baukunst in Frankreich und Deutschland. Teil I: Die Vorstufen in Nordfrankreich von der Mitte des 11. bis gegen Ende des 12. Jahrhunderts, Leipzig 1925, S. 19–20. – Hans Erich Kubach: Das Triforium. Ein Beitrag zur kunstgeschichtlichen Raumkunde Europas im Mittelalter, in Zeitschr. f. Kunstgesch. 5, 1936, S. 282. – Liess 1967 (wie Anm. 15), S. 326–327, Anm. 437. – Hans-Jürgen Greggersen: Die Entwicklung des Triforiums in Frankreich (= 74. Veröff. d. Abt. Architekturgesch. d. Kunsthist. d. Univ. zu Köln), Köln 2001, S. 39. Vgl. auch Günther Binding in Anm. 28.
17 Hans Erich Kubach: Rheinische Triforienkirchen, Köln 1934, S. 12f.
18 Liess 1967 (wie Anm. 15), S. 35–36, 166–183. – Wischermann 1982 (wie Anm. 15), S. 6–8. – Musset 1987 (wie Anm. 15), S. 25–44. – Bernhard Laule, Ulrike Laule: Romanische Architektur

Ähnlich wie in Elten liegen hier über einem durchlaufenden Horizontalgesims die Biforien mit einer Mittelsäule unmittelbar unterhalb der stark abgeschrägten Sohlbänke der Obergadenfenster. Dahinter liegt der Dachraum der Seitenschiffe. Dort wie hier führt die achsiale Anordnung von Biforien und unmittelbar darüber angelegten Fenstern zu einer Vertikalbetonung innerhalb der Sargwand. Diese wird oberhalb der Arkadenpfeiler verstärkt durch höhere Rundblenden in den Flächen zwischen den Biforien. Doch sind diese Wanddurchbrüche im Obergaden von Bernay wie auch die in Elten, Wissel und Koblenz St. Kastor noch isolierte Elemente innerhalb der Fläche. Sie sind Motiv, ohne der Wand bereits eine Struktur zu verleihen.

Dieses sollte sich dann hin zu einer Gliederung der Fläche ändern um die Mitte des 11. Jahrhunderts bei der nur noch als imposante Ruine erhaltenen Abteikirche Notre-Dame in Jumièges.[19] In Nachfolge einer älteren Mittelschifftextur wie in Bernay liegen zwischen ihren Langhausarkaden und den Obergadenfenstern von einer Rundbogenblende überfangene Drillingsöffnungen auf Säulen. Halbrunde Wandvorlagen, die gewissermaßen in einem Stützenwechsel die Scheidarkaden zu Paaren zusammenfassen und in Sohlbankhöhe der Obergadenfenster augenscheinlich einst Schwibbögen abfingen, rahmen die ebenso paarweise im Rhythmus des Stützenwechsels geschiedenen Emporenarkaden. Dadurch erfährt der Raum zugleich eine spürbare horizontale Unterteilung in drei Zonen, freilich austariert durch die der Wand applizierten Vorlagen. Hinter den Triforien befinden sich die ersten echten Emporen. Dennoch verdient diese Kirche in unserem Kontext Aufmerksamkeit nicht allein wegen ihrer Bedeutung für die Entwicklung des dreizonigen Mittelschiffaufrisses[20], sondern auch, weil sie zugleich eine Initialarchitektur für den weiteren Emporenbau darstellt.[21]

So erfolgte offenbar unter dem Einfluss von Notre-Dame in Jumièges kurze Zeit später der Umbau der Abteikirche Mont-Saint-Michel. Auch ihr eignete im 2. Viertel des 11. Jahrhunderts zunächst ein Mittelschiffaufriss mit achsialer Reihung von Arkade, Biforie und Obergadenfenster wie in Bernay und bei der früheren Bauphase von Notre-Dame in Jumièges, dort um 1040, der nach 1060 bis in die 1090er Jahre von einer stärker plastischen Gliederung abgelöst wurde.[22] Die vermutlich 1094 und 1103 wiederholt eingestürzte Nordwand entstand im frühen 12. Jahrhundert neu in bewusst enger Anlehnung an den Formenapparat auf der Südseite. Die arkadenweise bis zur Wandkrone aufsteigenden halbrunden Wandvorlagen rahmen eine dreizonige Aufrissabwicklung, jeweils klar geschieden durch betonte Gesimse. Gepaarte Biforien

---

    in Frankreich, in: Rolf Toman (Hg.): Die Kunst der Romanik. Architektur, Skulptur, Malerei, Köln 1996, S. 137. – Chaix 2011 (wie Anm. 15), S. 234–238.

19 Liess 1967 (wie Anm. 15), S. 74–111, 215–246. – Wischermann 1982 (wie Anm. 15), S. 13–15. – Musset 1987 (wie Anm. 15), S. 100–113. – James Morganstern: Jumièges, Église Notre-Dame, in: Congrès 2005 (wie Anm. 15), S. 79–96. – Chaix 2011 (wie Anm. 15), S. 281–290.

20 Greggersen 2001 (wie Anm. 16), S. 23–56.

21 Marcel Anfray: L'architecture Normande, son influence dans le nord de la France aux XIe et XIIe siècles, Paris 1939, S. 53–94. – Liess 1967 (wie Anm. 15), S. 53–63.

22 Liess 1967 (wie Anm. 15), S. 252–263. – Wischermann 1982 (wie Anm. 15), S. 10–13. – Henry Decaëns: Mont-Saint-Michel. Krone des Abendlandes, Würzburg 1981, S. 73–86. – Claude Quétel: Der Mont-Saint-Michel, Stuttgart 2005, S. 37–45. – Chaix 2011 (wie Anm. 15), S. 291–297.

5   Mont-Saint-Michel, Abteikirche, Inneres nach Nordwesten

mit mittiger Säule und überfangen von vorgeblendeten Bögen, ebenfalls auf Säulen bzw. auf Pfeilern mit begleitenden Säulen, spannen sich mit großer plastischer Durchbildung zwischen die raumhohen Zäsuren der Wandvorlagen. Dabei wird die Atmosphäre des ursprünglich wie in Bernay und Notre-Dame in Jumièges flachgedeckten Mittelschiffgehäuses gesteigert durch die Gegensätzlichkeit, die hervorgerufen wird durch die Dunkelheit in den Seitenschiffdachräumen und den Lichteinfall durch die vergleichsweise weiten Fenster im Obergaden und in den Seitenschiffen. Dieser wirkungsvolle Kontrast ist geschuldet allein dem Vorhandensein der Scheinemporen.[23]

Die Einführung der Wölbung von Mittelschiffen allerdings hatte dann Konsequenzen für die konstruktive und damit gestalterische Durchformung der Wandzone zwischen Scheidarkaden und Obergaden. Bei einem der frühesten Wölbungsbauten der Normandie, Saint-Nicolas in Caen aus dem letzten Viertel des 11. Jahrhunderts[24], gibt es wie in Mont-Saint-Michel deutliche Zäsuren zwischen den drei Wandzonen, doch wird die Mauerdicke der wiederum von Halbsäulen gesäumten Joche zum Dachraum nur noch von einem Paar schmaler, aber steiler Rundbogenöffnungen

---

23   Liess 1967 (wie Anm. 15), S. 327, Anm. 437 und Greggersen 2001 (wie Anm. 16), S. 39 sprechen sich deutlich dafür aus, dass es sich bei Mont-Saint-Michel um unechte Emporen und nicht um Triforien handelt.
24   Liess 1967 (wie Anm. 15), S. 201–204. – Musset 1987 (wie Anm. 15), S. 99–106. – Greggersen 2001 (wie Anm. 16), S. 39–44. – Chaix 2011 (wie Anm. 15), S. 254–257.

durchbrochen, in Querhaus und Chorjochen zusätzlich mit einer vorgelegten Schicht aus enger stehenden Säulenarkaden. Der Dachraum verliert durch diese erheblich reduziertere Durchdringung der Wand weitgehend seine Mitwirkung beim Erleben des Innenraumes. Bei der ehemaligen Abteikirche Sainte-Trinité in Lessay, Anfang 12. Jahrhundert, wo es allein vom Querhaus zum Dachraum des Seitenschiffs noch eine vereinzelte konventionelle Biforie gibt, ansonsten – ähnlich wie in Querhaus und Chorjochen von Saint-Nicolas in Caen – im Mittelschiff eine Arkatur sich lediglich vor einem Laufgang der Wand entlang reiht[25] und insbesondere bis hin zur ehemaligen Abteikirche Saint-Georges in Saint-Martin-de-Boscherville, schon aus dem frühen 13. Jahrhundert[26], hat die unechte Empore ihr Dasein schließlich eingebüßt zugunsten des Triforiums. Während die unechten Emporen den flachgedeckten Sakralräumen gelassene Ruhe schenkten, bescheren ihnen die Triforien mit der kurzen Taktfolge ihrer Arkaturen im Verein mit der Gewölberhythmik eine auffällige Dynamik, bei der sich die Horizontal- und Vertikalkräfte gegenseitig steigern.

Es wäre allerdings verfehlt, das Vorkommen von unechten Emporen in Frankreich auf die Normandie (und davon abhängig England) zu beschränken. Schon bald nach ihrer Verbreitung dort sind sie im 12. und 13. Jahrhundert ebenfalls in den französischen Kronlanden, also der Picardie, der Île-de-France und der Champagne anzutreffen.[27] Mit der erzbischöflichen Domkirche Saint-Étienne in Sens, mit der der Kathedralbau Einzug in die französische Architektur hielt[28], eroberte die unechte Empore Mitte des 12. Jahrhunderts schließlich ihren glanzvollen Platz in den monumentalen Sakralbauten Frankreichs, für deren dreigeschossigen Wandaufriss im Mittelschiffs sie wegweisend wurde. Über den vom Stützenwechsel bestimmten Scheidarkaden reihen sich zwischen Horizontalgesimsen von einer Blendarkatur auf Säulen überfangen paarweise Biforien mit Mittelsäule. Wenn auch schon ein leichter Spitzbogen anklingt, so hat sich die Formensprache noch nicht gänzlich von jener der Romanik gelöst, was Veranlassung gibt, sich noch einmal die Physiognomie der Wandstruktur von Mont-Saint-Michel in Erinnerung zu rufen. Als ein weiteres prominentes Beispiel aus der 2. Hälfte des 12. Jahrhunderts darf der Chor von Sainte-Madeleine in Vézelay gelten[29], bevor dann der viergeschossige Aufbau aus

---

25 MUSSET 1987 (wie Anm. 15), S. 199–206. – WISCHERMANN 1982 (wie Anm. 15), S. 24f. – GREGGERSEN 2001 (wie Anm. 16), S. 44–49.
26 MUSSET 1987 (wie Anm. 15), S. 139–198. – Maylis Baylé: Saint-Martin-de-Boscherville, Ancienne Abbatiale Saint-Georges, in: CONGRÈS 2005 (wie Anm. 15), S. 311–322. – WISCHERMANN 1982 (wie Anm. 15), S. 28–29. – GREGGERSEN 2001 (wie Anm. 16), S. 49–51. – CHAIX 2011 (wie Anm. 15), S. 239–243.
27 KUBACH 1936 (wie Anm. 16), S. 281, 286. – ANFRAY 1939 (wie Anm. 21). – GREGGERSEN 2001 (wie Anm. 16), S. 102–105.
28 Jacques Henriet: La cathédrale Saint-Étienne de Sens. Le partie de premier maître et les campagnes du XIIe siècle, in: Bulletin monumental 140-II, 1982, S. 81–174. Während Günther Binding: Hochgotik. Die Zeit der großen Kathedralen, Köln 1999, S. 126 die Öffnungen oberhalb der Scheidarkaden in Sens als ›Gruppentriforium, das sich in den Dachraum der Seitenschiffe öffnet‹ bezeichnet, nennt sie ders.: Was ist Gotik? Eine Analyse der gotischen Kirchen in Frankreich, England und Deutschland 1140–1350, Darmstadt 2000, S. 186 ›unechte Emporen‹.
29 Arnaud Trimbert: Vézelay. Le chevet da la Madeleine et le premier gothique Bourguignon, Reims 2009, S. 39–47, 96–105.

6 Sens, Kathedrale Saint-Étienne, Inneres nach Nordosten

Scheidarkaden, Emporen, Triforium und Obergaden in Frankreich vorherrschendes Merkmal von Kathedralen und großen Abteikirchen wird. Ein näheres Eingehen auf diese Bauten erlaubt der hier gesteckte Rahmen leider nicht.

Doch mit welchem Erkenntnisgewinn zur Entwicklung und zur raumprägenden Relevanz von unechten Emporen können wir von dem notgedrungen äußerst selektiv geratenen Exkurs in die Normandie ins Rheinland zurückkehren? In der Tat kann die Normandie bereits recht früh im 11. Jahrhundert mit diesem eigentümlichen Emporentyp aufwarten, der dort eine wesentliche Rolle spielt bei der Entstehung des dreigeschossigen Wandaufbaus. Zugleich ist die unechte Empore in der Normandie begleitet von einem vergleichsweise langen Festhalten an der Flachdecke oder vielleicht wäre es besser zu formulieren: verbunden mit einem bewussten Verzicht auf Wölbung.[30]

---

30 LAULE 1996 (wie Anm. 18), S. 136–144.

7 Köln, St. Ursula, Inneres nach Nordwesten

Rheinische Emporenbasiliken

Emporen als Bestandteil eines dreigeschossigen Mittelschiffaufrisses in Verbindung mit einer Flachdecke über dem Hauptschiff einer Basilika begegnen wir im Rheinland bekanntlich zum ersten Mal um die Mitte des 12. Jahrhunderts in der einstigen Stifts- und jetzigen Pfarrkirche St. Ursula in Köln[31], also etwa ein Jahrhundert später als in der Normandie. Unter einer Überfangblende öffnen sich ihre Emporen in dreiteiligen Arkaden über Wandpfeilern und Säulen mit Würfelkapitellen, welche die mittlere breitere und höhere rahmen. Während Rave[32] und Mühlberg[33] einen Bezug zu Notre-Dame in Jumièges herstellen und Vogts allgemeine Parallelen zur

---

31 KUBACH/VERBEEK, BD. 2 1976 (wie Anm. 2), S. 603–608. – Karen Künstler: St. Ursula. Der Kirchenbau des 12. Jahrhunderts und seine Ausgestaltung bis zum Zweiten Weltkrieg (= Stadtspuren Denkmäler in Köln, Bd. 1), Köln 1984, S. 523–545. – DEHIO 2005 (wie Anm. 2), S. 710–715.
32 RAVE 1924 (wie Anm. 8), S. 101.
33 Fried Mühlberg: St. Ursula in der kölnischen Kirchenbaukunst der ersten Hälfte des 12. Jahrhunderts, in: Festschr. f. Gert von der Osten, Köln 1970, S. 39–76, bes. S 62–67, 69f. Notre-Dame in Jumièges und St. Ursula in Köln zeichneten sich ursprünglich ebenso durch Emporen in ihren Querarmen aus.

Einmalig im Rheinland

normannischen Architektur erkennt[34], halten Kubach/Verbeek eine solche Ableitung für »geradezu absurd.«[35] Nun ist dennoch nicht ganz von der Hand zu weisen, dass die bildhafte Anmutung der Mittelschifffassaden von Notre-Dame in Jumièges und St. Ursula in Köln zumindest deutliche Ähnlichkeiten nicht leugnen können. Das Entscheidende aber ist die von St. Ursula ausgehende Kraft, die dem Rheinland nachfolgend bis zur Mitte des 13. Jahrhunderts in zahlreichen Basiliken das neue raumprägende Element der Empore schenkte.[36]

Die unechten Emporen in Nideggen

Innerhalb der kleinen Familie, die unmittelbar nach St. Ursula von der 2. Hälfte des 12. bis in die ersten Jahrzehnte des 13. Jahrhunderts im Rheinland und in der Nachbarschaft an der Lahn und im Oberbergischen nur wenige flachgedeckte Emporenbasiliken umfasste[37], ist St. Johannes in Nideggen der einzige Bau mit unechten Emporen. Er wird aber in diesem Zusammenhang von Kubach/Verbeek nicht erwähnt, weil sie ihn vielmehr mit einreihen bei jenen gewölbten Basiliken der Spätromanik, deren dreigeschossiger Wandaufbau mit Emporen erfolgte.[38] Nun ist allerdings gleichzeitig einzuräumen, dass die unechten Emporen von St. Johannes mit ihrem Habitus der in Notre-Dame in Jumièges und St. Ursula in Köln präfigurierten Physiognomie der dortigen echten Emporen mit ihrem Überfangbogen über einer Drillingsarkade näherstehen als den einer Rundbogenblende eingestellten Biforien etwa im Mont-Saint-Michel oder in der Kathedrale von Sens.

Kubach/Verbeek gehen mit Rave davon aus, in Nideggen seien statt der unechten Emporen anfangs ebenfalls echte Emporen geplant gewesen, aber nicht ausgeführt worden, und zwar vermutlich deshalb, weil die ursprüngliche Intention, das Mittelschiff zu wölben, zugunsten einer Flachdecke aufgegeben worden sei.[39] Diese Annahme gründet auf der leider nicht konkreter dokumentierten Beobachtung von Arntz anlässlich der von ihm durchgeführten Instandsetzung der Kirche, wonach gefundene Spuren darauf schließen ließen, dass eine Wölbung begonnen, jedoch nicht ausgeführt worden ist.[40] Für eine solche Annahme könnten auch die, allerdings im Zuge der Nachkriegswiederherstellung nur partiell erhaltenen, flachen Bänder sprechen, die den Halbsäulenvorlagen hinterlegt und als Kanten in den Mittelschiffecken eingefügt sind. Als weiteres Argument für die aufgegebene Absicht eines vollen Emporenaus-

---

34 Hans Vogts: Köln im Spiegel seiner Kunst, Köln 1950, S. 91.
35 Kubach/Verbeek, Bd. 4 1989 (wie Anm. 2), S. 227.
36 Ebd., S. 225.
37 Kubach/Verbeek, Bd. 4 1989 (wie Anm. 2), S. 225–227: Köln, St. Johann Baptist, M. 12. Jh.; Niederlahnstein, St. Johannes, M. 12. Jh.; Bad Ems, St. Martin, M. 12. Jh.; Siegburg, St. Servatius, um 1170; Dietkirchen, ehem. Stiftskirche St. Lubentius und Juliana, 2. H. 12. Jh.; Morsbach, St. Gertrud, fr. 13. Jh.; Meinerzhagen, ev. Jesus-Christus-Kirche, 1. H. 13. Jh.
38 Kubach/Verbeek, Bd. 4 1989 (wie Anm. 2), S. 383–384.
39 Rave 1924 (wie Anm. 8), S. 105. – Kubach/Verbeek, Bd. 4 1989 (wie Anm. 2), S. 840 und S. 383. – Dehio 2005 (wie Anm. 2), S. 1012.
40 Arntz 1989 (wie Anm. 4), S. 21.

baus werden die vorhandenen Emporen selbst bemüht mit Blick auf die Aufhöhung der Seitenschiffmauern mit einem Drempel. Unterstellt man einmal eine von der angegebenen Befundsituation ausgehende Einwölbung des Mittelschiffs, so hätte diese wohl kaum eine weiter nach oben verschobene Positionierung der Obergadenfenster zugelassen, als es der heutige Bestand zeigt. Das aber wäre bei einer Aufhöhung der Seitenschiffwände um ein Maß, das eine Befensterung der Emporen ermögliche, verbunden gewesen mit äußerst flach geneigten Dächern über den Seitenschiffen, ein bautechnisches Problem angesichts der klimatischen Verhältnisse in der Eifel. Dieser Kalamität wäre allenfalls bautechnisch zu begegnen gewesen mit einer entsprechenden Aufstockung der Obergadenwände, die allerdings undurchführbar bleiben musste ohne Anfügung von Strebebögen. Doch die Kompetenz zur Ausführung solcher Konstruktionshilfen ließ im Rheinland damals noch für etliche Zeit auf sich warten.

Es wurde eingangs schon auf die ausgewogenen Proportionen des Kirchenbaukörpers hingewiesen, die an der Seite des prominenten Bauherrn einen baukünstlerisch nicht unbegabten Baumeister (oder mehrere) verraten. Wenig realistisch scheint von daher der Gedanke, die so stimmigen Maßverhältnisse des Bauwerks durch unverhältnismäßig hohe Seitenschiffmauern mit zweizoniger Fensterreihung beträchtlich aus dem Gleichgewicht zu bringen. Da im späten 12. Jahrhundert das Wölben von Mittelschiffen auch im Rheinland allgemein beherrschbar war, muss für Nideggen durchaus in Erwägung gezogen werden, ob das Festhalten an einer Flachdecke – wie auch schon in der Normandie beobachtet – nicht vielmehr als eine bewusste Entscheidung gewertet werden darf. Denn der Preis für eine Einwölbung wäre der Verzicht auf die Installation der Emporen gewesen, die mit der von ihnen provozierten Perforation der Wand zu einer Fragilität führten, die eine der vorgegebenen Strukturierung des Mittelschiffs gehorchende Wölbung ziemlich unmöglich machte. In Kenntnis dieser Schwierigkeiten war Arntz ja seinerzeit gezwungen, dem Raum eine von den genuinen Vorgaben der mittelalterlichen Bausubstanz unabhängige Wölbung zu implantieren. Die bis zur Mauerkrone des Obergadens geführten Wandvorlagen müssen deshalb keinesfalls ein Indiz für Wölbungsabsichten sein, wie die normannischen Beispiele zeigen.

Was aber mag Bauherrn und Baumeister bewogen haben, die flachgedeckte Basilika mit unechten Emporen auszustatten? Hilfreich bei der Beantwortung dieser Frage kann zunächst einmal das Beleuchten möglicher Zweckbestimmungen von Emporen sein.[41] Vordergründig betrachtet vergrößert sich durch die Anlage von Emporen die Fläche für die Teilnehmer am Gottesdienst. Zugleich erleichtern sie die Trennung unterschiedlicher Gruppen von Gläubigen. Auch wenn Kubach/Verbeek gewiss zu Recht vermerkt haben, dass wir für die spätromanische wie die davor liegende Zeit über die praktische Verwendung von Emporen letztlich nicht viel wissen[42], so scheinen für Nideggen die genannten Aspekte durchaus eine Rolle gespielt zu haben,

---

41 Von Erffa 1967 (wie Anm. 8), Sp. 226. – Binding 1986 (wie Anm. 8), Sp. 1896. – Koepf/Binding 1999 (wie Anm. 8).
42 Kubach/Verbeek, Bd. 4 1989 (wie Anm. 2), S. 382.

wie die relativ bequemen Treppenzugänge auf die Emporen nahelegen. Die Aufenthaltsqualität wurde außerdem verbessert dank der Drempel, weil durch sie die Dachkonstruktion erst höher ansetzt und damit die Geräumigkeit zunimmt. Rave geht für die südliche Empore in Nideggen überdies von einer liturgischen Nutzung aus und verweist dabei auf die Nebenapsis, die vom Erdgeschoss bis in die Empore hinaufreicht.[43] Doch ist eine solche Annahme für das Mittelalter und spätere Epochen obsolet, da diese ungewöhnlich hohe Nebenapside wahrscheinlich erst im Rahmen der von Arntz konzipierten Baumaßnahmen bis zur Traufhöhe des Nebenschiffs aufgestockt worden ist.[44] Statische Notwendigkeiten für den Einbau der unechten Emporen können hier ebenso ausscheiden, da sie zur konstruktiven Sicherung einer Flachdecke entbehrlich waren.

Nun hat die Forschung verschiedentlich dargelegt, dass jenseits denkbarer rein funktionaler Zweckbestimmungen von Emporen, auch wenn nicht gar vorrangig, baukünstlerische Überlegungen für ihre Errichtung maßgeblich waren.[45] So haben sie insbesondere dazu beigetragen, zwischen den Scheidarkaden und dem Obergaden die – abgesehen von einer künstlerischen Oberflächenbehandlung – kahle Sargwand des Mittelschiffs, hinter der sich der Dachraum der Seitenschiffe verbirgt, mit architektonischen Sprachmitteln zum Leben zu erwecken. Aber, wie Kubach richtig feststellt[46], wird das Manko der leeren Wand durch das Zwischenschalten von Emporen lediglich nur weiter nach oben verlagert, da ja über diesen gleichfalls Dachräume liegen, ein Dilemma, das sich mit der Vorblendung von Triforien elegant umgehen lässt. Im Rheinland versah man deshalb schon im späten 12. Jahrhundert die Wand vor dem Dachbereich oberhalb der echten Emporen in der ursprünglich ebenfalls flachgedeckten Kirche St. Severus in Boppard[47] zunächst jochweise mit einzelnen Biforien und im 2. Viertel des 13. Jahrhunderts, wohl inspiriert von den grandiosen Bauten der Île-de-France, in St. Peter in Bacharach schließlich mit einem Blendtriforium.[48] Mit diesen vergleichsweise kleinen Sakralbauten erleben wir in der rheinischen Romanik den vierzonigen Wandaufriss, der um 1235 im Limburger Dom[49] seinen expressiven Höhepunkt feiern sollte.

---

43 RAVE 1824 (wie Anm. 8), S. 104.
44 KUBACH/VERBEEK, BD. 2 1976 (wie Anm. 2), S. 840. Dabei lassen sie offen, wann diese Maßnahme erfolgt ist.
45 RAVE 1924 (wie Anm. 8), S. 137. – VON ERFFA 1967 (wie Anm. 8), Sp. 262–263. – LIESS 1967 (wie Anm. 15), S. 54. – KUBACH/VERBEEK, BD. 4 1989 (wie Anm. 2), S. 383 halten es für verfehlt, die Empore primär als ein Phänomen der künstlerischen Gestaltung anzusehen, vielmehr werde die funktionsbedingte Öffnung der Empore zum Anlass genommen, nun auch die Mittelschiffwand mit Bogenstellungen zu gliedern und in Geschossen aufzubauen.
46 KUBACH 1934 (wie Anm. 17), S. 70.
47 KUBACH/VERBEEK, BD. 1 1976 (wie Anm. 2), S. 130.
48 Ebd., S. 71.
49 KUBACH/VERBEEK, BD. 2 1976 (wie Anm. 2), S. 667–670. – Dethard von Winterfeld: Zum Stand der Baugeschichtsforschung, in: Wolfram Nicol (Hg.): Der Dom zu Limburg (= Abh. z. mittelrhein. Kirchengesch., Bd. 54), Mainz 1985, S. 46–52. – Wolfgang Metternich: Der Dom zu Limburg, Darmstadt 1994, S. 120–130. – Joachim Pick: Dom und Domschatz in Limburg. Lubentiuskirche in Dietkirchen, Königstein i.T. s.d., S. 10–14.

Im Gegensatz zur echten Empore kennt die unechte jene gestalterischen Schwierigkeiten nicht. Ihr gelingt es vielmehr ohne Weiteres, die fragliche Zone des Obergadens schlüssig zu gliedern. Und allein auf diese Weise konnte in Nideggen zudem erreicht werden, das wohlproportionierte äußere Erscheinungsbild der Kirche mit ihren sensibel komponierten Kuben ungeschmälert zu bewahren. Echte Emporen hätten in diesen harmonischen Klang eine unerträgliche Dissonanz gebracht. So ist es dem Baumeister von St. Johannes auf im Grunde einfache, aber gültige Weise gelungen, seinem Bauherrn mitsamt seinem Gefolge in der Herrscherempore im ersten Turmobergeschoss in Blickhöhe eine baukünstlerische Bereicherung zu bescheren, die dazu beiträgt, den Raumhorizont, auf welchem jener sich beim Gottesdienst aufhält, innerhalb des Sakralgehäuses in besonderem Maße zu nobilitieren. Er hat damit dem Ehrgeiz seines Auftraggebers, dem Memorialbau für dessen gräfliche Familie die angemessene Würde zu verleihen, vorzüglich Rechnung getragen. Nur gemutmaßt werden kann, ob und in wie weit Baumeister und Bauleute, die mit der ungefähr zeitgleichen Errichtung der Burg beschäftigt waren, auch beim Kirchenbau verpflichtet waren.

Die in unserem Kontext notgedrungen oben nur in sehr geringer Zahl exemplarisch aufgerufenen Sakralbauten in der Normandie und Île-de-France, die sich mit unechten Emporen schmücken, haben den Beweis angetreten dafür, dass solche Emporen alles andere sind als eine Not- oder Verlegenheitslösung. Im Gegenteil, sie sind eine wichtige Erfindung im Zuge des Bemühens, die Körperlichkeit der Mauer aufzulösen und Flächen zu gliedern. Sie sind insofern ein entscheidender Meilenstein auf dem schwierigen Weg vom Mauermassenbau zum Gliederskelettbau. Wir dürfen folglich die unechten Emporen in St. Johannes Baptist in Nideggen nicht einfach als ein architektonisches infinito abtun, sondern wir haben sie als eine bewusste baukünstlerische Inszenierung zu würdigen. Man darf ihnen sogar das Vermögen zugestehen, die vor allem für den Außenbau relevanten Vorteile von unechten Emporen bestens mit den Vorzügen von echten für den Innenraum in sich zu vereinen.

Dieses herauszustellen scheint geboten, da sich im deutschen Sprachgebrauch mit der Bezeichnung ›unecht‹ üblicherweise Konnotationen verbinden wie falsch, imitierend, vortäuschend oder nicht richtig gekonnt. In unserer Kirche in Nideggen ist es vielmehr das vornehme Ziel der unechten Emporen, hauptsächlich zur Steigerung der Repräsentanz des Innenraumes zu dienen, eine Gesinnung, die im ausgehenden Mittelalter schließlich die ausschlaggebende Motivation zur Anlage von Emporen als privilegierte Aufenthaltsorte werden sollte.[50]

Bildnachweis

1, 3, 4: Foto: LVR-Amt für Denkmalpflege im Rheinland. – 2: Aufmaß und Zeichnung: Ulrich Jacobs, LVR-Amt für Denkmalpflege im Rheinland. – 5: Repro aus: H. Decaëns: Mont-Saint-Michel. Würzburg 1981, Abb. 27. – 6: Foto: ©Foto Marburg. – 7: Foto: ©Rheinisches Bildarchiv Köln.

---

50 Sandra Danike: Emporeneinbauten im deutschen Kirchenbau des ausgehenden Mittelalters, Weimar 2001.

Die Rundpfeiler des Altenberger Domes

Ein terminologisches Problem

Günther Binding

Der Jubilar Norbert Nußbaum hat zusammen mit Sabine Lepsky 2005 im auswertenden Bericht seiner Beobachtungen während der Sicherungsarbeiten am Chor der Zisterzienserabteikirche Altenberg mit stupender analytischer Urteilskraft eine vorzügliche, minutiöse Beschreibung und umfassende Analyse der Arkadenstützen im Chorumgang vorgelegt.[1] Sorgfältig und bis in Einzelheiten gehend werden die Stützen als schlanke Rundpfeiler beschrieben. (Abb. 1) Der aus zwei, ein wenig gestuften, zylindrischen Trommeln gebildete Sockel ist mit 92 cm Höhe ungewöhnlich hoch; er ist »nicht zisterziensischen Bautraditionen entlehnt, sondern der maßgenauen Übernahme von Aufriss- und Detailentwürfen der Kölner Dombauhütte zu verdanken,« jedoch in der Einzelgestaltung verschieden. »An den Großkapitellen der [83 cm dicken, aus Quadern aufgesetzten] Arkadenpfeiler stimmen [mit Köln] sowohl der konstruktive Aufbau der Kapitelle aus zwei Blöcken, die jeweils eine Blattreihe des Laubwerks tragen, als auch Profile und Maße bis ins Detail überein. Identisch sind die Gesamthöhe der Kapitelle von 63 cm, der 6 cm hohe, mandelstabförmige Halsring und die Kerbe in der ansonsten blockhaften Deckplatte.[…] Die Herkunft […] ist kölnisch, wenngleich ihr Laubwerkdekor motivisch von den Kölner Blattwerken abweicht.«[2]

Fünf Jahre später hat Peter Kurmann in Kenntnis der Bücher von Matthias Untermann 2001 und Lepsky/Nußbaum 2005 einen Aufsatz veröffentlicht mit dem Titel »Kathedralen auf Säulen. Zur Frage einer möglichen Verbindung zwischen Saint-Etienne in Châlons-en-Champagne und Altenberg«.[3] Für Kurmann »wäre es bedenklich, die Stützenform des Bergischen Doms ausschließlich von [der Zisterzienserklosterkirche] Longpont oder seinem unmittelbaren Nachfolgebau Royaumont herzuleiten. Sollte für die Stützenform wie auch für die gesamte Aufrissgestaltung

---

1 Sabine Lepsky, Norbert Nußbaum: Gotische Konstruktion und Baupraxis an der Zisterzienserkirche Altenberg, Band 1, Die Choranlage (Veröffentlichungen des Altenberger Dom-Vereins), Bergisch Gladbach 2005, S. 65–74, 151, 197f., die folgenden Zitate S. 66, 72, 74. – Sehr positive Besprechung von Markus Schlicht in: Bulletin monumental 167, 2009, S. 79. – Siehe auch Matthias Untermann, Forma ordinis: Die mittelalterliche Baukunst der Zisterzienser, München, Berlin 2001, S. 534f., 641–643. – Besprechung von Carsten Fleischhauer in: Journal für Kunstgeschichte 9, 2005, Heft 2, S. 111–115. – Abbildung aller Kämpfer und Kapitelle siehe Hermann Josef Roth: Die Pflanzen in der Bauplastik des Altenberger Domes, Bergisch Gladbach 1976. – Gute Abbildungen in Jürgen Kaiser: Gotik im Rheinland, fotografiert von Florian Monheim, Köln 2011, S. 71–76.
2 Vgl. Anm. 1.
3 Peter Kurmann: Kathedralen auf Säulen. Zur Frage einer möglichen Verbindung zwischen Saint-Etienne in Châlons-en-Champagne und Altenberg, in: 1259 Altenberg und die Baukultur im 13. Jahrhundert (Veröffentlichungen des Altenberger Dom-Vereins 10), Regensburg 2010, S. 223–240, Zitat S. 235.

1 Altenberg, Zisterzienser-Klosterkirche, Chor von Nordwesten

von Altenberg nicht doch Châlons-»en-Champagne [früher Châlons-sur-Marne] den Ausschlag gegeben haben? Vergleichbar sind in beiden Fällen außer den dienstlosen Rundstützen das vierteilige Triforium« und Weiteres.

Gleich zu Anfang seines Aufsatzes bemängelt Kurmann: »Die Geschichte des gotischen Pfeilers ist noch nicht geschrieben«[4], das heißt, er hat meinen Aufsatz von 1995/98, auf den Untermann und Lepsky/Nußbaum verwiesen haben, nicht zur Kenntnis genommen.[5] Im Laufe des Textes äußert Kurmann über die zwischen ca. 1240 und 1255 errichteten drei östlichen Langhaustraveen der Kathedrale von Châlons-en-Champagne, dass man die »kräftigen [aus Trommeln aufgesetzten] Rundpfeiler [...] infolge ihrer gestreckten Proportionen durchaus als Säulen bezeichnen darf,« und spricht deshalb auch von »Säulen im Erdgeschoss«, »Säulenreihe«, »monumentale Arkadensäule«, »die monumentale, vollplastische Gestalt der hohen Säule« und »Longpont auf Rundsäulen« beziehungsweise die »Säulen von Longpont«.[6] Er folgt damit John Onians, der 1988 die gotischen Rundpfeiler mit Kapitell als »Säule« verstanden wissen will.[7] Das bedeutet aber letztlich, für Peter Kurmann besteht kein Unterschied zwischen Säule und Rundpfeiler: er setzt damit die verbindliche Definition von Säule und Pfeiler aus[8], ebenso schon Vincenz von Zuccalmaglio 1836, der die Altenberger Stützen, die zum Kölner Dom »viel Ähnliches haben«, abwechselnd als »schlanke runde Pfeiler« und »Säulen« bezeichnet hat, zum Beispiel »[...] vier runde schlanke Säulen, welche wie alle Pfeiler des Chores an den Knaufen mit Laubwerk verziert waren; die Pfeiler des Kirchenschiffes hingegen liefen an den Knäufen in überragende runde Reifen aus, und die Basis aller Säulen war einfach.«[9] Auch Paul Clemen nennt 1901 im Kunstdenkmäler-Inventar die Stützen »Säulen« mit »Kapitäl«, während Ruth Schmitz-Ehmke 1967 im Dehio in der Nachfolge von Ernst Gall in der Dehio-Bearbeitung von 1937 von »Kapitellen der Rundpfeiler« spricht, ebenso Gerda Panofsky-Soergel 1972 und schließlich Lepsky/Nußbaum 2005. Für Paul Clemen »hat das Kapitäl einfache Kelchform und wird von einer nur wenig vorgekragten runden Deckplatte abgeschlossen. Die Kehle ist durch eine doppelte

---

4   KURMANN 2010 (wie Anm. 3), S. 223.
5   Günther Binding: Der gotische Pfeiler. Genese einer Formfindung, in: Günther Binding: Beiträge zum Gotik-Verständnis (53. Veröff. d. Abt. Architekturgeschichte d. Kunsthist. Instituts der Universität zu Köln), Köln 1995, ²1996, S. 45–84. – Günther Binding: Der gotische Gliederpfeiler, in: Wallraf-Richartz-Jahrbuch 59, 1998, S. 29–58. – Siehe auch Günther Binding: Was ist Gotik? Darmstadt 2000, ²2006, S. 227–236: »Rundpfeiler, Gliederpfeiler, Bündelpfeiler«. – Zustimmend UNTERMANN 2001 (wie Anm. 1), S. 642. – LEPSKY/NUSSBAUM 2005 (wie Anm. 1), S. 65 mit Anm. 189. – Auch den vorzüglichen Aufsatz von Jürgen MICHLER 1980 (wie Anm. 15) hat Kurmann wohl nicht gekannt.
6   KURMANN 2010 (wie Anm. 3), S. 224, 229, 231f., 235.
7   John Onians: Bearers of Meaning, Princeton 1988, S. 87f. – Siehe auch UNTERMANN 2001 (wie Anm. 1), S. 642.
8   Hans Koepf, Günther Binding: Bildwörterbuch der Architektur, Stuttgart ⁴2005, S. 362, 402f. – Siehe auch die Stichworte im Lexikon des Mittelalters, Bd. VI, München/Zürich 1993, Sp. 2027f., Bd. VII, 1995, Sp. 1403–1405.
9   Vincenz von Zuccalmaglio: Geschichte und Beschreibung des Klosters Altenberg, Barmen 1836, S. 73, Zitat S. 71.

Reihe von freimodellierten Blättern verziert.«[10] Bei Gerda Panofsky-Soergel ist zu lesen: »Die Kapitelle sind durch einen schmalen Ring von dem Pfeiler abgesetzt und am oberen Rand in einer Lippe vorgewölbt [...] mit zwei Reihen plastisch aufgelegten Blattwerks verziert.«[11]

Diese Beschreibungen zeigen schon deutlich, dass es sich nicht um klassische Säulen handelt. Hier ist eine Klärung der Begriffe erforderlich, um Fehldeutungen einen Riegel vorzuschieben in der Hoffnung, dass dadurch für die Zukunft eine angemessene Beurteilung wirksam wird, die weitergehende und auch zutreffende Deutungen ermöglicht. Das Wesen eines Reglements ist es, dass es für jeden ohne Ansehen der Person gilt, auch und gerade für jene, die zu besseren Erkenntnissen als andere vorzustoßen beabsichtigen. Sachgerechte Beschreibung und möglichst objektive Analyse der Formen sind notwendig, um auf dieser Grundlage einen angemessenen Vergleich, verwandtschaftliche Beziehungen zu erarbeiten und, die Erscheinung als Ganzes berücksichtigend, eine Würdigung zu erreichen. Für Leopold von Ranke war es schon 1824 die Aufgabe der historischen Wissenschaften aufzuzeigen, »wie es eigentlich gewesen ist«, das heißt sich zu bemühen, die historischen Zusammenhänge zu sehen und zu verstehen. Das, was wir zu erkennen gelernt haben, ist anzuwenden. Aber sind wir so sicher, dass es richtig und allgemeingültig ist? In der Beliebigkeit zeigt sich zumindest Unsicherheit beziehungsweise Unfähigkeit, Formen zu erkennen und als Grundlage für einen Vergleich zu definieren. Der Vergleich ist die unabdingbare Voraussetzung für jede Art von Interpretation.

Mit der Sprache fängt alles an. Wenn die Begriffe nicht stimmen, wird die Vernunft verwirrt, sagte schon Konfuzius. Und Hugo von St. Viktor schreibt in seinem um 1125 vollendeten *Didascalicon*: »Ich erinnere mich, dass ich, als ich noch Schüler war, mich abmühte, um von allen Dingen, die mir vor Augen oder in Gebrauch kamen, die Bezeichnung (*vocabula*) zu wissen, weil ich von selbst darauf gekommen war, dass in die Natur der Dinge nicht einzudringen vermag, wer deren Namen (*nomina*) bis dahin nicht wissen sollte (*ignoraret*).«[12] Wir benennen die einzelnen Erscheinungen und ordnen sie auf diese Weise. Das hilft uns, auf Dauer in immer wieder gleicher Art die Dinge anzusehen und in immer gleicher Weise Beziehungen wahrzunehmen. Die Beschreibung beziehungsweise Benennung einer Form darf nicht je nach Laune behandelt werden. Grundlage ist eine eindeutige, allgemeingültige Fachterminologie.[13]

Die Säule besteht aus einer häufig attisch profilierten Basis, aus einem monolithen, in der Antike auch aus Trommeln gefügten, zumeist sich verjüngenden Schaft und

---

10 Paul Clemen, Edmund Renard: Die Kunstdenkmäler des Kreises Mülheim am Rhein (Die Kunstdenkmäler der Rheinprovinz 5,2), Düsseldorf 1901, S. 26.
11 Gerda Panofsky-Soergel: Rheinisch-Bergischer Kreis II (Die Denkmäler des Rheinlandes), Düsseldorf 1972, S. 105.
12 Hugo von St. Viktor: *Didascalicon* VI, 3. – Charles Henry Buttimer: Hugonis de Santo Victore Didascalicon. De Studio Legendi, Washington 1939, S. 114. – Günther Binding: Der früh- und hochmittelalterliche Bauherr als *sapiens architectus*, Darmstadt ²1998, S. 139f.
13 KOEPF/BINDING 2005 (wie Anm. 8). – Günther Binding: Architektonische Formenlehre, Darmstadt ⁴1998, S. 66–68, 179. – Siehe auch UNTERMANN 2001 (wie Anm. 1), S. 641f.

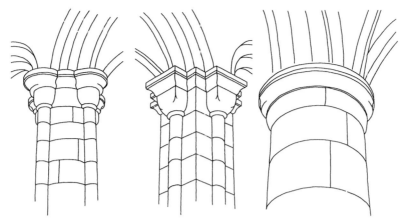

2   Ilbenstadt, Praemonstratenser-Klosterkirche, nordöstliche Arkadenpfeiler

aus einem aus Halsring, verziertem Kalathos und Abakus bestehenden Kapitell unter einem vorkragenden, profilierten Kämpfer; sie ist ein Individuum, das man höchstens paarweise anordnen oder bündeln kann. Dagegen ist der Pfeiler ein rechteckiger, auch polygonaler oder runder Mauerrest mit Kämpfer, häufig auf einem Sockel stehend; ihm kann man – wie der Mauer – Pfeiler, Pilaster, Säulen oder Dienste anfügen. Hier ist als schulmäßiges Beispiel auf die Prämonstratenser-Klosterkirche Ilbenstadt in der Wetterau zu verweisen (Abb. 2); dort folgen in den nördlichen Langhausarkaden (um 1150) auf einen aus Quadern gemauerten Rundpfeiler mit zweistufigem Kämpfer ein quadratischer Pfeiler mit Kämpfer und mit auf jeder Seite vorgelegten Halbsäulen im Wechsel mit Rundpfeilern, entsprechend mit Kämpfer und vorgelegten Halbsäulen.[14] Oder es sind die von Jürgen Michler in sensibelster Weise analysierten, hohen, mit sehr dünnen Diensten besetzten Rundpfeiler der Kathedrale Saint-Etiennne in Bourges (erstes Drittel des 13. Jahrhunderts) zu nennen, die mit einem Kranzkapitell (»Kämpferband« J. Michler) abgeschlossen sind, das aus »der Proportion des [kleinen] Dienstkapitells entwickelt wird. Dieses wird durch die Einbindung in das Kämpferband zugleich wieder einer Festlegung als individueller Säulenabschluss des fadendünnen Dienstes entzogen.«[15]

Der gotische, aus Quadern oder Trommeln aufgesetzte Rundpfeiler trägt in seiner Frühphase ein »Kapitell«, das den Kämpfer ersetzt, der in verkümmerter Form mit dem Abakus des Kelchkapitells verschmolzen ist (zum Beispiel Laon, Noyon, Paris, 3. Viertel 12. Jahrhundert); das heißt, es handelt sich um einen kapitellförmigen

---

14   BINDING 2006 (wie Anm. 5), S. 230, Abb. 473.
15   Jürgen Michler: Zur Stellung von Bourges in der gotischen Baukunst, in: Wallraf-Richartz-Jahrbuch 41, 1980, S. 27–86, Zitat S. 46. – Dieter Kimpel, Robert Suckale: Die gotische Architektur in Frankreich 1130–1270, München 1985, S. 294–305, 508f., Abb. 306, 307; auch wenn Kimpel/Suckale die Bautechnik der Langhausstützen als »ausgesprochen hausbacken« bezeichnen, ist mit Michler die Bedeutung und der Einfluss von Bourges hoch einzuschätzen, das betrifft auch die Pfeiler im Langchor und Schiff.

3   Paris, Kathedrale, nordwestliche Arkadenpfeiler

Kämpfer, um ein »Kämpferkapitell«. Ein entsprechendes Verständnis der gotischen Stütze ist in den westlichen Arkaden auf der Nordseite des Mittelschiffs der Pariser Kathedrale (um 1215) abzulesen (Abb. 3), wo dem gemauerten Rundpfeiler mit Kämpferkapitell vier Dreiviertelsäulen mit Kapitell vorgelegt sind, wie beispielsweise in den Ostjochen der Kathedrale von Reims (vor 1241); dort ist schließlich in dem um 1250/60 entstandenen westlichen Joch das Kämpferkapitell mit den Kapitellen der Säulenvorlagen zu einem Kranzkapitell verschmolzen.[16]

Schon Gervasius von Canterbury hat 1185 zwischen Säule und Pfeiler unterschieden:[17] die aus Trommeln beziehungsweise Quadern aufgesetzten Rund- und Achteckpfeiler mit Kämpferkapitellen der Kathedrale von Canterbury bezeichnet er als *columnae ecclesiae, quae vulgo pilarii dicuntur*, und die Vierungspfeiler nennt er *pilarii*, die »er rundherum mit marmornen Säulen geschmückt hat (*columnis marmoreis decoravit*).« Aus den Beschreibungen des Gervasius ist zu erkennen, dass er gut beobachtet und wohl bedacht alle gemauerten Stützen, auch mit Kämpferkapitell, als *pilarius* und die monolithen, dünneren, diesen vorgelegten Säulen als *columna* bezeichnet. Im Skizzenbuch des Villard de Honnecourt (um 1230) werden die gegliederten Stützen mit Kranzkapitell der Reimser Kathedrale entsprechend *pilar* genannt.[18]

Ruth Schmitz-Ehmke fasst im Dehio 1967 den Forschungsstand zu Altenberg zusammen: »Der Typus der Altenberger Abteikirche [ist] vorgebildet in zwei heute

---

16   BINDING 2006 (wie Anm. 5), S. 227–236.
17   Günther Binding: *columna – pilarius*/Säule – Pfeiler. Zeigt der St. Galler Klosterplan eine Säulenbasilika? in: Mittellateinisches Jahrbuch 38, 2003, S. 3–15, hier S. 12f. – BINDING 1998 (wie Anm. 5), S. 33. – Caspar Jongelinus: *Notitia abbatiarum ordinis Cisterciensis per universum orbem*, Köln 1640, Liber II, S. 30 nennt die Rundpfeiler in Altenberg *columnae templi* ganz in der üblichen Art mittelalterlicher lateinischer Texte.
18   Hans R. Hahnloser: Villard de Honnecourt, Graz ²1972, S. 75, 169f., Tafel 30, 63. – BINDING 1998 (wie Anm. 5), S. 33. – Dagmar Hinker: Studien zum Wortschatz der gotischen Architektur in Nordfrankreich, MS Diss. Wien 1967, S. 119–144: *piler* = allgemein Stütze, *colombe* = unter anderem auch Rundpfeiler.

Die Rundpfeiler des Altenberger Domes

fast völlig zerstörten nordfranzösischen Zisterzienserkirchen, die dem gotischen Kathedralschema von Soissons folgen: der Kirche zu Longpont (1200–27) und der im Anschluss daran durch Ludwig den Heiligen errichteten Abteikirche zu Royaumont (1229–35), die zugleich als Grabkirche für König Ludwig und seine Söhne diente. Von dort her wird übernommen die Grundrissdisposition, der dreiteilige Wandaufbau mit dem auf die Seitenschiffdächer geöffneten Triforium sowie die Rundpfeiler in Chor und Langhaus.«[19] Matthias Untermann ergänzt diese Einschätzung aufgrund neuerer Veröffentlichungen. »Zweifellos bestanden mit der nahegelegenen Bauhütte des Kölner Doms sehr enge Beziehungen – die Kirche wurde von Kölner Werkleuten gebaut. Die Gesamtform der Altenberger Zisterzienserkirche ist dennoch nur als Nachbildung der französischen Ordensbauten zu verstehen. [...] Grund- und Aufrissdetails wurden jedoch nicht innerhalb des Ordens aus Frankreich übermittelt, sondern von Köln übernommen, wo damals eine hochmoderne Bischofskirche in aktuellen französischen Formen entstand.«[20]

In Royaumont (1235 geweiht) handelt es sich wie auch in Longpont um gotische Rundpfeiler mit Kämpferkapitell in einer recht schlanken Proportion.[21] Matthias Untermann nennt sie »einfache Rundpfeiler anstelle der von en-delit-Diensten begleiteten Rundpfeiler der Kathedrale [von Soissons]« beziehungsweise »schlichte Rundpfeiler« und betont ausdrücklich: »An den großen, hochgotischen Zisterzienserkirchen in Nordfrankreich und England wird um 1190/1200 der glatte, aus zylindrischen Trommeln aufgesetzte Rundpfeiler demonstrativ den mit Vorlagen besetzten Rundpfeilern und den Bündelpfeilern zeitgleicher Kathedral- und Stiftskirchen entgegengesetzt. [...] Lediglich für die Vierungspfeiler werden auch bei den Zisterziensern vielteilige Bündelpfeiler benutzt.«[22] Lepsky/Nußbaum haben überzeugend auf zahlreiche Details (unter anderem »aus zwei Blöcken, die jeweils eine Blattreihe des Laubwerks tragen,« identische Gesamthöhe von 63 cm, »6 cm hoher mandelförmiger Halsring«) hingewiesen, die deutlich die Abhängigkeit von der Bauhütte zeigen, die den Chor mit Umgang und Kapellenkranz des Kölner Doms nach 1248 bis zur Baunaht oberhalb der Arkaden vor 1265 gebaut hat.[23] Im Langchor sind dort den Rundpfeilern vier alte und acht junge Dienste en-de-lit angefügt; es wird der Reimser Gliederpfeiler in der letzten Entwicklungsstufe (um 1255/60) aufgenommen, das Kranzkapitell wird wie

---

19 Georg Dehio: Handbuch der Deutschen Kunstdenkmäler, Nordrhein-Westfalen I Rheinland, bearb. Ruth Schmitz-Ehmke, München/Berlin 1967, S. 528; diese Einschätzung übernehmen die Bearbeiter des DEHIO 2005, S. 85, und ergänzen: »Unter dem Aspekt der Architekturformen gilt Altenberg als eine im Sinne zisterziensischer Baugesinnung vorgenommene Reduktion des hochgotischen Formenschatzes, der sich am Kölner Dom und seinen Vorbildbauten (Beauvais, Amiens, Sainte-Chapelle) findet.«
20 UNTERMANN 2001 (wie Anm. 1), S. 535, Abb. 261, 406.
21 LEPSKY/NUSSBAUM 2005 (wie Anm. 1), Abb. 43, eine vorzüglich klärende Vergleichszeichnung Abb. 214.
22 UNTERMANN 2001 (wie Anm. 1), S. 445, 447, Zitat S. 641.
23 LEPSKY/NUSSBAUM 2005 (wie Anm. 1), S. 72–74, Abb. 51–53. – Arnold Wolff: Chronologie der ersten Bauzeit des Kölner Domes 1248–1277, in: Kölner Domblatt 28/29, 1968, S. 7–229. – Maren Lüpnitz: Die Chorobergeschosse des Kölner Domes. Beobachtungen zur mittelalterlichen Bauabfolge und Bautechnik (Forschungen zum Kölner Dom 3), Köln 2011.

schon im Chorumgang zwischen den Kapellen zum glatten Kämpfer mit aufgelegten Blättern in zwei Reihen übereinander, sehr ähnlich den Altenberger Pfeilerkämpfern.

Eng verwandt mit Köln tragen im Langhaus der Marburger Elisabeth-Kirche Rundpfeiler – jedoch bei derselben Grundauffassung nur mit vier Diensten belegt – im östlichen Teil (1248 fertig) Kämpferkapitelle, die im westlichen Teil (um 1260–1277) als Kämpfer (»Kämpfergesims« J. Michler) unter dem oberen Profil eine glatte, flache Kehle aufweisen, der zwei Reihen Blätter frei aufgelegt sind, ganz ähnlich wie Köln, das etwa zehn Jahre früher ist.[24] Mit Marburg eng verwandt sind die Rundpfeiler, ebenfalls mit vier vorgelegten Diensten, im Hallenlanghaus der Zisterzienserkirche Haina (seit 1188 Tochterkloster von Altenberg), deren verhältnismäßig niedrigen Kämpfer teilweise ebenfalls mit Blättern verziert sind, die in zwei Reihen einer sichtbaren Kehle aufgelegt sind (späte 1280er Jahre bis um 1330).[25] Im letzten Viertel des 13. Jahrhunderts finden sich Rundpfeiler mit ähnlichen Kämpfern beispielsweise im Essener Münster (nach Brand 1275 bis 1327)[26] und in der Pfarrkirche St. Laurentius in Ahrweiler (nach 1275 bis vor 1300)[27].

Ebenso von Köln abhängig ist auch der Chor der Damenstiftskirche St. Peter in Vilich bei Bonn, der in den späten 1260er Jahren bis um 1283 von Werkleuten der Kölner Dombauhütte gebaut wurde, die seit um 1265 an der Triforiums- und Fensterzone des dortigen Chores beschäftigt waren.[28]

Vergleichbar mit Altenberg sind auch die Rundpfeiler in den diagonalgestellten Kapellen der Liebfrauenkirche in Trier (Abb. 4), deren Entstehungszeit 1243 bis um 1260 recht zuverlässig anzusetzen ist und für die Nicola Borger-Keweloh auf Abhängigkeiten von der Kathedrale in Reims hingewiesen hat.[29] Die Ausformung der Pfeilerkämpfer wandelt sich vom ersten bis zum jüngsten fünften Bauabschnitt, dessen Kämpfer den Kölner und Altenberger Pfeilerkämpfern am nächsten stehen,

---

24 Jürgen Michler: Die Elisabethkirche in Marburg in ihrer ursprünglichen Farbigkeit (Quellen und Studien zur Geschichte des deutschen Ordens 19), Marburg 1984, S. 29–37. – Eberhard Leppin: Die Elisabethkirche in Marburg an der Lahn, Königstein im Taunus 1980, Abb. S. 48–50.
25 Arnd Friedrich: Kloster Haina, Königstein im Taunus 1987, Abb. 98, 99, mit Literaturangaben. – Oskar Schürer: Die Baugeschichte der Klosterkirche zu Haina, in: Marburger Jahrbuch für Kunstwissenschaft 2, 1925/26, S. 91–170: das Kämpferornament geht auf Köln, Altenberg und Marburg zurück.
26 Leonhard Küppers: Essen Dom und Domschatz, Königstein im Taunus 1975, Abb. S. 26–33.
27 Joachim Gerhardt, Heinrich Neu u. a.: Die Kunstdenkmäler des Kreises Ahrweiler (Die Kunstdenkmäler der Rheinprovinz 17, 1), Düsseldorf 1938, S. 73–86. – KAISER (wie Anm. 1), S. 68f.
28 Irmingard Achter: Die Stiftskirche St. Peter in Vilich (Die Kunstdenkmäler des Rheinlandes, Beiheft 12), Düsseldorf 1968, S. 217–226, Abb. 202–221. – Irmingard Achter: Die Baugeschichte der Vilicher Kirchen, in: Dietrich Höroldt (Hg.): 1000 Jahre Stift Vilich 978–1978, Bonn 1978, S. 99–133, hier S. 116–119. – Kaiser (wie Anm. 1), S. 83.
29 Nicola Borger-Keweloh: Die Liebfrauenkirche in Trier, Studien zur Baugeschichte (Trierer Zeitschrift Beiheft 8), Trier 1986, S. 80f. – Georg Dehio: Handbuch der Deutschen Kunstdenkmäler, Rheinland-Pfalz, Saarland, bearbeitet von Hans Caspary u.a., München/Berlin 1984, S. 1047f.: Baubeginn kurz nach 1235 durch Erzbischof Theoderich II., Unterbrechung nach seinem Tod 1242, 1243 Wiederaufnahme durch neuen Meister nach altem Plan, Vierungsgewölbe 1253 geschlossen, Vollendung vor 1265. – Patrick Ostermann: Stadt Trier Altstadt (Kunstdenkmäler in Rheinland-Pfalz 17,1), Worms 2001, S. 146: bald nach 1233 begonnen, Ostchor bis auf die Gewölbe 1242 fertig, 1258 noch im Bau, um 1260 fertiggestellt.

4 Trier, Liebfrauenkirche, südöstliche Seitenkapelle

jedoch weiter auskragen und niedriger sind. »Insgesamt scheint [in Trier] eine stetige Entwicklung vom Blattknospenkapitell mit zwei gegeneinander versetzten Reihen von Blättern an langen Stengeln, die mit ihrer Breite den Kapitellkelch decken, zu den wie aufgesetzten Blättern, die den Kelch als solchen wirken lassen, vorzuliegen. Hier ist wohl eher der Anschluss an eine inzwischen modernere Kapitellformulierung gefunden, und nicht [...] eine Verflachung der Qualität eingetreten.«[30] Das Verhältnis von Pfeilerdurchmesser zur Gesamthöhe beträgt 1:12 (in Altenberg 1:9). Wie in Altenberg haben auch in Trier die Vierungspfeiler Dienste, die mit Kranzkapitellen ohne Kämpfer abschließen[31], ähnlich wie im Kölner Domchor. (Abb. 5)

---

30 Ebd. S. 82. Das Kranzkapitell am Gliederpfeiler zwischen Südkonche und Südwestkapellen zeigt genau die gleiche Art der Blätterverteilung auf der glatten, sichtbaren Kehle wie in Altenberg. BORGER-KEWELOH 1986 (wie Anm. 29), Abb. 26.
31 Ebd. Abb. 26 mit aufgelegten Blättern wie in Altenberg.

5   Köln, Dom, Chorarkade nach Osten

Für die formale Ableitung der Rundpfeiler und der mit Blättern zweizonig verzierten Kämpfer im Altenberger Chor ist deren Entstehungszeit von Bedeutung. Ihre Datierung wird in der Literatur unterschiedlich angesetzt.[32] Die Altenberger Abtschronik von 1517 übermittelt: unter Abt Giselher (1254–64) haben in Gegenwart des Kölner Erzbischofs Konrad von Hochstaden (1238–61, der am 15. Aug. 1248 mit eigenen Händen den ersten Stein zum neuen Kölner Dom gelegt hat) Graf Adolf IV. von Berg (Schwager des Erzbischofs) und dessen Bruder Herzog Walram III. von Limburg »den ersten Stein in das Fundament der neuen Klosterkirche« am 3. März 1259 [fälschlich 1255] in Gegenwart des Konventes und vieler anderer Zeitgenossen gelegt (*primum lapidem locaverunt in fundamentum novi monasterii*); unter Abt Theoderich/Dietrich I. (1264–76) sind mit Mitteln des Ritters Adolph von Stammheim zehn Altäre mit Piscine errichtet worden (*constructa sunt X altaria cum lavatorio*).[33] Mit einer Urkunde vom 23. August 1287 hat der Kölner Erzbischof Siegfried von Westerburg jedem, der die neun geweihten Altäre (*de novem altaribus* [...] *dedicatis*) in Altenberg besucht, einen Ablass erteilt[34], »wobei es sich wohl um diejenigen in den Chorkapellen

---

32   Panofsky-Soergel 1972 (wie Anm. 11), S. 90f. – Untermann 2001 (wie Anm. 1), S. 531, 534. – Lepsky/Nussbaum 2005 (wie Anm. 1), S. 13f.
33   Friedrich Küch: Eine Abtschronik von Altenberg, in: Zeitschrift des Bergischen Geschichtsvereins 29, 1893, S. 178. – Hans Mosler: Die Cistercienserabtei Altenberg (Germania sacra, NF 2. Die Bistümer der Kirchenprovinz Köln. Das Erzbistum Köln 1), Berlin 1965, S. 15f.
34   Hans Mosler: Urkundenbuch der Abtei Altenberg, Bd. 1, 1138–1400 (Urkundenbücher der geistlichen Stiftungen des Niederrheins III, 1. Abtei Altenberg), Bonn 1912, S. , 300f., Nr. 405. –

Die Rundpfeiler des Altenberger Domes

handelte. Diese Daten belegen keineswegs eine frühe Vollendung des Chores schon in den 70er oder 80er Jahren, [...] die Altarweihen können, einer gängigen Praxis folgend, durchaus noch vor der Einwölbung der Kapellen unter notdürftigen oder fertig gezimmerten Dächern vollzogen worden sein«, worauf Lepsky/Nußbaum 2005 ausdrücklich hingewiesen haben.[35] Für die Errichtung und Weihe der Altäre müssen aber die Rundpfeiler im Chor bereits gestanden haben, so dass diese in die Zeit nach der Grundsteinlegung 1259 und deutlich vor dem Tod des Abtes Theoderich 1276 zu datieren sind, also nur wenig später als die Chorpfeiler des Kölner Domes (vor um 1265) und die Rundpfeiler der Liebfrauenkirche in Trier (1243 bis um 1260).

Festzustellen ist, dass durch die Wanderung der Steinmetzen allgemein überraschend schnell Bauformen und konstruktive Erfahrungen verbreitet wurden. So hat Arnold Wolff für den Chor des Kölner Doms überzeugend aufgezeigt, dass der deutsche, wohl heimische Werkmeister Gerhard zumindest die Kathedralen in Amiens, aber wohl auch in Beauvais und vielleicht in Reims kannte und die dortigen formalen Entwicklungen übernommen und in variierter Werktechnik (*structura*) ausgeführt hat.[36] Der Altenberger Steinmetz-Werkmeister stammt sehr wahrscheinlich aus der Kölner Dombauhütte. »Er war aufs Engste mit den dort in Stein gehauenen Detailformen vertraut. [...] Für die Sockel, Basen und [Kämpfer-] Kapitelle der Altenberger Pfeiler und Dienste [...] übernahm er in exakter maßlicher Übereinstimmung Vorbilder des Kölner Chorerdgeschosses.«[37] Die Verbindung zum Kölner Dom war nicht nur durch die fünf Erzbischöfe aus dem Haus Berg (1131–1225)[38] gegeben, sondern insbesondere zur Zeit des Altenberger Neubaus durch den Bauherrn Adolf IV. von Berg, der mit einer Schwester des Kölner Erzbischofs Konrad von Hochstaden verheiratet war, der 1248 den Grundstein zum gotischen Neubau des Kölner Doms gelegt hat und in dessen Anwesenheit (wie oben erwähnt) Graf Adolf IV. von Berg und sein Bruder Herzog Walram III. von Limburg den ersten Stein in das Fundament der neuen Klosterkirche von Altenberg gelegt haben. »Der Altenberger Meister hatte einen über Köln hinausgehenden Erfahrungshorizont« (Amiens, Beauvais), wie Lepsky/Nußbaum erläutert haben.[39] Darüber hinaus hat er wohl auch die Liebfrauenkirche in Trier (1243 bis um 1260) gekannt.

Diese Hinweise sollen genügen, um deutlich zu machen, dass die Altenberger Rundpfeiler mit ihren leicht gekehlten, mit aufgelegten Blättern in zwei Reihen dekorierten Kämpfern seit um 1260 in Trier als Rundpfeiler und in Köln und Marburg als Gliederpfeiler mit entsprechenden Kämpfern im rheinisch-hessischen Raum vorhanden waren. Dem Altenberger Werkmeister hatten durchaus vielfältige Vorbilder für seine Rundpfeiler mit Kämpfern zur Verfügung gestanden. Da die Rundpfeiler

---

PANOFSKY-SOERGEL 1972 (wie Anm. 10), S. 91. – UNTERMANN 2001 (wie Anm. 1), S. 534; in der Abtchronik von 1517 wird die Weihe nicht erwähnt.
35 LEPSKY/NUSSBAUM 2005 (wie Anm. 1), S. 14.
36 Arnold Wolff: Der gotische Dom in Köln, Köln 1986, S. 9f.
37 LEPSKY/NUSSBAUM 2005 (wie Anm. 1), S. 92.
38 1131–37 Bruno II., Bruder des Stifters Adolf II. von Berg, 1156–58 Friedrich II. und 1191–93 Bruno III., Söhne des Stifters, sowie 1193–1205 Adolf I. und 1216–25 Engelbert, Neffen des Stifters.
39 LEPSKY/NUSSBAUM 2005 (wie Anm. 1), S. 92.

mit vorgelegten Säulen oder Diensten als Gliederpfeiler ebenso auftreten wie ohne diese als schlichte Rundpfeiler mit Kämpfer, sind sie eindeutig keine Säulen und auch nicht entsprechend zu deuten, wie es John Orians und Peter Kurmann angenommen haben. Sie sind *pilarii* und keine *columnae*, wie schon Gervasius von Canterbury um 1180 deutlich formuliert hat. Das wird insbesondere in der Liebfrauenkirche in Trier deutlich, die wenige Jahre vor Altenberg gebaut worden ist.

Lepsky/Nußbaum haben die Frage gestellt, welche der drei Alternativen zur Erklärung der glatten Rundpfeiler in Altenberg durch »form- und bedeutungsgeschichtliche Ableitungen« als wahrscheinlich benannt werden können. Entweder als »ein Archaismus, der Bezug nimmt auf ältere Deutungen der Säule – beispielsweise im Sinne eines materiellen Äquivalents der Propheten und Aposteln als Stützen der Kirche«, wie es zeitgleich die den Pfeilern auf Konsolen und unter Baldachinen angefügten Skulpturen im Kölner Domchor verdeutlichen; oder als »Ausdruck einer ablehnenden Haltung der Zisterzienser gegenüber dem vielteiligen hochgotischen Glieder- oder Bündelpfeiler«; oder »verweist der Altenberger Rundpfeiler im Gegenteil lediglich auf eine jener für Altenberg stilprägenden französischen Regionen, in denen Rundpfeilerkirchen besonders verbreitet waren?«[40] Die erste Erklärung als Hinweis auf die Apostel und Propheten ist für Altenberg »nicht durch Quellen zu erhärten«. Die Deutung als »zisterziensische Stützenform« ist obsolet, da in nordfranzösischen Regionen ein Drittel »aller zwischen 1140 und 1240 erbauten Kirchen vollständig mit zylindrischen Stützen ausgestattet« sind. »Eine pauschale Klassifikation des zisterziensischen Rundpfeilers als aus dem Reformgedanken geborener ›Antityp‹ des an den Kathedralen entwickelten Glieder- und Bündelpfeilers scheint deshalb problematisch. […] Die Typentscheidung entspricht vielmehr einer Konvention des architektonischen Anspruchs, welche die Zisterzienserarchitektur mit unzähligen anderen Ordens-, Stifts- und Pfarrkirchen teilt.«[41] Die Altenberger Rundpfeiler übertreffen mit ihrem »Verhältnis von 1:9 zwischen Schaftdurchmesser und Gesamthöhe […] die meisten ihrer französischen Vorläufer deutlich,« so auch Saint-Etienne in Châlons-en-Champagne (um 1240/55) oder die Marienkirche in Roncevalles (1194–1215) am Pilgerweg nach Santiago de Compostela, wo gedrungene, aus Quadern aufgesetzte Rundpfeiler Kämpfer tragen, die mit stehenden Blättern in zwei Reihen übereinander verziert sind.[42] Es war nicht »zweifellos der benachbarte Kölner Dom, der den Altenberger Mönchen den Anreiz gab, sich mit den großen Kathedralen Frankreichs zu messen«, wie es Peter Kurmann behauptet hat[43], sondern es ist die »heimische«, von französischen Kathedralen beeinflusste Architektur wie der Kölner Dom oder die Trierer Liebfrauenkirche, deren Formen für die Klosterkirche vereinfacht übernommen wurden.

Um hier zu einer überzeugenden oder zumindest wahrscheinlichen Urteilsfindung zu kommen, war eine sorgfältige formanalytische Betrachtung der Altenberger Rund-

---

40 Lepsky/Nussbaum 2005 (wie Anm. 1), S. 66.
41 Ebd.
42 Vera und Hellmut Hell: Die große Wallfahrt des Mittelalters, Tübingen ²1979, S. 165, Tafel 89.
43 Kurmann 2010 (wie Anm. 3), S. 233.

pfeiler notwendig, wie sie Lepsky/Nußbaum vorbildlich vorgenommen haben.[44] Die Erklärung der glatten Rundpfeiler als Reduktion der mit Diensten besetzten Rundpfeiler im Kölner Domchor ergibt als einfache Erklärung den Wunsch der Altenberger Zisterzienser, gemäß der allgemeinen Ordensforderung nach Einfachheit der Baugestaltung zu streben und den Gliederpfeiler durch Weglassen der Säulen- bzw. Dienstvorlagen auf die Urform des Rundpfeilers zurückzuführen, wie er in der Liebfrauenkirche in Trier in ähnlich gestreckter Form und mit Kämpfern, die den Kölner Kämpfern ähnlich sind, vorhanden war. Entsprechend spricht Matthias Untermann von einer »Reduktion der Bündelpfeiler zu einfachen Rundpfeilern« und von einem »Verzicht auf den Bündelpfeiler«.[45] Ebenso hat sich der Werkmeister der Elisabethkirche in Marburg verhalten, der für die Stiftskirche die reichen, mit alten und jungen Diensten bestückten Kölner Gliederpfeiler auf Rundpfeiler mit vier Diensten reduziert hat. Das bewusste Streben nach Einfachheit war also die treibende, formbestimmende Idee und nicht ein Bezug »konkret auf die Vorgängerbauten, von denen man vermuten kann, dass sie als Säulenbasiliken gestaltet waren.«[46] Das trifft auch für Châlons-en-Champagne nicht zu, »denn allem Anschein nach war der Vorgängerbau eine Pfeilerbasilika. Offensichtlich war die Wahl der Säule sowohl politisch als auch ästhetisch bedingt.«[47] Diese Begründung ist unzutreffend, wenn man sauber zwischen Säule und Rundpfeiler unterscheidet, denn Châlons benutzt recht gedrungene, aus Trommeln aufgesetzte Rundpfeiler mit Kämpfern[48] und keine monolithen Säulen mit Kapitellen. In angemessener Weise spricht auch Kurmann einmal von »Rundpfeilern des Bergischen Doms«.[49]

Nach vielfach wiederholten Prüfungen und Vergleichen ist mit einer recht weitgehenden Gewissheit zu bestimmen, wie der Altenberger Rundpfeiler mit blattdekoriertem Kämpfer in seiner schlichten Form abzuleiten und zu erklären ist. Die Beschreibung der Bauformen mit einer klaren und verbindlichen Fachterminologie ist die unabdingbare Grundlage für jede Erfassung, Einordnung und Würdigung. Dieser Forderung ist der Jubilar seit Anbeginn gefolgt und ist deshalb so erfolgreich bei seinen Bauanalysen, so auch für die Zisterzienserkirche Altenberg. Man lernt, begreift, versteht und ist dankbar dafür.

Bildnachweis

1: Verlag Haus Altenberg (Foto Carlfred Halbach). – 2, 3: Binding. – 4: Staatliche Bildstelle/ Deutscher Kunstverlag. – 5: Foto Marburg.

---

44 Lepsky/Nussbaum 2005 (wie Anm. 1), S. 67.
45 Untermann 2001 (wie Anm. 1), S. 535, 641.
46 Kurmann 2010 (wie Anm. 2), S. 224.
47 Kurmann 2010 (wie Anm. 2), S. 231.
48 Kurmann 2010 (wie Anm. 2), Abb. 1–3.
49 Kurmann 2010 (wie Anm. 2), S. 235.

Ground Plan Geometries in Suger's St-Denis

A Prototype for Altenberg

Robert Bork

The Cistercian church at Altenberg, to which Norbert Nußbaum has devoted a great deal of attention in recent years, should be understood in several different senses as a descendant of St-Denis. First, of course, it draws on the legacy of St-Denis in a very broad sense, because Suger's chevet is widely seen as the first Gothic monument worthy of the name. Second, Altenberg features seven radiating chapels clustered around a hemicycle bay whose geometrical center lies slightly to the east of the straight choir bays. In this respect, Altenberg belongs to a tradition that can be traced from St-Denis to the choirs of Amiens, Beauvais, and Cologne Cathedrals, and to the abbey churches of Longpont and Royaumont, to cite just a few of the more prominent examples.[1] As Nußbaum has noted, moreover, the chevets of St-Denis and Altenberg also share a striking feature seen in none of these other buildings: their piers are aligned radially so that a priest standing at the high altar would have a clear and unencumbered view of the windows in all seven radiating chapels.[2] (Ill. 1) The recurrence of this highly unusual feature strongly suggests that the designer of the Altenberg choir may have had St-Denis in mind when he was developing his ground plan, even though more than a century had elapsed between the dedication of Suger's chevet in 1144 and the beginning of work at Altenberg in 1259.[3]

Detailed geometrical analysis of the chevet plans of Altenberg and St-Denis reveals that the links between the two designs are even closer than has previously been imagined. Over the past several years, it has been my privilege to work closely with Norbert Nußbaum in exploring the logic of the Altenberg design. The results of our collaboration cannot be rehearsed at length in the context of this short article, but several brief points deserve note.[4] In Gothic design, the rotation of polygons

---

1 Norbert Nußbaum, Sabine Lepsky: Gotische Konstruktion und Baupraxis an der Zisterzienserkirche Altenberg, Bd. 1 Die Choranlage, Bergisch Gladbach 2005, pp. 33–47. – For a more political reading of the links between Altenberg and St-Denis, see Michael Davis: The Choir of the Abbey of Altenberg: Cistercian Simplicity and Aristocratic Iconography, in: Studies in Cistercian Art and Architecture, Volume Two, Meredith Parsons Lillich (ed.), Kalamazoo 1984, pp. 130–160, esp. 145–148.
2 NUSSBAUM/LEPSKY 2005 (note 1), pp. 46–47, and Tafel 1. For discussion of this »crown of light« at St-Denis, see Sumner McKnight Crosby: The Royal Abbey of Saint-Denis from its Beginnings to the Death of Suger (edited and completed by Pamela Blum), New Haven 1987, pp. 237–238.
3 For a variety of recent perspectives on Altenberg, see Norbert Nußbaum, Sabine Lepsky (eds.): 1259: Altenberg und die Baukultur im 13. Jahrhundert, Regensburg 2010.
4 Our full analysis will appear in Norbert Nußbaum, Sabine Lepsky: Gotische Konstruktion und Baupraxis an der Zisterzienserkirche Altenberg, Band 2, forthcoming.

was a frequently used proportioning strategy. Square rotation, or quadrature, is the best-known example of this process, but the idea can be applied equally readily to hexagons, octagons, and other such figures.[5] In the choir of Cologne Cathedral, for example, all of the radiating chapels fit into perfect 30° slices of a dodecagon, and all of the radii in the chevet can be related to each other by combinations of quadrature and dodecagon rotation.[6] The same principles can be shown to operate at Altenberg, although the 12-fold symmetry is not expressed explicitly because of the complex re-orientation of the piers towards the perspectival viewpoint at the high altar. A crucial dimension in the establishment of the Altenberg plan is thus the 15,46 m radius from the chevet center to the corner of the large buttresses dividing the chevet from the straight choir bays. These buttresses, together with the smaller buttresses of the axial chapel, appear on archaeological grounds to have been the first elements built above the sockel.[7] It seems likely, then, that the layout of the Altenberg choir begun with the establishment of a large triangle defined by these buttresses, and inscribed within the semicircle whose diameter of 30,92 m coincides with the baseline of the chevet. Very similar geometrical logic seems to have governed the layout of the St-Denis chevet, whose scale closely matches that of Altenberg, as illustration 1 shows.

Since St-Denis has such singular prominence in the literature on Gothic architecture, and since Suger's comments about the importance of arithmetical and geometrical instruments in its layout are so frequently cited, it is somewhat surprising that no very satisfying explanation of its ground plan has previously been published.[8] Several different irregularities, however, complicate geometrical analysis of the design. All seven radiating chapels are articulated similarly, but their depths vary, with the axial chapel being the deepest, its neighbors intermediate, and the four others shallower. The salient buttresses sticking out between the chapels are not aligned with the radii of the chevet. Even in the supposedly straight bays, the columns do not align on simple east-west axes, and the baseline of the chevet appears slightly bowed, since the west columns of the hemicycle stand slightly west of the columns that flank them in the aisles. Sumner Crosby, who devoted much of his career to the exploration of St-Denis, argued in 1966 that these irregularities resulted at least in part from the use of multiple centers of curvature for the layout of the different sets of chapels, a layout that he compared to the epicylic geometry of Ptolemaic cosmology.[9] Peter Kidson, writing two decades later, called Crosby's article »the only serious attempt to come to grips« with the St-Denis plan, but he largely dismissed Crosby's conclusions, arguing that the greater depth of the axial chapel may simply have reflected liturgical

---

5   For a broadly ranging exploration of these themes, see Robert Bork: The Geometry of Creation: Architectural Drawing and the Dynamics of Gothic Design, Farnham 2011.
6   BORK 2011 (note 5), pp. 97–100.
7   NUSSBAUM/LEPSKY 2005 (note 1), Tafel 2, p. 146.
8   Suger: De Consacratione, IV, line 15. Cited in: Erwin Panofsky (ed. and trans.): Abbot Suger on the Abbey Church of St-Denis and its Art Treasures, Princeton 1946, pp. 100–101.
9   Sumner Crosby: Crypt and Choir Plans at Saint Denis, Gesta 5 (1966), pp. 4–8. Interestingly, he alludes only very briefly to these cosmological ideas in CROSBY 1987 (note 2), p. 241.

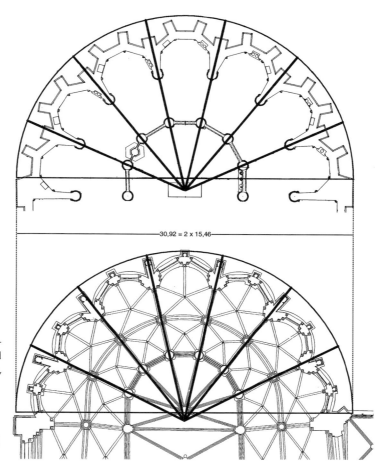

1 Comparative ground plans of chevets at Altenberg (above) and St-Denis (below), set to the same scale, with radii through column centers locating points of optical convergence

considerations, with the adjacent chapels taking on intermediate depths to make this distinction visually unobtrusive.[10] Kidson thus rejected both Crosby's epicyclic geometry and the associated cosmological interpretation. And, while Crosby had observed that the angle between the respective chapels was almost exactly 27°, Kidson argued that this quantity was an approximation to the 27,69° that one finds in a regular 13-sided polygon. This approximation, Kidson believed, may have reflected the builder's knowledge of an ancient formula, attributed to Heron of Alexandria, for approximating the side lengths of regular polygons inscribed within circles.[11] Kidson never goes on to explain, though, how the rest of the plan could have been developed, even if this formula was used for the overall subdivision of the chevet. Neither Crosby

---

10 Peter Kidson, Panofsky, Suger, and St Denis: Journal of the Warburg and Courtauld Institutes, Vol. 50 (1987), pp. 1–17, esp. 11.
11 KIDSON (note 10), p. 15.

Ground Plan Geometries in Suger's St-Denis

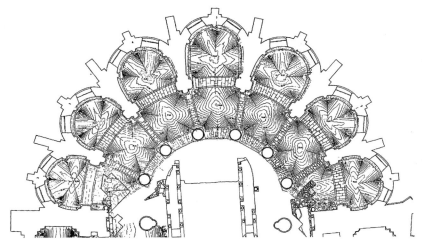

a Schematic plan with photogram of vaults

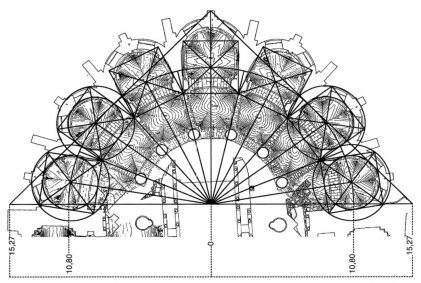

b Schematic plan with additions showing basic geometrical construction of chapels as proposed by Gould, and overall alignment with framing buttresses

2 Crypt of St-Denis

nor Kidson, therefore, provides a really adequate explanation for the overall formal and geometrical logic of the St-Denis chevet.[12]

---

12 The more recent survey of the St-Denis chevet by Stefaan Van Liefferinge, similarly, concerns the arc-based layout of the ambulatory columns, rather than the logic of the design as a whole. See his essay Art, Architecture, and Science: Considerations on the Plan of the Chevet of Saint-Denis, in: Robert Bork, William W. Clark, Abby McGehee (eds.): New Approaches to Medieval Architecture, Farnham 2011, pp. 147–157.

A far more compelling understanding of the St-Denis design can be gleaned by combining lessons drawn from the study of Altenberg with insights originally developed in the 1970s by Crosby's former assistant Richard Nash Gould. Although Gould's work was never formally published, it deserves to be taken very seriously, since it combines elegant simplicity with explanatory power.[13] Since Crosby had commissioned photogrammetric studies of the vaults at St-Denis, Gould had access to highly precise geometrical information about the shape of the crypt. (Ill. 2a) Taking advantage of an early computer system, Gould was able to unambiguously locate the geometrical centers and radii of all seven chapels, and of the chevet composition as a whole. He could thus verify the 27° angle between the chapel centers, which had already been identified by Crosby. Gould's crucial insight was to realize that this angle can be constructed by subtracting 45° from the 72° angle seen the geometry of pentagons. Equivalently, one can express 27 as 3/8 of 72, and 45 as 5/8 of 72, a formulation that introduces the relationship 72 = 8 × 9. This, in turn, relates to the idea that the 360° of a circle can be subdivided into 5 slices of 72°, or 40 slices of 9° each.

Gould's analysis of the St-Denis crypt begins with the establishment of a single geometrical center, and the subdivision of the chevet into such 9° slices. The centers of the chapels lie on lines that are displaced from the western baseline of the chevet by 9° for the first pair, by 9° + 27° = 36° for the second pair, by 36° + 27° = 63° for the third pair, and by 90° for the axial chapel. The radii from the chevet center to the centers of the first and second chapel pairs measure 10,80m; the three chapels nearest the axis are somewhat deeper, for reasons to be explained shortly, but one can begin their construction with centers lying on the same circle. The geometrical frames of the chapels can be understood as squares centered on these points, aligned with the radii to the chapel centers, and scaled such that their inner corners touch, as shown in illustration 2b. The sides of the squares measure 4,18 m. For the first and second chapel pairs, the internal wall surfaces are described by circles inscribed within these squares, which thus have radii of 2,09 m, while the external wall surfaces are described by circles circumscribed around them, which have radii of 2,96 m. The match between this simple geometrical construction and the building is impressively precise.[14] Before going on to discuss the more complex geometry of the three eastern chapels and other details of the crypt, it is worth noting that a diagonal tangent to the semicircle through the chapel centers intersects the baseline of the chevet composition at a point 15,27 m out from the chevet center. On the north, this intersection point is close to, but not quite coincident with, the northeast corner of the main buttress. On the south, the diagonal aligns with a spur on the buttress. These relationships recall the

---

13 Richard Nash Gould: The Crypt Plan at Saint Denis, 1974. I am grateful to William W. Clark for bringing this work to my attention, and to Richard Nash Gould for allowing me to cite his findings in this study. Gould's work is briefly mentioned in note 100 of CROSBY 1987 (note 2), p. 241. It will also be published, at last, in an upcoming volume of studies on St-Denis that will be edited by William W. Clark, with Robert Bork and Andrew Tallon.
14 GOULD 1974 (note 13) notes that this scheme locates these first four chapel centers to within 2 cm, with similarly good matches to the wall surfaces.

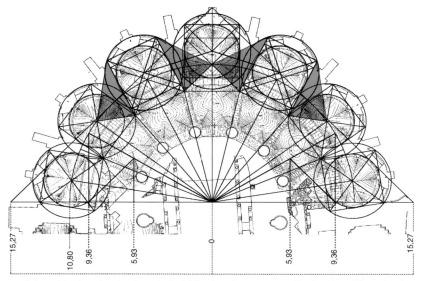

a Schematic plan showing layout of middle chapels as proposed by Gould, and introduction of 30° construction

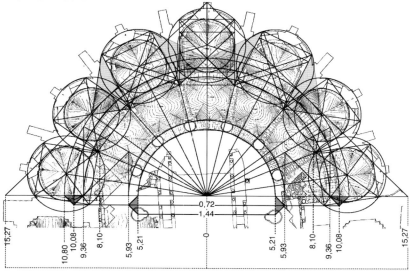

b Schematic plan showing location of arches and columns

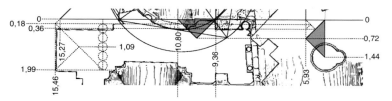

c detail of northern buttress, showing cimensions and proportions
3 Crypt of St-Denis

pattern seen at Altenberg, where the buttress corners 15,46 m from the chevet center coincide precisely with the baseline of the chevet composition. The kinship between these two designs will be considered at greater length later in this essay.

The shaded triangles in illustration 3a show how Gould proposed to explain the depth of the three chapels nearest the building axis. Each of these triangles has a single acute angle of 36°, and two wider base angles of 72°, so that each has proportions like the tip of a perfect five-pointed star. Each of their short bases is 2,96 m long, and aligned with the diagonal from the center of one of the chapel squares to its corners. Their longer sides each measure 4,79 m. Within the frames defined by the pairs of shaded triangles, therefore, the chapel-bounding squares 4,18 on a side can be pushed back away from the chevet center by 4,79 m − 4,18 m = 0,61 m. This displacement accurately describes the increased depth of the third pair of chapels, compared to the first and second pairs closer to the chevet baseline. From the centers of this third pair of chapels, finally, lines can be struck slightly eastward at 72° to the building axis, converging on the center of the axial chapel, which is thus 1,02 m deeper than the »regular« first and second pair. Again, Gould's scheme matches the fabric of the building with truly impressive precision, although it still leaves many aspects of the St-Denis chevet design unexplained.[15]

To round out this picture of the St-Denis ground plan, it is helpful to consider lessons drawn from the study of Altenberg's Cistercian church. There, as in the closely related Cologne Cathedral, subdivision of the chevet into 30° slices plays an important role in the composition. Application of this scheme to the St-Denis crypt quickly yields important results, as illustration 3a begins to show. Lines drawn at 30° to the chevet baseline intersect the arc of radius 10,80 m passing through the chapel centers at points 9,36m from the building centerline, since 9,36 = 10,80 × cosine (30°).[16] A semicircle of this new radius describes the inner face of the thick arch separating the crypt ambulatory from the chapels. And, as illustration 3b shows, the outer face of the arch is 10,08 m from the chevet center, or exactly halfway between the two semicircles just described, since (10,80 + 9,36)/2 = 10,08. This arch is thus 0,72 m thick, where 10,80 − 10,08 = 0,72. Meanwhile, a diagonal struck in from the end of the 9,36 m arc will intersect the previously described 30° line at a point 5,93 m from

---

15 GOULD 1974 (note 13) notes that this scheme locates the center of the axial chapel to within 6 cm, and the centers of the two adjacent chapels to within 1 cm.
16 This use of the 30° regulating line can also be inferred at Notre-Dame in Paris. In his presentation »Divining Proportions in the Information Age,« given at the conference »Proportional Systems in the History of Architecture« in Leiden in March, 2011, Andrew Tallon described the results of a rigorous laser scan of the Notre-Dame choir, revealing that the radius of the main hemicycle was 6,65 m measured to the pier centers, with each of the two successive ambulatories adding 5,76 m steps outward. Although he did not consider the ratio between these numbers, it should be noted that 5,76/6,65 = 0,866 = cosine (30°). The width of the aisles, in other words, can simply be found by inscribing a hexagon within the circle framed by the arcade axes. The facets of this hexagon 5,76 m from the building centerline will align closely with the inner faces of the arcade plinths. With this information in hand, the rest of the Notre-Dame choir geometry can be generated fairly readily, as I plan to demonstrate in an upcoming article.

the building centerline. This dimension serves as the radius of the semicircle describing the outer face of the thick arch beneath the hemicycle. This arch, like the outer one, has a thickness of 0,72 m, so its inner face is 5,21 m from the chevet center. All six of the hemicycle piers stand on this inner arch, but only the northern one is well aligned with the relevant buttress. As one moves further to the south, these round piers become further and further displaced, but the interval between their centers remains nearly constant at some 2,80 m.[17] This strongly suggests that their location was determined by counting off this regular module around the previously established circle on which their centers lie. A very similar construction was evidently used to set the locations of the hemicycle piers at Altenberg, but in the German building the counting seems to have started from the east rather than the north, so that the troublesome asymmetry seen in the St-Denis crypt was avoided.[18] The two piers at the base of the hemicycle stand 1,44 m, or two arch thicknesses, west of the chevet's geometrical baseline, on axes separated from the building centerline by the same 5,21 m interval that defines the inner face of the hemicycle arch.[19]

Illustration 3c shows a detail of the north buttress on the chevet baseline, which deserves particularly close consideration because of its relationship both to Altenberg and to the geometry of the upper chevet story at St-Denis itself. The northern face of the buttress stands almost exactly the same distance from the building centerline that the analogous buttress face does in Altenberg, namely 15,46 m. In Altenberg this same dimension is the radius of the great semicircle governing the overall chevet composition, and the corner of the buttress coincides perfectly with one corner of this semicircle. At St-Denis, though, this master radius is 15,27 m, or $\sqrt{2}$ times the 10,80 m radius through the crypt chapel centers, which means that the buttress face is some 0,18 m further to the north than it »should be« for this relationship to pertain. It is significant in this context, moreover, that the east face of the buttress is some 0,36 m west of the chevet baseline, while the flange on its southern edge, next to the chapel, stands some 0,18 m west of the baseline. It is tempting to interpret these intervals as one half and one quarter, respectively, of the 0,72 m arch thickness already seen in the crypt. If the buttress face had been established one of these 0,18 m intervals further to the east, then its corner would have aligned with the great diagonal heading northwest from the axial chapel, as may well have been intended.[20] If this

---

17 Crosby cites a distance of 2,70 m between the centers, but this seems low based on the photogram. See CROSBY 1987 (note 2), p. 241. Clark identifies this dimension as 2,07 m, but this appears to be a transposition of digits. See William W. Clark: Suger's Church at Saint-Denis, in: Paula Lieber Gerson (ed.): Abbot Suger and Saint-Denis, New York 1986, p. 110.
18 NUSSBAUM/LEPSKY 2005 (note 1), p. 57.
19 These piers in their present form date to the thirteenth century, but they must have the same locations as their twelfth-century predecessors, since they lie directly beneath columns that serve to support Suger's twelfth-century ambulatory vaults.
20 It is even conceivable that this displacement may have resulted from cutting back the surface of the original twelfth-century masonry, as was evidently done in various parts of the building by the nineteenth-century »restorer« François Debret. See Sumner Crosby: The Abbey of Saint-Denis 475–1122, New Haven 1942, p. 9.

had been the case, then the overall depth of the buttress would have equaled ten of these small 0,18 m intervals, as the small dotted circles in illustration 3c indicate, and its centerline would have stood 0,109 m west of the chevet baseline. This may all sound objectionably hypothetical, but consideration of the upper story of the St-Denis chevet shows that the center of the buttress, as defined by its articulation on the interior, actually was aligned with this notional centerline.

Illustration 4 begins to show how many of the key points established in the layout of the St-Denis crypt would go on to influence the design of the main chevet story immediately above. The pier centers at the hemicycle base in the crypt, for example, locate the centers of the analogous piers at the eastern edge of the last choir straight bay, 5,21 m out from the building centerline and 1,44 m west of the chevet baseline.[21] As Crosby already realized, the free-standing ambulatory columns are centered immediately above the front edges of the walls separating the crypt chapels, which is to say that these columns are centered 8,96 m from the chevet center, right above the points where the square corners touch in illustration 2b.[22] When a circle through these centerpoints is swept to the west, it intersects the arcade axes at points 7,29 m west of the chevet baseline, thus defining the length of the first straight bay. The ambulatory piers at this bay division, meanwhile, stand 9,36 m out from the building centerline, so that they align with the inner face of the thick chapel-entrance arch in the crypt. Because of the discrepancy between this dimension and the 8,96 m span seen at the base of the hemicycle, the inner aisle bays taper slightly from west to east. All of these alignments are more precise on the northern side of the building, which appears on archaeological grounds to have been constructed before its southern pendant.[23] On the north side, the previously discussed buttress at the base of the chevet is perfectly aligned on a north-south axis, and its visual center as defined by the two colonnettes on its face coincides closely with the axis 1,09 m west of the chevet baseline. The transverse rib emerging from this buttress continues that north-south axis over to the free-standing ambulatory column, before kinking westward to meet the arcade column 1,44 m west of the chevet baseline. On the south side of the building, the analogous columns have essentially the same places, but the transverse arch in the outer aisle has an inclination like that of the inner one, which may help to explain why the east face of the southern buttress was built at an angle to the chevet baseline. This angling, which causes the buttress to intrude awkwardly into the space of the southernmost chapel, must have been established already in the layout of the crypt, but it is tempting to imagine that imprecise copying of the northern components must have had something to do with it.

Illustration 5 adds a few more details to this picture, showing how the layout of the St-Denis choir anticipated the scenographic arrangement seen at Altenberg.

---

21 As already observed in note 19, the current piers at the corners of the first straight bay all date from the thirteenth century, at both the crypt and upper levels, but their locations must respect those of their twelfth-century predecessors.
22 This superposition of stories is seen in Crosby 1987 (note 2), p. 238–239.
23 Clark 1986 (note 17), p. 111.

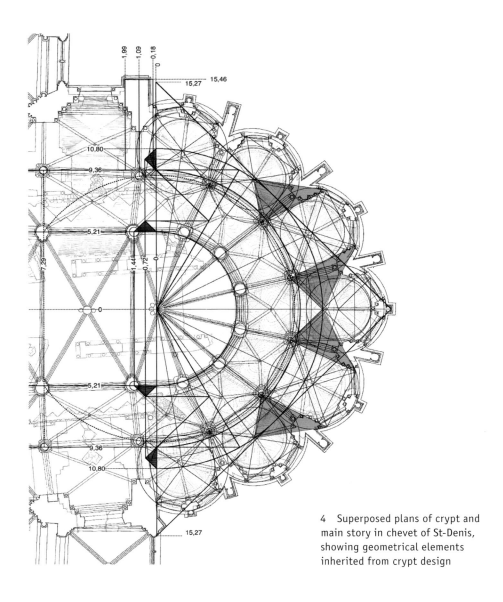

4   Superposed plans of crypt and main story in chevet of St-Denis, showing geometrical elements inherited from crypt design

The optical center of the St-Denis chevet sits some 0,72 m, or one arch thickness, to the west of the geometrical center. Radial lines struck from the outer ambulatory columns to this center locate the transverse ribs of the inner ambulatory. The slender colonnettes on the inner faces of the hemicycle piers stand where these radial lines cut the circle of radius 5,21 m that is framed by the arcade axes of the straight bays. The ribs of the thirteenth-century hemicycle vault converge to the geometrical center of the chevet, and the same was probably true of the vault built in Suger's day, as well. At St-Denis, as at Altenberg, the use of an optical center separate from the geometrical center introduces kinks into the radial elements connecting the hemicycle center to

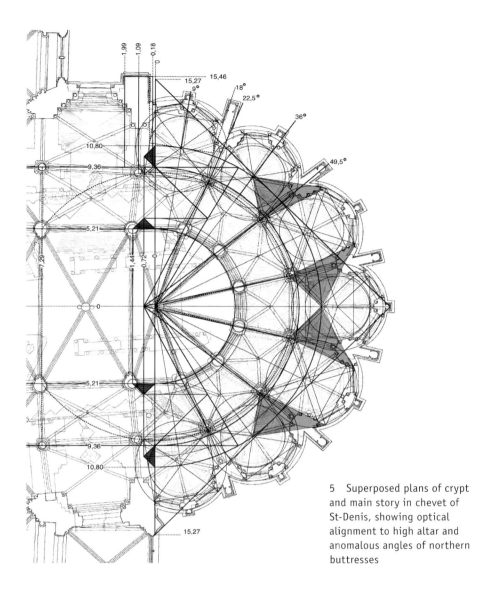

5   Superposed plans of crypt and main story in chevet of St-Denis, showing optical alignment to high altar and anomalous angles of northern buttresses

the outer buttresses. At Altenberg, these elements include flying buttresses, which make awkward angles with their pier buttresses.[24] At St-Denis – which may or may not have had flying buttresses in its twelfth-century state – the problem becomes even more acute, because the outer buttresses themselves are at seemingly odd angles to the chapels they frame.[25]

24 Nussbaum/Lepsky 2005 (note 1), 47.
25 On the problem of flying buttresses at Suger's St-Denis, see David Stanley: The Original Buttressing of Abbot Suger's Chevet at the Abbey of Saint-Denis, in Journal of the Society of Architectural

One possible rationale for these strange buttress angles may have well involved notions of symmetry, as interpreted by a viewer looking at each successive chapel from the outside. The center of the northernmost chapel, as described previously, lies on a line offset by 9° from the chevet baseline; this relationship can be seen near the top of illustration 5. The large buttress to its west, meanwhile, is aligned on a perfect north-south axis. Naïve considerations of local symmetry would then suggest that the buttress separating the first chapel from the second one should have a slope of 18° with respect to the baseline, which in fact it does, as the dotted line in the illustration shows. This local perspective ignores the more global geometry of the chevet, whereby the buttress subdividing these chapels really »should« lie on a true radius to the geometrical center of the chevet, with a slope of 22,5°, where 22,5° is halfway between the 9° and 36° radii to the chapel centers. This first buttress is therefore twisted by roughly 22,5° − 18° = 4,5°, and it is also displaced too far to the west, so that it flanks the second window of the chapel just as the large buttress at the chevet baseline flanks the first window. This displacement has a kind of cascade effect, which is clearly visible in the second chapel. The small subsidiary buttress in the second chapel should in theory lie on a radius 36° from the chevet baseline, but it is pulled measurably to the west, so that it will fall halfway between the radically displaced buttress to its west, and the more plausibly located one to its east, between the second and third chapels. Although this buttress aligns more closely with its major radius than the first one had, it is still shifted very slightly to the west, and its slope is slightly greater than the 49,5° that it should have. So, the buttresses flanking the first chapel pinch too tightly, and those flanking the second chapel pinch too loosely, but each chapel composition would look locally symmetrical to a viewer from the outside. Further to the east and to the south, the pattern becomes more complicated, not only because the three eastern chapels are deeper than the others, but also because errors seem to have accumulated as construction moved to the south, as evidenced both by the placement of the crypt hemicycle piers, and by the misalignment of the large southern buttress separating the chevet from the straight bays. It seems clear, nevertheless, that considerations of local symmetry help to explain the otherwise rather perplexing anomalies in the buttress layout at St-Denis.[26]

The later builders who so radically transformed Suger's chevet from the thirteenth century onwards obviously had to pay attention to its geometrical structure, including especially its buttress alignments. It is striking in this context that the small spur buttress added to the eastern face of the buttress by the southernmost radiating chapel has a diagonal face that aligns perfectly with the great diagonal heading towards the east end of the axial chapel. The corner of this spur buttress, in fact, sits 15,27 m south of the chevet center, so that it coincides with the corner of the great rotated

---

Historians, Vol. 65, No. 3 (Sep., 2006), pp. 334–355; and the critical responses by Robert Mark and Andrew Tallon in Journal of the Society of Architectural Historians Vol. 66, No. 1 (March, 2007), pp. 136–139.

26 It is hard to tell if Crosby was identifying a similar principle in the rather ambiguously phrased passage about the buttress alignments in CROSBY 1987 (note 2), pp. 240–241.

square that circumscribes the circle of radius 10,80 m struck through the centers of the crypt chapels. This alignment is particularly interesting because the back of the axial chapel could not have been seen directly from ground level, once the southern chapels had been constructed. This implies that the designer of the spur buttress really understood the geometrical logic of the twelfth-century design, and that he was not just sighting to convenient points while adding to the structure.[27]

Further evidence for such continuity of geometrical knowledge comes from consideration of the relationship between St-Denis and Altenberg. Altenberg, after all, shares with St-Denis not only the seven-chapel layout, but also the unusual optical alignment of its chevet piers, and its overall scale matches that of St-Denis to an uncanny degree. It can hardly be coincidental that both buildings have principal buttress faces almost exactly 15,46 m from their centerlines, for example. Both designs seem to have been generated from very similar figures, involving circles framed by rotated squares between their main buttress corners. Both designs, moreover, involve proportions based on 30° subdivisions of these circles, even though neither expresses this 30° subdivision as clearly and explicitly as the chevet plan of Cologne Cathedral. In view of all the similarities, it is tempting to imagine that the designer of the Altenberg choir may have visited and even measured St-Denis, during the very years when Suger's building was being transformed in the mid-thirteenth century. Perhaps the Altenberg designer even spoke with someone in the St-Denis workshop about the technique of aligning the baseline buttresses with the axial chapel, before deciding to build these components first at the German church.[28] Such narrative details must,

---

27 Unfortunately, the dating for the conception of this spur remains unclear. Crosby, in the color-coded foldouts from the first volume of his study, shows the spur as part of the Sugerian twelfth-century masonry at crypt level, but he shows its upper portion as part of the nineteenth-century rebuilding of the old sacristy, also known as the chapel of Saint Louis. See CROSBY 1942 (note 20), endpapers. It seems implausible on stylistic grounds that the spur would have been conceived already in the twelfth century, when buttresses typically had simple rectangular outlines at ground level. Moreover, the color-coding of this crypt plan cannot be seen as reliable, since it also gives a twelfth-century date for the substructures of the thirteenth-century north transept. No such twelfth-century substructures existed that far out from the building, as Crosby himself demonstrated in the second volume of his study. See CROSBY 1987 (note 2), pp. 270–271. Crosby also says that the masonry of the spur-bearing buttress extends for a meter »before it is replaced by the construction of the sacristy built in the fifteenth century.« See CROSBY 1987 (note 2), p. 249. Caroline Bruzelius, on the contrary, dates the chapel to the early fourteenth century; she does not discuss it at length, since her work emphasizes the main period of reconstruction between 1231 and 1281. See Caroline Bruzelius: The 13th-Century Church at St-Denis, New Haven 1985, p. 16. Elizabeth Brown adds a bit more detail, claiming that this structure was originally built between 1299 and 1303, as a chapel in honor of the newly canonized Saint Louis, but she does not treat its architecture at length, either. See Elizabeth Brown: Saint-Denis: La Basilique, Orleans, 2001, p. 58. The spur is already visible on the anonymous eighteenth-century plan reproduced as illustration 98a in CROSBY 1987 (note 2), p. 224, so it cannot be dismissed as the invention of nineteenth-century restorers. Putting all of this evidence together, it appears most likely that the twelfth-century southern buttress originally had a simple rectangular form like its northern pendant. The spur was probably introduced around 1299, by an architect who understood something of the geometrical logic of his twelfth-century predecessor, which he acknowledged with a characteristically diagonal late Rayonnant form.
28 Since Altenberg was begun already in 1259, its designer cannot have been inspired by the construction of the Saint-Louis chapel in 1299, however.

Ground Plan Geometries in Suger's St-Denis

of course, remain hypothetical. The exchange of scaled drawings could have achieved many of the same effects. It is absolutely clear, however, that the design of Suger's St-Denis was a major influence on the design of Altenberg.

These results are of interest not only because of what they reveal about the continuity of Gothic design practices over wide temporal and geographical expanses, but also because of what they reveal about the logic of Gothic design itself. At its most fundamental level, Gothic design was inherently geometrical, involving constructions like polygon rotation that could be effected with the compass and straightedge. By applying these techniques recursively, medieval draftsmen were able to develop plans of great subtlety and complexity.[29] As the sophistication of the St-Denis plan demonstrates, these techniques were already well established by the middle of the twelfth century.[30] It is worth noting that all of the dimensions in the preceding discussion of the plan interlock, so that the scales of all of the parts are set with respect to each other. Since the generative process was geometrical, some of these relative proportions involved factors such as $\sqrt{2}$ and $\sqrt{3}$, quantities that are called irrational numbers because they are not expressible as ratios of whole numbers. To translate these schemes to the full-scale building site, however, scaled measuring rods were doubtless helpful. Suger's comment about the use of both arithmetical and geometrical instruments underscores this point, which receives further confirmation from metrological analysis of Gothic buildings, including Norbert Nußbaum's analysis of Altenberg. Studies such as these have the potential to reveal a great deal about the logic of Gothic design, but much work remains to be done in this field, as the relative neglect of the St-Denis choir plan indicates. It is hoped that this short article, by providing a new perspective on the design of that seminal building, will help to inspire more work on the geometrical logic of Gothic architecture.

Photo credits

1 top: source image is survey drawing of Altenberg Cistercian church by A. Steinmetz, 1910–11, modified by the author to remove extraneous labels. – 1 bottom, 4, and 5: source image for chevet plan is plate 1 from CROSBY 1987 (note 2). – 2, 3, 4, and 5; source image is a combination of figures 110c (showing crypt vault photogram) and plate 2 (showing crypt structure outlines) from CROSBY 1987 (note 2).

All added lines and dimensional labels are graphics by the author.

---

29 BORK 2011 (note 5).
30 This point deserves emphasis, because Robert Branner had argued in an influential article that drawing-based design practices did not begin to flourish in Gothic workshops until the thirteenth century. See Robert Branner, Villard de Honnecourt: Reims, and the Origin of Gothic Architectural Drawing, Gazette des Beaux Arts 61 (March 1963), pp. 129–146. The refinement of the St-Denis plan, though, could hardly have been achieved without the use of scale drawings. Geometrically precise building plans may even have been used a full century earlier, as my analyses of Notre-Dame at Jumièges have begun to suggest. Those results will be published as part of a large monograph on Jumièges edited by James Morganstern.

Das Tal der Dhünn am Altenberger Dom

Elke Janßen-Schnabel*

Das Tal um den Altenberger Dom erfüllt die Voraussetzungen zur Ausweisung eines Denkmalbereiches gemäß Denkmalschutzgesetz von Nordrhein-Westfalen. Der Bereich umfasst die unmittelbare Umgebung von Dom und ehemaliger Zisterzienserabtei Altenberg und damit die Landschaft, die durch die Klosteranlage geprägt ist. Konstituierende Bestandteile sind der Dom, das ehemalige Kloster, weitere Bauten und baulichen Anlagen, die überlieferten Wirtschaftsflächen und die unmittelbar umgebende Talebene mit den Hängen, die den landschaftlichen Raum bilden. (Abb. 1)

Lage

Zwanzig Kilometer östlich von Köln und wenige Kilometer südlich von Odenthal im Tal der Dhünn liegt die ehemalige Zisterzienserabtei Altenberg, ein mehrteiliger Baukomplex um die ehemalige Abteikirche, den Altenberger Dom. Das Dhünntal ist Teil des Bergischen Landes an dessen westlichem Rand und gehört großräumig zum Rheinischen Schiefergebirge. (Abb. 2) Es ist eingebunden in ein enges Netz von Tälern, die kerbenartig bis zu hundert Meter tief in die Hochfläche des Bergischen Landes einschneiden. Der Fluss hat hier, am Übergang zur Rheinebene, im Laufe der erdgeschichtlichen Entwicklung durch Überschwemmungen und Änderungen im Flussbett mit seinen Mäanderschleifen ebene Auenflächen geschaffen, die hintereinander gereiht von steil aufsteigenden bewaldeten Hangflächen seitlich gefasst sind.[1]

Das Altenberger Tal ist mit einer Sohlenhöhe von 90 m ü. NN nord-südlich ausgerichtet. Seine seitlichen Hänge sind durch untereinander parallele und in etwa gleichem

---

* Der Text zum Tal der Dhünn am Altenberger Doms basiert auf einem Gutachten zu einem Denkmalbereich gemäß Denkmalschutzgesetz von Nordrhein-Westfalen. Das Gutachten ist für die Gemeinde Odenthal der Anstoß, den Dom in der Einbindung in seine Umgebung denkmalrechtlich wertzuschätzen und durch den Erlass einer entsprechenden Denkmalbereichssatzung die historischen Spuren und Zusammenhänge im Umfeld des Domes nicht nur zu beachten, sondern auch bei zukünftigen Entwicklungen zu erhalten. Der aus dem Gutachten entstandene Beitrag ist als eine Art denkmalfachlicher »Blumenkranz« gedacht, der zum 60. Geburtstag von Norbert Nußbaum seine Forschungen zum Altenberger Dom umspielt.

Bei meinem Eintritt ins Amt für Denkmalpflege beim Landschaftsverband Rheinland war Norbert Nußbaum als Leiter des Referats Bauforschung der Abteilung Dokumentation einer der Kollegen, die mir eine neue Welt öffneten – die Welt der gebauten Geschichte. Das einzelne historische Bauwerk, die dokumentierten und bewerteten Befunde führten anschaulich, haptisch und zielsicher in vergangene Epochen, zu früheren Nutzungen und in ehemalige Lebensräume. Norbert Nußbaum war und ist der kompetente Wissenschaftler mit großem Einfühlungsvermögen und mit einem umfassenden Verständnis des jeweiligen Handwerks.

1 Eva Kistemann: Einfluss der Zisterzienser auf die Entwicklung der Kulturlandschaft in und um Altenberg. Historische Entwicklung und aktueller Bestand, 2 Bde., Bergisch Gladbach 2002.

1   Das Tal am Altenberger Dom, 2010

Abstand zur Dhünn führende Siefeneinschnitte gegliedert. Am südlichen Ende der Aue fließt auf der linken Uferseite der Pfengstbach in die Dhünn. Während die Hochflächen um Altenberg westlich der Dhünn fruchtbaren Lößboden aufweisen, setzt sich der Talboden überwiegend aus sandigem Schiefer, Sandsteinen und Tonschiefer zusammen, ist durchsetzt von kleinen Kalkbänken und bedeckt von abgelagertem Lehm. Dort, wo der Pfengstbach in die Dhünn fließt, hatte sich in dem nahezu ebenen Mündungsbereich durch Anspülen von Sand und Geröll auf Felsgestein ein trichterförmiges Delta mit Inseln aus einer drei bis fünf Meter dicken Lehm-, Sand- und Steinschicht herausgebildet. Genau diese festen Stellen wählten die Mönche zum Bau ihres Klosters. Den Pfengstbach selbst leiteten sie mit Hilfe eines neu geschaffenen Dammes in einem Bogen am Talrand zur Dhünn, so dass sie auf ausreichend breiter Fläche, auf festem und auch trockenem Untergrund einen geosteten Kirchenbau mit Kloster errichten konnten.[2]

Geschichte[3]

Graf Adolf III. von Berg hatte 1133 das gräfliche Stammschloss Burg Berge in der Grundherrschaft Odenthal (im Süden des betrachteten Raumes) den Zisterziensern von Morimond zur Gründung eines Tochterklosters überlassen. Aus strategischen und politischen Gründen hatte er den gräflichen Sitz zu Schloss Burg verlegt, so dass sich nun zunächst der kleine, leicht zu sichernde Bergsporn von Burg Berge über der

---

2   Altenberger Dom-Verein e.V.: »Sie haben nicht auf Sand gebaut. Der mittelalterliche Baubetrieb in Altenberg«, Ausstellung in Odenthal-Altenberg im Küchenhof vom 8.3.–27.9.2009.

3   Godehard Hoffmann: Altenberg. Vom Zisterzienserkloster zur Jugendbildungsstätte, in: Jahrbuch der Rheinischen Denkmalpflege, Bd. 42, Worms 2011, S. 40–71.

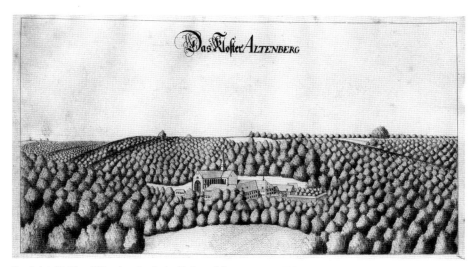

2   Erich Philipp Plönnies, lavierte Federzeichnung, um 1720

Dhünn für eine Klosterniederlassung anbot. Noch im selben Jahr zogen zwölf Mönche aus Morimond mit dem 1. Abt, Abt Berno (1133–51), hier ein. Bereits 1145 verlegten sie ihr neu gegründetes Kloster Maria von Berg an den Fuß des Berges direkt an den Fluss, denn hier im Tal konnten Glaube und Alltag den Ordensregeln entsprechend einfacher organisiert und gelebt werden. Den zisterziensischen Regeln zufolge widmeten die Mönche ihr Leben der Arbeit, dem Ackerbau und der Viehzucht und nutzten das Wasser nicht nur als Trink- und Brauchwasser, sondern auch zur Anlage von Fischteichen, zur Wiesenbewässerung und die Wasserkraft zum Antrieb von Mühlen.

Nach Rodung der Talflächen entstand im Laufe der folgenden Jahrhunderte eine Kernanlage aus vierflügeligem Kreuzgang, Sakristei, Kapitelsaal, Refektorium, Dormitorium und Grablege der Stifterfamilie. Die Anlage erweiterte sich im Laufe der Jahrhunderte zu einer funktionstüchtigen und autarken Einheit mit Kirchenbau, 2 Kapellen (Marienkapelle, Markuskapelle), einem Armenhospital/Krankenhaus, einer Kellerei, einer Mühle, einem Brau- und Backhaus, weiteren Wirtschaftsgebäuden, einem Winterrefektorium, einer Bibliothek, einem Kreuzgang und der Abtskapelle. Seit 1430/40 schützte ein Deich das Kloster gegen das Hochwasser der Dhünn.

Während Ende des 12. Jahrhunderts 250 Mönche in Altenberg lebten, war ihre Zahl Anfang des 16. Jahrhunderts auf 30–40 Mönche zurückgegangen, jedoch erlebte die Abtei, die sowohl im Truchsessischen als auch im Dreißigjährigen Krieg große Schäden erlitt, im 17./18. Jahrhundert eine Blütezeit, die in der Architektur ihren Ausdruck fand: die Wirtschaftsgebäude, die Toranlage und der Küchenhof wurden fertiggestellt, Priorat und Krankenhaus neu errichtet. Eine Mauer umgab nun den engeren Klosterbereich, eine Ringmauer den weiteren.[4]

---

4   Joh. Jacob Sartor, Abtei Altenberg, Kupferstich 1707.

3 Deutscher Märchenwald Altenberg, Station »Gänseliesel«, 2012

Mit der Säkularisation mussten der Abt und 22 Mönche die Abtei 1803 verlassen; die Güter des Klosters gingen zunächst auf den Landesherrn über. Das folgende 19. Jahrhundert ist geprägt von wechselndem Besitz, damit einhergehend sich wandelnden Nutzungen (Tuchfabrik, chemische Fabrik, Seidenweberei), aber auch von Verlust: durch Einsturz und Zerstörung in Folge von Großbränden, Explosion und Plünderungen.

Nach zwei Besuchen des Kronprinzen Friedrich Wilhelm, 1819 und 1833, stellte Graf Franz Egon von Fürstenberg-Stammheim 1835 den Kirchenbau, den er im Jahr zuvor von seinem Vetter erworben hatte, dem preußischen Staat zur Verfügung mit der Auflage zur Wiederherstellung. Nach Bewilligung von 22 000 Thalern für die Restaurierung erging 1835 eine königliche Kabinettsorder zur Kostenübernahme, gebunden an die Bedingung der simultanen Nutzung des Kirchenbaus. So fand nach Wiederaufbau 1836–47 mit anschließendem Dankfest in Gegenwart von Friedrich Wilhelm IV. 1857 die erste Gottesdienstfeier beider Konfessionen statt.

Weitere bauliche Entwicklungen folgten. Seit Mitte des 19. Jahrhunderts zerschnitt eine Straße den ehemaligen Immunitätsbereich. Die sogenannte Erzbischöfliche Villa, nach Plänen von Vinzenz Statz 1863 errichtet, war als Ruhesitz für den Kölner Erzbischof gedacht. Auf Initiative von Maria Zanders, der Gattin des Papierfabrikanten Richard Zanders aus Bergisch Gladbach, erfolgte 1894 schließlich die Gründung des Altenberger Dom-Vereins, der die Erneuerung des Altenberger Domes bis 1910/11 in vier Bauabschnitten anstieß. Der Erlass der Verordnung zur Verhütung einer Verunstaltung des Altenberger Domes und seiner Umgebung aus dem Jahr 1909 zeigt, dass in die Bemühungen um den Erhalt des Domes von Beginn an auch sein Umfeld im Blick hatte. Um 1900 setzte der Ausflugsbetrieb im Tal am Altenberger Dom ein und damit die gastronomische Nutzung ehemaliger Wirtschaftbauten, das Tal war Wanderziel; in dieser Zeit entstand das Ausflugslokal »Felsenkeller«; 1930/31 wurde der Märchenwald angelegt. (Abb. 3) Mit der seit den 1920er Jahren in den Klosterbauten bestehenden Jugendbildungsstätte des Erzbistums Köln, dem 1930–33 durch Hans Schwippert ausgebauten Haus Altenberg, erweiterte sich das Nutzungsspektrum um den Aspekt der kirchlichen Bildung. Schließlich erhielt die seit 1950 eigenständige evangelische Pfarrei Altenberg 1962–63 einen Neubau, das Christophoros-Haus, und 1995 ein Gemeindehaus, das Martin-Luther-Haus. Nach der Fertigstellung zweier Umgehungsstraßen 1966/67 und 1979 konnte der Klosterbereich 1978–83 insgesamt neu gestaltet werden.

Charakteristik der baulichen Anlagen in der Landschaft

Der Altenberger Dom, eine dreischiffige gotische Basilika mit Chorumgang, nach den Ordensregeln in strenger Einfachheit ohne Turm, mit Dachreiter, liegt in der für die Zisterzienser typischen abgeschiedenen Tallage am Fluss. Er ist von Klosterbauten umgeben, die sich architektonisch im Volumen und in ihrer Gestaltung dem Kirchenbau unterordnen. Als Teil dieses Ensembles beherrscht der Dom bis heute das weite Tal der Dhünn.

Kloster und Tal in vergangener Zeit

Die ehemals bestehende Klosteranlage entwickelte sich und wuchs über Jahrhunderte, war jedoch von Beginn an wie ein eigenes Dorf weitgehend eigenständig organisiert. Die Mönche und Konversen bestellten und pflegten die Gärten und Obstwiesen innerhalb der Klostermauern, unterhielten Werkstätten und bewirtschafteten das unmittelbar umliegende Land. Die zeichnerische Darstellung von 1707 dokumentiert den Bestand innerhalb der Mauer sehr anschaulich[5]: Die Anlage setzte sich zu dieser Zeit zusammen aus dem Dom, dem Altenberger Hof, der Markuskapelle, dem Küchenhof, der Marienkapelle, einer Öl- und einer Getreidemühle und außerdem diversen Werkstätten: Schreinerei, Schmiede, Spinnerei, Weberei, Gerberei, Schusterwerkstatt, Mühle, Bäckerei. In der Bauhütte arbeiteten Maurer, Steinmetze, auch Fuhrleute und im Skriptorium Schreiber. Zwischen den Bauten sind Höfe und Gärten durch detailreiche Signaturen charakterisiert. Auch lassen sich der Verlauf der Wasserkanäle und die Lage der aufgestauten Teiche erkennen. (Abb. 4)

Vom Höhenweg westlich der Dhünn, einer wichtigen Handelsverbindung von Köln nach Berlin, führten am Schießberg und am Rösberg steile Wege in das Tal. Entsprechend sind in den gegenüberliegenden Hängen vom Bülsberg, Priorsberg und Schmerzberg tief eingeschnittene Hohlwege als Teile der Verbindung zu den auf

---

5 Die Ansicht von Sartor 1707 zeigt die Anlage in der Vogelperspektive.

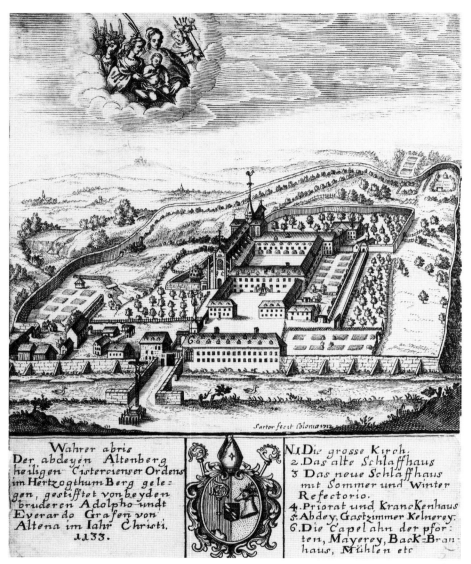

4 Joh. Jacob Sartor, Abtei Altenberg, Kupferstich 1712

der Höhe liegenden Klosterhöfen, z.B. bei Strauweiler, erhalten. Hohlwegebündel, vermutlich Relikte von Serpentinen, sind noch am Büsberg und am Schmerzberg zu finden.

Im Osten markierte ein Grenzwall den Klosterbesitz und hinderte fremdes Vieh am Eindringen in die klösterlichen Wälder. Abschnitte dieses Walls sind erhalten. Den unmittelbaren inneren Klosterbesitz, den Immunitätsbezirk mit rechtlichem Sonderstatus, schützte eine umlaufende Klostermauer.

Eine Einbindung in die direkte Umgebung erfolgte über die gärtnerische/ landwirtschaftliche Nutzung sowohl innerhalb der Immunitätsmauer und als auch außerhalb des unmittelbaren Klosterbereiches. Das Gelände um das Kloster innerhalb der Mauer war parzelliert und jeweils spezifisch genutzt, den angrenzenden Bauten zugewiesen und durch die strenge Organisation des Klosterlebens zweckmäßig bestimmt. Es gliederte sich in Gartenland (Küchengarten, Garten zum Küchenhof, Priors Garten, Küsters Garten, Herrengarten, Landgarten), diverse Baumgärten, Baumwiese, Wiese, Land der Rübenkamp, Buschland, Gesträuch, Holzung und in Teichflächen. Der Bezug zu den geologisch-topographischen Gegebenheiten war großflächig insbesondere über die wasserbaulichen Maßnahmen gegeben: Im Norden oberhalb des Klosters war die Dhünn aufgestaut, ein Mühlengraben leitete das Wasser zum Kloster, um Mühlen anzutreiben und Abfall zu entsorgen. Dhünnabwärts hinter der Marienkapelle lagen die Ölmühle und die Getreidemühle. 1640 gehörten zur Ausstattung des Klosters eine Korn-, Malz-, eine Öl- und eine Lohmühle. Der von Osten kommende Pfengstbach speiste sieben Fischteiche zur Karpfenzucht, die der lebensnotwendigen Versorgung dienten. Der letzte Teich dieser Reihe lag innerhalb der Klostermauer. Er ist heute versiegt, bestand jedoch noch als touristisch genutzter Kahnweiher bis in die 1930er Jahre.

Ein System von Wasserleitungen aus einer Quelle, die möglicherweise am Schmerzberg nordöstlich der Klosterkirche entsprang, versorgte das Kloster mit sauberem Wasser, das als Trinkwasser und für rituelle Zwecke gebraucht wurde. Innerhalb des Klosterbereiches gab es – so ist es aus dem Jahr 1640 überliefert – acht Brunnen, die von Quellen außerhalb des Klosters gefüllt wurden. Der Schmerzberg wurde auf der Kuppe wohl um 1800 noch teilweise ackerbaulich genutzt. Die Ackerflächen in der Aue wurden möglicherweise mit Flusswasser bewässert. Wasserleitungen und Spuren der Bewässerung wurden bisher nicht gefunden. Die Dhünn selbst war in ihrer Wassermenge unberechenbar, im Sommer ein Forellenbach, bei Platzregen ein reißender Waldstrom. Über die Jahrhunderte sind regelmäßige Überflutungen, zum Teil mit erheblichen Schäden im Kloster überliefert.

Nach Aufgabe der Klosternutzung 1803 litt der bauliche Bestand nicht nur durch Zerstörung, Brand, Verfall und Einsturz nach Leerstand, sondern auch unter den im 19. Jahrhundert mit den Umnutzungen zu gewerblichen Zwecken einhergehenden Veränderungen, im 20. Jahrhundert insbesondere zur touristischen Erschließung.

Der heutige Bestand in der Landschaft

Nach Instandsetzung, Ergänzung und Neubau besteht die Anlage heute aus dem Dom im Mittelpunkt, den ehemaligen Klosterbauten mit der Bildungseinrichtung, der Geschäfts- und Verwaltungsnutzung, aus dem heutigen Altenberger Hof, dem alten Brauhaus, dem Küchenhof mit gastronomischer Nutzung, der Markuskapelle und zwei Ausstellungspavillons. Im Süden der Anlage steht inmitten der Auenwiesen das Gartenhaus, die Orangerie, des 18. Jahrhunderts. Am anderen Ufer der Dhünn, Tor und Brücke gegenüber, liegt das zur Zeit nicht genutzte Ausflugslokal »Felsenkeller« mit dem anschließenden Christophoros- Haus, im Süden linksseitig abgerückt vom Flussufer das evangelische Gemeindehaus. In dem steil aufsteigenden Hang, im Schulberg, dem Dom gegenüber sind verstreut einzelne kleine Wohnhäuser eingepasst. Oberhalb auf der ersten Hangkante steht das alte Schulhaus. Im Norden schließt an den Klosterbereich die Wiesen- und Auenfläche »Ober der Mauer«. Das Tal ist nach Westen eingefasst vom Gräfenberg mit dem Märchenwald und nach Osten vom Schmerzberg. Im Osten sind im Pfengstbachtal vier Fischteiche erhalten, im Süden schließt der Berg mit der Burgwüstung Berge die Dhünnaue ab.

Nach wie vor ist der Dom das bestimmende und tragende Element des Tales. Seine strenge bauliche Gestalt ist rundum eingebettet in das Tal, wirkt vor den bewaldeten Hänge mit der Bekrönung des Dachreiters im Mittelpunkt des Tales, von den Baumwipfeln der Anhöhen weiträumig umkränzt und leicht überragt.

Die verschieden Nutzungen haben Elemente geschaffen, die den Zusammenhang des Talraumes ausmachen und ihm eine eigene Identität verliehen: materielle Strukturen und thematische Zusammenhänge, die substantiell greifbar sind und die den Dom als historisch eng mit der Umgebung verbundenen Bau erleben lassen. Sie können in thematischen Zusammenhängen kartographisch erfasst werden:

- Die Zisterzienser nutzten und gestalteten das Tal vom 12. Jahrhundert bis 1803.
- Die anschließenden gewerblichen Nutzungen 1803–87 zogen Veränderungen der bestehenden Gestalt nach sich.
- Mit der Sicherung des Domes, mit der Bestimmung 1857 zum Gotteshaus für beide christlichen Konfessionen und schließlich mit der Gründung des Altenberger Dom Vereins 1894 und der Wiederherstellung erfuhr der Dom eine historische, architektonische, kunsthistorische und eine religiöse Wertschätzung.
- Zeitgleich erfolgte mit der touristischen Erschließung des Tales die Einrichtung von Gaststätten und Schaffung von baulichen Anlagen wie dem Märchenwald.
- ab 1950 erhielten die ehemaligen Klosterbauten als Bildungseinrichtung erneut eine übergreifende Funktion, die sich in die bestehende historische Substanz einfügte.

Heute ist Altenberg ein zentraler Ort der katholischen und der evangelischen Gemeinde. Die Klosterbauten sind Bildungs- und Tagungsstätte der katholischen Kirche und das Tal mit dem Dom ist beliebter Ausflugsort. Innerhalb der Nutzungen ragen zwei Themen heraus, Klosterbetrieb und Tourismus, die die Landschaft mit materiellen Spuren als historische Kulturlandschaft großräumig geprägt haben. Diese Spuren verdichten sich um den Dom.

Die Nutzung durch das Kloster

Neben Dom und Kloster gehören zum Thema Kloster: Burg Berge, historische Wege, Hohlwege, Furten durch die Dhünn, die Klostermauer, historische Geländekanten, terrassenförmige Absätze, die den Verlauf der Klostermauer dokumentieren, Ackerraine, der Wall am Richarzberg, Fischteiche, Mulden ehemaliger Fischteiche, Gräben, Mühlenteich, Rinnen, Staumauer- Fundamente, Steinbrüche, der Friedhof, Gartenflächen, Wiesen, Weideflächen, der Damm am Pfengstbach, die Relikte des Wehres in der Dhünn, auch Hecken und Baumbestand.

Die touristische Nutzung

Seit 1900 war in den im 19. Jahrhundert als Wollspinnerei und Tuchfabrik genutzten klösterlichen Wirtschaftsgebäuden an der Dhünn gastronomische Nutzungen eingerichtet. In der Folge der zunehmenden touristischen Nutzung sind der Bau des Ausflugslokals »Felsenkeller« um die Jahrhundertwende und 1930/31 die Anlage des Märchenwaldes. Bestehende Bauten wie Küchenhof und Brauhaus wurden Gaststätten mit Außengastronomie, im nördlichen Klosterflügel befindet sich heute ein Laden. Wege wurden befestigt, Parkplätze geschaffen.

Die denkmalpflegerische und kulturlandschaftliche Erfassung

Innerhalb des Tales sind Burg Berge und der Klosterbezirk als Bodendenkmal erfasst. Einzelne Objekte der aufgehenden baulichen Anlagen sind denkmalwert. Sie sind in ihrer Substanz als Denkmäler geschützt und ihre unmittelbare Umgebung unterliegt dem Umgebungsschutz. Weitere bauliche Anlagen weisen historische Substanz auf, sind jedoch selbst nicht denkmalwert, sei es auf Grund von Veränderungen oder auf Grund ihrer allgemein unzureichenden Denkmaleigenschaft. Dennoch tragen diese Bauten in ihrer Substanz zur historischen Gesamtaussage des Tales bei. Diese Objekte sind erhaltenswert im Sinne des §25 des Denkmalschutzgesetzes (Denkmalpflegeplan). Doch über die Ausweisung von Einzeldenkmälern und die Benennung von erhaltenswerten Objekten hinaus setzt sich die historische Aussage des Tales zusammen aus der Zuordnung von baulichen Anlagen, Freiflächen und Bewuchs, aus der Einbindung in den umgebenden Landschaftsraum, dem Miteinander der baulichen Anlagen bezogen auf den topographischen Raum und aus optisch erlebbaren Gesamteindrücken und Panoramabildern. Auch beansprucht der Dom in seiner Architektur bereits aus sich heraus einen weiten Wirkungs- und Schutzraum. Der weite umgebende Raum wird wesentlich bestimmt durch Freiflächen, Einzelbäume, Baumreihen, die auf ehemalige Nutzungen weisen, durch Wasserflächen, Mauern und Hecken. Straßen und Wege erschließen das Tal und bilden zweckbestimmte Verbindungen ab. Relikte wie Hohlwege, Gräben, Baumreihen, Teiche und Teichmulden zeugen von vergangenen Arbeitsabläufen, alten Verbindungen und ehemaligen Nutzungen. Der Talraum, die beinahe geschlossene Hohlform des Tales, war existentielle Grundlage, Schutz- und Distanzraum, ist heute optischer Hintergrund für die baulichen Anlagen und für das Erleben der Zusammenhänge in einzelnen markanten Bildern, Sichtachsen und Sichtwinkeln.

Das geeignete Instrument zum Schutz der verdichteten Spuren um Dom und Klosterbauten ist die Ausweisung eines Denkmalbereiches gemäß Denkmalschutzgesetz. Schutzelemente des Denkmalbereichs sind die Elemente, die den Zusammenhang begründen (Abb. 5): der Grundriss im Tal, die Freiflächen, die Gesamtheit der aufgehenden Bausubstanz, der Bewuchs, die charakteristischen Blickbezüge auf den Dom, die Dachaufsicht und die Silhouette im Tal.

Der örtliche Grundriss setzt sich zusammen aus Wegeführung (Straßen, Wege und Fußwege), Parzellengliederung, Platzbildung, aus Wasserläufen, Kanälen, Brücken,

Furten, aus dem Verlauf der Mauern und der Verteilung von bebauter und unbebauter Fläche. Zum Grundriss zählen auch der Lauf des Dhünn in ihrem heutigen Bett, ehemalige Wassergräben und Fischteiche.

Bausubstanz und Gesamtstruktur werden bestimmt durch den Dom, die Tallage und durch die Verteilung, die Qualität und die Gruppierung der historischen Bauten. Prägend sind das Miteinander der Bauten, ihr Verhältnis zueinander, der jeweils umbaute Raum, die Volumenabfolge und die architektonische Gestalt entsprechend der Nutzung, die Baukörperproportionen, die Materialien, die Baukörperstellungen, die Firstrichtungen, die Höhen, Traufkanten, Dachformen, Dachneigungen, Oberflächenstrukturen von Wänden und Dächern, die Öffnungsformate.

Im Zusammenwirken mit der Bausubstanz prägt der Bewuchs das Tal. Abschnittsweise begleiten Baumreihen historische Wege, einzelne Bäume setzen räumlich Akzente, stehen in Bezug zur Architektur. Hecken zeichnen historische Strukturen nach, nehmen Bezug auf die ehemaligen Nutzungen des Klosters. Die heutige Waldkante deckt sich mit dem Waldrand der überlieferten historischen Darstellungen.[6] Der Wald an den Hängen und auf den Kuppen fasst das Tal ein, er ist für die Wirkung des Domes Hintergrund. Die Freiflächen sind weiträumig innerhalb des Tales in ihren Nutzungen als Wiese, Weide oder Waldfläche seit dem 18. Jahrhundert unverändert überliefert. Prägende Wasserflächen des Tales sind die Dhünn, der Pfengstbach, die Fischteiche, der rekonstruierte Mühlenteich.

Das Tal zeichnet sich rundum durch markante Sichtachsen und Bilder aus, durch Sichtbezüge und charakteristische Ansichten auf das bauliche Gefüge, insbesondere auf den Dom, wie der Blick vom »Malerwinkel«. In den Ansichten und Perspektiven innerhalb des Tales, die durch historische Darstellungen belegt werden können, ist der Dom der Bezugspunkt der Entwicklung, Identifikations- und Orientierungspunkt für den Besucher. Im Hang von Schulberg und Schmerzberg ermöglichen einzelne Standpunkte die Vogelperspektive auf Dom und Klosteranlage mit aufgefalteter Dachlandschaft.

Begründung zur Ausweisung eines Denkmalbereiches

Altenberg, das Altenberger Tal, ist bis heute in der erhaltenen Substanz ein ausdrucksvolles Beispiel einer über Jahrhunderte wirkenden und sich verändernden Klosteranlage und Klosterlandschaft. Der Dom ist zusammen mit dem umgebenden Ort ein Dokument der Architektur-, Kunst-, Religions- und Siedlungsgeschichte. Dem Tal als Gesamtheit wird hoher wissenschaftlicher Aussage- und Forschungswert zugesprochen:

Im Laufe des 11. Jahrhunderts war innerhalb der katholischen Ordensgemeinschaften die Bewegung, die ursprünglichen Ideale der Benediktsregel – Einfachheit der monastischen Lebensweise und das Ideal, nicht von den Abgaben, sondern von eigener Hände Arbeit zu leben – wieder zur Geltung zu bringen, erstarkt. Aus dieser

---

6   Hierzu: J.J. Sartor 1707, Preußische Neuaufnahme, Blatt Burscheid 4908, 1893/95.

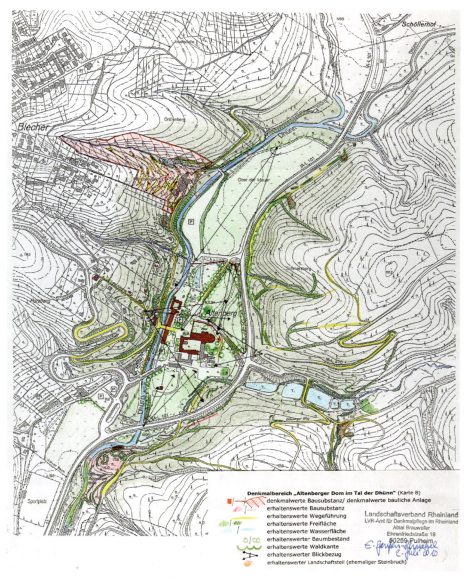

5 Vorgeschlagener Denkmalbereich, 2010

Bewegung ging die Gründung des Ordens der Zisterzienser in Cisteaux hervor. Der Orden verbreitete sich über Klostergründungen, wobei jede Abtei des Ordens grundsätzlich selbständig war, jedoch gegenüber ihrem Mutterkloster verantwortlich. Für eine Neugründung waren zwölf Mönche und ein Abt erforderlich. Die ersten Gründungen in Deutschland waren: Kamp (Altenkamp) 1122, Walkenried 1129, Eberbach 1131, Pforta, das spätere Schulpforta 1132, Altenberg 1133, Himmerod 1135 und Maulbronn 1147. Altenberg zählte zu den ersten rechtsrheinischen Zisterzienserabteien.[7] Mit Archiv, Bibliothek und als Ort der Lehre (Lesen, Schreiben, Lateinunterricht) war Altenberg über Jahrhunderte ein Kulturzentrum von hohem Rang, ein nicht nur geistlicher sondern auch geistiger sowohl regional als auch überregional bedeutender Ort. Das Dhünntal eignete sich strategisch- logistisch zur Erschließung des Umlandes. Das Kloster war zentrale Stelle, Organisations- und Verwaltungsmittelpunkt für die nachgeordneten Wirtschaftshöfe (Grangien). In Fortsetzung der Schul- und Bildungsfunktion des Klosters übernimmt heute die Bildungseinrichtung wieder eine bündelnde Aufgabe. Das Selbstverständnis des Ordens und den Wirkungsraum der Abtei versucht der weitgefasste Denkmalbereich atmosphärisch einzufangen und im Ansatz abzubilden, denn das Tal ist in seiner räumlichen Ausdehnung ein Dokument der Ordensgeschichte.

Bernhard von Clairvaux hatte für den Orden die Anlage eines idealen Klosters vorgegeben. So weisen vor allem die frühen Neugründungen stets den gleichen Grundriss auf. Altenberg hatte Vorbildfunktion für weitere Anlagen. Der Dom selbst ist von hoher Bedeutung sowohl für die mittelalterliche als auch die zisterziensische Kirchenbaukunst, und er ist eine wichtige Kunststätte im Bergischen Land. Innerhalb der Anlage befinden sich weitere architektonisch und architekturgeschichtlich wertvolle Einzelobjekte wie die Markuskapelle oder die Erzbischöfliche Villa. Darüber hinaus vermittelt die Anlage durch das Miteinander der jeweils zeittypisch und qualitätvoll ausgeformten Bauten eine architekturgeschichtliche Gesamtaussage, die als Zeugnis der Klosterarchitektur durch den Denkmalbereich umrissen wird.

Auch hatte Bernhard von Clairvaux Prinzipien für die Lage der Klöster festgelegt. Sie sollten an Orten weit entfernt von menschlichen Siedlungen und Handelsrouten gegründet werden und sich in den Falten der Landschaft verstecken. Sie lagen bevorzugt an Bachläufen in geschützten Talauen.[8] Die für Altenberg typische Lage an Schmerz-, Priors- und Bülsberg war von solcher Bedeutung und Prägnanz, dass die drei Berge als Symbol der Abtei im Wappen abgebildet wurden.[9] Im Zusammenwirken von Wegesystem aus Erschließungswegen, Straßen, Hohlwegen, von voneinander getrennten Wassersystemen (Trinkwasser, Abwasser, Wasserkraftnutzung), baulichen Anlagen (Kloster, Dom, Höfe), Freiflächen (Landwirtschaftsflächen, Gärten, Hofflächen, Obstwiesen, Weiden, Felder), im Ausdruck der überlieferten Bilder und der charakteristischen Eindrücke überlagern sich die verschiedenen historischen Systeme, Strukturen und auch die inhaltlichen und optischen Bezüge zur Umgebung. Sie verdichten sich um den Dom im Mittelpunkt und veranschaulichen im Miteinander eine über Jahrhunderte durchdachte, durchwirkte und bis ins Detail durchplante Talsituation, die noch immer als eine Gesamtheit wahrgenommen wird.

---

7 Die Gründung der Zisterzienserabtei Heisterbach erfolgte 1192 im Heisterbacher Tal, Königswinter.
8 Susanne Heydasch-Lehmann, Andreas Stürmer, Klaus Faika: Altenberg. Der Bergische Dom, Lindenberg 2008, S. 81.
9 Hierzu auch: Wappenschild mit Ansicht der Abteikirche, um 1550, in: Karl Eckert: 700 Jahre Altenberg im künstlerischen Bildwerk vom 13. bis zum 20. Jahrhundert, Bergisch Gladbach 1956, Abb. 10, S. 17.

Der Denkmalbereich folgt diesem Gedanken und würdigt den Anschauungswert für die Organisation der Klöster, indem er die Gesamtheit im Tal betont.

Der Zisterzienserorden genoss im 12. und im 13. Jahrhundert hohes Ansehen. Die Kirchen des Ordens wurden von weltlichen und geistlichen Herrschern als Begräbnisstätten bevorzugt. Von 1380 bis Anfang des 16. Jahrhunderts befand sich die Grablege der Grafen von Berg in der Markuskapelle, dann im Dom selbst. Auch das preußische Königshaus hatte im 19. Jahrhundert Interesse, die Begräbnisstätten der Grafen von Berg bzw. Herzöge von Jülich-Berg zu erhalten, zumal sich in Altenberg das Grab einer Vorfahrin befand, das der 1524 verstorbenen Sibylla von Brandenburg, Gemahlin Herzog Wilhelms IV. von Jülich. So bildet das Tal auch ein Stück Herrschaftsgeschichte ab; der Kirchenbau strahlt als Solitär in die Umgebung. Sein Wirkungsraum wird durch den Denkmalbereich definiert.

Als Ort des Zisterzienserordens und seines Wirkens ist Altenberg von Bedeutung für die Geschichte des Ortes Odenthal und die der nachgeordneten Wirtschaftshöfe in der Umgebung. Nach der Säkularisation wird die Anlage mit Umnutzung, Teilzerstörung und Wiederaufbau nicht nur Teil der Industriegeschichte, sondern verankert auch den gesellschaftlichen Einsatz namhafter Personen aus der näheren und weiteren Umgebung. So hatten Goethe, Jacobi, Arndt, F. Harkort und Vinzenz von Zuccalmaglio die Teilnahme am Wiederaufbau angeregt und den preußischen König eingebunden. Für die Erhaltung Altenbergs setzten sich u.a. Sulpiz Boisserée, Georg Moller, J.F. Lassault und Karl Friedrich Schinkel ein. Den Anstoß zum Wiederaufbau des Domes gab der Industrielle und Politiker Friedrich Harkort. Neue Glasfenster im Dom wurden von einzelnen Familien gestiftet.

Mit dem Einsatz des preußischen Kronprinzen für die Wiederherstellung des Kirchenbaus wurde der Dom zum Symbol des Engagements des preußischen Königshauses im Rheinland; mit der Gründung des Altenberger Domvereins zeugte der Dom in seiner restaurierten Gestalt vom bürgerschaftlichen Engagement. Der Dom im Altenberger Tal bildet Gesellschaftsgeschichte ab; der Denkmalbereich würdigt mit dem Distanzraum um den Dom sowohl den Einsatz als auch die Verbundenheit der Bevölkerung mit dem Kirchenbau.

Die Abtei, die nachgeordneten klösterlichen und kirchlichen Bauten (wie Pfarrhaus, ehemaliges Hospital, die heutige Bildungseinrichtung), die Heiligen- und Marienfiguren im Außenraum und auch das evangelische Gemeindezentrum belegen das Tal mit religiösen Inhalten. Der Denkmalbereich grenzt auch für diese Bedeutungsebene den Raum ein. Klöster waren Ausgangspunkte zur Erschließung und strategische Festpunkte zur Beherrschung des Landes, in der Fortsetzung der antiken Stadtstrukturen in sich geordnete autarke Einheiten und unterlagen einem strengen Ordnungsschema. Mit den Mühlenstandorten reiht sich die Anlage in die Kette der Mühlen an der Dhünn.

Die Klosterbauten lassen seit der Entstehung (Wasserbau der Zisterzienser, Mühlen, Kleingewerbe) bis ins ausgehende 19. Jahrhundert (Fabriknutzungen) auch Wirtschaftsgeschichte ablesen. Dom und Tal sind heute in der erhaltenen Substanz für die Gemeinde ein eigener und wichtiger Wirtschaftsfaktor. Der Denkmalbereich

6   Caspar Scheuren, Ruine von Südwesten, um 1878

definiert für die vielschichtigen wirtschaftsgeschichtlichen und wirtschaftlichen Aspekte den Raum.

Seit dem 16. Jahrhundert sind bildhafte Darstellungen der Klosteranlage überliefert, die die Abtei untrennbar und im Zusammenwirken mit ihrer Umgebung zeigen.[10] Am Beginn dieser Reihe stehen zwei Medaillons aus der Zeit um 1510 bzw. um 1517, die Kirche und Abtei von Südwest gesehen abbilden.[11] Es folgen Zeichnungen im 17., 18. und insbesondere im 19. bis ins frühe 20. Jahrhundert, die zunächst den Verfall nach der Säkularisation, später den wiederhergestellten Dom dokumentieren. Anfang des 19. Jahrhunderts war die Domruine Objekt der Landschaftsmalerei. Als Ausdruck mittelalterlicher Werte und als mittelalterliches Kunstwerk im Zusammenwirken mit der Natur wurde sie zum Inbegriff der Romantik. Zahlreiche Bilder der Düsseldorfer Malerschule mit der Ruine in der Landschaft als ideales Motiv trugen dazu bei, die Aufmerksamkeit der Öffentlichkeit auf den Dom zu lenken und das Bewusstsein für den kunsthistorischen Wert zu schaffen. Hiervon zeugen Bilder von: Scheuren, Lessing, Achenbach, Lindler, Kießling, Gerhard, Schirmer. (Abb. 6) Der Denkmalbereich fasst die dargestellten Landschaftsausschnitte im Talraum zusammen und hebt die kunsthistorische Bedeutung des Domes in seiner Umgebung hervor.

---

10   Hierzu: ECKERT 1956 (wie Anm. 9), allgemein.
11   ECKERT 1956 (wie Anm. 9), allgemein.

Seit 1900 ist Altenberg einer der meistbesuchten Ausflugsorte im Rheinland. Bereits in den 1950er Jahren wurden im Schnitt 130 000 Besucher jährlich gezählt. Der Altenberger Dom ist als Wahrzeichen des Bergischen Landes ein überregional attraktiver Touristenort.[12] Seit dem ausgehenden 19. Jahrhundert würdigt die Fachliteratur den Dom als Kunstdenkmal, Bilder vom Dom in dem Tal fanden und finden eine weite kommerzielle Verbreitung. Die Vermarktung des Ortes begann mit dem zunehmenden Ausflugsverkehr und der bildhaften Darstellung des Domes, insbesondere auch auf Postkarten. Der Bereich deckt sich in seiner räumlichen Ausdehnung mit dem immer wieder dargestellten Ensemble als frühem Zeugnis der Tourismusgeschichte.

Dom und Kloster beherrschen heute das Altenberger Tal als kulturlandschaftliche Dominanten; das Tal war zusammen mit den Ausläufern des Pfengstbachtales ehemals der unmittelbare Arbeitsraum des Klosters, es ist heute zugleich Refugium und Ausflugsziel. Die Geschlossenheit der Gesamtanlage in dem topographisch abgrenzbaren Raum ist einzigartig und überzeugt als kulturlandschaftliches Ensemble mit einem hohen historischen Wert.

---

12 KISTEMANN 2002 (wie Anm. 1).

Literatur (Auswahl)

1894–1994. Einhundert Jahre Altenberger Dom-Verein e.V., Festschrift zum 100 jährigen Vereinsjubiläum, hg. vom Altenberger Dom-Verein e.V., Bergisch Gladbach 1994.

Altenberger Dom-Verein e.V.: 1259 – Altenberg und die Baukultur im 13. Jahrhundert, Ausstellung mit interaktiven Modellen zur 750-Jahr-Feier der Grundsteinlegung (wiss. Konzept: Sabine Lepsky), 10. 5.– 30.8.2009, Kulturhaus Zanders, Bergisch Gladbach 2009.

Helmut Börsch-Supan, Arno Paffrath: Altenberg im 19. Jahrhundert, Bergisch Gladbach 1977.

David Bosbach: Altenberg. Der Dom und das Tal der Dhünn, Düsseldorf 2007.

Karl Eckert: 700 Jahre Altenberg im künstlerischen Bildwerk vom 13. bis zum 20. Jahrhundert, Bergisch Gladbach 1956.

Eugen Heinen: Dom und Kloster Altenberg, Düsseldorf 1971.

Susanne Heydasch-Lehmann, Andreas Stürmer, Klaus Faika: Altenberg. Der Bergische Dom, Lindenberg 2008.

Susanne Heydasch-Lehmann: 750 Jahre Grundsteinlegung Altenberger Dom. Sie haben nicht auf Sand gebaut. Der mittelalterliche Baubetrieb in Altenberg, Ausstellung im Küchenhof, Odenthal-Altenberg, 8.3.–27.9.2009.

Godehard Hoffmann: Altenberg. Vom Zisterzienserkloster zur Jugendbildungsstätte, in: Jahrbuch der Rheinischen Denkmalpflege, Bd. 42, Worms 2011, S. 40–71.

Manfred Link, David Bosbach, Randolf Link: Auf Spurensuche in Altenberg, Köln 2006.

Gerd Müller: Odenthal. Geschichte einer Bergischen Gemeinde, Schildgen 1976.

Arno Paffrath: Altenberg. Der Dom des bergischen Landes, Freiburg 1974.

Gerda Soergel: Die ehemalige Zisterzienserabteikirche Altenberg, Bergisch Gladbach 1967.

Gerda Panofsky-Soergel: Rheinisch-Bergischer Kreis 2, Klüppelberg-Odenthal, Düsseldorf 1972, S. 89–140.

Gerda Panofsky: Altenberg (= Rheinische Kunststätten, Heft 3), Neuss 1974.

Edmund Renard: Die Kunstdenkmäler des Kreises Mülheim am Rhein (= Die Kunstdenkmäler der Rheinprovinz V.2), hg. von Paul Clemen, Düsseldorf 1901, S. 11–58.

Andeas Stürmer: Der Altenberger Dom und die Denkmalpflege des 19. und 20. Jahrhunderts, in: 1894–1994. Einhundert Jahre Altenberger Dom-Verein (wie oben), S. 53–68.

Internet

»Klosterlandschaft ehemalige Zisterzienserabtei Altenberg«, in: KuLaDig, Kultur.Landschaft.Digital. URL: *http://www.kuladig.de/Objektansicht.aspx?extid=T-BL-20081213-0001* (abgerufen am 29.6.2012).

Bildnachweis

1: LVR-Amt für Denkmalpflege im Rheinland, Jürgen Gregori. – 2: Reproduktion, LVR, Amt für Denkmalpflege im Rheinland. – 3: LVR-Amt für Denkmalpflege im Rheinland, Vanessa Lange. – 4: Reproduktion, LVR-Amt für Denkmalpflege im Rheinland. – 5: LVR-Amt für Denkmalpflege im Rheinland, Elke Janßen-Schnabel. – 6: Reproduktion, LVR-Amt für Denkmalpflege im Rheinland.

Zeugnisse der Glasrestaurierungen Alexander Linnemanns in der Kirche der ehemaligen Zisterzienserabtei Altenberg

Catrin Riquier

Als der Architekt, Glasmaler und Kunstgewerbler Professor Alexander Linnemann im Jahre 1893 zum ersten Mal, einer Einladung Maria Zanders folgend, in die Kirche der ehemaligen Zisterzienserabtei Altenberg kam, fand er dort eine dem 13. Jahrhundert entstammende, Mitte des 19. Jahrhunderts restaurierte Kirche vor. Nach allgemein gültiger Meinung bedurfte es jedoch der Verbesserung und weiteren Erneuerung. Prof. Linnemanns spezielle Aufmerksamkeit galt den Fenstern.

Maria Zanders, Witwe des Bergisch Gladbacher Papierfabrikanten Carl Richard Zanders, formulierte in einer kleinen Druckschrift, die sie mit »Bettelbriefen« potentiellen Unterstützern einer zukünftigen Restaurierung zukommen ließ, den Zustand der Altenberger Kirche in den 1890er Jahren folgendermaßen:

> Der Altenberger Dom ist nun zwar im Bau wiederhergestellt, und auch die kostbaren Grisaille-Fenster, sowie das unvergleichlich Schöne und berühmte Fenster mit figürlichem Schmuck, am westlichen Giebel, über der Eingangsthür, hatte man restaurirt; aber wie arm, wie dürftig sieht der königliche Dom aus – so hat ihn sein Stifter sicher nicht im Geiste geschaut. Durch blinde, theilweise sehr schlecht restaurirte Fenster kann der Tag nicht in voller Klarheit in den Dom eindringen; [...]. Je öfter man den Dom besucht [...], desto lebhafter wird man von dem Gefühl ergriffen, daß der jetzige Zustand des edlen Gotteshauses [...] nicht dauern kann und darf![1]

Um zur Verbesserung dieses Zustandes beizutragen, förderte sie 1894, unterstützt von honorigen Fachleuten und Mäzenen, die Gründung des Altenberger Dom-Vereins (im folgenden ADV genannt).[2] Kurz zuvor war es ihr gelungen, das Interesse der Preußischen Behörden – des Oberpräsidenten in Koblenz und des Regierungspräsidenten in Köln – an einer umfassenden Restaurierung des Altenberger Domes zu wecken.[3]

---

1 Maria Zanders: Der bergische Dom zu Altenberg im Dhünnthale. Schrift zum Spendenaufruf 1893, S. 6.
2 U. a. Provinzialkonservator Paul Clemen, der Kölner Appellationsgerichtsrat a. D. und »Neugotiker« August Reichensperger, dessen Name von der Vollendung des Kölner Doms nicht zu trennen ist, ferner Commerzienrat Otto Andreae, Paul Andreae, Freiherr von Diergardt, Graf von Fürstenberg-Stammheim, Theodor Guilleaume, die Geh. Commerzienräte Krupp und Lang, Rechtsanwalt Dr. Victor Schnitzler sowie Richard und Hans Zanders.
3 Erneuert, ergänzt bzw. hinzugefügt wurden u.a. die Giebel im Norden und Westen an deren Höhe schließlich auch das Dach angepasst wurde (Erhöhung des Dachstuhles), Rekonstruktion eines Dachreiters auf der Vierung, Wiederaufnahme des alten Abwassersystems, ein neues Strebewerk entlang des Langhauses, das die bis dahin dort befindlichen Strebedreiecke ersetzte, hinzukommend statische Sicherungsmaßnahmen der Gewölbe. Dazu im Detail: Heike Ritter-Eden: Der Altenberger Dom zwischen romantischer Bewegung und moderner Denkmalpflege (= Veröffentlichungen des Altenberger Dom-Vereins 7), Bergisch Gladbach 2002. – Andreas Stürmer: Der Altenberger Dom und die Denkmalpflege des 19. und 20. Jahrhunderts, in: 1894–1994. 100 Jahre Altenberger Dom-Verein, Bergisch Gladbach 1994. S. 53–68. – JB ADV 1895–1910.

1   Stifterfenster Maria Zanders 1896, nördl. Langhaus ehemalige Abteikirche in Altenberg

Eine kultusministerielle Verfügung von Oktober 1893 ermächtigte sie, eine Sammlung zur Wiederherstellung und Ergänzung der Glasfenster durchzuführen, die 26 000 Mark erbrachte.[4] So konnten schon vor Gründung des Vereins einige Fenster im Chorpolygon erneuert werden. Hiermit hatte Maria Zanders Alexander Linnemann beauftragt, der diese 1896 um weitere vier Fenster ergänzte.

Kurze Zeit später rief Maria Zanders die »Kaiser-Wilhelm-Gedächtnis-Stiftung« zur Wiederherstellung des großen Westfensters und des anstoßenden Fensters im nördlichen Seitenschiff ins Leben: Kaiser Wilhelm II. gestattete, dass das Westfenster dem Gedächtnis Kaiser Wilhelms I. – man beging am 22. März 1897 dessen 100jährigen Geburtstag – gewidmet werden solle, und das im Norden anstoßende Fenster solle die Erinnerung an den kunstsinnigen Erneuerer des Altenberger Domes, König Friedrich Wilhelm IV. aufrechterhalten.[5] Davon zeugen bis heute Inschriften in den Fenstern. Die nötigen Summen zur Restaurierung beider Fenster lagen bereits 1896 vor. Die Restaurierungen, Wiederherstellungen und Neuschöpfungen der Fenster im nördlichen Langhaus wurden von Stiftern ermöglicht, deren Namen in den unteren Fensterhälften nachzulesen sind.[6] (Abb. 1)

---

4   Eine Mark (1873–93) hätte heute in etwa die Kaufkraft von 9,86 €. (*Fredriks.de/HVV/kaufkraft.htm*).
5   Jahresbericht des ADV 1896, S. 13.
6   »Jetzt wird in Frankfurt Euer Fenster gemalt, statt 2 Chorfenstern à 1000 Mk. habe ich ein großes 3teiliges Fenster à 2000 Mk. bestimmt – es wird sich das sehr schön machen. In das mittlere Feld kommen Dein und Idchens Namen in die beiden andern die Namen von Vater Julius und Vater Ewald, die Schriften natürlich bescheiden angebracht. Ich werde Herrn Linnemann bitten, Dir eine Zeichnung zu schicken […]« Aus einem undatierten, zur Hälfte abgerissenen Brief der Maria

Die Restaurierung, Erneuerung und Ergänzung sämtlicher Fenster von 1893 bis 1904 sind, bis auf die in der Achskapelle, dem Engagement Maria Zanders und des Altenberger Dom-Vereins zu verdanken. Einen Großteil davon entwarf Alexander Linnemann, der seit geraumer Zeit in dauerhaftem Kontakt zu Maria Zanders und dem ADV stand. Neben Linnemann war auch die Kölner Firma Schneiders & Schmolz mit der Restaurierung der Grisaillefenster Altenbergs betraut. Eine genaue Aufstellung des Fensterbestandes mit Nennung der bearbeitenden Firmen und Künstler liefert Clemen 1901. Dieser ist detailliert zu entnehmen, welche Arbeiten Linnemann bis dahin ausgeführt hatte: in den Chorkapellen VI und VII ein neues Fenster nach altem Muster sowie eines ohne Vorbild, im nördlichen Seitenschiff des Langhauses gestaltete er vier Fenster unter Einbeziehung der bei den Restaurierungen in den 1850er Jahren hier eingesetzten alten Stifterwappen neu (sogenannte Stifterfenster, s. Abb. 1). Im Westen schuf Alexander Linnemann die beiden Seitenfenster neu und im Westfenster übernahm er neben Ergänzungen und Wiederherstellungen auch Überarbeitungen des alten Bestandes.[7]

Johann Alexander Linnemann, 1839 in Frankfurt am Main geboren, konzentrierte seine Studien zunächst auf die Baukunst an der Berliner Bauakademie und betätigte sich bis in die 1870er Jahre als Architekt. Er arbeitete bis zum Kriegsbeginn 1866 bei Georg Hermann Nicolai in Dresden, danach war er mit Max Meckel und Redtenbacher unter Dombaumeister Josef Wessicken an der Restaurierung des Mainzer Domes beteiligt, wo von 1867 bis 1879 sowohl die Osttürme um- als auch eine Ostkrypta eingebaut wurden. Von 1872 bis 1877 unterhielt er ein Atelier mit dem Architekten Philip Striegler. Nebenher beschäftigte er sich mit dekorativer Kunst. Durch den Maler Eduard Steinle entdeckte er die Glasmalerei für sich, die nach der Trennung von seinem Partner Striegler zum zentralen Sujet seines Schaffens wurde. Der Frankfurter Dombauverein übertrug Linnemann und Steinle 1878 die Innengestaltung des unter Dombaumeister Franz Josef von Denzinger soeben vollendeten Frankfurter Kaiserdomes. 1889 gründete Linnemann eine eigene Werkstatt für Glasmalerei in Frankfurt, die er von Anfang an mit seinen Söhnen Rudolf und Otto betrieb. Von Zeitgenossen als »Gothiker« oder auch »Wiederentdecker« bezeichnet, weil er sich den Formen und Gestaltungsweisen des Mittelalters nahe fühlte und in der Lage war, sich bei der Erneuerung und Erhaltung von Kunstwerken »einem alten Werke unterzuordnen«, war er ebenso moderner Formgebung zugetan, wie sich in zahlreichen Entwürfen für Tafelschmuck, Kirchengeräte, Reliquiare und Bucheinbände zeigte.[8] Er passte seine Entwürfe stilistisch stets der Umgebung an, für die sie be-

---

Zanders an ihre Mutter, vermutlich aus dem Frühjahr 1894 (Stiftung Zanders – Papiergeschichtliche Sammlung).
7   Paul Clemen: Die Kunstdenkmäler der Rheinprovinz im Auftrage des Provinzialverbandes (= Die Kunstdenkmäler des Kreises Mülheim am Rhein, Bd. 5), hg. von Paul Clemen, Düsseldorf 1901, S. 147–194, S. 47f.
8   Nachruf Alexander Linnemann, in: Centralblatt der Bauverwaltung, hg. im Ministerium der öffentlichen Arbeiten. Nr. 79, Jahrgang XXII, Berlin 4.Oktober 1902, S. 484.

stimmt waren und gestaltete so zahlreiche Gesamtkunstwerke.[9] Auch sein Schaffen in Altenberg spiegelt diese Auffassung vom Gesamtkunstwerk. Sowohl die von ihm bearbeiteten Grisaille-Fenster im Chorpolygon als auch die Fenster im Langhaus sowie das Westfenster zeugen von seinem Anliegen, den künstlerischen Eindruck des 13. und 14. Jahrhunderts zu wahren. Dennoch sind in stilistischer Hinsicht der Zeitgeschmack und die künstlerische Auffassung des 19. Jahrhunderts in seine Arbeit eingeflossen – der mittelalterliche Charakter blieb jedoch gewahrt.

Den Kontakt zu Alexander Linnemann hatte Maria Zanders auf Empfehlung des geheimen Oberregierungsrats Persius aufgenommen. Im Sommer 1893 kam Linnemann zum ersten Mal nach Altenberg, um Untersuchungen durchzuführen, die für eine Kostenaufstellung notwendig waren. Diesen Untersuchungen folgten Entwürfe und Proben, deren Spuren bis heute erhalten sind: Dem ADV war es im Jahr 2010 möglich, Glasscheiben aus dem Nachlass der Familie und Werkstatt Linnemann in Frankfurt am Main anzukaufen. Die Paderborner Glasmalerei Peters, die im Rahmen der jüngsten Instandsetzungsarbeiten am Altenberger Dom die Restaurierung des Westfensters ausführte, übernahm eine vermittelnde Rolle bei der Transaktion. Der Ankauf besteht aus ganzen Scheiben und Fragmenten, deren Entstehung ans Ende des 19. Jahrhunderts zu datieren ist. Der Teil eines Vierpasses aus dem Westfenster lässt ahnen, welche Situation der Wiederherstellung Linnemann seinerzeit vorgefunden haben muss.

Nach der von Napoleon im Rheinland betriebenen Säkularisation der auch die 1133 von Morimond aus gegründete Zisterzienserabtei Altenberg zum Opfer fiel, wurde das Inventar im Jahr 1804 verkauft. Die Klostergebäude gingen in Privatbesitz über und aufgrund ihrer kommerziellen Nutzung war ein zunehmender Verfall von Gebäuden und Kirche zu verzeichnen. Von 1821 bis 1830 kam es zu mehreren Teileinstürzen der Kirche, denen im Jahr 1815 eine Explosion in den Klostergebäuden vorausgegangen war.[10] 1834 bewilligte der preußische König Friedrich Wilhelm IV. unter der Bedingung, die Kirche möge zukünftig von der katholischen und der evangelischen Gemeinde simultan genutzt werden, eine Instandsetzung, die er mit 13 800 Thalern unterstütze.[11] In der ersten großen Wiederherstellungskampagne von 1835 bis 1847 unter Bauinspektor Matthias Biercher waren in den letzen zwei Jahren

---

9   NACHRUF 1902 (wie Anm. 8), S. 484f.
10 Zur Geschichte Altenbergs im 19. Jahrhundert: Gerda Panofsky-Soergel: Die Denkmäler des Rheinlandes. 19. Rheinisch-Bergischer Kreis 2, Düsseldorf 1972, S. 89–140. – RITTER-EDEN 2002 (wie Anm. 3). – Catrin Riquier: Der Kapitelsaal der ehemaligen Zisterzienserabtei Altenberg (= Veröffentlichungen des Altenberger Dom-Vereins 8), Bergisch Gladbach 2003. – Sabine Lepsky, Norbert Nußbaum: Gotische Konstruktion und Baupraxis an der Zisterzienserkirche Altenberg. Band 1 Die Choranlage (= Veröffentlichungen des Altenberger Dom-Vereins 9), Bergisch Gladbach 2005.
11 Vgl. Johannes Tillmann: Proprietas nuda – res sacra. Das Ringen um die simultane Nutzung des Altenberger Domes, in: »Wenn nicht der Herr das Haus baut…« Altenberg. Vom Zisterzienserkloster zum Bergischen Dom, Festschrift der Katholischen Kirchengemeinde St. Mariä Himmelfahrt, Altenberg zur 750-Jahrfeier der Grundsteinlegung des Altenberger Domes, Odenthal-Altenberg 2009, S. 115–123. S. 117f. (weiterführende Details zu Eigentumsverhältnissen die Altenberger Kirche betreffend).

der Maßnahme auch die Fenster ergänzt und z.T. erneuert worden, allerdings nur in dem Maße, wie es für eine möglichst zügige Nutzung der Kirche erforderlich war.[12]

Nach einem Ortstermin mit Biercher im Oktober 1845 ist im Bericht des Kölner Regierungspräsidenten von Raumer an den Oberpräsidenten Eichmann vom 10. Dezember 1845 die Rede von wertvollsten Fenstern, die bereits mit Bretterverschlägen gegen Beschädigungen durch Witterung und Steinwurf geschützt worden waren. Ferner waren in ihrer Fassung gelockerte Scheiben herausgenommen und verwahrt worden. Zerstörte Fenster sollten neu hergestellt werden, wobei für gut erkannte Musterfelder zugrunde gelegt werden sollten.[13] Zur Qualität dieser Restaurierungs- bzw. Instandsetzungsmaßnahmen äußerte sich 1896 Landeskonservator Paul Clemen: »Bei der Restauration in den vierziger Jahren waren die erhaltenen Reste ziemlich willkürlich zusammengesetzt worden; die leeren Langbahnen waren mit einfacher heller Verglasung gefüllt worden.«[14] Signifikant für das handwerkliche Können und das theoretische Wissen zur Wiederherstellung und zum Erhalt mittelalterlichen Glasbestandes ist eine Schilderung, die in der Deutschen Bauzeitung von 1878 zu lesen ist: Baukonducteur Ferdinand Grund, dem die Leitung der Restaurierungsarbeiten in Altenberg ab 1847 oblag, entwickelte ein ungewöhnliches Verfahren zur Reinigung der mittelalterlichen Glasscheiben: Da man chemische Reinigungsmittel für zu gefährlich hielt, versenkte man die Scheiben in durchlöcherten Holzkisten für einige Zeit in dem durch Altenberg fließenden Flüsschen Dhünn, was lt. Redaktion der Deutschen Bauzeitung in »glücklichster Weise« gelang.[15] Ferdinand Grund war es auch, der aus dem Schutt einzelne Scherben geborgen und wieder zusammengesetzt hat. In diesem Zusammenhang muss man sich zudem vergegenwärtigen, dass mittelalterliche Glasscheiben erst im 19. Jahrhundert wieder als zu erhaltend erachtet wurden. Der in dieser Zeit neu aufkommende Nationalismus verbunden mit dem Gedankengut der Romantik evozierte eine neue Wertschätzung mittelalterlicher Tugenden und Traditionen. Bis dahin in Vergessenheit geratene Herstellungsverfahren auf dem Gebiet der Glasmalerei wurden jetzt wieder entdeckt und weiter entwickelt. Das handwerkliche Potential auf dem Gebiet der Restaurierung mittelalterlicher Glasmalerei war in den 1830 und 40er Jahren allerdings noch in den Anfängen begriffen.[16] In den 1860er Jahren waren in Altenberg schon erste Schäden an den erneuerten Fenstern zu verzeichnen und es kam zu weiteren, umfangreichen Restaurierungen. Betroffen waren Fenster im nördlichen Querhaus, die ersten vier Fenster im nördlichen Seitenschiff von

---

12 Vgl. Brigitte Lymant: Die mittelalterlichen Glasmalereien der ehemaligen Zisterzienserkirche Altenberg, Bergisch Gladbach 1979, S. 40–42.
13 Vgl. RITTER-EDEN 2002 (wie Anm. 3), S. 99.
14 Paul Clemen: Altenberg. Wiederherstellung und Ausschmückung der Cistercienserabteikirche, in: Bonner Jahrbuch 100, 1896, S. 153.
15 Ottomar Moeller: Das Thal der Dhünn und die Abtei Altenberg, in: Deutsche Bauzeitung 12, 1878, S. 12–15, mit Anm. der Redaktion: »[…] Die Reinigung erfolgte schließlich in glücklichster Weise indem man die in durchlöcherten Holzkisten verschlossenen Glastafeln in die Dhünn versenkte und längere Zeit hindurch dem Einfluß des strömenden Wassers überließ.«
16 Vgl. Frank Martin: Das Königliche Glasmalerei-Institut in Berlin-Charlottenburg (1843–1905), in: Das Münster, Jg. 62, Nr. 2, 2009, S. 100–110, S. 100.

Westen, ein Fenster in der Kapelle im nördlichen Chorseitenschiff sowie fünf Fenster der polygonalen Chorkapellen.[17] Wie diese Instandsetzungen oder Restaurierungen im Einzelnen aussahen ist heute nicht mehr nachzuvollziehen.

Zur Restaurierung des Westfensters, mit der man 1864–65 das 1843 gegründete Königliche Institut für Glasmalerei in Berlin-Charlottenburg betraute, existieren jedoch genauere Berichte. Gearbeitet wurde nach Entwürfen des Glasmalers Peter Grass.[18] Seinen Erneuerungen sind der Christuskopf, geometrische Muster aus rotem und blauem Glas im Couronnement sowie neue Heiligengestalten in den seitlichen Bahnen zuzuordnen.[19] Der Glasmaler Heinrich Oidtmann lieferte 1912 einen Zustandsbericht der Glasmalereien Altenbergs im 19. Jahrhundert. Hierin beschreibt er zudem ausführlich die Anordnung der Heiligenfiguren im Westfenster seit 1845. Er schreibt es Linnemann zu, dass zu Beginn des 20. Jahrhunderts alle wiederhergestellt und an akzeptablen Plätzen innerhalb des Fensters verortet waren.[20] Paul Clemen schildert zuvor 1901: »[…] die grossen Pässe im Couronnement waren in kalten schreienden Tönen mit bunter Verglasung gefüllt, nur die Schachbrettmuster in den kleinen Zwickeln waren alt.«[21] Im Jahresbericht des ADV von 1895 befindet man diesbezüglich weiter, dass das Westfenster »[…] im Maßwerk mit störenden roten und blauen Scheiben versehen worden [war], die die künstlerische Wirkung des Ganzen aufhoben.«[22] Es folgt eine Schilderung der Art und Weise, wie Restaurierungen der Verglasungen im Chor und im Nordquerhaus vorgenommen wurden und dass unter Linnemann auf Antikglas zurückgegriffen wurde, damit sich die zu erneuernden Glasfelder in »Ton und Patina […] vollständig an die alten Scheiben anschlossen.«[23]

Der Farbkanon, der sich in Altenberg von Ost nach West bereits in seinem mittelalterlichen Erscheinungsbild steigert und damit vielschichtige Entwicklungen innerhalb des Zisterzienserordens von der anfänglich strengen künstlerischen Askese ohne Farben bis hin zu polychromen, figürlich gestalteten Kunstwerken bezeugt, sollte auch bei der Restaurierung und Erneuerung der Fenster im 19. Jahrhundert berücksichtigt werden: »Die Fenster zeigen im Chor ausschließlich Grisaillemalereien, im Querhaus Grisaille mit spärlicher Farbe, die dann in den Teppichfenstern des nördlichen Seitenschiffes zunimmt, bis zuletzt im Westfenster die volle Farbigkeit durchgeführt wird; […].«[24] Ferner heißt es in diesem Zusammenhang, dass zu diesem

---

17 Vgl. RITTER-EDEN 2002 (wie Anm. 3), S. 110.
18 Vgl. Peter Grass: Beitrag zur Geschichte der Glasmalerei, in: Kölner Domblatt 1863, Nr. 219, S. 2.
19 Vgl. Klaus Faika, Susanne Heydasch-Lehmann, Andreas Stürmer: Altenberg. Der Bergische Dom, Lindenberg 2008, S. 49.
20 Heinrich Oidtmann: Die Rheinischen Glasmalereien vom 12. bis zum 16. Jahrhundert. Band I, Düsseldorf 1912. (Abschrift in der Sammlung Karl Eckert des Altenberger Dom-Vereins. SLG Eckert 1948/661/6), S. 220f.
21 CLEMEN 1901 (wie Anm. 7), S. 181.
22 Jahresbericht des ADV 1895, S. 17.
23 GRASS 1863 (wie Anm. 18), S. 2.
24 CLEMEN 1901 (wie Anm. 7), S. 179. – Im JB ADV 1895, S. 18 dazu: »Die ganze Kirche zeigt von Westen nach Osten [es muss lauten: ›von Osten nach Westen‹, Anm. d. Verf.] ein immer stärkeres Eindringen der Farbe in die einfachen Grisaillemuster […] Es musste daher bei der Neuanfertigung der noch fehlenden Fenster das Prinzip verfolgt werden, auch hier eine allmähliche Steigerung der

Zeitpunkt drei neue Fenster im nördlichen Seitenschiff eingesetzt waren und dass für die beiden letzten bereits Entwürfe von Linnemann vorlagen. Bei den bereits eingesetzten Scheiben handelte es sich um die Stifterfenster, während eines der beiden noch ausstehenden das sogenannte Mönchsfenster war, dessen Musterscheiben u.a. Gegenstand der nachfolgenden Beschreibungen sind, denn auch sie befinden sich unter den vom ADV angekauften Scheiben aus dem Linnemann-Nachlass. Die Reihenfolge ihrer Erfassung orientiert sich an der oben erläuterten Farbsteigerung innerhalb der Altenberger Fenster.

2   Segment eines Vierpasses, aus dem Archiv Linnemann, jetzt Sammlung ADV

Segmentfeld eines Vierpasses

Lanzettspitze aus dem Maßwerk eines Couronnements / Zwickel mit floralem Grisaille-Dekor / Rechteckfeld mit Weinranken

Der Restaurierungskampagne Linnemanns im Chor sind ein gut erhaltenes Rechteckfeld und drei Fragmente zuzuordnen, die sich in der Art ihrer Gestaltung sehr ähneln. (Abb. 2) Die mittleren, spitz zulaufenden Scherben des Vierpass-Segments fehlen. Die erhaltenen Bleiruten zeugen jedoch klar von der ursprünglichen Form des Fensterfeldes. Die unversehrten Scherben des Feldes bestehen aus opak-weißem Glas und sind mit Schwarzlot-Malerei versehen, die längliche, gefiederte Blätter darstellt, welche in sich überschneidenden Feldern in Vierpassform angeordnet sind.[25] Die Glasstücke sind mittels Bleiruten miteinander verbunden. Das Feld ist umlaufend gerahmt von einem diamantartig gestalteten Band, das ebenfalls mit Schwarzlotzeichnungen versehen ist. Form und Größe der Fragmente entsprächen den Vierpass-Segmenten in den Obergadenfenstern des nördlichen Querhauses, die detailreiche Gestaltung dieser Musterscheibe spricht jedoch gegen einen Einsatz in diesem Bereich, wo man sich schließlich wohl aus Kostengründen auf schematisch mittels Bleiruten gegliederte Fenster in Opak-Weiß beschränkte. Den nahezu vollständig erhaltenen Zwickel ziert ein identisches Dekor; die gefiederten Blätter sind in gleicher Weise wie im Vierpass-Segment gestaltet, ebenso das umlaufende Band. Seine Proportionen erlauben

---

Farbe anzustreben, so dass das letzte Fenster der Reihe eine direkte Vorbereitung auf das Westfenster darstellte.«

25   Vgl. Simone Bretz, Carola Hagnau, Oliver Hahn, Hans-Jörg Ranz: »Allerhand Loth zu machen« Das Schwarzlot in der Hinterglasmalerei, in: Restauro Forum für Restauratoren, Konservatoren und Denkmalpfleger. 117. Jahrgang, 8/2011, S. 27–39: Schwarzlot: spezielle Schmelzfarbe, die bei etwa 600°C in das Glas eingebrannt wird und dort eine wetterfeste, lichtundurchlässige Schicht bildet; wird aber auch als Farbmittel in der sogenannten Kaltbemalung eingesetzt.

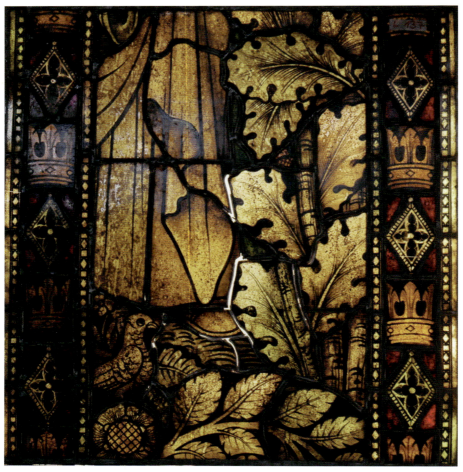

3   Mönchsfenster, Musterscheibe für das nördl. Langhausseitenschiff der ehemaligen Abteikirche Altenberg

ebenfalls die Annahme, dass es ich um eine Musterscheibe für die Obergadenfenster des nördlichen oder südlichen Querhauses handelte. Im Gegensatz zu den beiden vorigen Feldern ist die Lanzettspitze im inneren Dreieckfeld mit Weinblättern und Trauben, die aus einem mittleren, in sich verschlungenen Stamm herauswachsen, dekoriert. Auch hier sind die Glasstücke mittels Bleiruten verbunden, und sie geben für die Spitze gleichfalls dort Auskunft über die ursprüngliche Form, wo Scherben fehlen. Das Rechteckfeld, das sich in gutem Erhaltungszustand befindet, weist das gleiche Dekor von Weinranken auf und ist ebenso von einem umlaufenden Band gerahmt. Dergestalt ist z.B. das Stifterfenster von Maria Zanders realisiert worden. (Abb. 1) Da keines der Fragmente Ein- oder Ausbauspuren aufweist, handelt es sich, wie oben bereits erwähnt, wohl um Musterscheiben oder Kopien, die Linnemann in Altenberg zunächst vorgestellt hat.

Sechs Felder aus dem sogenannten »Mönchsfenster«

Von den sechs Feldern, die man aufgrund ihres Dekors eindeutig als Musterscheiben für das Mönchsfenster identifizieren kann (Abb. 3), sind zwei Rechteckfelder und eine Spitze nahezu unversehrt, während an drei weiteren Rechteckfeldern zahlreiche Fehlstellen zu verzeichnen sind. Hier fehlen einzelne Glasscherben, deren Positionen innerhalb der Scheiben jedoch anhand der erhaltenen Bleiruten deutlich werden. Die rechteckigen Fensterfelder bestehen aus Glasstücken in Opak-Weiß, Gelb, Rot, grünlich schimmernd sowie in Violett- und Brauntönen z.T. mit Schwarzlot-Binnenzeichnungen. Dargestellt sind lesende, von verschiedenen Laubarten umgebene Zisterziensermönche, die an ihren weißen Gewändern zu erkennen sind. Zudem sieht man Blumen und Tauben. Die Felder sind gerahmt von einer Bordüre, bestehend aus kleinen Glasfeldern, die alternierend jeweils eine Krone und eine Fleur des Lys auf rotem Grund aufweisen. Den roten Grund könnte man gleichsam als Rahmung bezeichnen, denn die Dreiecke aus rotem Glas umgeben die Rauten mit den Fleurs de Lys an ihren vier Längsseiten. Die Bordüre ist wiederum gerahmt von schmalen, opakweißen Glasstreifen die, verbunden mit kurzen Bleiruten, ein Band ergeben, das durch seine Schwarzlotzeichnung aus abwechselnden Quadraten und Rauten wie diamantiert wirkt. Auch bei diesen feingliedrigen Details wendet Linnemann die musivische Herstellungsweise von Glasscheiben an, indem er die einzeln geschnittenen farbigen oder mit Binnenzeichnung versehenen Glasstücke durch Bleiruten miteinander verbindet und so ein großes Bild entstehen lässt. Im Falle der Mönchsscheiben ist davon auszugehen, dass es sich um Musterscheiben handelt, die Linnemann für dieses Fenster hergestellt und in Altenberg vorgestellt hat. Sicher ist, dass in seiner Werkstatt in Frankfurt ein Entwurf zum Mönchsfenster existiert hat, der sich heute neben einer weiteren Mönchscheibe im Linnemann-Archiv befindet.[26] (Abb. 4)

Segment eines Vierpasses aus dem Westfenster

Fotografien der Messbildanstalt Berlin aus dem Jahr 1889 dokumentieren den Zustand des großen Westfensters und der Fenster des nördlichen Seitenschiffes vor der Linnemann'schen Restaurierung. (Abb. 5) Zeugnis dieses Zustandes ist ein Fragment, das ebenfalls vom ADV aus dem Nachlass Linnemanns erworben werden konnte. (Abb. 6) Das Fragment ist mosaikartig aus diversen, vermutlich mittelalterlichen Glasstücken zusammengesetzt, die mittels Bleiruten miteinander verbunden sind. Die Scherben bestehen aus durchgefärbtem rotem und gelbem Glas, Grisaille-Scherben sowie bemalten Stücken, auf denen einzelne Striche und Teile von Malerei

---

26 Bettina Schüpke: Von Schätzen in Kisten, Kellern und Kirchen. Die Wiederentdeckung der Glasmalereiwerkstatt Linnemann aus Frankfurt a. M. (1889–1955), in: Das Münster. Zeitschrift für christliche Kunst und Kunstwissenschaft. 2/2009, 62. Jahrgang. S. 132–141, hier S. 140, Abb. 15. Schüpke verwendet an dieser Stelle ein Foto, das den Kopf eines lesenden Zisterziensermönchs zeigt. Unter den vom ADV erworbenen Scheiben befinden sich hingegen nur solche mit Mönchsgewändern. Lediglich in einer fragmentarisch erhaltenen Scheibe ist die Kapuze eines Mönches zu erahnen.

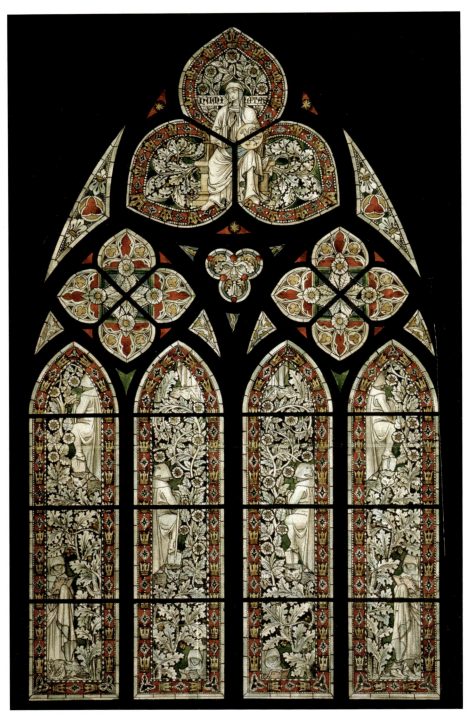

4   Mönchsfenster, Musterscheibe im Linnemann Archiv Frankfurt a.M.

5   Ehemalige Abteikirche Altenberg, Innenansicht, westlicher Teil des Langhauses nach W., Aufnahme der Königlichen Meßbild-Anstalt Berlin, 1889

in Schwarzlot erkennbar sind, deren Pinselstrich den figürlichen Darstellungen im Westfenster ähnelt. Darüber hinaus sind vier gelbgold-gründige rechteckige Stücke eingearbeitet, die in Farbe und Ornament auf Teile der Architekturdarstellung im Westfenster hindeuten: erkennbar sind mit Schwarzlot gemalte Akanthusvoluten und das Fragment der Zeichnung eines Frieses. Die Stücke scheinen sowohl mittelalterlichen Ursprungs als auch Ergänzungen des 19. Jahrhunderts zu sein.

Vorstellbar wäre nach oben skizzierter Vorgehensweise in den 1840er bis 1860er Jahren, dass man mittelalterliche, zerstörte Scheiben aufbewahrt und die Einzelteile ohne Kontext wieder zusammengesetzt hat und somit Lücken und Löcher schließen konnte. Da das Fragment am äußeren Bleirutenrand Ein- bzw. Ausbauspuren mit Mörtelresten aufweist, ist anzunehmen, dass Linnemann es so vorfand und es nach dem Ausbau als Dokumentation der vorherigen Restaurierung archiviert haben

6 Segment eines Vierpasses aus dem Westfenster der ehemaligen Abteikirche Altenberg

könnte. Die Form der Scheibe erlaubt die Zuordnung in einen Vierpass des Westfensters. Anhand der fotografischen Dokumentation der Berliner Messbildanstalt ist der Schluss zulässig, dass es sich um den unteren Teil des zweiten Vierpasses von links handelt, der den Kirchenvater Hieronymus zeigt. Linnemann ersetzte diesen Teil dann wohl durch eine neue Scheibe, die das Gewand des Kirchenvaters ergänzte. (Vgl. Abb. 5) Das Fragment ist eines der wenigen Zeugnisse der Glasbearbeitungen durch das Königliche Glasmalerei-Institut in Berlin-Charlottenburg in den 1860er Jahren und damit ein Stück der Originalsubstanz des Westfensters, das einen längst verloren geglaubten Zustand dokumentiert und gleichzeitig das Restaurierungsbedürfnis Linnemanns bezeugt. Heute befindet sich an besagter Stelle der von Linnemann erneuerte und im Zuge der letzten Restaurierungsmaßnahme durch die Glasmalerei Peters in Paderborn bearbeitete Teil des Gewandes des Hieronymus in diesem Vierpass-Segment.[27]

---

27 Daniel Parello: Der Fensterschmuck im Kloster Altenberg. Zum Bestand und seiner Datierung, in: »Wenn nicht der Herr das Haus baut…« Altenberg. Vom Zisterzienserkloster zum Bergischen Dom. Festschrift der Katholischen Kirchengemeinde St. Mariä Himmelfahrt, Altenberg zur 750-Jahrfeier der Grundsteinlegung des Altenberger Domes. Odenthal-Altenberg 2009, S. 41–55, hier S. 49: »Die Verglasungen in den acht Lanzetten des Altenberger Westfensters bestehen aus nahezu einem Drittel aus Neuschöpfungen Linnemanns 1894–1898.«

Bei den beschriebenen fragmentierten Glasfeldern, die sich nun unter konservatorischen Gesichtspunkten sicher sach- und fachgerecht verwahrt in der Sammlung des Altenberger Dom-Vereins befinden, handelt es sich um hervorragende Zeugnisse der Ergänzungen, Erneuerungen und Restaurierungen, die die Werkstatt Linnemann am Ende des 19. Jahrhunderts gefertigt hat. Die Tatsache, dass Kunsthandwerker und Künstler im 19. Jahrhundert, unterstützt und gefördert von Bauherren und Mäzenen, den Sinn und die Qualität mittelalterlicher Fenster erkannten und das Bestreben entwickelten, diese zu erhalten respektive wiederherzustellen, muss ausdrücklich hervorgehoben und anerkannt werden. Sie haben der alten Kunst der Glasmalerei wieder zu dem hohen Stellenwert verholfen, der ihr entspricht, wie die jüngsten Restaurierungsarbeiten am Altenberger Westfenster bezeugen und Neuschöpfungen der letzten hundert Jahre vielerorts eindrucksvoll belegen.

Die Herstellungsweisen von Glasfenstern sind vielfältig; Linnemann wandte in Altenberg die musivische an: nach mittelalterlichem Vorbild werden dabei nach einem Karton geschnittene sowohl poly- als auch monochrome Glasstücke zu einem Bild zusammengesetzt, das durch Bleiruten Stabilität erhält. Zudem charakterisierte die Binnenzeichnung in Schwarzlot bereits im 13. Jahrhundert die Fenster im Altenberger Hochchor und wurde ebenfalls von Linnemann adaptiert. Er griff bei den polychromen Fenstern auf stark gebläseltes Antikglas in den Farben Rot, Blau, Gelb, Grün, Violett und in Opak-weiß zurück. Es erreicht durch seine unregelmäßige Oberflächenstruktur, den sogenannten »Hobel«, außerordentliche Leuchtkraft und hohe Farbbrillanz und kommt der Wirkung mittelalterlichen Glases sehr nahe. Farbnuancen erreichte er in den Zeichnungen durch verschiedene Aufbringungstechniken des Schwarzlots wie Wischen oder Tupfen.

Die Ikonologie der neugeschöpften Altenberger Fenster des 19. Jahrhunderts spiegelt auf vielschichtige Weise religiöse und künstlerische Strömungen sowie gesellschaftliches Traditionsbewusstsein und die Bereitschaft, künstlerisches Erbe zu bewahren. In einigen der Fenster im nördlichen Seitenschiff, die von überwiegend protestantischen Unternehmerfamilien gestiftet wurden, finden sich Wappen, die wohl bereits im 14. Jahrhundert ihren Platz in der Altenberger Zisterzienserabteikirche gefunden hatten. Linnemann integrierte sie in die neu geschaffenen Stifterfenster. Mit diesem Kunstgriff übertrug er den traditionsreichen Stiftungsgedanken, vom Mittelalter ans Ende des 19. Jahrhunderts in einer Kirche, die bis heute eine herausragende Position in Bezug auf das bürgerschaftliche Engagement, das ihrem Erhalt und ihrer Ausstattung zu Gute kommt, einnimmt.

Bildnachweis

1: Jürgen Gregory LVR. – 2, 3: Glasmalerei Peters Paderborn. – 4: Bettina Schüpke, Linnemann-Archiv Frankfurt a.M. – 5: LVR Amt für Denkmalpflege im Rheinland. – 6: ADV; Foto: Heribert Weegen.

Mediale Räume des Herrschers

Susanne Wittekind

Einleitung

Herrschaft ist im Mittelalter wesentlich auf personale Strukturen und öffentliche Akte gegründet, in denen sie sich zugleich manifestiert. Hierarchie und Gefolgschaft werden durch Statuszeichen und Rechtsgesten ausgedrückt. Der Rang einer Person ist zunächst an ihrer äußeren Erscheinung ablesbar, zu der Insignien, Kleidung und Wappen beitragen. Doch auch ihre Position im Raum ist aussagekräftig, so die Nähe oder der Abstand zum Herrscher bei Einzügen, Festmählern und Hofversammlungen. Architektur gestaltet die Räume solcher Handlungen, in denen sich Herrschaft und Status von Personen manifestieren. Herrschafts-, Rechts- und Rangverhältnisse werden jedoch nicht nur ›gelebt‹, sondern seit dem Hochmittelalter zunehmend schriftlich fixiert und diskutiert. Eine wichtige Rolle spielen sie in Rechtstexten, in Urkunden, Gesetzen und Rechtskodifizierungen sowie juristischen Kommentaren; hinzu kommen im 14. Jahrhundert Hofordnungen und Krönungsordines.

In Spanien werden diese Rechtstexte oft reich illuminiert. Wie die Texte, so lassen sich auch die Bilder dieser Handschriften als Zeugnis bildkünstlerischer Reflexion von Herrschaft interpretieren. Zu beobachten ist in diesen Rechtshandschriften ein Wandel in Bezug auf die Darstellung des Herrschers und der Rechtshandlungen, aber auch bezüglich der Rolle von Architekturmotiven, mittels derer die Szenen situiert werden. Während architektonische Formen wie Arkaden im 12./13. Jahrhundert einerseits zur Szenengliederung und Rahmung von Miniaturen gebraucht werden, andererseits als Kulissen oder Ortsangaben dienen, treten seit etwa 1330 neue Verwendungsweisen von Architekturelementen hinzu: zum einen die Überhöhung von thronenden Herrschergestalten durch architektonisch gestaltete Throne mit Baldachin oder hinterfangenden Zentralbau, zum anderen die Situierung herrscherlicher Rechtsakte in Binnenräumen. Verwandte Formen bildlicher Architekturrepräsentation sind bereits in der Monumentalmalerei Giottos und Duccios zu finden, worauf die Forschung seit langem hinweist.[1] Dort stehen sie jedoch im sakralen Kontext, werden für die Darstellung des Lebens Jesu, für Heiligenviten sowie für Darstellungen Mariens als Himmelskönigin (maestà) verwandt. Einen weiteren Bezugspunkt bieten zeitgenössische Bologneser Rechtshandschriften, in denen Gott als Legitimation irdischer Gesetzgebung durch Bildarchitekturen kompositionell herausgehoben wird.[2]

---

1 Millard Meiss: Italian Style in Catalonia and a Fourteenth Century Catalan Workshop, in: The Journal of the Walters Art Gallery 4, 1941, S. 45–87. – Rosa Alcoy: Barcelona sota el signe de Giotto? Mirades i arguments, in: dies. (Hg.): El Trecento en obres. Art de Catalunya i art d'Europa al segle XIV, Barcelona 2009, S. 49–90.

2 Gaspar Coll i Rosell: Una perspectiva catalana sobre manuscrits il.luminats de ›Dret comú‹ baix medievals: mostra d'exemplars conservats a Catalunya, in: ALCOY 2009 (wie Anm. 1), S. 273–289.

These dieses Beitrags ist, dass es sich bei der Übertragung dieser architektonischen Bildformen aus dem sakralen Bereich in den aktuellen Rechts- und Herrschaftskontext nicht allein um eine künstlerisch-stilistische Rezeption handelt, sondern dass die gewählten architektonischen Bildformeln bedeutungshaltig konnotiert sind. Zugleich werden gerade nicht zeitgenössische, real gebaute Herrschaftsarchitekturen mit Loggia und Tinell dargestellt, wie sie in den Königspalästen von Palma, Perpignan oder Barcelona noch zu sehen sind. Ebensowenig entspricht das dargestellte Zeremoniell in diesen Räumen den Bestimmungen der zeitgenössischen Hofordnungen. Stattdessen werden Architekturmotive so eingesetzt, dass sie Legitimation und Strukturen der Herrschaft sinnbildlich verdeutlichen. Dazu werden fiktionale Mikro- und Makroarchitekturen eingeführt.

Während in der Forschung meist gebaute Architektur als Bedeutungsträger interpretiert wird[3], geht es hier um die künstlerische und inhaltliche Bildfunktion von gemalten Mikro- und Makroarchitekturen im Kontext von Büchern, also um mediale architektonische Räume. Mikroarchitektur ist erst seit einigen Jahren in den Fokus der Forschung gerückt. Gleich ob Schreine oder Reliquiare, Monstranzen und Siegel, Kanzeln, Sakramentshäuser oder Grabmäler behandelt werden – das Interesse gilt vor allem dem Verhältnis dieser Mikroarchitekturen zur monumentalen Architektur, insbesondere dem Realismus bzw. der Modernität ihrer Detailformen.[4] Nur vereinzelte Beiträge widmen sich gemalter Architektur – dies einerseits unter der Frage, inwieweit sie zeitgenössische Baukunst wiedergibt, andererseits, ob und wie antike Bauten rezipiert oder dargestellt werden.[5] Nur selten wird jedoch nach der Bildfunktion und Aussage dieser gemalten, alten oder zeitgenössischen Architekturmotive gefragt.[6] Im

---

3   Martin Warnke: Einführung, in: ders. (Hg.): Politische Architektur in Europa vom Mittelalter bis heute. Repräsentation und Gemeinschaft, Köln 1984, S. 7–18.
4   Zur Aufnahme architektonischer Formen in der Goldschmiedekunst seit dem späten 13. Jahrhundert vgl. Peter Kurmann: Miniaturkathedrale oder monumentales Reliquiar? Zur Architektur des Gertrudenschreins, in: Hiltrud Westermann-Angerhausen (Hg.): Ausstellungskatalog Schatz aus den Trümmern. Der Silberschrein von Nivelles und die europäische Hochgotik, Köln 1996, S. 135–153. – Grundlegend zur Mikroarchitektur im Mittelalter vgl. Christine Kratzke, Uwe Albrecht (Hg.): Mikroarchitektur im Mittelalter. Ein gattungsübergreifendes Phänomen zwischen Realität und Imagination. Beiträge der gleichnamigen Tagung im Germanischen Nationalmuseum Nürnberg vom 26. bis 29. Oktober 2005, Leipzig 2008.
5   Wie Anton von Euw (ders.: Die Buchmalerei, in: WESTERMANN-ANGERHAUSEN 1996 [wie Anm. 4], S. 261–274) konstatiert auch Andreas Bräm (ders.: Architektur im Bild. Gotische Bauformen in der Buchmalerei Frankreichs 1200–1380, in: KRATZE/ALBRECHT 2008 [wie Anm. 4], S. 499–517), dass die französische Buchmalerei kaum architektonische Räume oder zeitgenössische Detailformen aufgreift. Zur Wahrnehmung und bildlichen Darstellung romanischer bzw. antiker Bauten siehe Dietmar Popp: Duccio und die Antike. Studien zur Antikenvorstellung und zur Antikenrezeption in der Sieneser Malerei am Anfang des 14. Jahrhunderts (Beiträge zur Kunstwissenschaft 67), München 1996. – Xavier Barral i Altet: Giotto i la ciutat antiga, in: ALCOY 2009 (wie Anm. 1), S. 293–316. – Stephan Hoppe: Die Antike des Jan van Eyck. Architektonische Fiktion und Empirie im Umkreis des burgundischen Hofs um 1435, in: Susanne Wittekind, Dietrich Boschung (Hg.): Persistenz und Rezeption. Weiterverwendung, Wiederverwendung und Neuinterpretation antiker Werke im Mittelalter (= Zakmira-Schriften 6), Wiesbaden 2008, S. 351–394.
6   Vgl. Klaus Krüger: Mimesis als Bildlichkeit des Scheins – Zur Fiktionalität religiöser Bildkunst im Trecento, in: Thomas W. Gaethgens (Hg.): Künstlerischer Austausch / Artistic Exchange (Akten

Folgenden soll es um diese kompositionelle und sinnbildliche Funktion bildlicher Architekturdarstellungen in Rechtshandschriften gehen.

Zur Rolle architektonischer Formen in katalanischen Rechtshandschriften des 14. Jahrhunderts

Die Verschriftlichung des katalanischen Gewohnheitsrechts (usatici/usatges) geht auf die Landfriedensbeschlüsse unter Graf Ramon Berenguer I. (1035–76) zurück.[7] Von nachfolgenden Grafen Kataloniens, die seit der Heirat Ramon Berenguers IV. (1131–62) mit der aragonesischen Thronerbin Petronilla zugleich Könige von Aragon sind, werden weitere Landfrieden, Privilegien und Hofratsbeschlüsse ergänzt und seit Mitte des 12. Jahrhunderts in Codices gesammelt. Erst König Jaume I. el Conqueridor (1213–76) erhebt sie 1251 zur Gesetzesgrundlage seiner Reiche. Als nach dem Tod Jaumes I. sein Herrschaftsgebiet gemäß seinem Testament unter seinen Söhnen aufgeteilt wird, erhält Jaume II. (1276–1311) das Königreich Mallorca, das neben den Balearen die Grafschaften Cerdanya, Roussillon und Montpellier umfasst. Er lässt, entsprechend zu den katalanischen Usatges, 1288/90 die Privilegien für Mallorca im Llibre de Franqueses i Privilegis zusammenstellen. Betrachtet wird im Folgenden eine reich illuminierte Handschrift der Rechte und Freiheiten Mallorcas, der Llibre dels Reis (Palma, Arxiu del regne de Mallorca, Cod. 1). Dieser wurde von sechs jurati, d.h. Geschworenen des Rats der universitas von Mallorca, die im Prolog der Handschrift namentlich genannt sind, 1334 bei dem aus Manresa gebürtigen Schreiber und Priester Romeus des Poal in Auftrag gegeben.[8] Das Augenmerk richtet sich dabei auf den mikroarchitektonisch gestalteten *Herrscherthron*. Als zweites Beispiel wird

---

    des XXVIII. Internationalen Kongresses für Kunstgeschichte Berlin, 15.–20. Juli 1992), Berlin 1993, Bd. 2, S. 423f. zu fiktiven Architektursystemen in der Wand- und Tafelmalerei. – Zu »gebauten Ordnungen« der Bilderzählung vgl. Johannes Grave: Grenzerkundungen zwischen Bild und Architektur. Filippino Lippis parergonale Ästhetik, in: Andreas Beyer (Hg.): Das Auge der Architektur. Zur Frage der Bildlichkeit in der Baukunst, München 2011, S. 221–249, hier S. 224f. – Cornelia Logemann: Heilige Ordnungen. Die Bild-Räume der »Vie de Saint Denis« (1317) und die französische Buchmalerei des 14. Jahrhunderts, Köln/Weimar/Wien 2009, S. 134ff.

7 Armin Wolf: Gesetzgebung in Europa 1100–1500. Zur Entstehung der Territorialstaaten, München ²1996, hier insbesondere zu Aragon S. 123–221, Katalonien S. 225–221 und Mallorca 228f. – Donald J. Kagay: The Usatges of Barcelona: The Fundamental Law of Catalonia, Philadelphia 1994. – Adam J. Kosto: Making Agreements in Medieval Catalonia. Power, order, and the written word 1000–1200, Cambridge 2001.

8 Transkription des lateinischen Prologs (f. 13r–14v) von Antoni Planas Rosselló: Transcripció del text llatí, in: Ricard Urgell Hernández (Hg.): Llibre dels Reis. Llibre de franqueses i privilegis del regne de Mallorca. Còdex numero 1 de l'Arxiu del regne de Mallorca. Estudis i transcripcions, Palma 2010, S. 174ff. Wie die übrigen Franqueses-Handschriften ist der Codex in einen lateinischen und einen katalanischen Teil gegliedert. Sie werden hier durch Miniaturseiten eingeleitet und ergänzt um einen Mittelteil, der neben Evangelienanfängen, die die Nutzung der Handschrift als Schwurbuch ermöglichen, eine Chronik, einen liturgischen Kalender und Osterberechnungstafeln umfasst, daneben die usatges. Das geltende Gewohnheitsrecht wird somit einerseits heilsgeschichtlich verortet, andererseits in das katalanische Gewohnheitsrecht eingebettet. Ricard Urgell Hernández: Estudi arxuístic i codicològic, in: Urgell Hernández 2010 (s.o.), S. 75–110. – Antoni Planas Rosselló: Estudi Historico-jurídic, in: Urgell Hernández 2010 (s.o.), S. 52–72.

der Llibre Verd von Barcelona (Barcelona, Arxiu Històric de la Ciutat, Cod. I G.L-10) herangezogen, der neben den Usatges in einem zweiten Teil die Sonderrechte der Stadt Barcelona enthält und 1345/6 im Auftrag des Rats der Hundert von Barcelona entstand. Einem neuen Bildkonzept folgend werden hier die Rechtshandlungen in *Innenräumen* situiert. Untersucht wird, wie diese architektonischen Motive in den Handschriften zur symbolischen Repräsentation zeitgenössischer Herrschaftsvorstellungen eingesetzt werden.

Der Herrscherthron als Mikroarchitektur im Llibre dels Reis von Mallorca

Die gerahmte Eröffnungsminiatur des Llibre dels Reis von Mallorca, plaziert nach dem Inhaltsverzeichnis der Handschrift auf f. 13v gegenüber dem Prolog und vor den Privilegien Jaumes I., zeigt den König von Engeln gekrönt und erhöht auf seinem Thron zwischen Geistlichen und weltlichen Vertretern des Königreichs.[9] (Abb. 1) Bildbestimmend ist der zentralperspektivisch gestaltete Thron, denn seine Stufen nehmen die gesamte Bildbreite ein und bilden den vorderen Bildabschluss. Sie erzeugen, zusammen mit den vor- und zurückspringenden Thronwangen und dem raumgreifenden, bekrönenden Baldachin, der die obere Bildhälfte füllt, einen ausgeprägten Tiefenraum, in dem der Herrscher plaziert wird. Dieser architektonisch gebildete Tiefenraum kontrastiert mit der flächig geschichteten Darstellung der übrigen Figuren sowie mit dem rückwärtigen Abschluss des Bildraums durch einen Wandbehang vor Goldgrund. Perspektivisch ist der Thron so konstruiert, dass die Fluchtlinien auf den Leib des Königs weisen und den Betrachterblick auf seine Gestalt fokussieren. Ebenso geschieht dies durch die Gesten und Blicke der Vertreter Mallorcas. Der Thron bildet dem König einen eigenen architektonischen Tiefenraum, der ihn vor den anderen Personen hervorhebt und von ihnen abgrenzt, dabei zugleich auch vom Betrachter distanziert. Der Thron erscheint hier nicht allein als traditionelles Herrschaftszeichen; seine spezifische Form und bildkompositorische Gestaltung bringen die körperliche und räumliche Entrückung des Königs von seinen Untertanen zum Ausdruck. Als architektonisches Äquivalent dazu wäre im Palastbau die Ausbildung eines über vorgelagerte Raumfolgen und beschränkte Zutrittswege exklusiven Herrscherappartements zu werten, wie es um 1300 in der Residenz der Könige von Mallorca in Perpignan ausgebildet ist.[10] Auf zeremonieller Ebene entsprechen dieser räumlichen Distanzierung des Königs von Hofpersonal und Volk

---

9   Gabriel Llompart Moragues, Isabel Escandell Prousz: Estudi historicoartístic, in: Urgell Hernández 2010 (wie Anm. 8), S. 133ff. Einerseits ist die Krönung des Herrschers durch himmlische Mächte als Ausdruck seiner erhofften Belohnung mit dem ewigen Leben zu werten, andererseits erscheint der Herrscher durch sie als unmittelbar von Gott erwählt. Vgl. Joachim Ott: Krone und Krönung. Die Verheißung und Verleihung von Kronen in der Kunst von der Spätantike bis um 1200 und die geistige Auslegung der Krone, Mainz 1998.

10 Gottfried Kerscher: Architektur als Repräsentation. Spätmittelalterliche Palastbaukunst zwischen Pracht und zeremoniellen Voraussetzungen: Avignon – Mallorca – Kirchenstaat, Tübingen 2000; zu Perpignan S. 235–255; zum Verhältnis von Palastzeremoniell (Leges Palatinae) und Architekturgestaltung S. 325–329.

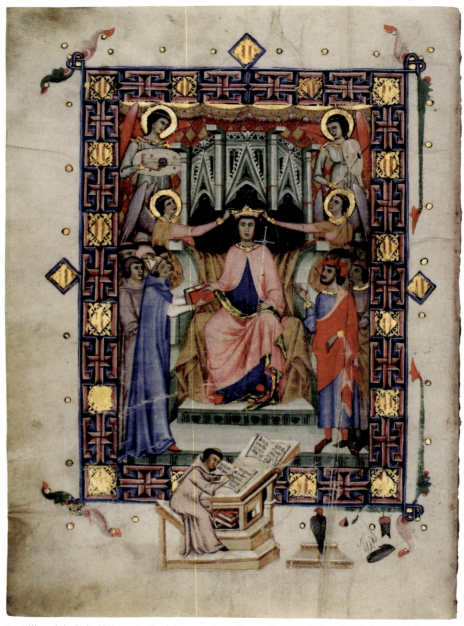

1   Llibre dels Reis (Palma, Arxiu del regne de Mallorca, Cod. 1), Palma 1337: f. 13v Titelminiatur des thronenden König Jaume I. zu Beginn der Privilegien und Konstitutionen des ersten, lateinischen Teils

die Anweisungen der mallorquinischen Hofordnung Leges Palatinae von 1337, die, besorgt über den gebührenden Abstand vom König am Hof sowie bei Stadtgängen, eigene Wachen dafür bestellen.[11] Diese im Zeremoniell wie auch in der Miniatur des Llibre dels Reis inszenierte Entrückung des Königs ist als äußeres Zeichen für seine besondere Stellung als von Gott auserwählter Herrscher und irdischer Vertreter zu interpretieren, die in Prologen zeitgenössischer Rechtshandschriften wie Hofordnungen proklamiert wird.[12]

Details der Throngestaltung unterstützen diese Deutung: Die Setzstufen des Thrones sind durchbrochen gearbeitet, mit bogenüberfangenen Doppelanzettfenstern geziert, die an der oberen Stufe alternieren mit Oculi mit Dreipasseinschluss. Ähnliche mikroarchitektonische Zierformen werden seit Mitte des 13. Jahrhundert in der Goldschmiedekunst für die Sockel von Heiligenstatuetten oder für Monstranzen verwendet.[13] Mit der Aufnahme charakteristischer Formen des Kirchenbaus verweisen sie zugleich auf die geistige Bedeutung der ecclesia als Gemeinschaft der Gläubigen und Heiligen mit Christus. Werden diese Formelemente wie hier auf den Herrscherthron übertragen, wird vermutlich auch die theologische Konnotation des Motivs mit aufgerufen. Wie die Heiligenstatuette durch den ›kirchenförmigen‹ Sockel zum Mitglied der endzeitlichen Gemeinschaft der Heiligen erhoben wird, so wird der thronende König durch die mit Kirchenmotiven gezierten Stufen über die irdische Sphäre hinausgehoben. Das durchbrochene, eigentlich für Goldschmiedekunst charakteristische Motiv der Thronstufen konterkariert dabei die Monumentalität und steinerne Schwere des dargestellten Throns, dessen graugrüne Farbigkeit an Marmor denken lässt.

Eine besondere Auszeichnung erfährt der Thron durch den steinernen Baldachin, der seitlich auf den vorspringenden Konsolen aufruht und das Haupt König Jaumes I. überfängt. Als sechseckiger Zentralraum gebildet, öffnet er sich nach vorn in drei Dreipassbögen, die jeweils von krabbenbesetzten Wimpergen mit spitzen stehenden Dreipässen überfangen sind, wobei die Außenwände in Doppelanzettfenster aufgelöst

---

11   Leges Palatinae II.8 zur Leibgarde (uxerii armorum), II.10 zu den nuntiae virgae – Daniel Papebroch (Hg.): Leges Palatinae Iacobii II Regis Majoricarum, in: Acta Sanctorum Junii III, Venedig 1743, S. 33 und 35.
12   Die Rechtskodifizierung der fueros von Aragon wurde im Auftrag König Jaumes I. vom Bischof von Huesca, Vidal de Canellas, 1247–52 angelegt; Textedition der aragonesischen Textfassung des Vidal mayor siehe María De los Desamparados Cabanes, Asunción Blasco Martínez, Pilar Pueyo Colomina (Hg.): Vidal Mayor. Edición, introducción y notas al manuscrito, Zaragoza 1997, Prolog hier S. 17. – Prolog der Leges Palatinae Jaumes III. von Mallorca (1337) siehe Papebroch 1743 (wie Anm. 11), S. 5f. – Prolog der Ordenacions Peres IV. von Aragon (1344) bei Papebroch 1743 (wie Anm. 11), S. 7.
13   Vgl. Blasius-Reliquienstatuette, Reims? um 1260, Musée diocésain/Namur. – Hartmut Krohm, Holger Kunde (Hg.): Der Naumburger Meister. Bildhauer und Architekt im Europa der Kathedralen, Ausst.-Kat., Petersberg 2011, Bd. 2, S. 1512ff. Nr. XIX.11 (Robert Didier). – Hostienmonstranz aus Herkenrode, Paris 1286 (Het Stadsmus/Hasselt) – Goldene Pracht. Mittelalterliche Goldschmiedekunst in Westfalen, Ausst.-Kat., hg. v. LWL-Landesmuseum für Kunst und Kulturgeschichte, Münster, München 2012, S. 337f., Nr. 177 (Holger Kempkens). – Carsten Dilba: Die ›Eleanor Crosses‹: Applizierter Dekor oder sinnstiftende Form?, in: Kratzke/Albrecht 2008 (wie Anm. 4), S. 285.

werden. Pfeiler trennen außen die Wandsegmente, die von einer Maßwerkbalustrade horizontal abgeschlossen werden. Ursprünglich als bekrönendes, bauplastisches Motiv für Heiligenskulpturen an Kathedralfassaden eingesetzt, wurden Baldachine bereits um 1260/70 an der Kathedrale von Burgos zur Auszeichnung von Königsfiguren verwandt, sowohl an den beiden Westtürmen als auch im Kreuzgang.[14] Im Gegensatz zu den oft reichen Stadt- und Turmarchitekturen nordalpiner Baldachine bestehen die Baldachine des Kreuzgangpfeilers nur aus einer Reihe von Giebeln bekrönter Dreipassbögen mit horizontalem Abschluss darüber und sind darin dem Baldachin des Llibre dels Reis ähnlich. Das Rippengewölbe im Innern des Baldachins wird hier in starker Untersicht gezeigt, so dass das Antlitz des Königs von einem blauen, sternenbesetzten Himmelsgewölbe überfangen wird. Damit wird sein Haupt aus der irdischen Ebene der universitas von Mallorca entrückt und einem himmlischen Bereich zugewiesen.[15]

Die obere Stufe des Throns sowie die breite Thronbank, die hier von einem Kissen sowie einem von der Rückenlehne darüber herabfallenden Tuch verhüllt wird, sind seitlich von hohen Thronwangen eingefasst. Diese springen in zwei Schritten auf die Höhe der Ellenbogen des Königs zurück, so dass eine Art Armlehne gebildet wird. Darüber ragen konsolartige Segmentbögen nach vorn, die in Schulterhöhe des Königs in der Rückenlehne fortgeführt werden. Sie grenzen den König seitlich gegenüber den Vertretern der mallorquinischen universitas ab.[16]

Diese charakteristische Thronform wird in zwei weiteren Miniaturen des Llibre dels Reis aufgegriffen und variiert. In der Miniatur zum Beginn des katalanischen Teils der Rechtssammlung (f. 222v) ist die Gesamtdisposition mit dem thronenden König Jaume I. zwischen den Vertretern Mallorcas und verehrenden Engeln wiederholt. (Abb. 2) Der königliche Thron wird nun aber durch Maserung als hölzernes Objekt gekennzeichnet. Seine hochgezogenen Wangen sind durch schlichte Rundbogenfenster durchbrochen. Die Rücklehne aber wird über das Haupt des Königs hochgezogen, zu einer Rundnische vertieft und durch ein Rippengewölbe geschlossen, so dass der

---

14 Henrik Karge, Regine Abegg: Naumburg – Meissen – Burgos, in: KROHM/KUNDE 2011 (wie Anm. 13), Bd. 2, Abb. 10.

15 Aufgenommen wird diese Thron- und Baldachinform in der Titelminiatur zu den Leges Palatinae Jaumes III. von Mallorca von 1337 (Brüssel, Bibliothèque Royale, Ms. 9169, f. 1r), die den König im Gegensatz zum Llibre dels Reis gemäß der geltenden Sitzordnung im Rat zwischen den weltlichen Vertretern zu seiner Rechten und den Geistlichen zu seiner Linken präsentiert. Joan Domenge i Mesquida, Introduction, in: James III, King of Majorca, Leges Palatinae, Palma 1994, S. 5–26. – Gisela Drossbach, Gottfried Kerscher (Hg.): »Utilidad y decoro«. Zeremoniell und symbolische Kommunikation in der Handschrift der Leges Palatinae (1337) König Jakobs II. von Mallorca. Akten zur Tagung vom 10.–12. Oktober 2008 an der Universität Trier [im Druck].

16 Diese werden hier nicht als privilegierte Ratsmitglieder dargestellt, deren weltliche Vertreter gemäß der Hofordnung Jaumes III. (Leges Palatinae VII.2) im Rat zur Rechten des Königs sitzen, die Kleriker zu seiner Linken, sondern eher wie die Bittsteller oder patroni, die ihr Anliegen im Rat stehend dem König vortragen – PAPEBROCH 1743 (wie Anm. 11), S. 50. – Eine Transkription des lateinischen Textes der Brüsseler Handschrift mit deutscher Übersetzung von Silke Diederich ist im Rahmen des Leges-Palatinae-Projekts von Gottfried Kerscher/Universität Trier in Vorbereitung, vgl. *http://www.uni-trier.de/index.php?id=28214* [20.8.2012].

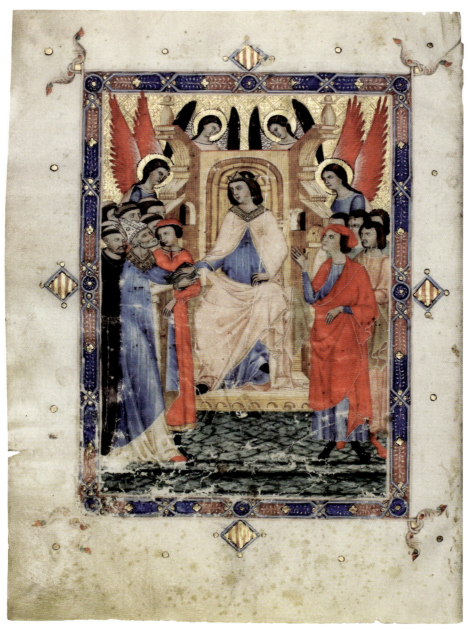

2 Llibre dels Reis (Palma, Arxiu del regne de Mallorca, Cod. 1), Palma 1337: f. 222v Titelminiatur des thronenden König Jaume I. zu Beginn der Privilegien und Konstitutionen des zweiten, katalanischen Teils

Thron eine Art apsidialen Abschluss erhält. Derartige gewölbte Nischen werden in Bologneser Rechtshandschriften aus dem Umkreis des sogenannten Meisters von 1328 zur Auszeichnung des thronenden Christus in Darstellungen gewählt, welche die göttliche Herkunft der geistlichen und weltlichen Gewalt auf Erden thematisieren.[17] Zu Seiten des über Stufen erhöhten Thrones Gottes sind dort Engel zu sehen, die dem zur Rechten Gottes knienden Papst die Tiara oder ein Buch, dem zur Linken knienden Kaiser ein blankes Schwert verleihen. Aufgrund der Bedeutung der Universität Bologna für das Rechtsstudium und die Produktion juristischer Handschriften waren Bologneser Rechtshandschriften und Bildformen rasch und weithin bekannt.[18] Mittels Überblendung der für Christus als Ursprung von Recht und Gewalt geprägten Bildformel auf König Jaume I. von Aragon wird dieser als Gesetzgeber in die Nachfolge Christi gestellt und als Begründer der mallorquinischen Rechtsordnung überhöht – und damit zugleich diese im Llibre dels Reis aufgezeichnete Rechtsordnung selbst.

Gegenüber dieser ganzseitigen Miniatur mit ornamentalem Goldgrund wirkt die Darstellung des regierenden König Jaume III. zu Beginn seiner Konstitutionen auf f. 374r trotz Wiederkehr des hölzernen Throns und der Krönung des Königs durch zwei Engel (wie auf f. 13v) bescheidener: Der Thron ist näher an die vordere Bildkante gerückt, ein Ornament ersetzt den Goldgrund, Vertreter der universitas Mallorca fehlen. Alle Miniaturen des Llibre dels Reis hingegen, in denen der König ohne himmlische Begleiter allein mit Vertretern der universitas verhandelt, präsentieren ihn auf einem Faldistorium (f. 63v, f. 120r) oder einem einfachen Kastenthron (f. 304r). Diese schlichteren Throntypen sind auch in anderen profanen Herrscherbildern verbreitet, seien es Darstellungen Kaiser Justinians in zeitgenössischen Handschriften römischen Rechts oder die aragonesischer Könige im Vidal Mayor (Los Angeles, Paul Getty Collection, Ms. Ludwig XIV 6, Katalonien um 1300) bzw. in Usatges-Handschriften.[19] Die im Llibre dels Reis für den Reichsgründer König Jaume I. gewählte, tiefenräumliche Thronform mit hohen Seitenwangen wird, wie die Vergleiche zeigten, sakral konnotiert. Als Anregung dürften Sieneser Darstellungen der thronenden Madonna des frühen 14. Jahrhunderts, insbesondere Duccios maestà (Siena, Museo dell'opera del duomo, 1308–11) gewirkt haben. Neuartig ist hier die zentralperspektivische Gestaltung des Throns, die den Blick auf die Madonna fokussiert und zugleich der

---

17 Vgl. Eröffnungsminiatur des Decretum Gratiani (Biblioteca Apostolica Vaticana, Vat. Lat. 2492, Bologna, Umfeld des Meisters von 1328, f. 1r) zur Gewaltenteilung sowie die Dekretalen Gregors IX. (New York, Pierpont Morgan Library, M. 716.2) mit Darstellung der Trinität im Typus des Gnadenstuhls, ergänzt um eine Deesisgruppe und Apostel hinter Papst und Kaiser; zu beiden Handschriften siehe Robert Gibbs, Susan L'Engle (Hg): Ausstellungskatalog Illuminating the Law. Medieval Legal Manuscripts in Cambridge Collections, London 2001, S. 132 mit Pl. 5k sowie S. 92ff. mit Fig. 53.
18 COLL I ROSELL 2009 (wie Anm. 2).
19 Zu Datierung und Bildschmuck des Vidal Mayor siehe Antonio Ubieto Arteta, Jesús Delgado Echeverría, Juan Antonio Frago Gracía, María del Carmen Lacarra Ducay (Hg.): Vidal Mayor. Estudios, Huesca 1989. – Gwendollyn Gout Grautoff: Vidal mayor: A Visualisation of the Juridical Miniature, in: The Medieval History Journal 3, 2000, S. 67–89. – Zu illuminierten Usatges-Handschriften siehe Gaspar Coll i Rosell, Manuscrits jurídics i il.luminació. Estudi d'alguns còdexs dels usatges i constitucions de catalunya i del decret de gracià 1300–1350 (Textos i Estudis de Cultura Catalana 38), Montserrat 1995.

Marienfigur einen eigenen Bildraum schafft. Wie im Llibre dels Reis sind demgegenüber die Figuren zur Seiten des Throns gereiht und dicht gestaffelt, ohne Tiefe. Obwohl weitere Details wie das von der Rückenlehne über das Thronkissen bis zu den Füßen Mariens herabfließende Tuch im Llibre dels Reis auf die Darstellung des weltlichen Herrschers König Jaume I. übertragen werden, treten die Unterschiede der Throngestaltung deutlich hervor, sei es bezüglich des Materials – graugrüner Marmor oder Holz ersetzt die kostbaren Cosmatenarbeiten der maestà – oder hinsichtlich der Form.

Im Llibre dels Reis wird für das Herrscherbild Jaumes ein neuer, mit bedeutungshaltigen Verweisen aufgeladener, fiktiver, architektonischer Throntypus geschaffen. Trotz verschiedener Anklänge an das mallorquinische Hofzeremoniell, sei es hinsichtlich der Zusammensetzung des Rates oder der textilen Ausstattung der königlichen Räume, werden gezielt immer wieder Differenzen eingeführt.[20] Diese signalisieren, ähnlich wie die Thronarchitektur, dass es sich bei den Miniaturen nicht um Abbildungen realer Handlungen und Orte handelt, sondern um Sinnbilder idealer königlicher Herrschaft. Obwohl nie heiliggesprochen, genoss König Jaume I. als Vorkämpfer des Christentums und Gründer des Königreichs Mallorca eine besondere Verehrung.[21] Die visuelle Sprache der Herrscherbilder im Llibre dels Reis evoziert und unterstützt diese Sicht auf Jaume I. durch den Einsatz von Motiven aus dem Kontext göttlicher Herrschaftsdarstellungen. Indem in den beiden ganzseitigen Miniaturen gerade die von König Jaume I. geleistete, eidliche Bestätigung der Privilegien und Freiheiten Mallorcas ins Bild gesetzt wird, wird die bis in die Gegenwart andauernde Geltung dieser Rechte mit der Vergegenwärtigung des rechtsbegründenden Aktes im Bild verknüpft. Die universitas von Mallorca wird zwar nach geistlichem und weltlichem Stand differenziert, aber nicht personalisiert. So bietet sie eine Identifikationsebene für die Auftraggeber des Codex, die Geschworene des Rats von Mallorca und über das Bild zugleich Zeugen des königlichen Eides sind.

Innenräume der Herrschaft im Llibre Verd von Barcelona

Auch vom Rat der Hundert von Barcelona wird 1345, also kurz nach dem Llibre dels Reis von Mallorca, ein illuminierter Codex in Auftrag gegeben. Das Proemium (f. 4r) fordert, dieser Codex solle die Rechtsgrundlagen der Stadt, zum einen das Gewohnheitsrecht Kataloniens (usatges), zum anderen die besonderen Rechte der

---

20 So stehen die Vertreter der universitas von Mallorca vor dem König anstatt zu sitzen, wie die Leges Palatinae (VII.2) anweisen; Kissen und Tuch hinter dem Thron sind nicht in den geforderten Farben gehalten, d.h. bei Audienzen in den königlichen Wappenfarben gold und rot, sonst rot im Winter, grün im Sommer (VI.1) – PAPEBROCH 1743 (wie Anm. 11), S. 50f., 56f.

21 Marta Serrano Coll: Programas Ideológicos a través de la Imagen: algunos ejemplos de la Edad Media, in: Medievalista online Nr. 9, 2011, S. 5, *http://www2.fcsh.unl.pt/iem/medievalista/MEDIEVALISTA9\coll9003.html* [22.8.2012] zur legendarischen Überhöhung Jaumes I. und der Aufnahme des Typus der sienesischen Maestà. Zur Herrschaftslegitimation mittels genealogischer Herleitung von einem transzendenten ›Spitzenahn‹ siehe Beate Kellner: Zur Konstruktion von Kontinuität durch Genealogie, in: Gert Melville, Karl-Siegbert Rehberg (Hg.): Gründungsmythen, Genealogien, Memorialzeichen. Beiträge zur institutionellen Konstruktion von Kontinuität, Köln 2004, S. 37–69.

3   Llibre Verd (Barcelona, Arxiu Històric de la Ciutat, Cod. I G.L-10), Barcelona 1345/6: f. 49v Miniatur zu Beginn der Usatges mit Darstellung des Schutz- und Treueversprechens (homagium) gegenüber dem König

Stadt Barcelona, in genauer Abschrift der Originale zusammenfassen. Der Codex solle zudem die Urkunden besser geordnet als die älteren Handschriften präsentieren, nämlich gegliedert nach den katalanischen Herrschern in chronologischer Folge. Als Schreiber wird der Notar des Rats, Ramon Ferrer, genannt.[22] Dieser Codex, bekannt unter dem Namen Llibre Verd (Barcelona, Arxiu Històric de la Ciutat, I G.L-10), wurde laut Proemium binnen eines Jahres abgeschlossen; auf eigens dafür freigelassenen Blättern wurden bis 1440 einzelne Bestimmungen ergänzt. Seine Anlage ähnelt den mallorquinischen Llibres dels Franqueses, denn auch der Llibre Verd ergänzt das ius generale und ius speciale um einen (einleitenden) Teil, welcher Evangelienauszüge,

---

22 Faksimile und Kommentarband zum Llibre Verd siehe Jaume Sobrequés i Callico (Hg.): El Llibre Verd de Barcelona (= Apographa historica Cathaloniae. Sèrie Històrica 8), Barcelona 2004. – Zur rechtsgeschichtlichen Verortung Tomas de Montagut Estragués: Estudio Jurídico, in: Sobrequés i Callico 2004 (s.o.), S. 215–255. – Zur historisch-kodikologischen Studie Sebastià Riera i Viader, Manuel Rovira i Solà: Estudio histórico y codiológico, in: Sobrequés i Callico 2004 (s.o.), S. 167–214. – Zum kunsthistorischen Kommentar Joaquín Yarza Luaces: La illustración, in: Sobrequés i Callico 2004 (s.o.), S. 257–318.

den liturgischen Kalender und Anweisungen zur Eidleistung verschiedener Ratsämter sowie verschiedene chronikalische Texte und Listen enthält. Der starke Abrieb auf der Titelseite (f. 4r) des Codex zeigt, dass, wie im Fall des Llibre dels Reis, Beamte und Ratsmitglieder auf diesen Codex ihren Eid ablegten und die Rechte und Freiheiten der Stadt zu bewahren schworen.

Der künstlerische Schmuck der Handschrift wird in der Forschung einhellig dem katalanischen Maler Ferrer Bassa († 1348) und seiner Werkstatt zugeschrieben.[23] Dieser war seit 1333 als Maler von Retabeln, Fresken und Miniaturen im Auftrag der Könige Alfons IV. und Pere IV. von Aragon tätig, ebenso wie für die hochadlige Familie der Montcada. Sein Stil ist orientiert an der plastischen Figurenbildung und ausdrucksstarken Gesichtsmodellierung Giottos. In diesem Zusammenhang wichtiger ist jedoch, dass Ferrer Bassa von Giotto dessen neuartige, architektonisch-tiefenräumliche Bildorganisation entlehnt und für die Illumination von Rechtshandschriften fruchtbar macht.[24] Im Llibre Verd behält Ferrer Bassa diese Darstellungsform allein den vier Miniaturen der Handschrift und damit dem höchstrangigen Illustrationstypus vor: Zur Eröffnung der ersten Konstitution der Usatges (f. 49v), zu den Verordnungen Jaumes I. (f. 75r) und Jaumes II. (f. 102v) innerhalb dieses ius generale sowie zum Beginn der Barceloneser Rechte, dem ius speciale (f. 205r). Die übrigen Abschnitte der Handschrift werden durch historisierte Initialen ohne architektonische Elemente eingeleitet.[25]

Die erste Miniatur eröffnet die usatges (f. 49v) mit der Darstellung des Treue- und Schutzversprechens eines Adligen gegenüber dem König (homagium). (Abb. 3) Rechts thront der König und beugt sich vor zu dem knienden Adligen, der des Königs Hände umfasst und küsst. Links hinter ihm steht eine Gruppe adliger Herren und verfolgt mit Blicken und zustimmenden Gesten diese Handlung. Situiert wird das Geschehen in einem parallelperspektivisch gezeigten, rückwärtig geschlossenen, an den Seiten durch angeschnittene Arkadenbögen und vorn zur Gänze geöffneten Innenraum, der von einer flachen Kassettendecke bedeckt wird. Die Rückwand des Saales ist durch florales Ornament geziert und wird durch eine Zackenblende abgeschlossen, die Seitenwand rechts durch einen doppelten Blendbogen gegliedert. Dieser reiche Wanddekor erinnert an die Zier kulissenhafter Gebäudefassaden in der zeitgenössischen Sieneser Malerei.[26] Er wird von Ferrer Bassa in den Miniaturen des Llibre Verd jedoch zur

---

23 Alcoy 2009 (wie Anm. 1).
24 Coll i Rosell 1995 (wie Anm. 19), S. 266–278. Er schreibt Ferrer Bassa auch die letzte Miniatur der für die Familie Montcada gefertigten Usatges zu (Lleida, Arxiu municipal de la Paeria, Ms. 1345, f. 160r), die nach 1333 und vor 1341 datierbar sind (ebd. S. 115). Siehe darüber hinaus die illuminierte Handschrift des Decretum Gratiani mit Wappen der Familie Pinós von 1342–46 (London, British Library, Add. Ms. 15274 und 15275), ebd. S. 241–357.
25 Zumeist sind es Büstenbilder, Halb- oder Ganzfiguren vor Goldgrund. Hinzu kommen einzelne raumhaltige Darstellungen. Sie zeigen zumeist den König auf einem perspektivisch gebildeten Thron über einem in Aufsicht dargestellten Marmorfußboden, während ein ornamentaler Bildgrund wie ein textiler Behang den Bildraum abschließt; szenische Darstellungen dieses Typs siehe f. 64v (Ritterkampf), 70v, 95r, 262v, 239v, 262v, 328r; Einzelfiguren f. 37r (Schreiber), 49v (König als Falkner), 68v (Ritter), 71v (König), 205r (Schreiber), 344v (König).
26 Dieselbe ornamentale Wandzier wird von Ferrer Bassa auch im Kontext biblischer Darstellungen für die Palasträume des Pharao oder des Herodes verwandt, so im anglo-katalanischen Psalter (Paris,

4   Llibre Verd (Barcelona, Arxiu Històric de la Ciutat, Cod. I G.L-10), Barcelona 1345/6: f. 37r
Historisiertes Initial zu Beginn der commemoracions des Pere Albert mit Throndarstellung König
Jaumes I.

Auszeichnung der herrscherlichen (Innen-)Räume eingesetzt. Weitere architektonische Elemente tragen zur Auszeichnung dieses Saales bei, in dem der Herrscher thront und den Rechtsakt vollzieht. So führen Stufen links zu ihm hinauf. Ohne ein Abbild der großen Treppenaufgänge zu sein, über die in den aragonesischen Königspalästen von Perpignan und Palma, Barcelona und Poblet die herrscherlichen Empfangsräume

Bibliothèque Nationale, lat. 8846); vgl. Núria de Dalmases, Antoni José i Pitarch: L'art gòtic s. XIV–XV (Història de l'art català Volum III), Barcelona 1984, Abb. S. 153. In den Leges Palatinae (Brüssel, Bibliothèque Royale, Ms. 9169, f. 51r) zeichnet ebenfalls ein kassettiertes Vordach den Eingang zum Speisesaal des Königs aus; die Wände der Herrscherräume werden durch übereinander gestaffelte Arkadenreihen und Blendbogenfriese stärker architektonisch durchgliedert.

erreicht werden, weisen sie doch zeichenhaft auf diese erhöhte Position der Herrscherräume und das damit verbundene Empfangszeremoniell. Der rundbogige Eingang, zu dem die Stufen führen, wird nicht nur durch die Figur des eintretenden, von der Arkade überschnittenen Mannes kompositionell betont; auch architektonisch wird er besonders durch das um ein Stockwerk erhöhte, kassettierte Vordach mit leuchtend roten Akroteren an den Ecken hervorgehoben.

Rote Akrotere aber zieren in den Miniaturen des Llibre Verd auch den Thron Graf Ramon Berenguers I., der zu Beginn der eigentlichen Rechtssammlung (f. 37r) thronend zwischen (sitzenden) Vertretern des Adels im Rat präsentiert wird. (Abb. 4) Sie sind daher als Motiv zu werten, das hier weltliche Herrschaft kennzeichnet. Die Bildanlage dieser Miniatur im Binnenfeld des Initialkörpers antwortet offenbar auf die Miniaturen des thronenden Königs Jaume I. im Llibre dels Reis. (Abb. 1, 2) König Pere IV. hatte seinen Kontrahenten Jaume III. 1344 besiegt und Mallorca eingenommen; er übertrug die Hofordnung Jaumes III. sogleich ins Katalanische, setzte sich aber offenbar auch mit Jaumes III. Herrschaftsrepräsentation im Medium der Buchkunst auseinander. Aus dem Llibre dels Reis wird im Llibre Verd (f. 37r) das Motiv des zentralperspektivisch gestalteten Throns mit hoher, vertiefter Rückenlehne, vorspringenden Wangen und Balken mit Akroteren aufgegriffen. Wie dort (auf f. 222v) ist der Boden grau-grün als Marmor gestaltet, der Thron zurückgesetzt, so dass vor dem Herrscher ein Distanz schaffender Freiraum entsteht, der den Blick auf ihn zieht. Und genau wie dort hinterfängt ein Ornamentgrund die Szene. Doch fehlen im Llibre Verd die Engel als himmlische Legitimationsinstanz des Herrschers. Gesten der Rede und des Nachdenkens heben stattdessen die aktive Mitwirkung und Teilhabe der adligen Standesvertreter an der Herrschaft hervor.[27]

Im Gegensatz zu den klaren Bildgrenzen des Initials auf f. 37r ist die Miniatur auf f. 49v ungerahmt. (Abb. 3) Sie greift mit dem Vordach über dem Torbogen oben und links sowie mit der angeschnittenen Arkade hinter dem Königsthron rechts in den Pergamentraum aus. Der steinerne Fußboden reicht vorn bis unmittelbar zur ersten Schriftzeile der roten Titelrubrik und wird nur von einer zarten Linie begrenzt. Allein der Goldgrund, der durch das Fenster der Rückwand sowie durch die unterhalb des Vordachs zu sehen ist, zudem im Zwickel zwischen Vordach und Kassettendecke und rechts hinter dem Thron des Königs, bildet einen imaginären Bildgrund hinter dem Kastenraum, der sich von diesem zu lösen und frei in den (Pergament-)Raum hineinzuragen scheint. Während im Llibre dels Reis König Jaume I. sakral überhöht und vom Betrachter – nicht zuletzt durch den breiten ornamentierten Rahmen der Miniatur – distanziert ist, stellt die Miniatur des Llibre Verd das (wechselseitige) Schutz- und Treueversprechen von Lehnsmann und Herrscher als öffentliche Handlung dar.

---

27 Auch die Miniatur zur Eröffnung der Privilegien Barcelonas im Llibre Verd (f. 205r) scheint sich auf die Titelminiatur des Llibre dels Reis (f. 13v) zu beziehen. Denn Graf Ramon Berenguer I. wird hier im Kreis seiner Magnaten unter einem Baldachin thronend dargestellt, den ein blaues Rippengewölbe ziert. Doch indem die Untersicht gemindert und die Thronwände erhöht sind, wirkt der Baldachin nicht mehr als Himmelssphäre, in die der Herrscher erhoben wird.

Wird innerbildlich der Zutritt zum Handlungsort und damit die Möglichkeit der Teilhabe an der Rechtshandlung als Zeuge ins Bild gesetzt, so wird diese Augenzeugenschaft durch die Öffnung der Seitenwände und durch das Ausgreifen von Arkadenbögen, Fußboden und Kassettendecke zum Betrachter hin auch diesem suggeriert. Proklamierte Öffentlichkeit und Teilhabe an der königlichen Herrschaft tritt konzeptuell an die Stelle der Sakralisierung des ›Spitzenahns‹ Jaume I.

Während für die Eröffnungsminiatur zu den Konstitutionen Jaumes I. im Llibre Verd (f.75r) ein ähnlicher parallelperspektivischer und geöffneter Raumkörper gewählt wird, zeigt die Miniatur zur den Verordnungen Jaumes II. (f. 102v) eine zentralperspektivische Komposition. (Abb. 5) In beiden Miniaturen des Llibre Verd thront der König erhöht zwischen den sitzenden Mitgliedern des Rates, die mit ihm sprechen. Dargestellt ist auf f. 102v jedoch ein dreiseitig geschlossener Raum, dessen Wände mit Rankenornament geziert und oben durch eine zinnenartige Blende und Gebälk von der Kassettendecke abgesetzt sind. Die vordere Wand wird ersetzt durch zwei Rundbögen sowie einen vorspringenden Raum, dessen Grundriss gemäß der Arkadenstellung ein halbes Sechseck beschreiben müsste. Durch die beiden vorgezogenen schlanken Säulen und den Segmentbogen, der sich über dem König öffnet, erinnert dieser Vorbau an einen Baldachin, obwohl die blaue Kassettendecke in gleicher Höhe den ganzen Raum und nicht nur den König überfängt und auch der Marmorfußboden eine durchgehende Bildgrundlage bildet. Diese architektonische Überhöhung des Königs wird durch den Blick verstärkt, den ein Patronus, vorn links an der Bildgrenze stehend und sein Anliegen dem Rat vortragend, zum König erhebt. Die Ratsmitglieder aber nehmen diese Fokussierung auf den König nicht auf, sondern sie wechseln untereinander Blicke, und auch der König weist mit seiner rechten Hand auf die Ratsmänner neben sich. So wird zwar scheinbar der König ausgezeichnet, der die nachfolgenden Konstitutionen verabschiedete, eigentlich aber der Rat, der auch Auftraggeber der Handschrift ist. Am nächsten zum Betrachter plaziert bildet der Patronus das Scharnier zwischen dem Rat und dem Betrachter; er steht für die Möglichkeit eines jeden Bürgers, vor dem Rat Gehör zu finden und sein Recht einzufordern.

Das gegenüber dem Llibre dels Reis, aber auch gegenüber Bologneser Rechtshandschriften grundlegend neue Moment dieser Miniaturen Ferrer Bassas im Llibre Verd liegt in der Situierung der Rechtshandlungen in Innenräumen, deren Öffnung den Betrachter zum Zeugen des Geschehens macht. Anregung dafür boten die Wandmalereizyklen Giottos zum Leben Jesu, Mariens und des Franziskus in Assisi und Padua. Zu reflektieren ist, was diese Übertragung von Bildprinzipien aus der kirchlich-religiösen Wandmalerei in Miniaturen von Rechtshandschriften für das zeitgenössische Rechtsverständnis bedeutet.

Die Ereignisse des Lebens Jesu werden von Giotto in der Arena-Kapelle in Padua (1306) nicht mehr vor einer Architekturkulisse, sondern in kubischen Binnenräumen situiert, in die der Betrachter durch die fehlende Vorderwand des Raumes hineinblickt.[28] Diese Kastenräume sind rückwärtig geschlossen und, wie im Llibre Verd, mit einer Kassetten- oder Balkendecke gedeckt. In den parallelperspektivischen

5   Llibre Verd (Barcelona, Arxiu Històric de la Ciutat, Cod. I G.L-10), Barcelona 1345/6: f. 102v Miniatur zu Beginn der Konstitutionen König Jaumes II. mit Darstellung des König in der curia generali

Darstellungen wird die Innenraumansicht mit Elementen der Außenansicht wie Gesims, Eckstütze und Dach kombiniert, der Raumkörper zugleich in einem größeren, durch einen Boden- und Himmelsstreifen angezeigten Außenraum verortet. Er wird, wie Schwarz formuliert, als dargestellte Struktur und nicht nur als räumliche Ausgestaltung des Bildfeldes erfasst. Dadurch erhält der Betrachter einerseits einen privilegierten Einblick in das Geschehen im Innenraum, er wird

---

28 Michael Viktor Schwarz: Giottus pictor, Bd. 2: Giottos Werke, Wien/Köln/Weimar 2008; zu Giottos Architekturdarstellungen in der Arena-Kapelle S. 100–104.

zum Voyeur.²⁹ Andererseits bleibt er selbst, obwohl Bildgrenze und Innenraumgrenze zusammenfallen, außerhalb dieses Handlungsraumes verortet.

Betrachtet man, wie Ferrer Bassa dieses Raumkonzept auf die Präsentation der Homagiums-Szene im Llibre Verd überträgt, so fällt auf, dass hier Goldgrund den Himmel- und Erdstreifen von Giottos Außenraum ersetzt. Dadurch wird der vor Goldgrund präsentierte Raumkörper mit seinem Binnen- und Handlungsraum fiktionalisiert, der Handlung in ihm wird überzeitliche Geltung verliehen. So wird der Allgemeinheits- und Ewigkeitsanspruch des in den Usatges kodifizierten Rechts, die aus einzelnen Rechtsakten und Rechtsdokumenten eine Rechtsgrundlage der Gemeinschaft konstituieren, in den Miniaturen zum Ausdruck gebracht. Noch eine weitere Veränderung des Außenraums und seiner Funktion ist aufschlussreich: Denn dort, wo sich der Kastenraum zu den Seiten öffnet, befindet sich bei Ferrer Bassa im Gegensatz zu Giotto kein gemalter Außenraum mehr; der Pergamentgrund, der zugleich Träger des Rechtstextes ist, bildet nun unmittelbar das ›Außen‹ des Bildraumes. Nicht der zeichenhaft mit Himmel und Bodenzone angegebene ›reale‹ Raum ist die allgemeine Grundlage für den dargestellten Rechtsakt, sondern der Rechtstext selbst wird hier als Verständnisrahmen der Einzelhandlung angegeben. Die dargestellte Rechtshandlung erscheint zunächst als Abbild eines historischen Ereignisses, ähnlich den biblischen Szenen bei Giotto. Doch indem ihr architektonischer Handlungsraum bruchlos in die Gegenwart des Textes und damit des Betrachters ausgreift und hineinragt, indem kein ornamentaler Rahmen mehr das Bild als Bild kennzeichnet und dadurch distanziert, wird nicht die Historizität, sondern die allgemeine Gültigkeit des Rechts betont. Diese hat – und dies hält die Miniatur präsent – ihre Grundlage im Rechtsakt wie im verschriftlichten, kodifizierten Recht.

Eine andere Bildwirkung haben die von Giotto eingeführten zentralperspektivischen Raumkonstruktionen, mit denen er das Raumcubiculum wie einen Guckkasten zum Betrachter öffnet. Indem der innerbildliche Außenraum dabei bis auf einen unauffälligen Himmelsstreifen verschwindet, wird das Geschehen im Raumcubiculum absolut gesetzt. Dies intensiviert das Mit- und Nacherleben des heilsgeschichtlichen Geschehens. Giotto forciert in der Arena-Kapelle dieses Verfahren besonders in der Szene der Vorführung Jesu vor dem Hohenpriester Kaiphas und dem Rat (Mt 26, 57–67), einer Rechtshandlung. Die Wände und die Balkendecke des Palastsaales stoßen hier bis zur Bildgrenze vor und können über diese hinaus imaginär fortgesetzt werden, so dass beim Betrachter die Illusion evoziert wird, sich im selben Raum wie Christus zu befinden und unmittelbar Augenzeuge des Geschehens zu sein. Der Betrachter wird künstlerisch in jenem Moment besonders ins Passionsgeschehen involviert, in dem die Vorwürfe gegen Jesus vor dem Rat bezeugt werden und Kaiphas ihn wegen Gotteslästerung verurteilt. Die Bildkomposition reiht den Betrachter hier

---

29 Vgl. SCHWARZ 2008 (wie Anm. 28), S. 14f. – Assaf Pinkus: Voyeristic stimuli. Seeing and hearing in the Arena Chapel, in: Wiener Jahrbuch für Kunstgeschichte 50, 2010 (2011), S. 7–26. – Ders.: A voyeuristic Invitation in the Arena Chapel, in: David Ganz, Thomas Lentes (Hg.): Sehen und Sakralität in der Vormoderne (= KultBild 4), 2011, S. 106–119.

in den Halbkreis derer ein, die (falsches) Zeugnis gegen Christus ablegen. Dadurch wird ihm die Rolle des potentiell Mitschuldigen am kommenden Leiden Christi zugewiesen, der Bildbetrachter zur inneren Selbstprüfung aufgefordert. So wird die biblisch-historische Gerichtsverhandlung und Zeugenschaft mit der bildkünstlerisch erzeugten, imaginären Augenzeugenschaft des Betrachters engeführt und überlagert.[30]

Vergleicht man die Funktion der medialen Architekturrepräsentation bei Giotto wieder mit der im Llibre Verd, fallen folgende Uminterpretationen auf. Die Zentralkomposition des Llibre Verd zu den Konstitutionen Jaumes II. entbehrt jeder dramatischen Zuspitzung. Denn sie distanziert König und Rat durch die in Außenansicht gezeigte, vorspringende Arkade, die den Ort der curia generali auszeichnet und den an drei Seiten geschlossenen Ratssaal zum exklusiven Ort der Herrschaft und Rechtsprechung macht. Doch mit der Figur des Patronus wird eine aktiv handelnde Identifikationsinstanz für den Betrachter eingeführt, die die Zugänglichkeit des Rats für jeden Bürger, der dort Recht sucht, verdeutlicht. Der zentralperspektivische, architektonisch gestaltete Raum wird anders als bei Giotto von Ferrer Bassa nicht dazu eingesetzt, Empathie und affektive Nähe zu einem historisch-heilsgeschichtlichen Geschehen zu evozieren, sondern um die Würde und Exklusivität der gesetzgebenden und in Rechtsfragen beratenden curia Kataloniens zu verdeutlichen.

Schluss

Die vorgestellten Rechtscodices des Rats von Mallorca und des Rats von Barcelona kennzeichnet ein neuartiger Einsatz architektonischer Elemente und Bildräume. Gerade der Vergleich mit ihren künstlerischen Vorbildern macht deutlich, dass es sich nicht allein um stilistische und motivische Übernahmen handelt. Denn verwandte Motive und Raumkonzepte werden zur Evokation ganz unterschiedlicher Bildaussagen und Unterstützung verschiedener Bildfunktionen verwandt. Im Llibre dels Reis (1334) dient die Mikroarchitektur des Herrscherthrones dazu, den verehrten Gründer des Königreichs, Jaume I., von seinem Hof zu distanzieren und in eine sakrale Sphäre zu erheben. Diese architektonische Überhöhung transportiert visuell die in den Prologen der Rechtshandschriften thematisierte Sonderstellung des Königs als irdischer Repräsentant Christi, als Haupt (caput) seines Hofes bzw. seiner Fürsten und Untertanen (corpus).[31] Doch zugleich wird die göttliche Legitimation und sakrale Aura des Herrschers dazu verwandt, die Geltung der im Codex niedergelegten Rechte und Freiheiten der Bürger Mallorcas zu bekräftigen; denn gerade der Schwur des Königs auf die im Codex niedergelegten Gesetze wird betont.

Der wenig später, nach der Eroberung Mallorcas entstandene Llibre Verd (1345/6) nimmt in Aufbau und Schmuck der Handschrift dezidiert Bezug auf den Llibre dels

---

30 Vgl. Heike Schlie: Bemerkungen zur juridischen, epistemologischen und medialen Wertigkeit des Zeugnisses, in: Wolfram Drews, Heike Schlie (Hg.): Zeugnis und Zeugenschaft: Perspektiven aus der Vormoderne, München 2011, S. 23–32.
31 Prolog der Leges Palatinae von 1337 siehe PAPEBROCH 1743 (wie Anm. 11), S. 5f.; Prolog der Ordenacions von Pere IV. von 1344, ebd. S. 7.

Reis. Beide haben Anteil am Herrschaftsdiskurs ihrer Zeit; doch arbeiten sie im Bild unterschiedliche Modelle der Rechtslegitimation heraus. So erscheint im Llibre Verd der katalanische Ahnherr und usatges-Begründer Ramon Berenguer I. zwar königgleich und dem Bildnis Jaumes I. im Llibre dels Reis angenähert. Der Verzicht auf sakrale Legitimierung einerseits, die Aufnahme der zeremoniell geregelten Ratssitzordnung andererseits macht den Rat zum Teilhaber der Herrschaft. Während im Llibre dels Reis der herrscherliche Rechtsakt durch den Rahmen der Miniatur vom Betrachter distanziert wird, wird von Ferrer Bassa auf jede Rahmung des Bildfeldes verzichtet. Der Pergament- und Textraum, und damit das schriftlich aufgezeichnete Recht selbst, wird zum Rahmen des Bildraums. Indem der Bildraum sich weit zum Betrachter hin öffnet, wird jener zum privilegierten Zeugen des Rechtsakts. Die vergangene Rechtshandlung, welche die Grundlage des verschriftlichten Rechts ist, wird vergegenwärtigt; sie gibt dem Wortlaut des nachfolgenden Textes wieder einen Raum und eine Stimme, autorisiert und authentifiziert ihn dadurch.

Diese herrschaftsgeschichtliche Lektüre der Miniaturen beider Handschriften resultiert aus der Untersuchung der in ihnen verwandten Mikroarchitekturen und architektonisch gestalteten Räume. Liest man die in den Miniaturen dargestellten Architekturmotive nicht als Abbilder realer Objekte, Bauten, Räume oder zeremonieller Praktiken, sondern als zeichenhafte, fiktionale Konstrukte, können sie als visueller Beitrag und eigenes Medium im zeitgenössischen Diskurs um Herrschaftslegitimation und rechte Herrschaftsordnung fruchtbar gemacht und interpretiert werden. Die Miniaturen thematisieren das Verhältnis von Rechtsakt und Kodifizierung, von Wort, Handlung und Text. Doch zugleich haben sie Anteil an dem zeitgenössischen Diskurs über den Status des Bildes, nicht nur innerhalb des Rechts.

Bildnachweis

1, 2: Ricard Urgell Hernández (Hg.): Llibre dels Reis. Llibre de franqueses i privilegis del regne de Mallorca. Còdex numero 1 de l'Arxiu del regne de Mallorca. Estudis i transcripcions, Palma 2010, Vorsatzblatt (f. 13v) sowie nach S. 110 (f. 222v). – 3–5: Jaume Sobrequés i Callico (Hg.): El Llibre Verd de Barcelona (Edición facsímil), Barcelona 2004.

Die Architekturmodelle am Dreikönigenschrein

Barbara Schock-Werner

Der zwischen etwa 1190 und 1225 entstandene Schrein der Heiligen Drei Könige im Kölner Dom war seiner kunsthistorischen Bedeutung wegen Forschungsgegenstand vielfältiger Betrachtungen. Er ist zudem Inhalt eines Forschungsprogramms, das an der Dombauhütte Köln angesiedelt ist und dessen erster Band über die Restaurierungsgeschichte von Dorothee Kemper im Jahr 2013 erscheinen soll. Rolf Lauer hat in seinem 2006 in der Meisterwerkereihe des Verlages Kölner Dom erschienen Band zum Schrein, die Forschungslage zusammengefasst.[1] Ein besonderer Aspekt fand jedoch bisher fast keine Beachtung, die Besonderheit der Stadtmodelle, die sich am Schrein finden. Jeder der Apostel an den Längsseiten des oberen Geschosses des Dreikönigenschreins hält als Symbol der von ihm gegründeten Ortskirche ein Stadtmodell in der Hand.[2] Allen Darstellungen ist gemeinsam, dass jeweils eine Befestigungsmauer ein Ensemble von Gebäuden umzieht. Die Modelle haben eine Größe, die die Sitzfiguren gerade noch auf Knien oder Händen balancieren können. Sie sollen im Einzelnen hier vorgestellt werden.[3]

Paulus trägt sein Stadtmodell in der linken Hand und setzt es auf dem Oberschenkel ab. (Abb. 1) Es zeigt eine von einer gequaderten Wehrmauer eingeschlossene Gebäudegruppe. Die Mauer schließt oberhalb eines Gesimses mit kräftigen, gemauerten Zinnen und ist mit Rundtürmen besetzt, die halb vor die Mauerflucht treten. Im Inneren sind zwei Gebäude erkennbar. Das linke ist mit einem Satteldach abgeschlossen und auf beiden Seiten mit einem halbrund schließenden Querhaus besetzt. Auf dem Dach ist eine Kuppel mit Tambour zu sehen. Vor der Giebelfläche sitzt noch eine halbrunde Apsis. Sie bleibt aber deutlich niedriger als die Querhäuser, so dass man nicht von einer Dreikonchenanlage sprechen kann. Das untere Geschoss aller Gebäudeteile ist gequadert, im oberen Geschoss durchbrechen gekuppelte Rundbogenfenster die Mauern, Fenster gleicher Art beleuchten auch den Tambour der Kuppel. Bei der zweiten Baugruppe möchte man zuerst an eine hohe Basilika denken, es sind aber wohl doch zwei unabhängige Gebäudeteile gemeint, die hintereinander stehen. Beide schließen mit einem Satteldach ab, tragen jeweils an der Stirnseite ein großes und an den Längsseiten kleine Rundbogenfenster. Ob Kuppel und Halbkuppeln je eine Struktur aufgewiesen haben, ist nicht mehr festzustellen, da die Beschädigungen in diesem Bereich groß sind. Die Satteldächer sind jedenfalls so reliefiert, als ob sie Ziegelreihen tragen würden.

---

1   Rolf Lauer: Der Schrein der Heiligen Drei Könige (= Meisterwerke des Kölner Doms 9), Köln 2006.
2   Es werden hier jedoch nur die Darstellungen einbezogen, die aus der Entstehungszeit des Schreines stammen Die Modelle, die Johannes, Thomas und Philippus in den Händen halten, entstammen späteren Restaurierungsphasen. Siehe die Schemazeichnung in: LAUER 2006 (wie Anm. 1), Innenseite des rückwärtigen Buchdeckels.
3   Die Bezeichnungen rechts und links sind jeweils von der Sitzfigur aus gedacht!

1 Dreikönigenschrein, Paulus

2 Dreikönigenschrein, Matthäus

Matthäus trägt sein Modell mit beiden Händen deutlich oberhalb des rechten Schenkels. (Abb. 2) Seine rechte Hand fasst zusätzlich das Schwert. Er scheint sich nach hinten zu legen, so als ob er das Gewicht des Stadtmodells ausbalancieren müsste. Die Umfassungsmauer dieses besonders großen Modells ist über einem Sockel gequadert und mit flach schließenden Rechtecktürmen eng besetzt. Der obere Mauerabschluss zeigt einen Wehrgang, aber keine Zinnen. Die Bebauung im Inneren ist besonders vielfältig. Ein runder Zentralbau nimmt den Vordergrund ein. Sein unteres Geschoss ist gequadert, sein oberes mit gekuppelten Rundbogenfenstern durchbrochen, danach folgen ein Kegeldach und eine Kuppel mit hohem Tambour. Ob die beiden kuppelig schließenden Türme, die rechts und links der großen Kuppel zu sehen sind, zu diesem Zentralbau gehören und etwa eine nicht zu sehende Vorhalle begleiten, ist nicht zu erkennen. Rechts davon steht ein längsrechteckiges Gebäude mit zwei Geschossen und einem Satteldach. Die obere Giebelfläche ist von einer Dreifenstergruppe durchbrochen. Von dem Gebäude links des Zentralbaues ist nur eine Giebelfläche mit vorgesetzter halbrunder Apsis zu sehen. Die Apsis schließt mit einer Schirmhalbkuppel. Hinter dieser Baugruppe und in der Mitte hinten ist je ein rechteckiger, kräftiger Wohnturm zu sehen. Beide haben gequaderte Wände, die keine sichtbaren Öffnungen aufweisen und in Zinnenkränzen enden. Sie sind deutlich höher und dicker als die Stadtmauertürme. Ganz hinten wird das Stadtbild von drei sehr hohen quadratischen Türmen abgeschlossen, die mit einer Schildmauer verbunden sind. Es könnte damit eine Art Stadtburg gemeint sein.

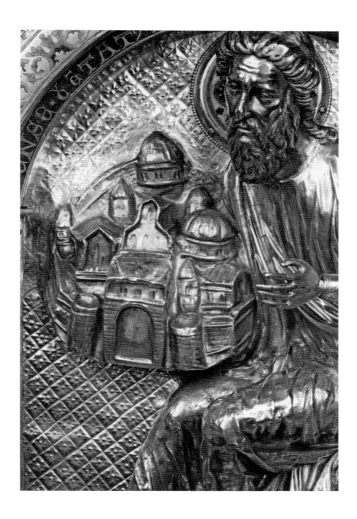

3   Dreikönigenschrein, Jacobus major

Jacobus major sitzt fast im Profil und trägt sein Stadtmodell so frei, dass er sich vorbeugen muss, um es sicher zu halten. (Abb. 3) Die Stadtmauer ist zwischen Sockel und abschließendem Wehrgang gequadert und rechts und links des mittigen Stadttores mit runden Türmen besetzt. Das Tor ist deutlich höher als die Mauer, hat oberhalb der rundbogigen Öffnung ein niedriges durchfenstertes Obergeschoss und schließt mit einem Ziegeldach. Dahinter ist ein Gebäude mit basilikalem Querschnitt zu sehen, dessen oberes Geschoss sehr schmal ist. Rechts davon steht ein zweigeschossiger Bau mit durchfenstertem Obergeschoss und Satteldach und einem seitlich stehenden Turm. Hinter dem mittleren Gebäude erscheint ein runder Zentralbau mit Schirmkuppel und Tambour. Zu ihm gehört wohl das Turmpaar, das unmittelbar davor steht. Links vom Stadttor steht als Querriegel ein zweigeschossiges Haus mit Satteldach und Turm. Dahinter befindet sich ein kräftiger Rundbau mit Schirmkuppel. Sein sehr niedriges Obergeschoss ist mit gekuppelten Fenstern besetzt.

Die Architekturmodelle am Dreikönigenschrein

4 Dreikönigenschrein, Simon

Bartholomäus hält sein Stadtmodell tief neben seinem rechten Bein, fast hat er es auf dem Boden aufgesetzt. Es findet zwischen Apostelfigur und Nischenrand kaum Platz. Von seiner Ummauerung sind nur das mächtige Stadttor, ein kurzes Mauerstück und ein vor der Mauer stehender Rundturm erkennbar. Im Inneren drängen sich vier Gebäude mit Satteldach und drei Rundbauten mit Schirmkuppel, die Zuordnung bleibt unklar.

Simon hält sein Stadtmodell mit der rechten Hand und stützt es auf dem Oberschenkel ab. (Abb. 4) Das Gewicht scheint er mit dem Oberkörper auszugleichen. Die Mauer des Stadtmodells ist zwischen Sockel und Wehrgang gequadert und mit Rechtecktürmen eng besetzt. Dicht an seinem Körper tritt ein rechteckiges doppelgeschossiges Stadttor vor die Mauer. Außer der rundbogigen Tür weist es keine Öffnungen auf. Unmittelbar hinter der Mauer steht ein dreiteiliges Gebäude, über dessen einheitlichem und gequaderten ersten Geschoss sich drei Teile mit Satteldach erheben, von denen der mittlere breiter und höher ist als die seitlichen. Die

5 Dreikönigenschrein, Petrus

drei Giebelflächen sind jeweils von einem großen Rundbogenfenster durchbrochen. Die Fensterflächen tragen eine Struktur, Gitter oder Rautengläser andeutend. Die Mitte der Stadt nimmt ein dreiteiliger Gebäudekomplex ein, der quer zu dem eben beschriebenen Bau steht. Er setzt rechts mit einem doppelgeschossigen, rechteckigen Teil an, der mit einem ziegelgedeckten Satteldach schließt. Er mündet in einem Rundbau mit durchfenstertem Tambour und Schirmkuppel. Auf diesen folgt ein apsisartiger Anbau, der ebenfalls kuppelig schließt. Hinter diesem Komplex steht rechts noch ein niedrigerer Turm mit Kuppel.

Petrus trägt sein Stadtmodell auf der linken Handfläche. (Abb. 5) Als einziges zeigt es eine doppelt ummauerte Stadt. Die äußere Mauer ist niedrig und rechts vom Stadttor mit einem halbrunden Schalenturm besetzt. Das mächtige Stadttor ist zweigeschossig. Im unteren Geschoss befindet sich die Öffnung, deren Verschluss sogar Schloss und Türbänder zeigt. Das zweite Geschoss schließt flach, die Vorderseite ist unter einem Entlastungsbogen von zwei Rundbogenfenstern durchbrochen. Die innere

6 Dreikönigenschrein, Andreas

Mauer ist deutlich höher und zieht sich nach rechts hoch. Der Rundturm, der über dem unteren Schalenturm zu sehen ist, gehört aber wohl nicht zur Stadtmauer, sondern zu einem Gebäudekomplex, der unmittelbar hinter dem Stadttor quer gestellt ist. Er setzt mit diesem Fassadenturm an, der wohl als einer von zweien gemeint ist, und hat über einem gequaderten Turmschaft ein durchfenstertes Obergeschoss. Auch dies ist ein Zeichen, dass er keinen Wehrturm darstellt. An diesen turmbesetzten Westbau schließt sich ein längsrechteckiges zweigeschossiges Gebäude an, dessen Obergeschoss von gekuppelten Rundbogenfenstern durchbrochen und mit einem ziegelgedeckten Satteldach gedeckt ist. Darauf folgt ein niedriger, rechteckig geschlossener ›Chorbau‹, ebenfalls mit gequadertem Erd- und durchfenstertem Obergeschoss nebst Ziegeldach. Hinter diesem Querbau steht ein flachgedeckter Rechteckbau mit Rundfenstern. Er wird von zwei Türmen flankiert, von denen der rechte stark beschädigt ist. Auf der linken Seite ist noch das Dach eines Rechteckbaues zu sehen.

7 Dreikönigenschrein, Jacobus minor

Andreas hält sein Stadtmodell mit der linken Hand neben dem Körper. (Abb. 6) Eine gequaderte Mauer mit Rundtürmen und Zinnenabschluss wird von einem Stadttor durchbrochen, das von zwei Rechtecktürmen flankiert wird. Im Unterschied zu den meisten anderen Stadtdarstellungen steht innerhalb dieser Mauer nur ein einziges Gebäude. Es ist eine hohe, langgestreckte Basilika. Ihre Seitenschiffe sind über einer geschlossenen gequaderten Mauer durch gekuppelte Rundfenster durchbrochen, darüber ist das Pultdach zu sehen. Der Obergaden setzt an mit zwei kräftigen Rundprofilen und endet oberhalb der Rundfenster auch mit solchen. Das abschließende Satteldach hat wie das Dach des Seitenschiffs eine Streifenstruktur. Hinter dem Stadttor ist an die Giebelseite der Basilika eine halbrunde Apsis angesetzt, die von Rundfenstern durchlichtet und mit einer Schirmkuppel abgeschlossen ist. Auch an ihr treten die kräftigen doppelten Rundprofile auf.

Jakobus minor hält sein Stadtmodell mit seiner linken Hand auf seinem Knie. (Abb. 7) Eine nahezu runde Mauer mit Sockel und Wehrgang umschließt einen einzigen Gebäudekomplex. Er besteht aus einem rechteckigen Teil, von dem nur das Dach zu sehen ist und einer sehr breiten, halbrunden Apsis, die von zwei kleineren Apsiden

8   Dreikönigenschrein, Judas Thaddäus

flankiert wird. Die Obergeschosse aller runden Gebäudeteile sind nicht gequadert und werden durch gekuppelte Bogenfenster durchbrochen. Schirmkuppeln schließen sie ab. Rechts ist noch ein Torbau zu sehen, der vielleicht als Seiteneingang zu dem großen Gebäude gedeutet werden darf, vielleicht aber auch einen eigenständigen Bau darstellt.

Judas Thaddäus hält sein Stadtmodell mit der linken Hand seitlich vom Oberkörper. (Abb. 8) Ein polygonaler Mauerzug, der mit vor die Flucht vortretenden Rundtürmen besetzt ist, umzieht ein einheitliches Gebäude. Sein doppelgeschossiges ›Langhaus‹ wird von einem schmaleren, aber gleich hohen Querhaus durchstoßen. Beide haben glatte durchfensterte Obergeschosse. Alle Giebelflächen werden von Dreifenstergruppen durchbrochen. Am Kreuzungspunkt ist eine Vierungskuppel zu sehen. Auch ihr Tambour ist mit gekuppelten Rundbogenfenstern gegliedert. Eine sehr plastisch ausgebildete Schirmkuppel schließt sie ab.

Alle Stadtdarstellungen sind verschieden, doch setzen sie sich aus wiederkehrenden Motiven zusammen: gequaderte Stadtmauern mit Zinnen, Wehrgänge, Rechteck- oder Rundtürme, Zentralbauten mit Schirmkuppeln, begleitende Rundtürme, basilikale,

9   Klosterneuburger Altar, das himmlische Jerusalem

längsrechteckige Bauten, Dreifenstergruppen in Giebelflächen und gekuppelte Rundfenster. Die Dächer sind mehr oder weniger deutlich durch eine angedeutete Dachdeckung strukturiert. Insgesamt zeigt jedes Modell eine konzentrierte Ansammlung von Wehr-, Stadt- und Sakralarchitektur. Für solche räumliche Stadtdarstellung gibt, es soweit ich feststellen konnte, keine Parallele in der Goldschmiedekunst des 12. Jahrhunderts. Woher also nahmen die am Schrein arbeitenden Künstler die Vorbilder für ihre Stadtideen?

Am Frühwerk des Nikolaus von Verdun, dem Klosterneuburger Antependium, kommen nur in wenigen der emaillierten Tafeln Architekturdarstellungen vor.[4] Eine Wehrmauer findet sich in der Darstellung des himmlischen Jerusalem, I/17. (Abb. 9) Dort umzieht eine polygonal gebrochene, gequaderte Mauer die von Engeln gefüllte

---

4   Helmut Buschhausen: Der Verduner Altar. Das Emailwerk des Nikolaus von Verdun in Klosterneuburg, Wien 1980. – Floridus Röhrig: Der Verduner Altar, Klosterneuburg [8]2009.

10   Psychomachia des Prudentius, Sitz der Weisheit

Stadt. Zweigeschossige Rechtecktürme befestigen sie, ein rundbogiges Stadttor mit beschlagenen Türblättern ermöglicht ihr Betreten. Auf der Tafel mit dem Osterlamm III/6 ist ein basilikales Gebäude zu sehen, dessen unteres Geschoss gequadert ist während die Dächer ziegelgedeckt und die Wände mit Rundbogenfenstern versehen sind; auch die Giebelfläche ist von Fenstergruppen durchbrochen.[5] Die blau emaillierten Streifen möchte man als plastische Profile deuten. Eine differenziertere

---

5   BUSCHHAUSEN 2009 (wie Anm. 4), Tafel 18.

Architektur zeigt die Tafel mit der Geburt des Isaak I/2.[6] Das Geschehen findet in einem Raum statt, dessen Arkadenbögen von Blattkapitellen auf schlanken Säulen getragen werden. Die oberhalb sichtbare ›Außenarchitektur‹ hat gequaderte Wände, einen glatten Mauerstreifen mit gekuppelten Rundbogenfenstern und ein ziegelgedecktes Dach. Darüber thront noch eine Schirmkuppel, deren Tambour ebenfalls von gekuppelten Rundbogenfenstern durchbrochen ist. Die einzelnen Abschnitte sind durch kräftige Profile voneinander getrennt. Es gibt also den Stadtmodellen ähnliche Elemente schon in den Architekturdarstellungen des Antependiums. Sie sind auch wegen der anderen Technik und des viel besseren Erhaltungszustandes differenzierter und detailreicher. Es fehlt ihnen aber das einerseits plastischere und phantasievollere, zugleich aber wirklichkeitsnähere Element der Stadtmodelle am Schrein.

Wie sehen aber die traditionellen Elemente solcher Architekturdarstellungen ganz allgemein aus? An Hand weniger Beispiele versuche ich das zu verdeutlichen. Das kann natürlich nicht ohne Vereinfachung geschehen. Als erstes Vergleichsobjekt habe ich den Sitz der Sapientia aus der in Brüssel befindlichen Handschrift mit der Psychomachia des Prudentius gewählt, die im ersten Viertel des 11. Jahrhunderts im Rhein-Maasgebiet entstanden ist.[7] Die Personifikation der Weisheit sitzt auf einem Stufenthron in einer ummauerten Stadt, in der sich auch zwei basilikale Gebäude befinden. (Abb. 10) Eine gequaderte und mit rechteckigen Türmen besetzte Stadtmauer umzieht das Areal, zwei Stadttore und mehrere turmartige, kuppeltragende Gebäude kommen hinzu. Es sind Friese eingezeichnet, deren räumliche Zuordnung und Größe aber keinen nachvollziehbaren Bezug zur Stadtmauer haben, denen sie zugehörig sind. Die Gebäude im Inneren weisen gekuppelte Untergeschosse, durchfensterte Obergeschosse und Dächer mit Ziegelstrukturen auf. Auch die zahlreichen Kuppeln sind mit solchen versehen. Die Stadtdarstellung ist zwar detailreich, die Zuordnung und die räumlichen Verhältnisse bleiben aber unklar.

Das älteste Stadtsiegel[8] der Stadt Köln zeigt den heiligen Petrus in einer ummauerten Stadt sitzend. Deren Ummauerung weist Quader und Zinnen auf und ist zahlreich mit runden Türmen besetzt. Zwei von ihnen werden, wie auch der kräftige Rundbau, der über dem Haupt des Petrus zu sehen ist, mit einer Schirmkuppel abgeschlossen. Es bietet sich an, unter diesem Gesichtspunkt auch noch einen Blick auf das Widmungsbild des Hillinus-Codex zu werfen, als dessen oberer Abschluss eine Architekturdarstellung erscheint, die nach Ansicht aller Bearbeiter den Karolingischen Dom wiedergibt und zwischen 1020 und 1030 entstanden ist.[9] Dargestellt sind der

---

6 BUSCHHAUSEN 2009 (wie Anm. 4), Tafel 4.
7 Prudentius, Psychomachia und Physiologus, Maasgebiet, 1. Hälfte 11. Jh., Brüssel, Bibliothèque Royale, Ms 10066–10077, fol. 137r, in: Ornamenta Ecclesiae. Kunst und Künstler der Romanik in Köln, Ausst.-Kat. des Schnütgen-Museums, hg. von Anton Legner, Köln 1985. Bd. 1, Nr. A 17, S. 69–71 (Franz Niehoff).
8 ORNAMENTA ECCLESIAE (wie Anm. 7), Bd. 2, Nr. D 58, S. 57f., Abb. S. 60 (Rainer Kahsnitz).
9 Dom- und Diözesanbibliothek, Handschrift 12, fol. 16v. Siehe Holger Simon: Architekturdarstellungen in der ottonischen Buchmalerei. Der Alte Kölner Dom im Hillinus-Codex, in: Form und Stil. Festschrift für Günther Binding zum 65. Geburtstag, hg. von Stefanie Lieb, Darmstadt 2001, S. 32–44.

11 Vita Annonis, Erzbischof Anno mit den von ihm gegründeten Kirchen und Klöstern

obere Teil des Langhauses mit den Dächern über Seitenschiff und Hauptschiff und die mit Rundbogenfenstern durchbrochene Obergadenwand. An das Langhaus schließen sich die beiden Querhäuser an, das östliche mündet in der doppelgeschossigen Pfalzkapelle, einem quadratischen Zentralbau mit Pyramidendach, vom anderen ist die Giebelwand mit einer Dreifenstergruppe sichtbar. Von der linken (westlichen) Giebelwand steht eine halbrunde Apsis, die von zwei Rundtürmen flankiert wird. Türme und Apsis sind von Rundfenstern durchbrochen, das Giebelfeld trägt eine Dreifenstergruppe. Die Türme schließen kuppelig ab. Auffallend an dieser Darstellung sind die räumliche Klarheit und die durch Ausgrabungen belegte Wirklichkeitsnähe.

Als zum Schrein zeitgenössisches Vergleichsbeispiel sei noch das Titelblatt der um 1179–1181 in Siegburg entstandenen Vita Annonis herangezogen.[10] Erzbischof Anno steht inmitten von fünf Architekturdarstellungen, zwei davon hält er wie Modelle in der Hand. (Abb. 11) Sie sollen die Kloster- und Kirchengründungen des Erzbischofs darstellen. Alle fünf sind dreiteilig aufgebaut und zeigen einen mittleren höheren Gebäudeteil der von niedrigeren turmartigen oder mit Giebeln abgeschlossenen, schmaleren Architekturelementen flankiert wird. Schirmkuppeln, kuppelige Turmabschlüsse, gerahmte Giebelflächen, rundbogige Tür- und Fensteröffnungen und strukturierte Dachflächen sind die Elemente, aus denen sich die jeweilige Architekturdarstellung zusammensetzt und die den Einzelporträts trotz des gemeinsamen Aufbaus dann doch einen individuellen Charakter geben.

Diese Stufe der Architekturdarstellung findet sich auch bei den Emaillebildern auf den Dachschrägen des Heribertschreines, die Szenen aus dem Leben des heiligen Bischofs darstellen. Er wird als Hauptwerk der rheinischen Schreinskunst vor Eintreffen des Nikolaus von Verdun angesehen und um 1160–70 datiert.[11] Auf der fünften Platte ist die Stadt Köln dargestellt, vor deren Toren Heribert nach seinem Zug über die Alpen eintrifft.[12] Die ihn empfangenden Mönche stehen vor einem mehrstöckigen, oben flach geschlossenen Torturm. Auch ein Stück der gequaderten Stadtmauer ist zu sehen. Sie schließt mit einem Zinnenkranz ab. Innerhalb der Mauern stehen Türme und Gebäude mit Satteldächern. Die hohen Torbögen, die starken Profile und die gerahmten Giebel sind durchaus den Architekturbildern der Vita Annonis verwand, ebenso ist es die unklare Zuordnung der Einzelelemente. Das gilt auch für die Architekturteile, die das Kloster Deutz darstellen, dessen Errichtung durch Bischof Heribert auf Medaillon sieben dargestellt ist. (Abb. 12) Hier wird ein großer mittlerer Rundbau mit Schirmkuppel von kleineren runden Türmen und langgestreckten Gebäuden flankiert. Eine sehr ähnlich aufgebaute Architektur ist auch oberhalb der Arkaden zu sehen, unter denen die Krönung und

---

10   Vita Annonis, Darmstadt, Hessische Landesbibliothek Hs 945, in: Rhein und Maas. Kunst und Kultur 800–1400, Ausst.-Kat. des Schnütgen-Museums hg. von Anton Legner, Köln 1972/73, Nr. J 47.

11   Ornamenta Ecclesiae (wie Anm. 7), Bd.2, Nr. E 91, S. 314–323 (Martin Seidler). – Martin Seidler: Studien zum Reliquienschrein des Heiligen Heribert in Deutz. Rekonstruktion seiner Entstehung. Dissertation Bonn 1995.

12   Ornamenta Ecclesiae (wie Anm. 7), Abb. S. 319, unten.

Die Architekturmodelle am Dreikönigenschrein

12 Schrein des Heiligen Heribert, Bau des Klosters in Deutz

Aussöhnung mit König Heinrich stattfindet.¹³ Eines der interessantesten Architekturporträts findet sich auf einer Platte am Heribertschrein, gehört aber nicht zu dessen ursprünglichem Bestand.¹⁴ (Abb. 13) Auf einer kleinen runden Platte ist ohne szenisches Beiwerk ein Kirchenbau zu sehen. Er hat eine Westapsis, die von zwei Rundtürmen flankiert wird. Auf dem Dach des basilikalen Langhauses sitzt ein Dachreiter mit Laterne. Der Bau schließt im Osten mit einem Querhaus, vor dem sich noch eine zugehörige Konche oder ein separater Rundbau erhebt – vielleicht mit einer zugehörigen Apsis. Auf dem Ostende des Langhauses steht ein Kreuz. Der in fast allen Einzelheiten nachvollziehbare Kirchenbau, in dem man ein Bild des

---

13 ORNAMENTA ECCLESIAE (wie Anm. 7), Bd. 1, Nr. B 12 (Ulrike Bergmann), Abb. S. 160.
14 Hermann Schnitzler: Der Schrein des Heiligen Heribert, Mönchengladbach 1962, S. 64.

13 Schrein des Heiligen Heribert, Kirchendarstellung

karolingischen Doms sehen könnte, gehört zu den eindrucksvollsten Darstellungen, die denen des Schreins vorangehen.

An diese Darstellungen schließen sich auch Architekturbilder an, die im Umkreis des Dreikönigenschreins entstanden sind, so zum Beispiel das Kirchenmodell, das ein stehender Bischof auf einer einzelnen Emailleplatte in der Hand hält.[15] Ein Torbau mit Kegeldach wird von zwei Türmen flankiert, die ein durchfenstertes Mittel- und Obergeschoss haben und mit schirmartig gemusterten Helmen abschließen. Dahinter steht ein höherer, ebenfalls turmartiger Bau mit gekuppelten Bogenfenstern und einem Kegeldach. Mit den doppelten Fugenstrichen und der feinen Binnenstruktur erinnern sie tatsächlich an die Architekturdarstellungen des Klosterneuburger Ante-

---

15 Ornamenta Ecclesiae. Kunst und Künstler der Romanik in Köln, Katalog Köln 1985, Nr. B 12, S. 160 (Ulrike Bergmann).

pendiums; die Dreiteilung verbindet sie mit den Architekturbildern der Vita Annonis. Sehr ähnlich ist auch das Kirchenmodell auf einer Emailleplatte am Armreliquiar aus St. Gereon, das dort die Halbfigur der heiligen Helena in der Hand hält.[16]

Gerade im Vergleich mit den annähernd zeitgleichen Darstellungen wird deutlich, wie außergewöhnlich die Stadtmodelle der Apostel am Dreikönigenschrein sind. Das liegt nicht nur an ihrer ungleich höheren Plastizität, denn tatsächlich ist die Dreidimensionalität der kleinen Reliefs nicht sehr groß. In Einzelelementen und in manchen Gruppierungen, wie etwa dem dreiteiligen Gebäude im Stadtmodell des Simon, sind sie den zeitgenössischen Bildern nahe. Dennoch findet gewissermaßen ein Quantensprung statt. Es gibt ein deutlich gewachsenes Verständnis von Außen und Innen, von der Zuordnung der Einzelbauten oder Einzelelementen einer Architektur zum Ganzen zu beobachten. Von etlichen Gebäuden wie etwa der Basilika mit der halbrunden Apsis kann man sich ein realistisches Bild machen. Einzelne Kirchenbauten, wie die in den Modellen des Andreas, Jacobus minor oder Judas Thaddäus scheinen geradezu Kirchengebäude zu porträtieren. Stellt man sich die Kölner Kirchenlandschaft der Zeit um 1200 vor, dann wird das Zusammenspiel zwischen realer Architektur und Darstellung noch deutlicher. Die stark plastische Architektur der romanischen Kirchen Kölns und die seiner turm- und torbesetzten Stadtmauer spiegelt sich direkt in den Stadtmodellen der Apostel.[17]

Bildnachweis

1–8: Dombauarchiv Köln, Haydar Irmak. – 9: Stiftsmuseum Klosterneuburg. – 10: Brüssel, Bibliothéque Royale. – 11: Darmstadt, Hessische Landesbibliothek. – 12 und 13: Rheinisches Bildarchiv.

---

16 ORNAMENTA ECCLESIAE (wie Anm. 7), Bd. 2, Nr. E 36 S. 244f. (Jörg-Holger Baumgarten), Abb. S. 245.
17 Zu der spannenden Frage der mittelalterlichen Architekturdarstellung kann das hier zu Papier Gebrachte nur einen unvollkommenen Einblick geben. Dennoch möchte ich mich damit bei Norbert Nussbaum für die immer erfreuliche und anregende Zusammenarbeit bedanken.

Eine osmanische Bastion von Negroponte im Wittenberg des 16. Jahrhunderts

Reflexionsfigur frühneuzeitlicher Architekturzeichnungsforschung

Sebastian Fitzner

Im Linienzug ist die Architektur begründet. Sofern man bereits von einer etablierten Geschichte der Architekturzeichnungsforschung sprechen mag[1], ist die Hinwendung zu denjenigen Linienzügen ausgeprägter, die entweder ein Objekt darstellen, was es realiter gibt, oder die eine besondere zeichnerische wie entwerferische Qualität besitzen, welche sich meist qua künstlerischer Autorität begründet. Die Linien der nicht zuzuordnenden Entwürfe, die Linien unbekannter Zeichner und selbst die Linien einer ganzen Epoche, insbesondere der nordalpinen Renaissance, scheinen dabei weniger zum Gegenstand der Architekturzeichnungsforschung zu gehören.[2] Bevor ich allerdings zum Objekt des Interesses komme, den Linien einer osmanischen Bastion der Festung Negroponte, ist es notwendig, sich der Positionen und Methodik der Architekturzeichnungsforschung zu widmen. Erst vor diesem Hintergrund wird deutlich werden, warum es lohnenswert sein kann, die Architekturzeichnung hinsichtlich ihrer Bildlichkeit eingehender zu analysieren.[3]

---

1   Zur Geschichte der Architekturzeichnungsforschung impulsgebend und zentral Ursula Baus: Zwischen Kunstwerk und Nutzwert. Die Architekturzeichnung, gesehen von Kunst- und Architekturhistorikern seit 1850, Diss. Stuttgart 1999, *http://elib.unistuttgart.de/opus/volltexte/2000/621/* (letzte Sichtung 22.10.2007). – Zur Methodik Katharina Krause: Zu Zeichnungen französischer Architekten um 1700, in: Zeitschrift für Kunstgeschichte, 53, 1990, S. 59–88. – Mario Carpo: Architecture in the Age of Printing. Orality, Writing, Typography, and Printed Images in the History of Architectural Theory, Cambridge Mass. 2001; für die Handzeichnungsforschung lässt sich hingegen eine breite methodische Diskussion ausmachen. Jüngst etwa Hana Gründler, Toni Hildebrandt (Hg.): Zur Händigkeit der Zeichnung, in: Rheinsprung 1 – Zeitschrift für Bildkritik, 3, 2012.
2   Der italienischen Forschung (Hubertus Günther: Das Studium der antiken Architektur in den Zeichnungen der Hochrenaissance, Tübingen 1988. – Elisabeth Kieven: Von Bernini bis Piranesi. Römische Architekturzeichnungen des Barock, Ausst.-Kat., Stuttgart 1993. – Golo Maurer: Michelangelo. Die Architekturzeichnungen. Entwurfsprozess und Planungspraxis, Regensburg 2004) stehen nur wenige Arbeiten zur nordalpinen Renaissance gegenüber, etwa Charles van den Heuvel: Papiere Bollwerken. De introductie van de italiaanse stede- en vestingsbouw in de Nederlanden (1540–1609) en het gebruik van tekeningen, Alphen aan den Rijn 1991. – Elske Gerritsen: Zeventiende-eeuwsse architectuurtekeningen. De tekeningen in de ontwerp- en bouwpraktijk in de Nederlandse Republiek (= Cultuurhistorische studies, Bd. 11), Zwolle 2006. – Siehe auch das DFG-Projekt zur Erforschung der Architektur- und Ingenieurzeichnungen der deutschen Renaissance (1500–1650) unter *http://www.architektur-und-ingenieur-zeichnung.de* (letzte Sichtung 12.6.2102).
3   Besonders die Technikgeschichte hat früh auf die medialen Qualitäten von Zeichnungen als Wissensobjekte (»epistemic history«) aufmerksam gemacht (Hans Holländer: Erkenntnis, Erfindung, Konstruktion. Studien zur Bildgeschichte von Naturwissenschaften und Technik vom 16. bis zum 19. Jahrhundert, Berlin 2000. – Gottfried Boehm: Zwischen Auge und Hand. Bilder als Instrumente der Erkenntnis, in: Bettina Heinz, Jörg Huber (Hg.): Mit dem Auge denken. Strategien der Sichtbarmachung in wissenschaftlichen und virtuellen Welten (= Theorie: Gestaltung, Bd. 1), Wien/New

Ausgehend von der zunächst neutralen graphischen Spur, der Linie, auf dem Zeichnungsgrund, lassen sich zwei Pole in der methodischen Reflexion von und über Architekturzeichnungen produktiv ausloten: Eine Perspektive, die der Faktizität der zeichnerischen Darstellung verhaftet ist, und eine, die als Reflex hierauf den künstlerischen und ästhetischen Eigenwert betont. Folglich wird eine funktions- von einer stilgebundenen Visualisierung unterschieden.[4]

Historisch betrachtet gehört die erste Perspektive zum klassischen Repertoire der Bauforschung: der Zeichnung eignet ein operativer Charakter, der strukturell einen Entwurf zu materialisieren hilft und Architektur als räumliches Medium überhaupt erst entstehen lässt. Insofern wurde die Architekturzeichnung lange Zeit als Quelle der Baugeschichte gelesen.[5] Die rein technisch verstandenen Linien, vorrangig orthogonaler Pläne, formieren so einen Wissensraum der qua funktional-technischer Kenntnisse studiert und in Relation zur Architektur gebracht werden kann. Derartige Zeichnungen legen den baulichen, strukturellen und statischen Wissenshorizont als medial vermittelten planen Raum vor Augen: die Augen des zeitgenössischen Architekten/Ingenieurs und Auftraggebers gleichwie die interpretierenden Augen der Architekturgeschichte. In der Frühzeit der Begründung der Forschungen zur Architekturzeichnung war es der Architekt Heinrich von Geymüller, der sogar das historische Untersuchungsobjekt, die Pläne der großen italienischen Architekten der St. Peter Baustelle in Rom, nicht mehr nur analysierte, sondern sogar selbst schöpferisch verbesserte.[6] Entgegen der funktional-technischen Zeichnungstypen – die die Kunstgeschichte im Allgemeinen jedoch weniger interessieren – ließe sich ein Typus bestimmen, der Leerstellen besitzt, die mit Sinn angereichert und gefüllt werden können. Kurzum, die Zeichnung als Kunstobjekt.[7] Die Linienzüge der Zeichnung als Kunstobjekt figurieren weniger normative Setzungen, sondern sind qua ihrer Bildlichkeit per se lesbarere Kunstwerke, denen keine oder nur wenige technisch-funktionale Parameter eingeschrieben sein müssen. So ließe sich die nachschöpferische Vedute,

---

York 2001, S. 43–54. – Marcus Popplow: Why Draw Pictures of Machines? The Social Contexts of Early Modern Machine Drawings, in: Wolfgang Lefèvre (Hg.): Picturing Machines 1400–1700, Cambridge/Massachusetts 2004, S. 17–48); Eingang in die Forschung zu den Medien der Architektur finden diese Positionen jedoch nicht, vgl. jüngst Wolfgang Sonne (Hg.): Die Medien der Architektur, München 2011, S. 7–14. Für eine erste Theorie der Architektur als Medium siehe Thomas Hensel, Stephan Hoppe, Matthias Müller: Grundsatzpositionen, in: Themenportal Architektur als Medium. Medien der Architektur, *http://www.arthistoricum.net/themen/themenportale/architektur-medium/grundsatzpositionen/* (letzte Sichtung 12.6.2012); zum Verhältnis von Architektur und Bildkritik vgl. das DFG-Forschungsnetzwerk Schnittstelle Bild *http://www.schnittstelle-bild.de* (letze Sichtung 12.6.2012).

4 Beginnend mit Dagobert Frey: Architekturzeichnung, in: Reallexikon zur Deutschen Kunstgeschichte, Bd. 1, Stuttgart 1937, Sp. 993–1013.

5 Vgl. Josef Ploder: Heinrich von Geymüller und die Architekturzeichnung. Werk, Wirkung und Nachlass eines Renaissance-Forschers (= ARS VIVA, Bd. 5), Wien/Köln/Weimar 1998. Zu von Geymüllers diagrammatischer Arbeitsweise entsteht derzeit unter Karsten Heck eine Dissertation an der HU Berlin.

6 Heinrich von Geymüller bildet den Ausgangspunkt zu Fragen nach der Wissenschaftsgeschichte der Architekturzeichnungsforschung. Hierzu PLODER 1998 (wie Anm. 5).

7 Beginnend mit Dagobert Frey: Die Architekturzeichnungen der Kupferstichsammlungen der Österr. Nationalbibliothek, Wien 1920, S. 10.

die vorbereitende Skizze und der in sich geschlossene Präsentationsriss hier im Sinne ihrer Wirkungsästhetik verstehen.

Doch lässt sich dieses immer wieder skizzierte janusköpfige Gesicht der Architekturzeichnung als technisches und künstlerisches Bild tatsächlich aufrechterhalten? Bereits Carl Linfert konstatierte in seinem zentralem Werk zur Methodik der Architekturzeichnung von 1931: »Architekturzeichnung ist ein Grenzfall und oft ein Zwitter aus architektonischer Vorstellung und malerischer (das heißt bildmäßiger) Darstellung. Stets sind es die Mittel der Darstellung, die sich erst im Verlauf der Planung eindrängen und die rein architektonische Konzeption an die Grenze des Architektonischen zu ziehen suchen.«[8] Linfert berücksichtigt so maßgeblich die medialen Eigenarten von Architekturzeichnungen, indem er Darstellungsmittel und Darstellungstechniken in ihrem Wechselverhältnis beschreibt. Die Folge der getrennten Betrachtung zweier Systeme von Linienzügen – eines technischen und eines künstlerischen – ist die Negation eines grundlegenden medialen Denkens von Architektur durch die Zeichnung – und damit ein methodisches Problem. Es geht dabei nicht um die grundsätzliche Differenz und die begriffliche Unterscheidung der Architektur- von der Handzeichnung oder der Zuordnung bestimmter Darstellungssysteme als »Maler- und Architektenzeichnung«.[9] Zu bedenken ist vielmehr die eigentümliche Tatsache, dass selbst die der Architektur zu eigenen Lineamenta – der orthogonale Plan – dann aus der Betrachtung scheidet, wenn diese keine, nur vage Bezüge zu einer baulichen Realität aufweist oder nur vermeintlich unzulängliche Linienzüge unbekannter Zeichner zur Anschauung bringt.

Parallel zur wertenden Gegenüberstellung des technischen Bildes – dem vermehrt ein Werkzeugcharakter, eine pejorativ dienende Funktion zugesprochen wird – und dem künstlerischen Bild des schöpferischen Architekten, arbeitet die Terminologie der Zeichnungsforschung an impliziten Wertungen mit. Eine rein deskriptiv verfahrende Geschichte der Architekturzeichnung, die die Objekte hinsichtlich ihrer Zeichnungstypen von der Skizze bis hin zum Präsentationsriss klassifiziert[10], muss zwangsweise den polyfunktionalen Charakter der Zeichnung aus den Augen verlieren. Verengen doch solche Terminologien meistens das Beschreibungsfeld der Zeichnung, in dem die Begriffe bereits eine eigene Geschichte der zu analysierenden Zeichnung teleologisch vorstrukturieren: So wird mit der Skizze entweder ein Erfolgs orientierter Modus erkennbar, indem sich das Ingenium und Disegno des Zeichners verbirgt und als ursprünglicher kreativer Akt sichtbar wird, oder eben eine Marginalie, wo die Zeichnung lediglich Notizcharakter erhält; sich bisweilen vom Bild zum Text transformiert und so in der klassischen Hierarchie der Künste gänzlich ausscheidet.[11] Geht

---

8   Carl Linfert: Die Grundlagen der Architekturzeichnung. Mit einem Versuch über französische Architekturzeichnungen des 18. Jahrhunderts, in: Kunstwissenschaftliche Forschungen 1, Berlin 1931, S. 133–246, S. 153.
9   Baus 1999 (wie Anm. 1), S. 21.
10 Noch bei Kieven 1993 (wie Anm. 2), S. 11f. wirkt dieses System von Frey 1937 (wie Anm. 4) nach.
11 Die Transformation der Linienzüge und Texte zu Diagrammen wird hingegen in den jüngsten Forschungen zur Diagrammatik als produktiver Wissensbereich der Architektur ausgelotet. Vgl. Dietrich Boschung, Julian Jachmann (Hg.): Diagrammatik der Architektur, München 2013.

man zunächst jedoch von der Medialität der Architekturzeichnung aus[12], ermöglicht dies, die Objekte ohne die determinierenden Konnotationen gattungsspezifischer Begriffe von Skizze, Reinzeichnung oder Entwurfsplan zu lesen. Damit rücken Fragen der konkreten Umsetzung und Verwendung in den Fokus der Untersuchung, die sich auf die mediale Spezifik der Darstellungen stützen.[13]

In der oben aufgerufenen Janusköpfigkeit sind zwei bipolare Systeme der Architekturzeichnung (technisches Bild versus künstlerisches Bild) gegenübergestellt worden, die nun versuchsweise mit dem Begriff des Realitätseffektes eingehender umrissen werden können.[14] Damit ist gemeint, dass allgemein zwei Typen von Architekturdarstellungen unterschieden werden können, die jeweils durch unterschiedliche Grade in der Übereinstimmung zwischen Zeichnung und Objekt bestimmt sind: funktional gebundene Darstellungen und funktional ungebundene Darstellungen. Ersteres Konzept, der gebundenen Darstellung, hat einen dokumentarischen Charakter, und betrifft diejenigen Visualisierungen, die Architektur hinsichtlich ihrer synchronen (zu einem definierten Zeitpunkt bestimmbaren) Erscheinung zu repräsentieren versuchen. Die Abhängigkeit von Darstellung und Objekt steht im Vordergrund und die Realitätseffekte nehmen zu: die getreue Wiedergabe respektive die bautechnische Übereinstimmung von Maßen und Räumen ist von Relevanz. Der zeichnerische Wert, sprich der Quellenwert, liegt folglich in genau überprüfbaren Angaben. Gebundenen Darstellungen eignet demnach ein operativer Charakter[15], der einer Umsetzung vom Plan zum Raum zuarbeitet.

Die ungebundene und freie Darstellung bezieht sich zumeist auf ein architektonisches Objekt als Abstraktum und dient primär nicht der Dokumentation synchroner Zustände. Ebenso ist der Aspekt einer realen operativen Funktion im Zuge eines Bauvorgangs nicht zwangsläufig relevant. Eine wichtige Eigenschaft dieses Typs ist die mediale Verknüpfung synchroner wie diachroner Zustände. D.h. es kommt zu einer Inversion von unterschiedlichen Darstellungsstadien auf typologischer, medialer und inhaltlicher Ebene, die zudem auch unterschiedliche Zeitstadien umfassen können. Mit der ungebundenen Darstellung würden sich vorerst die klassischen Zeichnungstypen wie Skizze, Konzept oder Entwurf verbinden lassen. Die Realitätseffekte sind hierbei von geringerer Ausbildung und Relevanz. Vielmehr tragen die Realitätseffekte meist nur symbolischen Wert und versuchen die Eigen-

---

12 Es erscheint m. E. weniger ertragreich, verschiedene Zeichnungstypen als einzelne Medien aufzufassen. Das Medium ist die Zeichnung in allen formalen Ausprägungen, womit eher die Frage nach der Medialität, als Strategie und Technik der Visualisierung, neue Erkenntnisse verspricht.
13 Besonders Astrid Lang: Die frühneuzeitliche Architekturzeichnung als Medium intra- und interkultureller Kommunikation. Entwurfs- und Repräsentationskonventionen nördlich der Alpen und ihre Bedeutung für den Kulturtransfer um 1500 am Beispiel der Architekturzeichnung von Hermann Vischer d.J., Petersberg 2012.
14 Der Begriff wird hier nicht im Sinne von Roland Barthes verwendet.
15 Sybille Krämer: Operative Bildlichkeit. Von der ›Grammatologie‹ zu einer ›Diagrammatologie‹? Reflexionen über erkennendes Sehen, in: Martina Hessler, Dieter Mersch (Hg.): Logik des Bildlichen. Zur Kritik der ikonischen Vernunft, Bielefeld 2009, S. 94–123. Die Autorin verhandelt Operativität eben nicht im pejorativen Sinne eines Werkzeugcharakters.

schaften als Darstellung von einem konkreten baulichen Körper zu stabilisieren und bildlich plausibel erscheinen zu lassen. Der Quellenwert liegt in erster Linie in der Auslotung der konzeptuellen Fähigkeiten eines Entwerfers, in der Herleitung eines Entwurfssystems, welches sich von der freien Darstellung bis hin zur gebundenen Darstellung teleologisch nachzeichnen lässt.

Die Krux an solchen oftmals implizit angenommenen Unterscheidungen von Zeichnungen liegt auf der Hand: ungebundene Darstellungen können in der Regel nur dann von Interesse sein, wenn sie mit einem tatsächlichen Baukörper oder einer weiteren Reinzeichnung einer Entwurfsserie verglichen werden können. Oder wenn diese als übergreifender Ausdruck kunsttheoretischer Überlegungen, besonders des Disegno herangezogen werden können; wenn der Zeichner als Künstler stark gemacht wird.[16] Die Dominanz eines Denkens der Architekturzeichnung durch den Blick auf Realitätseffekte und in ihren zeichnerischen Gattungen ist der kritische Dreh- und Angelpunkt und kann sich vor dem Hintergrund der sich formierenden Bildwissenschaften kaum noch behaupten[17] – wenngleich das Narrativ immer wieder bemüht wird. Nimmt man beide Zeichnungstypen nicht nur als Träger von Realitätseffekten, sondern als Objekte einer Historia und eines Wissensraums ernst, so lässt sich hier der grundsätzlichen Bedeutung von Architektur und Darstellungstechniken nachgehen, die über die klassischen Begriffe der Analyse von Zeichnungen wie Skizze, Reinzeichnung oder Präsentationsriss weit hinausgeht.[18] Hier soll die Architekturzeichnung daher hinsichtlich eines Wissen repräsentierenden wie Wissen einbindenden und Wissen erzeugenden Gehalts situiert werden.[19]

Diese Überlegungen gilt es an einer Festungszeichnung, die im Kontext des Baus der Wittenberger Stadtbefestigung des 16. Jahrhunderts verortet wird[20], nachzuzeichnen und exemplarisch zu diskutieren. Leitend ist die oben dargelegte Annahme,

---

16 Die Kritik des Disegno als Entwurfsstrategie bei Bernhard Siegert: Weiße Flecken und finstre Herzen. Von der symbolischen Weltordnung zur Weltentwurfsordnung, in: Daniel Gethmann, Susanne Hauser (Hg.): Kulturtechnik entwerfen. Praktiken, Konzepte und Medien in Architektur und Design Science, Bielefeld 2009, S. 19–47, hier S. 19f.
17 Etwa Horst Bredekamp: Die Architekturzeichnung als Gegen-Bild, in: Margit Kern, Thomas Kirchner, Hubertus Kohle (Hg.): Geschichte und Ästhetik. Festschrift für Werner Busch zum 60. Geburtstag, München/Berlin 2004, S. 548–553.
18 Dieser Perspektive sind auch die Studien des Verfassers verpflichtet; vgl. ders.: Die papiernen Arkadenhöfe des Dessauer Schlosses. Funktion und Darstellung nordalpiner Architekturzeichnungen des 16. Jahrhunderts, in: Burgen und Schlösser in Sachsen-Anhalt, 18, 2009, S. 387–411. – Ders.: Erinnerung: Gedächtniswert und Bauanleitung. Die Architekturdarstellungen Daniel Specklins im Kontext des Festungsbaus der frühen Neuzeit, in: Die Burg zur Zeit der Renaissance. Forschungen zu Burgen und Schlössern, 13, 2010, S. 127–136.
19 In diesem Kontext auch Hermann Schlimme (Hg.): Practice and Science in Early Modern Italian Building. Towards an Epistemic History of Architecture, Mailand 2006.
20 Reinhard Schmitt: Archivalische Quellen zum Leben und Wirken des spätgotischen Baumeisters Hans Zinkeisen, in: Burgen und Schlösser in Sachsen-Anhalt, 6, 1997, S. 112–147. – Eva-Maria Seng: Stadt – Idee und Planung. Neue Ansätze im Städtebau des 16. und 17. Jahrhunderts (= Kunstwissenschaftliche Studien, Bd. 108), München 2003; eine aktuelle Studie zu der Wittenberger Stadtbefestigung ist derzeit von Andreas Stahl (Landesamt für Denkmalpflege und Archäologie Sachsen-Anhalt) in Arbeit. Herrn Stahl sei für seine freundlichen Hinweise und Einschätzung zu der Zeichnung gedankt.

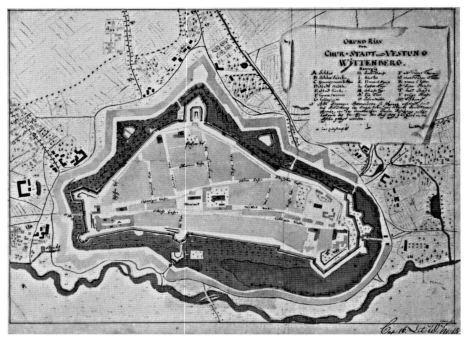

1 F. Selms, Plan der Stadt Wittenberg mit den Festungswerken aus der Zeit des 16. und 17. Jahrhunderts, 1764, Feder in Tinte/Pinsel in Wasserfarbe auf Papier, 58×44,5 cm

dass der viel geübte Blick auf die Realitätseffekte das durch die Zeichnung hergestellte Wissen oftmals nicht erfassen kann und die Medialität der Darstellung als spezifisches Wissensobjekt negiert. Anders formuliert, selbst denjenigen Zeichnungen mit deutlich gegebenen Realitätseffekten ist die Offenheit der Historia zu eigen. Vorweg sei darauf hingewiesen, dass die Analyse der Festungszeichnung ein erster Versuch ist, da die Zeichnung bis dato zwar in der Literatur auftaucht[21], aber weder in ihrer Stellung im Entwurfsprozess der Wittenberger Stadtbefestigung noch in ihren transkulturellen Bezügen kritisch befragt wurde.

Visualisieren I. Die Historia der Zeichnung

Die Wittenberger Stadtbefestigung zählte in der ersten Hälfte des 16. Jahrhunderts zu den »kurfürstlichen Großbaustellen« der Ernestiner.[22] Mit dem Ausbau zur bastionären Anlage ab 1526 durch Hans Zinkeisen bis zur Schlacht bei Mühlberg 1547 ist die

---

21 Ebd.
22 Uwe Schirmer: Kursächsische Staatsfinanzen (1456–1656). Strukturen – Verfassung – Funktionseinheiten (= Quellen und Forschungen zur sächsischen Geschichte, Bd. 28), Stuttgart 2006, S. 473–480, bes. S. 475.

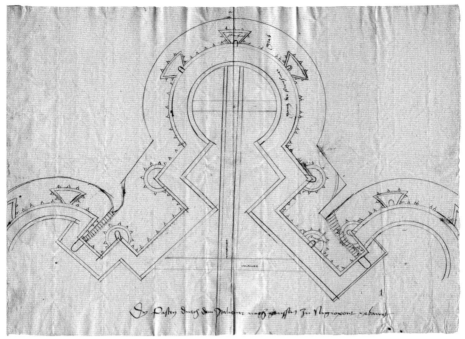

2 Unbekannter Zeichner, Grundriss einer Bastion der Festung Negroponte, erste Hälfte 16. Jahrhundert, Feder in Tinte auf Papier, 31,8 × 42,5 cm

Stadtbefestigung über die Jahre kontinuierlich modifiziert worden. (Abb. 1) Auskunft über diesen Planungs- und Bauprozess geben vor allem die immer wieder zitierten verschiedenen Gutachten, Anschläge und Zeichnungen: so die »Denkschrift mit 36 Punkten« (1542) von dem Zeugmeister Friedrich von der Grun oder der »Underricht des Bawes zu Wittenbergk« (1547) von Jacob Preuß.[23] Die genannten Gutachten sind zusammen mit weiteren Briefwechseln, die die Wittenberger Stadtbefestigung betreffen, sowie zwei fortifikatorischen Zeichnungen in einer Akte gebunden überliefert.[24] Bei den in einer weiteren Akte überlieferten Zeichnungen handelt es sich um äußerst heterogene Visualisierungen unterschiedlichster Wehrbauten, die in den Schriftstücken der Akte nicht weiter thematisiert wie lokalisiert werden und allesamt nur schwerlich mit der Wittenberger Fortifikation in Verbindung zu bringen sind.[25] Von besonderem Interesse ist hier die Zeichnung einer Bastion im Grundriss, die zunächst durch die eigenwillige Wehrform und mit der zusätzlichen Beschriftung »Die Pastey durch den Italiener nach gerissen zu Nigropont gebawet« ins Auge fällt. Die in der Forschung bisher zwischen 1529 und 1540 datierte Zeichnung wird zudem

23 Siehe THStA Weimar Reg. S. fol. 46a; vgl. SENG 2003 (wie Anm. 20), S. 106–107.
24 Siehe THStA Weimar Reg. S. fol. 46a Nr. 1, Bl. 1, 2 und lose beigelegte Zeichnung ohne Zählung.
25 THStA Weimar Reg. S. fol. 352.a Nr. XIV.1, Bl. 7, 8, 11, 10.

Eine osmanische Bastion von Negroponte im Wittenberg des 16. Jahrhunderts   141

als mögliches »Vorbild für die Wittenberger Befestigung« diskutiert[26], ohne dass es hierfür bislang einen schriftlichen Nachweis gibt oder sich bauliche Parallelen feststellen ließen. (Abb. 2)

Auf dem Zeichengrund befindet sich eine orthogonale Darstellung einer »Pastey« in Feder, deren äußeren Rondelle direkt am Rand des Papiers angeschnitten enden. Die mittels Lineal und Zirkel gezogenen Linien weichen in markanter Weise von der Präzision ihrer Zeichenwerkzeuge ab: Überschneidungen und durchgezogene Linien im Inneren Bereich, genauso wie die nachträglichen Korrekturen mittels freier Hand am Graben und den Verbindungsgängen. Trotz der rigiden Zeicheninstrumente und des symmetrischen Aufbaus ist die Zeichnung eben nicht achsensymmetrisch, was besonders an der zusätzlich einknickenden Flanke im linken Bildteil deutlich wird. Völlig losgelöst von einem baulichen Kontext formiert die technische Linie – als doppelt gezogene Linie und einfache Linie – eine Wehrarchitektur, die das Blatt nahezu ausfüllt und zugleich Schwierigkeiten in der Abgrenzung von Innen- und Außenräumen erzeugt. Der gezeichnete Aufbau der Architektur entwickelt sich von außen nach innen über einen in einfacher Linie gezogenen Graben, den vorgelagerten »streichern«, die über den in doppelter Linie gezogenen Gang erreicht werden, bis hin zu den inneren Linien der Mauern, die die »Pastey« in Längs- und Querrichtung versteifen. Die orthogonale Zeichnung veranschaulicht mit wenigen graphisch distinkten Mitteln den funktionalen Aufbau einer »Pastey«, ohne aber wichtige Informationen über die Maßstäblichkeit des Dargestellten zu liefern. Der derart diagrammatische Charakter kommt auch in den Bezeichnungen zum Tragen, sind diese doch nur auf der rechten Bildhälfte notiert und definieren somit die Einzelobjekte als pars pro toto des Blattes.

In welcher Weise aber besteht ein Konnex zwischen der Planung respektive dem Ausbau der Wittenberger Stadtbefestigung im 16. Jahrhundert und der hier in der Zeichnung visualisierten Bastion einer Festung, die wohlgemerkt ein bauliches Detail der Stadt Negroponte auf der Insel Euböa im Ägäischen Meer den Wittenberger Architekten und Ingenieuren vor Augen stellte? Die Kolonie Negroponte war einer der zentralen venezianischen Handels- und Flottenstützpunkte in der Ägäis. Im Zuge der Eroberungskriege Mehmeds II. fiel Negroponte jedoch bereits 1470 in dramatischer Weise an die Türken.[27] Die Reaktionen auf den nach kurzer Belagerung erfolgten Verlust der nahezu als uneinnehmbar geltenden Festung erschütterte nicht nur den venezianischen Stadtstaat, sondern auch die päpstliche Kurie in Rom.[28] Letztlich die Zeichnung einer nach kurzer Zeit durch die Osmanen eingenommenen venezianischen Festung – hier auch stellvertretend als ›christliches Bollwerk‹ zu lesen

---

26 Für die frühe Datierung, 1529, spricht sich SCHMITT 1997 (wie Anm. 20), S. 119 aus, der das Blatt zudem Hans Zinkeisen zuschreibt. – SENG 1993 (wie Anm. 20), S. 106 hingegen datiert das Blatt auf 1540 und schreibt die Zeichnung Konrad Krebs zu, und sieht diese als Vorbild »der damals aktuellen Befestigungsweise«, S. 214.

27 Grundlegend Johannes Koder: Negroponte. Untersuchungen zur Topographie und Siedlungsgeschichte der Insel Euboia während der Zeit der Venezianerherrschaft (= Veröffentlichungen der Kommission für die Tabula Imperii Byzantini, Bd. 1), Wien 1973, S. 61f.

28 KODER 1973 (wie Anm. 27), S. 62.

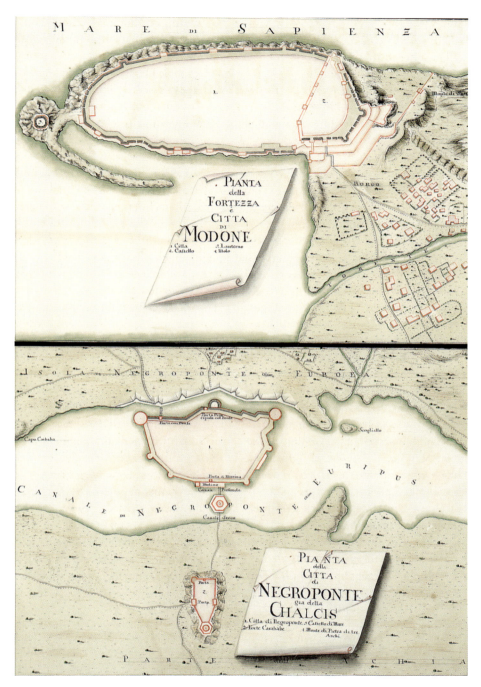

3   Johann Georg Maximilian von Fürstenhoff, Pianta della Citta di Negroponte gia della Chalcis, 1711/32, Feder in Tinte/Pinsel in Wasserfarbe auf Papier, 62,5 × 45,7 cm

– als vermeintliche vorbildhafte Wehrform zu verwenden, ist zunächst irritierend und erklärungsbedürftig.

Die Einnahme der Stadt Negroponte durch die Türken 1470 war ein viel beachtetes mediales Ereignis, das ausgehend von Italien in zahlreichen Drucken in ganz Europa bekannt gemacht wurde.[29] Auch in der populären »Türkisch Chronica« von Johannes Adelphus wird im Kapitel »Von dem gewinn der Stat Nigropont« zwar die Einnahme Negropontes durch die Türken geschildert, dies aber offenkundig nicht in Bezug zur Wehrarchitektur gesetzt, die nämlich, folgt man dem Chronisten, äußerst beeindruckend gewesen sein musste: »mit land vnd wasser wol bewaret wan sie ein gar sichere port hat an dem mör/aber gegen dem landt/was sie mit vesten und starcken mauren und thürnen vmbgebe vnd versicheret. Alos das sie vermeynt ward/ nach gemeyner haltung aller deren/die sie ye gesehen habe das man sie nicht möchte mit eigne gewalt gewinnen oder bestreyte.«[30]

Sogar noch gegen Ende des 16. Jahrhunderts scheint die Befestigung der Stadt Negroponte rezeptionswürdig gewesen zu sein. So berichtet der aus Königsberg stammende Ratsherr Heinrich Lubenau in seinem zwischen 1573–89 entstandenen Reisetagebuch ausführlich von der ihm selbst besichtigten Festungsanlage und konstatiert zu Beginn der Beschreibung: »Diese Insel ist vermahls für ein Schlussel des gantzen Grichenlandes wegen seiner Festung und Gelegenheit gehalten.«[31] Im Weiteren beschreibt Lubenau die Stadtbefestigung, in der vor allem die Erwähnung zweier »runder Pasteien« hier interessiert: »Die Stadt Chalcis ist mitt einer gewaltigen, starcken Festung umgeben. Nebenst der Brucken stehet ein gahr starcker Thurm, oben mit einem Umgangk. Am Wasser stehen zwei gewaltiger, runder Pasteien, alles mit vielem Geschütz besetzt, und auf der andern Seitten stehen auch drei Thurme und eine starcke Maur, und dieses Theil der Stadt leidt in Achaia.«[32] Die angebliche Uneinnehmbarkeit der Stadt wird zugleich mit einer Beobachtung hinsichtlich der »gewaltigen Pasteien, hohen, starcken Thurmen und doppelten Mauren« korreliert: »Es solte mancher meinen, diese Stadt und Festung sei unüberwindtlich; aber was Menschenhende gebauet, kan durch Menschenhende zurissen werden, wan Gott die Handt abzeicht. Den die beide Festungen seindt mitt solchen gewaltigen Pasteien, hohen, starcken Thurmen und doppelten Mauren also verwahret, das sich daruber hochlich zuzuwundern.«[33] Wenngleich Lubenau zwar eine Beschreibung einzelner Bauelemente der Festung liefert, die nicht nur ihn »hochlich zuverwundern«, so bleibt das hier vermittelte Wissen jedoch stark topologisch geprägt, indem Lubenau vor allem mit semantisch weiten Begriffen

---

29 Zugleich stellte die Eroberung eines der ersten historischen Ereignisse der Renaissance dar, welches unmittelbar in gedruckter Form kommuniziert wurde; siehe Margaret Meserve: News from Negroponte: Politics, Popular Opinion, and Information Exchange in the First Decade of the Italian Press, in: Renaissance Quarterly 59, 2, 2006, S. 440–480, hier S. 470.
30 Johannes Adelphus: Dje Türckisch Chronica, Straßburg, 1516, fol. 83r.
31 Wilhelm Sahm (Hg.): Reinhold Lubenau. Beschreibung der Reisen des Reinhold Lubenau, 2 Bde. (= Mitteilungen aus der Stadtbibliothek Königsberg), Königsberg i. Pr. 1912–30, S. 174.
32 SAHM (wie Anm. 31), S. 174f.
33 SAHM (wie Anm. 31), S. 175.

wie »gewaltig«, »hoch« oder »starck« operiert. In welcher Form die »gewaltigen« Ausprägungen der Bastionen konkret zu verstehen sind, geht aus der Beschreibung leider nicht hervor – Lubenau verweist diesbezüglich wohl auch bewusst auf eine nach Besichtigung der Festungsanlagen entstandene Zeichnung – »Ich gingk in die Galleen und ris die Festungen ab.«[34] –, die allerdings nicht mehr überliefert ist.[35] Was die panegyrische Chronik und auch Lubenau beschreiben[36], muss sich allerdings auf den Ausbau zur Artilleriefestung durch die Türken beziehen: Denn »[d]ie Eroberung 1470 überrannt ein Befestigungswerk, das grundsätzlich der Zeit um 1300 entstammt und das nur nach und nach zusätzliche Verstärkungen gegen Artilleriebeschuss und zur Aufstellung von Kanonen geeignete Bastionen erhalten hatte.«[37]

Visualisieren II. Zeichnerisches Wissen

Wie allerdings die Zeichnung der von den Zeitgenossen des 16. Jahrhunderts panegyrisch beschriebenen Festung in der Ägäis nach Wittenberg kam, ließ sich bisher nicht klären. Genau so wenig lässt sich ihre Entstehung verifizieren. Handelt es sich um eine Zeichnung, die tatsächlich vor Ort entstanden ist, eine Zeichnungskopie oder eine zeichnerische Invention? Ausschließen lässt sich eine druckgraphische Vorlage, sind doch die bekannten Darstellungen Negropontes des 16. Jahrhunderts stets topo- und chorographischer Natur.[38] Auch spätere Grundrisse der Festung in Atlanten erschweren die eindeutige Zuordnung, insofern es formal keine Übereinstimmungen hinsichtlich der dargestellten »Pastey« gibt. (Abb. 3)

Auffällig ist auch die Differenz der von Lubenau beschriebenen runden Rondelle und der visualisierten Amalgamierung dreier Rondelle zu einer Bastion. Die in der Zeichnung dargestellten regelmäßigen Bewehrungen der Außenmauer um den »gang« und der »streicher« könnten zudem auf palisadenartige Pfähle hinweisen. Überhaupt scheint es sich bei der dargestellten Fortifikationsarchitektur um eine gemischte Bauweise aus Stein und Holz zu handeln. Somit ließe sich auch die achsensymmetrisch verlaufende Mauer im Inneren mit den quer liegenden Versteifungen im vorderen wie hinteren Bereich erklären. In einem äußeren Graben sind alternierend Paare von Dreiviertelkreis und trapezförmigen Rondellen (hier als »streicher« bezeichnet) situiert, die über Eingänge des inneren Gangs erschlossen sind. Aktive Verteidigungsfunktionen kommen somit den einzelnen Rondellen zu, die – so zeigt es die linke und rechte Brücke mit Zugang zum Vorfeld an – nicht ebenerdig sind. (Vgl. Abb. 2) Die hier zu

---

34 SAHM (wie Anm. 31), S. 176.
35 SAHM (wie Anm. 31), S. IV.
36 Zur Problematik der Architekturbeschreibung: Arwed Arnulf: Mittelalterliche Architektur im Blick zeitgenössischer Betrachter. Literarische Funktion und kunsthistorischer Quellenwert mittelalterlicher Architekturbeschreibungen, in: Stefan Schweizer, Arwed Arnulf (Hg.): Bauen als Kunst und historische Praxis Bd. 1 (= Göttinger Gespräche zur Geschichtswissenschaft, Bd. 26), Göttingen 2006, S. 86–122.
37 KODER 1973 (wie Anm. 27), S. 74.
38 Vgl. etwa die Landkarte der »Isola Del Negroponte« von 1571 unter *http://diglib.hab.de/?grafik=7-3-geogr-00015* (letzte Sichtung 25.6.2012).

beobachtende Bauweise deutet auf die Baupraxis und das typische Formenrepertoire türkischer Fortifikationen des 15. Jahrhunderts hin, die oftmals in Kombination von Stein, Ziegel und Palisaden errichtet wurden.[39] Dennoch darf nicht übersehen werden, dass die türkischen Architekten und Ingenieure auch die Formen italienischer Bastionen aufgriffen, wie es vor allem für Festungsanlagen in Ungarn diskutiert wird.[40] Auch die Zeichnung von Negroponte scheint ein derartiger Hybrid zu sein, der zwei Formsysteme in sich integriert. Basiert doch die Grundstruktur auf einem großen Rondell[41], das von zwei seitlichen und zurückgezogenen Rondellen flankiert wird, die über eine vor- und zurückspringenden Kurtine verbunden sind. Damit ist, rein strukturell gedacht, das Prinzip einer Bastion aufgegriffen, und selbst trotz des Verzichts auf einen symmetrischen Aufbau kann die »Pastey« grundlegend bestrichen werden – sofern für die »streicher« Geschütze vorgesehen waren.

Das Blatt liefert uns selbst aber noch weitere Erkenntnisse, dokumentieren die darauf befindlichen Bezeichnungen doch zwei Bezugsebenen.[42] Einerseits wird auf dem Recto ein Urheber der Zeichnung genannt, ein nicht näher bestimmter »Italiener«[43] sowie die faktische Aussage getroffen, dass die »Pastey […] zu Nigropont gebawet« sei. Demnach habe ein Italiener eine Bastion visualisiert, ob nach eigenem Augenschein oder als Kopie, bleibt offen. Zumindest hat der kurze Text eine beglaubigende Funktion, indem Urheber, Zeichenverfahren, Objektklassifizierung und Verortung verifiziert werden. Die Zeichnung bietet uns folglich sehr hohe Realitätseffekte. Der kurze Titel der Zeichnung könnte aber auch anders zu interpretieren sein, insofern die dargestellte »Pastey« nach Manier des Italieners (des italienischen Festungssystem) gezeichnet und zugleich in Negropont gebaut sei: »Die Pastey[,] durch den Italiener nach gerissen[,] zu Nigropont gebawet«. Ergo zeige das Blatt eine Festungsarchitektur, wie sie die Italiener selbst gezeichnet haben würden. Auf dem Verso erfolgt eine erneute topographische Verortung und Klassifizierung des Objekts: »abriß einer Castry zu Negreon«. Maßgeblich in der Bezeichnung des Recto wird jedoch deutlich, dass hier Angaben zu dem dargestellten Objekt gemacht werden und die Zeichnung als zu klassifizierender Gegenstand mit Metainformationen versehen ist. Des Weiteren

---

39 Mark L. Stein: Guarding the Frontier. Ottoman Border Forts and Garrisons in Europe, London/New York 2007, S. 48–49.
40 Gyöngyi Kovács: Ottoman Military Architecture in Hungary, in: Dávid Géza, Ibolya Gerelyes (Hg.): Thirteenth International Congress of Turkish Art. Proceedings, Budapest 2009, S. 375–392. – Zum archäologischen Befund einer mit Palisaden bewehrten Bastion um 1595 in Ungarn Attila Gaál: Turkish Palisades on the Tolna-county Stretch of the Buda-to-Eszék Road, in: Ibolya Gerelyes, Gyöngyi Kovács (Hg.): Archaeology of the Ottoman Period in Hungary. Papers of the conference held at the Hungarian National Museum, Budapest 2003, S. 105–108.
41 Eine genaue Klärung für den Fall Negroponte wird nicht möglich sein. Die Quellen lassen jedoch eine Lesart der venezianischen Festung mittels Rondellen als plausibel erscheinen, die ebenso in der Zeichnung die Grundstruktur bilden: ein großes Rondell, das von zwei seitlichen Rondellen flankiert wird. Vgl. grundlegend KODER 1973 (wie Anm. 27).
42 Sascha Winter (Jena) sei für seine zahlreichen kritischen Anmerkungen hierzu herzlich gedankt.
43 Ein italienischer Architekt oder Ingenieur lässt sich für die Zeit bis 1539 in den Amtsrechnungen vorerst nicht in Wittenberg nachweisen. Für diese Auskunft von Frau Anke Neugebauer (Halle) danke ich herzlich.

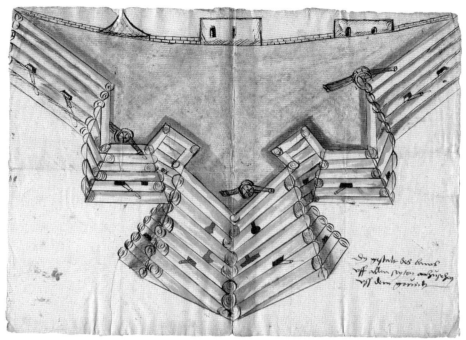

4   Unbekannter Zeichner, Perspektivische Darstellung eines Blockhauses mit Geschützen, erste Hälfte 16. Jahrhundert, Feder in Tinte/Pinsel in Wasserfarbe auf Papier, 32,5 × 43 cm

finden sich auf der Zeichnung Angaben zu den Mauern und Streichwehren, auch diese sind in deutscher und nicht italienischer Sprache verfasst. Die Termini exemplifizieren die wehrtechnischen Aspekte der Bastion und konkretisieren so deren apparativen und funktionalen Charakter.

Aufschlussreich ist in diesem Kontext die in einer anderen Akte überlieferte Zeichnung eines Blockhauses, das mit den zurückgezogenen Flanken auffällige typologisch-strukturelle Bezüge zu Negroponte aufweist. (Abb. 4) Zudem stimmt nicht nur die Handschrift der Betextung des Blockhauses mit derjenigen auf dem Blatt zu Negroponte überein, sondern auf seiner Rückseite befindet sich zudem ein als Federzeichnung längsrechteckig angelegter Grundriss einer Festungsanlage. Dieser zeigt weiterhin in der motivischen Verwendung der Rondelle sowie analogen Bezeichnung derselben als »streiche[r]« deutliche Bezüge zu der gezeichneten Bastion zu Negroponte. (Abb. 5) In der Zusammenschau mit den beiden typologisch äußerst differenten Zeichnungen lässt sich folglich ein entwerferischer Spielraum ausmachen, in dem bestimmte apparative Formelemente von Wehrarchitekturen, ausgehend der Zeichnung von Negroponte, verhandelt und zeichnerisch erprobt wurden.

Die Zeichnung von Negroponte lässt sich, dies sollte deutlich geworden sein, vorerst nicht für die konkrete Verwendung als Vorlage für die Planung der *tatsächlichen* Wittenberger Stadtbefestigung bestimmen. Gleichfalls ist denkbar, dass es sich um

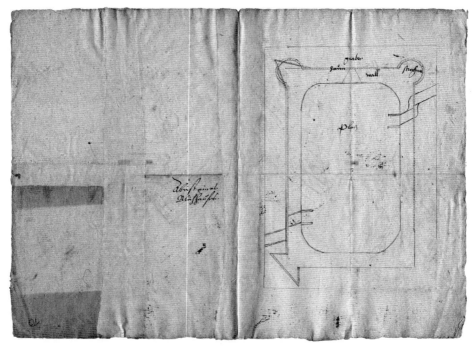

5 Unbekannter Zeichner, Grundriss einer Festungsanlage, erste Hälfte 16. Jahrhundert, Feder in Tinte, 32,5 × 21,9 cm

ein Objekt der Anschauung, das Wissen über fremde Festungsmanieren verfügbar macht, handelt. Folglich scheint hier die Zeichnung als Medium eines Formexperiments zu fungieren, die zwar mögliche und tatsächliche Planungen begleiten kann, nicht aber zwangsläufig als konkreter Entwurf zu gelten hat. Besonders deutlich wird dies im Vergleich mit einer Zeichnung der Akte, die explizit als zugehörig zu den Wittenberger Planungen auszumachen ist. Das möglicherweise Hans Zinkeisen zuzuschreibende Blatt von 1529 visualisiert in Aufsicht und Schnitt einen geplanten Abschnitt der Wittenberger Stadtbefestigung und ist mit »den baus zu witenbergk belanged« sowie »Ein Stuck der fisierung der Wittenberg batere[.] 2« bezeichnet.[44] (Abb. 6) Die in ihrer Lesbarkeit durch die Korrelation von Aufsicht und Querschnitt didaktisch aufbereitete Darstellung stellt die geplante städtische Befestigung bis hin zum bestreichenden Glacis – hier die Leerfläche des Zeichenpapiers – deutlich vor Augen. Ein formaler Zusammenhang – außer dass es sich um Fortifikationen handelt – zu den vorherigen Zeichnungen ist allerdings nicht gegeben. Gleiches gilt für zwei weitere in einer anderen Akte überlieferte Zeichnungen des tatsächlich gebauten nördlichen Rondells der Wittenberger Stadtbefestigung von 1529.[45]

---

44 Zuschreibung und Datierung nach SCHMITT 1997 (wie Anm. 20), S. 119; SENG 2003 (wie Anm. 20), S. 107 schreibt das Blatt Cuntz Krebs zu und datiert dieses auf 1540.

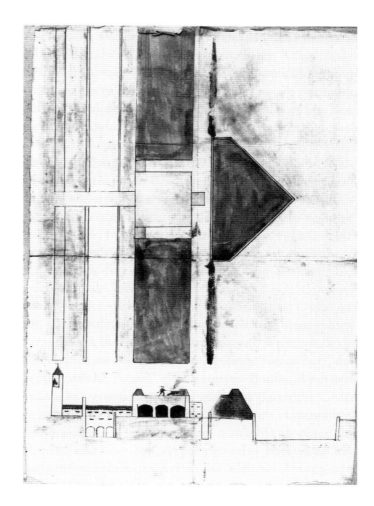

6 Unbekannter Zeichner, Aufsicht und Durchschnitt der geplanten Wittenberger Stadtbefestigung, erste Hälfte 16. Jahrhundert, Feder in Tinte/Pinsel in Wasserfarbe auf Papier, 33 × 40,7 cm

Wenn die Zeichnung der Bastion von Negroponte demzufolge wenige Realitätseffekte in Bezug zu Wittenberg aufweist, so doch offenkundig umso mehr solche, die in Bezug zu Negroponte selbst stehen oder einem zeichnerisch vermittelten Konzept einer solchen osmanisch-italienischen Wehrarchitektur. Die einerseits sich selbst eindeutig verortende Darstellung ist zugleich höchst unergiebig hinsichtlich ihrer tatsächlichen Funktion in Wittenberg. Der hier vollzogene Blick auf die Zeichnung als Wissensobjekt und als Gegenstand einer Historia, macht deutlich, dass Linien-

---

45 Vgl. hierzu auch den Stadtplan von Wittenberg von 1623, wo das Rondell ebenso verzeichnet ist. Der Plan zeigt im Wesentlichen den Zustand nach dem Umbau der Festungswerke von 1547; siehe Elgin von Gaisberg: Die Stadt als Quelle: Bildliche Überlieferung und baulicher Bestand, in: Das ernestinische Wittenberg. Universität und Stadt 1486–1547 (= Wittenberger-Forschungen, Bd. 1), Petersberg 2011, S. 30–48, hier S. 39.

züge immer auch verschiedene Ausprägungen von Realitätseffekten beinhalten. Erst in der Verhandlung solcher Differenzen, wird die Zeichnung wortwörtlich greifbarer und (er)öffnet den Blick für weitergehende Fragen, etwa der nach Transferprozessen osmanischer und westlicher Festungssysteme. Abschließend bleibt die Frage nach der konkreten Funktion der Zeichnung, für dessen Urheber wie dessen Akteure, sofern dies aus den medialen Bezügen der Darstellung ableitbar ist. Folgende Aspekte erscheinen mir hier relevant: Das Blatt (I.) stellt eine fremde und nicht streng nach westlichen Manieren verfahrende Fortifikationspraxis vor Augen und ist somit ein Objekt des Wissenstransfers. Die Zeichnung ist weiterhin (II.) unmittelbar im Diskurs der Türkengefahr und der hierauf beruhenden Befestigung, nicht nur der ernestinischen Territorien, diskursiv zu verorten. Und letztlich hat diese Darstellung (III.) sogar einen operativen Charakter, insofern eine funktionale Einheit einer »Pastey« in dem »abriß einer Castry zu Negreon« explizit anschaulich und so in wehrtechnologischer Weise verhandelbar gemacht wird. Gerade die weiterführende Rezeption der militärtechnischen Details auf weiteren Zeichenblättern hebt diesen Aspekt hervor. Die zu Beginn entfaltete Annäherung an eine Methodik der Architekturzeichnungsforschung sollte hierbei deutlich machen, dass das Wissen der Zeichnung und ihrer Darstellungstechniken nicht allein in übergreifenden Konzepten von Realitätseffekten noch in der Scheidung von Zeichnungstypen zu finden ist, sondern in der Verbindung von Autopsie und Bildlichkeit.

Bildnachweis

1, 6 aus: SENG 2003 (wie Anm. 20), S. 215, 107. – 2: Weimar, Thüringisches Hauptstaatsarchiv, ThHStAW, Ernestinisches Gesamtarchiv, Reg. S fol. 46a Nr. 1 Bl. 1. – 3: Sächsische Landes-Staats- und Universitätsbibliothek Dresden (SLUB), Deutsche Fotothek, Mscr.Dresd.R.30.m, II, Bl. 78. – 4, 5: Weimar, Thüringisches Hauptstaatsarchiv, ThHStAW, Ernestinisches Gesamtarchiv, Reg. S fol. 352a Nr. XIV 1 Bl. 10v, 10r.

Baumeister von Adel

Ulrich Pesnitzer und Hans Jakob von Ettlingen als Vertreter einer neuartigen Berufskonstellation im späten 15. Jahrhundert[1]

Stephan Hoppe

In jüngster Zeit haben die Berufsbilder, Arbeitsbedingungen und sozialen Kontexte von Baumeistern, Werkmeistern und Architekten an der Wende von Mittelalter zu früher Neuzeit vertiefte Aufmerksamkeit erfahren. Es ist vor allem Bruno Klein und Stefan Bürger zu verdanken, dass das Thema 2007 in einer großen Meißener Tagung aus vielerlei Blickwinkeln beleuchtet werden konnte.[2] Zu den Ergebnissen der Zusammenkunft gehört auch eine ausgearbeitete Systematik und Nomenklatur der verschiedenen Tätigkeitsfelder im mitteleuropäischen Bauwesen – darunter auch der Vorschlag einer strengeren terminologischen Scheidung zwischen dem entwerfenden, handwerklich ausgebildeten Werkmeister und dem verwaltenden Baumeister, als sie bisher üblich ist.[3] Ebenso wurde die Aufmerksamkeit (wieder einmal) auf das lange Nachwirken von mittelalterlichen Ausbildungsgängen und Arbeitsverhältnissen im Kulturraum nördlich der Alpen gelenkt. Bis weit in die Neuzeit hinein war es nämlich der steinmetzmäßig bzw. handwerklich ausgebildete Werkmeister, der in Mitteleuropa die Mehrzahl der Bauentwürfe lieferte und auf diese Weise das Bild der Architektur noch in der Renaissanceepoche wesentlich (mit-)bestimmte. Immerhin wurde sein Zuständigkeitsbereich und Wirkungsradius in bestimmten Fällen seit dem späten 15. Jahrhundert deutlich erweitert durch das neuartige, übergeordnete Amt eines fürstlichen Landeswerkmeisters oder Landesbaumeisters.[4]

---

[1] Der Verfasser dankt herzlich Esther Münzberg (München) für die Unterstützung in der familiengeschichtlichen Forschung Pesnitzer und die notwendigen Übersetzungsarbeiten aus dem slawischen Sprachraum. Ebenso soll den Kollegen Julian Jachmann (Köln), Stefan Bürger (Dresden), Merlijn Hurx (Utrecht), Klaus Endemann (München) und Thomas Kühtreiber (Krems a.d. Donau) für Durchsicht des Manuskriptes und wichtige Erläuterungen herzlich gedankt werden.

[2] Die Akten der Tagung wurden in zwei Bänden veröffentlicht: Stefan Bürger, Bruno Klein (Hg.): Werkmeister der Spätgotik. Position und Rolle der Architekten im Bauwesen des 14. bis 16. Jahrhunderts, Darmstadt 2009 und Stefan Bürger, Bruno Klein (Hg.): Werkmeister der Spätgotik. Personen, Amt und Image, Darmstadt 2010.

[3] Bruno Klein, Einleitung: Werkmeister oder Architekten? Ein Problem kunsthistorischer Paradigmen, in: Bürger/Klein 2009 (wie Anm. 2), S. 13–17. – Stefan Bürger: Werkmeister. Ein methodisches Problem der Spätgotikforschung, in: Bürger/Klein 2009 (wie Anm. 2), S. 18–36.

[4] An einem Beispiel dargestellt: Stefan Bürger: Das wettinische Landeswerkmeisteramt. Sonderweg und Potential des obersächsischen Bauwesens um 1500, in: Bürger/Klein 2009 (wie Anm. 2), S. 59–65. Das 1431 installierte zentrale Landesbauamt der Herzöge von Burgund ist zurzeit Gegenstand der Forschungen von Merlijn Hurx (Universität Utrecht). Vgl. Merlijn Hurx: Architect en aannemer. De opkomst van de bouwmarkt in de Nederlanden 1350–1530, Nijmegen 2012, hier S. 20–21 und dessen Vortrag »Keeping in Control: The Building Administration of Northern European Courts in the 15th and 16th Centuries« auf der Tagung des PALATIUM-Netzwerkes

Solche Details sind dazu geeignet, allzu idealistische bzw. zu sehr an den doch recht andersartigen Verhältnissen der Renaissance in Italien orientierte Vorstellungen von einem nur dem freien Schöpfertum verantwortlichen Künstlerarchitekten auf den Boden der Tatsachen zurückzuholen und bezüglich der deutschen Renaissancearchitektur das alte Modell eines revolutionären und antagonistischen Übergangs von Spätgotik zu Renaissance durch eher evolutionäre und polyvalente Konzepte zu ersetzen.⁵ Hier konnte die Tagung an engagierte, ebenso noch aktuelle Positionierungen von Arnold Bartetzky anschließen.⁶

Das neue Amt des fürstlichen Landesbaumeisters

Eine solche Revision liebgewonnener Vorstellungen vom Verhältnis von Spätgotik und Renaissance beinhaltet allerdings auch, nach Phänomenen Ausschau zu halten, die in einem noch weitgehend mittelalterlich strukturierten Umfeld bereits auf Neuerungen hinweisen, die nach den älteren Modellen traditionell als erst der frühen Neuzeit zugehörig angesehen werden.⁷ Dies betrifft auch die soziale Herkunft und die jeweils konkreten Kompetenzen jener Baufachleute, die im 15. Jahrhundert

---

»Beyond Scylla and Charybdis« 2012 in Kopenhagen (*http://www.courtresidences.eu/index.php/events/workshops-and-colloquia/copenhagen-colloquium-beyond-scylla-and-charybdis/*, besucht am 18.8.2012). Die Rolle des burgundischen Amtes sollte vermutlich in Zukunft intensiver auf mögliche Vorbildfunktionen für die deutschen Entwicklungen im letzten Drittel des 15. Jahrhunderts untersucht werden.

5 Vgl. Michael Lingohr: Architectus – Überlegungen zu einem vor- und frühneuzeitlichen Berufsbild, in: Architectura 35, 2005, 1, S. 47–68. – Michael Lingohr: Architectus – virtus-Begriff der frühen Neuzeit?, in: Joachim Poeschke, Thomas Weigel, Britta Kusch-Arnhold: Die Virtus des Künstlers in der italienischen Renaissance, Münster 2006, S. 13–30. – Michael Lingohr: Architectus – Überlegungen zu einem vor- und frühneuzeitlichen Berufsbild, in: Ralph Johannes (Hg.): Entwerfen. Architektenausbildung in Europa von Vitruv bis Mitte des 20. Jahrhunderts. Geschichte – Theorie – Praxis, Hamburg 2009, S. 46–66.

6 Arnold Bartetzky (Hg.): Die Baumeister der »deutschen Renaissance«. Ein Mythos der Kunstgeschichte?, Beucha 2004.

7 Unter einer solchen Stoßrichtung wird im allgemeinen versucht, den Renaissancebegriff auch für bestimmte nordalpine Phänomene des 15. Jahrhunderts in Anspruch zu nehmen, die traditionell eher unter dem Begriff Spätgotik adressiert werden. Als Beispiele für diese Forschungsposition seien hier herausgegriffen: Marina Belozerskaya: Rethinking the Renaissance. Burgundian arts across Europe, Cambridge (MA) 2002. – Jeffrey Chipps Smith: The Northern Renaissance, London 2004. – Norbert Nußbaum, Claudia Euskirchen, Stephan Hoppe (Hg.): Wege zur Renaissance. Beobachtungen zu den Anfängen neuzeitlicher Kunstauffassung im Rheinland und den Nachbargebieten um 1500, Köln 2003. – Monique Chatenet (Hg.) : Le Gothique de la Renaissance. Actes des quatrième Rencontres d'architecture européenne, Paris, 12–16 juin 2007, Paris 2011.
Andere Forschungen betonen – terminologisch neutraler – den gegenseitigen ideellen wie materiellen Austausch zwischen nordalpiner und südalpiner Kunst im 15. und 16. Jahrhundert und korrigieren auf diese Weise das alte epidemistische Modell (Konrad Ottenheym) einer sich einseitig nordwärts vorarbeitenden Renaissance: Michael Rohlmann: Auftragskunst und Sammlerbild. Altniederländische Tafelmalerei im Florenz des Quattrocento, Alfter 1994. – Circa 1500. Leonhard und Paola, ein ungleiches Paar. De ludo globi. Vom Spiel der Welt. An der Grenze des Reiches. Ausst.-Kat., Genf/Mailand 2000. – Bernard Aikema, Beverly Louise Brown (Hg.): Renaissance Venice and the north. Crosscurrents in the time of Bellini, Dürer and Titian, Mailand 1999.

1 Meißen, Albrechtsburg, ab 1470 von Arnold von Westfalen als kursächsische Residenz erbaut

die Funktionen der neuen landesherrlichen Bauämter ausfüllten. Der bekannteste Vertreter in dieser Position in Deutschland ist Meister Arnold von Westfalen (etwa 1430–80/81), dessen 1471 dokumentierter Aufstieg zum kursächsischen Landeswerkmeister (»buwemeister«) nach dem Zeugnis seiner kunstvollen Bauten in Meißen (Abb. 1) und anderswo sowie auch nach den schriftlichen Zeugnissen auf der Basis einer hüttenmäßigen Steinmetzausbildung stattgefunden haben muss.[8] Stefan Bürger hat diese jüngst überzeugend in der Wiener Bauhütte oder in ihrem engsten Umkreis lokalisiert.[9]

Leider ist es bislang nicht gleichermaßen überzeugend gelungen, Arnolds familiären und damit sozialen Hintergrund zu klären. Auffällig ist aber, dass es ihm gelang, mit

---

8 Ernst-Heinz Lemper: Arnold von Westfalen. Berufs- und Lebensbild eines deutschen Werkmeisters der Spätgotik, in: Hans-Joachim Mrusek (Hg.): Die Albrechtsburg zu Meißen, Leipzig 1972, S. 41–55 (zur Anstellung von 1471 dort S. 42). Arnold wird in den Quellen u.a. explizit Steinmetz genannt und durfte Lehrlinge ausbilden.
9 Stefan Bürger: Eine neue Idee zur Herkunft des Landeswerkmeisters Arnold von Westfalen, in: Schlossbau der Spätgotik in Mitteldeutschland. Tagungsband, Dresden 2007, S. 43–52. – Stefan Bürger: Innovation als Indiz – Œuvre und Ära der Amtszeit Arnold von Westfalens (1461/71–81), in: BÜRGER/KLEIN 2010 (wie Anm. 2), S. 171–192. Hier wären allerdings zukünftig die grundlegend neuen Überlegungen von Hans Josef Böker zur Rolle von Laurenz Spenning zu berücksichtigen: Hans Josef Böker: Architektur der Gotik. Bestandskatalog der weltgrössten Sammlung an gotischen Baurissen (Legat Franz Jäger) im Kupferstichkabinett der Akademie der bildenden Künste Wien; mit einem Anhang über die mittelalterlichen Bauzeichnungen im Wien Museum Karlsplatz, Salzburg [u.a.] 2005. – Hans Josef Böker: Laurenz Spenning und die Entwicklung des Architektenberufs im späten Mittelalter, in: BÜRGER/KLEIN 2010 (wie Anm. 2), S. 162–170.

Margarethe Rülcke[10] eine Angehörige des niederen Adels der Region zu heiraten, ein Vorgang, der im Kontext von Arnolds zeitgenössischen Werkmeisterkollegen – soweit wir sehen können – recht einzigartig dasteht.[11] 1479 erwarb Arnold als neuer kursächsischer Landeswerkmeister zudem für seine Frau das Rittergut Langenau südlich von Freiberg aus dem Besitz seiner Rülckischen Schwäger.[12]

Es ist bekannt, dass die späteren Abschließungstendenzen des Adels gegenüber bürgerlichen Schichten im 15. Jahrhundert noch weniger ausgeprägt waren; trotzdem unterschritten die hybriden Konnubien des (niederen) Adels damals kaum jemals eine soziale Höhe, die man heute teilweise in Ersetzung oder Ergänzung des älteren Patriziatsbegriffs als Ehrbarkeit oder Stadtadel bezeichnet.[13] Die Ausübung höherrangiger Handwerke, wie sie das leitende Steinmetzhandwerk darstellen konnte, war hier nicht ausgeschlossen, stellte aber eine Ausnahme dar. Vielleicht sollte deshalb vor dem Hintergrund der adeligen Heiratsverbindungen Meister Arnolds der Vorschlag Ernst-Heinz Lempers doch noch einmal aufgegriffen werden, Arnold von Westfalen der Leipziger Ratsfamilie Westfal zuzuordnen, aus der beispielsweise ein Heinrich

---

10   LEMPER 1972 (wie Anm. 8), S. 44. Margarethe Rülcke war eine nahe Verwandte (vielleicht Tochter) des etwa 1449–70 amtierenden Meißner Amtmanns (Vogts) Franz Rülcke. Die Rülcke sind als adelige Familie in der Mark Meißen seit dem 13. Jahrhundert nachweisbar; ihre Angehörigen besaßen Landgüter und zählten sich im 15. Jahrhundert auch zum Freiberger Patriziat (sogenannte Geschlechter). Die Rülcke wurden im 16. Jahrhundert von Petrus Albinus in seiner Bergchronik unter jene adeligen Familien gezählt, die wie z.B. auch die von Schönberg erst durch den Freiberger Erzbergbau zu Reichtum gekommen waren. Die Adelsqualität der Schwäger Meister Arnolds ist damit nicht ganz leicht zu klassifizieren (Petrus Albinus, Meißnische Land- u. Berg-Chronica, 2 Bde., Dresden 1590, hier Bd. 2, S. 13. Gustav Bursian: Die Freiberger Geschlechter, in: Mitteilungen des Freiberger Altertumsvereins, Heft 2, 1863, S. 69–105, für die Rülcke s. hier Nr. 43; s. auch die Ergänzung: E. Herzog: Zur Geschichte der Freiberger Geschlechter, in: Mitteilungen des Freiberger Altertumsvereins, Heft 3, 1864, S. 161–170. – Vgl. auch: Richard Dietrich: Untersuchungen zum Frühkapitalismus im mitteldeutschen Erzbergbau und Metallhandel, Hildesheim/Zürich/New York 1991, hier S. 104, Anm. 150.
11   Siehe hier grundsätzlich: Martin Warnke: Hofkünstler. Zur Vorgeschichte des modernen Künstlers, Köln 1996. – In den Niederlanden sind vermutlich die Hofarchitekten Rombout II. Keldermans (um 1460–1531) und Lodewijk van Boghem (Beughem) (etwa 1470–1540) geadelt worden. Der erste wurde »Joncker« auf seinem heute verlorenen Grabstein in Antwerpen tituliert. Bezüglich Van Boghem ist die Sachlage unklarer, aber er benutzte ein Wappen in seinem Stundenbuch (heute in Brügge) und erwarb eventuell ein Schloss außerhalb von Brüssel. Sein Sohn François trug mit Sicherheit einen Adelstitel (Markus Hörsch: Architektur unter Margarethe von Österreich, Regentin der Niederlande [1507–1530]. Eine bau- und architekturgeschichtliche Studie zum Grabkloster St.-Nicolas-de-Tolentin in Brou bei Bourg-en-Bresse, Brüssel, Berlin 1994, S. 133–134. – Merlijn Hurx: Architect en aannemer. De opkomst van de bouwmarkt in de Nederlanden [1350–1530], Nijmegen 2012, hier S. 300). Der Verfasser dankt herzlich Merlijn Hurx für die Hinweise auf die niederländischen Architekten.
12   LEMPER 1972 (wie Anm. 8), S. 43. Für das Rittergut hatte er 720 Gulden zu bezahlen. Meister Arnold erwarb es von seinen Schwägern Balthasar und Hans Rülcke.
13   Die Terminologie ist in diesem Bereich weiterhin uneinheitlich. Siehe zu dem Phänomen beispielsweise: Hellmuth Rössler (Hg.): Deutsches Patriziat 1430–1740, Limburg a.d.L. 1968. – Kurt Andermann (Hg.): Zwischen Nicht-Adel und Adel, Stuttgart 2001. – Gabriele Haug-Moritz: Die württembergische Ehrbarkeit. Annäherungen an eine bürgerliche Machtelite der Frühen Neuzeit, Ostfildern 2009. – Michael Hecht: Patriziatsbildung als kommunikativer Prozess. Die Salzstädte Lüneburg, Halle und Werl in Spätmittelalter und Früher Neuzeit, Köln 2010.

Westfal 1434 und 1435 erwähnt wird.[14] Der Name Westfal und seine Varianten sind allerdings im 15. Jahrhundert in Mitteldeutschland recht verbreitet und zudem schlecht erforscht, so dass voreilige Schlüsse vermieden werden sollten.

Im Rahmen der fürstlichen Architektur erscheint der (mutmaßliche) soziale Aufstieg des Arnold von Westfalen jedenfalls wie ein Ausblick auf spätere Verhältnisse, als es nicht ungewöhnlich war, dass auch Adelige einer gehobenen entwerfenden Tätigkeit im Bauwesen nachgehen konnten. Seit dem 16. Jahrhundert würde man diese Berufsbilder als Architekt und Ingenieur bezeichnen; Grundlage war neben der allgemeinen Verwissenschaftlichung des Bauwesens die persönliche Beherrschung des Zeichnens, der Mathematik, des Militärwesens und oft sogar eine Affinität zum gedruckten Buch.[15] Im deutschsprachigen Raum stehen für diese renaissancezeitliche Entwicklung beispielhaft die Festungsprojekte und gedruckten Traktate von Graf Reinhard von Solms (1491–1562)[16] oder die Bauentwürfe von Graf Rochus zu Lynar (Rocco Guerrini Conte di Linari) (1525–96).[17] Bei beiden Architekturexperten scheint es sich dabei um typische Renaissancekarrieren zu handeln, die scheinbar in grundsätzlichem Gegensatz zu den mittelalterlichen Verhältnissen stehen, wo der dem bürgerlichen Handwerkerstand angehörende Werkmeister in der Regel die baulichen Entwürfe zu liefern hatte.

Quereinsteiger ins Baufach

Als die eigentlichen Ausgangspunkte des architektonischen Wirkens solcher adeligen Bauexperten neuen Typs lassen sich im Allgemeinen die Reorganisation der fürstlichen Landesverteidigung und im Speziellen die Fortifikationsarchitektur identifizieren. Mit dem Einsatz der Feuerwaffen sah sich der Wehrbau neuen Bedingungen ausgesetzt, die neues Wissen um Taktik, Mathematik und Artillerie erforderten.[18]

---

14 Lemper 1972 (wie Anm. 8), S. 52.
15 Grundlegend: Ulrich Schütte (Hg.): Architekt und Ingenieur. Baumeister in Krieg und Frieden, Ausst.-Kat., Wolfenbüttel 1984. Zum Verhältnis von Buchdruck und Architektur in der frühen Neuzeit siehe: Mario Carpo: Architecture in the age of printing, Cambridge, Mass. [u.a.] 2001.
16 Reinhard Graf zu Solms: Herr zu Münzenberg (1491–1562). Dokumentation in der Harder-Bastei Ingolstadt 7. Februar–7. März 1992, Ingolstadt 1992. – Oliver Karnau: Reinhard Graf zu Solms, in: Hubertus Günther (Hg.): Deutsche Architekturtheorie zwischen Gotik und Renaissance, Darmstadt 1988, S. 194–205. – Friedrich Uhlhorn: Reinhard Graf zu Solms, Herr zu Münzenberg. 1491–1562, Marburg 1952.
17 Markus A. Castor: Rocco di Linar und die Mathematica Militaris der Dresdner Fortifikation. Städteplanung von der Bild- zur Raumordnung, in: Barbara Marx (Hg.): Elbflorenz. Italienische Präsenz in Dresden 16.–19. Jahrhundert, Dresden 2000, S. 101–134. – Daniel Burger: Die Landesfestungen der Hohenzollern in Franken und Brandenburg im Zeitalter der Renaissance, München 2000. – Thomas Biller: Der »Lynarplan« und die Entstehung der Zitadelle Spandau im 16. Jahrhundert (= Historische Grundrisse, Pläne und Ansichten von Spandau 3), Berlin 1981.
18 Bettina Marten, Ulrich Reinisch, Michael Korey (Hg.): Festungsbau. Geometrie, Technologie, Sublimierung, Berlin 2012. – Hartwig Neumann: Festungsbaukunst und Festungsbautechnik. Deutsche Wehrbauarchitektur vom XV.–XX. Jahrhundert; mit einer Bibliographie deutschsprachiger Publikationen über Festungsforschung und Festungsnutzung 1945–1987, Koblenz 1988 Hartwig Christopher Duffy: Siege warfare. The fortress in the early modern world 1494–1660, London 1997.

So hatte Rochus zu Lynar beispielsweise zunächst 1552 die Verteidigung von Metz geleitet, an der Schlacht von Saint-Quentin teilgenommen und als französischer Hauptmann eine Mannschaft Arkebusiere befehligt, bevor er später Umbauten und Neubauprojekte für die Festungen in Dresden, Spandau und Peitz entwarf.[19] Reinhard zu Solms hatte 1534 an dem Feldzug und der Belagerung gegen die Täufer zu Münster teilgenommen, bevor er ab 1539 die bayerische Landesfestung Ingolstadt baulich modernisierte.[20] 1544 leitete er als kaiserlicher Offizier die Mineursarbeiten vor St. Dizier an der Marne.

Allerdings hatten sich die neuen, aus dem technologischen Fortschritt der Feuerwaffen resultierenden Herausforderungen an die Wehrarchitektur bereits deutlich im 15. Jahrhundert abgezeichnet. In Mitteleuropa spielten zunächst ab 1419 die mit intensivem Einsatz von Feuerwaffen geführten Hussitenkriege und später dann die sogenannten Burgunderkriege Karls des Kühnen (1474–77) eine wichtige Rolle als Katalysatoren für bauliche Reaktionen.[21] Unter einem technischen Blickwinkel scheint vor allem die Einführung von längeren Kanonenrohren zum Verschuss von eisernen Kugeln im letzten Drittel des 15. Jahrhunderts architektonische Gegenmaßnahmen herausgefordert zu haben. Es ist deshalb nicht völlig überraschend – wenn auch bislang weitgehend unbeachtet geblieben –, dass sich die Konstellation des adeligen und somit qua Geburt dem Kriegshandwerk nahestehenden Baufachmanns in diesem Aufgabengebiet bereits im späten 15. Jahrhundert abzeichnet.

Im Folgenden sollen mit dem herzoglich bayerischen Hofbaumeister Ulrich Pesnitzer und dem landgräflich hessischen Hofbaumeister Hans Jakob von Ettlingen zwei zurzeit noch weniger bekannte Kollegen des Arnold von Westfalen in ihren neu geschaffenen Ämtern des obersten landesherrlichen Bauexperten vorgestellt werden. Sie verfügten über Arnolds landesweiten Wirkungsbereich und glichen ihm so in der auszufüllenden Amtsstruktur. Nach allem aber, was wir zurzeit wissen, sind sie nicht wie der typische mittelalterliche Werkmeister als Steinmetzen ausgebildet worden

---

19 Eva Papke: Festung Dresden. Aus der Geschichte der Dresdner Stadtbefestigung, Dresden 2007. – BURGER 2000 (wie Anm. 17).
20 Reinhard Fuchs: Die Befestigung Ingolstadts bis zum 30-jährigen Krieg, Würzburg 1939.
21 Grundlegend: Volker Schmidtchen: Bombarden, Befestigungen, Büchsenmacher. Von den ersten Mauerbrechern des Spätmittelalters zur Belagerungsartillerie der Renaissance – Eine Studie zur Entwicklung der Militärtechnik, Düsseldorf 1977. – Volker Schmidtchen: Kriegswesen im späten Mittelalter. Technik, Taktik, Theorie, Weinheim 1990. – Robert Douglas Smith, Kelly De Vries: The artillery of the Dukes of Burgundy 1363–1477, Woodbridge 2005. – Gottfried Liedl, Manfred Pittioni, Thomas Kolnberger (Hg.): Im Zeichen der Kanone. Islamisch-christlicher Kulturtransfer am Beginn der Neuzeit, Wien 2002. – Joachim Zeune (Hg.): Die Burg im 15. Jahrhundert. Kolloquium des Wissenschaftlichen Beirates der Deutschen Burgenvereinigung, Kronberg 2009, Braubach 2011. – Tomás Durdík: Abriss der Entwicklung der böhmischen Artillerieburgfortifikationen des 15. und Anfangs des 16. Jahrhunderts, in: Magnus Josephson, Mats Mogren (Hg.): Castella Maris Baltici II, Nyköping 1996, S. 35–46. Sehr gute Ansätze für eine immer noch als Desiderat erscheinende Systematik der Fortifikationsgeschichte der sogenannten »Transitionszeit« 1450–1530 bietet aus überregionaler Perspektive Rudolf Meister: Rudolf Meister: Zwinger und Vorbefestigungen im Übergang von der Burg zur Festung aus militärgeschichtlicher Sicht, in: Heinz Müller, Reinhard Schmitt (Hg.): Zwinger und Vorbefestigungen. Tagung vom 10. bis 12. November 2006 auf Schloss Neuenburg bei Freyburg (Unstrut), Langenweißbach 2007, S. 37–42.

und aus dem handwerklichen Bauwesen in die höfische Sphäre emporgestiegen. Wie bei Graf Reinhard zu Solms oder Graf Rochus zu Lynar handelte es sich bei beiden wohl um »Quereinsteiger« im Baufach.

Die Karriere des Ulrich Pesnitzer

Am 24. April 1486 nahm der vor allem in Landshut residierende Herzog Georg der Reiche von Niederbayern (reg. 1479–1503) einen gewissen Ulrich Pesnitzer als neuen zentralen Baubeamten und Zeugmeister auf Lebenszeit auf.[22] Als Zeugmeister war er der oberste Beamte für das Kriegsgerät und besonders die Artillerie im Herzogtum und Vorgesetzter aller Büchsenmeister; sein Aufgabengebiet war »die Anschaffung, Lagerung, Reparatur und Ergänzung des Kriegsgerätes, wobei der Schwerpunkt beim Aufbau eines großen Geschützparks lag«.[23] Als oberster Baumeister war er die höchste Instanz für alle landesherrlichen Baumaßnahmen, dass heißt vor allem im Profanbereich tätig. Das Amt des Hofbaumeisters hatte es vorher im Herzogtum Bayern-Landshut nicht gegeben; es dürfte nach dem Vorbild in Kursachsen oder am burgundischen Hof[24] – zu dem gute Kontakte bestanden – geschaffen worden sein. Der Text von Pesnitzers Bestallungsurkunde ist überliefert und gibt einen detaillierten Einblick in die Aufgaben und auch den sozialen Stand des neuen Amtsinhabers. Auf den ersten Blick entspricht Pesnitzer – der in der Forschungsliteratur verschiedener Disziplinen auch als Bessnitzer, Beßnitzer oder Peßnitzer auftaucht[25] – damit u.a. dem im 15. Jahrhundert in den fürstlichen Territorien weitgehend neuartigen, oben

---

22 Zum Landshuter Hof siehe zur Einführung den Artikel: Walter Ziegler: C.7. Landshut, in: Werner Paravicini, Jan Hirschbiegel, Jörg Wettlaufer (Hg.): Höfe und Residenzen im spätmittelalterlichen Reich. Teil 1: Dynastisch-topographisches Handbuch, Ostfildern 2003. (online 18.8.2012: *http://resikom.adw-goettingen.gwdg.de/artikel.php?ArtikelID=231*).

23 SCHMIDTCHEN 1977 (wie Anm. 21), S. 172f. (das Zitat dort mit Bezug auf den Maximilianischen Hauptzeugmeister Bartholomäus Freysleben ab 1493). Zum Zeugmeister- und Büchsenmeisteramt allgemein dort: S. 172–196.

24 Siehe Anm. 4 oben. Weiterhin: Paul Saintenoy: Les arts et les artistes à la cour de Bruxelles, Bde. 1–3, Bruxelles 1932–15. – André Vanrie: Officie van de hofwerken (eerste helft 15de eeuw–1794), in: Erik Aerts (Hg.): De centrale overheidsinstellingen van de Habsburgse Nederlanden. 1482–1795, 2 Bde., Brüssel 1994, Bd. 2, S. 594–607. – Krista De Jonge: Chantiers dans le milieu de la Cour des anciens Pays-Bas méridionaux aux XVIe–XVIIe siècles: organisation et innovations techniques, in: Robert Carvais et al. (Hg.): Édifice et artifice. Histoires constructives. Recueil de textes issus du Premier Congrès Francophone d'Histoire de la Construction, Paris, 19–21 juin 2008, Paris 2010, S. 917–926. – Das große Interesse deutscher Fürsten an den modernen burgundischen Organisationsreformen wird auch durch eine frühe Abschrift der »Großen burgundischen Ordonnanz« (Kriegsordnung) Herzog Karls des Kühnen von 1473 für den jungen Erzherzog Maximilian belegt (Hermann Wiesflecker: Kaiser Maximilian I., Bd. 1, München 1971, S. 98. – Werner Paravicini: Ordre et règle. Charles le Téméraire en ses ordonnances de l'hôtel, in: Comptes-rendus des séances de l'Académie des Inscriptions et Belles-Lettres 143, 1999, S. 311–359, hier S. 331).

25 Leider haben sich in unterschiedlichen Forschungsdisziplinen unterschiedliche Schreibweisen des Namens eingebürgert. Während in der Architekturgeschichte und allgemeinen Geschichte die Version »Pesnitzer« gebräuchlich ist, wird in der Literaturgeschichte und Handschriftenkunde »Beßnitzer« oder »Bessnitzer« bevorzugt. Im Folgenden soll die Variante der Architekturgeschichte verwendet werden.

bereits angesprochenen Typus eines Landeswerkmeisters oder Landesbaumeisters, wie er auch durch Arnold von Westfalen verkörpert wird.

Allerdings hat weder die Bestallung noch die Person Pesnitzers in der architekturgeschichtlichen Forschung bislang große Beachtung gefunden. Die ausführlichste Beschreibung seines Werkes und Lebens bietet zurzeit der Lokalforscher Johann Dorner in seiner verdienstvollen Arbeit über die Hofhaltung der niederbayerischen Herzogin und polnischen Königstochter Hedwig auf der Burg zu Burghausen, also in einem nicht eigentlich architekturhistorischen Kontext.[26] 2009 hat sich dann Franz Niehoff im Rahmen eines Katalogbeitrages über ein von Pesnitzer bald nach 1486 angefertigtes und vielleicht sogar durch ihn selbst illustriertes Zeughausinventar für Landshut gründlich mit der Biografie des Zeugmeisters Pesnitzer beschäftigt.[27] Im Folgenden sollen nicht nur die Tätigkeiten und Aufgaben dieses bayerischen Landesbaubeamten an der Schwelle von Mittelalter zur Neuzeit zumindest skizzenhaft vorgestellt werden, sondern auch seine in diesem Fall ungewöhnlich präzise fassbare ständische Herkunft mit seinen mutmaßlichen Kompetenzen in Verbindung gebracht werden.

Ulrich Pesnitzer entstammte nämlich einer wohlhabenden ritteradeligen Familie aus der Umgebung von Maribor (Marchpurg/Marburg) in Slowenien, deren Generationenfolge 1912 von Franc Kovačič – allerdings ohne Kenntnis dieses Gliedes – rekonstruiert worden ist.[28] Als erster bekannter Vertreter ist 1288 ein Ditmar Pesnitzer überliefert.

---

26 Johann Dorner: Herzogin Hedwig und ihr Hofstaat. Das Alltagsleben auf der Burg Burghausen nach Originalquellen des 15. Jahrhunderts, Burghausen 2002, hier S. 74–77, die Bestallungsurkunde im Text wiedergegeben als Quelle Nr. 7 (S. 198–199), die Archivalien BHStA München, Kurbayern, Äußeres Archiv 47722 fol. 39 und Kurbayern Urkunde 11573 (Personenselekt 297 Pesnitzer). – Die Angaben bei: Ina-Ulrike Paul: Pesnitzer (Peßnitzer), Ulrich, in: Karl Bosl (Hg.): Bosls bayerische Biographie, Regensburg 1983 sind unzuverlässig. Sie basieren offensichtlich auf dem überholten Forschungsstand bei: Ulrich Bessnitzer, in: Ulrich Thieme, Felix Becker u. a.: Allgemeines Lexikon der Bildenden Künstler von der Antike bis zur Gegenwart, Bd. 26, Leipzig 1932, S. 470f. Auch die Angaben, die Götz Fehr zu Pesnitzer macht, haben sich zum großen Teil als unrichtig herausgestellt. Leider führt Fehr zudem kaum Nachweise für seine Behauptungen an (Götz Fehr: Benedikt Ried. Ein deutscher Baumeister zwischen Gotik und Renaissance in Böhmen, München 1961, vor allem S. 104f.)

27 Franz Niehoff, Katalog Nr. 15 Zeughausinventar, Ulrich Peßnitzer, nach 1485 [oder 1489 (?)], in: Franz Niehoff, Thomas Alexander Bauer, Dirk H. Breiding (Hg.): Ritterwelten im Spätmittelalter. Höfisch-ritterliche Kultur der Reichen Herzöge von Bayern-Landshut. Ausst.-Kat., Landshut 2009, S. 184–191. Das Inventar befindet sich heute im Besitz der Universitätsbibliothek Heidelberg, Cod. Pal. Germ. 130 (online *urn:nbn:de:bsz:16-diglit-569*). – Zu der Handschrift siehe auch: Rainer Leng: Das Kriegsgerät in den wittelsbachischen Zeughäusern an der Wende vom Mittelalter zur Neuzeit, in: Rudolf Ebneth (Hg.): Der Landshuter Erbfolgekrieg. An der Wende vom Mittelalter zur Neuzeit, Regensburg 2004, S. 71–97 sowie den Heidelberger Katalogeintrag: *http://www.ub.uni-heidelberg. de/digi-pdf-katalogisate/sammlung2/werk/pdf/cpg130.pdf*.

28 Fr. [Franc] Kovačič: Vitezi Pesničarji [Das Rittergeschlecht der Pesnitzer], in: Časopis za zgodovino in narodopisje 9 (1912), S. 1–41. Auf dieser Darstellung beruht im Wesentlichen der folgende Überblick über die Familie. Die Verbindung des Landshuter Hofbaumeisters zu der Familie ergibt sich, indem sich in den 1550er Jahren Wolf Konrad von Pesnitz zu Weitersfeld sowohl als Enkel des Burghauseners Baumeisters Ulrich (III.) Pesnitzer als auch als Urenkel des Ulrich (II.) Pesnitzer zu Weitersfeld bezeichnet. In dem akribisch recherchierten Aufsatz von Kovačič werden trotzdem nicht alle heute noch nachweisbaren Details zu der Familie behandelt, sodass es sich lohnen würde, die Geschichte der Familie heute noch einmal im Zusammenhang darzustellen. Die Zählung Ulrich

Der Urgroßvater des Baumeisters Ulrich (III.) war Ulrich (I.) Pesnitzer, der mit Barbara von Lembuch verheiratet war. 1420 kaufte er das Herrenhaus Poppendorf südöstlich von Graz.[29] Der Großvater des Baumeisters war Konrad Pesnitzer, der mit der ritteradeligen Katharina von Krottendorf verheiratet war und zu den Anhängern Herzog Albrechts VI. von Österreich gehörte. Schon 1438 hatte er für sich und seine Familie in der Minoritenkirche von Pettau (Ptuj) ein Jahrgedächtnis mit Grabstein errichten lassen, gestorben ist er allerdings erst kurz vor 1465.

Der Vater des Landshuter Baumeisters nun war der berühmt-berüchtigte Ulrich (II.) Pesnitzer (Pesniczer), der um 1415 geboren worden sein dürfte, da er sich 1435 zum ersten Mal politisch aktiv betätigte. Einerseits hatte er sich 1462 bei der Verteidigung Kaiser Friedrichs III. in der Wiener Hofburg gegen aufständische Bürger hervorgetan[30], später jedoch, um 1469, geriet er in erbitterte Feindschaft mit diesem Kaiser. 1469 war er einer der prominentesten Mitstreiter des Andreas Baumkircher[31] in dessen bekannter Fehde gegen Kaiser Friedrich III. und 1472 musste sogar der Landeshauptmann Graf Thierstein Ulrichs Burg Weitersfeld an der Mur (Steiermark, nördlich von Maribor) belagern.[32] Am Ende führten diese Ereignisse 1475 zur Beschlagnahmung großer Teile von Ulrichs Besitzes, worunter auch Burg Weitersfeld fiel.[33] 1476 wurde Ulrich (II.) jedoch wieder in die Gnade Kaiser Friedrichs III. aufgenommen worden, um im selben Jahr von dem kaiserlichen Pfleger Georg Praunstorfer auf Schloss Enzersdorf gefangen gehalten zu werden, was den Kaiser dem Vernehmen nach sehr erzürnte.[34] Die Spuren Ulrichs (II.) verlieren sich nach dem Jahr 1477, als er vor der bischöflich freisingischen Burg Rothenfels oberhalb von Oberwölz (Steiermark) Verdacht erregte.[35] Nach einem Brief des Freisinger Bischofs aus diesem Jahr hat er damals Kontakte zum Landshuter Hof Herzog Ludwigs des

---

    I.–III. etc. wird hier vorgeschlagen. Erst im 16. Jahrhundert begannen die Pesnitzer häufiger das Adelsprädikat »von« im Namen zu führen, so wie es auch bei vielen anderen Familiennamen zu beobachten ist.

29 Aquilinus Julius Caesar: Beschreibung des Herzogthum Steyermarks. Teil 2, Graz 1786, S. 84.

30 Theodor Georg von Karajan: Die alte Kaiserburg zu Wien vor dem Jahre MD. nach den Aufnahmen des k.k. Burghauptmannes Ludwig Montoyer, mit geschichtlichen Erläuterungen, Wien 1863, hier z.B. S. 80. Ulrich (II.) Pesnitzer (Pesniczer) wird – neben vielen anderen adeligen Namen – mehrfach von Michael Beheim in seinem 1462/65 verfassten »Buch von den Wienern« bei der Belagerung der Hofburg erwähnt (Theodor Georg von Karajan (Hg.): Michael Beheim's Buch von den Wienern 1462–1465, Wien 1843 und später).

31 Roland Schäffer: Die Baumkircherfehde (1469–1471), in: Rudolf Kropf, Wolfgang Meyer (Hg.): Andreas Baumkircher und seine Zeit. Symposion im Rahmen der »Schlaininger Gespräche« vom 24.–26. September 1982 auf Burg Schlaining, Eisenstadt 1983, S. 151–182; hier S. 158.

32 Kovačič 1912 (wie Anm. 28), S. 26.

33 1478 erhielt Leonhard Harrach die Burg vom Kaiser (Karl Schmutz: Historisch-topographisches Lexicon von Steyermark. Bd. 4 Graz 1823, S. 334).

34 Franz Martin Mayer: Ueber die Correspondenzbücher des Bischofs Sixtus von Freising 1474–1495, in: Archiv für österreichische Geschichte, 68 (1886), S. 411–502, u.a. S. 449.

35 J[oseph] Chmel: Zur Geschichte der bischöflich freisingischen Herrschaften in Oesterreich, während der Zeit Bischofs Sixtus (1474–1494), in: Oesterreichische Blätter für Literatur, Kunst, Geschichte, Geografie, Statistik und Naturkunde, 4, 1847, S. 305ff. in mehreren Folgen, hier Brief Nr. 52 aus dem Jahr 1477.

Reichen gepflegt und soll geplant haben, als Kriegshauptmann in die Dienste des ungarischen Königs Matthias Corvinus zu treten.[36]

Bereits aus dieser Übersicht ergeben sich nicht nur ein prominenter sozialer Hintergrund des Landshuter Landesbaumeisters, sondern auch mutmaßliche persönliche Verbindungen bis in die höchsten erbländischen und reichsständischen Adelskreise. Der spätere Baumeister Ulrich (III.) Pesnitzer dürfte um 1450, spätestens jedoch kurz vor 1460 geboren worden sein, hat also die Blütezeit seiner Familie noch erlebt und war etwa 20 bis 25 Jahre alt, als die kaiserliche Ungunst die Verhältnisse umwarf. Mit Sicherheit wird er also eine solide und adelstypische Erziehung genossen haben und auch einschlägige Erfahrung im Kriegswesen gesammelt haben. In diesem Zusammenhang sei auch auf den aufwendigen und für seine Zeit innovativen Ausbau von Burg Schlaining zu einer frühen Artilleriefestung durch den alten Kampfgefährten von Ulrichs Vater, Andreas Baumkircher, in den Jahren zwischen 1458 und 1465 hingewiesen, über den in der Familie sicherlich gesprochen worden ist.[37]

Wie Ulrich Pesnitzer an den niederbayerischen Herzogshof gekommen ist und was er in dem prekären Jahrzehnt vor 1483 (dem ersten Nachweis am Landshuter Hof) unternahm, ist zurzeit nicht rekonstruierbar. Die Pesnitzer hatten in Österreich immer wieder in enger Verbindung zu den beiden Söhnen König Albrechts II. von Habsburg, Albrecht VI. und Friedrich III., gestanden, und aus dieser Familie stammte sowohl die Großmutter seines späteren Dienstherren Herzog Georg von Bayern-Landshut als auch der Großvater von Georgs Ehefrau Königin Hedwig von Polen, so dass sich hier gewisse Verbindungen ergeben haben können. Ulrichs (III.) Vater hatte, wie erwähnt, Kaiser Friedrich III. persönlich gekannt. Auch seine oben erwähnte Verbindung zum Landshuter Hof zur Zeit Herzog Ludwigs könnte eine Rolle gespielt haben.

Auf der Basis der Identifikation der Herkunft des Landesbaumeisters Ulrich Pesnitzer offenbart sich ein überraschender sozialer und vermutlich auch beruflicher Hintergrund für einen Baufachmann dieser Zeit. Auch wenn es sich bei seinem mutmaßlichen Geburtsdatum 1450/55 um eine ganz grobe Schätzung handelt, so kann man ihn wohl sicher als einen Angehörigen der Arnold von Westfalen nachfolgenden Generation ansprechen. Er ist 1521 gestorben und wurde in Aspach im Innviertel bestattet, wo sein Grabstein noch heute an der Außenseite der Kirche erhalten ist.[38] Die Grabinschrift nimmt auf seinen adeligen Stand Bezug: »Hie ligt

---

36 Wie Anm. 35, Brief Nr. 52 (es ist natürlich nicht völlig ausgeschlossen, dass sich einige der Nennungen aus den 1470er Jahren bereits auf den jungen Ulrich (III.) Pesnitzer beziehen. Die ist jedoch z.Z. schwer zu verifizieren).

37 Zu der Burg Schlaining nun maßgebend mit neuen Datierungen: Thomas Kühtreiber, Hannes Herdits, Michael Grabner: Burg Schlaining im Kontext des spätmittelalterlichen Burgenbaus, im Druck. Der Verfasser dankt Thomas Kühtreiber herzlich für die Vorabüberlassung des Manuskriptes.

38 Abbildung bei: Johann Dorner: Der Erbauer der Burghausener Burg – Ulrich Pesnitzer – liegt in Aspach begraben, in: Das Bundwerk, 19, 2004, 25–27. Der dort angekündigte Beitrag über die Familie Pesnitzer in der Zeitschrift Oettinger Land ist leider nicht erschienen und diese Forschungen haben nach mündlicher Auskunft Dorners bislang kein neues Material ergeben.

begraben der edl vnd vest Vllrich von Pessnitz vnd Fraw Barbara sein hausfraw; die gestorben sein am mantag vor sand Dionisientag Nach Chrisst geburdt MVc vnd im XXI iar, den got genadig vnnd parmhertzig sein [wolle] amen.«[39] Das Wappen zeigt eine pyramidal gestufte Mauer in der Art eines Stufengiebels; ein Bild das auch sein Enkel Wolf Konrad Pesnitzer zu Weitersfeld auf seinem (verlorenen) Grabstein in Wiener Neustadt führen sollte.[40] Der Schild wird durch einen Spangenhelm bekrönt, wie er damals in Abgrenzung zum Stechhelm immer häufiger (jedoch nicht exklusiv) zum Zeichen adeliger Familien geworden war. Der Baumeister Ulrich (III.) Pesnitzer wird also trotz des ungünstigen Geschicks seiner Familie stets seine adelige Abkunft betont haben.

Pesnitzers Tätigkeit am herzoglichen Hof zu Landshut ab 1483 und die Bestallung von 1486

Doch zurück zu Ulrich Pesnitzer als oberstem herzoglich bayerischem Baubeamten. Zunächst werden in der Bestallungsurkunde von 1486 seine Aufgaben beschrieben: »nemlich sol er sein Lebtag lanng allain unns und unnseren eelichen leibserben, das söne sein, wider allermänniclich, nyemants ausgenommen, getreulich dienen, gewartennd und verpflicht sein, von uns nit stellen noch komen on unnser wissen und willen, sonnder unns unnd unnsern gemelten Erben mit allem vleis, seiner pessten verstänntnus getreulich dienen in sachen, darin wir ine ainer yeden zeit gebrauchen werden, es sey in hörtzügen, in besess unnd bevestigungen oder gepeuen unnser schloss, stet oder annderm, nichts ausgenommen, auch nemlich allen unnsern gezeug, in ain veld unnd zum ersten gehörennd, auf unnser bevelich allwege ... er soll unns auch mit vier raysigen pfärden unnd knechten, mit harnasch woll gerüsst warten...unnd so wir ine ye zu zeiten ausserhalb unnsers hof schicken würden zu gepeuden oder besichtigungen unnser slos [...] wöllen wir ine selbst, sein knecht unnd pfärd, damit wir in alsdann schicken werden, mit notdürftiger zerung versehen, ungefärlich«.[41]

Aus dem Bestallungstext wird deutlich, dass Pesnitzer als zentraler, lebenslang verstetigter Hofdiener für das gesamte Zeug- und Bauwesen im Herzogtum Bayern-Landshut unter Georg dem Reichen zuständig war, eine Institution, die es – wie erwähnt – vorher in diesem Territorium nicht gegeben hatte. Pesnitzer selbst ist bereits ab 1483 in herzoglichen Diensten in verantwortlicher Position nachweisbar; soweit erkennbar jedoch noch nicht unter der 1479 endenden Regierung von Herzog Georgs Vater Ludwig dem Reichen. Im genannten Jahr 1483 wird Pesnitzer in der Rentmeisterrechnung für Schärding erwähnt, als dort ein Teil des herzoglichen Speichers (Kasten) abgebrochen wurde.[42] Ab 1484 taucht er als der oberste, aus Landshut anreisende Ver-

---

39 Der Text nach DORNER 2002 (wie Anm. 26).
40 Abbildung nach einer älteren Zeichnung bei KOVAČIČ 1912 (wie Anm. 28), S. 15.
41 Zitiert nach DORNER 2004 (wie Anm. 26), S. 198.
42 BHStA München, Rentmeistereirechnung 1482, fol. 48 (hier nach DORNER 2004 [wie Anm. 26], S. 74).

2 Ingolstadt, Neues Schloss, ehemals die Große Stube des Herzogs von Bayern-Landshut mit der 1486 aufgestellten gedrehten Säule

antwortliche für den laufenden herzoglichen Schlossbau in Ingolstadt auf.⁴³ (Abb. 2) 1485 inspiziert er Burgen und Städte im bayerischen Nordgau und inventarisiert das Kriegsmaterial und wird hier als herzoglicher Rat geführt.⁴⁴ Später, nach seiner Anstellung auf Lebenszeit, war er z.B. für die Bestallung eines Hofzimmermanns in Burghausen zuständig und soll 1487 große Zwingeranlagen in Weißenhorn errichtet haben.⁴⁵ Damals wurde er auch als Berater nach Nürnberg geschickt, leider sind seine konkreten Aufgaben dort nicht überliefert.⁴⁶ Im nächsten Jahr war er auch als Berater am Ausbau der salzburgischen Burg Tittmoning tätig, diesmal ist der Zusammenhang mit Bausachen deutlich.⁴⁷ Bald nach 1486 war er für ein eindrucksvoll illustriertes Inventar der Landshuter Zeughausbestände verantwortlich (Abb. 3), wobei zurzeit leider noch unklar ist, wem die Zeichnungen zuzuschreiben sind.⁴⁸ Immerhin wird von Ulrichs Standesgenossen, dem kurpfälzischen Hauptmann und Vitztum Ludwig

---

43 Siegfried Hofmann: Die Baugeschichte des Ingolstädter Schlosses im Spiegel der erhaltenen Baurechnungen, in: Sammelblatt des Historischen Vereins Ingolstadt, 88, 1979, S. 78–109. Teil II in: 89, 1980, S. 25–108; Teil III in: 99, 1990, S. 173–202, hier Teil II, S. 26.
44 DORNER 2002 (wie Anm. 26), S. 74.
45 DORNER 2002 (wie Anm. 26), S. 74f.
46 NIEHOFF/BAUER/BREIDING 2009 (wie Anm. 27), hier S. 188.
47 Dieter Goerge: Tittmoning – Castrum – Schloß – Burg. 900 Jahre Geschichte, Tittmoning 2004.
48 Ulrich Beßnitzer: Zeughausinventar von Landshut, Landshut 1485 (UB Heidelberg, Cod. Pal. Germ. 130, online: *http://digi.ub.uni-heidelberg.de/diglit/cpg130*). – Niehoff, Katalog Nr. 15 Zeughausinventar in: NIEHOFF/BAUER/BREIDING 2009 (wie Anm. 27).

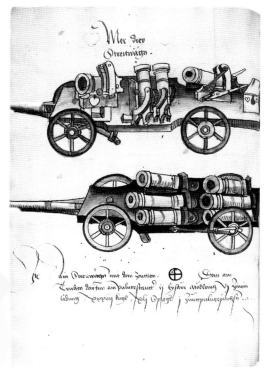 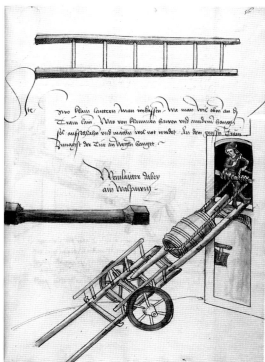

3 Herzogliches Zeughausinventar zu Landshut, bald nach 1486 von Ulrich Pesnitzer aufgestellt, fol. 26v und 56r (UB Heidelberg, Cod. Pal. Germ. 130)

von Eyb d. J. angenommen, dass er einige der Zeichnungen in seinem zwischen 1501 und 1510 angefertigten Büchsenmeisterbuch selbst angefertigt haben könnte.[49]

Vor allem aber dürfte Ulrich Pesnitzer ab 1488 für das Konzept und den Ausbau der Artilleriebefestigung des landesherrlichen Residenzschlosses zu Burghausen verantwortlich gewesen sein, auf die weiter unten noch näher eingegangen wird.[50]

---

49 Ludwig von Eyb d. J.: Kriegbuch, UB Erlangen, B 26. Die Eigenhändigkeit verschiedener Zeichnungen Eybs versieht Rainer Leng mit einem Fragezeichen: Rainer Leng: Ars belli. Deutsche taktische und kriegstechnische Bilderhandschriften und Traktate im 15. und 16. Jahrhundert, 2 Bde., Wiesbaden 2003, hier Bd. 2, S. 97–100.

50 Zum aktuellen Forschungsstand zur Burg zu Burghausen: Brigitte Langer: Burg zu Burghausen. Amtlicher Führer mit einem Verzeichnis der Staatsgalerie, München 2004. Vgl. auch: Joachim Zeune: Die Schatzkammern der Burg Burghausen. Gedanken zu einem Forschungsdesiderat, in: Alltag auf Burgen im Mittelalter, Braubach 2006, S. 74–82. Die ältere Dissertation zur Baugeschichte von Balthasar entspricht kaum noch heutigen methodischen Ansprüchen: Albert Balthasar, Die Baugeschichte der Burg und der Stadtbefestigung von Burghausen, masch. schr. Dissertation TU München 1950. Leider fehlen zu diesem Bau jüngere Veröffentlichungen zur Bauforschung. Die bauarchäologischen Untersuchungen von Joachim Zeune stellen eine Ausnahme dar, streifen die Befestigungsanlagen aber nur am Rande.

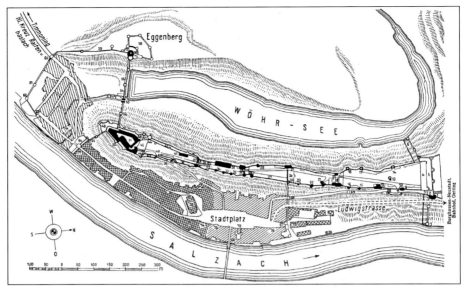

4 Burghausen, Übersichtsplan

(Abb. 4, 5) In der älteren Forschung wurde ihm außerdem die vermutlich 1489 fertiggestellte äußere Burgkapelle (Hedwigskapelle) auf der Burghausener Burg mit ihren innovativen Bogenrippengewölbe zugeschrieben, als deren Entwerfer heute jedoch der Wasserburger Werkmeister Wolfgang Wiser (Wiesinger) gilt.[51]

Nach dem Tode Herzog Georgs des Reichen 1503 und dem damit ausgelösten Bayerischen Erbfolgekrieg scheint das Amt des Landesbaumeisters aufgelöst worden zu sein. Das Herzogtum Bayern-Landshut verlor seine Selbständigkeit und wurde wieder mit dem von München aus regierten oberbayerischen Teil vereinigt. Was Pesnitzer in den unübersichtlichen Kriegshandlungen getan hat, ist unklar. 1509 wird er in der Hofordnung für den Hofstaat der bayerischen Prinzen auf der Burg Burghausen namentlich an zweiter Stelle direkt hinter dem Hauptmann als Baumeister (pawmaister) und Zeugmeister geführt, der kleinere Arbeiten selbständig ausführen durfte, bei umfänglicheren Maßnahmen aber die Genehmigung in der neuen Zentrale in München einholen musste.[52] Pesnitzer ist also spätestens damals

---

51 Gertrud Pretterebner: Baumeister Wolf Wiser, in: Burghauser Geschichtsblätter, 30, 1970, S. 5–43. Wiser taucht ab 1470 in den Quellen für Wasserburg auf und arbeitete ab 1493 für Stift Nonnberg in Salzburg. Vgl. zu Wiser auch: Franz Bischoff: Burkhard Engelberg »der vilkunstreiche Architector und der Statt Augspurg Wercke Meister«. Burkhard Engelberg und die süddeutsche Architektur um 1500. Anmerkungen zur sozialen Stellung und Arbeitsweise spätgotischer Steinmetzen und Werkmeister, Augsburg 1999, hier S. 344ff.

52 C. A. Freiherr von Lilien: Auszug aus der Ordnung des Hofhalts im Schloß zu Burghausen. Aus den Akten des königl. Reichsarchivs mitgeteilt, in: Oberbayerisches Archiv für vaterländische Geschichte, 2, 1840, S. 432–436. Die Hofordnung war für die bayerischen Prinzen Ludwig und Ernst vorgesehen, die zusammen mit ihrem Erzieher Aventin auf der Burg lebten.

5   Ehemalige herzogliche Burg zu Burghausen, Ansicht der Hauptburg von Osten. Im Vordergrund ist der Torbau mit Zugbrückenblende und Flankierungsturm zu sehen, dahinter die vermutlich von Pesnitzer errichtete Schildmauer und der nach dem 1482 stattgefundenen Einsturz eines Vorgängers als Artillerieturm neuerbaute Bergfried (vielleicht um 1488)

nach Burghausen gezogen, wo auf der Burg heute noch ein Turm seinen Namen trägt. Ob dieser als Wohnsitz einer solchen Persönlichkeit infrage kommt, ist unklar. Die Verkleinerung von Pesnitzers Aufgabenbereich bedeutet nicht, dass er bei den neuen Herzögen der Münchener Linie in Ungnade gefallen wäre; 1514 erscheint er in der Liste der herzoglichen Räte.[53] In diesem Jahr machte er auch Vorschläge für bauliche Änderungen in Burghausen. Wie es mit Pesnitzers Tätigkeit an dem Schloss im böhmischen Krumau (Český Krumlov) steht, wo Peter von Rosenberg 1497 eine eigene Bauhütte für den Schlossbau installiert hatte, konnte nicht zufriedenstellend geklärt werden.[54] 1518 schrieb sich ein (mutmaßlicher) Sohn als »nob[ilis] Joannes Pesnitzer ex Purckhausen« in die Matrikel der Universität Wien ein.[55] Im späteren

---

53 Heinz Lieberich, Landherren und Landleute. Zur politischen Führungsschicht Baierns im Spätmittelalter, München 1964, S. 137.
54 Diese Zuschreibung geht auf Götz Fehr zurück, dem jedoch offensichtlich nicht die bayerische Bestallung von 1509 bekannt war, die einen frühen Beginn (um 1506) der Tätigkeit Pesnitzers in Krumau wohl ausschließt, vgl. DORNER 2002 (wie Anm. 26), S. 75. – Vgl. auch: Jiri Kuthan: Das Herzogtum Österreich, Salzburg, Bayern und Südböhmen. Zu den Beziehungen der Baukunst in der Zeit der Spätgotik, in: Lothar Schultes, Gerhard Winkler (Hg.): Gotik Schätze Oberösterreich. Symposion im Linzer Schloss, 20. bis 22. September 2002, Linz 2003, S. 13–54, hier S. 39.
    – Zur Schlossbauhütte Krumau: Martina Birngruber: Das Bürgerspital und die Spitalskirche in Bad Leonfelden. Spätgotische Architektur im Brennpunkt von Bayern, Böhmen und Österreich, Magisterarbeit Uni Wien 2011 (online: *http://othes.univie.ac.at/14535/*), S. 92ff.
55 Willy Szaivert: Die Matrikel der Universität Wien, Graz 1967.

16. Jahrhundert bezeichnete ihn der bereits genannte Enkel, Wolf Konrad von Pesnitz zu Weitersfeld, als den Erbauer des Schlosses zu Burghausen, eine im Kern sicherlich glaubhafte Angabe.[56]

Artillerie und Artilleriefortifikation als neue Wissensfelder

Am detailliertesten ist die organisatorische Struktur der damaligen niederbayerischen Bauprojekte durch die weitgehend erhaltenen und durch Siegfried Hofmann edierten Rechnungen für den Schlossbau in Ingolstadt dokumentiert.[57] Hier wird unmissverständlich deutlich, dass es sich bei Pesnitzer weder um den vor Ort leitenden Werkmeister noch um den kontinuierlich zuständigen Bauverwalter handelte, die alle namentlich bekannt sind (Stephan Westholzer und Heinrich Behaim). Pesnitzer muss hier und vermutlich auch an den anderen Baustellen des Landes eine neuartige bauliche Oberaufsicht ausgeübt haben, die mindestens bis zum Tode seines Dienstherren 1503 gültig blieb.

Aus den hier etwas vereinfacht wiedergegebenen bekannten Details seines Wirkens werden verschiedene interessante Aspekte der Stellung und Aufgaben Ulrich Pesnitzers deutlich. Es kann als sicher gefolgert werden, dass er über keine Ausbildung im Steinmetzhandwerk verfügte. Nirgends wird er Werkmeister genannt, und gegen eine handwerkliche Ausbildung spricht eigentlich auch sein adeliger Stand, auch wenn das überprüft werden müsste. Sein beruflicher Hintergrund lag sicherlich im militärischen Bereich. Welche konkreten Kenntnisse und Erfahrungen ihn allerdings für die Funktion eines herzoglichen Verantwortlichen für Artillerie und Kriegsgerät qualifizierten, bleibt unklar. Hinweise auf regelrechte Ausbildungen im Geschützwesen oder Zimmermannswesen, die hier hilfreich hätten sein können, fehlen auch hier. Mit Sicherheit sollte Ulrich Pesnitzer als berittener Soldat mit einer gewissen Kommandogewalt eingesetzt werden, da seine Bestallungsurkunde den reisigen Dienst mit mehreren berittenen Knechten vorsah. Man wird hier den Oberbefehl über die herzogliche Artillerie im Felde folgern können. Es fehlt in dem Dokument von 1486 die zu rekonstruierende Aufnahme als herzoglicher Rat, die bereits vor 1484 stattgefunden haben muss.

In der Ratsfunktion und im militärischen Bereich dürfte auch die Begründung für seine für einen herzoglichen Hofdiener vergleichsweise hohe Besoldung liegen; wies ihm doch die Bestallungsurkunde einen Jahressold von 350 rheinischen Gulden zu, der noch durch Naturallieferungen ergänzt wurde. Damit ordnet sich Ulrich Pesnitzer unter die bestbezahlten Räte des Herzogs ein, deren Jahressold bis zu 400 rheinische Gulden betragen konnte.[58] Lediglich der herzogliche Leibarzt Dr. Georg Kirchmair erhielt 1486

---

56 Eine zeitgenössische Abbildung: Kovačič 1912 (wie Anm. 28), S. 1–41, Abb. S. 15.
57 Siegfried Hofmann: Die Baugeschichte des Ingolstädter Schlosses im Spiegel der erhaltenen Baurechnungen, in: Sammelblatt des Historischen Vereins Ingolstadt, 88, 1979, S. 78–109. Teil II in: 89, 1980, S. 25–108; Teil III in: 99 (1990), S. 173–202.
58 Zu den Räten Herzog Georg des Reichen siehe: Reinhard Stauber: Herzog Georg von Bayern-Landshut und seine Reichspolitik. Möglichkeiten und Grenzen reichsfürstlicher Politik im wittelsbach-habsburgischen Spannungsfeld zwischen 1470 und 1505, Kallmünz 1993, dort das Kapitel

die sehr hohe Summe von 1000 Gulden im Jahr.[59] Zum Vergleich verdiente 1476 der ebenfalls adelige und aus einer alteingesessenen Familie stammende Hofmeister der Erbprinzessin Hedwig, Jörg Törring, jährlich 77 Gulden[60]; Büchsenmeister als gesuchte Spezialisten verdienten im 15. Jahrhundert jährlich etwas über 100 Gulden. Arnold von Westfalen hatte nach seiner Ernennung zum Landeswerkmeister in den 1470er Jahren Anspruch auf 12 rheinische Gulden jährlich, zu denen aber noch substanzielle Bezahlungen für konkrete Arbeiten und Naturalien kamen.[61] Auch leitende Werkmeister wurden damals allgemein deutlich schlechter als Büchsenmeister bezahlt.

Mit Sicherheit wurde mit der Soldhöhe Pesnitzers auch dessen adeliger Hintergrund honoriert und von ihm eine ganze Bandbreite von Diensten erwartet, deren Schwerpunkt deutlich im Militärischen lag. Dazu zählten damals aber eben auch viele der landesherrlichen Baumaßnahmen. Diese wurden, wie auch sonst üblich, vor Ort von eigens verpflichteten Handwerkern betreut, in der Regel Steinmetzen, Maurermeistern und Zimmermeistern, deren Namen oft im Einzelnen auch bekannt sind. Ergänzt wurden diese Funktionen stets durch Bauverwalter, die für die Umsetzung des Willens des Auftraggebers und die korrekte Ressourcenverwendung zuständig waren. Diese administrativen Komplementärfunktionen, für die sich der Begriff Baumeister im Gegensatz zum formgenerierenden Werkmeister anbietet, wurden normalerweise von lokalen Verwaltungsbeamten ausgeübt. Hier ist in den oben erwähnten Ingolstädter Rechnungen für 1486 – also dem Jahr der Bestallung Pesnitzers – auch keine Zäsur zu erkennen. Es ist auch nach dem Wortlaut von Pesnitzers Bestallung und den verstreuten Quellennachrichten nicht wahrscheinlich, dass sich seine Tätigkeit auf eine solche Substitution und Aggregierung von mittleren Verwaltungsaufgaben fokussiert hätte.

Herausforderungen im Wehrbau um 1480

Der explizit am Landshuter Hof, also in der Zentrale, angesiedelte Bau- und Zeugverantwortliche Pesnitzer dürfte also trotz seiner fehlenden Werkmeisterausbildung über weitergehende architekturbezogene Qualifikationen verfügt haben. Darauf weisen bereits seine »auswärtigen« Tätigkeiten in Nürnberg, Tittmoning oder Krumau hin. Was konnte das in den Jahren um 1480 bedeuten? Vor allem Pesnitzers Verwendung als oberster Zeugmeister legt es nahe, dass es sich dabei um besondere Kenntnisse in den relativ neuartigen und sich überaus dynamischen entwickelnden Bereich der Artilleriebefestigung gehandelt haben dürfte.

Die bayerische Region hatte sich im frühen 15. Jahrhundert mit den mit massiver Artillerieunterstützung vorgetragenen Einfällen der Hussiten konfrontiert gesehen.

»Rat und Kanzlei Herzog Georgs« S. 785–814. – Vgl. auch: Irmgard Biersack: Die Hofhaltung der »reichen Herzöge« von Bayern-Landshut (1392–1503). Hofgesinde, Verpflegung, Baumaßnahmen, in: Mitteilungen der Residenzen-Kommission der Akademie der Wissenschaften zu Göttingen, 15, 2005, 2, S. 17–45.
59 STAUBER 1993 (wie Anm. 58), S. 788.
60 DORNER 2002 (wie Anm. 26).
61 LEMPER 1972 (wie Anm. 8), S. 43f.

In diese Zeit lassen sich erste Baumaßnahmen an Burgen und Stadtmauern im südostdeutschen Raum datieren, die erstmals systematisch Feuerstellungen für die Verteidiger vorsahen und (zunächst noch zurückhaltend) die passive Widerstandskraft der Bauten gegen Beschuss erhöhen und einen Angreifer auf Abstand halten sollten. Ein Beispiel wäre der Bau der Zwingermauer als zweiter Verteidigungsring vor der Stadtmauer von München ab etwa 1430. Etwas später entwickelte sich – vermutlich nach böhmischen Vorbildern – auch das Konzept des dickwandigen Artillerierondells bzw. -turms, dessen Frühformen bzw. Vorläufer um 1420/30 Joachim Zeune an den Burgen Lichtenstein, Raueneck, Altenstein in den fränkischen Hassbergen sowie der auf Veste Coburg untersucht und beschrieben hat.[62]

Nach dem Ende der Hussitenkriege war jedoch diese Entwicklungslinie in Altbayern kaum weiterverfolgt worden. Als in der zweiten Hälfte des 15. Jahrhunderts die neue militärische Bedrohung eines osmanischen Angriffs auftauchte, osmanische Trupps seit 1469 in das Reichsgebiet vorstießen, vor allem aber als sich Herzog Georg der Reiche zusätzlich um die Mitte der 1480er Jahre in einen massiven Gegensatz zum Schwäbischen Bund hineinmanövriert hatte[63], gab es in den bayerischen Herzogtümern kaum feste Plätze, die baulich auf die neue Kriegsführung mit Belagerungsgeschützen vorbereitet waren. Geeignete Anlagen mit Frühformen der Artillerierondelle waren zwar schon in benachbarten Territorien entstanden, beispielsweise in Gestalt der Burg Kollmitz in Niederösterreich (um 1450/60)[64], der Burg Pürnstein in Oberösterreich (um 1450), der Burg Sigmundskron in Südtirol (ab 1473) oder dem Schaibling genannten Artillerieturm in Passau (1480/81) und sowieso in Böhmen, etwa in Gestalt des vorgeschobenen Batterieturms von Burg Český Šternberk (Böhmisch Sternberg, 1470er Jahre) oder der Artilleriefestung Hartenštejn (um 1473).[65] In der herzoglich-oberbayerischen Residenzstadt München waren vermutlich kurz vor 1478 mit dem sogenannten Scheibling und dem später so genannten Prinzessturm zwei massive Rundtürme für die Artillerieverteidigung errichtet worden, vermutlich jedoch unter städtischer Regie.[66] Die niederbayerischen Herzöge jedoch hatten auf die neuen Technologien lange Zeit über kaum

---

62 Joachim Zeune: Frühe Artilleriebefestigungen der Zeit um 1420/30 in Bayern, in: Joachim Zeune (Hg.): Die Burg im 15. Jahrhundert. Kolloquium des Wissenschaftlichen Beirates der Deutschen Burgenvereinigung Kronberg 2009, Braubach 2011, S. 74–88. – Zur böhmischen Situation: Tomás Durdík: Abriss der Entwicklung der böhmischen Artillerieburgfortifikationen des 15. und Anfangs des 16. Jahrhunderts, in: Magnus Josephson, Mats Mogren (Hg.): Castella Maris Baltici II., Nyköping 1996, S. 35–46.

63 STAUBER 1993 (wie Anm. 58).

64 Als Überblick mit der Spezialliteratur: Thomas Kühtreiber: Von der Burg zur Festung – Festungselemente im Burgenbau des 15. Jahrhunderts in Ostösterreich, in: Joachim Zeune (Hg.): Die Burg im 15. Jahrhundert. Kolloquium des Wissenschaftlichen Beirates der Deutschen Burgenvereinigung Kronberg 2009, Braubach 2011, S. 102–113.

65 DURDÍK 1996 (wie Anm. 21), S. 35–46. – Tomás Durdík: Entstehung eines rein militärischen Machtstützpunktes – Fallbeispiel Hartenstein in Böhmen, in: Joachim Zeune (Hg.): Die Burg im 15. Jahrhundert. Kolloquium des Wissenschaftlichen Beirates der Deutschen Burgenvereinigung Kronberg 2009, Braubach 2011, S. 114–124.

66 Beide Türme sind nicht erhalten. Der Scheibling stand am späteren Viktualienmarkt und ist ab 1478 nachweisbar. Die Ansichten aus dem 19. Jahrhundert zeigen mit den großen Kanonenscharten wohl

6   Ehemalige herzogliche Burg zu Burghausen, Ausschnitt aus dem Holzmodell von Jakob Sandtner von 1574 im Maßstab 1:662 (BNM)

baulich reagiert. Das Residenzschloss zu Landshut, die heutige Burg Trausnitz, reagierte noch nicht baulich auf eine artillerieunterstützte Belagerung.[67]

In den 1480er Jahren fielen jedoch die architektonischen Gegenmaßnahmen Herzog Georgs dann umso eindrucksvoller aus. Entsprechend den vorhandenen bedeutenden finanziellen Ressourcen des niederbayerischen Herzogtums wurde mit einer überaus aufwendigen Wehranlage begonnen, eben dem Ausbau der Residenzburg Burghausen durch ein komplexes und gestaffeltes System von Artillerierondellen und verbindenden Kurtinen. (Abb. 6) In gewisser Weise wurde hier das neuzeitliche Konzept einer Landesfestung in Ergänzung der eigentlichen fürstlichen Hauptresidenz an anderem Ort antizipiert.[68] Angesichts der Quellenlage können kaum Zweifel be-

---

kaum den Ursprungszustand, sondern wohl einem Umbau von 1552. Die Münchner Türme werden analog zu dem Passauer Turm ursprünglich Schlüsselscharten besessen haben. 1485–88 wurde mit dem Jungfernturm ein weiterer Geschützturm errichtet. Der Jungfernturm wurde schon 1804, der Scheibling 1870 abgetragen, der Prinzenturm nördlich des Isartores wurde 1892 abgerissen, seine Fundamente 1987/88 freigelegt (Helmuth Stahleder: Haus- und Straßennamen der Münchner Altstadt, überarb. und erweit. Auflage, München 2009, S. 614–616, 601f., 573–576).

67   Welche Basteien in den 1470er Jahren im Umfeld des damals noch unausgebauten Neuen Schlosses zu Ingolstadt gebaut wurden, ist unklar. Vgl. Fuchs 1939 (wie Anm. 20).

68   Vgl. Daniel Burger: »Keine Lust auf Bastionen«. Die Rezeption des neuzeitlichen Festungsbaus im Herzogtum Bayern (1550–1618), in: Rainald Becker, Daniel Burger, Thomas Horling, Hannelore Putz (Hg.): Akteure – Beziehungen – Ideen. Bayerische Geschichte im interterritorialen Zusammenhang, Kallmünz 2010, S. 127–174.

7   Ehemalige herzogliche Burg zu Burghausen, Blick auf das vorgeschobene Artillerierondell auf dem Eggenberg, von Ulrich Pesnitzer vermutlich um 1500 errichtet, später in Details verändert

stehen, dass es Ulrich Pesnitzer war, der hierzu die avanciertesten Konzepte lieferte und dass es vor allem diese Rolle war, die ihn noch Jahrzehnte später in den Augen seiner Nachkommen als Erbauer des Schlosses qualifizierte.

Leider kennen wir die genauen Bauabläufe und den Zeitplan für dieses die Zeitgenossen in Staunen versetzende Werk noch nicht.[69] Einigermaßen abgesichert ist jedoch das Datum 1488, als in den Augen der Zeitgenossen mit schier unglaublichem Aufwand an den Wehranlagen zu bauen begonnen wurde. In der zeitgenössisch verfassten Bayerischen Chronik des Veit Arnpeck heißt es zu diesem Jahr (in deutscher Übersetzung der lateinischen Version): »In diesem Sommer [1488] umgab Herzog Georg seine Burg Burghausen mit sehr starken und festen Mauern unter großer Anstrengung und mit (hohen) Kosten. Dadurch geschah es, dass er gleichsam aus ganz Bayern, sogar aus Freising, Maurer, Steinmetzen, Mörtelrührer und Arbeiter und andere Handwerker benötigte und herbeiholte, so dass er 4000 oder mehr je Tag (auf einen Tag [?]) hatte.

---

69   Ganz allgemein entspricht die Publikationslage zu Burg Burghausen nicht der überregionalen Bedeutung dieses Bauwerks. Neuere Erkenntnisse sind zwar in den jüngsten amtlichen Führer von 2004 eingeflossen; es ist aber beispielsweise bislang kein einziges dendrochronologisch abgesichertes Datum für die Wehrbauten veröffentlicht worden, so dass die Feinchronologie dieses wichtigen fortifikatorischen Leitbaus nicht geklärt ist.

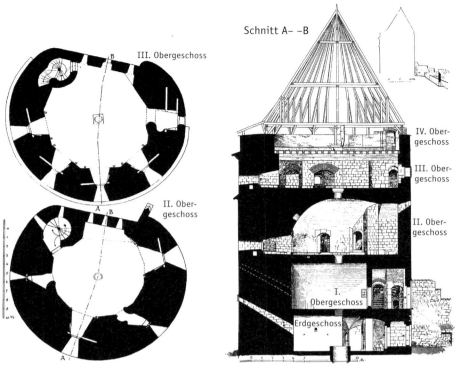

8   Ehemalige herzogliche Burg zu Burghausen, vorgeschobenes Artillerierondell auf dem Eggenberg, um 1500 (Pulverturm)

Außerdem gab er mehr als 100 000 Pfund Pfennig für das so gewaltige Werk aus.«[70] Auch wenn die Zahl von 4000 Arbeitern je Tag kaum glaubhaft erscheint, so besteht kaum ein Grund, an der Zeitangabe des damals im Herzogtum lebenden Chronisten zu zweifeln. Aus dem Jahr 1487 sind Verhandlungen über Grundstückkäufe überliefert, die vermutlich den Bau des vorgeschobenen Artillerierondells auf dem Eggenberg vorbereiteten (Abb. 7, 8), dessen eigentliche Bauzeit nach Rechnungsfragmenten aber eher um 1500 liegen dürfte.[71] Für das Georgstor als äußerem Abschluss des ersten, dem Kernschloss vorgelagerten Hofes wird 1494 eine eigene Wachordnung erlassen, so dass es wohl um diese Zeit vollendet war.

Etwas später, wohl erst um 1500, ließ Herzog Georg der Reiche auch die heute zu Österreich gehörenden Burgen Kufstein und Rattenberg im Inntal artilleristisch ausbauen. Während Kufstein später durch Kaiser Maximilian stark überformt wurde,

---

70 Die Übersetzung nach DORNER 2002 (wie Anm. 26), S. 78; der lateinische Originaltext: Veit Arnpeck: Sämtliche Chroniken, hg. von Georg Leidinger, München 1915, S. 386. – Vgl. zu Arnpeck jetzt: Stefan Dicker: Landesbewusstsein und Zeitgeschehen. Studien zur bayerischen Chronistik des 15. Jahrhunderts, Köln [u.a.] 2009, hier S. 134–186.
71 So DORNER 2002 (wie Anm. 26), S. 81 in Korrektur der älteren Datierungen.

9   Ehemalige Herzoglich-bayerische Burg zu Rattenberg, das vorgeschobene Artilleriewerk »Obere Burg«, vermutlich von Ulrich Pesnitzer um 1500 erbaut (Rekonstruktion von Daniel Burger)

könnte in Gestalt der »Oberen Burg« in Rattenberg ein modernes vorgeschobenes Artilleriewerk aus dem Zuständigkeitskreis Ulrich Pesnitzers bis heute erhalten geblieben sein (Abb. 9), wie Daniel Burger jüngst dargelegt hat.[72] Auch diese Anlage fiel wie Kufstein im Landshuter Erbfolgekrieg 1504 an Österreich, so dass sich die älteren bayerischen Ausbauten zurzeit nicht eindeutig von den jüngeren unterscheiden lassen.

Es kann angenommen werden, dass gerade für die Entwurfsaufgaben solcher Bauten eine langjährige Ausbildung im Steinmetz- oder Maurerhandwerk eher nachgeordnet war. Maurerarbeiten und steinmetzmäßig auszuführende Details Gewölbe oder Schießscharten konnten gut von untergeordneten Werkmeistern projektiert werden, wenn nur die Gesamtanlage den Anforderungen der aktuellen militärischen Taktik genügten. Einblicke in diese dürfte vor allem die Teilnahme an einschlägigen

---

72 Daniel Burger: Burg Rattenberg in Tirol und ihr »Oberes Schloss«. Spätmittelalterliche Außen- und Vorwerke zum Schutz vor Überhöhung, in: MÜLLER/SCHMITT 2007 (wie Anm. 21), S. 141–151.

Kriegsunternehmungen verschafft haben, wie sie für Pesnitzer zumindest vermutet werden können, wenn man seine hohe Bezahlung als Militär in Betracht zieht, aber auch seinen familiären Hintergrund. Hinzu kamen präzise technologische wie taktische Kenntnisse über die neue Waffengattung der Artillerie.

Der 1486 auf Lebenszeit zu einem herzoglichen Zeug- und Bauverantwortlichen aufgenommene Ulrich Pesnitzer dürfte also bezüglich seiner Rolle im Bauwesen ein frühes Beispiel eines Hofingenieurs *avant la lettre* verkörpern, das damals noch kaum von dem Tätigkeitsfeld eines Hofarchitekten zu scheiden war. Mit Sicherheit war er kein Werkmeister, also ein aus dem Handwerk aufgestiegener Bauexperte, sondern einer jener als interdisziplinär zu charakterisierenden Spezialisten, die an der Wende zwischen Mittelalter und Renaissance auf neuartige Weise verschiedene Kompetenzfelder miteinander zu kombinieren vermochten und damit ihre Karriere im Kontext der immer bedeutender werdenden Fürstenhöfe beförderten.[73] Während militärische Expertise und Tauglichkeit zu den allgemeinen Kernkompetenzen des niederen Adels nicht nur im 15. Jahrhundert gehörten, stellten vertiefte Kenntnisse über Kriegsmaschinerie, Artillerie und Fortifikationswesen zusätzliche Spezialisierungen dar, über die viele von Pesnitzers Standesgenossen vermutlich damals (noch) nicht verfügten. Pesnitzer muss in der Lage gewesen sein, die Gestalt der neuen Bauten zu visualisieren und wird auch über eine geeignete Terminologie in der Kommunikation mit den Werkmeistern verfügt haben. Auch wenn wir gerade hier die Details nicht kennen und auch kaum über Analogiekenntnisse der Zeit verfügen, so muss doch hier die Basis für die Ausnahmestellung Pesnitzers im Rahmen seiner Standesgenossen zu suchen sein.

Herausforderung höfischer Schlossbau

Der architekturaffine Adelige Ulrich Pesnitzer könnte aber auch noch auf einem anderen Feld als dem artilleristischen Festungsbau über besondere Kenntnisse verfügt haben, die ihn für seinen Dienstherren besonders wertvoll machten. Auch wenn in den Quellenbelegen zahlenmäßig seine Zuständigkeit für Wehrbauten zu dominieren scheint, so zeichnet sich doch unter seinen Tätigkeiten auch ein zweiter Bereich von Bauaufgaben ab, nämlich der Schlossbau bzw. ein Feld, das man als höfische Architektur im engeren Sinn bezeichnen könnte. An der wichtigen und bereits genannten Wirkungsstätte Burghausen ist eine Beteiligung Pesnitzers an dem etwa ab 1483 erfolgten Ausbau der herzoglichen Wohnbereiche nicht nachzuweisen. Hier ist die schriftliche Überlieferung leider insgesamt dürftig.

Umso bedeutender sind die in weitgehend fortlaufenden Serien erhaltenen Rechnungen für den fast vollständigen Ausbau des Neuen Schlosses zu Ingolstadt, die zusammen mit dem gut erhaltenen Baubestand eine außerordentliche, leider bislang kaum genutzte Quelle für die höfische Architektur in Deutschland an der Wende

---

73 Vgl. hier die beiden klassischen Untersuchungen, die inzwischen durch zahlreiche Spezialuntersuchungen ergänzt worden sind: WARNKE 1996 (wie Anm. 21). – SCHÜTTE 1984 (wie Anm. 15).

von Spätgotik und Renaissance darstellen.[74] Leider ist auch die Baugeschichte dieses Schlüsselbaus für die frühe Entwicklung des Schlossbaus in Mitteleuropa im Detail noch nicht ausreichend geklärt. Gesichert ist ein erstes Bauprojekt aus der Zeit um 1418. Welche Struktur- und Gestaltmerkmale jedoch bereits damals angelegt worden sind, ist nicht mit Sicherheit festzustellen, in der Vergangenheit aber vermutlich überschätzt worden. Der Bau ist jedenfalls unfertig liegengeblieben. Im Jahr 1450 wurden einige Arbeiten weitergeführt.[75] Es dürfte jedoch als relativ sicher anzusehen sein, dass in den frühen 1480er das Konzept dieses Schlosses grundlegend überarbeitet worden ist und die eigentliche Bauzeit des noch heute mit vielerlei Baudetails erlebbaren Kernschlosses in diese 1480er Jahre fällt bis hin zu einem weitgehenden, aus den Rechnungen ablesbaren Abschluss im Jahr 1489.[76]

Es kann davon ausgegangen werden, dass solche höfischen Bauprojekte, die die älteren Standards herzoglichen Wohnens und Repräsentierens in Bayern deutlich überboten, eines Bausachverständigen bedurften, dessen Kenntnisse und Erfahrungen über die durchschnittlichen Kompetenzen eines handwerklich geschulten Werkmeisters hinausgingen. Diese hatten anspruchsvolle Architektur vor allem im Bereich der Sakralarchitektur kennengelernt und waren, wie auch Arnold von Westfalen, vor allem in entsprechenden Hütten ausgebildet worden. Kenntnisse in anspruchsvollen Schlossneubauten waren um 1480 jedoch in diesem Milieu weit seltener zu gewinnen, aus dem einfachen Grund, dass die Konjunktur renaissancezeitlichen Schlossbaus fast überall erst noch bevorstand. Eine Ausnahme bildeten damals die italienischen Verhältnisse und die höfische Architektur im Herzogtum Burgund, wobei architektonische Verbindungslinien zwischen Bayern und den italienischen Höfen für diese Zeit nicht erkennbar sind. Wie jedoch die für die Bauprojekte in Ingolstadt und Burghausen vorauszusetzenden genaueren Kenntnisse über burgundische, französische und allgemein überregionale nordalpine Schlossarchitekturen damals übermittelt wurden, ist noch weitgehend unbekannt.[77] Vielleicht war es einem

---

74 HOFMANN 1979–90 (wie Anm. 43).
75 HOFMANN 1979–90 (wie Anm. 43), S. 79ff.
76 Auf die Neukonzeption in den frühen 1480er Jahren weist neben den stilistischen Eigenheiten der verbauten Öffnungsgewände vor allem die systemische Ähnlichkeit der Innenraumstrukturen in den beiden Herzogsresidenzen Ingolstadt und Burghausen hin. An beiden Orten findet sich ein für die Zeit eher ungewöhnliches und selten zu beobachtendes dreiräumiges Appartement für den Herzog, das aus großer Stube, Schlafkammer und kleiner Stube besteht, wobei letztere anders als in den Vergleichsbeispielen etwa in Meißen oder Salzburg eher der Schlafkammer zugeordnet ist. In Burghausen ist diese Struktur mit guten Gründen um das Jahr 1483 zu datieren (Inschrift auf einem tragenden Balken, siehe LANGER 2004 [wie Anm. 50], S. 22). Eine jahrgenaue Datierung für Ingolstadt ergibt sich daraus natürlich nicht. Vgl. allgemein zu höfischen Innenraumstrukturen dieser Zeit: Stephan Hoppe: Die funktionale und räumliche Struktur des frühen Schlossbaus in Mitteldeutschland. Untersucht an Beispielen landesherrlicher Bauten der Zeit zwischen 1470 und 1570, Köln 1996.
77 Zu den Anlagen: Werner Paravicini: Die Residenzen der Herzöge von Burgund 1363–1477, in: Hans Patze, Werner Paravicini (Hg.): Fürstliche Residenzen im spätmittelalterlichen Europa, Sigmaringen 1991, S. 207–263. – Krista De Jonge: Het paleis op de Coudenberg te Brussel in de vijftiende eeuw. De verdwenen hertogelijke residenties in de Zuidelijke Nederlanden in een nieuw licht geplaatst, in: Belgisch Tijdschrift voor Oudheidkunde en Kunstgeschiedenis / Revue

Adeligen eher möglich, auch auf anderweitig begründeten Reisen Einblick in die avancierten Beispiele der Residenzarchitekturen zu gewinnen. Die Rolle Pesnitzers in diesem Feld anspruchsvoller, ziviler Profanarchitektur muss aber zurzeit reine Spekulation bleiben.

Die Entwicklung in Hessen: Hans Jakob von Ettlingen

Ein weiteres Beispiel sowohl für die Zentralisierung eines landesherrlichen Bauwesens in den 1480er Jahren als auch die Verquickung von militärischen wie höfischen Bauaufgaben stellt die fast zeitgleiche Karriere des Hans Jakob von Ettlingen im Dienst von Landgraf Heinrich III. (reg. 1458–83) von Hessen und seiner Nachfolger dar.[78] Der Baumeister, der sich übrigens selbst eher »von Notlingen« oder »von Nutlingen« schrieb, dürfte bereits vor seiner lebenslangen Anstellung, seit etwa 1470 zu den Dienern des Landgrafen gehört haben. Damals war nach Jahren der kriegerischen Auseinandersetzung eine Landesteilung vereinbart worden und Landgraf Heinrich konnte mit dem Ausbau der baulichen Infrastruktur in seinem Herrschaftsbereich beginnen. Alle Maßnahmen werden in enger Abstimmung mit dem »heimlichen Regenten« der Landgrafschaft, dem mächtigen Hofmeister Hans von Dörnberg (1427–1506) entwickelt worden sein.

Im Jahr 1482 wurde Hans Jakob von Ettlingen zum Baumeister und Diener auf Lebenszeit aufgenommen, worüber eine erhaltene Urkunde berichtet.[79] Das umfangreiche und – entsprechend dem Territorium seines Fürsten – räumlich weit aufgefächerte architektonische Werk dieses Mannes, dessen Lebensspanne die Zeit von etwa 1440 bis 1507 umfasst, ist besser als im Fall Pesnitzers durch die seinerzeit beispielhafte architekturhistorische Dissertation von Reinhard Gutbier aus den späten 1960er Jahren erforscht.[80] Leider sind dieser Arbeit kaum jüngere Untersuchungen zu diesem Werkkomplex gefolgt.

Hans-Jakob von Ettlingen kann archivalisch eine ganze Reihe von landesherrlichen oder fürstennahen Bauprojekten in Hessen zugewiesen werden, beginnend mit dem Umbau der mittelalterlichen Wasserburg Friedewald (östlich von Bad Hersfeld)

---

belge d'archéologie et d'histoire de l'art, LXI (1991), S. 5–38. – Uwe Albrecht: Von der Burg zum Schloß. Französische Schloßbaukunst im Spätmittelalter, Worms 1986. – Wolfram Prinz, Ronald G. Kecks: Das französische Schloß der Renaissance. Form und Bedeutung der Architektur, ihre geschichtlichen und gesellschaftlichen Grundlagen, Berlin 1994.

78 Vgl. zum landgräfliche Beamten- und Dienerwesen: Karl Ernst Demandt: Der Personenstaat der Landgrafschaft Hessen im Mittelalter. Ein »Staatshandbuch« Hessens vom Ende des 12. bis zum Anfang des 16. Jahrhunderts, 2 Bde., Marburg 1981.

79 StAMarburg, Urkunden. Bestallungen Baumeister. Der Inhalt vollständig wiedergegeben bei: Reinhard Gutbier: Der landgräfliche Hofbaumeister Hans Jakob von Ettlingen. Eine Studie zum herrschaftlichen Wehr- und Wohnbau des ausgehenden 15. Jahrhunderts, 2 Bde., Darmstadt/Marburg 1973, hier S. 72f. Für den wissenschaftlichen Diskurs entdeckt und mit dem heute gebräuchlichen Namen »von Ettlingen« versehen wurde der Baumeister 1921 von dem bekannten hessischen Archivar und Historiker Friedrich Küch: Friedrich Küch: Hans Jakob von Ettlingen, ein hessischer Baumeister, in: Hessenkunst, 15, 1921, S. 34–50.

80 GUTBIER 1973 (wie Anm. 79) passim.

10 Ehemalige landgräfliche Wasserburg Friedewald, um 1476–89 von Hans Jakob von Ettlingen als Artilleriefestung erbaut, im Vordergrund das Nordwestrondell

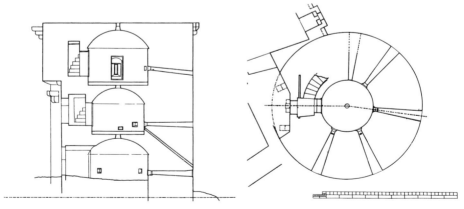

11 Ehemalige landgräfliche Wasserburg Friedewald, nordwestliches Eckrondell, um 1476–89 von Hans Jakob von Ettlingen entworfen

12　Marburg, ehemaliges Landgrafenschloss, rechts der durch Hans Jakob von Ettlingen errichtete Wilhelmsbau (1493–97)

zu einer hochmodernen Artilleriefestung (1476–89) (Abb. 10, 11), dem der Umbau der als Lehen an Hans von Dörnberg zu Lehen vergebenen landesherrlichen Burg Herzberg (östlich von Alsfeld) ebenfalls zu einer Artilleriefestung folgte (1477–90), den Ausbau des Dörnbergischen Schlosses in Neustadt mit dem nach seinem Erbauer benannten Junker-Hansen-Turm (1477–89), sowie dem Neubau des befestigten landgräflichen Jagdschlosses Wolkersdorf bei Frankenberg (1479 bis um 1486), hin zu der Verstärkung des Marburger Residenzschlosses durch ein Artillerierondell (1478), dem Wiederaufbau der kurz zuvor zerstörten Amtsburg Hauneck südlich von Bad Hersfeld (1483–89) oder schließlich der Errichtung eines neuen monumentalen Wohn- und Repräsentationsbaus auf dem Marburger Schloss, dem sogenannten Wilhelmsbau (1493–97) (Abb. 12).

Auch im architektonischen Werk des Hans Jakob von Ettlingen stehen also landesherrliche bzw. mit dem landesherrlichen Hof in Verbindung stehende Profanbauten im Vordergrund, die um die zwei Aufgabenkomplexe artilleristischer Wehrbau und höfische Wohnarchitektur kreisen. Damit glich sein baulicher Zuständigkeitskreis in signifikanter Weise jenem des Ulrich Pesnitzer. In beiden Bereichen waren damals auch in Hessen innovative Lösungen gefragt. Zum einen war in der Landgrafschaft um das Jahr 1474, also zur Zeit der akuten überregionalen Kriegsgefahr anlässlich der Neusser Fehde, noch kaum auf den intensivierten Einsatz von Feuerwaffen im Belagerungswesen reagiert worden; zum anderen konnten sich die landgräflichen Schlösser um 1490 noch nicht mit den neuen architektonischen Entwicklungen und dem dort gepflegten Anspruchsniveau wie etwa in Sachsen (Meißen, Dresden, Torgau), Österreich (Innsbruck), in Burgund (Brüssel) oder eben in Bayern messen.

Spannbreite der Kompetenzen

Hans Jakob von Ettlingen steht uns durch die erhaltenen Bauten sowohl als entwerfender Architekt als auch Bauverwalter vor Augen. Die überlieferten schriftlichen Zeugnisse belegen aber, dass seine Fähigkeiten auch noch weitere Bereiche umfasst haben, die üblicherweise nicht mit dem aus dem Steinmetzhandwerk entwickelten Berufsbild eines Werkmeisters in Verbindung gebracht werden. Über seine ersten Verwendungen um 1470 wissen wir nichts Genaueres. Zwischen 1472 und 1474 amtierte er als Vogt zu Friedewald, was man mit einem militärischen und zivilen Kommando als örtlicher Vertreter des Landgrafen übersetzen kann. In dieser Zeit wurde er als eine Art Militärberater an den Hof des Bruders des Landgrafen, den Kölner Erzbischof Hermann IV. von Hessen, »ausgeliehen«, der sich im Rahmen der Neusser Fehde im Kriegszustand mit Herzog Karl dem Kühnen befand. Nachweislich spielte Ettlingen 1474 eine Rolle in der Neubefestigung von Deutz auf der rechtsrheinischen Seite von Köln.[81] Angesichts der damaligen militärtechnischen Verhältnisse kann davon ausgegangen werden, dass es sich um eine bauliche Reaktion auf die Gefahren handelte, die von der seit Philipp dem Guten (reg. 1419–67) überlegen modernisierten burgundischen Artillerie ausgingen.[82] Um welche Maßnahmen es sich konkret gehandelt hat, ist unklar, da keine steinernen oder anderen Bauten aus dieser Kampagne überliefert sind. Die etwa gleichzeitig begonnene Neubefestigung von Friedewald zeichnete sich in ihrem Endausbau durch das neuartige Konzept eines vorgelagerten Artilleriewalls aus, dessen Erdkörper die kinetische Energie der Geschützkugeln besser absorbieren konnte als Mauerwerk.[83] Es könnte sein, dass sich die Beratertätigkeit (denn so muss man wohl die Rolle des Hans Jakob von Ettlingen im Rheinland bezeichnen) sich auf solche unorthodoxen und praxisgerechten Baumaßnahmen bezog. Verschanzungen solcher Art vor einer Burganlage führte beispielsweise um 1475/80 der berühmte kurpfälzische Büchsenmeister Martin Merz in einem Traktat vor.[84] Auch hier ergibt

---

81 Küch 1921 (wie Anm. 79), S. 37f.
82 Zur burgundischen Artillerie allgemein die ausgezeichnete Studie: Robert Douglas Smith, Kelly De Vries: The artillery of the Dukes of Burgundy 1363–1477, Woodbridge 2005. Als ein erhaltenes Beispiel für modernste Belagerungskanonen der Zeit kann das 1474 von Jean de Malines in Mecheln gegossene Geschütz Karls des Kühnen genannt werden, das heute im Historischen Museum Basel (Inv. 1874–95) aufbewahrt wird (Franz Egger: Katalog-Nr. 142 Geschützrohr, in: Susan Marti, Till-Holger Borchert, Gabriele Keck (Hg.): Karl der Kühne (1433–1477). Kunst Krieg und Hofkultur. Ausst.-Kat., Stuttgart 2008, S. 327. – SMITH/DE VRIES 2005 [wie oben], Kat.-Nr. 6).
83 Zur innovativen militärtechnologischen Rolle von Erdkörpern im 15. Jahrhundert siehe: Elmar Brohl: Polnische Einflüsse auf den frühen Festungsbau in Mitteldeutschland um 1500, in: Heiko Laß (Hg.): Von der Burg zum Schloss. Landesherrlicher und adeliger Profanbau in Thüringen im 15. und 16. Jahrhundert, Bucha bei Jena 2001, S. 117–132. – DURDÍK 1996 (wie Anm. 21). – Stephan Hoppe: Artilleriewall und Bastion. Deutscher Festungsbau der Renaissancezeit im Spannungsfeld zwischen apparativer und medialer Funktion, in: Jülicher Geschichtsblätter, 74/75, 2006/07, S. 35–63.
84 Martin Merz: Büchsenmeisterbuch, fol. 36 (BSB München Cgm 599, dort auch Digitalisat). Zur Handschrift: LENG 2002 (wie Anm. 27), hier Bd. 2, S. 201–204, dort die Datierung nach den Wasserzeichen. Überhaupt führt Merz in den späten 1470er Jahren in seinem Manuskript deutlich innovativeres Geschütz und Gerät vor als etwa ein Jahrzehnt zuvor der Nürnberger Büchsenmacher

sich also eine auffällige Parallele der Aufgaben Hans Jakob von Ettlingens zum Einsatzgebiet des Ulrich Pesnitzer.

Hans Jakob befand sich auch in der Folgezeit mehrfach im persönlichen Gefolge des Landgrafen, so bei der Übernahme der Grafschaft Katzenelnbogen 1479, als ein Großteil der wichtigeren Hofangehörigen des Landgrafen mitzog, oder auf Reisen im landesherrlichen Auftrag, etwa 1479 nach Erfurt oder 1492 nach Heidelberg. Überhaupt kann seine Hauptaufgabe nicht im ständigen und ortsfesten Arbeiten an landesherrlichen Bauprojekten gelegen haben, da er ab 1483 die anspruchsvolle Aufgabe eines landgräflich-hessischen Amtmanns in Hauneck nordöstlich von Marburg übernahm, die er bis 1494 beibehielt. Ein Amtmann war wie der Vogt der militärische und zivile Befehlshaber eines Amtes, der grundlegenden Verwaltungseinheit spätmittelalterlicher und frühneuzeitlicher Territorien, und damit der höchste (aber auch zeitweise abkömmliche) landesherrliche Vertreter auch im militärischen Bereich in dem zugeordneten Bezirk. Hans Jakob von Ettlingen gehörte damit zur höheren Beamtenschaft in der Landgrafschaft Hessen, seine Amtskollegen waren damals alle nachweislich von Adel; das gilt beispielsweise auch für Engelhart von Buchenau als Hans Jakobs Nachfolger in Hauneck. Adelig waren damals auch stets die hessischen Burgmannen, was sich aus deren kriegerischen Aufgaben zur Verteidigung einer bestimmten Burg und der traditionellen Verbindung solcher Funktionen mit dem Adelsstand ergab. Insofern sollte es zu denken geben, dass Hans Jakob von Ettlingen am 4. August 1492 als landgräflicher Burgmann zu Ziegenhain in der Form eines Mannlehens aufgenommen wurde; auch hier waren alle »Amtskollegen« Hans Jakobs adelig.[85] Bereits 1482 hatte man zudem am landgräflichen Hof erwogen, Hans Jakob von Ettlingen mit einem ritterlichen Erblehen zu versehen und sogar die Burg Hauneck als Lehen auszutun, wozu es aber nicht gekommen ist.[86]

Beobachtungen zum sozialen Hintergrund des Hans Jakob von Ettlingen

Spätestens hier ist zu fragen, wie sich diese für einen »normalen« Werkmeister in mehreren Aspekten signifikante soziale Ausnahmekonstellation erklären lässt. Zunächst ist festzuhalten, dass Hans Jakob in seiner erhaltenen Bestallungsurkunde von 1482, die ein älteres Dienstverhältnis verstetigte, gar nicht als Werkmeister, also als Handwerker, geschweige denn etwa als Steinmetz bezeichnet wurde. Es wurde statt

---

Johannes Formschneider in seinem Traktat BSB Cgm 734 (Digitalisat vorhanden) abbildet. Ob dies auf eine katalysatorische Wirkung der Burgunderkriege und der dort eingesetzten hochmodernen Technik zurückzuführen ist, muss zurzeit offen bleiben. Ulrich Pesnitzer und Martin Merz werden sich vermutlich persönlich gekannt haben. Die kurze Anleitung zum Bau von Erdbasteien von Hans Schermer dürfte zwar auch in Nordbayern entstanden sein, datiert aber nach den Wasserzeichen des Papiers auf die Jahre bald nach 1490 (UB Heidelberg Cod. Pal. germ. 562, Digitalisat und Beschreibung dort *http://digi.ub.uni-heidelberg.de/diglit/cpg562/0091*).

85 Landgrafen-Regesten online Nr. 7783, *http://www.lagis-hessen.de/de/subjects/idrec/sn/lgr/id/7783* (Stand: 12.9.2011).
86 Beide Projekte werden in der erwähnten Bestallungsurkunde vom 19.9.1482 genannt (s. GUTBIER 1973 (wie Anm. 79), S. 73).

dessen vereinbart, »das derselbe Hans sin lebetage ganz uß unser und unser erben buwmeister und diener, und uns verbuntlich gehorsam, willig, gewertig und bereit sin und bliben, uns getrue, willige dinste nach alle sinem vermogen und besten verstentniße mit buwen und andern zu unserem gesynnen widder aller meniglichen ungeweigert thun, [...] nicht [...] noch [...] ymande eynige buwe thun, oder darzunn anwisunge geben [...]«. Mit einiger Vorsicht sollte aus der verwendeten Terminologie geschlossen werden, dass wir mit Hans Jakob von Ettlingen aller Wahrscheinlichkeit nach keinen Vertreter des Steinmetzhandwerkes vor uns haben. Seine Kompetenz in Bausachen ist unbestritten, seine nachweisbare Tätigkeit ähnelt aber in vielem dem Tätigkeitsfeld, das Stefan Bürger in Bemühung um eine exakte und differenzierende kunsthistorische Terminologie als Baumeister im Sinne von Bauverwalter von dem handwerksgebundenen Werkmeister abgrenzt. Vermutlich entsprachen die Aufgaben Hans Jakobs von Ettlingen eher dem sich damals gerade entwickelnden Berufsbild des Architekten als Planverfertiger und oberster Leiter von Bauprojekten. Gutbier beschreibt denn auch seine Tätigkeit wie folgend: »Der Aufgabenbereich des Baumeisters war sehr vielseitig. Er arbeitete als Architekt, Handwerker und Verwaltungsbeamter. Für jeden Zweig seiner Tätigkeit lassen sich Rechnungsbelege finden. Die Tätigkeit als Architekt stand im Vordergrund. Er entwarf die Bauten und überließ die Ausführung erprobten Steinmetz- und Maurermeistern. Von Zeit zu Zeit besuchte er die Baustellen und überzeugt sich vom Fortgang der Arbeiten. Tauchten Schwierigkeiten auf, wurde er um Rat gefragt [...]«.[87]

Zumindest erklärt diese nähere Charakterisierung des Aufgabenbereiches Hans Jakob von Ettlingens, dass hier vermutlich kein Handwerker einen überdurchschnittlichen sozialen Aufstieg bis hin zu typischen Aufgabenfeldern und Privilegien des Adels hinter sich gebracht hat. Unsere heutige Kenntnis sozialer Konstellationen im späten 15. Jahrhundert würde eine solche Hypothese auch eher nicht stützen, besonders nicht im Kontext der in dieser Sphäre eher als traditionell zu bezeichnenden hessischen Landgrafschaft, in der parallele Phänomene sozialer Mobilität nicht eben zahlreich bekannt sind.

Beide bisherigen hauptsächlichen Erforscher des Hans Jakob von Ettlingen, Küch und Gutbier, haben darauf hingewiesen, dass der Baumeister in den Rechnungen mehrfach als »Junker« tituliert wurde, eine Bezeichnung, die eigentlich nur Adligen zukam.[88] Darüber hinaus wird Hans Jakob 1482 vom Abt von Hersfeld in einer Urkunde als »vester Hans Jacob von Notlingen«[89] tituliert, auch eine Bezeichnung, die eigentlich nur ritterbürtigen Personen zukam.

Gutbier war sich nicht ganz klar darüber, welche Schlüsse aus solchen Beobachtungen zu ziehen wären: »Der Landgraf hat Jakob von Ettlingen als befähigten

---

87 GUTBIER 1973 (wie Anm. 79), S. 7.
88 GUTBIER 1973 (wie Anm. 79), S. 8. Die Nennung als Junker z.B. in einer hessischen Aufstellung von Zehrungskosten aus dem Jahr 1492 (Landgrafen-Regesten online Nr. 4873, http://www.lagis-hessen.de/de/subjects/idrec/sn/lgr/id/4873 [Stand: 12.9.2011]).
89 Kopie einer Belehnungsurkunde des Abtes von Hersfeld vom 13.12.1482 (HStAMarburg, Abt. Handschriften, L 31 fol. 60, der Text bei GUTBIER 1973 [wie Anm. 79], S. 73).

und vielseitigen Mann hoch geschätzt. Kein Wunder, daß sich gelegentlich in die Rechnungen der Titel ›Junker‹ einschlich. Ob er adelig war, ist fraglich, das ›von‹ hat seine ursprünglichste Bedeutung als Herkunftsbezeichnung. Sollte Hans Jakob aber aus Ettlingen-Otlingen [= Ötlingen bei Teck] in der schwäbischen Alb stammen, so könnte er durchaus dem dortigen, überlieferten Ortsadel angehören«.[90] Es ist heute nicht ganz klar, auf welchen Ortsadel sich Gutbier bezieht, den er nicht näher charakterisiert und der auch nicht aufzufinden ist. Für Gutbier war die Frage einer möglicherweise adeligen Herkunft des Hofbaumeisters wenig relevant, wie auch das ganze Phänomen der landesherrlichen Zentralisierung des Bauwesens auf das entsprechende Amt und dessen soziale Kontextualisierung zur Zeit der Abfassung in den 1960er Jahren noch nicht zu den systematisch zu verfolgenden Fragestellungen der Architekturgeschichte gehörte. Heute, vor dem Hintergrund intensivierter Kenntnisse über die Genese und innere Dynamik von landesherrlicher Beamtenschaft und »Personenstaat« (Demandt) an der Wende von Mittelalter und früher Neuzeit und gerade im Zusammenhang mit dem lange vernachlässigten, viel eindeutigeren Beispiel des Ulrich Pesnitzer sollte aber die Frage nach der möglichen ständischen Herkunft oder Stellung des Hans Jakob von Ettlingen noch einmal aufgerollt werden.

Leider kann hier keine endgültige Lösung angeboten werden. Vermutlich lautete Hans Jakobs Zunamen wie erwähnt eher No(i)tlingen, Nutlingen, Otlingen (Oietlingen) oder Itlingen als Ettlingen.[91] Die letzte Variante, also Ettlingen, kommt auch in den Quellen vor, aber nicht so häufig, wie die von der Forschung akzeptierte Normalisierung suggeriert, die auf Küchs Aufsatz von 1921 zurückgeht.

Zunächst sollte angesichts der nachweislichen höheren sozialen Verortung des Baumeisters zumindest im Grenzbereich des Adels davon Abstand genommen werden, in dem zweiten Namen eine direkte, ad hoc zugelegte Herkunftsbezeichnung zu vermuten, die auf eine konkrete Wanderungsbewegung dieser Person schließen lässt. Persönlichkeiten solchen Standes führten damals – anders etwa als viele Handwerker – bereits in der Regel Familiennamen, und es wäre merkwürdig, wenn ein solcher in diesem Fall fortwährend durch eine ferne und in Hessen wenig vertraute Herkunftsbezeichnung ersetzt worden wäre. Bei Notlingen, Nutlingen, O(i)tlingen oder Ettlingen handelt es sich also aller Wahrscheinlichkeit nach um einen Familiennamen. Solche konnten zwar im 15. Jahrhundert noch wechseln, müssten aber eigentlich auch bei einigen anderen Familienangehörigen auftreten, die in dem anzunehmenden sozialen Stratum zumindest schwache Spuren in den Schriftquellen hinterlassen haben sollten.

Tatsächlich taucht der sonst in Hessen im 15. Jahrhundert bislang nicht nachweisbare Name auch an anderer Stelle im Umkreis des Marburger Hofes auf: 1485 wird ein Georg von Oitlingen als landgräflicher Diener erwähnt, der vermutlich mit dem jungen Oytelingen identisch ist, der später, 1495 zusammen mit Junker Hans von

---

90 GUTBIER 1973 (wie Anm. 79), S. 8. Die Nennung als Junker z.B. in einer hessischen Aufstellung von Zehrungskosten aus dem Jahr 1492 (Landgrafen-Regesten online Nr. 4873, *http://www.lagis-hessen.de/de/subjects/idrec/sn/lgr/id/4873* [Stand: 12.9.2011]).
91 Zu einem Teil der Namensvarianten: DEMANDT, PERSONENSTAAT 1981 (wie Anm. 78), Bd. 1, Nr. 638.

Greifenstein in landgräflichem Auftrag auf dem Wormser Reichstag gewesen war.[92] Es kann als sicher angenommen werden, dass es sich um einen nahen Verwandten des Baumeisters handelt, vielleicht sogar um einen Sohn. Mit Sicherheit dagegen ist ein anderer Sohn des Hans Jakob von Ettlingen nachweisbar: 1495 bittet dieser nämlich unterstützt durch den landgräflichen Hofmeister Hans von Dörnberg den Frankfurter Stadtrat, seinen Sohn Hans als Söldner aufzunehmen.[93] 1495 wird übrigens an anderer Stelle die Ehefrau des Baumeisters, Elisabeth, genannt.[94]

Geht man also hypothetisch davon aus, dass es sich bei den Varianten von »Ettlingen« um einen eingeführten Familiennamen handelt, so führen die Spuren nach derzeitigem Kenntnisstand am ehesten nach Altbayern. Dort gab es bis in das 16. Jahrhundert hinein eine niederadelige Familie, die sich nach einem Burgsitz in Edling bei Wasserburg am Inn nannte und mit verschiedenen Vertretern im Dienst der Herzöge von Bayern-Landshut stand. So übte Hans Ettlinger zwischen 1448 und 1470 das wichtige Amt eines herzoglichen Rentmeisters in Wasserburg aus; sein Sohn Georg erwarb 1477 den Burgsitz Heimhof östlich von Nürnberg, auf dem seine Nachkommen bis in die zweite Hälfte des 16. Jahrhunderts saßen. Zu der Familie gehörte auch der 1479 verstorbene Landshuter Ratsherr André Ettlinger, ein Bruder des Wasserburger Rentmeisters, und Dr. Paul Ettlinger, der ab 1484 unter den Räten Herzog Georgs des Reichen nachweisbar ist.[95] Da jedoch der Baumeister Hans Jakob von Ettlingen in seinem Siegel ein Jagdhorn führte, die Ettlinger aus Wasserburg aber ein Seeblatt (Lindenblatt) am Stil, lassen sich hier zurzeit keine engeren Verbindungen herstellen.[96] Es handelt sich hier – anders als bei der oben vorgenommenen Rekonstruktion des familiären Hintergrundes von Ulrich Pesnitzer – lediglich um Hinweise, in welche Richtungen sich zukünftige Forschungen bewegen könnten.

Exkurs: Wilwolt von Schaumberg als adeliger Söldnerhauptmann und Fortifikationsexperte

Zum Schluss soll noch kurz auf eine weitere Persönlichkeit eingegangen werden, deren Biografie als niederadeliger Söldner und Höfling aufgrund einer zeitgenössischen Lebensbeschreibung ungleich besser als bei den beiden genannten Baumeistern zu

---

92 DEMANDT, PERSONENSTAAT 1981 (wie Anm. 78), Bd. 1, Nr. 637 mit den Quellennachweisen.
93 Walther Karl Zülch: Frankfurter Künstler. 1223–1700, Frankfurt a.M. 1967, S. 195f.
94 KÜCH 1921 (wie Anm. 79), S. 39.
95 Zu der Familie: Christian Huber: Die Ettlinger von Heimhof, in: Blätter des Bayerischen Landesvereins für Familienkunde, 1, 1951, S. 121–127. – Nikolaus Erb: Geschichte des Landsassengutes Heimhof in der Oberpfalz, in: Verhandlungen des Historischen Vereins von Oberpfalz und Regensburg, 17, 1856, S. 437–494, hier zu den Ettlingern: S. 449–455. – Siehe auch: Dr. Wiguleus Hundt's bayrischen Stammenbuchs Dritter Theil. Mit den Zusätzen des Archivar Libius, in: Max von Freyberg: Sammlung historischer Schriften und Urkunden. Bd. 3, Stuttgart, Tübingen 1830, S. 159–797, hier S. 301–304. – Vgl. auch: Beatrix Ettelt-Schönewald: Kanzlei, Rat und Regierung Herzog Ludwigs des Reichen von Bayern-Landshut (1450–1479), 2 Bde., München 1999, hier Bd. 2, S. 515.
96 Es gab auch noch eine zweite Familie, die sich nach Edling in der Nähe von Ingolstadt nannte. Sie scheint aber in der zweiten Hälfte des 15. Jahrhunderts ausgestorben zu sein.

rekonstruieren ist; dessen Rolle als Bauherr einer für den Artilleriekampf optimierten eigenen Burganlage aber bislang erst von der regional ausgerichteten Forschung erkannt und gewürdigt worden ist.[97] Der um 1450 geborene und 1510 verstorbene Wilwolt von Schaumberg gehörte zwar einer recht einflussreichen und materiell solide ausgestatteten Ritterfamilie in Franken an, als nachgeborener Sohn verbrachte er aber einen Großteil seines Lebens als Söldner. Im Rahmen dieser Tätigkeit lernte er auch den damals häufigen Belagerungskrieg kennen und konnte Erfahrungen aus seinem Dienst unter Karl dem Kühnen und als Schanzmeister unter Kurfürst Albrecht Achilles in anderen Regionen produktiv einsetzen.

Gegen Ende seines Lebens gelang es Wilwolt, mit der alten Stammburg des Geschlechtes, der in Ruinen liegenden Schaumburg bei Schalkau im Hennebergischen belehnt zu werden. Bald nach 1499 baute er die alte Höhenburg zu einer Anlage aus, deren relativ kleiner Kern mit Flankierungstürmen, Gräben und für den Artilleriekampf eingerichteten Erdwällen mit Kasematten ausgestattet war und dabei auf unorthodoxe Weise neuste Entwicklungen des Wehrbaus paradigmatisch auf eine Niederadelsburg übertrug. Da kaum ein praktischer Anlass für diesen kostspieligen Ausbau erkennbar ist, muss man von einem hoch symbolischen Bau ausgehen. Vielleicht wollte er mit diesem Bau anderen Standesgenossen ein Vorbild geben oder seine Ansichten über einen modernen Festungsbau demonstrieren.[98] Zuvor hatte er – nicht mehr erhaltene – Befestigungen in Batenburg in Geldern (1497) und in Leeuwarden (1498) errichten lassen und vielleicht auch (mit-?)entworfen. Auch wenn Wilwolt von Schaumberg sicherlich nicht zu den Architekten oder gar Werkmeistern im engeren Sinn zu rechnen ist, war er als Schanzmeister und Söldnerhauptmann mit dem Festungskrieg gut vertraut und war offensichtlich in der Lage, das Konzept für ein eigenes Bauprojekt zu entwickeln und damit entwerferisch aktiv zu werden. Auch er ist damit ein Grenzgänger zwischen adeligem Kriegswesen und neuem Expertentum im profanen Bauwesen an der Schwelle von Mittelalter und Neuzeit.

Fazit

Die familiengeschichtlichen Nachforschungen zu den erwähnten Baumeistern sollten hier nicht als Selbstzweck betrieben werden. Sie dienen vielmehr dazu, zumindest schemenhaft nicht nur den familiären und sozialen Hintergrund eines neuen Typs von entwerfenden Bauspezialisten im 15. Jahrhundert zu beleuchten, sondern auch Hinweise auf ihren spezifischen Erfahrungshorizont, ihre »beruflichen«

---

97 Grundlegend ist nun: Sven Rabeler: Niederadlige Lebensformen im späten Mittelalter. Wilwolt von Schaumberg (um 1450–1510) und Ludwig von Eyb d. J. (1450–1521), Würzburg 2006. Zu der Burganlage und ihrem historischen Kontext: Dirk Höhne: Die Schaumburg bei Schalkau: Eine kleinmaßstäbige Musterburg aus der Zeit um 1500 und der Einfluss des Bauherrn auf die Gestaltung der Fortifikationen, in: Heinz Müller: Reinhard Schmitt (Hg.): Zwinger und Vorbefestigungen. Tagung vom 10. bis 12. November 2006 auf Schloss Neuenburg bei Freyburg (Unstrut), Langenweißbach 2007, S. 153–160.
98 So HÖHNE 2007 (wie Anm. 97).

Qualifikationen und ihre Kommunikationsnetze zu sammeln. Es erscheint von grundlegender Bedeutung, genauer als bislang geschehen, ihre jeweiligen Wissenshorizonte zu erforschen.

Auch wenn besonders die prosopografischen sowie kultur- und technikgeschichtlichen Verhältnisse an den jeweiligen Fürstenhöfen und die Baugeschichte der einschlägigen Projekte noch viel Raum für weitere Nachforschungen lassen, so dürften doch die von einer typischen Werkmeisterbiografie abweichenden biografischen Hintergründe eines Ulrich Pesnitzer und Hans Jakob von Ettlingen deutlich zu Tage getreten sein. Mit Sicherheit hatten sich beide in komplexen Verwaltungssituationen bewährt, bevor sie zu fürstlichen Beamten auf Lebenszeit ernannt wurden. Außerdem hatten sie vermutlich einschlägige Erfahrungen im Kriegshandwerk gesammelt, bevor ihnen aufgetragen wurde, neue Lösungen für den permanenten Festungsbau zu entwickeln. Bei Ulrich Pesnitzer ist der familiäre Hintergrund hier der deutlichste Hinweis; bei Hans Jakob von Ettlingen besitzen wir im Moment nur den Hinweis auf seine Verwendung im Umkreis des Neusser Kriegs, die weitaus weniger aussagekräftig ist. Sollte es sich jedoch bei seinen landgräflichen Ämtern und Lehen nicht um reine finanztechnische Lösungen gehandelt haben, so weisen diese auf eine Vertrautheit mit der zu ihrer Ausübung damals notwendigen militärischen Befehlsgewalt hin (wobei es sich allerdings keineswegs um ein Privileg des Adels handelte).

Leider ist die Geschichte der mitteleuropäischen Fortifikationsarchitektur im 15. Jahrhundert noch so wenig systematisch erforscht, dass der genaue Charakter von Innovationen im Werk der Beiden zurzeit noch nicht präzise zu beschreiben ist. Hier wären die Maßverhältnisse mit Bezug auf die Waffentechnik, die Beziehung der Architektur zum Gelände, die einzelnen Schartenformen, der spezifische Einsatz der Baumaterialien Stein und Holz und vieles andere zu berücksichtigen. Bereits der oberflächliche Vergleich von Pesnitzers vorgeschobenem Artillerieturm auf dem Eggenberg und eines von Ettlingen erbauten Eckrondells der Wasserburg Friedewald (Abb. 8 und 11) offenbart Gemeinsamkeiten, aber auch deutliche Unterschiede wie die Schartenformen, die eventuell auf unterschiedliche Armierungskonzepte hinweisen. Es fällt auch auf, dass Ettlingen sich verhältnismäßig früh mit dem damals (wieder) modernen Konzept des artilleristischen Erdwerkes befasste, das sich zur Zeit bei Pesnitzer nicht nachweisen lässt, während bei diesem wiederum das Konzept der Tiefenverteidigung eine deutliche Rolle spielte, das im böhmischen und österreichischen Raum häufig vertreten war[99], jedoch bei Ettlingen eine nur marginale Rolle zu spielen scheint. Dahinter könnten sich unterschiedliche Erfahrungshorizonte und Netzwerke des Wissens verbergen. Hier müssten solche technologischen Aspekte

---

99 Siehe z.B. DURDÍK 1996 (wie Anm. 21). – Thomas Kühtreiber, Olaf Wagener: Die Burg vor der Burg als Forschungsproblem. Vorgängeranlage, Vorwerk, Belagerungsanlage? in: MÜLLER/SCHMITT 2007 (wie Anm. 21), S. 19–35. – Tomás Durdík: Vorgeschobene Basteien mittelalterlicher Burgen in Böhmen, in: MÜLLER/SCHMITT 2007 (wie Anm. 21), S. 87–101. – Olaf Wagener, Thomas Kühtreiber: Taktik und Raum. Vorwerke als Elemente des Burgenbaus im 15. und 16. Jahrhundert, in: Die Burg zur Zeit der Renaissance (= Forschungen zu Burgen und Schlössern 13), Berlin/München 2010, S. 111–126.

intensiver und systematischer als bisher in ihren soziologischen Kontext eingebettet werden.

Im Falle der Pesnitzer und Ettlingen zugeschriebenen Wehrbauten ergeben sich über die biografischen Hintergründe überzeugende Hinweise, dass hier eben nicht das Steinmetz- oder Maurerhandwerk Ausgangspunkt der neuartigen Bauaufgabe war. In den meisten zeitgleichen Fällen ist über die Entwerfer solcher Bauten gar nichts bekannt, so dass auch ihr Verhältnis zum zunft- oder hüttenmäßigen Baugewerbe völlig im Dunkeln liegt. Der steinmetzmäßig und wohl hüttennah ausgebildete Arnold von Westfalen scheint keine größeren und modernen Befestigungsprojekte geleitet zu haben, auch bei den meisten Werkmeistern an der Wende von Mittelalter zu früher Neuzeit ist entsprechendes kaum bekannt. Bedeutende Ausnahmen wären der kurpfälzische Steinmetz, Büchsenmeister und Hofbaumeister Lorenz Lechler (um 1460 bis um 1538)[100] und der königlich böhmische Steinmetz und Hofbaumeister Benedikt Ried (um 1454–1534).[101] Genannt werden sollten in diesem Zusammenhang vermutlich auch der niederländische Hofarchitekt Rombout II. Keldermans (um 1460–1531) und sein Cousin Laureys Keldermans († 1534), die an den Entwürfen für Befestigungsbauten Karls V. beteiligt waren.[102]

Vielleicht war die Zahl der beruflichen Quereinsteiger besonders im Bereich des Wehrbaus schon im 15. Jahrhundert größer als bislang angenommen. Im 16. Jahrhundert gab es dann, wie bereits angedeutet, auch in Mitteleuropa eine ganze Reihe nachweislicher Wanderer zwischen beruflichen Feldern, die jedoch auch noch nicht im Zusammenhang untersucht worden sind. Im 16. Jahrhundert wird man nicht zögern, sie Architekt oder Ingenieur zu nennen; es stellt sich damit die bereits am Anfang der Darstellung angerissene Frage nach der Nomenklatur für das 15. Jahrhundert. Wenn es sich bei Ulrich Pesnitzer und Hans Jakob von Ettlingen eindeutig nicht um Werkmeister handelt, der auf die Bauverwaltung fokussierte Begriff des Baumeisters in dieser strengen Form falsche Assoziationen wecken würde, so sollte

---

100 Anneliese Seeliger-Zeiss: Lorenz Lechler von Heidelberg und sein Umkreis. Studien zur Geschichte der spätgotischen Zierarchitektur und Skulptur in der Kurpfalz und in Schwaben, Heidelberg 1967 (allerdings mit Schwerpunkt auf seine Architektur). – Anneliese Seeliger-Zeiss: Studien zum Steinmetzbuch des Lorenz Lechler von 1516, München 1982.

101 Auf die unübersichtliche Forschungslage zu Benedikt Ried kann hier nicht eingegangen werden. Vieles müsste dort noch einmal überdacht werden, so auch das Rezeptionsverhältnis Rieds zu den Burghausener Artilleriewerken, da Götz Fehr als Urheber dieser These vermutlich von einem zu frühen Baubeginn in Burghausen ausgeht. Siehe: Fehr 1961 (wie Anm. 26); Menclová, Dobroslava: České hrady. Bd. 2, 2., erweiterte Aufl., Prag 1976. – Franz Bischoff: Benedikt Ried. Forschungsstand und Forschungsproblematik, in: Evelin Wetter (Hg.): Die Länder der böhmischen Krone und ihre Nachbarn zur Zeit der Jagiellonenkönige (1471–1526). Kunst – Kultur – Geschichte, Ostfildern 2004, S. 85–98.

102 Vgl. Pieter Martens: Militaire architectuur en vestingoorlog in de Nederlanden tijdens het regentschap van Maria van Hongarije (1531–55). De ontwikkeling van de gebastioneerde vestingbouw, unpubliziert Dissertation Löwen 2009. – Kurz soll hier auf den adeligen Baumeister Heinrich von Schwangau († 1536) hingewiesen werden, der vermutlich für den Bau des Füssener Bischofsschlosses und des Jagdschlosses Wellenburg verantwortlich war, dessen Wirken und Stellung aber noch weitgehend ungeklärt ist (Nicole Riegel: Die Bautätigkeit des Kardinals Matthäus Lang von Wellenburg [1468–1540], Münster 2009, S. 72f.).

man beide Bauexperten mit gutem Gewissen Architekt und Ingenieur nennen und als frühe Vertreter dieser aus den mittelalterlichen Grenzen heraustretenden Berufsfelder genauer in den Blick nehmen. Das gilt auch für ihr in ihren Heimatterritorien neuartiges und zukunftsweisendes Amt eines obersten landesherrlichen Baubeamten und seine Wurzeln, die man u.a. wohl in der in der ersten Hälfte des 15. Jahrhunderts intensivierten, zentralisierten und bürokratisierten Verwaltungspraxis der burgundischen Herzöge zu suchen hat.

Bildnachweis

1: Foto von Stephan Hoppe, 2007. – 2, 6: Foto von Stephan Hoppe, 2012. – 3: UB Heidelberg, Cod. Pal. Germ. 130. – 4: Archiv des Institutes für Kunstgeschichte der LMU München. – 5: Foto von Anton Prock, 2011, CC BY-NC-SA 3.0. – 7: Foto von Stephan Hoppe, 2005. – 8: Grundrisse und Schnitt nach Kunstdenkmäler in Bayern. – 9: aus BURGER 2007 (wie Anm. 72). – 10: 2micha Wikimedia GNU Free Documentation License 2007. – 11: aus GUTBIER 1973 (wie Anm. 79). – 12: Foto von Stephan Hoppe, 2004.

Demonstration avantgardistischer Architektur ›à la mode françoise‹ an der SS. Trinità dei Monti in Rom

Hubertus Günther

Erasmus von Rotterdam hält im »Lob der Torheit« (1509) die Beobachtung fest: »Die Natur hat nicht nur dem Einzelnen seine Eigenliebe, sondern auch jeder Nation, ja fast jeder Stadt eine allgemeine Eigenliebe eingepflanzt. Die Engländer brüsten sich mit der Schönheit, Musik und einem guten Tisch, die Schotten mit edler Abstammung, die Franzosen mit feinen Sitten, die Italiener mit Bildung und Eloquenz. Alle schmeicheln sich, sie allein unter allen Menschen seien keine Barbaren. Darin tun es die Römer allen anderen zuvor und träumen noch immer höchst angenehm von jenem alten Rom«.[1] Die Italiener brüsteten sich damals auch damit, die Architektur nach dem Vorbild der Antike wiederbelebt zu haben, und neigten dazu, alles, was von ihrem Stil abweicht, als barbarisch abzutun. Die anderen Nationen näherten sich allmählich den neuen Vorstellungen, aber sie gaben ihr eigenes Erbe nicht gleich bedingungslos auf. Auch sie waren natürlich stolz auf das, was sie hervorgebracht hatten. Die Beobachtung der Besonderheiten der eigenen Nation gehört, wie die Historiker herausstellen, zu den charakteristischen Zügen der Renaissance.

Die Nationen stellten ihren eigenen Stil respektive ihre Art zu bauen manchmal absichtlich zur Schau. Rom als Metropole der Christenheit bot die ideale Gelegenheit dazu. Ein bekanntes Beispiel für eine solche Demonstration bildet die Kirche der deutschen Bruderschaft in Rom, S. Maria dell'Anima. Im Baubeschluss von 1499 hielten die Deutschen fest: »Damit wir nicht den anderen Nationen ungleich und hinter ihnen zurückzustehen scheinen«, wollten sie zum Lob und Ruhm Gottes, zur »Ehre unserer Germanischen Nation und zum Schmuck der Stadt Rom« eine neue Kirche bauen lassen, die in deutscher Art gestaltet sei (»Alemannico more compositum«).[2] Ursprünglich sollte der Bau gotischen Stil annehmen, und dafür berief die Bruderschaft Bauleute aus der Region von Straßburg. Wenige Monate darauf ließ sie diesen Plan fallen, übernahm den neuen italienischen Stil und beauftragte italienische Bauleute mit der Ausführung. Als deutsche Art blieb die Disposition in Gestalt einer Hallenkirche übrig, die damals besonders in Mitteleuropa verbreitet war und wegen ihrer Klarheit, Helligkeit und Überschaubarkeit auch im Ausland Anerkennung fand,

---

1 Erasmus von Rotterdam: Ausgewählte Schriften II. Lob der Torheit, hg. von Wendelin Schmidt-Dengler, Darmstadt 1995, S. 102f. – Johan Huizinga: Geschichte und Kultur. Gesammelte Aufsätze, Stuttgart 1954, S. 229–254 (Erasmus über Vaterland und Nationen).
2 Franz Nagl: Urkundliches zur Geschichte der Anima in Rom, Rom 1899, S. 65ff. – Joseph Schmidlin: Geschichte der deutschen Nationalkirche in Rom, S. Maria dell'Anima, Freiburg 1906. – Josef Lohninger: S. Maria dell'Anima. Die deutsche Nationalkirche in Rom, Rom 1909, S. 38ff. – Weitere Literatur bei Barbara Baumüller: Santa Maria dell'Anima in Rom. Ein Kirchenbau im politischen Spannungsfeld der Zeit um 1500, Berlin 2000.

gelegentlich sogar in Italien. Papst Pius II. Piccolomini bewunderte sie dermaßen, dass er die Kathedrale von Pienza ausdrücklich nach ihrem Vorbild errichten ließ (1459–62).[3] Allerdings wurden hier von vornherein Gliederung und Gewölbe dem neuen italienischen Stil angepasst.

Unser Beitrag soll zeigten, wie die französische Nation in Rom um die gleiche Zeit wie die Deutschen ihre Art zu bauen der Welt vor Augen führte. In diesem Fall ergriff statt der Landsmannschaft der König die Initiative. Es geht um die SS. Trinità dei Monti oberhalb der »Spanischen Treppe«. Die äußere Erscheinung der Kirche ist hochberühmt, und ihre Geschichte ist gründlich bearbeitet. Die Gestaltung des Innenraums hat bisher jedoch wenig Beachtung gefunden, obwohl sie außerordentlich originell war und die Absicht des Bauherrn demonstrierte.[4]

Nachdem der Paulanerorden von Papst Sixtus IV. 1474 anerkannt worden war, richtete er eine Niederlassung auf dem Pincio ein. 1502 begann er, dort eine neue Kirche zu bauen, die SS. Trinità dei Monti. Die Gemeinschaft lebte nach verschärften franziskanischen Regeln. Sie nannte sich eigentlich Ordo Minimorum, der Mindesten, als Steigerung der Bezeichnung der Franziskaner als Minoriten – Mindere Brüder. Ihr Gründer, Francesco di Paola (Paola in Kalabrien 1416 – Tours 1507) wirkte ab 1483 in Paris und erwarb sich hohes Ansehen am französischen Königshof. Sein Orden verbreitete sich besonders weit in Frankreich; die Mönche in seinem römischen Konvent waren fast alle Franzosen. Die Könige von Frankreich unterstützten nachhaltig den Orden, sie betrieben die Heiligsprechung Francescos (1519) und finanzierten von Anfang an den Bau des Konvents am Pincio. Ihre Interessenvertreter an der Kurie betreuten die Arbeiten, als erster der Kardinal Guillaume Briçonnet, 1497–1507 Erzbischof von Reims, dann von Narbonne († 1514). Der Romführer, den Francesco Albertini 1510 publizierte, behandelt die SS. Trinità dei Monti zusammen mit den Nationalkirchen, weil sie vom französischen König begonnen und vom Kardinal Briçonnet hergerichtet worden sei.[5] Fortan halten die Romführer bei der SS. Trinità das Mäzenatentum der Könige von Frankreich fest, und die Inschrift an ihrer Fassade verkündet es auch: »S(ANCTAE). TRINITATI. REGUM. GALLIAE. MVNIFICENTIA. ET. PRIOR(VM). ELEMOSYNIS. ADIVTA. MINIMOR(VM). SODALITAS. STRVXIT. AC. D(E)D(IT). ANNO. D(OMINI). M.D.LXX«. Im Barock errichteten die Könige von Frankreich die große Freitreppe, die den Pincio hoch zur SS. Trinità führt; sie wollten auch dort ihr Mäzenatentum herausstreichen, aber die Päpste stellten sich ihrem Repräsentationsbedürfnis entgegen, und inzwischen nennt man die Anlage ungerechterweise »Spanische Treppe«. (Abb. 1)

---

3 Ludwig H. Heydenreich: Pius II. als Bauherr von Pienza, in: Zeitschrift für Kunstgeschichte 6, 1937, S. 105–146. – Markus Brandis: »La maniera tedesca«. Eine Studie zum historischen Verständnis der Gotik im Italien der Renaissance, Weimar 2002, S. 125–138.

4 Wichtigste Literatur: Fourier Bonnard: Histoire du convent royal de la Trinité du mont Pincio a Rome, Rom/Paris 1933. – Pio Pecchiai: La Trinità dei Monti, vor 1965, unpubliziert, Druckfahnen in der Bibl. Hertziana, Signatur Dt. 4690-5651. – Luigi Salerno: Piazza di Spagna, Neapel 1967, S. 27–42. – Cesare D'Onofrio: Scalinate di Roma. Rom 1973, S. 131–208. – Yves Bruley (Hg.): La Trinité-des-Monts redécouverte, Ausst.-Kat., Rom 2002, dort weitere Literatur.

5 Francesco Albertini: Opusculum de mirabilibus novae & veteris urbis Romae. Rom 1510, fol. X 2v.

1 SS. Trinità dei Monti, Rom, Außenansicht

Von den Bauakten der SS. Trinità dei Monti ist wenig bewahrt, aber, was bisher nicht beachtet wurde, es gibt ein zeitgenössisches Zeugnis, das ähnlich wie bei S. Maria dell'Anima ausdrücklich sagt, die Kirche sei in der nationalen Art gebaut. Das Zeugnis stammt von zwei Reisebegleitern des Abtes von Clairvaux, Dom Edme de Saulieu. Er kam um die Jahreswende 1520/21 nach Rom, um beim Papst im Sinn des französischen Königs die Reform der Zisterzienser zu betreiben. Vor allem sollte der schädliche Einfluss eingeschränkt werden, den der Heilige Stuhl durch die Vergabe von französischen Pfründen an Kuriale nahm. Die Franzosen wollten selbst über ihren Klerus bestimmen. Aber der Papst hielt an seinem einträglichen Privileg fest. Man verteidigte das einheimische Erbe eben in vielen Bereichen und nicht nur bei Architekturstilen.

Der Reisebericht führt am 31. Dezember 1520 aus: »Le dernier jour du dict mois, fumes a la Trinite qui est une eglise de nouveau edifiée et faicte selon la mode francoise. La cause estoit quil y avoit ung convent de Minimes tous françoys, lesquelz commencoient a faire ung beau lieu.« Am 6. Januar 1521 wiederholt der Bericht, dass die Kirche auf französische Art gebaut sei, weil der Konvent französisch sei, und fügt an, sie sei mit Lilien, also dem Emblem der Könige von Frankreich, übersät und trage an mehreren Stellen das Wappen von Frankreich: »Le VI, jour de lepiphanie, Monseigneur et moy allames dire messe et disner au couvent des Minimes, nomme la Trinite. Les religieux estoient quasi tous francois, et leglise faicte a la mode francoise et semee de fleurs de lis, et en plusieurs lieux, les armes de France«.[6]

Vermutlich haben Dom Edme und seine Begleiter nicht ganz allein beobachtet, dass die SS. Trinità auf französische Art gebaut sei – sie waren ja keine Experten für Architektur, sondern geben wieder, was die Paulaner ihren hochgestellten Besuchern sagten, als sie ihnen die Kirche vorführten. Dafür spricht auch eine kurz nach 1806 von dem Paulaner-Pater Charles Pierre Martin verfasste Chronik, die unpubliziert, aber gut bekannt im Archiv von S. Luigi dei Francesi aufbewahrt wird. Dort heißt es, der Kardinal Briçonnet habe die Kirche in französischer Art gestalten wollen: »le cardinal Briconnet projecta le dessein d'un Monastere [...] avec une eglise a la francoise & fit tracer le plan par les plus habiles architectes«.[7] Das Zeugnis ist ernst zu nehmen, denn Martin verwertet anscheinend Baudokumente, die heute nicht mehr zur Verfügung stehen, und den Bericht von der Reise Dom Edmes kann er kaum gekannt haben, da er seinerzeit weder publiziert, noch in einer öffentlichen Sammlung zugänglich war.

Briçonnet ließ zudem die Werksteine für die SS. Trinità aus Frankreich holen und von dort für viel Geld nach Rom transportieren. Diese Maßnahme erregte besonderes Aufsehen. Albertini stellte sie gleich in seinem Romführer heraus: »Ecclesia individuae trinitatis in colle hortulorum a rege Francorum incepta & a reverendissimo Gulielmo macloviensie presbytero card. & episcopo praenest. exornata qui lapides maioris capellae ex gallia ad urbem propriis sumptibus transferre iussit«.[8] Das wiederholt 1517 der franziskanische Ordensgeneral Fra Mariano da Firenze.[9] Carlo Bartolomeo Piazza schreibt 1703, der Stein stamme aus Narbonne und habe auch für die Gewölbe und Fenster im Langhaus gedient: »la volta dell'unica nave della medesima (chiesa) è tutta di pietre vive, le quali furno portate da Narbona d'ordine di Ludovico XII. rè di Francia, havendone l'incombenza il Cardinal Guglielmo Brissonetto Arcivescovo di Narbona, gran benefattore di questo monastero. Così pure le finestre [...]«.[10] Martin gibt an, Briçonnet habe die Steine fertig bearbeitet aus Narbonne bringen lassen: »fit venir par Mer de Narbonne les pierres de taille toutes preparées«.[11]

---

6 Harmand (Hg.): Relation d'un voyage a Rome, commencé le XXIII du moi d'aout 1520, et terminé le XIV du mois d'Avril 1521, par Révérend père en Dieu Monseigneur Dom Edme, XLIe abbé de Clairvaux, in: Mémoires de la Société d'Agriculture, des Siences, Arts et Belles-Lettres du Département de l'Aube 15 (Ser. 2, 2), 1849–50, S. 143–235, spez. S. 203f. – Zu Dom Edme vgl. Claude de Bronseval, Maur Cocheril (Hg.): Peregrinatio hispanica, voyage de Dom Edme de Saulieu, abbé de Clairvaux, en Espagne et au Portugal, 1531–1533, Paris 1970.
7 Charles Pierre Martin: Histoire du convent royal des Minimes françois de la tres sainte Trinité sur le Mont pincius. Ms., Archiv von S. Luigi dei Francesi, Rom, S. 8.
8 ALBERTINI 1510 (wie Anm. 5).
9 Fra Mariano da Firenze: Itinerarium Urbis Romae, hg. von Enrico Bulletti, Rom 1931, S. 220f.
10 Carlo Bartolomeo Piazza: La gerarchia cardinalizia, Rom 1703 (verfasst kurz nach 1689), S. 643.
11 MARTIN (wie Anm. 7), S. 8, 37.

Der Kirchenhistoriker Giovanni Antonio Bruzio berichtet kurz nach 1662, Briçonnet habe auch die Fensterscheiben für den Chor in Narbonne anfertigen und nach Rom transportieren lassen: »in maius et aedis et absidis ornamentum vitreos tres fenestrarum obices curavit Narbonae miro cum artificio pingi salvosque ad urbem deferri«.[12] Martin meint, allein der Transport der bearbeiteten Steine und Glasfenster von Narbonne nach Rom habe mindestens 2000 Gold-Écu verschlungen.[13]

Es ist schwer vorstellbar, dass Briçonnet einen italienischen Meister angestellt hätte, um die Vorlagen für die Werksteine »a la mode françoise« zu liefern, die dann Steinmetze in Narbonne ausführten. Jedenfalls legte Briçonnet die Ausführung der Glasmalerei, obwohl seinerzeit viele italienische Künstler dafür zur Verfügung standen, in die Hände eines Landsmannes. Bruzio und Martin schreiben die Glasbilder, die sich im Chor befanden, dem französischen Glasmaler Guillaume de Marcillat zu.[14] Piazza nennt ihn als Schöpfer aller Glasbilder in der Kirche (1703)[15], aber das kann nur für die Joche zutreffen, die vor 1529 vollendet waren, denn in diesem Jahr starb Marcillat. Vasari widmet Marcillat als einzigem Ausländer eine eigene Vita, weil er nach Italien übersiedelte und sich dort dem Stil der Renaissance anschloss, aber die SS. Trinità erwähnt er nicht.[16] Vielleicht schienen ihm die Glasbilder dort noch zu »gotisch«, denn er meint, Marcillat habe, bevor er nach Rom kam, wenig »disegno« gehabt.[17]

Um die Aussage des Reiseberichts beurteilen zu können, vollziehen wir erst einmal nach, was Dom Edme von der SS. Trinità sehen konnte. Dafür geben wir zunächst im Wesentlichen die bekannten Daten der Baugeschichte wieder. (Vgl. Abb. 8) Die Arbeiten waren anfangs rasch fortgeschritten: Nach dem Wortlaut des Reiseberichts war die Kirche 1520 bereits weitgehend fertiggestellt. Jedenfalls stand damals der gesamte Ostteil mit Chor und Querhaus, zudem mindestens das erste Joch des Langhauses mit seinen Seitenkapellen; wahrscheinlich waren aber mehrere Joche fertiggestellt. 1513 wurde eine Seitenkapelle übergeben; im folgenden Jahr waren zwei Seitenkapellen vollendet; am 4. November 1514 wurden drei weitere Seitenkapellen in Auftrag gegeben. Der Vertrag bestimmt, sie nach dem Vorbild der beiden ersten auszuführen.[18] 1527, beim Sacco di Roma, waren die vier Joche fertiggestellt, die ursprünglich geplant waren. Eine von den beiden Seitenkapellen des vierten Jochs westlich vom Querhaus wurde etwa 1526 übergeben. Vor dem Sacco di Roma hatte

---

12 Giovanni Antonio Bruzio: Ecclesiae Romanae urbis nec non Collegia Cannonicorumque presbyterorum ac virorum monasteria regularia quaecumque. Bd. 12 (De aede SS. Triadis in Pincio ac coenobio Minimorum Gallorum S. Francisci de Paula), Ms., Biblioteca Apost. Vaticana, Cod. Vat. lat. 11881, fol. 130v.
13 MARTIN (wie Anm. 7), S. 8.
14 BRUZIO (wie Anm. 12), fol. 130v; Martin (wie Anm. 7), S. 8.
15 PIAZZA (wie Anm. 10), S. 643.
16 Giorgio Vasari: Le vite de'più eccellenti pittori, scultori ed architettori, hg. von Gaetano Milanesi, Florenz 1906, Bd. 4, S. 417–430. – Girolamo Mancini: Guglielmo de Marcillat Francese. Insuperato pittore sul vetro, Florenz 1909. – Nicole Dacos: Un »romaniste« français méconnu: Guillaume de Marcillat, in: Jean-Pierre Babelon (Hg.): »Il se rendit en Italie«. Etudes offertes à André Chastel, Rom/Paris 1987, S. 135–147.
17 VASARI (wie Anm. 16), Bd. 4, S. 422.
18 Archivio di Stato, not. Capitolino St. De Amannis, vol. 61, S. 156. D'ONOFRIO (wie Anm. 4), S. 369.

2 SS. Trinità dei Monti, Rom, Innenansicht

man auch bereits begonnen, Langhaus und Seitenkapellen auszumalen. Die frühesten von diesen Fresken (Cappella Guerrieri) hat Dom Edme sicher schon gesehen, denn sie gehören noch in den Umkreis von Perugino. Beim Sacco di Roma wurde der Konvent geplündert. Ab 1540 wurde die Kirche um zwei Joche verlängert und die prominente Doppelturmfassade errichtet.

Die Teile der SS. Trinità, die Dom Edme gesehen hat, sind nicht mehr vollständig erhalten. Der Chor wurde 1676 abgebrochen und anschließend durch den heutigen Neubau ersetzt. Die Gewölbe des Langhauses einschließlich des Obergadens wurden 1774 umgestaltet. Ihre alte Form bewahrt haben dagegen die Wände des Langhauses unterhalb des Obergadens, die Seitenkapellen, die Vierung und die beiden Arme des Querhauses. (Abb. 2–6) Wir behandeln nun, wie die SS. Trinità aussah, als Dom Edme sie besuchte. Darauf gehen wir ausführlicher ein, weil bisher ein Versuch aussteht, die ursprüngliche Erscheinung systematisch zu rekonstruieren. Unser wesentlichstes Zeugnis bildet Bruzios (1614–92) voluminöses, ebenfalls nicht im Druck publiziertes, aber wohl bekanntes Kompendium über die römischen Kirchen, denn er hat die SS. Trinità vor den barocken Eingriffen ausführlich beschrieben.[19]

Die SS. Trinità nimmt den Bautyp der Saalkirche auf. (Vgl. Abb. 8) Sie besteht beziehungsweise bestand aus einem Langhaus mit Seitenkapellen auf jeder Seite,

---

19 Bruzio (wie Anm. 12), fol. 121–143.

davon ist die Ostpartie, wie bei diesem Bautyp damals üblich, markant abgeschieden; sie umfasst bzw. umfasste einen Chor und ein Querschiff, das auf gleicher Flucht wie die Seitenkapellen außen abschließt. Die Vierung ist fast so breit wie das Langhaus und etwas tiefer als ein Joch des Langhauses, das ist gut halb so tief wie breit. An die beiden Arme des Querschiffs schlossen im Osten zwei Kapellen an.[20] Sie lagen auf den Achsen der Seitenkapellen des Langhauses, öffneten sich aber auf die Ostwände des Querschiffs. Ihre alten Eingänge sind erhalten, im Übrigen wurden sie aber im Barock verändert. Zwischen den beiden Seitenkapellen des Querschiffs muss wohl ein Vorjoch des Chors, in der Disposition ähnlich wie heute, gelegen haben.

3 SS. Trinità dei Monti, Rom, Vierungsgewölbe und Blick ins Gewölbe des nördlichen Querschiffs

Die untere Zone der Kirche ist ganz im Stil der Renaissance gehalten. (Abb. 2) Die Wände des Langhauses sind mit einer Pilasterordnung gegliedert – mit dorischen Kapitellen und mächtigem ionisch-korinthischen Gebälk. Zwischen den Pilastern öffnen sich in rundbogigen Arkaden die Seitenkapellen. (Abb. 4) Sie haben alle die gleiche Form: annähernd quadratischen Grundriss, Kreuzgratgewölbe mit zylindrischen Kappen, dicht unter dem Gewölbescheitel sitzt jeweils ein rechteckiges Fenster, das oben mit einem Rundbogen abschließt. Die Kämpfer der Arkaden sind unter dem Ansatz des Gewölbes weitergeführt. Sonst gibt es keine plastische Gliederung in den Seitenkapellen. Die Vierung ist durch weit vortretende Pilastervorlagen und Gebälkstücke in der Art der Gliederung des Langhauses vom Langhaus getrennt. (Abb. 5) Diese Gliederung ist an allen vier Ecken der Vierung wiederholt und setzt sich in beiden Armen des Querschiffs fort. Die Eingänge zu den Seitenkapellen, die östlich an die beiden Arme des Querschiffs anschlossen, gleichen denjenigen der Seitenkapellen des Langhauses. (Abb. 5–6) Die östlich an die Vierung anschließende Gliederung, beginnend mit einer Pilastervorlage und

---

20 BRUZIO (wie Anm. 12), fol. 125v, zählt zwölf Kapellen in der Längsrichtung (sechs Seitenkapellen auf beiden Seiten des Langhauses) und fünf in der Querrichtung (die beiden Arme des Querhauses, den Chor und die beiden Seitenkapellen).

4   SS. Trinità dei Monti, Rom, Erste südliche Seitenkappe; im Innern, an der Eingangsarkade und in den Zwickeln darüber Fresken der Perugino-Schule

einem Gurtbogen darüber, gehört zum barocken Neubau des Chors. Sie gleicht der ursprünglichen Gliederung, ist aber in Details verändert.

Direkt über der Gliederung im Stil der Renaissance setzt die Gewölbezone an. Ursprünglich wechselte hier der Stil unvermittelt zur Gotik. Die alten Fenster im

5 SS. Trinità dei Monti, Rom, Nördliches Querschiff

Obergaden des Langhauses bezeichnet Bruzio (fol. 125v) als »gotisch« und beschreibt, sie seien mit Maßwerk gefüllt, mit einer Mittelstütze, darüber einem Tondo und anderen Rundungen: »fenestrae decem gothicae marmore interstinctae (columella media oculum aliaque ovata sustinente) et omnes vitreae«. Dagegen nennt er die Fenster der Seitenkapellen einfach rundbogig ohne Zusatz: »fenestra hemisphyrica

6 SS. Trinità dei Monti, Rom, Südliches Querschiff, rechts der 1739–54 eingebrochene Eingang zur Cappella Verospi

vitrea«. Eine 1667–69 von Giovanni Battista Falda publizierte Ansicht der SS. Trinità von Süden zeigt, dass die Fenster der Seitenkapellen wie noch heute rundbogig waren und kein Maßwerk hatten, während diejenigen im Obergaden oben spitzbogig abschlossen und, wie Bruzio angibt, jeweils von einer Mittelstütze unterteilt waren, die Dreipässe und darüber einen Tondo trugen.[21] (Abb. 7) Der zitierte Bauvertrag von 1514 enthält den Auftrag, außer den drei Seitenkapellen sechs Fenster aus Travertin anzufertigen; darin könnte auch das Maßwerk im Obergaden eingeschlossen gewesen sein, falls es nicht weiterhin in Frankreich angefertigt wurde.

In der Vierung und im Querschiff ist die obere Zone noch in ihrer alten Form bewahrt. (Abb. 3, 5) Die Scheidbögen sind spitzbogig (außer dem östlichen, der zusammen mit dem Chor verändert wurde). Die Kreuzarme sind mit Kreuzgratgewölben

---

21 Giovanni Battista Falda: Il nuovo teatro delle fabriche et edificii in prospectiva di Roma moderna, Rom 1665–99, Bd. 3 (1667–69), Taf. 18.

7   SS. Trinità dei Monti, Rom, Ansicht vom Süden, Giovanni Battista Falda, Il nuovo teatro delle fabriche et edificii in prospectiva di Roma moderna 1665–99, Ausschnitt

gedeckt, deren Kappen spitzbogig sind. Die Vierung ist mit einem Gewölbe gedeckt, dessen Rippen einen Vierrautenstern bilden. In der Längs- bzw. Ost-West-Richtung hat es ungefähr halbkreisförmigen Querschnitt, so wie heute das Tonnengewölbe in Langhaus und Chor; in der Querrichtung, wo die Breite erheblich geringer ist, hat es spitzbogigen Querschnitt. Die Kappen sind im Kuffverband gemauert (in Schichten, die parallel zu den sechzehn Scheitellinien der Kappen verlaufen). Die Rippen setzen auf kurzen Stücken von Diensten über dem Gebälk an; sie sind gleichmäßig, ohne Differenzierung nach ihrer Position, spätgotisch profiliert mit Überschneidungen im Anfangsbereich.

Die Beschreibungen der SS. Trinità, die vor den barocken Umbauten entstanden, behandeln das Langhaus als eine Einheit, die vom westlichen Ende bis zum Chorhaupt durchgeht; die beiden Arme des Querschiffs und das Chorhaupt zählen sie zu den Kapellen. Bruzio fährt anschließend an die Beschreibung der »gotischen« Fenster im

Obergaden des Langhauses fort, von dort erhebe sich das Gewölbe mit wunderbar in verschiedene Richtungen auseinandergehenden Rippen: »Tollitur inde concameratio cum fasciis mire deversatis«. Der Bericht von einer Visitation der SS. Trinità am 12. Januar 1629 sagt zur Gestalt der Kirche, sie habe nur ein Schiff, sei mit Ziegeln gepflastert und mit einem kunstvoll verschlungenen Gewölbe bedeckt: »unicam habet navem, cuius lithostratum est lateritum; caelum vero tegitur concamerata testudine artificiose laqueata [...]«.[22] Ebenfalls noch vor der Veränderung von 1774 gibt Piazza – wie oben schon zitiert – an, das Gewölbe des Kirchenschiffs und die Fenster seien ganz aus Haustein gemacht. Realiter besteht das Gewölbe der Vierung aus Ziegeln, nur die Rippen sind aus Hausstein. Piazza meinte demnach, das Gewölbe habe Rippen aus Haustein.

Aus den Angaben der Beschreibungen geht hervor, dass das Langhaus mit einem Rippengewölbe gedeckt war. Das große Thermenfenster, das sich in der Fassade direkt unterhalb des Gewölbes öffnet, zeigt, dass die Längskappen schon vor der barocken Veränderung den gleichen halbrunden Querschnitt wie in der Vierung beibehalten haben. (Abb. 1, 2, 7) Da die Beschreibungen nicht zwischen der Vierung und den in der Längsrichtung anschließenden Teilen unterscheiden, sollte man annehmen, dass sich das Sterngewölbe in der Längsrichtung fortsetzte, im Chor sicher aufgefächert, aber im Langhaus kaum verändert, weil die Joche dort ähnliche Maße wie die Vierung haben. Auch die Gewölbe der beiden Joche, die ab 1540 ans Langhaus angefügt wurden, behielten offenbar die gotischen Elemente bei, und das in Rom, kurz bevor Michelangelo die Bauleitung der Peterskirche übernahm. Die Figuration der Sterngewölbe war offenbar zu komplex, um sie präzise beschreiben zu können, so dass man sich mit etwas poetischen Paraphrasen behalf. Für die Bezeichnung einfacher Kreuzgewölbe konnte damals ein eindeutiger lateinischer Begriff aus dem Italienischen abgeleitet werden (»cruciata« oder »cruciera« im Bauvertrag vom 1514 für die Seitenkapellen).[23]

Piazza gibt an, der neue barocke Chor sei größer als der alte, und das bestätigen, so grob sie sonst auch sein mögen, einige alte Darstellungen der SS. Trinità in Übersichtsplänen der Region (in Romplänen des 16. Jahrhunderts und in einem Plan des François d'Orbay für die Anlage einer Treppe am Pincio vor der SS. Trinità, 1660).[24] Bruzio (fol. 125v) überliefert die ursprünglichen Dimensionen: »Absidem longam habes palmos sex et triginta ac semis, latam vero septem et triginta ac quadrans tres«. Die »Apsis«, wie er den Chor nennt, war demnach 37 ¾ römische Palmi breit, im Unterschied

---

22 Archivio Segreto Vaticano, Congr. Visite Apostol. 3, 1624–30, fol. 27r.
23 Allerdings war es in der Renaissance sogar kaum möglich, einen klaren altlateinischen Begriff für Kreuzgewölbe bzw. für volta a crociera zu finden, wie Bernardino Baldi: De verborum vitruvianorum significatione, Augsburg 1612, S. 176, sub voce »testudinatum« darlegt. Die altlateinischen Begriffe, die dafür gebraucht wurden, bedeuten ursprünglich eher allgemein Gewölbe (Alberti: De re aedificatoria 3.14: »camura« statt camera) oder Kuppel (Guillaume Philandrier: In decem libros M. Vitruvii Pollionis de architectura annotationes, Venedig 1544, S. 173, zu Vitruv 5.10: »hemisphaerium«).
24 Rompläne des Leonardo Bufalini 1551, Étienne du Pérac 1577. Amato Pietro Frutaz: Le piante di Roma, Rom 1962, Pianta 109, 127 Taf. 196, 255. D'Onofrio (wie Anm. 4), S. 279ff., Abb. 210.

zum Langhaus, das, wie er treffend sagt, 42 Palmi breit ist (1 pmo = 0,2234 cm). Der Chor war also auf jeder Seite um 2 ⅛ Palmi (47 cm) eingezogen. Das wurde bei seiner barocken Erneuerung beibehalten. Die »Länge der Apsis« beziehungsweise die Tiefe des Chors betrug 36 ½ Palmi. Der Chor war also fast so tief wie breit.[25] Er war in der Tiefe in zwei ungefähr gleiche Teile geteilt. Die eine Hälfte nahm das Vorjoch zwischen den östlich ans Querschiff anschließenden Seitenkapellen, die andere das Chorhaupt ein. Das Chorhaupt bildete entweder nach alter römischer Tradition eine Apsis im heutigen Sinn (mit halbrundem Grundriss) oder nach gotischer Art ein Polygon. (Abb. 8)

Der Visitationsbericht von 1629 gibt an, in der Kirche gebe es 17 Altäre, der Hochaltar stehe im Chor unter einem Gewölbe und werde von drei großen Fenstern mit bunter Glasmalerei beleuchtet: »continet 7 supra 10 sacella quorum maius in abside positum est sub fornice tribusque amplis fenestris (quae vitreis specularibus clauduntur) illustratur«. Bruzio beschränkt sich bei der Behandlung des Chors darauf, diese Fenster zu beschreiben. Offenbar bestimmten sie für ihn völlig den Eindruck. Nachdem er das Gewölbe der Kirche angeführt hat, sagt er nur, wieder den

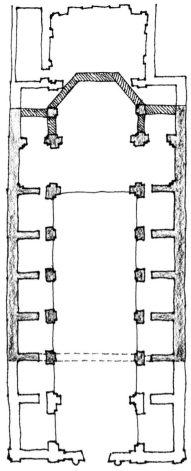

8   SS. Trinità dei Monti, Rom, Grundriss mit Rekonstruktion des vom Kardinal Briçonnet begonnenen Baus (gestrichelt)

gesamten Hauptraum als Einheit auffassend, das Langhaus werde erhellt und geschmückt von einem sehr großen Glasfenster im Chor, das ebenfalls gotisch sei und in drei große Fenster unterteilt sei: »navis tota, quae luce donatur[…] ab amplissima fenestra vitrea quae in eadem abside, pariter gothica et in amplas tres fenestras parata quaeque et lucem impartitur Aedi et sacello ornatum« (fol. 125v). Anscheinend kamen die großen Fenster so dicht aneinander, dass sie alle zusammen geradezu wie

---

25 Dass Bruzio mit der »Länge der Apsis« die Ausdehnung der Kirche von der Vierung bis ans Ostende meint, bestätigen seine Angaben für die Länge der gesamten Kirche und ihrer übrigen Teile: Länge der Kirche außen = 201 pmi., innen = 188 pmi., Länge einer der Seitenkapellen innen = 19 pmi. (Länge des Langhauses: 6 × 19 pmi. + 6 × Wanddicke von ca. 2 pmi. zwischen den Seitenkapellen), Breite des Querhauses = Tiefe der Vierung = 26 pmi. Demnach Länge bis zum Chor = ca. 152 pmi.

ein einziges sehr großes Fenster wirken konnten, das nur durch schlanke Dienste unterteilt wird. An anderer Stelle (fol. 130v) spricht Bruzio von den Glasbildern in den drei Fenstern, die sich über die gesamte Breite des Chors erstreckten. In diese Fenster, berichtet er zudem (fol. 330v–331r), seien Marmorsäulchen auf gotische Art eingestellt: »Magnis his fenestris interiectae columnellae marmoreae more Gothico et quidem visu dignissime«. Die Wände des Vorjochs waren wegen der angrenzenden Seitenkapellen des Querschiffs geschlossen. Vermutlich bildete das bisher so genannte Vorjoch mit dem Chorhaupt eine Einheit. Dann ergibt sich im Ganzen ein typisch gotischer Chor mit dem üblichen 5/8-Schluss, dessen Wände sich im Osten weitgehend in Fernstern mit Maßwerk öffneten. (Abb. 8)

Alle Fenster – sowohl im Chor als auch in den Seitenkapellen und im Obergaden – waren mit bunten Glasbildern gefüllt. Das gibt Bruzio an (fol. 125v, 130v), Piazza bestätigt es für Langhaus und Seitenkapellen. Bruzio sah noch, dass die Glasbilder im Chor Briçonnet als Adoranten darstellten mit Heiligen, die in Frankreich besonders verehrt wurden, und mit den Patronen der Kathedrale von Narbonne, den Heiligen Justus und Pastor (fol. 130v). Der Raum wurde im 16. Jahrhundert im Stil der Renaissance ausgemalt, beginnend gleich nach der Fertigstellung erster Teile, noch während die Bauarbeiten andauerten. Frühe Fresken sind erhalten in der ersten Kapelle an der Südwand des Langhauses, der Cappella Guerrieri (frühe Perugino-Nachfolge) und im südlichen Arm des Querschiffs, gestiftet von Louis de Chateauvillain, dem französischen Botschafter am Heiligen Stuhl unter Papst Leo X. (Abb. 4, 6) Die Ausmalung der Cappella Guerrieri setzt die Gliederung des Langhauses – Pilaster und Gebälk – mit gleichen Formen, nur in kleineren Dimensionen fort. (Abb. 4) Die Ausmalung im rechten Arm des Querschiffs erstreckt sich auch auf die architektonische Gliederung. Die Dekoration von Pilastern und Gebälk gleicht bis in Details weitgehend der gemalten Gliederung in der Cappella Guerrieri, nur übertragen in größere Dimensionen. Da beide die Gliederung im Langhaus fortsetzen, wird auch sie ursprünglich ähnlich bemalt gewesen sein (auf den Kapitellen, Architraven und Gesimsen gelbe Zeichnung von architektonischem Dekor, in den Friesen helle Figuren auf blauem Grund, auf den Pilastern helle Grotesken auf blauem Grund). Am Eingang der Cappella Guarrieri konnte die alte Ausmalung unter der hellen barocken Tünche wieder freigelegt werden. In den Zwickeln zwischen den Arkaden und Pilastern waren Darstellungen gemalt, die wie in vielen zeitgenössischen römischen Kirchen gleichzeitig mit den Fresken der Seitenkapellen entstanden und auf sie bezogen sind; sie zeigen besonders die Wappen der Stifter. Sie sind an der Cappella Guerrieri und an anderen Kapellen erhalten und freigelegt worden. Auch die Gewölbe und Scheidbögen der Kreuzarme wurden im 16. Jahrhundert mit Fresken im Renaissance-Stil geschmückt. Wahrscheinlich war das Gewölbe von Langhaus, Vierung und Chor ursprünglich ebenfalls farbig gefasst, aber nicht im Stil der Renaissance. Dort waren wohl die französischen Lilien gemalt, mit denen Dom Edme 1520/21 die Kirche »übersät« fand. An den Wänden blieb ja kaum Platz für sie. Die französischen Wappen mögen, wie oft bei Sterngewölben, an den Schnittpunkten der Rippen angebracht gewesen sein.

9 SS. Trinità dei Monti, Rom, Rekonstruktion des vom Kardinal Briçonnet begonnenen Baus von Hubertus Günther, visualisiert von Benjamin Zuber

In Abbildung 9 ist visualisiert, wie ich die SS. Trinità rekonstruiere. Diese Illustration soll eine Gesamtvorstellung vermitteln von der ursprünglichen Erscheinung des Innenraums mit seiner außergewöhnlichen Verbindung von zwei Stilen, die in der klassischen italienischen Architekturtheorie Gegensätze bilden. Um das zu erreichen, sind Elemente im Chor, deren Form nicht im Einzelnen bekannt ist, stilgerecht ergänzt. Die alte Ausmalung ist nicht berücksichtigt, weil mir nicht die Mittel für eine so aufwendige Darstellung zur Verfügung standen. Hochaltar und Chorgestühl fehlen, weil es keinerlei Anhalt dafür gibt, wie sie ursprünglich aussahen. Um trotz dieser zentralen Lücke zu vermeiden, dass in der Illustration eine weltferne Atmosphäre entsteht, sind moderne Teile der Ausstattung des Langhauses, die unerheblich für die Bausubstanz sind, beibehalten oder eingefügt.

Avantgardistische Architektur ›à la mode françoise‹ an der SS. Trinità dei Monti in Rom

10   SS. Salvatore e Francesco, Florenz, Innenansicht

Jetzt steht die Frage an, auf welche Besonderheit der SS. Trinità sich die Klassifizierung »a la mode françoise« bezieht. Um eine Antwort dafür vorzubereiten, ordnen wir die ursprünglichen Elemente der Kirche kunsthistorisch ein, und da auch das bisher weitgehend aussteht, wollen wir wieder systematisch vorgehen. Der Bautyp ist hier, im Unterschied zu S. Maria dell'Anima, sicher nicht als nationale Sonderheit angesprochen. Die Saalkirche mit ihrer schlichten Disposition war schon im Mittelalter typisch für Bettelorden und blieb es mit systematisierter Ausrichtung der Seitenkapellen auch in der italienischen Renaissance. Ein Querschiff war bisher selten bei diesem Bautyp, aber die Ostpartie konnte generell sehr individuell gestaltet werden (sogar wie bei der SS. Annunziata in Florenz als Rotunde, die hinter zwei einem Querschiff ähnlich vergrößerten Seitenkapellen liegt). Die Doppelturmfassade der SS. Trinità hat neuerdings mehrfach die Erinnerung an die französische Gotik geweckt, da sie ungeachtet ihrer Renaissance-Formen fremdartig für Rom wirkt.[26] (Abb. 1, 7) Aber Dom Edme hat sie noch nicht gesehen, und vielleicht war sie ursprünglich nicht einmal geplant, denn damals stand, wie üblich in Rom, ein Campanile neben dem Chor.

Die Disposition des Langhauses und ihre Gliederung nehmen den neuesten italienischen Stil auf. Sie folgen offensichtlich SS. Salvatore e Francesco in Florenz,

---

26   Tommaso Manfredi: Il problema della facciata »gotica« della Santissima Trinità dei Monti a Roma, in: Giorgio Simoncini (Hg.): Presenze Medievali nell'Architettura di Età Moderna e Contemporanea, Mailand 1997, S. 126–135.

einer Niederlassung der Franziskanerobservanten. (Abb. 10) S. Salvatore war zwei Jahre, bevor der Grundstein für die SS. Trinità gelegt wurde, im Jahr 1500 weitgehend fertiggestellt und wurde 1504 geweiht.[27] Cronaca hat den Bau geplant. Vasari würdigt ihn als den besten Architekten seiner Zeit in Florenz; er habe die anderen an Intellekt und Ingenium überragt; seinen Werken sehe man an, wie eng er dem Vorbild antiker Bauten und Vitruvs Regeln gefolgt sei.[28] Auch S. Salvatore bildet eine Saalkirche. Die Ostpartie ist ähnlich markant wie in der SS. Trinità ausgeschieden, allerdings nicht mit einem Spitzbogen. Die Wände des Langhauses sind wie in der SS. Trinità gegliedert: mit einer Säulenordnung und, gerahmt von ihr, Arkaden, in denen sich die Seitenkapellen öffnen. Die Gliederung besteht ebenfalls aus Pilastern mit dorischen Kapitellen und einem großen ionisch-korinthischen Gebälk. So prominent wie hier tritt die Säulenordnung mit dorischen Kapitellen, von vereinzelten Ausnahmen abgesehen, erst gegen Ende des 15. Jahrhunderts im Sakralbau auf. Bis dahin dominierten fast ausschließlich Säulenordnungen, die der Korinthia ähnlich sind. Die Saalkirchen, die S. Salvatore zeitlich und in der Disposition nahestehen, wie Giuliano da Sangallos S. Maria Maddalena dei Pazzi, sind auch korinthisch. Die im Sinn von Vitruv als Dorica gemeinte Ordnung mit einem Metopen-Triglyphen-Fries im Gebälk war noch nicht wiederbelebt, als die SS. Trinità geplant wurde. Bramante führte sie am Tempietto neuerdings ein (Baubeginn 1502). Erst mit dem Tempietto nahm der neue Stil der Hochrenaissance in der Architektur seinen Anfang.

Obwohl das kaum Beachtung findet, nimmt die SS. Trinità eine wesentliche Stellung in der Entwicklung der römischen Renaissance-Architektur ein: Sie schließt so eng an Cronacas neuen Stil an wie kein anderer römischer Bau, sie bildet das Bindeglied zwischen den toskanischen Saalbauten und ihren römischen Nachfolgern wie Antonio da Sangallos S. Marcello al Corso und S. Spirito in Sassia; von allen Saalkirchen kommt sie der Disposition von Il Gesù am nächsten, weil sie mit einem Gewölbe gedeckt ist und ein Querschiff hat, das zudem – wie zuvor schon bei Notre-Dame in Paris und anderen gotischen Kathedralen in Frankreich – auf der Flucht der Nebenkapellen abschließt.

Gewöhnlich ließen strenge Orden die Saalkirchen entsprechend ihrer Bescheidenheit flach oder sogar mit offenem Dachstuhl decken. Der Obergaden bildet daher ein separates Geschoss. So ist es auch in S. Salvatore. Dass stattdessen in der SS. Trinità Gewölbe eingezogen wurden, konnte Dom Edme an sich ebenfalls kaum als französische Besonderheit erscheinen. Zwar fiel Antonio de Beatis bei seiner Reise durch Mitteleuropa (1517/18) als ungewöhnlich für italienische Verhältnisse auf, wie viele Kirchen hier gewölbt seien.[29] Aber es gab in Rom auch mehrere gewölbte Bettelordenskirchen. Das Gewölbe manifestiert in erster Linie den Willen, den Bau repräsentativ zu ge-

---

27 Zu S. Salvatore, seinem Bautyp und seiner Nachfolge vgl. Alexander Markschies: Gebaute Armut. S. Salvatore al Monte in Florenz (1418–1504), München 2001. Allerdings ist dort die SS. Trinità dei Monti nicht berücksichtigt.
28 VASARI (wie Anm. 16), Bd. 4, S. 442.
29 Antonio de Beatis: Die Reise des Kardinals Luigi d'Aragona durch Deutschland, die Niederlande, Frankreich und Oberitalien, 1517–1518, hg. von Ludwig Pastor, Freiburg 1905, S. 69.

11 Kathedrale von Amiens, Gewölbe der Vierung

stalten, denn Gewölbe galten als vornehmste Form der Eindeckung.[30] Für S. Pietro in Montorio ist bezeugt, dass der Stifter Wert auf eine Gestaltung legte, die seiner Würde angemessen war. Der König von Spanien, Ferdinand von Aragon, der zusammen mit seiner Gattin Isabella von Kastilien den Bau finanzierte, schrieb am 10. September 1488 an seine Prokuratoren in Rom, die Kirche solle sich als Niederlassung der Franziskanerobservanten an das halten, was bei diesem Orden üblich sei, also eher bescheiden als großartig ausfallen, aber, fügt er besorgt an, sie dürfe auch nicht so unscheinbar wirken, dass sie »der Größe dessen, der sie machen lässt, abträglich ist«.[31] S. Pietro in Montorio bildet, wie es den Bettelorden entspricht, eine Saalkirche, erhielt aber trotz der franziskanischen Observanz Gewölbe. Die Gewölbe sind wie Disposition und Gliederung im Stil der Renaissance gehalten.

---

30 Alberti: De re aedificatoria 7.11.

Als Sonderheit musste dagegen damals in Rom auffallen, dass der Chor und das Gewölbe der SS. Trinità im Gegensatz zur Gliederung des Langhauses gotisch waren. Bei vereinzelten früheren Ausnahmen in Italien lässt sich das Phänomen für den Chor dadurch erklären, dass der gotische Stil Assoziationen mit der sakralen Sphäre weckte.[32] Anscheinend deshalb sind im Umkreis des Hochaltars der Kathedrale von Pienza oder im Chor der Staatskirche S. Zaccaria in Venedig (ab 1458) gotische Elemente im Gegensatz zur übrigen Renaissance-Gliederung beider Bauten eingesetzt; deshalb behalten auch noch später die Kapellen französischer Schlösser der Renaissance oft den gotischen Stil bei.

Das erhaltene Sterngewölbe der SS. Trinità ist jedenfalls typisch französisch. Das ergibt sich aus dem fundamentalen historischen Überblick über gotische Gewölbeformen, den Norbert Nußbaum gegeben hat.[33] Im Unterschied zu den einfachen Kreuzgewölben, die in Italien über das Mittelalter hinweg bis in die frühe Neuzeit üblich blieben, und andererseits zu den komplexen Gewölbeformationen, die in Mitteleuropa während der Spätgotik kreiert wurden und neuartige Raumformen prägten, war in Frankreich das Sterngewölbe verbreitet. Hier hielten die Gewölbe an den Mustern fest, die sich im Verlauf der Hochgotik entwickelt hatten und auf den herkömmlichen Aufriss reagierten. Der vierzackige Rautenstern, der in der SS. Trinità wiederkehrt, kam schon an der Kathedrale von Amiens auf (ab etwa 1264). (Abb. 11) Diese Figuration steht dem Kreuzgewölbe noch ziemlich nahe; später wurde sie bereichert, indem die Zahl der Zacken auf sechs oder acht erhöht wurde. Oft ist in französischen Kirchen, wie schon in Amiens, nur die Vierung durch ein Sterngewölbe ausgezeichnet, während sogar in der Spätgotik die übrigen Joche der Schiffe mit Kreuzgewölben gedeckt sind. Die Vierung hat dann allerdings nicht, wie in der SS. Trinità, einen längsrechteckigen Grundriss wie die Joche des Langhauses, sondern ist durch einen quadratischen Grundriss ausgezeichnet. Aber es gibt eine ganze Reihe von spätgotischen Kirchen in Frankreich, die durchgehend vom Westen bis zum Chor mit Sterngewölben eingedeckt sind, mit vierzackigen Rautensternen etwa in St.-Nicolas-de-Port in Lothringen (1481/95–1530) oder in der Kathedrale von Condom, Midi-Pyrénées (1496–1531), in Paris noch beträchtlich später in der Pfarrkirche St.-Eustache (ab 1532). (Abb. 12) Typisch für Frankreich ist auch die Mauerung im Kuffverband. Diese komplizierte Art, Ziegel zu versetzen, ist schon beim Sterngewölbe in Amiens angewandt.[34]

In den Haupträumen spätgotischer Kirchen sind die Rippen der Gewölbe gewöhnlich nach ihrer Position differenziert profiliert; einheitlich gestaltet wie in der

---

31 Antonio de la Torre: Documentos sobre relaciones internacionales de los Reyes Católicos, Barcelona 1947–1966, Bd. 3, S. 143f. Nr. 152.
32 Cf. allgemein zur Verbindung von Gotik mit Sakralbauten Paul Frankl: The Gothic, Princeton 1960. – Hermann Hipp: Studien zur »Nachgotik« des 16. und 17. Jahrhunderts in Deutschland, Böhmen, Österreich und der Schweiz, Diss. Tübingen 1979. – Ludger S. Sutthoff: Gotik im Barock. Zur Frage der Kontinuität des Stiles außerhalb seiner Epoche, Münster 1990.
33 Norbert Nußbaum: Das gotische Gewölbe. Eine Geschichte seiner Form und Konstruktion, Darmstadt 1999, bes. S. 273–293. Ich danke zudem Stefan Bürger und Christian Freigang für Ihre substantielle Beratung bei der kunsthistorischen Einordnung des Sterngewölbes der SS. Trinità.
34 NUSSBAUM (wie Anm. 33), S. 176.

SS. Trinità sind sie eher in untergeordneten Räumen (Vorhallen, Seitenkapellen etc.) oder in Kapellen (z.B. Kapelle des Hôtel de Cluny, Paris, 1485–90). Ein ähnlicher Gewölbeansatz wie in der SS. Trinità, an dem sich die Rippen überschneiden, findet sich in der Hubertus-Kapelle der königlichen Residenz von Amboise (1491–96). Nur für die Stücke von einzelnen Diensten, über denen die Rippen in der SS. Trinità ansetzen, finden sich keine Parallelen. Sie sind wohl mit Rücksicht auf die Pilastergliederung in der unteren Zone eingesetzt.

Die hier rekonstruierte Bemalung des Gewölbes ist für Frankreich typisch: Mit goldenen Lilien auf blauen Grund »übersät« waren schon das Gewölbe der Ste.-Chapelle oder spätgotische Gewölbe des 15. Jahrhunderts[35] und noch Ende des 16. Jahrhunderts das Tonnengewölbe des großen Saals im Hôtel du Petit-Bourbon. Auch der Prunkkamin, den der Kardinal Briçonnet im Erzbischöflichen Palais in Reims aufstellen ließ, ist mit Lilien übersät und trägt viele Wappen, diejenigen des Königs von Frankreich und der Erzdiözese Reims und gleich viermal Briçonnets eigenes.

Philibert de l'Orme schreibt im »Premier tome de l'architecture«, dem klassischen Architekturtraktat der französischen Renaissance (1567), die Bauten, die vor dem Eindringen des neuen italienischen Stils in seiner Nation entstanden, seien auf französische Weise gemacht; wörtlich sagt er wie im Bericht von Dom Edmes Besuch in der SS. Trinità, sie seien »faicts à la mode Françoise«.[36] Diese Klassifizierung wiederholt er mehrfach speziell unter Bezug auf gotische Gewölbe beziehungsweise auf solche Gewölbe, heißt es, wie sie vor dem Eindringen der Renaissance in Frankreich üblich gewesen, aber inzwischen zumindest bei verständigen Architekten nicht mehr gebräuchlich seien.[37] An erster Stelle behandelt de l'Orme hier das Sterngewölbe, mit vier Zacken ähnlich wie in der SS. Trinità, nur über quadratischem Grundriss (4.8). Die sprachliche Parallele bestätigt, dass Dom Edmes Reisebegleiter mit ihrer Sentenz von der »mode françoise« besonders die gotischen Teile der SS. Trinità, also den Chor und das Gewölbe, im Auge hatten, nicht nur weil sie gotisch waren, sondern weil sie dem entsprachen, was speziell in Frankreich vor dem Eindringen der Formen der italienischen Renaissance verbreitet war.[38]

---

35 Vgl. etwa die Darstellung in einem Fenster der Kapelle des Jacques Coeur in der Kathedrale von Bourges, 1451. Jean-Michel Leniaud: La restauration du décor peint de la Sainte Chapelle haute par Duban, Lassus et Boeswillwald (1839 – ca.1881), in: Volker Hoffmann, Jürg Schweizer, Wolfgang Wolters (Hg.): Die »Denkmalpflege« vor der Denkmalpflege, Bern etc. 2005, S. 333–360, S. 335f. – Dominique Thiébaut, Philippe Lorentz, François-René Martin (Hg.): Primitifs français. Découvertes et Redécouvertes. Ausst.-Kat., Louvre 2004, S. 81, 83. – Brigitte Kurmann-Schwarz: Vitraux commandités par la cour, in: Christian Freigang, Jean-Claude Schmitt (Hg.): Hofkultur in Frankreich und Europa im Spätmittelalter, Berlin 2005, S. 161–182, Farbtafel 1.
36 Philibert de l'Orme: Premier tome de l'architecture, Paris 1567, fol. 142v (5. 11). – Zu de l'Orme cf. Anthony Blunt: Philibert de l'Orme, London 1958. – Jean-Marie Pérouse de Montclos: Philibert de l'Orme, Paris 2000. – Zur »mode Françoise« cf. FRANKL (wie Anm. 32), S. 295–299. – Michael Hesse: Von der Nachgotik zur Neugotik. Die Auseinandersetzung mit der Gotik in der französischen Sakralarchitektur des 16., 17. und 18. Jahrhunderts, Frankfurt a. M., Bern/New York 1984, S. 33–36.
37 DE L'ORME (wie Anm. 36), fol. 107r, 110v, 112r (4. 8, 10, 11).
38 Der Gebrauch eines der »mode françoise« entsprechenden Begriffs in Frankreich vor de l'Orme ist mir nicht bekannt. Um 1280/90 ist in Wimpfen von »opus francigenum« die Rede, aber es

12 St.-Eustache, Paris

ist umstritten, was damit gemeint ist. FRANKL 1960 (wie Anm. 32), 55–57. – Günther Binding: Opus Francigenum. Ein Beitrag zur Begriffsbestimmung, in: Archiv für Kulturgeschichte 71, 1989, S. 45–54. – Christian Freigang: Zur Wahrnehmung regional spezifischer Architekturidiome in mittelalterlichen Diskursen, in: Uta Maria Bräuer (Hg.): Kunst & Region. Architektur und Kunst im Mittelalter, Utrecht 2005, S. 14–33, S. 26f. – PÉROUSE DE MONTCLOS (wie Anm. 46), S. 28f. Ausnahmsweise wurden in Italien, statt der dort üblichen Bezeichnung »maniera tedesca« für gotische Elemente, ähnliche, auf Frankreich bezogene Begriffe gebraucht. Deren Bedeutung bedarf noch einer eigenen Untersuchung. Hier sei nur ein frühes Beispiel dafür genannt: 1279 erhielt ein gewisser »tegularius« Thomas den Auftrag, für die Abtei S. Maria di Realvalle, die Karl von Anjou 1277 für französische Zisterzienser gestiftet hatte, Dachziegel »ad modum franciae« zu liefern. Caroline A. Brouzelius: »ad modum franciae«. Charles of Anjou and gothic architecture in the kingdom of Sicily, in: Journal of the Society of Architectural Historians 50, 1991, S. 402–420, spez. S. 403 (Dachziegel).

Aber damit sind wir noch nicht am Ende. Im Bericht von Dom Edmes Reise wird ja die gesamte Kirche der »mode françoise« zugeordnet. Dazu gehören auch die Gliederung italienischer Art und die ausgewogene Proportionierung des gesamten Raums. Die ausgewogene Proportionierung ist ebenfalls typisch für die italienische Renaissance. Bei spätgotischen Kirchen in Frankreich ist eher eine besonders steile Höhenerstreckung der Schiffe verbreitet. Kurz bevor die Arbeiten an der SS. Trinità begannen, wurde diese Disposition offenbar als Reminiszenz an die französische Bauweise in Rom aufgenommen: in der Augustiner-Kirche S. Agostino, die der Erzbischof von Rouen, Kardinal Guillaume d'Estouteville 1479–83 errichten ließ. Wir stehen also vor der Frage, was die Verbindung der beiden, im Sinne der Renaissance gegensätzlichen Stile in der SS. Trinità zu bedeuten hat.

Erst nachdem die SS. Trinità begonnen worden war, nahm die französische Architektur den Einfluss der italienischen Renaissance-Formen auf, und anfangs nicht im sakralen und öffentlichen Bereich, sondern an Privathäusern: um 1504 das Hôtel des königlichen Schatzmeisters Pierre Le Gendre in Paris (zerstört), um 1513 die Schlösser der Financiers Florimond Robertet und Thomas Bohier von Bury bei Blois (zerstört) und 1514/15 Chenonceaux. Der Kardinal Briçonnet ließ die Bauten, die er in Frankreich errichten ließ, soweit man sich ein Bild davon machen kann, im gotischen Stil gestalten.[39] Zunächst war der neue italienische Stil in Frankreich noch so wenig bekannt, dass er mit dem einheimischen Stil verwechselt wurde. Geoffroy Tory begründet den Sinn seiner Edition von Albertis Architekturtraktat in Paris (1512) damit, dass inzwischen auch in Frankreich der antikische Stil weit verbreitet sei. König Karl VIII. habe ihn nach seinem Italien-Feldzug (1494) eingeführt, seitdem hätten ihn hunderte von öffentlichen und privaten Bauten aufgenommen, und es sei offenkundig, dass diese Bauten nicht nur die Italiener, sondern auch deren griechische Vorbilder übertreffen würden.[40] Nach italienischen Maßstäben sind die Beispiele, die er dafür nennt, weit eher gotisch als antikisch. Noch Ende des 16. Jahrhunderts berichtet Étienne Pasquier, normalerweise würden die Leute glauben, die berühmtesten Bauten in Paris, Notre-Dame, die Ste.-Chapelle und das Palais de la Cité, seien in antikischer Weise gebaut, obwohl die guten Architekten dem widersprächen: »lesquels le commun peuple estime faicts à l'antique: et neantmoins, au jugement de braves architectes, il n'y a rien d'antique en eux, ains sont bastis à la moderne, pour n'avoir rien de tous ces rares traits, dont les anciens Grecs et Romains usoient en leurs architectures«.[41] Jenseits der Zentren der Renaissance wurden gotische Kathedralen als Muster Vitruvianischer Theorie hingestellt, so etwa Straßburg 1505, Mailand 1521 und Chartres noch Anfang des 17. Jahrhunderts.[42]

---

39 Bernard Chevalier: Guillaume Briçonnet (v. 1445–1514). Un cardinal-ministre au début de la Renaissance, Rennes 2005, S. 327–337.
40 Leon Battista Alberti: De re aedificatoria, hg. von Geoffroy Tory, Paris 1512, Widmung.
41 Étienne Pasquier: Les Œuvres, Amsterdam 1723, Bd. 2, Sp. 192 (Brief an Mons. Loysel).
42 Jakob Wimpfeling: Epithoma Germanorum, Straßburg 1505, fol 36v. – Vitruvius: De architectura libri decem, hg. und kommentiert von Cesare Cesariano, Como 1521, fol. 13r–16r. – Sébastian Roulliard: Parthénie ou histoire de la très auguste et tres dévote eglise de Chartres, Paris 1609, S. 132. – FRANKL (wie Anm. 32), S. 248ff., 856f. – HESSE (wie Anm. 36), S. 37f.

Auch in St.-Eustache ist das Sterngewölbe mit einer Gliederung im italienischen Stil verbunden. (Abb. 12) Obwohl dreißig Jahre nach der SS. Trinità konzipiert, steht die Pariser Kirche jedoch im Ganzen der Gotik näher. Zwar ist der Spitzbogen hier vermieden, aber die Disposition mit ihren steilen Proportionen im Innern, der Auflösung der Wände und den weit ausladenden Streben ist gotisch geprägt. Der Dekor ist ihr wie ein neumodischer Mantel übergezogen.[43] Er ist nur oberflächlich der Renaissance angeglichen; er ignoriert die Gesetzmäßigkeit, die den italienischen Modellen zugrunde liegt, und ist ähnlich wie gotische Dienste eingesetzt. Darin mag, wer will, die mangelhafte Kenntnis des fremden Imports erkennen, die damals in Frankreich verbreitet gewesen sein soll. Bei der SS. Trinità, in Rom kann von so etwas jedenfalls nicht die Rede sein. Hier ist auch nicht einfach die nationale Bauform den ortsüblichen Gewohnheiten angepasst wie bei S. Maria dell'Anima oder mit umgekehrten Vorzeichen bei den Filialen der Medici-Bank in Brügge oder Mailand.[44] In der SS. Trinità ist offenbar gezielt ein Kontrast gesetzt zwischen der traditionellen französischen Art und dem italienischen Renaissance-Stil in seiner modernsten Ausprägung, wie sie damals selbst in Rom neu war.

De l'Orme hilft auch zu verstehen, welchen Sinn die Gestaltung der SS. Trinità hatte, wenn man den »Premier tome de l'architecture« im Ganzen daraufhin betrachtet, welche Haltung er einnimmt. De l'Orme bezeichnet sich stolz als denjenigen, der die italienische Renaissance in die französische Architektur eingeführt habe, und sein Traktat soll die neue Art der Gestaltung lehren. Es geht dementsprechend von der italienischen Architekturtheorie aus und setzt einen Schwerpunkt auf das Kennzeichen des antikischen Stils, die Säulenordnungen. In diesem Zusammenhang macht de l'Orme, wie es damals in Italien zum guten Ton gehörte, den gotischen Stil nieder. »Telle façon barbare« sei von den Bauleuten aufgegeben worden, nachdem er, de l'Orme, ihnen vor über dreißig Jahren die bessere Bauweise beigebracht habe (142v). Aber der »Premier tome« hat noch einen anderen Schwerpunkt, nämlich Gewölbe. Sie werden als ein Kennzeichen der französischen Bauweise behandelt. Bei Vitruv und in der italienischen Architekturtheorie spielen Gewölbe, soweit sie überhaupt berücksichtigt werden, höchstens eine untergeordnete Rolle. Serlio übergeht das Gebiet weitgehend, Alberti widmet ihm nur zwei Kapitel seines voluminösen Architekturtraktats (»De re aedificatoria« 3.14; 7.11), und er konzentriert sich nach italienischer Bauweise auf ziemlich einfache Arten der Versetzung von Ziegeln. Mathurin Jousse stellt 1642 in seinem Traktat über den Steinschnitt bündig fest, Vitruv und die italienischen Architekturtheoretiker würden Gewölbe übergehen.[45]

---

43 Anne-Marie Sankovitch: A reconsideration of french Renaissance church architecture, in: Jean Guillaume (Hg.): L'Église dans l'Architecture de la Renaissance, Paris 1995, S. 161–180. – Henri Zerner: L'art de la Renaissance en France. Invention du classicisme, Paris 1996, S. 13–54.
44 Wolfgang Lippmann: Die Handelsniederlassungen der Italiener und Deutschen in Brügge, in: Norbert Nußbaum (Hg.): Wege zur Renaissance. Beobachtungen zu den Anfängen neuzeitlicher Kunstauffassung im Rheinland und in den Nachbargebieten um 1500, Köln 2003, S. 233–259.
45 Mathurin Jousse: Le secret d'architecture de' couvrant fidelment les traits geometriques, couppes et derobemens necessaires dans les bastiments, La Flèche 1642, S. 2 (Vorwort).

De l'Orme behandelt die Gewölbe im Rahmen der Stereotomie, des Steinschnitts und der komplizierten geometrischen Grundlagen, die notwendig sind, um die einzelnen Steine, die in Gewölben versetzt werden, exakt nach den Gegebenheiten der sphärischen Oberflächen zu formen (liv. 3–4). Das entspricht, wie de l'Orme nachhaltig herausstreicht, der traditionellen Bauweise in Frankreich. Diese Art, Gewölbe zu bauen, blieb auch nach der Wende zur Renaissance in Frankreich Jahrhunderte lang weiterhin lebendig; oft wurde die Kunst des Steinschnitts an den Gewölben sogar weit über das nötige Maß hinaus demonstriert.[46] Bei den Gewölben weicht de l'Orme von seiner Absicht ab, den neuen italienischen Stil zu lehren, und geht auch ausführlich auf gotische Vorformen ein, in erster Linie auf Sterngewölbe, mit vier Zacken wie in der SS. Trinità, nur über quadratischem Grundriss (4.9–10). Im Zusammenhang mit den Gewölben urteilt de l'Orme verständnisvoll über die Gotik. Zum Sterngewölbe räumt er ein, »ceste façon de voute, appellée entre des ouvriers La mode Françoise« sei nicht mehr gebräuchlich, aber sie sei nicht zu verachten, er müsse vielmehr gestehen, dass sie sehr gute Seiten habe (fol. 107r). Überdies lässt er zu, an Gewölben neuer Art, das sind solche mit sphärischen Kappen, Elemente vom gotischen Gewölbe, von der »voute de la mode Françoise«, zu integrieren, speziell Rippen und Gurte (fol. 112v).

Im Zusammenhang mit den Gewölben stellt de l'Orme der italienischen Polemik gegen die französische Bauweise Kritik an einem italienischen Klassiker aus der Warte eines französischen Avantgardisten entgegen (fol. 124v). Geradezu schulmeisterlich maßregelt er eine Inkunabel der Hochrenaissance, die Wendelrampe am Cortile del Belvedere, und ihren Architekten Bramante, den die Italiener als »Leuchte und Erneuerer der Architektur« feierten. Die Art, wie da die Säulen eingesetzt und die Wölbung gestaltet sei, würde zeigen, meint er, dass der »Handwerker«, der es machte, nicht begriffen habe, was ein richtiger Architekt eigentlich verstehen sollte. Im ersten Buch wendet sich de l'Orme dagegen, Handwerker und Werksteine aus dem Ausland nach Frankreich zu holen, denn Frankreich habe genug von beidem; nirgendwo gebe es besseren Werkstein als in Frankreich (fol. 27r–v). Die gleiche Überzeugung veranlasste wohl den Kardinal Briçonnet, den Werkstein für die SS. Trinità aus Frankreich bringen und dort bearbeiten zu lassen.

Die SS. Trinità demonstrierte ursprünglich, wie man auf französische Art avantgardistisch baut. Das Ergebnis unterscheidet sich noch beträchtlich von den Maximen, die de l'Orme ungefähr ein halbes Jahrhundert später aufgestellt hat, vor allem weil der spitze Bogen eingesetzt ist. Aber im Grunde hat es bereits viel mit ihnen gemein. Es gleicht ihnen vor allem darin, dass eine Gliederung, die sich nach den neuesten Erkenntnissen über die komplexen Regeln der Säulenordnungen richtet, verbunden ist mit der Kunst der Wölbung, die von der hohen Wissenschaft der Geometrie ausgeht. Diese beiden Komponenten sollen zusammen das Fundament der Architektur bilden. Die Säulenordnungen belebten die Italiener im 15. Jahrhundert nach antikem Vorbild neu. Die Kunst der Wölbung war in Frankreich schon im hohen Mittelalter

---

46 Jean-Marie Pérouse de Montclos: L'architecture à la Française, Paris 2001.

vollendet entwickelt; de l'Orme behandelt ausführlich ein Beispiel dafür, das sich durch seinen enorm komplizierten Steinschnitt auszeichnet, den romanischen Wendel von St.-Gilles. Beides wurde, wie de l'Orme und andere französische Autoren immer wieder betont haben, lange vor den Italienern begründet: Die alten Griechen entwickelten den klassischen Kanon des Dekors, an Salomos Tempel kamen bereits die von Gott gegebenen Prinzipien der Geometrie zur Anwendung.[47]

Parallelen zu der französischen Haltung am Beginn der Renaissance finden sich auch bei anderen Nationen.[48] Man denke etwa an die vielen Verbindungen spätgotischer Gewölbe mit moderner Gliederung im italienischen Stil, wie beim Wladislaw-Saal auf der Prager Burg (Benedikt Ried, 1490/93–1502), bei der Fuggerkapelle in S. Anna in Augsburg (1509–11) oder bei der Orgelempore im Prager Veitsdom (Bonifaz Wohlgemuth, 1557–61) und noch bei der Heiliggeistkirche in Bern (1726–29). Die Verbindung antikischer und gotischer Elemente ist nicht als Zeichen provinzieller Rückschrittlichkeit zu verstehen, sondern als bewusst eingeschlagener Sonderweg. Das zeigen auch hier die nach modernsten Maßstäben ausgewählten Modelle für den antikischen Teil: bei der Fuggerkapelle die venezianische Gliederung neuester Art, bei der Orgelempore die Gestaltung der Fassade nach dem Vorbild des Marcellustheaters, bei der Heiliggeistkirche die kolossalen neopalladianischen Säulen. Dürer empfiehlt in der »Underweysung der messung« (1525) die Verbindung antikischer und gotischer Elemente mit der Begründung, Vitruv sei auch nur ein Mensch gewesen und deshalb sollte die junge Generation wie die Alten danach streben, Neues zu erfinden.

Bildnachweis

1–7, 12: Foto: Hubertus Günther. – 8: Zeichnung: Hubertus Günther. – 9: Rekonstruktion: Hubertus Günther, visualisiert von Benjamin Zuber. – 10: Bibliotheca Hertziana, Rom. – 11: Zentralinstitut für Kunstgeschichte, München.

---

47 Hubertus Günther: Die Salomonische Säulenordnung. Eine unkonventionelle Erfindung und ihre historischen Umstände, in: RIHA Journal 0015 (12. Jan. 2011), URL: *http://www.riha-journal.org/ articles/2011/2011-jan-mar/guenther-salomonische-saeulenordnung* (eingesehen 10.8.2012).
48 Hubertus Günther: Die ersten Schritte in die Neuzeit. Gedanken zum Beginn der Renaissance nördlich der Alpen, in: Norbert Nußbaum (Hg.): Wege zur Renaissance. Beobachtungen zu den Anfängen neuzeitlicher Kunstauffassung im Rheinland und in den Nachbargebieten um 1500, Köln 2003, S. 30–87.

Hierarchie, Repräsentation und Inszenierung

Die sozialen Topographien des frühneuzeitlichen Kirchen- und Theaterraums in England[1]

Astrid Lang

»Play-Houses (as the Fathers testifie,) are the very Nurseries, Schooles and Marts; the very Shops and Sinkes of all Vice and wickednesse whatsoever; they are the very Devils temples […]«.[2] Mit dieser Definition der öffentlichen Theater aus seinem mehrere hundert Seiten umfassenden Angriff auf selbige, dem »Histriomastix« aus dem Jahr 1633, steht William Prynne in der Tradition eines lange währenden antitheatralen Diskurses im frühneuzeitlichen England. Bereits 1583 verurteilte Phillip Stubbes in seiner »Anatomy of Abuses« die Theater als »Schools or Seminaries of pseudo christianity«[3], und noch 1673 warnte der anglikanische Theologe William Baxter: »[…] the Devil hath apishly made these [theaters] his Churches, in Competition with the Churches of Christ«.[4] Obwohl wahrscheinlich nur ein geringer Anteil der Bevölkerung mit dieser theaterfeindlichen Haltung übereinstimmte[5], ist die Rezeption der Theatervorstellung als Gegenkonzept zum Gottesdienst aus zahlreichen Quellen der Zeit abzulesen.[6] Nicht selten wird beklagt, dass der Besuch der Theater de facto den regelmäßigen Kirchgang der Bevölkerung verhindere. So fragt zum Beispiel Stubbes in seiner »Anatomy«: »do they not draw the people from hearing the word of God, from godly Lectures, and sermons? […] for you shall have them flock thither thick & threefold, when the church of God shall be bare and empty«.[7] Ebenso entrüstet sich ein anonymer Schreiber 1587: »Woe is me! The play houses are pestered, when churches are naked; at the one it is not possible to get a place, at the other void seats are plenty«.[8] Diese und viele vergleichbare Aussagen begründeten bereits vor einigen

---

1 Der vorliegende Aufsatz basiert auf Überlegungen, die ich erstmals 2006 innerhalb meiner von Norbert Nußbaum mitbetreuten Magisterarbeit formuliert habe, und ich freue mich sehr, das betreffende Sujet nun erneut bearbeiten zu dürfen. Vgl. Astrid Lang: Vom Kult- zum Kulturraum? Visuellrezeptionsästhetische und funktional-strukturelle Parallelen zwischen dem spätmittelalterlichen Kirchenraum und den ersten Theaterbauten der englischen Renaissance, unpubl. Magisterarbeit, Universität zu Köln 2006.
2 William Prynne: Histriomastix: The Player's Scourge or Actors Tragedie, 1633, S. 101f.
3 Philip Stubbes: The Anatomy of Abuses, 1583, S. 161.
4 William Baxter: A Christian Directory, 1673, zit. in: Jeffrey Knapp, Shakespeare's Tribe: Church, Nation, and Theatre in Renaissance England, Chicago 2002, S. 5f.
5 Thomas Postlewait: Theatricality and Antitheatricality in Renaissance London, in: Tracy C. Davis, Thomas Postlewait (Hg.): Theatricality, Cambridge 2003, S. 103.
6 Für einen diesbezüglichen Überblick vgl. Joseph Quincy Adams: Shakespearean Playhouses. A History of English Theatres from the Beginnings to the Restoration, Ithaca 1917, S. 44ff.
7 KNAPP 2002 (wie Anm. 4), S. 5.
8 So zit. in: Edmund K. Chambers: The Elizabethan Stage Bd. 4, Oxford 1923, 303f.

Jahren die These, das frühneuzeitliche englische Theater sei als »Profiteur« der post-reformatorischen spirituellen Unsicherheit der englischen Bevölkerung interpretierbar.[9] So sieht etwa Louis Montrose eine wichtige Funktion des elisabethanischen Theaters in der Substitution der rituellen Praktiken und religiösen Spiele der spätmittelalterlichen Gesellschaft auf einer säkularisierten Ebene.[10] Auch Stephen Greenblatt geht davon aus, dass das frühneuzeitliche Theater im post-reformatorischen England religiöse Ideologie als Fiktion »entlarvte«, das Publikum jedoch das Ritual im Theater dem vollständigen Verzicht auf Ritualität vorzog.[11] In der Tat werden die besagten Parallelen zwischen der Inszenierung der katholischen Liturgie und des liturgischen Spiels – deren vermeintliche Abschaffung im Zuge der Reformation laut Montrose gleichsam ein Vakuum hinterließ – und der theatralen Inszenierung bereits von Zeitgenossen konstatiert. In einer Predigt von William Crashaw heißt es 1607 über die »ungodly Playes and Enterludes«: »what are they but a bastard of Babylon, a daughter of error and confusion, a hellish device (the divels owne creation to mock at holy things) by him delivered to the heathen, from them to the papists, and from them to us?«[12] Dennoch vernachlässigt die im Prinzip überzeugend belegte Substitutionsthese von Montrose zwei wichtige Punkte: Erstens kann die von ihm postulierte »Unterdrückung« der rituellen christlichen Inszenierungen im englischen Königreich in der von ihm beschriebenen Absolutheit nicht nachgewiesen werden, denn Passions- und *Quem-Quaeritis*-Spiele sowie ähnliche traditionelle liturgische Spektakel sind auch für die reformierten Gemeinden Englands im Laufe des 16. Jahrhunderts zahlreich belegt.[13] Und zweitens – hier kommen wir von einer bislang eher theaterwissenschaftlichen Fragestellung zu einem kunst- und architekturhistorisch relevanten Punkt – sprechen zeitgenössische Autoren wie Prynne oder Stubbes in ihren Angriffen nicht nur von den ihrer Meinung nach einander diametral entgegengesetzten Konzepten von »sermon« und »play«, sondern weiten diesen Gegensatz auffällig häufig auch auf den Kirchen- und Theater*raum* aus: So definiert Prynne die Theater explizit als »Devil's Temple«, und auch Baxter beschreibt, der Teufel habe die Theater zu »seinen Kirchen gemacht, in Konkurrenz zu den Kirchen Christi«. Was sicherlich zutreffend als parallele – beziehungsweise antonyme – Wahrnehmung von kirchlicher und weltlicher Theatralität aufgefasst wird, könnte also darüber hinaus möglicherweise auch auf eine Parallelisierung von Theater*raum* und Kirchen*raum* innerhalb der zeitgenössischen Wahrnehmung hinweisen.

Aufgrund der Tatsache, dass keines der frühneuzeitlichen englischen Theater erhalten ist und die einzigen Informationen über ihre Konstruktion aus Berichten von Zeitzeugen, Stadtansichten und einigen wenigen archäologischen Funden hervor-

---

9   Vgl. KNAPP 2002 (wie Anm. 4), S. 7.
10 Louis Montrose: The Purpose of Playing: Shakespeare and the Cultural Politics of the Elizabethan Culture, Chicago 1996. S. 30–32.
11 Stephen Greenblatt: Shakespearean Negotiations, Oxford 1988. S. 127.
12 So zit. in: MONTROSE 1996 (wie Anm. 10), S. 59.
13 Erkennbar an der zahlreich schriftlich geäußerten Kritik durch die Puritaner, vgl. hierzu bspw. J. G. Davies: The Secular Use of Church Buildings, Norwich 1968, S. 155ff.

1   *Shakespeare's Globe* in London, Foto aus dem Jahr 1998

gehen, ist eine Untersuchung dieser Überlegung anhand eines klassischen architekturhistorischen Vergleichs der betreffenden Objekte nicht möglich. Doch die in vielen Bereichen sehr gute Quellenlage zu einigen der frühneuzeitlichen englischen Theaterbauten reicht aus, um die Erarbeitung von – natürlich stets hypothetischen – Rekonstruktionen zu ermöglichen. Die archäologisch und kunsthistorisch fundierteste der bislang projektierten Rekonstruktionen ist sicherlich das 1996 in London fertiggestellte *Shakespeare's Globe*. (Abb. 1, 2) Ein erster Blick auf das heutzutage bekannteste der sogenannten *Play-Houses* des späten 16. und frühen 17. Jahrhunderts scheint sofort und eindeutig eine parallele Wahrnehmung von Kirchen- und Theaterraum zu widerlegen: Die in der Regel von Schauspieltruppen – teilweise mit der Hilfe von externen Financiers – errichteten Spielstätten, welche sich aufgrund der Auflagen des Stadtrates außerhalb des Londoner Stadtgebietes ansiedeln mussten[14], waren mit Reet gedeckte runde oder polygonale Fachwerkbauten mit einem offenen Innenhof, einem sogenannten *yard*, der von zwei bis drei überdachten Galerie- oder Emporengeschossen durchlaufend umschlossen wurde.[15] Unterbrochen wurden die in einzelne

---

14   Am 6. Dezember 1574 wurde ein Auflagenkatalog für Theateraufführungen innerhalb des Londoner Stadtgebietes verabschiedet, der es de facto unmöglich machte, den Spielbetrieb wie gewohnt aufrechtzuerhalten. Vgl. ADAMS 1917 (wie Anm. 6), S. 19. – Der Erlass ist vollständig erhalten und abgedruckt in: W. C. Hazlitt: The English Drama and Stage under the Tudor and Stuart Princes 1543–1646, London 1969 (1869), S. 27.

15   Zur im Folgenden nur stark verkürzt dargestellten Konstruktion der frühneuzeitlichen Theater im Londoner Stadtgebiet vgl. die Auswertung der Schrift- und Bildquellen bei ADAMS 1917 (wie

2 Ausschnitt aus Wenzel Hollars sog. *Long View of London*. Die falsche Beschriftung ist auf eine Verwechslung mit dem benachbarten *Bear-Biting Garden* zurückzuführen.

rooms unterteilten Galerien an der Stirnseite des Gebäudes durch das sogenannte *tiring house*. Dieses öffnete sich zum *yard* hin mit einer Fassade, deren Überdachung durch zwei Stützen getragen wurde somit und das ungefähr mannshohe Bühnenpodest teilweise überfing. Auf der zweiten Geschossebene innerhalb der Fassade des *tiring house* befand sich eine weitere Galerie, welche seit Ende des 16. Jahrhunderts vor allem als Zuschauerraum für privilegierte Theaterbesucher belegt ist und wohl auch daher ihre Benennung als sogenannte *lords' rooms* erhielt.[16] (Abb. 3–5) Die Architektur dieser einfachen Gebäude – deren Konstruktionsweise sich wohl von den Bear- und Bullbiting Yards[17] und den laubengangumkränzten Hinterhöfen[18] ableiten lässt, welche den Schauspieltruppen vor der Errichtung der ersten Theater als Bühne dienten – mit den steinernen Basiliken der Romanik und Gotik zu vergleichen, fällt auf konstruktiver Ebene äußerst schwer.

    Anm. 6) und die fortgeführte Analyse bei J.R. Mulryne, Margaret Shewring (Hg.): Shakespeare's Globe Rebuilt, Cambridge 1997.
16 Andrew Gurr: Playgoing in Shakespeare's London, Cambridge 1996, S. 21. – Andrew Gurr: The Shakespearean Stage 1574–1642, Cambridge 1970, S. 153. – CHAMBERS 1923, Bd. 2 (wie Anm. 8), S. 535.
17 Richard Leacroft: The Development of the English Playhouse, London 1988, S. 27–29.
18 James M. Saslow: Performing the Renaissance: Theatre as Metaphor in Art and Society, in: Explorations in Renaissance Culture 28, 2002, Heft 2, S. 161.

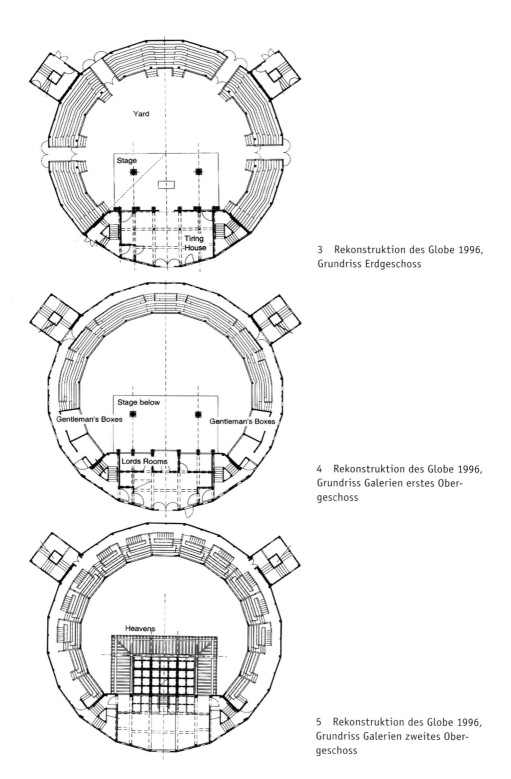

3   Rekonstruktion des Globe 1996, Grundriss Erdgeschoss

4   Rekonstruktion des Globe 1996, Grundriss Galerien erstes Obergeschoss

5   Rekonstruktion des Globe 1996, Grundriss Galerien zweites Obergeschoss

Definiert man aber Kirchen- und Theaterraum nicht ausschließlich anhand ihrer materiell-architektonischen Konkretisierung, sondern legt dem Vergleich raumsoziologische Kategorien zugrunde, ermöglicht dies eine vollkommen neue Perspektive. So versteht beispielsweise Martina Löw – unter anderem aufbauend auf den Überlegungen zu Raum und Gesellschaft von Pierre Bourdieu, Anthony Giddens und Michel Foucault – Raum nicht als eine gegebene physische Entität, sondern als ein Konstrukt, das sich aus mehreren Faktoren immer wieder neu konstituiert. Diese Konstitution von Raum geschieht laut Löw durch die relationale (strukturierte) (An-)Ordnung von sozialen Gütern und Menschen[19], wobei sie unter sozialen Gütern Elemente versteht, die sich in primär materielle Güter (Tische, Stühle, Häuser etc.) und primär symbolische Güter (Lieder, Werte, Vorschriften etc.) ausdifferenzieren lassen. Die Bezeichnung ›primär‹ soll in diesem Kontext darauf hinweisen, dass soziale Güter immer beide Komponenten aufweisen, jedoch eine Komponente je nach Handlung stärker in den Vordergrund tritt.[20]

Die Konstitution des frühneuzeitlichen englischen Kirchenraums

Folgt man dieser Definition, so konstituiert sich der Kirchenraum natürlich auch durch seine Konstruktion – welche aus der (An-)Ordnung sozialer Güter primär materieller Natur (Stein, Holz, Eisen, Glas, Blei, etc.) besteht –, diese sind aber eben nicht allein für dessen Eigenschaften verantwortlich. So sind die genannten sozialen Güter speziell im Kirchenraum gleichzeitig auch stark symbolischer Natur, wie spätestens in den durch Abt Suger verschriftlichten Überlegungen zur übertragenen Bedeutung des Kirchengebäudes deutlich wird.[21] Die architekturallegorischen Traktate des Mittelalters, die diesbezüglich eingehend ausgewertet wurden – beispielsweise von Hans Sedlmayr, Günter Bandmann, Otto von Simson oder Erwin Panofsky[22] – ermöglichen eine Auslegung der Kirche als Arche, Tempel Salomons, Wohnhaus Gottes oder als Versinnbildlichung des himmlischen Jerusalem.[23] Diese Interpretationen widersprechen einander teilweise, können sich aber auch gegenseitig ergänzen; letztendlich deuten alle den Kirchenbau als ein »sinn- und planvoll geordnetes Ganzes«[24], das im Mikrokosmos der Architektur makrokosmologische Verhältnismäßigkeiten zum Aus-

---

19 Martina Löw: Raumsoziologie, Frankfurt a.M. ⁷2012. Diese Formulierung bildet den Kern ihrer Definition, den sie im Verlauf Ihrer Argumentation noch erweitert und präzisiert.
20 Löw 2012 (wie Anm. 19), S. 153.
21 Vgl. Abt Suger: Libellus Alter de Consecratione Ecclesiae Sancti Dionysii und ders.: Ordinatio.
22 Hans Sedlmayr: Die Entstehung der Kathedrale, Zürich 1950. – Günter Bandmann: Mittelalterliche Architektur als Bedeutungsträger, Berlin 1951. – Otto von Simson: The Gothic Cathedral. Origins of Gothic Architecture and the Medieval Concept of Order, New York 1956. – Erwin Panofsky: Abbot Suger on the Abbey Church of St. Denis and its Art Treasures, Princeton 1948. – Einen kurzen Vergleich der Ansätze und einen Überblick über Kritikpunkte und strittige Thesen bietet Johannes Tripps: Das handelnde Bildwerk in der Gotik. Forschungen zu den Bedeutungsgeschichten und der Funktion des Kirchengebäudes und seiner Ausstattung in der Hoch- und Spätgotik, Berlin 1998. S. 31ff.
23 Bandmann 1951 (wie Anm. 22), S. 67ff.
24 Bandmann 1951 (wie Anm. 22), S. 314.

druck bringen kann. Diese reflektierte Verbindung von symbolischer und materieller Ebene bei den (an)geordneten sozialen Gütern und letztlich die physische Fixierung in Architektur sind Faktoren, die den Kirchenraum nach Löw zu einem *Ort* machen. *Orte* sind konkret benennbar und einzigartig, sie bleiben – zumindest für eine bestimmte Zeit – auch ohne die Platzierung derjenigen sozialen Güter und Menschen bestehen, die den *Ort* ursprünglich hervorgebracht haben[25], wohingegen *Raum* für seine Konstitution allein diese Platzierung benötigt, sei sie auch nur von kurzer Dauer, also flüchtig. Auch stellt der Ort Kirche Löws Systematik zufolge eine *Heterotopie* im Foucaultschen Sinne dar, das heißt einen Gegen-Raum oder Abweichungs-Raum im Vergleich zum jeweiligen umgebenden Raum.[26] Die frühneuzeitliche Kirche befand sich auf geweihtem Boden und unterlag den Regeln der Institution Kirche, der sie umgebende Raum jedoch einer – wie auch immer gearteten – weltlichen Gerichtsbarkeit. Zudem stellte der Bau, wie zuvor kurz erläutert, je nach Interpretation eine andere Art von Raum dar – den *utopischen* Raum des himmlischen Jerusalem, den biblisch-historischen Raum des Tempels Salomons oder der Arche oder auch »das Haus Gottes«. Diese *heterotope* Andersartigkeit des Kirchenraums wurde auch in seiner Zugänglichkeit erkennbar: Nur Mitgliedern der christlichen Gemeinschaft war es erlaubt, ihn zu betreten, Exkommunizierten oder Andersgläubigen jedoch blieb der Zugang verwehrt. Die durch den Besucher der Kirche mit dem Übertritt an diesen *heterotopen Ort* vollzogene Grenzüberschreitung war daher sicherlich eine sehr bewusst wahrgenommene, was beispielsweise durch die seit der Romanik an Türen und Kirchenportalen nachweisbaren Bildprogramme nachvollziehbar wird. Diese führten – häufig in Form einer Weltgerichtsdarstellung oder vergleichbaren ikonographischen Programmen – nicht zur christlichen Gemeinschaft zugehörigen Betrachtern wie bspw. Andersgläubigen oder (zeitweise) Exkommunizierten außerhalb des Kirchenraumes ihre Zukunft in der ewigen Verdammnis vor Augen, während den frommen Seelen – welche sich notwendigerweise ausschließlich unter den zum Übertritt der Schwelle autorisierten Kirchenbesuchern befinden konnten – die Erlösung im Paradies verheißen wurde.

Innerhalb des Kirchenbaus sind weitere konkrete *Orte* feststellbar. Der wichtigste unter ihnen ist sicherlich der geweihte (Haupt-)Altar: Er ist Mittelpunkt der liturgischen Feier seit frühchristlicher Zeit, seine Platzierung geht zudem häufig der Platzierung des Kirchengebäudes selbst voraus, beispielsweise wenn Kirchen über den Gräbern von Märtyrern und/oder Heiligen erbaut wurden. In jedem Fall definiert der Altar als *Ort* das Zentrum des Kirchengebäudes, seine symbolische Wirkung ermöglicht das Hervorbringen des wichtigsten *Raums* der Kirche: des Chorraums. Hier ist die (An-)Ordnung sozialer Güter und Menschen stark reglementiert: Nur der Klerus darf den Bereich um den Hauptaltar betreten, hier wird die Messe zelebriert und hier befindet sich auch der fest zugewiesene *Ort* der Zelebranten: das Chorgestühl. Die Grenze zwischen Chorbereich und dem restlichen Kirchenraum war in der frühen

---

25 Löw 2012 (wie Anm. 19), S. 198f.
26 Löw 2012 (wie Anm. 19), S. 164f.

Neuzeit in fast allen englischen Pfarr- und Ordenskirchen auch architektonisch vollzogen: bei Basiliken mit einfacher Chorapsis durch einen Lettner, bei Kirchen mit Umgangschören durch Lettner und Chorschranken.[27] Hinter dieser Begrenzung, die zudem Schutz vor Übergriffen und Diebstahl bot, befanden sich über die genannten sozialen Güter hinaus häufig auch wertvolle Reliquienbehältnisse, -schreine und/oder andere Kostbarkeiten, welche – wie der Rest des Chorbereichs – je nach Gestaltung der Abschrankungen für den normalen Kirchenbesucher mehr oder weniger schlecht einsichtig waren und nur an hohen Feiertagen – beispielsweise innerhalb einer Prozession – präsentiert wurden. Sehr viel besser sichtbar hingegen waren der Laienaltar, der gewöhnlich direkt vor dem Lettner platziert wurde, sowie die auf dem oft begehbaren Lettner untergebrachten Triumphkreuze, Nebenaltäre, Reliquiare oder Bildwerke.[28] Auch hier war die (An-)Ordnung von Menschen reglementiert: So erfolgte der Zugang zum Lettner häufig vom Chorraum aus, und auch der direkte Zugriff auf den Laienaltar war in der Regel dem Klerus vorbehalten.[29] Zusätzlich konstituierte sich der Chorraum natürlich auch aus primär symbolischen sozialen Gütern: Lesung der Messe, Vortrag von Evangelien, Liedern etc. Eine solche relationale (An-)Ordnung von sozialen Gütern und Menschen, also das Errichten, Bauen und Positionieren in Relation zu anderen Platzierungen, nennt Löw *Spacing*.[30] *Spacing* ist ihrer Systematik zufolge ein grundlegender Prozess der Raumkonstitution, den sie in Gleichzeitigkeit mit einem zweiten grundlegenden Prozess, der *Syntheseleistung* setzt. Diese fasst über Wahrnehmungs-, Vorstellungs- oder Erinnerungsprozesse Ensembles von Gütern und Menschen zu Räumen zusammen.[31] Der Chorraum würde sich also demzufolge in der Wahrnehmung des Kirchenbesuchers aus dem Ensemble der architektonischen Positionierung und Ausgestaltung im Bauwerk, der platzierten Ausstattungsgegenstände, den im Chorraum handelnden Klerikern sowie deren Handlungen konstituieren. Alle genannten Elemente des Ensembles sind diejenigen mit dem höchsten Prestige innerhalb des Kirchenraums: Die Positionierung des Chores als zumeist östlichster Bereich des

---

27 Vgl. hierzu und auch im Folgenden beispielsweise Colin Platt: The Parish Churches of Medieval England, London 1981. – Katherine L. French: The People of the Parish. Community Life in a Late Medieval English Diocese, Philadelphia 2001. – Beat A. Kümin: The Shaping of a Community. Topographies of Tension in English Communities c. 1350–1640, Brookfield 1996.
28 Ausführlich zu Gestalt und Nutzung des im Englischen als *rood screen* bezeichneten Lettners (*rood[-cross]* = Triumphkreuz) vgl. Francis Bond: Screens and Galleries in English Churches, Oxford 1908. – Michael Aufrère Williams: Medieval English Roodscreens. With special Reference to Devon, Univ.-Diss. Exeter 2008. – Eamon Duffy: The Parish, Piety and Patronage in Late Medieval East Anglia. The Evidence of Rood Screens, in: Katherine L. French; Gary G. Gibbs, Beat Kümin (Hg.): The Parish in English Live. 1400–1600, Manchester 1997.
29 Für England sind auch Ausnahmen von dieser Regel belegbar, so gewährte 1287 die Synode von Exeter auch Kirchenpatronen und Adeligen einen Anspruch auf ein festes Gestühl (vgl. Thomas Weller: Ius Subselliorum Templorum: Kirchenstuhlstreitigkeiten in der frühneuzeitlichen Stadt zwischen symbolischer Praxis und Recht, in: Christoph Dartmann e.a. (Hg.): Raum und Konflikt, Münster 2004, S. 205f.), allerdings wurde von diesem Vorrecht in der Praxis wohl wenig Gebrauch gemacht (vgl. Alfred Heales: History and Law of Church Seats, or Pews, London 1872, S. 64f.).
30 Löw 2012 (wie Anm. 19), S. 158.
31 Löw 2012 (wie Anm. 19), S. 159f.

Gebäudes bildet einen optischen Flucht- sowie einen physischen Zielpunkt für den in der Regel im Westen eintretenden Besucher, die Ausstattungsgegenstände sind, wie weiter oben bereits erläutert, die sowohl materiell als auch symbolisch wertvollsten Objekte im Raum, und der Klerus ist diejenige Personengruppe unter den Kirchenbesuchern, die an dem *heterotopen Ort* der Kirche die höchste Autorität darstellt, wobei gleichzeitig die durch ihn durchgeführten Handlungen das symbolisch-rituelle Zentrum des gesamten Kirchenraums bilden. Folglich konstituiert sich am *Ort* des Chores derjenige *Raum* im Kircheninneren mit dem höchsten Prestige, zu dem sich andere *Orte* und *Räume* im Kircheninneren relational in Bezug setzen: So waren beispielsweise Stiftungen im Chorbereich traditionell meist dem Klerus vorbehalten, während in den Seitenschiffen auch einflussreiche und wohlhabende Laien ein Epitaph oder einen Altar stiften durften. An der Entfernung zum Chor ließ sich relational der Rang der jeweiligen Stiftung ablesen.[32] Ähnliches gilt für Begräbnisse innerhalb der Kirche, auch hier bedeutete eine Bestattung in der Nähe des Chores allerhöchstes Prestige.

Parallel zu dieser relationalen (An-)Ordnung sozialer Güter ist ebenso in der (An-)Ordnung der Menschen im Langhaus, z.B. während der Messe, ein relationaler Bezug auf die (An-)Ordnungen des Chorraums nachweisbar: So nahmen die Gemeinden bis ins 15. Jahrhundert hinein in der Regel nach Geschlechtern getrennt an der Messe teil, wofür entweder eine Quer- oder eine Längsteilung des Langhauses vorgenommen wurde. Erstere fußte wahrscheinlich auf Äußerungen des Autors der syrischen »Didaskalia« aus der ersten Hälfte des 3. Jahrhunderts, welcher forderte, Männer als das laut Paulus den Frauen übergeordnete Geschlecht seien im Kirchenraum vor letzteren (also näher beim Chor) zu positionieren.[33] Bei einer Längsteilung war der Platz der Frauen hingegen im nördlichen Teil des Langhauses vorgesehen, der Platz der Männer im südlichen.[34] Diese Trennung wurde von Amalarius von Metz († um 850) damit begründet, dass Frauen das schwache und sündigere Geschlecht seien und somit innerhalb der aus der Perspektive des Chors rechten Seite – der segnenden Seite Christi – stärker beschützt würden.[35] Margaret Aston und Katherine L. French vermuten aufgrund dieser Beschreibung, die Positionierung der Geschlechter in der Längsteilung sei auch in Relation mit den häufig über dem Altarbereich angebrachten Triumphkreuzgruppen zu bringen, bei denen die trauernde/fürbittende Maria auf der rechten Seite Christi – also im Norden – und der trauernde/fürbittende Johannes auf der linken Seite Christi – also im Süden – zu finden ist.[36] Die Einteilung des Lang-

---

32 Vgl. Corinne Schleif: Donatio et Memoria: Stifter, Stiftungen und Motivationen an Beispielen aus der Lorenzkirche in Nürnberg, München 1990, S. 230ff.
33 Gabriela Signori: Links oder Rechts? Zum ›Platz der Frau‹ in der mittelalterlichen Kirche, in: Susanne Rau, Gerd Schwerhoff (Hg.): Zwischen Gotteshaus und Taverne. Öffentliche Räume im Spätmittelalter und der frühen Neuzeit, Köln/Weimar/Wien 2004, S. 346.
34 SIGNORI 2004 (wie Anm. 33). – Margaret Aston: Segregation in Church, in: W. J. Sheils, Diana Wood (Hg.): Women in the church. Papers read at the 1989 Summer Meeting and the 1990 Winter Meeting of the Ecclesiastical History Society, Oxford (UK)/Cambridge (Mass) 1990, S. 237–281.
35 Vgl. SIGNORI 2004 (wie Anm. 33), S. 353.
36 ASTON 1990 (wie Anm. 34), S. 274. – FRENCH 2001 (wie Anm. 27), S. 168. – SIGNORI 2004 (wie Anm. 33), S. 358

hauses durch diese relational zum Chorraum angeordneten Geschlechterräume löste sich jedoch in vielen englischen Gemeinden im Verlauf des 15. und 16. Jahrhunderts nach und nach auf. Hatten die Kirchgänger bislang dem Gottesdienst oft stehend oder auf mitgebrachten Klappstühlen beigewohnt, wurde es in den Pfarren zu dieser Zeit üblich, an Familien oder Einzelpersonen festes Gestühl zu verkaufen oder auf Lebenszeit zu verpachten.[37] Vor allem der Adel sowie wohlhabende Landbesitzer erhoben Anspruch auf ein eigenes festes Gestühl, in dem die Familie gemeinsam sitzen konnte.[38] Bereits diese zunächst einfachen Holzbänke wurden in der Regel dekorativ ausgestaltet, neben Alltagsszenen und religiösen Symbolen finden sich an den heute noch in Vielzahl erhaltenen Beispielen häufig Familienwappen oder Werkzeuge, die auf die Identität des jeweiligen Besitzers hinweisen.[39] Zudem sind Gestühle nachweisbar, deren Nutzung nicht an Herkunft oder Besitz, sondern an ein Amt geknüpft wurde. In den Kirchenbüchern von Cornhill findet sich beispielsweise im Jahre 1474 der Verweis auf eine Bezahlung im Zusammenhang mit der sogenannten »mayor's pew«, einer Bank also, die offensichtlich dem Bürgermeister des Ortes vorbehalten war.[40] Durch die feste Installation der Bänke wurden die zuvor allein durch die vorübergehende Platzierung der betreffenden Gemeindemitglieder konstituierten *Räume* zu *Orten*: Auch wenn sich der Bürgermeister nun nicht innerhalb der Kirche aufhielt, blieb sein Platz im Raum stets durch seine Bank definiert. Eine solche konkrete Ver-*Ortung* des persönlichen Raums in Relation zum persönlichen Raum der anderen Gemeindemitglieder und zum Kirchenraum ist als konkrete Platzierung innerhalb einer klar strukturierten Raumhierarchie und somit als gesellschaftliche Positionierung ausdeutbar. Dass dies bereits durch die Zeitgenossen sehr bewusst wahrgenommen wurde, beweisen zahlreiche historische Schriftquellen: Das Bedürfnis nach Inszenierung des eigenen Platzes im Kirchenraum bereitete den Boden für Streitigkeiten und Auseinandersetzungen, die nicht selten in Gewalttätigkeiten gipfelten und vor Gericht verhandelt werden mussten. So klagte beispielsweise 1493 ein gewisser William FitzWalter vor einem weltlichen Gericht gegen andere Parochiale, die zuvor sein Gestühl (wohl auf Anweisung des Priesters) zerstört und aus der Kirche entfernt hatten.[41] Auch spätmittelalterliche und frühneuzeitliche Testamente beweisen eine willentliche und reflektierte Selbst-Platzierung im Kirchenraum, so formulierten die Gemeindemitglieder häufig dezidiert den Wunsch, am Ort ihres Sitzplatzes in der Kirche auch begraben zu werden.[42] Vergleichbare – nicht nur den Kirchenraum

---

37 Vgl. FRENCH 2001 (wie Anm. 27), S. 106f.
38 Dass das Recht auf Gestühl offenbar auch an Landbesitz gekoppelt war, illustriert ein Fall aus der Gemeinde Maidenhead. Hier forderte im Jahr 1533 ein gewisser Giles Dobell für sich und seine Frau ein Gestühl mit der Begründung, er besäße ebenfalls Land in Maidenhead. FRENCH 2001 (wie Anm. 27), S. 167.
39 FRENCH 2001 (wie Anm. 27), S. 163f.
40 HEALES 1872 (wie Anm. 29), S. 12.
41 WELLER 2004 (wie Anm. 29), S. 191.
42 Heales zitiert hierzu zahlreiche Quellen, wobei diejenigen für eine Bestattung im Chor – auch für Nicht-Kleriker, die dort aber bereits zu Lebzeiten einen Sitzplatz hatten – bis ins 14. Jahrhundert zurückgehen: »1374. From the Will of Alan de Alnewyk, of York, Goldsmith [...] corpus meum

selbst sondern auch die Umgebung der Kirche mit einbeziehende – Überlegungen zur soziopolitischen Topographie der spätmittelalterlichen und frühneuzeitlichen Pfarrkirche in England bringen auch Beat Kümin in diesem Zusammenhang zu der folgenden – meiner Ansicht nach exakt zutreffenden – Feststellung:

> The parish was a highly complex organism, consisting of members from different families and occupations; age, wealth and gender groups; and estates and neighbourhoods – all of whom had distinct priorities, needs and personal acquaintances. They attended church for advice and edification, but also to retain their due place in the social topography; to stay in touch with their ancestors (buried in the churchyard or, in the case of elites, the nave or chancel); and to participate in numerous ceremonial and convivial customs. Each and every parishioner entering the nave experienced the same church space in a peculiar fashion, depending on the personal networks in which (s)he stood and the spatial matrixes created by these relationships.[43]

Allerdings behandelt die somit umrissene soziopolitische Topologie des Kirchenraums bis hierher nur die Räume des Kircheninneren in der Ebene und ignoriert die für die Raumhierarchie grundlegend relevante Ausdehnung in der Elevation. Neben den Kategorien vorne, hinten, rechts und links sind die Kategorien oben und unten speziell bei der (An-)Ordnung und der symbolischen Wirkung sozialer Güter im Kirchenraum von zentraler Bedeutung. So konnte beispielsweise Bruno Reudenbach bereits für frühe mittelalterliche Bauten wie den Aachener Dom eine enge inhaltliche Verbindung des architektonischen Bauteils Säule/Stütze mit der theologischen Bedeutung der Apostel beziehungsweise Propheten eingängig darlegen[44]: Nicht erst seit der Verbreitung von Abt Sugers Überlegungen zum Chorneubau in St. Denis wird die Parallelisierung von Säule und Apostel eine äußerst populäre Deutung, die seit dem 13. Jahrhundert durch die Anbringung von monumentalen Apostelzyklen an Langhauspfeilern – häufig im Binnen- bzw. Hochchor – auch auf der gegenständlichen Ebene lesbar gemacht wird.[45] Die stützende Funktion der Apostel ist dabei weniger auf einer tektonischen denn auf einer symbolischen Ebene zu verstehen: sie sind die Pfeiler, auf die das himmlische Jerusalem errichtet wurde. Diese Verbindung zwischen Apostel und Himmelreich wird in vielen Kirchenbauten durch die Ausstattung mit Malerei oder Mosaiken verdeutlicht, indem die von den Pfeilern getragenen Gewölbe als sternenbedecktes Himmelszelt ausformuliert sind. Das somit in einen kosmo-

---

ad sepeliendum in choro ecclesiae Sancti Michaelis de Berefrido, juxta locum *ubi sedere solebam* in eodem choro;[…]« (HEALES 1872 [wie Anm. 29], S. 67). Vergleichbare testamentarische Verfügungen von Laien sind laut Heales ab dem späten 15. Jahrhundert nachweisbar. Interessanterweise wird in fast allen Beispielen der Begräbnisort anhand von Sitzplätzen lokalisiert: »1520. In the Will of Gyffray Gough, Yeoman of the Guard […], he directs […] my body to be buried in erth at my pew dore within our Lady Chapell of my parish church of Mary Magdalen (St. Mary Overy) aforesaid.« (HEALES 1872 [wie Anm. 29], S. 67).

43 Steve Hindle, Beat Kümin: The Spatial Dynamics of Paris Politics, in: Beat Kümin (Hg.): Political space in pre-industrial Europe, Farnham 2009, S. 154.
44 Bruno Reudenbach: Säule und Apostel. Überlegungen zum Verhältnis von Architektur und architekturexegetischer Literatur im Mittelalter, in: Frühmittelalterliche Studien 14, 1980, S. 310–351.
45 Ausführlich hierzu REUDENBACH 1980 (wie Anm. 44), S. 344ff.

logischen Zusammenhang eingefügte Stütz- und Tragemotiv – das auf die mythologische Gestalt des Atlas zurückgehen dürfte – findet sich zudem häufig eingebettet in einen weitergreifenden architektonischen Zusammenhang, der beispielsweise aus erläuternden Fußbodendekorationen und Fensterprogrammen besteht.[46]

Dass die Vorstellung vom Kirchengewölbe als himmlische Sphäre sich gerade im Spätmittelalter immer stärker verdichtet, zeigt sich einerseits an der Intensivierung der Ausgestaltung der Gewölbe als Stern- oder Netzgewölbe, wird andererseits aber auch in Quellen deutlich, die die Inszenierung der Architektur durch die Nutzung »handelnder Bildwerke« – wie Johannes Tripps sie nennt[47] – beschreiben: Sowohl innerhalb von Messfeiern als auch während der liturgischen Spiele zu Ostern, Pfingsten und zu Christi- bzw. Mariä Himmelfahrt dienten das Gewölbe und auch das unter dem Gewölbe liegende Triforium bzw. eventuell vorhandene Emporen immer wieder als Raum für Handlungen, die in der christlichen Mythologie eindeutig innerhalb einer himmlischen Ebene verortet sind[48]: So ermöglichte beispielsweise das sogenannte »Himmelloch«, eine meist dekorativ verschließbare Öffnung im Gewölbe, das Herablassen einer Taube zur Symbolisierung der Ausgießung des heiligen Geistes an Pfingsten oder das Heraufziehen einer Christus- oder Marienfigur zu den jeweiligen Himmelfahrtstagen. Diese und weitere Inszenierungen wurden um hinauf- und hinabschwebende Engelsfiguren ergänzt, auch das Herabwerfen von weiteren Requisiten wie Blumen oder brennenden Wergbällchen zur Symbolisierung von Feuerzungen sind seit dem 12. Jahrhundert belegt.[49] Die relationale (An-)Ordnung von sozialen Gütern und Menschen konstituierte somit *Räume*, die im Kircheninneren die Setzung eines festen *Ortes* für die himmlische bzw. paradiesisch-utopische Sphäre auf der Ebene der Gewölbe ermöglichten.

Im Rückschluss fällt es leicht, im Gegensatz zu den Gewölben der Kirche ihren Boden als *Ort* der irdischen Sphäre zu definieren, wobei die als Fürbitter fungierenden Apostelfiguren sowie weitere an den Stützen angebrachte Heiligenfiguren sicherlich nicht zufällig eine zwischen den beiden einander diametral entgegengesetzten *Orten* befindliche Platzierung – also eine tatsächliche Mittlerposition – innehatten. Kongruent zu einem demzufolge für die vertikal in der Elevation gelegenen Räume des Kircheninneren zu konstatierenden höheren Prestige lässt sich für die entsprechenden architektonischen Bereiche in vielen Fällen eine reglementierte und somit begrenzte Zugänglichkeit – sowohl für soziale Güter als auch für Personen – feststellen. So konnte Clemens Kosch anhand der romanischen Stadtkirchen Kölns beispielhaft für an Stifts-, Kloster- und Konventsgebäude angeschlossene Kirchengebäude zeigen, dass Bereiche wie die Westempore, Seitenemporen, ein eventuell vorhandenes Triforium, der Chor und die Zugänge zu diesen Raumteilen, also Wendeltreppen, Laufgänge etc., im Regelfall Mitgliedern des jeweiligen Konvents oder Stiftes vor-

---

46 REUDENBACH 1980 (wie Anm. 44), S. 340.
47 TRIPPS 1998 (wie Anm. 22).
48 TRIPPS 1998 (wie Anm. 22), S. 33ff; S. 114ff. und S. 191ff.
49 TRIPPS 1998 (wie Anm. 22), S. 114ff. und S. 191ff.

behalten waren.⁵⁰ Die Zugänge befanden sich häufig – ähnlich dem Zugang zum begehbaren Lettner – außerhalb des Langhauses: im Chor, in der Sakristei, oft auch in den Konventsgebäuden außerhalb der Kirche. Diese begrenzte Zugänglichkeit ermöglichte – wiederum ähnlich wie im Chorbereich – die (An-)Ordnung besonders wertvoller sozialer Güter: Emporen dienten wie der Lettner häufig als Aufstellungsort für Reliquiare, Altäre und vergleichbare Kostbarkeiten. Eine erhöhte Position im Kirchenraum verhalf aber auch – abgesehen von der relationalen Platzierung zu den prestigeträchtigen raumkonstituierenden sozialen Gütern – den darauf platzierten Menschen zu besserer Sicht und Akustik, gleichzeitig sicherte sie zumeist ebenfalls die bessere Sichtbarkeit des relational (An-)Geordneten Menschen *für andere*. Vermutlich vor allem aus diesem Grund wurden im späten Mittelalter vielerorts hölzerne Galerien und logenartige Verschläge in Kirchen eingebaut, die als privilegierter Raum für Adels- oder Patrizierfamilien dienten. Dabei hoben die Stifter der Emporen ihren »Besitz« oftmals deutlich durch die Anbringung ihres Wappens hervor.⁵¹ Zu noch größerer Distanzierung vom Rest der Gemeinde verhalfen separate Aufgänge von außen, die das Betreten der Kirche und der eigenen Raumzone ermöglichten, ohne dass der Raum der niedriger gestellten Gemeindemitglieder – also das Langhaus – durchquert werden musste.⁵² Unter gewissen Umständen konnten auch betretbare Lettner und Laufgänge zu publikumsreichen und/oder symbolträchtigen Anlässen als Aufenthaltsort für Kirchgänger genutzt werden. Dies belegt für die Kathedrale von Laon eine Abbildung aus dem Jahr 1566, die den Exorzismus der Nicole Aubrey zeigt. (Abb. 6) Ein Platz direkt auf der Schnittstelle von Laienraum und abgetrenntem Chorraum, den jeder Besucher im Langhaus einsehen konnte, war sicherlich äußerst begehrt und vermutlich ausschließlich für den Klerus und bestenfalls hochgestellte Gäste vorgesehen. Doch nicht nur die dem Kirchenbau neu hinzugefügten Holzeinbauten ermöglichten dem Adel und aufstrebenden Patriziat⁵³, sich innerhalb der Kirche durch einen eigenen Raum vom Rest der Gemeinde abzugrenzen: Westemporen, die in vielen mittelalterlichen Kirchen angelegt worden waren – möglicherweise um bei eventuellem Herrscherbesuch eine angemessene Unterbringung während des Gottesdienstes gewährleisten zu können – dienten nun Adligen und Patriziern als exponierter Sitzplatz.⁵⁴

In der Wahrnehmung des zeitgenössischen Betrachters konstituierte sich also der spätmittelalterliche bzw. frühneuzeitliche Kirchenraum aus der *Heterotopie* des *Ortes* selbst, der relationalen (An-)Ordnung materiell-symbolischer sozialer Güter (Archi-

---

50 Clemens Kosch: Kölns Romanisch Kirchen. Architektur und Liturgie im Hochmittelalter, Regensburg 2000/05.
51 Vgl. hierzu Sandra Danicke: Emporeneinbauten im deutschen Kirchenbau des ausgehenden Mittelalters, dargestellt an elf Beispielen, Weimar 2001. Eine Vergleichbare Untersuchung für englische Pfarrkirchen steht noch aus, jedoch sind auch für diesen zahlreiche vergleichbare Einbauten erhalten.
52 Jan Peters: Der Platz in der Kirche: Über soziales Rangdenken im Spätfeudalismus, in: Jahrbuch für Volkskunde und Kulturgeschichte 28, S. 80.
53 DANICKE 2001 (wie Anm. 51), S. 24.
54 DANICKE 2001 (wie Anm. 51), S. 24.

6   Exorzismus der Nicole Aubrey in der Kathedrale von Laon am 4. Januar 1566

tektur, Ausstattung, Mobiliar) und der ebenfalls relationalen (An-)Ordnung von Menschen. Das (stark reglementierte) *Spacing* – also die Platzierung der genannten Elemente zueinander – und die *Syntheseleistung* des Kirchenbesuchers, welche soziale Güter und Menschen als Ensembles zusammenfasste, konstituierte innerhalb des

Kirchenraumes weitere *Räume*, die häufig durch eine Ver-*Ortung* von sozialen Gütern konkretisiert waren. Diese *Orte* und *Räume* bildeten gemeinsam eine Topologie, welche die soziopolitische Hierarchie der jeweiligen Gemeinde widerspiegelte und innerhalb derer die Gemeindemitglieder durch relationale (An-)Ordnung ihre eigene Platzierung selbst inszenierten.

Die Konstitution des frühneuzeitlichen Theaterraums

Aufgrund ihrer architektonischen Fixierung sind die Freilicht-Theaterbauten im frühneuzeitlichen London – als Beispiel wähle ich konkret das zweite *Globe* der *Chamberlain's Men* – ebenfalls als *Ort* zu definieren. Um zu diesem *Ort* zu gelangen, mussten die Besucher des Theaters das eigentliche Londoner Stadtgebiet – und damit die Gerichtsbarkeit der Stadtverwaltung – verlassen und die Themse überqueren, um zur sogenannte »Bankside« zu gelangen. Diese wurde traditionell für »sports and pastimes« genutzt[55], hierunter fielen Familienpicknicks im Grünen, ein Besuch der Bear- und Bullbiting Arenen, Sportarten wie Bogenschießen und viele Freizeitaktivitäten mehr. Darüber hinaus befand sich auf der Bankside auch ein großer Teil der Bordelle und Bars des frühneuzeitlichen London und schließlich die Theater.[56] Somit ist das Gebiet der Bankside selbst sicherlich als ein *heterotoper Ort* zu definieren, welcher einen Gegen-Raum zum eigentlichen Londoner Stadtgebiet darstellte. Darauf, dass auch der Theaterraum des *Globe* selbst als *Heterotopie* klassifiziert werden kann, weist vor allem die Benennung des Theaters hin: »The very name of the Globe theatre hardly needs comment as an instance of theatre understood as a microcosmic version of the larger world«.[57] Auch ein Schild mit dem Motto des Theaters – »totus mundus agit histrionem« (»die ganze Welt bewegt den Schauspieler«) – welches angeblich zusammen mit dem die Welt schulternden Herkules über einem der Eingänge angebracht gewesen sein soll[58], belegt die symbolische Interpretierbarkeit des Theaterraums als mikrokosmologisches Abbild einer makrokosmologischen Ordnung.

Im Inneren des gleichförmig polygonalen Baus bildete das sogenannte *tiring house* einen optischen Fluchtpunkt. Es war zwar innerhalb des Polygons positioniert, schnitt aber durch den waagerechten Abschluss zum *yard* hin risalitartig in diesen ein. Auch überragte das Dach des *tiring houses* in der Regel die Überdachung der Galerien, wie

---

55 ADAMS 1917 (wie Anm. 6), S. 28ff.
56 Die *Chamberlain's Men* hatten zu Beginn unter der Leitung von James Burbage nördlich der Stadtgrenze in den sogenannten Finsbury Fields ihr erstes Theater – das sogenannte *Theatre* – errichtet, dies jedoch nach Burbages Tod mit dessen Söhnen als *Globe* auf die Bankside transferiert – wohl, auch, um sich einem schlechten Pachtvertrag zu entziehen. Eine ausführliche Beschreibung aller Vorkommnisse um die Pachtstreitigkeiten mit Auszügen aus zeitg. Dokumenten liefert ADAMS 1917 (wie Anm. 6), S. 49–65.
57 Russell West: Spatial Representations on the Jacobean Stage: From Shakespeare to Webster, Houndmills 2002, S. 20.
58 Richard Dutton erhärtete 1988 diese bereits von Chambers aufgestellte These. Vgl. Richard Dutton: Hamlet, An Apology for Actors, and the Sign of the Globe, in: Shakespeare Survey 41, 1988, S. 35–37. – CHAMBERS 1923 (wie Anm. 8).

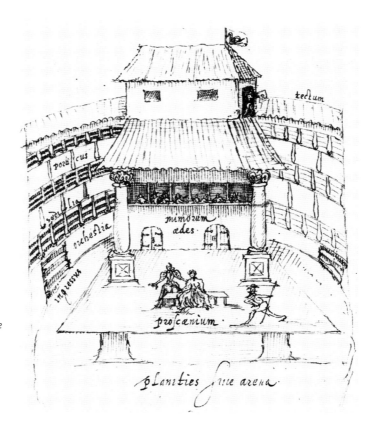

7 Das *Swan Theatre* um 1596, Kopie der Originalskizze von Johannes de Witt von Arnoldus Buchelius (1565–1641)

an De Witts Skizze des *Swan Theatre* und an Hollars Darstellung des *Globe* in seiner Stadtansicht von London deutlich wird. (Abb. 7) Das *tiring house* diente als Aufbewahrungsraum für die häufig äußerst wertvollen Kostüme und Requisiten – daher die Benennung (*attire* = Garderobe)[59] –, hier zogen sich die Schauspieler zwischen den einzelnen Szenen um und warteten auf ihren nächsten Auftritt. Die Fassade des *tiring house* bildete die Rückwand der Bühne, zu der dieses sich in mehreren – zumeist zwei oder drei – Portalen öffnete. Für den Zugang zu diesem Bereich des Theaters befand sich auf der Rückseite des Gebäudes ein »Künstlereingang«, der für gewöhnlich den Angehörigen der Schauspieltruppen und den Besuchern der *lords' rooms* vorbehalten war. Letztere konnten durch ein separates Treppenhaus im *tiring house* ihre Sitzplätze über der Bühne erreichen[60], welche direkt an die Fassade *des tiring*

---

59 Die Kostüme des elisabethanischen Theaters bestanden zumeist aus zeitgenössischer Kleidung, allerdings beinhalteten die Garderoben der Theater eine Vielzahl extrem kostbarer Stücke, welche häufig von wohlhabenden Gönnern an die Kompanie vererbt, aber auch teilweise extra angefertigt wurden. Inventarlisten zeigen, dass ein einzelnes Kostüm oft mehr kostete als das Stück selbst. (Michael Hattaway: Elizabethan Popular Theatre, London 1982, S. 85ff.).
60 Gurr 1996 (wie Anm. 16), S. 18.

house anschloss und als ein etwas weniger als mannshohes Podest in den *yard* hineinragte. Dieses Ineinandergreifen von Bühne und Zuschauerraum blieb auch während der Vorstellung bestehen, da ein separates Ausleuchten der Bühne bei gleichzeitiger Verdunklung des Zuschauerraums erst mit den englischen *Indoor-Playhouses* in der Mitte des 17. Jahrhunderts aufkam. In den großen Tageslichttheatern des späten 16. und frühen 17. Jahrhunderts jedoch teilten Schauspieler und Publikum während der Vorstellung in dieser Hinsicht den gleichen Raum. Dies lässt sich auch an der Einbeziehung des Publikums in das Spiel nachvollziehen: in sogenannten Soliloquien sprach der Schauspieler die Zuschauer beziehungsweise bestimmte Zuschauergruppen direkt an[61], die Reaktionen des Publikums auf eine Handlung erfolgten unmittelbar und dienten oft als Geräuschkulisse für die jeweilige Szene.[62]

Das architektonisch exponierte *tiring house* mit den integrierten *lords' rooms* und der vorgelagerten Bühne war folglich ein *Ort*, der die Konstitution sehr ähnlicher *Räume* ermöglichte wie der durch einen (begehbaren) Lettner abgeschrankte Chorraum mit vorgelagertem Laienaltar. Er zeichnet sich durch eine vergleichbare (An-) Ordnung sozialer Güter und Menschen aus, die in wiederum vergleichbare Ensembles *synthetisiert* werden konnten: Das *tiring house* war ein in seiner Zugänglichkeit beschränkter Bereich, der denjenigen Menschen mit dem höchsten Prestige bzw. der höchsten Autorität innerhalb des *heterotopen Ortes* Theater – den Besitzern und Betreibern, also den Schauspielern, sowie den wohlhabendsten und einflussreichsten Zuschauern – vorbehalten war. Wie diese waren auch die im *tiring house* platzierten – zum Teil äußerst wertvollen – sozialen Güter nur teilweise durch den Zuschauer einsehbar, letzterer war wie beim Chorraum davon abhängig, dass ihm die betreffenden Menschen und Güter auf der Bühne bzw. in den *lords' rooms* präsentiert wurden. Die Bühne formulierte das symbolisch-rituelle Zentrum des Theaterraums, welcher sich wiederum durch die dort platzierten primär symbolischen sozialen Güter – die aufgeführten Theaterstücke – konstituierte. Das *tiring house* mit der vorgelagerten Bühne war also derjenige *Raum* in Inneren des Theaters mit dem höchsten Prestige, zu dem sich die anderen *Orte* und *Räume* relational in Bezug setzten. In Differenz zum Kirchenraum ist allerdings auffällig, dass im Theaterraum allein die Nähe zur Bühne keine ausreichende Relevanz für die Konstitution eines prestigereichen Raumes darstellte, denn die Plätze der *groundlings* im *yard* waren die billigsten im ganzen Zuschauerraum. Hier konnten Arbeiter und Seeleute, Dienstmägde, Näherinnen, aber auch Stadtstreicher, Prostituierte und anderes »Gesindel« für nur einen Pence Eintrittspreis der Vorstellung beiwohnen. Die Besucher der ersten, ebenerdigen Galerie zahlten zwei Pence, Sitzplätze auf den Galerien im zweiten und dritten Geschoss kosteten drei Pence[63] (wobei möglicherweise noch einmal ein Aufpreis bezahlt werden

---

61 R.A. Foakes: Playhouses and Players, in: A.R. Braunmuller, Michael Hattaway (Hg.): The Cambridge Companion to English Renaissance Drama, Cambridge 2003, S. 23.
62 Ausführlich zu den jeweiligen Zuschauerreaktionen: GURR 1996 (wie Anm. 16), S. 45–49.
63 Vgl. hierzu Thomas Platter: Beschreibung der Reisen durch Frankreich, Spanien, England und die Niederlande (1599) Bd. 2, repr. Basel 1968, S. 791–792.

musste, um eine reservierte Box betreten zu dürfen).⁶⁴ Der Zugang zu den Plätzen auf den Galerien erfolgte dabei nicht durch den *yard*, sondern durch einen von zwei Treppentürmen, die sich jeweils über den Haupteingängen des Theaters befanden. Am teuersten waren die Sitzplätze in den *lords' rooms* oberhalb der Bühne mit sechs bis zwölf Pence.⁶⁵

Die Staffelung der Eintrittspreise zeigt, dass die Hierarchie der genannten Räume vor allem von ihrer Platzierung innerhalb der Elevation des Gebäudes abhängig war. Es überrascht daher nicht, dass sich auch im frühneuzeitlichen englischen Theaterraum *Räume* und *Orte* benennen lassen, deren Konstitution durch die (An-)Ordnung materiell-symbolischer sozialer Güter innerhalb der Wahrnehmung des zeitgenössischen Zuschauers Parallelen mit dem in Gänze symbolisch ausdeutbaren frühneuzeitlichen Kirchenraum aufweist. So verzichtete das Elisabethanische Theater zwar größtenteils auf die Verstärkung der dramatischen Handlung durch illustrierendes Bühnenbild⁶⁶, diese hohe Transferleistung, die somit durch das Publikum geleistet werden musste, erlaubte es den Autoren und Schauspielern jedoch, ihre Stücke an jedem beliebigen Ort zu einem beliebigen Zeitpunkt in Gegenwart oder Vergangenheit spielen zu lassen. Der Bühnenraum selbst konnte also durch das *Spacing* der Schauspieler und die *Syntheseleistung* der Zuschauer in jeder Vorstellung neu konstituiert werden, basierend auf der jeweiligen Inszenierung und der entsprechenden (An-)Ordnung von sozialen Gütern und Menschen. Dies illustriert eindrücklich die Beschreibung eines Zeitzeugen:

> You shal have Asia of the one side, and Affrick of the other, and so many other under-kingdoms, that the player, when he cometh in, must ever begin with telling where he is, or els the tale wil not be conceived. Now ye shal have three ladies walke to gather flowers, and then we must beleeve the stage to be a Garden. By and by, we heare newes of shipwracke in the same place, and then wee are to blame if we accept it not for a Rock. Upon the backe of that, comes out a hidious Monster, with fire and smoke, and then the miserable beholders are bounde to take it for a Cave. While in the meantime two Armies flye in, represented with foure swords and bucklers, and then what harde heart will not receive it for a pitched fielde?⁶⁷

Innerhalb dieser beschriebenen, äußerst variablen Raumkonstitution sind jedoch – abhängig von bestimmten Prämissen innerhalb der Handlung des jeweiligen Stückes – einige konkret benennbare *Orte* feststellbar. Jenseitiges oder Übernatürliches beispielsweise wurde, wie aus Regieanweisungen und Zeitzeugenberichten ersichtlich ist, häufig unter- beziehungsweise oberhalb der eigentlichen Bühne ver-*ortet*: Dämonen, Geister oder Wesen aus der Unterwelt betraten diese traditionell von unten und stiegen aus einer Falltür auf⁶⁸, Darsteller in Götterrollen hingegen wurden von dem

---

64 Richard Hosley: The Revels History of Drama in English Bd. 3, 1576–1613, Oxford 1975, S. 158ff.
65 GURR 1970 (wie Anm. 16), S. 18.
66 GURR 1970 (wie Anm. 16), S. 112ff.
67 So zit. in: GURR 1970 (wie Anm. 16), S. 119.
68 Vgl. William H. Bouwsma: The Waning of the Renaissance 1550–1640, New Haven/London 2000, S. 130ff.

Vordach des *tiring house* auf die Bühne herabgelassen. Dass eine konkrete Ver-*Ortung* der himmlischen Sphäre fest an den Bereich des Vordaches über dem Bühnenraum geknüpft wurde, zeigt sich darin, dass dieses explizit als *heavens* bezeichnet wurde, so beispielsweise in dem Vertrag, der Abriss und Neubau des *Hope* regeln sollte: »And shall also builde the Heavens all over the saide stage to be borne or carryed wthout any postes or suporters to be fixed or sett vppon the said stage«.[69] Die dekorative Ausgestaltung der Überdachung folgte dieser Lokalisierung konsequent: »Now above all was there the gay Clowdes [...] adorned with the heavenly firmament, and often spotted with golden teares which men call Stars«.[70] Kongruent dazu war natürlich auch der tatsächliche Himmel von dem nur teilüberdachten Theaterraum aus ubiquitär sichtbar. In der vertikal-hierarchischen Ausdifferenzierung des – ständig mit dem Zuschauerraum im Austausch stehenden – Bühnenraums wird eine Relationalität in der (An-)Ordnung der Theaterbesucher also entsprechend deutlich: Die *groundlings* im *yard* bildeten mit der Ebene unterhalb und auf der Bühne ein Ensemble und konstituierten so einen Raum »zwischen« Unterwelt und weltlichem Geschehen. Zu letzerem waren die Zuschauer auf der ersten Galerie relational (an)geordnet, während die Besucher auf der zweiten und dritten Galerie – ähnlich den Kirchenbesuchern, die einen Emporenplatz innerhalb des Kirchenraumes innehatten – oberhalb dieses Raumes mit größerer Nähe zur himmlischen Sphäre platziert waren. Ein Platz in den *lord's rooms* schließlich bedeutete eine (An-)Ordung in direkter Relation zu Verortung des Himmels über der Bühne. Für die restlichen Theaterbesucher wurde man mit einem Sitzplatz in den *lord's rooms* darüber hinaus unübersehbarer Teil desjenigen Ensembles, aus dem sich der prestigeträchtigste Raum des Theaters konstituierte. Dass dieses »Gesehenwerden« als wichtiger Prestigefaktor auch ganz bewusst von Zeitgenossen wahrgenommen wurde, illustriert beispielsweise der Bericht von Thomas Platter aus dem Jahr seiner Englandreise 1599, der betont, dass, wer »am lustigesten ort« auf den teureren Plätzen sitzt, »nicht allein alles woll sihet, sondern auch gesehen kan werden«.[71]

In der Wahrnehmung des zeitgenössischen Betrachters konstituierte sich also auch der frühneuzeitliche Theaterraum aus der *Heterotopie* des *Ortes* selbst, der relationalen (An-)Ordnung materiell-symbolischer sozialer Güter (Architektur, Requisiten, Kostüme, den Theaterstücken selbst) und der relationalen (An-)Ordnung der Menschen. Das vor allem durch den Eintrittspreis reglementierte *Spacing* – also die Platzierung der genannten Elemente zueinander – und die *Syntheseleistung* des Theaterzuschauers, welche soziale Güter und Menschen als Ensembles zusammenfasste, konstituierten innerhalb des Theaterraums *Räume* und *Orte*, die mit den innerhalb des frühneuzeitlichen Kirchenraum konstituierten *Räumen* und *Orten* starke Ähn-

---

69 Der ganze Vertrag ist abgedruckt in: MULRYNE/SHEWRING 1997 (wie Anm. 15), S. 183–184.
70 Beschreibung einer Bühnenüberdachung im English Wagner Book (1594), zit. in: John Ronayne: Totus Mundus Agit Histrionem: The Interior Decorative Scheme of the Bankside Globe, in: MULRYNE/SHEWRING 1997 (wie Anm. 15), S. 121–146.
71 PLATTER 1599/1968 (wie Anm. 53), S. 791f.

lichkeiten aufweisen. Diese *Orte* und *Räume* bildeten gemeinsam eine hierarchische Topologie, innerhalb derer die Theaterbesucher durch relationale (An-)Ordnung ihre eigene Platzierung selbst inszenierten.[72]

Fazit

Für die zeitgenössische Wahrnehmung des Kirchen- und Theaterraumes im frühneuzeitlichen England können also von einer raumsoziologischen Perspektive aus grundlegende Ähnlichkeiten konstatiert werden, welche die aus den zeitgenössischen Quellen deutlich ablesbare Parallelisierung bzw. Antagonisierung von Kirche und Theater nachvollziehbar machen. Die Resultate bestätigen und erweitern darüber hinaus die eingangs erwähnte Substitutionsthese von Louis Montrose: Zwar sind die rituellen Praktiken und religiösen Spiele der spätmittelalterlichen Gesellschaft aus raumsoziologischer Sicht kein eigenständiges Phänomen, denn sie stellen einzelne, voneinander differente ritualisierte (An-)Ordnungen sozialer Güter und Menschen dar, welche für eine gewisse Zeit raumkonstituierend wirken. Hieraus folgt jedoch, dass eine permanente Veränderung oder Negierung einzelner dieser sozialen Güter oder Menschen die permanente Veränderung oder gar Negierung des ursprünglich konstituierten Raums zur Folge haben muss. Ist eine entsprechende Veränderung oder Negierung zu konstatieren und kann gleichzeitig eine hohe gesellschaftliche Relevanz des fraglichen Raumes festgestellt werden, liegt die Möglichkeit einer Substitution an einem anderen Ort zumindest im Bereich des Wahrscheinlichen. Eine entsprechende – teils einschneidende – Veränderung ist für den frühneuzeitlichen englischen Kirchenraum im Verlaufe der Reformation nachweisbar: Durch Bilderstürme, den puritanischen Ikonoklasmus und auch durch die Veränderung der Liturgie wurden im 16. Jahrhundert zahlreiche der primär materiellen und auch der primär symbolischen sozialen Güter aus dem Kirchenraum entfernt[73], was die Möglichkeiten der relationalen (An-)Ordnung und der damit einhergehenden (Selbst-) Inszenierung massiv veränderte und sicherlich auch einschränkte. Darüber hinaus ist zu bedenken, dass die Bevölkerung Londons von 50 000 Einwohnern im Jahre 1500 auf 375 000 im Jahr 1650 anstieg – eine Entwicklung, die zu großen Teilen in einer Landflucht begründet lag.[74] Somit gab es tausende Angehörige eines jeden Standes,

---

72 Dies ist im Zusammenhang mit dem frühneuzeitlichen englischen Theaterraum keinesfalls eine innovative These. So stellte bereits West fest: »The theatre was place to be seen, and where social status was clearly displayed.«, und auch Thomas Postlewait bemerkt: »plays and playing were integral not only to entertainment but also, more broadly, to a culture of ›self-display and self-definition‹.« Vgl. WEST 2002 (wie Anm. 57), S. 20. – POSTLEWAIT 2003 (wie Anm. 5), S. 109.
73 Eamon Duffy: The Stripping of the Altars. Traditional Religion in England, 1400–1580, New Haven 1992. – Ders.: The Disenchantment of Space: Salle Church and the Reformation, in: James D. Tracy, Marguerite Ragnow (Hg.): Religion and the Early Modern State, Cambridge 2005, S. 324–247. – Auf beide Werke bezieht sich auch KÜMIN 2009 (wie Anm. 43), S. 169ff.
74 Vgl. Philip L. Cottrell: London as a Centre of Communications. From the Printing Press to the Travelling Post Office, in: Michael North (Hg.): Kommunikationsrevolutionen: Die neuen Medien des 16. und 19. Jahrhunderts, Köln/Weimar/Wien 1995, S. 159–162.

die innerhalb der Gemeinden auf Londoner Stadtgebiet Fuß fassen mussten. Die Optionen für die neu zugezogenen Gemeindemitglieder, sich innerhalb einer bereits bestehenden räumlich-hierarchischen Topographie zu repräsentieren, waren äußerst begrenzt, wohingegen eine gesellschaftlich-relationale (Selbst)Inszenierung innerhalb des Theaterraums problemlos kurzfristig durch einen entsprechenden Sitzplatz erkauft werden konnte. Dieser Umstand schließlich zeigt einen relevanten – und in diesem Zusammenhang vielleicht den relevantesten – Unterschied zwischen der Topographie des Kirchen- und der des Theaterraums auf: Die (Selbst-)Inszenierung innerhalb eines Raums kann stets nur in Abhängigkeit vom jeweiligen Zugriff auf die sozialen Güter und deren (An-)Ordnung vollzogen werden.[75] Während dieser Zugriff für die Gemeindemitglieder im Kirchenraum größtenteils von ständehierarchischen Gesichtspunkten geprägt war, beruhte er im Theaterraum auf rein ökonomischen Faktoren, was für den Zuschauer – selbstverständlich nur im Falle des Besitzes von finanziellem Kapital – eine erhöhte räumliche Mobilität bedeutete. Auf der Basis der tradierten relationalen Inszenierungsroutinen des spätmittelalterlichen Kirchenraums wurde somit im Theaterraum die Konstitution einer nach deutlich veränderten soziopolitischen Gesichtspunkten ausdifferenzierten hierarchischen Raumtopographie ermöglicht. Die Kongruenz dieser Topographie mit einer tatsächlichen oder gewünschten soziopolitischen Hierarchie war wiederum möglicherweise größer als die der Raumtopographie des Kirchenraums, was die leeren Bänke in den Londoner Kirchen und die ausverkauften Vorstellungen in den großen Freilichttheatern des späten 16. und frühen 17. Jahrhundert auch von einer raumsoziologischen Perspektive aus erklären würde.

Bildnachweis

1, 3, 4, 5: aus MULRYNE/MARGARET SHEWRING 1997 (wie Anm. 15), Pl. 28; Fig. 45; Fig. 46; Fig. 47. – 2: aus ADAMS 1917 (wie Anm. 6), S. 326. – 6: aus Jean Boulaese: Manuel de Victoire du Corps de Dieu sur l'Esprit Malin, Paris 1575. – 7: Universiteit Utrecht Ms. 842, f.132r.

---

75 Vgl. Löw 2012 (wie Anm. 19), S. 212ff.

Sans en ôter le coup-d'œil amusant

Ästhetische und konstruktive Überlegungen zur Benrather Maison de Plaisance

Sabine Lepsky

»[…] sans en ôter le coup-d'œil amusant […]«[1] – mit diesen Worten charakterisiert Jacques François Blondel (1705–74) in seiner Abhandlung »De la Distribution des maisons de plaisance« in sehr bezeichnender Weise ein wesentliches wirkungsästhetisches Merkmal jener Gitter, die Terrassen und Gärten der von ihm präsentierten Häuser einfassen. (Abb. 1) Keine steinernen Baluster sind es mehr, welche die Begrenzungen und Einfriedungen des Außenraumes bilden. An deren Stelle treten wesentlich transparenter erscheinende Vergitterungen. Neben ihrer primären Funktion als sichernde Elemente – weshalb sie den Namen »gardefoux«[2] erhielten – erlauben sie einen mehr oder weniger unverstellten Blick auf Architektur und Garten. Es ist gerade dies, was ihren Reiz ausmacht und den *coup-d'œil amusant* zum Programm werden lässt: der schnelle Blick, der Zufälliges erfassen kann; die Wahrnehmung des Gebäudes in seiner gesamten Ausdehnung und Proportion. Das Gitter umhegt Park und Garten in beinahe spielerischer Transparenz und erlaubt fließende Übergänge von Gebautem und Natur. Mit diesem Tenor kann es sogar als Analogon für aufklärerisches Gedankengut seiner Zeit assoziiert werden. Der Rapport der Gitter, der Baukörper und Parkanlagen der für ihre Zeit hochmodernen *maison de plaisance* in Benrath umfriedet, greift auf unprätentiöse und beruhigende Weise die Leichtigkeit dieser der ländlichen Umgebung zugedachten Bauweise auf. (Abb. 2) Gitter dieser Art werden im folgenden Beitrag noch eine Rolle spielen.

Als Nicolas de Pigage (1723–96) im Winter 1755/56 von Kurfürst Karl Theodor den Auftrag für einen Neubau auf dem Areal des alten Barockschlosses in Benrath erhielt, konzipierte er für diese Lage eine *maison de plaisance* – ein Jagd-, Lust- und Gartenschloss.[3] Ganz der französischen Typologie dieser Bauaufgabe verpflichtet,

---

[1] Jacques François Blondel: De la distribution des maisons de plaisance et de la décoration des édifices en général, Ouvrage enrichi de cent soixante Planches en taille-douce, gravées par l'Auteur, t. 2, Paris 1738, S. 52.

[2] BLONDEL 1738 (wie Anm. 1), S. 56. Für die Einsicht in die noch nicht publizierte deutsche Übersetzung der in den Jahren 1737 und 1738 erschienenen Bände von Jacques François Blondel wie für weiterführende Hinweise zu meinem Thema danke ich herzlich Herrn Günther Kallen, M.A. Ebd. wird gardefoux mit narrensicher übersetzt.

[3] Zum Typus der *maison de plaisance* siehe Gabriele Uerscheln: Schloss Benrath: Eine »maison de plaisance« als bezaubernde ›Gegenwelt‹, in: Stiftung Schloss und Park Benrath (Hg.): Schloss Benrath. Eine Vision wird Wirklichkeit (= Benrather Schriften. Bibliothek zur Schlossarchitektur des 18. Jahrhunderts und zur Europäischen Gartenkunst, Bd. 1), Worms 2006, S. 13–47. Ebd. mit sehr guten Aufnahmen von Schloss und Park.

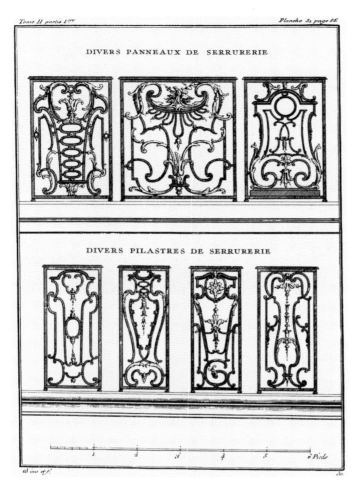

1 Beispiele für dekorierte Gitterelemente. Jacques-François Blondel, De la distribution des maisons de plaisance, et de la décoration des édifices en général, Paris 1738 (p. 56, pl. 51)

vermittelt der Corps de Logis als Herzstück der Anlage mit seiner ausgewogenen Fassadengestaltung aus Risaliten und Dekorelementen zwischen Repräsentation und ruhiger Zurückgenommenheit. Die einzelnen Sphären des Parks mit den Privatgärten des Kurfürstenpaares, dem langgestreckten Spiegelteich im Süden und der einen großen Weiher fassenden Platzgestaltung im Norden korrespondieren mit dem architektonischen Konzept. Tatsächlich lässt das kompakte äußere Erscheinungsbild kaum die vielfältigen Funktionsbereiche im Inneren erahnen. So erhebt sich über einem Sockelgeschoss ein vermeintlich eingeschossiger Baukörper unter hohem, gebrochenem Mansarddach, der tatsächlich bis zu fünf Geschosse aufweist.[4]

---

4 Lichthöfe in den seitlichen Flügeln machen diese differenzierte Grundrissgestalt möglich; zudem sind im Dachbereich, das in seiner Höhe etwa der des Hauptgeschosses entspricht, zwei Geschosse eingezogen.

2 Benrath, Corps de Logis, Ansicht von Nordwesten, 2010

Versteckte Wasserableitungen

Zu diesem Konzept der Verschleierung komplexer Detaillierungen gehört auch, dass Pigage einen hohen Aufwand dafür trieb, konstruktive und haustechnische Fragen »unsichtbar« zu lösen. Die Frage, welche Wege der Architekt dabei beschritt, gewährt Einblicke in die im späteren 18. Jahrhundert weit fortgeschrittenen Überlegungen zu einer nicht nur ästhetisch, sondern auch bauphysikalisch zu optimierenden Architektur. Einiges davon lässt sich in Blondels Schriften von 1737 und 1738 nachlesen. Zwar ist nicht belegt, dass Pigage, der von 1744–46 Schüler der Pariser *Académie Royale d'Architecture* war, in der Hauptstadt auch von Blondel unterrichtet wurde[5], doch dürfte er bestens mit dessen Abhandlungen vertraut gewesen sein. Dies ist spätestens zu erwarten, als Pigage sich in Benrath mit der Bauaufgabe einer *maison de plaisance* befasste. So mussten etwa für Gebäudeabdichtung und Dachwasserableitung Lösungen gefunden werden, die nicht mit dem anspruchsvollen Fassadenentwurf kollidieren durften. Vor den Fassaden laufende Rohre zur Aufnahme des Dachwassers konnten kein probates Mittel sein, da dies ein Durchschneiden der Kranzgesimse und eine empfindliche Beeinträchtigung der vertikalen Axialität zur Folge gehabt hätte. Blondel empfahl daher, die Entwässerung der Dächer nach innen zu legen, so dass das Regenwasser über Schächte in den Umfassungsmauern abgeführt wurde: »[…]

---

5   Wiltrud Heber: Pigages Leben und Werk, in: Stadtmuseum Düsseldorf (Hg.): Nicolas Pigage 1723–1796. Architekt des Kurfürsten Carl Theodor, Ausstellung zum 200. Todestag, Köln 1996, S. 16–80, insbesondere S. 17.

dont la plûpart se pratiquent dans l'épaisseur des gros murs, pour éviter l'usage des gouttieres & des descentes de plomb qui coupent les entablemens, les impostes & les autres ornemens d'une Façade.«[6] Pigage folgte in Benrath diesem Prinzip.

Auch bei der Materialwahl für die Innenwandrohre in den Umfassungsmauern schien Pigage auf Blondels Empfehlung zurückzugreifen. Nach Abwägung der Vor- und Nachteile von Stein-, Blei- oder Tonrohren sah Blondel einen eindeutigen Vorteil in der Verwendung von Tonrohrelementen, die sorgfältig miteinander verbunden sind.[7] Zwar kann in Benrath kein Materialnachweis mehr geführt werden, da spätestens im Zuge der Neuverrohrung in den 1960er Jahren die ursprünglichen Rohre zerstört worden sein dürften. Doch ist es sehr wahrscheinlich, dass in Analogie zu der noch nachweisbaren Toilettenverrohrung auch für das Auskleiden der Fallschächte in den Umfassungsmauern dieses Material ausgewählt wurde.[8] Ein komplexes Kanalsystem im Souterrain mit zahlreichen kleineren Stichkanälen, die auch für den Abfluss von Brauchwasser aus Küche und Bädern gedacht waren, diente der Ableitung des Wassers aus dem Gebäude.[9]

Das Terrassenkonzept

Selbst für die Entwässerung der den Corps de Logis umlaufenden Terrasse, deren gequaderte Stützmauern architektursprachlich Bodennähe und massive Sockelung artikulieren, verzichtete Pigage auf Wasserspeier, denn sein Entwurf sah auch für diese Postamentbildung eine klare und geschlossene Konturierung vor. Diese Konturierung pointieren die feinen schmiedeeisernen Gitter nach Art der von Blondel publizierten Beispiele, die der Terrassenkante aufgesetzt sind. Ihre Installation an dieser Stelle, und zwar in zurückhaltender und sparsamer Ornamentierung, entspricht ganz der Empfehlung Blondels.[10]

So wirkungsvoll vorgelegt derart gezierte Terrassen den Corps de Logis umkränzen – sie provozierten nahezu unlösbare bauphysikalische Schwierigkeiten. Jedenfalls wird diese Problematik in den architektonischen Lehrbüchern mit Blick auf Schadensbilder und Erfahrungswerte an bereits bestehenden Terrassenanlagen thematisiert und großer

---

6 Jacques François Blondel: De la distribution des maisons de plaisance et de la décoration des édifices en général, Ouvrage enrichi de cent soixante Planches en taille-douce, gravées par l'Auteur, t. 1, Paris 1737, S. 61f. Blondel gibt im Folgenden auch genaue Anweisungen zur Abdeckung der Fallrohre und Breite der Traufrinnen, um Bauschäden durch Feuchtigkeit zu vermeiden.
7 BLONDEL 1737 (wie Anm. 6), S. 62.
8 Ohne weitere Freilegungen ist derzeit nur ein Toilettenrohr im westlichen Bereich des Mansardgeschosses sichtbar. Hierbei handelt es sich um eine Art Stecksystem, wobei das obere Element jeweils mit leichtem Überstand auf das untere Tonstück gesetzt ist. Für den freundlichen Hinweis und den Zugang zu diesem Befund danke ich Frau Frauke Hoffmann, Dipl.-Restauratorin, Stiftung Schloss und Park Benrath.
9 Das ursprüngliche Entwässerungssystem ist auch heute noch in Funktion, nur dass das Dachwasser nun durch in die Schächte eingezogene Rohre geführt wird. Freundlicher Hinweis von Herrn Robert Reibel, Leiter der Haustechnik und Medien, Stiftung Schloss und Park Benrath.
10 BLONDEL 1738 (wie Anm. 1), S. 56: »On les tient ordinairement fort simples, à cause de la grande quantité qu'on en employe, quand on veut dans les Jardins en garnier de longues terrasses.«

3   Büro des Nicolas de Pigage, *Architecture Palatine*, Schloss Benrath, Längsschnitt durch die Gartensäle und den Kuppelsaal nach Süden, lavierte Federzeichnung 1769/70

Sorgfalt anempfohlen. So heißt es in dem von Blondels Schüler Pierre Patte redigierten »Cours d'Architecture« zur Terrasse der Kolonnaden des Louvre: »Tous les joints de ces dalles avoient été jointoyés avec d'excellent mortier, composé de limaille de fer, de tuilleaux & un peu de chaux, le tout gâché avec de l'urine & du vinaigre: mais ces joints s'étant dégradés à la longue, & les eaux par leur filtration ayant endommagé quelques parties des plafonds de la Colonnade, [...].«[11] Für vorgelegte und damit exponierte Terrassenanlagen wie jene in Benrath stellte sich das Bewitterungsproblem in besonderer Weise.[12]

Als naheliegendste Maßnahme musste Pigage stehendes Wasser vermeiden und deshalb der Terrasse ein deutliches Gefälle geben, und tatsächlich ist dies auch in seinem Planwerk nachweisbar. Im Auftrag des Kurfürsten Karl Theodor entstand 1769/70 für dessen *Architecture Palatine* – eine unvollendete Präsentation der kurfürstlichen Bauunternehmungen – ein Plankonvolut zum Benrather Schloss, in dem sich auch ein Längsschnitt durch die Gartensäle und den Kuppelsaal befindet. (Abb. 3) Hier weist die Terrasse ein Gefälle von 3,8° auf. Die heutige Neigung dagegen beträgt nur 2,8°. Das Terrassenwasser entsorgte Pigage nachlässigerweise lediglich über eine knapp überstehende Tropfkante am Sims der Terrassenmauer. Eine Ableitung des Wassers über das Kanalsystem oder über Rinnen und Speier war also nicht vorgesehen. Die Schäden, die durch das in die Mauer einsickernde Wasser verursacht wurden, waren durch diese bedenkliche Präferenz einer ästhetisch störungsfreien Lösung vorprogrammiert.

---

11 Jacques François Blondel (fortgeführt durch Pierre Patte): Cours d'architecture, ou Traité de la décoration, distribution & construction des bâtiments, Paris 1777, t. 6, S. 128–129.
12 Als nicht besonders langlebig werden in diesem Zusammenhang Unterbauten für den Plattenbelag auf Gipsbasis mit eingelegter Lattung beschrieben. Siehe BLONDEL/PATTE 1777 (wie Anm. 11), S. 129.

Ästhetische und konstruktive Überlegungen zur Benrather Maison de Plaisance

4   Schloss Benrath, Corps de Logis, nordwestliche Sockelzone der Terrassenanlage, 2012. Links der Zustand vor der Restaurierung 2007–11, rechts Zustand 2012 nach Restaurierung mit Anhebung des Gitters aus der Kantenrinne auf den Plattenbelag

Als Präventivmaßnahme könnte der Bodenbelag der Terrasse am Anschluss an den Sockel des Hauptgeschosses mit einem angearbeiteten Aufstand ausgestattet gewesen sein. Auf diese Weise wäre eine Fugenbildung an neuralgischer Stelle, unmittelbar im Winkel zwischen Belag und Sockel, vermieden worden – eine der Steinmetzpraxis des Mittelalters und der frühen Neuzeit sehr vertraute Maßnahme, die Pigage anscheinend tatsächlich beherzigte.[13] An der Sockelquaderung zeichnet sich jedenfalls 4–5 cm über dem Bodenanschluss eine um den ganzen Baukörper laufende Horizontalfuge ab, die auf einen solchen Aufstand hinweisen könnte.

Die Wasserprobleme an der Terrassenanlage müssen von Anfang an gravierend gewesen sein. Die Archivalien zur Bauunterhaltung verzeichnen bereits im 18. Jahrhundert erste Schäden am Terrassenbelag.[14] Diese Meldungen häufen sich dann im 19. Jahrhundert. 1850 ist eine Steinlieferung aus Niedermendig bezeugt, 1859/60 wird von der Wiederherstellung und Reparatur der Terrasse sowie von einer Trasslieferung aus Düsseldorf berichtet. 1865 und 1888 erfolgten ebenfalls Arbeiten an der

---

13   Siehe etwa die Aufstände an Wasserschlägen der Strebepfeiler an der Zisterzienserkirche Altenberg, Sabine Lepsky und Norbert Nußbaum: Gotische Konstruktion und Baupraxis an der Zisterzienserkirche Altenberg (= Veröffentlichungen des Altenberger Dom-Vereins 11), Bergisch Gladbach 2012, S. 161, Abb. 156.

14   Die hier referierten Hinweise zur frühen Überlieferungs- und Restaurierungsgeschichte des Schlosses basieren auf umfänglichen Archivstudien von Frau Prof. Dr. Irene Markowitz (†), deren Ergebnisse sie der Verfasserin im Frühjahr 2007 freundlicherweise in Auszügen und in mündlicher Form mitteilte. Die Publikation der Archivalien behielt sie sich vor, so dass ein dezidierter Quellennachweis an dieser Stelle leider weder faktisch möglich ist noch angemessen erscheint.

Terrassenanlage, und schließlich hinterließen die erstaunlich schlecht dokumentierten Baukampagnen des 20. Jahrhunderts zahlreiche Spuren. Als besonders nachteilig erwies sich die nachträgliche Installation von Wasserspeiern an Stelle der Tropfkante am Abschluss der Stützmauern. Sie muss historischen Fotos zufolge nach 1952 erfolgt sein[15] und provozierte das Einschlagen einer Wasserrinne in die Oberkante der Mauern. Diese Maßnahme wurde in situ durchgeführt und weist eine teilweise sehr schlechte steinmetzmäßige Ausführung auf. Dabei wurde billigend in Kauf genommen, dass die Gitter mit ihren Kugelfüßen nun im Wasser stehen. (Abb. 4) In mehreren Kampagnen wurden dann unterschiedlich lange Wasserspeier eingebaut.

Als 2007 auf der Suche nach Ursachen für die Feuchtigkeitsschäden im Umgang des Souterrains erneut Bodenöffnungen auf der Nord- und Südseite der Terrassenanlage angelegt wurden, ergab sich die Möglichkeit, den Bodenaufbau zu untersuchen und nach möglichen Abdichtungsmaßnahmen aus der Erbauungszeit zu fahnden.[16] (Abb. 5) Der sehr grob kieselige Kalkmörtel des 18. Jahrhunderts, der auf dem Rücken des einhüftigen Umgangsgewölbes als dicke Packung verstrichen ist, könnte als eine Dichtungsschicht angelegt gewesen sein, doch erfüllte er diese Aufgabe anscheinend nicht, denn in der Folgezeit sind über dieser Schicht diverse Materialien wie Bitumen, geteerte Fasermatten, Betonstickungen oder Folien aufgebracht worden, die alle von dem Versuch zeugen, eine Abdichtung gegen eindringende Feuchtigkeit zu erzielen. Resultat dieser zahlreichen Maßnahmen ist ein vielschichtiger Aufbau des Plattenunterbaus, teilweiser Austausch des Hausteinbelags und eine komplette Veränderung der ursprünglichen Niveaus und Neigungen.

Die Anhebung des Plattenbelags hatte nicht nur zur Folge, dass das von Pigage vorgesehene Gefälle von 3,8° nicht mehr eingehalten werden konnte. Die durch die Bauuntersuchungen mögliche Rekonstruktion der Terrassenkante zeigt auch, dass hier ursprünglich eine gestalterische Einheit von Gitter, Terrassenbelag und Sockel bestand, die in Folge der Veränderungen kaum mehr wahrnehmbar war. (Abb. 4, 5) Unveränderlich geblieben ist das Niveau des Bodenbelags im Anschluss an den Gebäudesockel. Die der Außenkante aufliegende Bodenplatte dagegen dürfte ursprünglich nur auf einem dünnen Mörtelbett gelegen haben. Heute ist sie teilweise mit einem sieben Zentimeter starken Betonbett unterfüttert. In ihrer ursprünglichen Position schob sich die Kantenplatte so weit unter dem unteren Rahmeneisen des Gitters nach außen vor, dass der Ansatz ihres abgerundeten Tropfprofils knapp vorstand. Die genaue Lage konnte im nordwestlichen Terrassenabschnitt ermittelt werden, da hier das Oberlager eines originalen Kantensteins freigelegt wurde. 14–18 cm hinter

---

15 In dem von Adalberg Klein verfassten »Rheinischen Bilderbuch« zu Schloss Benrath sind die Wasserspeier noch nicht erkennbar. Adalbert Klein: Schloß Benrath. Die alten Schlösser und das Neue Jagdschloß (= Rheinisches Bilderbuch), Ratingen 1952.
16 Die 2007 angelegten Bodenöffnungen befanden sich an der Südwestecke, im nordöstlichen Terrassenbereich und an der Nordwestecke. Bei den beiden erstgenannten Befundstellen wurde sowohl am Sockelanschluss des Gebäudes als auch an der Terrassenkante der Plattenboden aufgenommen. Zu den Untersuchungsergebnissen im Detail siehe Forschung am Bau GbR, Schloss Benrath. Corps de Logis, Terrassenanlage, Bericht zur Bauuntersuchung, August 2007.

dessen Vorderkante ist eine viereckige Dübelöffnung eingearbeitet, deren Pendant sich auch in einer originalen Kantenplatte des Bodenbelages findet. (Abb. 5) Nicht nur die Gitter waren mit Kanteisen, die ihren Kugelfüßen angeschmiedet sind, in die Kantenquader gedübelt, sondern auch die Kantenplatten mit ihren Tropfprofilen waren durch gleichartige Dübel arretiert. Das starke Gefälle der Terrasse machte eine derartige Sicherung gegen ein Abrutschen des Bodenbelages notwendig.[17] Die Kugelfüße der Gitter setzten, der Konvention des 18. Jahrhunderts folgend, unmittelbar über dem Plattenbelag an. Das Verfahren wird von Blondel präzise beschrieben.[18] (Abb. 1)

Wie nun ließ sich 2007, als die Dimension der Schäden dringenden Handlungsbedarf anzeigte, ein Konzept entwickeln, das sowohl Pigages originärem formalen Entwurf folgt als auch dessen bauphysikalische Mängel behebt? Neben der Abdichtung der Terrasse und der Schließung der nachträglich in die Kantensteine eingeschlagenen Rinne sollte die zumindest annähernd ursprüngliche Positionierung der Gitter von zentraler Bedeutung sein, um die gestalterische Einheit von Gitter und Terrassenbelag wiederherzustellen.[19] Dass den Kugelfüßen hierbei sowohl aus ästhetischer als auch aus bauphysikalischer Sicht eine entscheidende Rolle zugewiesen ist – sie halten die unteren Rahmenleisten der Gitter wasserfrei und geben den Gittern eine elegante, leichtgewichtige Anmutung – hat Blondel bereits unmissverständlich formuliert: »[…] desquels on tient la traverse du chassis élevée d'environ un pouce & posée sur des boulons, à dessein que lorsqu'ils sont en dehors, l'eau du Ciel qui tombe sur la tablette sur laquelle ils sont posés, puisse s'écouler; & que quand ils sont en dedans, ils ayent un air plus leger.«[20]

Das Souterrain

Viel gravierender noch als die fehlgeleiteten Umbauten der Terrasse sind jene Maßnahmen, die das Souterrain-Geschoss in einer Weise veränderten, dass es in seiner ursprünglichen Anlage kaum mehr erfahrbar ist. Zu umfangreich waren gerade im 20. Jahrhundert die Eingriffe zur Anpassung der Schlossarchitektur an moderne haustechnische Standards. Die fürstliche Appartementfolge im Hauptgeschoss war für solcherlei Eingriffe stets tabu, so dass man sich des vermeintlich bauhistorisch irrelevanten Untergeschosses bediente. Es ist in Verkennung seiner Bedeutung für die Konzeption, Funktionalität, Logistik und ästhetische Anmutung der Gesamtanlage zu einem reinen Service-Geschoss degradiert worden.

---

17 Zahlreiche Kantenplatten weisen auf ihren Unterlagern eine solche Öffnung auf. Sowohl der originale Terrassenbelag als auch die Kantenquader waren aus Stenzelsberger Trachyt gefertigt; ihr Austausch erfolgte in einem kalkigen Sedimentgestein.
18 Zur Montage der Gitter heißt es bei BLONDEL 1738 (wie Anm. 1), S. 56: »Ces appuis se posent ordinairement sur des tablettes de pierre dure, dans lesquelles on fait des trous de distance en distance pour y sceller les barreaux montans qui servent à séparer les panneaux de ces balcons losqu'ils sont en compartimens […]«.
19 Die konstruktive Einlassung der Gitter musste verändert werden; gleichzeitig konnte auch die ursprüngliche Form der Kugelfüße nicht ganz unverändert bleiben.
20 BLONDEL 1738 (wie Anm. 1), S. 59.

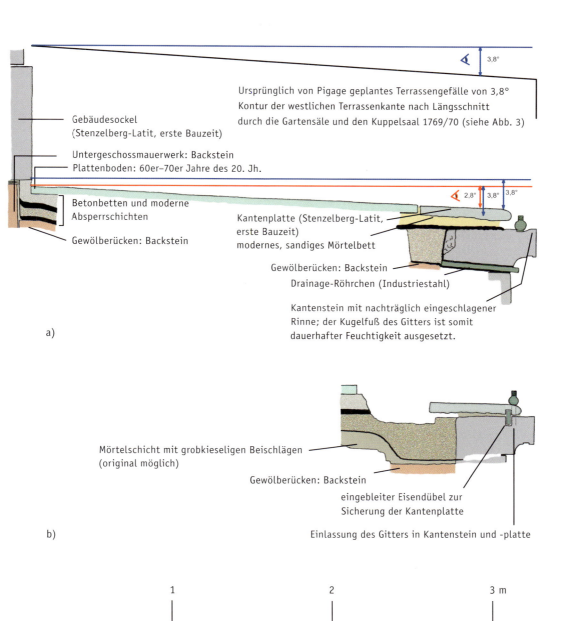

5a, b Schloss Benrath, Corps de Logis, Terrassenaufbau im Schnitt mit Rekonstruktion der Terrassenkante;
a: Terrassenprofil, Nordseite, östlicher Abschnitt. Bodenaufbau der Terrasse mit Anschluss an den Gebäudesockel des Corps de Logis (links). Eintragung des Terrassengefälles: in Rot das heutige, durch nachträgliche Bodenaufbauten flache Gefälle von 2,8°; in Blau das ursprünglich von Pigage geplante Gefälle von 3,8°;
b: Rekonstruktion der Terrassenkante, Schnitt, Nordseite, westlicher Abschnitt. Bodenbelag, Gitter und Kantenstein bilden eine konstruktive Einheit.

Ästhetische und konstruktive Überlegungen zur Benrather Maison de Plaisance

Auf der Suche nach dem ursprünglichen Zustand des Souterrains gibt der Längsschnitt nach Süden aus der Stichfolge für die *Architecture Palatine* (Abb. 3) sehr genaue Angaben in Bezug auf Höhen und Proportionen. In Abbildung 6 ist der relevante Ausschnitt des Stiches einer modernen Bauaufnahme unterlegt, welche einerseits die weitgehende Ausführungsgenauigkeit des Bauwerks belegt, andererseits aber auch das Ausmaß einer beträchtlichen Umplanung, das ältere Planungsphasen als Zeichengrundlage des Stiches annehmen lassen. Pigage hatte ursprünglich den Umgang nur mit einer offenen Bodenrinne vorgesehen. Diese ist in unmittelbarem Anschluss an die Innenwand eingezeichnet. Tatsächlich wurde dann jedoch ein gegenüber dem Stich angehobenes Bodenniveau eingezogen, so dass Wasserführung und Laufgang funktional getrennt wurden. Damit wird nun der das Souterrain ringförmig umschließende Gang von einem Kanal flach unterwölbt, dessen Breite derjenigen des Ganges entspricht. Die Höhenlage des Kanalbodens deckt sich also mit dem in der Planung angesetzten Laufniveau des Umganges. Der Ringkanal nahm über Fallschächte das zu entsorgende Wasser auf, das dann über Kanäle in den Hauptachsen zu den angrenzenden Teichanlagen abgeleitet wurde.[21] Die mit der Umplanung bezweckte Trennung von Kanal und Umgang hatte den Vorteil, dass auch bei großen Wassermengen eine trockene Nutzung des Laufganges gewährleistet war.

In Pigages Planwerk ist unterhalb des wasserführenden Kanals auch ein Stollen eingezeichnet, dessen tatsächliche Existenz bislang nicht nachgewiesen werden konnte. Dieser Stollen war vielleicht wegen einer intendierten Strebewirkung nur einhüftig vorgesehen. Ähnliche Überlegungen könnten auch im Souterrain-Umgang zu der Planänderung von einem Tonnengewölbe – wie es das Stichwerk in der *Architecture Palatine* zeigt – zu dem einhüftig gebauten Gewölbe geführt haben. Die genaue Kurvatur dieses einhüftigen Tonnengewölbes ist noch unklar, da es im Zuge der Baumaßnahmen im 20. Jahrhundert mit einem Rabitzgewölbe abgegangen wurde.

Massiv sind die Eingriffe moderner Zeit in die Befensterung des Umganges. Der Plan von 1769/70 zeigt ein liegendes Okulusfenster in der Ansicht sowie in gleicher Höhe ein weiteres Fenster im Schnitt. Tatsächlich lassen sich diese Fenster als ursprüngliche Befensterung eindeutig am Bau nachweisen.[22] Die heutigen flachbogigen Fenster sind Resultat zweier großer Fensterumbauten. In einer ersten Maßnahme wurden die liegenden Okuli mit senkrechten Laibungen nach unten erweitert. Dabei blieb der obere Bogenstein unangetastet, und auch die seitlichen Werkstücke liegen noch in situ, so dass die ursprünglich ellipsoide Kontur der Fenster noch erahnbar ist.[23] Auf der Ost- und Westseite wurden dann – zusammen mit der Anlage der Souterraineingänge – die so geschaffenen, niedrigen Korbbogenfenster weiter nach unten geöffnet

---

21 Grundriss des Kellergeschosses siehe Edmund Renard, Das neue Schloss zu Benrath (= Jahresgabe des Deutschen Vereins für Kunstwissenschaft 1913), Leipzig 1913, Abb. 21.
22 Siehe Forschung am Bau GbR, Schloss Benrath. Corps de Logis, Fenster des Souterrains in ihrem bauhistorischen Kontext, Bericht zur Bauuntersuchung vom Mai 2010, S. 9–25.
23 In dieser Form sind noch die Souterrainfenster der Südfassade und der beiden gebrochenen Gebäudekanten zwischen Süd-, Ost- und Nordseite erhalten, die nicht später zu Eingängen umfunktioniert wurden.

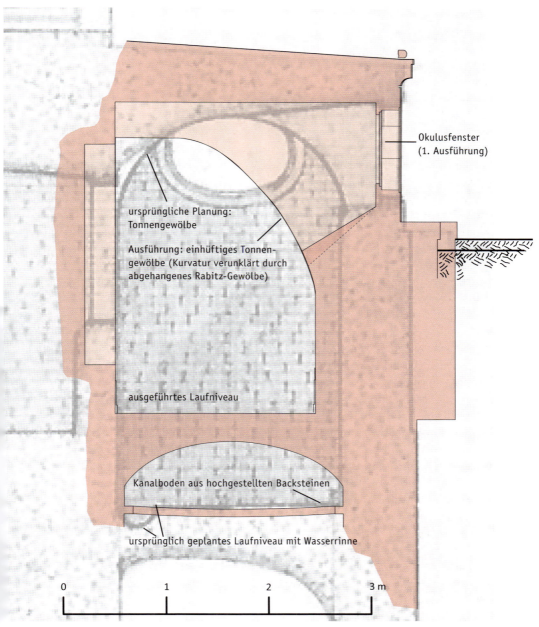

6 Schloss Benrath, Corps de Logis, Souterrain, Schnitt durch die nördliche Fensterachse der Westseite, Montage von Bauaufnahme und Längsschnitt durch Kuppelsaal und Gartensäle (Ausschnitt Abb. 3), Rekonstruktion des ersten ausgeführten Zustandes

Ästhetische und konstruktive Überlegungen zur Benrather Maison de Plaisance

7 Benrath, Corps de Logis, Souterrain von Westen, zurückgebautes Okulusfenster, 2012

und mit vorgelegten Lichtschächten ausgestattet. Nun erst wurden auch im Inneren die Stichkappen der Viertelkreistonne zu begehbaren Fensternischen erweitert.

Rekonstruiert man also das Souterrain-Geschoss, so umkränzten den Baukörper ringsum Okulusfenster, von denen eins 2011 auf der Westseite zurückgebaut werden konnte. (Abb. 7) Die Okuli der Südseite waren verglast, während die übrigen offen und nur senkrecht vergittert waren[24], wie es noch heute an den Fenstern der Terrassensubstruktion von Schloss Augustusburg in Brühl anschaulich erhalten ist. Diese offenen Fenster waren also neben dem Zweck der Belichtung als dauerhafte Belüftung des durch die Wasserführung und das Grundwasser permanent feuchten Souterrains gedacht. Das Aufbrechen dieses beruhigt gelagerten Terrassensockels durch klaffende und schluchtende Öffnungen führte weder ästhetisch noch bauphysikalisch zu probaten Ergebnissen. Wie in vielen Fällen, so erweist sich auch an diesem bedeutenden Zeugnis der höfischen Baukultur die fehlleitende Konsequenz eines selektiven Verständnisses von Architektur als ausschließliches Produkt einer kunsthistorisch orientierten Sichtweise. Blondels Forderung an *nécessité* und *bienséance* gemäß den »Loix générales pour la manière de bâtir«[25] dagegen wird eingelöst durch das ebenso funktionale wie harmonische Zusammenwirken aller Teile, und nicht allein durch die Folge der Paraderäume.

Bildnachweis

1: BLONDEL 1738, S. 56, Taf. 51. – 2, 4–7: Archiv der Verfasserin. – 3: RENARD 1913, Taf. II.

---

24 Von den in die Diagonale gedrehten Vierkantstäben zeugen in den Sturzsteinen noch die Gitterlöcher.
25 BLONDEL 1737 (wie Anm. 6), S. 2.

Architektur und Farbigkeit

Ulrich Stevens

Architektur ist immer farbig; denn die sichtbare Welt besteht nicht nur aus Grautönen.[1] Dennoch nimmt man Architektur vor allem in Grautönen wahr. Der Farbigkeit wird man sich erst in einem zweiten Schritt bewusst. Dabei ist die Farbigkeit in der Architektur ein weites Feld. Die Wandflächen können – innen wie außen – Bildträger sein; sie können im Sinne illusionistischer Architektur gestaltet sein, von gemalten Gliederungen und Rahmungen bis zu gemalten Altaraufbauten. Die Farbgebung von Dächern – von der Naturfarbigkeit verschiedener Schiefer bis zu in bunten Mustern verlegten glasierten Dachziegeln – gehört ebenso dazu wie die Farbigkeit von Fenster- und Türflügeln oder Schlagläden. Schließlich kann auch Licht zur farbigen Wirkung von Architektur beitragen. Dabei ist hier weniger an die moderne Beleuchtung oder das Anstrahlen von Bauten gedacht als an die Wirkung farbiger Verglasungen – gerade in der Gotik – oder die nach Tages- und Jahreszeiten wechselnde natürliche Beleuchtung.

Dieses weite Spektrum macht eine Beschränkung notwendig. Daher soll Gegenstand der folgenden Überlegungen sein, was einen großen Teil der an die Denkmalpflege gestellten Fragen ausmacht: die Farbigkeit von Flächen und Gliederungen der Wände und Mauern im Sinne der Lesbarkeit von Architektur, vor allem im Hinblick auf die Außenarchitektur. (Abb. 1, 2)

Zunächst soll jedoch die Behauptung begründet werden, dass Architektur primär als nicht farbig wahrgenommen wird. Zum einen lernt man im Kunstgeschichts- wie im Architekturstudium, Architektur vor allem als Raumbildung zu sehen, als Gruppierung von Kuben oder Gliederungselementen. Beispielhaft sei auf den dtv-Atlas zur Baukunst von 1974 verwiesen, der Polychromie lediglich an Beispielen des Altertums erläutert und die Möglichkeiten des Farbdrucks ausschließlich zur Kennzeichnung unterschiedlicher Baumassen und -kuben verwendet.[2] Aber auch eine Zeichnung aus dem 1933 erschienenen Bildband von Walter Hege über die Kaiserdome am Mittelrhein steht dafür. Sie zeigt den Dom zu Speyer als eine Addition von Kuben, und Hans Weigert schreibt im erläuternden Text: »Nach außen zeigte der Urbau in einer denkwürdigen Verwandtschaft mit dem Formwillen der Gegenwart nur große ungegliederte Kuben und milderte deren harten, heroischen Ernst nirgends durch weiche Rundungen.«[3] Das

---

[1] Diesem Beitrag liegt ein Referat zugrunde, das der Verfasser anlässlich des 13. Kölner Gesprächs zu Architektur und Denkmalpflege am 14.11.2011 in der Fachhochschule in Köln-Deutz gehalten hat. Die Reaktionen darauf zeigten, dass es sich immer noch um ein vernachlässigtes Thema handelt und dass sich seit einer ersten Beschäftigung des Verfassers damit – für das Montagsgespräch der Kreisgruppe Linker Niederrhein des BDA am 2.9.1985 in Kempen – wenig Neues ergeben hat.
[2] Werner Müller, Gunther Vogel: dtv-Atlas zur Baukunst, 2 Bde., München 1974, hier Bd. 1, S. 83, 131–133 und 155.
[3] Walter Hege (Aufnahmen), Hans Weigert (Text): Die Kaiserdome am Mittelrhein. Speyer, Mainz und Worms, Berlin 1933, S. 16.

1 Brauweiler, ehem. Benediktinerabtei, östlicher Flügel des Kreuzgangs mit der durch farbigen Steinwechsel hervorgehobenen Front des Kapitelsaals, vor 1140

Bildwörterbuch der Architektur von Hans Koepf und Günther Binding sagt unter dem Stichwort »Polychromie«, dass diese »in der Architektur eine heute meist unterschätzte Rolle« spiele.[4] Dann behandelt der Artikel aber etwa zur Hälfte die Polychromie des Altertums und der Antike, um dann gleich zur Backsteingotik zu springen.

Die Architekturtheorie vernachlässigt das Thema »Farbe am Außenbau« fast vollständig.[5] Vitruv spricht im siebten Buch der »De architectura libri decem« zwar von Farben, aber abgesehen vom »Berggelb«, das die Alten für den Wandanstrich verwendet hätten, lediglich im Zusammenhang mit der malerischen Ausschmückung von Innenräumen.[6] Leon Battista Alberti sagt im dritten Buch seiner »De re aedificatoria«, dass es notwendig sei, Mauern aus ungebrannten Ziegeln außen mit einer »Kruste aus Kalk« zu bekleiden.[7] Im sechsten Buch »Über den Schmuck« behandelt er zwar den Verputz, auch als Träger von Farbe und Malerei, sagt aber nichts über die Farbigkeit selbst.[8] Die »Bekleidung« der Wand – vor allem mit Marmorplatten – ist über die

---

4 Hans Koepf, Günther Binding: Bildwörterbuch der Architektur, ³1999, S. 361–362.
5 Grundlage der folgenden Übersicht ist Hanno-Walter Kruft, Geschichte der Architekturtheorie, 3., durchges. u. erg. Auflage, München 1991.
6 Vitruvii de architectura libri decem – Vitruv: Zehn Bücher über Architektur, übersetzt und mit Anmerkungen versehen von Curt Fensterbusch, 2., durchges. Aufl. Darmstadt 1976, S. 339.
7 Leon Battista Alberti: Zehn Bücher über die Baukunst, übers. von Max Theuer, unveränd. Nachdruck der 1. Aufl. Wien/Leipzig 1921, Darmstadt 1991, S. 147.
8 Alberti 1991 (wie Anm. 7), S. 321–325.

2 Brauweiler, ehem. Benediktinerabtei, Straßenfront der Prälaturbauten von 1780–84 mit farbiger Gestaltung der Gliederungen durch Anstrich

technischen Hinweise hinaus nicht Gegenstand seiner Darstellung. Der Schmuck eines Gebäudes besteht vor allem aus Säulen oder Profilen. Erstmals spricht anscheinend Nicolas Le Camus de Mézières in der zweiten Hälfte des 18. Jahrhunderts von der Wirkung, die Farbe im Zusammenhang mit Architektur hat.[9]

Schon vorher wird zu einem Kupferstich in Paul Deckers »Fürstlichem Baumeister« (1711/16) erläutert: »Die Mahlerey als der Architectur getreue Gehülfin, welche die angelegten Werke und Gebäude ansehnlich schmücket und zieret, kniet neben der Architectur, und um sie herum liegen ihre bekandte und gewöhnliche Werck-Zeuge.«[10] Im Inhalt des Werks ist das allerdings nur auf die Ausstattung der Gebäude bezogen. Bemerkenswert ist übrigens, dass diese Zurückhaltung gegenüber dem farbigen Außenbild der Architektur auch bei Autoren zu beobachten ist, die selber Maler waren. Wichtig sind vor allem Proportion und Entwurf, der *disegno*. Das passt zu der Aussage Friedrich Weinbrenners in Heft 5 seines Architektonischen Lehrbuchs (1810–19), dass die Schönheit in der Form bestehe, Material und Farbe hingegen nichts Wesentliches dazu beitrügen.[11]

Abgesehen davon, dass eher der Bleistift als der Farbstift das Werkzeug des Architekten und natürlich auch der Architektin ist, hat zu dem Schwarz-Weiß-Blick auf

---

9   Kruft 1991 (wie Anm. 5), S. 174–175.
10 Zitiert nach Kruft 1991 (wie Anm. 5), S. 202.
11 Kruft 1991, S. 337.

Architektur und Farbigkeit

die Architektur sicher auch die jahrhundertelange Art der bildlichen Vermittlung beigetragen: von den Architekturdarstellungen Hogenbergs über die Veduten Piranesis bis zu den Zeichnungen Viollet-le-Ducs oder der photographischen Überlieferung des 20. Jahrhunderts. Gerade die Photographien von Walter Hege dürften für Generationen das Bild von Architektur, insbesondere von romanischer Architektur geprägt haben. Im Studium waren für die Baugeschichte selbstverständlich Schwarz-Weiß-Photographien bis in die jüngste Zeit das vorrangige Anschauungsmaterial. Erst die Möglichkeiten der grundsätzlich farbigen Digitalphotographie haben hier eine Änderung eingeleitet. Über die Wirkung der schwarz-weißen Bilder auf die Architekturrezeption hat sich Theodor Wildeman schon 1941 Gedanken gemacht: »Die Bewegung bereitete sich vielleicht schon im Schwarz-Weiß-Holzschnitt des Buchdrucks im 17. Jahrhundert vor und wuchs in Verbindung mit der immer größer werdenden Verbreitung der farblosen, schwarz gerahmten Stahl- und Kupferstiche des 18. Jahrhunderts (Piranesi) sowie endlich der im 19. Jahrhundert aufkommenden Lithographien.«[12]

Auch die photographische Dokumentation im LVR-Amt für Denkmalpflege im Rheinland erfolgte bis vor wenigen Jahren auf Schwarz-Weiß-Material. Das hatte unter anderem den einfachen Grund, dass Schwarz-Weiß-Filme und -Vergrößerungen haltbarer waren als Farbmaterial. Und was die Vermittlung angeht, so waren Farbabbildungen in Büchern lange sehr viel leichter zu finanzieren als Farbphotos. Die Zeitschrift »Denkmalpflege im Rheinland« kann sich zum Beispiel erst seit 2008 Farbabbildungen leisten.[13] Dabei ist bemerkenswert, wie viel monumentaler eine Architektur in einer Schwarz-Weiß-Aufnahme wirkt als in einer Farbaufnahme. Der Architekturphotograph Roger Rössing schreibt 1976: »Architektur ist eines der wenigen fotografischen Arbeitsgebiete, auf denen die Farbe noch zur Ausnahme zu zählen ist. Das hat seinen Grund darin, daß Bauwerke aller Zeiten (den größten Teil der heutigen eingeschlossen) sich uns farbarm präsentieren. Die Antike malte Tempel und Plastiken zwar farbig an, aber die Zeit hat die Farbe abgewaschen, gotische Städte waren bunt, aber die Patina hat die Buntheit überdeckt. Die Renaissance hat aus einem veritablen Mißverständnis heraus die Antike für farblos gehalten und auch das künftige Bauen zum Mangel an Farben verurteilt.«[14] Dennoch sagt er im selben Buch an anderer Stelle: »Die romanische Periode ist so gut wie farblos.«[15]

Mit der Vermittlung durch Schwarz-Weiß-Photographie mag zusammenhängen, dass es zu dem Thema »Farbe und Architektur« kaum einen Überblick gibt. Eine Zusammenfassung bietet lediglich der Artikel »Farbigkeit der Architektur« im Reallexikon zur deutschen Kunstgeschichte.[16] Aber dessen Darstellung hört um 1840 auf, also vor der Zeit, die für den denkmalpflegerischen Alltag besonders wichtig ist.

---

12 Theodor Wildeman: Die Farbe in der Außenarchitektur und die Frage des Außenputzes, in: Jahrbuch der Rheinischen Denkmalpflege 17/18, 1941, S. 223–292, hier S. 227–229, Zitat S. 227.
13 Vierteljahreszeitschrift des LVR-Amtes für Denkmalpflege im Rheinland.
14 Roger Rössing: Architekturfotografie, Leipzig ²1976, S. 56.
15 RÖSSING 1976 (wie Anm. 14), S. 70.
16 Friedrich Kobler, Manfred Koller: Farbigkeit der Architektur, in: Reallexikon zur Deutschen Kunstgeschichte Bd. 7, München 1975, Sp. 274–428.

3 Düsseldorf, Kaldenberger Hof, weiß hervorgehobene Fugen auf dem Fragment einer Fachwerkausmauerung mit Backstein (17./18. Jh.)

Darüber hinaus kann nur ein etwas entlegen publizierter Beitrag von Klaus Jan Philipp genannt werden.[17] Dass die Vorstellung von der farblosen Romanik nicht stimmt, weiß insbesondere die rheinische Denkmalpflege seit Langem. Bereits nach 1890/2 wurde die äußere Farbfassung der spätromanischen Kirche St. Peter in Bacharach wiederhergestellt.[18] Verputz und Anstrich hat man immer dann gewählt, wenn das zur Verfügung stehende Baumaterial den Ansprüchen an ein schönes Aussehen nicht genügte. An anderer Stelle hat man sorgfältig verschiedenfarbiges Steinmaterial zusammengefügt, um dadurch eine farbige Wirkung zu erhalten. Man wusste also die Schönheit des Materials zu schätzen, half dieser aber auch durch Übermalen nach. Beides konnte durchaus nebeneinander stehen.

Die Darstellung von Mauerwerk, die wir auf vielen spätmittelalterlichen Gemälden finden, ist für sich also kein Hinweis darauf, dass an Sichtmauerwerk gedacht war. Gerade bei Backsteinmauerwerk finden sich über lange Zeit Hinweise auf Bemalung und aufgemalte, nicht unbedingt mit den wirklichen übereinstimmende Fugen. (Abb. 3) Abgesehen von der dadurch zu erzielenden Regelmäßigkeit war das oft auch zum Schutz des Mauerwerks notwendig. So schreibt Walther Rivius 1548 im Kommentar zu seinem »Vitruvius Teutsch«: »dise Maurstein sind auch also wol und meisterreich gebrent/ das sie in der farb gar nahe keinen underschiedt haben/ welchs dann diser zeit von wegen der nachlessigkeit unnd groben verstandt/ von unsern ziegelbrennern nit wol müglichen zuwegen zubringen/ darumb das dünchen erdacht/ darauff man dieser zeit weisset oder solche schön malet«.[19]

Auf die Geschichte der Farbmoden kann hier nicht näher eingegangen werden. Aber in barocker Zeit war man anscheinend recht flexibel, was die Farbwahl anging.

---

17 Klaus Jan Philipp: Farbe, Raum, Fläche. Architektonische Farbkonzepte von der Antike bis ins 20. Jahrhundert, in: Klaus Jan Philipp; Max Stemshorn (Hg.): Die Farbe Weiß. Farbenrausch und Farbverzicht in der Architektur, Ulm/Berlin 2003, S. 18–47. Der Band ist als Katalog zu einer Ausstellung in Ulm erschienen.
18 Paul Clemen: Bacharach. Wiederherstellung der evangelischen St. Peterskirche, in: Berichte über die Thätigkeit der Provinzialkommission für die Denkmalpflege in der Rheinprovinz und der Provinzialmuseen zu Bonn und Trier 1, 1896, S. 14–20. – Franz Graf Wolff-Metternich: Denkmalpflege und farbige Architektur, in: Jahrbuch der Rheinischen Denkmalpflege 17/18, 1941, S. 205–222, hier Abb. S. 206.
19 Vitruv/Walther Hermann Ryff (Rivius; Übs.): Vitruvius Teutsch, Nürnberg 1548, fol. 83r (URL: *http://digi.ub.uni-heidelberg.de/diglit/vitruvius1548/0200*; aufgerufen 19.1.2012).

Architektur und Farbigkeit

So entschied der Markgraf Carl Wilhelm Friedrich 1732 für den Südwestflügel der Ansbacher Residenz, »roth und weiß oder grau und gelblicht oder aber eine von diesen 4 Farben allein« zu wählen.[20] Grundsätzlich dürfte über lange Zeit gelten, was noch Friedrich Christian Schmidt 1790 empfiehlt: »Was den äußerlichen Überzug und die Farbe der steinernen Gebäude anbetrifft, so müssen alle Bruchsteinmauern mit Kalk überzogen werden, und in Ansehung der zu wählenden Farben gilt alles das, was im ersten Theil von den hölzernen Gebäuden gesagt worden ist. Backsteinmauern überzieht man an einigen Orten nicht mit Kalk, sondern läßt ihnen die natürliche Farbe, sieht aber darauf, daß die äußerliche sichtbare Verbindung der Steine gut in das Auge fällt [...] Mauern von Quadersteinen sind zwar durch ihr solides Aussehen schon schön genug, und brauchen, weil sie glatt gearbeitet sind, keinen Überzug von Kalk, allein da die Steine aus dem Steinbruch doch selten in der Schattierung ihrer Grundfarbe einander ganz gleich sind, und der Einfluß der Witterung durch einen Überzug mit Firniß besser abgehalten und dadurch dem Salpeterfraß leichter vorgebeugt wird, so ist ein Anstrich mit der natürlichen Farbe der Steine, oder wenn sie zu dunkel ist, mit einer etwas blässeren Farbe, allezeit anzurathen.«[21]

Schmidt war herzoglich Sachsen-Coburg-Gothaischer Kammerkommissionsrat. 1790 erschien der erste Teil seines Werks »Der bürgerliche Baumeister oder Versuch eines Unterrichts für Baulustige, [...]«, das aber in der Geschichte der Architekturtheorie so gut wie nicht berücksichtigt wird. Für das hier behandelte Thema wichtig ist die Beigabe von Farbkarten. Häuser sollten hell gestrichen sein, um die Straßen aufzuhellen. Schmidt unterscheidet vier Bereiche: Untersatz oder Bossage (nach den Zeichnungen rustiziertes Sockelgeschoss), Grand Farbe (Hauptflächen), Fenster Bekleidung (Fenster- und Türfaschen), Lessees und Gurt (Gesimse). Einerseits schreibt er: »zur Einfassung der Fenster und anderer schmaler Theile an einer Fassade sind auch die dunklern Farben zuweilen noch anzuwenden, wenn man solche nur gut zu versetzen weiß.«[22] Dies entspricht dem, was der bekannten Farbigkeit barocker Gebäuden entspricht. Für Schmidt scheint das aber eine veraltete Auffassung zu sein; denn dann folgt: »Die Haupterforderniß ist, daß man zum Grund allezeit eine blaße ziemlich helle Farbe wählt, welche sanft auf das Auge wirkt, und die hervorstechenden Theile, als Fensterbekleidungen, Lessees und Dachgesimse noch etwas heller anstreicht, wodurch sie sich noch heller hervorheben.«[23] Seine Farbkarte zeigt beide Möglichkeiten.

Schmidts Werk gehört anscheinend zu den ersten, die sich eingehend mit der Farbfassung von Außenarchitektur beschäftigen. Zu dieser Zeit hatte die Fachwelt bereits erkannt, dass antike Architektur und Skulptur farbig gewesen war. Dies führte in der folgenden Zeit zum sogenannten »Polychromiestreit«, in dem sich die

---

20 KOBLER/KOLLER 1975 (wie Anm. 16), Sp. 290.
21 Friedrich Christian Schmidt: Von der Farbe oder dem äußerlichen Anstrich der Häuser, Gotha 1790, kommentiert und mit einem Nachwort versehen von Urs Boeck, in: Deutsche Kunst und Denkmalpflege 29, 1971, S. 35–40, hier S. 39, Anm. 2.
22 SCHMIDT 1790 (wie Anm. 21), S. 35f.
23 Ebd.

Vertreter des »weißen Klassizismus« und die Befürworter der Farbigkeit einander gegenüberstanden.[24]

Auf der einen Seite kann Johann Wolfgang von Goethe genannt werden, der 1830 schrieb: »So viel aber möchten wir behaupten, daß der köstliche Stoff des pentelischen Marmors sowie der ernste Ton eherner Statuen […] den Anlaß gegeben, die reine Form über alles zu schätzen«[25]; auf der anderen Seite stehen etwa Gottfried Semper oder Jakob Ignaz Hittorff, die aus der Farbigkeit der antiken Architektur zwar auch Farbigkeit für die Bauten der eigenen Zeit fordern, dies aber in der Praxis kaum umsetzen.[26] Zeitlich an den erwähnten Artikel im Reallexikon anschließend hat sich Wolfgang Brönner vor Jahren mit dem Thema »Farbige Architektur und Architekturdekoration des Historismus« befasst und versucht, die farbige Wirklichkeit dieser Epoche zu rekonstruieren.[27] Es scheint bezeichnend, dass die historische Literatur, auf die er sich stützt, ebenfalls keine Berücksichtigung in der Geschichte der Architekturtheorie findet. Brönner stellt drei Perioden heraus: zuerst die Phase der buntfarbigen Dekoration, die ausgehend vom Polychromiestreit vor 1850 beginnt. Allerdings stellt er für die Außenarchitektur fest, dass weiterhin das klassizistische Weiß vorherrscht, und erwähnt, dass 1865 in Hannover die eintönige Reihung weißer Fassaden beklagt wird. 1840 ist in ganz Bayern allerdings der Weißanstrich verboten worden, da er für die Augen schädlich sei.[28] Es folgt dann eine Phase der Naturfarbigkeit, die bis in die 1890er Jahre dauert, und schließlich eine Phase sogenannter »historisch richtiger« Farbigkeit. Versucht man als Denkmalpfleger aus diesem Aufsatz Maßstäbe für historische Außenfarbigkeit zu gewinnen, so muss man freilich feststellen, dass diese zwar genannt wird, dass der Schwerpunkt des Textes dann aber doch auf der Farbigkeit von Innenräumen liegt.

Für die historisch richtige Farbigkeit ist man also unbedingt auf Befunde und deren richtige Interpretation angewiesen. Damit gab es gerade bei den bürgerlichen Häusern des Historismus lange Zeit Probleme. So hat der Verfasser zu Beginn der 1980er Jahre einen der Amtsrestauratoren um Untersuchung und Hilfe bei der Farbwahl an einer Fassade gebeten. Die Antwort lautete »Mineralfarben«, womit, was den Farbton anging, freilich wenig geholfen war. So sind aus dem Arbeitsgebiet des Verfassers nur zwei bürgerliche Bauten des Historismus zu nennen, bei denen eine

---

24 KOBLER/KOLLER 1957 (wie Anm. 16), Sp. 276–77. – KRUFT 1991 (wie Anm. 4), S. 316–317 und 355. – PHILPP 2003 (wie Anm. 17), S. 30–36. Darüber hinaus findet sich eine Zusammenfassung zum Polychromiestreit anscheinend nur unter *http://de.wikipedia.org/wiki/Antike_Polychromie* (aufgerufen 19.1.2012); die dort genannte Literatur bezieht sich allerdings lediglich auf die antike Polychromie.

25 Johann Wolfgang von Goethe, Besprechung: Wilhelm Zahn: Die schönsten Ornamente und merkwürdigsten Gemälde aus Pompeji, Herkulanum und Stabiä, in: Goethes Sämtliche Werke (Propyläen-Ausgabe, hg. v. Curt Noch) Bd. 43, Berlin o.J. [1909–32], S. 28–40, hier S. 38 (hier zitiert nach KOBLER/KOLLER 1975 [wie Anm. 16], Sp. 276).

26 Hans Jörg Rieger: Die farbige Stadt. Beiträge zur Geschichte der farbigen Architektur in Deutschland und der Schweiz 1910–1939, phil. Diss. Zürich 1976, S. 12–13.

27 Wolfgang Brönner: Farbige Architektur und Architekturdekoration des Historismus, in: Deutsche Kunst und Denkmalpflege 36, 1978, S. 57–68.

28 KOBLER/KOLLER 1975 (wie Anm. 16), Sp. 415.

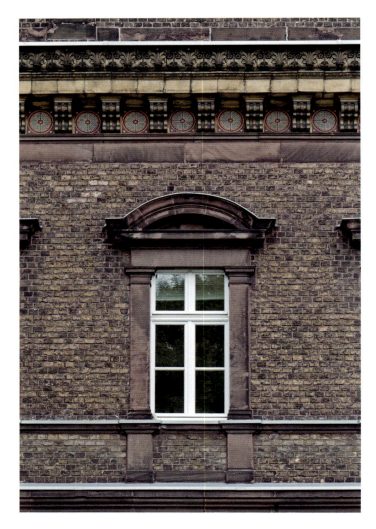

4 Brühl, Kaiserbahnhof (1877), farbige Gestaltung mit Rotsandstein und Backstein

Befunduntersuchung der Farbgebung zugrunde lag: ein Haus in Brühl, das einen einheitlichen hellen Ockerton zeigte – heller als das gegenüberliegende Schloss –, und ein Haus in Dülken, bei dem es unten Gesimse aus Rotsandstein gab, dessen Farbe sich auf den Putzgliederungen der Obergeschosse wiederholte. Inzwischen werden auch an Gebäuden des Historismus und des Jugendstils immer häufiger Befunduntersuchungen durchgeführt.[29] Dies geschieht nicht nur, um ihren bauzeit-

---

29 Die folgende Darstellung über die jüngeren Befunduntersuchungen an Gebäuden des Historismus und des Jugendstils zitiert weitgehend eine Kurzfassung des Referates, das Dipl.-Restauratorin Sigrun Heinen anlässlich des 13. Kölner Gesprächs (wie Anm. 1) gehalten hat. Sigrun Heinen sei an dieser Stelle herzlich dafür gedankt, dass sie ihren Text bereitwillig zur Verfügung gestellt hat.

5   Bonn, Heinrich von Kleist-Str. 15 (Ende 19. Jahrhundert), Kombination von gestrichenem Zementputz als Natursteinimitation und Backstein

lichen Charakter umfassend zu erforschen, sondern auch ganz konkret, um bei einer Fassadensanierung auf die historische Farbgestaltung Bezug nehmen zu können. Die Untersuchungen der letzten Jahre umfassen die ganze Bandbreite von sehr einfachen Backsteinhäusern bis zur Villenarchitektur.

Im Historismus bestehen die »besseren« Fassaden bevorzugt gänzlich aus Naturstein. (Abb. 4) Daneben gibt es Fassaden aus Backsteinen oder Putz- und Zementstuck, aber auch Kombinationen von Naturstein, Backstein und Zementstuck. (Abb. 5) Anstriche kommen insbesondere dann ins Spiel, wenn Baumaterialien einfacher Qualität aufgewertet werden und höherwertiges Material imitieren sollen. So gibt es zahlreiche Fassaden, deren ungleichmäßig gefärbte Backsteine zweiter Wahl mit einem ockerfarbenen oder roten Anstrich mit dunklem Fugenstrich versehen wurden;

Architektur und Farbigkeit

6 Kerpen, Schloss Türnich, um 1900, durch unterschiedliche Putztechniken zweifarbige Wirkung der Fassade

damit werden optisch gleichmäßig gefärbte, hoch gebrannte Backsteine vorgetäuscht. Diese Illusion kann durch einen Neuanstrich gestört werden, insbesondere dann, wenn die Fugen monochrom überstrichen und nicht nachgezogen werden. Zementstuck kann mittels Farbgebung Naturstein imitieren, wobei neben den häufig gewählten roten und gelblichen Sandsteinen auch typisch regionale Natursteine dargestellt werden – wie in Aachen durch hellgraue Anstriche der Aachener Blaustein. Die Befunde haben gezeigt, dass häufig eine Zweifarbigkeit durchaus der bauzeitlichen Idee historistischer Fassaden entspricht, dass aber immer Farbtöne von Naturstein und keine Phantasiefarbtöne gewählt werden. Im Jugendstil werden die Stuckelemente flacher, aber vielfältiger, und es gibt Materialkombinationen von unterschiedlich strukturierten Putzen, Grobputzen, Zementstuck, Keramik, Vergoldungen, aber auch Farbfassungen. (Abb. 6) Die reliefartige Putzgestaltung der Fassade wurde häufig putzsichtig oder einfarbig belassen, und die Vergoldungen, die Keramikzier und die Farbfassungen dienten als farbige Applikationen.

Putzfassaden blieben zur Bauzeit entweder ohne einen Anstrich, da die Alkalität des zementhaltigen Putzes einen direkten Anstrich mit der damals favorisierten Ölfarbe nicht zuließ, oder sie wurden mit einem kräftig pigmentierten Wasserglas- oder Kaseinanstrich versehen. Zur Farbgebung wurden immer mineralische Pigmente – Ocker, Eisenoxidrot, grüne oder braune Umbra – verwendet. Bei Neuanstrichen werden heute häufig blasse oder stumpfe Farbtöne gewählt, die im Farbton dem Putz ähneln sollen. Durch die starke Weißausmischung ist das aber kaum zu erreichen.

Zusätzlich sind die modernen Farben leicht gekörnt, um kleinere Risse und Unebenheiten optisch zu überspielen und teigen damit die feinen und überwiegend immer noch scharfkantig erhaltenen Stuckkanten zu. Es gibt heute nur noch sehr wenige Fassaden, die ihre bauzeitliche oder eine sehr frühe Gestaltung zeigen. Diese gilt es zu untersuchen und zu dokumentieren; denn mit jeder neuen Sanierung gehen auch Befunde verloren.

An dieser Stelle muss näher auf die Frage der »Materialechtheit« oder »Materialehrlichkeit« eingegangen werden, zumal diese Diskussion auch heute noch immer wieder aufflammt. Das Thema klingt schon 1615 in Vincenzo Scamozzis »L'idea della architettura universale« an, wenn er fordert, dass der Architekt der Materie keine Gewalt antun dürfe. Der 1761 verstorbene Carlo Lodoli verlangt, dass das Material nach seiner Natur eingesetzt werden müsse und kein anderes vortäuschen dürfe.[30] Karl Friedrich Schinkel begann – angeregt durch den Anblick der Marienburg – Backstein als Sichtmauerwerk zu verwenden.[31] Die Fortschritte in der Technik des Ziegelbrennens ließen in der Folge Bauten in sichtbarem und farblich gestaltetem Backstein zu einem Charakteristikum der Architektur des 19. Jahrhunderts werden. Semper, der eigentlich für die Polychromie plädierte, schrieb 1834: »Backstein erscheine als Backstein, Holz als Holz, Eisen als Eisen, ein jedes nach den ihm eigenen Gesetzen der Statik.«[32]

Repräsentative Bauten des 19. Jahrhunderts werden vor allem mit Natursteinfassaden, zumindest mit Natursteingliederungen gestaltet, auch wenn sie sich auf historische Stile beziehen, die mit Farbe gestalteten. Aber es gibt auch die Kombination von sichtbarem Backstein und Naturstein, im Falle des Brühler »Kaiserbahnhofs« – um 1877 an der Strecke der Rheinischen Eisenbahn in die Eifel erbaut – der gleiche rote Sandstein, der auch für andere Bahnhöfe dieser Strecke verwendet wurde.

Dass mittelalterliche Bauten farbig gefasst waren, war bekannt. Beim Wiederaufbau der Ruine Stolzenfels, der zunächst »in alter Technik« unverputzt erfolgen sollte, ließ Friedrich Wilhelm aufgrund der großflächigen Befunde den Neubau insgesamt verputzen und der gotischen Farbigkeit folgend hellocker fassen.[33] Viollet-le-Duc schrieb in seinem »Dictionnaire raisonée«: »Les recherches faites sur l'architecture dite romane, constatent que la peinture était considérée comme l'achèvement nécessaire de tout édifice civil et religieux, [...].«[34] – »Die Untersuchungen über die sogenannte

---

30 KRUFT 1991 (wie Anm. 5), S. 112 und 222.
31 Friedrich Adler: Die Bauschule zu Berlin von C.F. Schinkel. Schinkel-Festrede 1869, in: Architekten- und Ingenieur-Verein zu Berlin (Hg.): Schinkel zu Ehren 1846–1980, ausgew. und eingel. v. Julius Posener, Berlin (1981), S. 89–104, hier S. 92.
32 Zitiert nach KRUFT 1991 (wie Anm. 5), S. 356.
33 Doris Fischer: »... damit womöglich gar nicht bemerkt werden kann, wo das alte Mauerwerk aufhört und das neue anfängt«. Zur Instandsetzung von Schloss Stolzenfels bei Koblenz, in: Generaldirektion Kulturelles Erbe, Direktion Landesdenkmalpflege (Hg.): Baudenkmäler in Rheinland-Pfalz 2006–2008, Mainz 2010, S. 115–121.
34 Eugène Viollet-le-Duc: Dictionnaire raisonée de l'architecture française du XIe au XVIe siècle, Bd. 7. Paris 1845, S. 57; auch: *http://fr.wikisource.org/wiki/Dictionnaire_raisonné_de_l'architecture_française_du_XIe_au_XVIe_siècle_-_Tome_7,_Peinture* (aufgerufen 18.10.2011).

romanische Architektur stellen fest, dass die Malerei als die notwendige Vollendung jedes profanen und sakralen Gebäudes angesehen wurde.«

Dennoch wirkte sich die Mode der Materialsichtigkeit auch auf Denkmäler aus, geradezu ohne Rücksicht auf Verluste; denn neben dem Verlust der Spuren historischer Farbigkeit nahm man auch substanzielle Schäden am Mauerwerk in Kauf. Nicht umsonst hatte Rivius von der Notwendigkeit des »Dünchens« gesprochen. Das krasseste Beispiel ist der Limburger Dom, bei dem unter hohen Kosten im Zuge der Restaurierung von 1872 bis 1877 aller Reste des historischen Außenputzes entfernt wurden, während man im Inneren zugleich die alte Farbigkeit rekonstruierte.[35] Wie Theodor Wildeman 1941 kritisch anmerkte, hatte man sogar einen wertvollen romanischen Kelch aus dem Kirchenschatz verkauft, um diese Freilegung finanzieren zu können.[36]

Diese Freilegung hatte gravierende Folgen; denn in den 1930er Jahren verstieg sich Wilhelm Pinder zu einer Äußerung, die das Romanik-Bild ganzer Generationen von Nicht-Fachleuten prägte – der Verfasser kann sich vor seiner Studien- und Berufszeit nicht davon ausnehmen. In dem Blauen Buch über Deutsche Dome schrieb er: »Eine Baukunst, die so von der Erde aus allseitig zusammenstrebt, hat in sich selbst etwas vom Wuchse gebirgiger Landschaften. […] Zu Ende gedachte Natur, Steigerung der Bodenschönheit, geistvolle Schwebe zwischen Gesetz und freiester Haltung, ein Sinnbild aller zeugenden Kräfte deutscher Baukunst – so hebt sich St. Georg zu Limburg über die Lahn hin. Aus dem Wasser zum Buschwerk, aus dem Buschwerk zu wildgeworfenen Steinschichten, von da zu festungshafter Mauerfügung, in den schweren Unterkörper, in das formenleichtere Obergeschoss, mit den Türmen mehrfach gegen das Freie hin gelöst, in der Vierungsspitze endlich wie elektrisch ausstrahlend, wirkt hier eine Kraft aus der Tiefe des Wirklichen bis in die äußerste Faser gewollter Gestaltung hinein.«[37]

Erst zwischen 1968 und 1972 erhielt der Limburger Dom sein Farbkleid wieder, und Franz Ronig konnte schreiben: »Solange der Dom noch seines Putzes beraubt war, pries man ihn als das aus dem Felsen herausgewachsene Werk; nun, da er seine mittelalterliche Putz- und Farbhaut wiedererlangt hat, sitzt er wie eine kostbare Krone auf dem schroffen Felsen.«[38] Dennoch ist die überwunden geglaubte Vorstellung offensichtlich noch in den Köpfen. So heißt es im aktuellen Internetauftritt des Bistums Limburg: »Als der Weg noch an der Lahn entlang führte, müssen Felsen und Dom, auf die der Reisende hinaufgeschaut hat, wie eine Einheit gewirkt haben: wie ein Felsendom.«[39]

---

35 Georg Dehio: Handbuch der deutschen Kunstdenkmäler, Hessen, München und Berlin 1966, S. 523 beschreibt den Zustand vor der Restaurierung.
36 WILDEMAN 1941 (wie Anm. 12), S. 238.
37 Wilhelm Pinder: Deutsche Dome (290.–300. Tausend), Königstein im Taunus und Leipzig 1941, S. 8.
38 Franz J. Ronig: Schnell Kunstführer Nr. 590, München 1989 (zitiert nach *http://kunst.gymszbad. de/architektur/arch-romanik/bauten/deutschland/limburg/beschreibung.htm* (aufgerufen 18.10.2011)).
39 *http://www.dom.bistumlimburg.de/de/architektursymbolik.shtml* (aufgerufen 18.10.2011)

Seit dem 19. Jahrhundert wird also Naturstein nur noch dort farbig behandelt, wo dies historisch gerechtfertigt ist. Bei neueren Bauten beschränkt sich die Farbigkeit vor allem auf Putzflächen. Wenig bekannt ist, dass es in den 1920er Jahren Bemühungen gab, gegen die allgemeine Depression Farbe in das Stadtbild zu bringen. Der – wie es einmal heißt – »umtriebige aber nervige«[40] Bruno Taut versuchte ab 1921, Magdeburg zu einer bunten Stadt zu machen, musste aber bald aufgeben. 1999 wurde jedoch ein Straßenzug, die Otto-Richter-Straße, nach Befund im Sinne Tauts wieder farbig gefasst.[41] Bekannt für ihre Farbigkeit sind aber vor allem seine Berliner Siedlungen wie die Hufeisensiedlung (1925–30) oder Onkel Toms Hütte (1926–31), die seit 1984 nach und nach im alten Farbbild wiederhergestellt wurden.[42] 2005–06 erhielt auch Otto Haeslers 1924/25 erbaute Siedlung am Italienischen Garten in Celle, die als erste farbige Siedlung des Modernen Bauens gilt, ihre kräftigen Blau- und Rottöne zurück.[43] Im Rheinland kann die Siedlung Neuenhof in Remscheid genannt werden, die zwischen 1925 und 1929 entstand. Befunduntersuchungen ergaben helles Grün für die Fassadenflächen, Weiß oder Hellgrau für die Laibungen, Ocker für die Fensterbänke des Erdgeschosses und Rot für die Gurtgesimse.[44]

Weniger bekannt ist, dass 1926 in Hamburg der »Bund zur Förderung der Farbe im Stadtbild« (BFFS) gegründet wurde. Er hatte die »farbige Belebung des Ortsbildes« zum Ziel. Hinter ihm standen vor allem das Malerhandwerk und die Farbenindustrie.[45] In der Bibliothek des Amtes findet sich ein Tafelwerk zu diesem Thema, das 1925 von Richard Hesse herausgegeben worden ist: »Das farbige Straßenbild«.[46] Hesse nannte sich »Leiter der Dekorations-Motive der Maler-Zeitung Leipzig«. Mit einem Erlass an die Baupolizei von 1941, dass die Außenflächen von Häusern dunkel gehalten sein und der Umgebung angepasst werden müssten, um für feindliche Flieger schlechter erkennbar zu sein, hatten diese Bestrebungen ein Ende. Graf Metternich nennt in einem Aufsatz über farbige Architektur aber auch die schlechte Qualität der Malerei und der Farben als Gründe.[47] Erwähnt sei schließlich noch Konrad Gatz, der schon vor dem Krieg über die »gute Gestaltung des Heimatbildes« und über »gute

---

40 Richard Hesse: Das farbige Straßenbild, Leipzig 1925, Geleitwort.
41 Holger Brülls: Bruno Tauts »Buntes Magdeburg«. Eine Rekonstruktion farbiger Architektur, in: Baumeister 99, 2002, H. 4, S. 78–85.
42 Helge Pitz: Erhalt und Instandsetzung von Bruno Tauts Wohnsiedlungen, in: Deutscher Werkbund Berlin e.V. (Hg.): Bruno Taut – Meister des farbigen Bauens in Berlin, Berlin 2005, S. 30f.
43 Eckart Rüsch: Die Siedlung ›Italienischer Garten‹ in Celle. Ein Diskussionsbeitrag zum Thema Wärmedämmverbundsystem (WDVS) bei Baudenkmälern (Wortlaut des Kurzvortrags am 22.2.2010 anlässlich der Seminartagung »Denkmalschutz nicht ohne Umweltschutz – Energieeffizienz und erneuerbare Energien in Denkmal- und Stadtbildpflege«, veranstaltet in Köln-Marienburg beim Deutschen Städtetag vom Deutschen Institut für Urbanistik (DifU). *http://www.celle.de/media/custom/342_14178_1.PDF* (aufgerufen 26.1.2012).
44 Akten der Werkstatt II des LVR-Amtes für Denkmalpflege im Rheinland.
45 Isabel Haupt: »Farbe ist indes nicht ohne Gefahr für das Stadtbild«. Farbige Altstadterneuerungen der Zwischenkriegszeit, in: Koldewey-Gesellschaft, Bericht über die 44. Tagung für Ausgrabungswissenschaft und Bauforschung vom 24. bis 28. Mai in Breslau, Stuttgart 2008, S. 267–272.
46 HESSE 1925 (wie Anm. 40).
47 METTERNICH 1941 (wie Anm. 18), S. 205–207.

Farbsitten« geschrieben hatte und dies auch noch 1960 tat – da freilich mit Bezug auf neue Bauten.[48]

Die Zerstörung gewachsener Strukturen in der Stadtentwicklung der Nachkriegszeit erfuhr bald Kritik. Vor allem Alexander Mitscherlichs Werk »Die Unwirtlichkeit der Städte« steht dafür. Das teilweise radikale Abschlagen des Stucks an Häusern des Historismus wurde bald nicht mehr als Befreiung vom Kitsch, sondern als gestalterische Verarmung empfunden. Der Westberliner Senatsbaudirektor Werner Düttmann stellte fest: »Was einst nach Schinkel aussah, sieht jetzt aus wie Lemberg-Ost.«[49] Von ihm geht 1964 der Aufruf »Rettet den Stuck« aus. Der »Spiegel« schrieb dazu im selben Jahr: »Was Bomben und Granaten nicht besorgt haben, vollbrachten Hammer und Brecheisen nachträglich: Martialische Muskelmänner und strammbusige Maiden preußischer Abkunft sanken noch neunzehn Jahre nach Kriegsende in den Schutt.

Überall in der Bundesrepublik wurden Stuck-Simse, Gipsfiguren und anderer Zierat von den Fassaden älterer Häuser abgeklopft und durch eintönigen Kieskratzputz ersetzt. Die Eigentümer schnörkelreicher Altbehausungen eiferten dem Stilwillen der modernen Architekten nach – und sie veröderten mit ihrer Putzsucht das Bild ihrer Städte.«[50] Von Berlin ausgehend verbreitete sich diese Sicht über das ganze Land. Diese neue Wertschätzung des Stucks führte bald zu einer geradezu abenteuerlich wilden Buntheit, gegen die die Denkmalpfleger ankämpften. Aber es ist zuzugestehen, dass ohne diese Phase die Erhaltung von Gründerzeitvierteln wie der Kölner Neustadt oder der Elberfelder Nordstadt nicht möglich gewesen wäre. Und schließlich beruhte lange Zeit auch die von der Denkmalpflege angeratene Farbgebung häufig nicht auf Befund, sondern auf Geschmack.

Bildnachweis

1–3: Vanessa Lange, LVR-Amt für Denkmalpflege im Rheinland, 2012. – 4, 5: Viola Blumrich, LVR-Amt für Denkmalpflege im Rheinland, 2012. – 6: Archiv LVR-Amt für Denkmalpflege im Rheinland.

---

48 Konrad Gatz: Farbe und malerischer Schmuck am Bau, München (1939). – Konrad Gatz, Werner Piepenburg, Wilhelm O. Wallenfang: Farbige Bauten. Handbuch für farbige Bauten in Anstrich und Putz, München 1960.
49 Zitat nach: Rettet den Rest, in: Der Spiegel 32/1964; http://www.spiegel.de/spiegel/print/d-46174870.html (aufgerufen 19.1.2012).
50 Ebd.

Paradoxien der Konstruktionsgeschichtsschreibung und die Bauforschung

Eine kurze Untersuchung am Schabolovskaya Sendeturm in Moskau*

Uta Hassler und Ekaterina Nozhova

Konstruieren ist ein vielschichtiger Prozess: Er verbindet Themen der Materialwissenschaft, Ingenieurtheorien über Stabilität und Tragverhalten mit den impliziten Traditionen der Baustelle, der Materialverwendung, des Fügens von Teilen und des Aufrichtens von Bauten – fußt aber auch auf Traditionen und kulturellen Vorstellungen von Baukonstruktion.[1] Die frühe Geschichtsschreibung über die Baukonstruktion der Moderne folgt in vieler Hinsicht der Überzeugung, dass theoriegeleitetes Entwerfen und Konstruieren zu einem neuen Verständnis architektonischer Aufgaben führte, Parameter intelligenter Konstruktion damit weitgehend identisch seien mit pragmatischer Funktionserfüllung und adäquater architektonischer Form.[2] Als Leitobjekte neu entdeckter Funktionsform galten der Avantgarde des beginnenden 20. Jahrhunderts die Ingenieurentwicklungen in Stahl und Glas; Ausstellungshallen, Brücken, Magazinbauten und Silos wurden nobilitiert als Vorbilder und Beispiele

---

* Das Projekt des Instituts für Denkmalpflege und Bauforschung der ETH Zürich ist Teil des DACH-Forschungsprojekts »Konstruktionswissen der frühen Moderne: V. G. Schuchovs Strategien des sparsamen Eigenbaus.« Weitere Projektpartner sind die TU München (Prof. Dr.-Ing. M. Schuller, Prof. Dr.-Ing. R. Barthel) und die Universität Innsbruck (Prof. Dr.-phil. R. Graefe).
1 Zu den kulturell konnotierten Konstruktionstraditionen siehe Wolfgang König: Künstler und Strichezieher. Konstruktions- und Technikkulturen im deutschen, britischen, amerikanischen und französischen Maschinenbau zwischen 1850 und 1930, Frankfurt a.M. 1999. – Wolfgang König: Wissenschaft und Praxis. Schlüsselkategorien für die Entwicklung des deutschen technischen Ausbildungssystems, in: Mitteilungen der technischen Universität Carolo-Wilhelmina zu Braunschweig 1985, S. 30–36. – Matthias Heymann: »Kunst« und Wissenschaft in der Technik des 20. Jahrhunderts. Zur Geschichte der Konstruktionswissenschaft, Zürich 2005, dort z.B. S. 94 (Zur Rationalisierung von Konstruktionstätigkeit): »Von den allgemeinen Grundgedanken der Wissenschaft ausgehend, daß es in der ganzen ungeheuren Welt unseres inneren wie äußeren Lebens nichts, aber auch gar nichts gibt, was nicht Gegenstand einer Wissenschaft ist oder werden könnte, kommt man zu der Forderung, daß auch das Erfinden wissenschaftlich erfaßt, aufgeklärt und in der Ausführung reicher und sicherer muß gemacht werden können, als es zur zeit ist« (Wilhelm Ostwald: Die Lehre vom Erfinden, in: Feinmechanik 1932, S. 165–169; S. 31 im Nachdruck von 1982).
2 Dazu die manifestartigen Arbeiten Sigfried Giedion: Bauen in Frankreich, Bauen in Eisen, Bauen in Eisenbeton, Leipzig 1928 und speziell zur Beziehung zwischen Architektur und Konstruktion: Sigfried Giedion: Raum, Zeit, Architektur: die Entstehung einer neuen Tradition, Basel/Boston/Berlin 2000, S. 158–159. – Siehe auch Werner Lindner: Die Ingenieurbauten in ihrer guten Gestaltung, Berlin 1923, S. 16: »So werden ganz von selbst und mit zwingender Notwendigkeit gute Ingenieurbauten zu ›typischen Lösungen‹. Aber die Forderung ist zum vielfach missverstandenen Schlagwort geworden. Auch sie können sich nur durchaus folgerichtig aus der allseitig vollendeten Erfüllung der besonderen wirtschaftlichen, baulichen und schönheitlichen Forderungen ergeben.«

industriellen Bauens.³ Wie entschieden bei jener »Konstruktion einer Tradition aus dem Ingenieurbau«⁴ entwicklungsgeschichtliche und fortschrittsoptimistische Metaphern der Avantgarde des beginnenden 20. Jahrhunderts die Analyse der realen Konstruktionsentscheidungen überlagerten, hat bereits Reyner Banham mit seiner berühmten Schrift »Concrete Atlantis«⁵ eindrucksvoll gezeigt, jüngere Forschung, auch zu wissensgeschichtlichen Themen, hat die architekturgeschichtliche Diskussion auf die Fragen der Konstruktions- und Wissensgeschichte der Architektur hin erweitert.⁶

Trotz jener wichtigen und auch vieler methodisch neuer Beiträge zur Konstruktionsgeschichte bleibt die Revision der Geschichtserzählung der Baukonstruktion der Moderne aus mehreren Gründen eine Herausforderung:

- die bisherigen Überblicksdarstellungen, die ingenieurwissenschaftlichen Bezug nehmen⁷, folgen der Utopie einer »aufsteigenden Linie der Ingenieurwissenschaft« hin zur materialsparenden, immer leistungsfähigeren und effizienten Innovation (»Höher, weiter, leichter…«),
- die differenzierter werdenden Ingenieurtheorien und auch materialwissenschaftliche Entwicklungen (die nicht selten außerhalb des Bauwesens entstehen) machen es nicht leicht, im interdisziplinären Feld die Abhängigkeiten zu verstehen,
- die Interaktionen der Akteure im Bauwesen sind häufig von der Geschichtsschreibung nur im Ansatz verstanden und analysiert, Prozesse der Industrialisierung, die Entwicklungen auch für das Bauwesen vorantreiben, folgen nicht den tradierten Rollenmustern,
- schließlich stellen Bauten der Moderne in vielen Feldern methodische Herausforderungen an die Bauforschung.

Methoden historischer Bauforschung sind im akademischen Kontext Entwicklungen des ausgehenden 18. und des 19. Jahrhunderts. Sie wurden zunächst primär genutzt, um Baubefunde antiker Architektur verstehen und analysieren zu können: Architekturen, zu denen Schriftquellen und Kontextwissen nur in sehr eingeschränkter Breite noch zugänglich waren – daher kam der präzisen Beobachtung des überlebenden Artefakts eine große Bedeutung zu.

---

3 Dazu die berühmten Aufsätze von Walter Gropius: Die Entwicklung moderner Industriebaukunst, in: Die Kunst in Industrie und Handel. Jahrbuch des Deutschen Werkbundes 1913, Jena 1913 S. 17–22. – Ders.: Der stilbildende Wert industrieller Bauformen, in: Jahrbuch des Deutschen Werkbundes 1914, Jena 1914, S. 29–32. – Aber auch »Vergleich der Baukörper, die Reihen von Vorläufer des Ingenieurbaues«, in: Werner Lindner: Die Ingenieurbauten in ihrer guten Gestaltung, Berlin 1923, S. 33–42.
4 Dazu siehe Jos Bosman, Werner Oechslin, Arthur Rüegg et al. (Hg): Sigfried Giedion 1888 – 1968. Der Entwurf einer modernen Tradition, Ausst.-Kat. Museum für Gestaltung, Zürich 1989.
5 Reyner Banham: A concrete Atlantis. U.S. Industrial Building and European Modern Architecture 1900–1925, Cambridge/London 1986.
6 Siehe u.a. die Kongresse zur Konstruktionsgeschichte (Madrid 2003, Cambridge 2006, Cottbus 2009, Paris 2012). – Tom Frank Peters: An American culture of construction. New Haven 1989. – Jacques Heyman: The Stone Skeleton: Structural Engineering of Masonry Architecture, Cambridge 1997. – Uta Hassler, Christoph Rauhut (Hg.): Bautechnik des Historismus: von den Theorien über gotische Konstruktionen bis zu den Baustellen des 19. Jahrhunderts, München 2012.
7 Siehe: Antoine Picon: L'Art de l'ingénieur, constructeur, entrepreneur, inventeur, Ausst.-Kat., Centre George Pompidou in Paris, Paris 1997.

Auch für die frühen Forscher war selbstverständlich die Beobachtung der Kontexte, die Idee einer direkten und indirekten Beweislage zur Einordnung der Objekte und zur Entwicklungsgeschichte der Architektur im Allgemeinen, wichtig. Wenn die Herausforderung der frühen Forschung vor allem in der Fragmentierung der Überlieferung, dem Mangel an Baubefunden und an zusammenhängenden Interpretationen lag, so liegt die Schwierigkeit heutiger Bauforschung (vor allem zu den prominenten Bauten der frühen Moderne) in einem ganz gegensätzlichen Phänomen – in der Vielfalt der Materials, der Komplexität der Überlieferung, der Macht der frühen (Selbst-)Interpretationen, mithin auch in den Geschichtserzählungen der Moderne selbst (deren Revision durch sorgfältige und geduldige Detailarbeit um sovieles aufwendiger scheint als die Konstruktion der frühen Geschichtserzählungen).

Wir zeigen hier am Beispiel einer kurzen Untersuchung eines der Leitobjekte der Konstruktionsgeschichte der Moderne – des Radioturms Schabolovskaya in Moskau – wie wesentlich für das Verständnis der Errichtung des Turms die Beobachtung der Einzelheiten des gealterten Objekts, der Details der Fügungen, und wie wichtig für das Verständnis der Konstruktion die Analyse der industriellen Kontexte und der Produktionsverhältnisse in Deutschland und Russland sind. Es wird deutlich, dass tradierte Interpretationen – Leichtbauweise, Funktionsbau, Neuerfindung hyperboler Tragwerke – in einigen Bereichen überdacht werden müssen.

Baubeobachtung als Kurzübung am Turm, die Herausforderung der Erfassung der Geometrie

Im Juni 2012 hatte eine Forschergruppe des Instituts für Denkmalpflege und Bauforschung der ETH Zürich gemeinsam mit der TU München[8] die Chance einer Kurzuntersuchung am legendären Radioturm Schabolovskaya in Moskau.[9] Der Turm ist ein schwieriges Forschungsobjekt, weil er einerseits nur mit sehr aufwändigen Genehmigungsverfahren zugänglich ist, andererseits gibt es trotz der Prominenz des Objekts keine Dokumentation der Konstruktion des Turms. Der Zugang zum Turm ist eingeschränkt, weil noch immer Transmitter für Mobilfunk am Turm senden, das Gelände gehört dem Russischen Staatsfernsehen und ist militärisch abgesichert.

Über Vermittlung russischer Kollegen konnte unsere Gruppe eine Genehmigung für eine sehr kurze Untersuchung am Objekt erreichen, es war aber nicht möglich, die Sendefunktionen für die Untersuchungszeit zu unterbrechen. Unsere Forschungsfragen für die Untersuchung waren einerseits Themen der Konstruktionsgeschichtlichen Interpretation des Turms:
- wir fragten uns, ob wir Hinweise auf konkrete Materialverwendung und die Herkunft der Profile finden können,

---

8   Dr. Andrij Kutnyi vom Lehrstuhl für Baugeschichte, historische Bauforschung und Denkmalpflege an der TU München (Prof. Dr. Manfred Schuller), Partner im DACH-Projekt.
9   Die Struktur des zunächst mit einer Höhe von 350 Meter geplanten Sendeturms wurde 1919–22 mit einer Höhe von 150 Meter gebaut und blieb bis 1974 das höchste Bauwerk des Landes.

- wir fragten, ob der in den Akten bekannte Einsturz der Konstruktion während des Bauprozesses noch in Spuren am Objekt beobachtet werden kann,
- wir fragten, ob Deformationen der Profile beobachtet werden können, die gegebenenfalls Hinweise auf den Bauvorgang geben,
- schließlich war zu analysieren, ob der Zustand der Teile und die »relative Chronologie« zu beobachtender Reparaturen, Zubauten (auch von Verlusten oder Schäden) zu neuen Erkenntnissen über Bauverlauf, Bauprozess und »Wahl der Mittel« führen könnte.

Da der kurze Zeitrahmen und die Dimension des Turms eine traditionelle Vermessung unrealistisch machten, diente die Kampagne zudem noch der Erprobung einer photogrammetrischen Schnell-Erfassung des Objekts von einem Kleinhubschrauber aus, über die im Rahmen eines anderen Beitrags ausführlich berichtet wird.[10]

Der Turm als Symbol der Revolution – Zeitgeschichte und Quellen

Wenn wir die völlige ökonomische Zerstörung Russlands in der Zeit der Turmkonstruktion bedenken, erscheint es nicht verwunderlich, dass die Dokumentation der realisierten Turmkonstruktion nicht überlebt hat: Das Archiv der Russischen Akademie der Wissenschaften (ARAN) besitzt aber noch immer das Original des ursprünglichen Projekts für einen 350 Meter hohen Turm[11] und eine Zeichnung des 150 Meter hohen Turms.[12] Im Russischen Staatsarchiv für Wissenschaftlich-technische Dokumentation (RGANTD) wird der Plan der Fundamente und das Detail des oberen Rings der zweiten Turm-Sektion aufbewahrt.[13]

Der Sendeturm hat seit seiner Erbauungszeit Forscher[14], Literaten und Fotografen angezogen – unter den ersten Alexander Rodtschenko.[15] Bauforschung am Objekt war in der bisherigen Forschungsgeschichte allerdings kaum möglich, das Fehlen konkreter objektbezogener Erkenntnisse hat dabei das Narrativ einer vereinfachten Geschichtskonstruktion gestärkt. Die offizielle Geschichtserzählung ist geschlossen, plakativ und abstrakt: Der Turm wurde von 1919 bis 1922 gebaut, er sollte für die neue Radiostation genutzt werden und für die internationalen Verbindungen der neuen Sovjetunion stehen. Zum Zeitpunkt des Baus war er die höchste Konstruktion des Landes. Die erste Planung für einen 350 Meter hohen Turm für Moskau war Teil

---

10 Armin Gruen, Ephraim Friedli, Andrij Kutnij, Uta Hassler und Ekaterina Nozhova.
11 Archiv der Russischen Akademie der Wissenschaften (ARAN), f.1508 op.1d.84.
12 Archiv der Russischen Akademie der Wissenschaften (ARAN), f.1508 op.1d.85.
13 Russisches Staatsarchiv für Wissenschaftlich-technische Dokumentation (RGANTD), f.166 op.1 d.36.
14 Irina Petropavlovskaja: Der Sendeturm für die Radiostation Schabolovka in Moskau, in: Rainer Graefe, Murat Gappoev, Ottmar Pertschi: Die Kunst der sparsamen Konstruktion, Stuttgart 1990, S. 92–103. – Grigory Kovelman: Tvorchestvo pochetnogo akademika injenera V.G: Schuchova [Das Werk des Ehrenmitglieds der Akademie der Wissenschaften und Ingenieurs V.G.Schuchov], Moskau 1961, S. 152–157.
15 Alexander Rodtschenko (1891–1956) – ein russischer Grafiker, Buchgestalter und Fotograf, siehe z.B. Library of Congress, PPOC, LC-USZ62-139026.

des damaligen Wettstreits um den höchsten Turm; der 300 Meter hohe Eifelturm, der zur Pariser Weltausstellung 1879 fertiggestellt worden war, wäre so übertroffen worden; Pläne für einen Großen Turm in London zielten auf ähnliche Höhen.[16] Schabolovskaya in Moskau wurde als symbolischer Bau für die Errungenschaften der Moderne – Funkverkehr, Elektrizität und Kommunikation – gesehen; nachdem 1939 am Turm Fernsehantennen angebracht wurden, galt er konsequenterweise als Symbol des staatlichen Fernsehens.

Die Konstruktionsgeschichte hat den Turm – auch in seiner nur reduziert verwirklichten Höhenentwicklung – idealisiert als frühes Beispiel der Möglichkeiten des Leichtbaus wie auch als Prototyp funktionaler wie industrieller Konstruktion, vorausweisend auf Schalenbauweise, Hyperbolstrukturen und Bauen mit vorgefertigten Elementen. Eine Bauuntersuchung hatte daher zuerst Fragen nach Details und Kontexten zu beantworten, etwa welches Material (welche Profile) zur Verwendung kamen, wie der Aufbauprozess war und ob und inwieweit Veränderungen und Modifikationen am Entwurf vorgenommen wurden. Archivstudien und sorgfältige Surveys der zeitgenössischen Konstruktionsliteratur (von den Profilhandbüchern bis hin zur Fachliteratur der Ingenieurausbildung[17]) sind Voraussetzung der Beurteilung der Befunde am Ort. Die ambitionierte Konstruktion steht im Zusammenhang der Geschichte der Radiotechnik, von Transportmöglichkeiten und ökonomischer Entwicklung der Regionen, von Informationsmöglichkeiten, der Verbreitung, Geschwindigkeit wie auch der Sicherheit von Information – im weiten Rahmen im Kontext der Ausbreitung und Tiefe der Industrialisation der Fläche des russischen Staats.

Erweiterung der Darstellungsoptionen der Bauforschung

Zur neunzigsten Wiederkehr der Errichtung des Scabolovskaya-Turms programmierten Mitarbeiter des »Steklov«- Instituts für Mathematische Forschung (Russische Academie der Wissenschaften) eine Filmsequenz[18], die den Prozess der Aufrichtung in idealisierten Bildern illustriert. 2011 wurde ein Wettbewerb zur Neuerrichtung der Stahlstrukturen ausgeschrieben[19]: offensichtlich steht eine Diskussion über Möglichkeiten und Grenzen der Wiederholung der Baukonstruktion, vielleicht auch über die Chancen einer Reparatur und Instandhaltung an. In diesem Papier kann die Diskussion über die – aus unserer Sicht unumgängliche – Substanzerhaltung und

---

16 1890 fand ein großer Wettbewerb für einen Turm in London statt, jede der vorgeschlagenen Varianten hätte etwa die Höhe von 350 Meter erreichen sollen. Dazu: The Engineer, Juni 1890, S. 20–27 und Fred. C. Lynde: Descriptive illustrated catalogue of the sixty-eight competitive designs for the Great Tower for London, London 1890.
17 Russkij normal'nij metricheskij sortament fasonnogo zheleza [Russisches Normalprofil-Buch für Walzeisen], St. Petersburg, veröffentlicht seit 1900. – R. Lauenstein: Die Eisenkonstruktionen des einfachen Hochbaues, Stuttgart 1899, veröffentlicht in Russland als: R. Lauenstein, V. Turin, G. Krivoshein: Zhelezniе chasti zdanij [Die eisernen Teile der Gebäude], St. Petersburg 1902.
18 Siehe die Filmsequenz unter *http://www.etudes.ru/ru/etudes/shukhov/*.
19 Die LLC »Kachestvo i nadejnost'« [Qualität und Zuverlässigkeit] ging aus diesem Verfahren als Gewinner hervor.

1 Vorbereitungen für den Flug

notwendige konservative Reparaturmaßnahmen nicht geführt werden. Die Antizipation der theoretischen Wiederholung des Prozesses der Errichtung und möglicher Reparaturmaßnahmen hat bei den Verantwortlichen dennoch den Wunsch nach der Dokumentation des gegenwärtigen Zustands geweckt und die Diskussion über das Fehlen einer präzisen Baudokumentation und Bauanalyse erneut angefacht. Im Dezember 2011 hat das Moskauer »Zentrum für virtuelle Wissenschaft- und Technikgeschichte«[20] gemeinsam mit »Trimetrari-Consulting« aus St. Petersburg einen Laser-Scan des Turms durchgeführt.[21] Die Ergebnisse wurden an einem Züricher Seminar im Februar 2012 diskutiert.[22]

Das Institut für Denkmalpflege und Bauforschung der ETH Zürich konnte im Anschluss an dieses Seminar gemeinsam mit der Russischen Akademie der Wissenschaften und GosNIIAS[23] ein kleines Kooperationsprojekt beginnen, das sich zur Aufgabe

---

20 Zentrum für virtuelle Wissenschaft- und Technikgeschichte, Vavilov Institut für Naturwissenschaft- und Technikgeschichte (Russische Akademie der Wissenschaften), http://www.ihst.ru/.
21 Mit Leica Scan Station 2 und FARO Focus 3D.
22 Problems of the spatial comprehension of the high steel towers. Seminar, Zürich, 18.2.2012–21.2.2012 IDB ETH.
23 Staatliches Institut für Flugsysteme (Aviation Systems), Moskau.

machte, Möglichkeiten einer schnellen und pragmatischen photogrammetrischen Ad-Hoc-Dokumentation des Sendeturms zu evaluieren.[24] Wir planten Photoaufnahmen und die räumliche Bestimmung von Referenz-Messpunkten mit einem Modell-Helikopter (Falcon-8). (Abb. 1) Der Helikopter ist ausgerüstet mit Sensoren (GPS, INS), einer automatischen Stabilisierung und einer Kamera, das Navigationssystem des Oktokopters wurde von einer Spin-off-Firma der ETH (weControl) entwickelt. Wichtigste Aufgabe der Messungen war zunächst eine Analyse der gegenwärtigen Struktur des Turms und die Bestimmung der Amplitude seiner Bewegung – aus diesen Daten war geplant, ein präzises 3D-Modell errechnen zu können. Ein Versuchsflug am 4. Juni 2012 zeigte leider, dass das Navigationssystem des Oktokopters zu empfindlich auf das intensive Magnetfeld des Sendeturms reagierte. Vor allem die vielfältigen Transmitter, die gegenwärtig am Turm installiert sind, machten die präzise Raumnavigation des Modell-Hubschraubers unmöglich, eine temporäre Unterbrechung der Sendefunktionen ist nicht möglich. Wir entschieden daher, mit einem weniger sensiblen System eine Neubefliegung anzuzielen. Geplant waren acht senkrechte Flugbahnen auf der Außenseite des Turms, ein Flug im Innern. Der Oktokopter konnte zwar die Höhe der Turmspitze erreichen, die Flugbahnen waren aber nicht in notwendiger Präzision zu navigieren.

Die Gruppe nutze neben den Vorbereitungen für den Hubschrauberflug einige zusätzliche Stunden Aufenthalt im und am Turm, um trotz des extrem limitierten Zeitrahmens zumindest zu einigen unserer Forschungsfragen Material und Beobachtungen zusammenzutragen. Vordringlich war herauszufinden, ob künftig weitere Informationen und Auskünfte über Materialvarietäten, Zustand, historische Reparaturen und Verformungen zu erwarten wären, wenngleich die Verformung des Baukörpers und die Details der Konstruktion zunächst noch nicht präzise genug am Objekt vermessen werden konnten.

»Research Prerequisites«

Prototypen und Geometrie

Das Patent der segmentierten Hyperbolstrukturen für Türme war im Jahr 1899 an Suchov erteilt worden; in der Patentschrift ist erwähnt, dass die patentierte Konstruktionsweise für Winkeleisen, Röhren oder Hölzerne Elemente geeignet sei. Langjährige Vorstudien und Berechnungsprozesse wie auch ein Prototyp der Konstruktion, der in der Dampfkesselfabrik von Alexander Bary in Moskau um 1895 errichtet worden war, dienten als Grundlage. Die Konstruktionsweise wurde 1896 in der Allrussischen Ausstellung in Nizhny-Novgorod der Öffentlichkeit präsentiert. Hier baute Alexander Bary auch die bekannten großartigen Pavillons mit den leichten

---

24 Ekaterina Nozhova, Prof. Dr. Uta Hassler, Prof. em. Dr. Armin Grün vom IDB ETH und Pilot Ephraim Friedli vom Institut für Geodäsie und Photogrammetrie, ETH, gemeinsam mit den russischen Kollegen Prof. Dr. Sergej Zheltov, Leiter der GosNIIAS, und Dr. Andrij Kutnyi vom Lehrstuhl für Baugeschichte, historische Bauforschung und Denkmalpflege an der TU München.

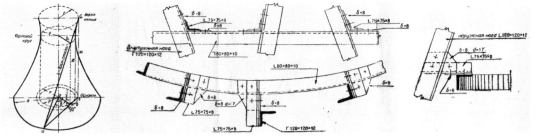

2 Parameter zur Beschreibung der Geometrie des Schabolovskaya-Sendeturms, Hauptknoten

Blechstreifendächern.[25] Die Pavillons wurden dort auf Kosten der Firma Bary (der Unternehmer Alexander Bary war ein Absolvent der ETH Zürich)[26] errichtet, um die Firma und auch die Erfindungen Suchovs einer breiten Öffentlichkeit bekannt zu machen; das Patent wurde 1899 in den »Berichten der Kaiserlich Russischen Technischen Gesellschaft, Sammlung der Privilegien« veröffentlicht.[27]

Die Geometrie des Turms folgt mathematischen Formeln (etwa zu »formerzeugenden Geraden«), die Dimensionierung der Einzelelemente ergibt sich aus Parametern, wie sie im Metallbau üblich waren und in zeitgenössischer Literatur beschrieben sind: das Manual von Karl Greiner »Zuschneiden für die Kesselschmiede«[28] gibt die einschlägigen Handlungslinien. Auch Suchov selbst hat mit seinen Kollegen Kandeev und Kotliar 1934 eine Schrift über Stahlbehälter[29] publiziert, sie enthält ebenfalls Dimensionierungsanleitungen und erklärt den Übergang vom ebenen Auslegen von Stahlblechen zu räumlichen Konstruktionen. (Abb. 2) Bis hin zu den kleinsten Einzelheiten, etwa des modifizierten Winkels, der zum Anschluss der Profile der Stützen an die horizontalen Ringe gebraucht wurde, konnten die Teile so dimensioniert und kalkuliert werden – wiederum ein Verfahren, das aus dem Blechbehälterbau und Maschinenbau kam. Der polytechnische Hintergrund dieser Denkschule ist offensichtlich: Die Basis der notwendigen Informationen waren Manuale mit wissenschaftlichem Hintergrund, sehr pragmatisch werden Handlungslinien für Blechbehälterbau und den Entwurf von Wasserreservoiren erarbeitet, das wissenschaftliche und praktische Denken der Autoren folgt dem Ideal des universellen Ingenieurs, der die Herausforderungen der Industrialisierung der Territorien und der Entwicklung einer Schwerindustrie zu bewältigen hatte. Praktische Erfahrung in verschiedenen Industriezweigen – im

---

25 Siehe Abb. 36–72 in: GRAEFE/GAPPOEV/PERTSCHI 1990 (wie Anm. 14), S. 32–45.
26 Archive und Nachlässe der ETH-Bibliothek, EZ-REK 1/1/1972.
27 Zapiski Russkogo Imperatorskogo Technicheskogo Obchestva (IRTO) i svod privilegij [Berichte der Kaiserlich Russischen Technischen Gesellschaft, Sammlung der Privilegien], No. 8–9, 1899, S. 285–287.
28 Karl Greiner: Razmetka v kotelnom dele [Zuschneiden für die Kesselschmiede], Moskau/Leningrad 1934, S. 196–201.
29 Vladimir Schuchov, V. Kandeev, I. Kotliar: Stal'nie reservuari [Stahlbehälter], Moskau 1934, S. 236–268.

Fall Suchovs Heizungsindustrie und Dampfkesselbau, Ölproduktion und Transport, Schiffsbau und die Konstruktion von Wasserbehältern – half der Vermittlung wissenschaftlichen Wissens in die Praxis.

Die Mehrzahl der Suchov-Türme waren einfache Hyperbole (der höchste darunter ist der siebzig Meter messende »Adjigolsky- Leuchtturm«[30]); bisher kennen wir zwei Entwürfe[31], die aus zwei Segmenten kombiniert sind: der Wasserturm für die Bahnstation in Jaroslavl' von 1911 und der Wasserturm in Evpatorya von 1925, beide Türme wurden leider zerstört. Der beinahe 130 Meter messende letzte bestehende NiGRES-Mast, ein überlebender Pylon einer Hochspannungsleitung über den breiten Oka Fluss, stammt aus den Jahren 1927/28 und ist damit jünger als der Moskauer Sendeturm. Die Dokumentation zum Bau der NiGRES-Masten ist vergleichsweise gut erhalten[32], allerdings können jene Materialien nur eingeschränkt als Referenzen für den Moskauer Sendeturm genutzt werden, da sie in vielen Bereichen gerade Weiterentwicklungen und partielle Revisionen der älteren Konstruktionsüberlegungen belegen (zum Beispiel zu Überlegungen des Übergangs der Stahlprofile). Der Schabolovskaya-Turm hatte offenbar lediglich einen einzigen mehrteiligen Vorläufer, den verlorenen Turm in Jaroslavl': der Bauprozess hatte also entschieden den Charakter eines Experiments.

Metallverarbeitung

Zum Ende des 19. Jahrhunderts wurden in Russland Konstruktionsarbeiten im Metallbau von Unternehmen durchgeführt, die an die großen metallverarbeitenden Betriebe, Eisenbahnindustrie und Behälterbau angegliedert waren – jene verfügten über die notwendigen Einrichtungen zur Verarbeitung der Stähle. Zur Zeit der Konstruktion des Schabolovskaya-Turms waren Verarbeitungsmaschinen für Metallbau primär ausgerichtet auf die Bedürfnisse der mechanischen und der Eisenbahnindustrie, ein möglicher Einsatz für das Bauwesen war dagegen sekundär. Die jüngsten Archivfunde im Russischen Staatsarchiv für Wirtschaft belegen, dass alle spezifischen und komplexen Details des Schabolovskaya Turms gezielt in der Kesselfabrik Alexander Barys bearbeitet wurden[33]: Die Fabrik war zu diesem Zeitpunkt seit kurzem verstaatlicht, trug aber immer noch den Namen ihres Gründers. Die U-Profile, die für die schrägen Turmstützen (die »Beine«) benutzt werden sollten, wurden dort nach 1:1-Schablonen zugeschnitten – das war wichtig, um räumlich möglichst präzise Übergänge zu gewährleisten (ähnliche Schablonen existierten für die NiGRES-Türme, wie Dokumente im Russischen Staatsarchiv belegen).[34] Anschließend mussten die Profile etwas verdreht werden, um den Rotationswinkeln der Hyperbolform zu entsprechen:

---

30 Siehe die Abb. 150–152 in: GRAEFE/GAPPOEV/PERTSCHI 1990 (wie Anm. 14).
31 Wasserturm für die Bahnstation in Jaroslavl': Archiv der Russischen Akademie der Wissenschaften (ARAN), f.1508 op.1d.81. – Wasserturm in Evpatorya: Russisches Staatsarchiv für Wissenschaftlich-technische Dokumentation (RGANTD), f.166 op.1 d.24.
32 Russisches Staatsarchiv für Wissenschaftlich-technische Dokumentation (RGANTD), f.166 op.1 d.43.
33 Russisches Staatsarchiv für Wirtschaft (RGAE), 1564-1-169, S. 43.
34 Russisches Staatsarchiv für Wissenschaftlich-technische Dokumentation (RGANTD) f.166 op.1 d.43, S. 14.

3   Die Verdrehung der Eisenprofile

Dieses Biegen der Profile erforderte manuelle Arbeit (trotz mechanischer Hilfsmittel). Bei der Beobachtung der gegenwärtigen Verformungssituation der Bauglieder muss uns also bewusst sein, dass die mathematisch strikte Form im Raum wegen der handwerklichen Herstellung der Segmente in der Bauzeit nur annähernd ideal hatte erreicht werden können. (Abb. 3)

Material
Zum Zeitpunkt der Turmkonstruktion waren Eisenprofile ein knappes Produkt. Hauptgrund für die Versorgungsdefizite war die Zerstörung des Eisenbahnnetzes – auch die vorhandenen Materialien konnten nicht ausgeliefert werden. Wiederverwendung vorhandener Baumaterialien war daher die Regel. Nach 1915 wurde unter Bedingungen der Kriegswirtschaft Produktion und Verteilung von Metallen noch strenger kontrolliert, man gründete ein Komitee, das die Organisation der Metallversorgung zur Aufgabe hatte.[35] Bis August 1916 hatte das Komitee zwei Departemente: »Rasmeko« war verantwortlich für die Verteilung von im Land produzierten Metallen, »Metallosnabjenije« kontrollierte die Zuteilung von Importmaterial.[36] Der Metallimport wurde über das Russische Regierungs-Komitee in London abgewickelt. Im Russischen Staatlichen Historischen Archiv (St. Petersburg)[37] finden

---

35   Komitet po delam metallurgicheskoj promishlennosti [Komitee für Metallindustrie].
36   Nach 1916 wurden die Abteilungen zusammengelegt.
37   Russisches Staatliches Historisches Archiv (RGIA), f. 31.

sich Dokumente, die belegen, dass auch Stahl importiert wurde, die Mehrzahl der Bestellungen kam vom Artillerie-Stab, dem Zentraldepartement für Militärindustrie und dem Kommunikationsministerium (das für die Eisenbahn zuständig war), wie auch von Stahlproduzenten; die Rechnungen weisen aus, dass das Material mehrheitlich aus England bezogen wurde.[38] Ein Großteil des Stahls ging an Militär und Waffenfabriken, die Kontrolle über die Depots lag beim Staat.

Legierungen und Stempel
Die russische Stahlverarbeitung war im ersten Viertel des 20. Jahrhunderts auf dem technischen Niveau internationaler Wettbewerber und auch im Land gut verteilt, dennoch gab es starke regionale Traditionen, die eine Vereinheitlichung der Stücke und der Qualitäten eher verlangsamten. Die Stahlproduzenten des Südens (Ukraine) beispielsweise waren schnell in der Übernahme technischer Neuerungen und profitierten gerne von ausländischem Sachverstand, die Traditionalisten aus dem Ural hingegen hielten gerne an den bereits erprobten Methoden fest und schienen zufrieden mit den begrenzten Produktionskapazitäten. Seit Mitte der 1880er Jahre hatten Schutzzölle die internationale Konkurrenzfähigkeit und den Warenaustausch im Bereich metallurgischer Verfahren und Produkte verhindert, die Sicherheit eines abgeschotteten Marktes schien in der Folge ein großer Investitions-Anreiz für ausländische Geschäftsleute. Staatliche Politik stützte gezielt technische und Kapitalinvestments. Die Industrialisierung der Ukraine, in deren Territorium zwischen 1888 und 1900 vierzehn große Stahlwerke gebaut wurden, profitierte zudem vom Bau der »Catherine Eisenbahnlinie«, die die Krivoi-Rog-Eisenwerke mit Donets Kokerei schon 1884 verbunden hatte. Die Mehrzahl der neuen Industriewerke war assoziiert mit nicht-russischen Mutterbetrieben[39], viele davon aus Belgien und Frankreich, neue Verfahren wurden aus diesen Werken übernommen. Der sich sehr schnell neu entwickelnde Süden, die Ukraine, hatte bereits vor dem ersten Weltkrieg die Führungsrolle in der Stahl- und Eisenproduktion, im Jahr 1912 fand sich dort allerdings kaum eine Spur von Puddelöfen, Schmelzen oder der »Rennfeuer Prozesse«, diese tradierten Verfahren blieben das Privileg der historischen Kernländer der Eisenproduktion, besonders im Ural.

Die Ukraine besaß wiederum die neuen Thomas-Converter und die meisten Anlagen mit Bessemer-Verfahren. Sowohl in der Südregion wie im Ural fanden sich eine beträchtliche Zahl von Siemens-Martin-Öfen, aber auch in diesem Bereich war die Produktionskapazität der Ukraine am höchsten.[40] Der Süden hatte also zu Beginn des 20. Jahrhunderts bereits eine Führungsrolle in der Schwerindustrie, die Werke der traditionellen Industriegebiete im Ural wurden zu Spezialisten. Produktionsstempel der verschiedenen Werke geben folglich nicht nur Auskunft über die Einzelentscheidung

---

38 Ibid., Akten 164–169, 180–182, 207.
39 John McKay: Pioneers for Profit. Foreign entrepreneurship and Russian Industrialisation 1885–1913. Chicago 1970, S. 42.
40 Ippolit Glivitz, Zheleznaya promishlennost' Rossii [Eisenindustrie Russlands], St. Petersburg 1911.

4a Walzzeichen auf dem U-Profil   4b Rohr-Element

einer Materialbestellung für eine Baustelle und vergleichbare Stahlqualitäten, sondern auch Auskunft über die Materialflüsse der Flächenindustrialisierung Russlands.

Ergebnisse der Kurz-Survey und die Auswertung von Quellen

Die schräg-vertikalen Stabelemente des untersten Turmsegments sind Flachstähle als U-Profile Nr. 14, Niets verbinden die Profile. Die Stäbe sind gegenwärtig zum Teil mit Rost und Anstrichen bedeckt, es ist daher zunächst schwierig, anhand der Maße die Profil-Herkunft zu bestimmen, zumal die Differenz zwischen russischen und deutschen U-Profilen minimal war. Die Stempel an den Profilen des unteren Segments zeigen allerdings klar die Herkunft aus Oberschlesien, die Prägungen verweisen auf die Produktionsorte Marthahütte, Friedenshütte und Königshütte. (Abb. 4a und b) Den politischen Annektionen folgend weisen die Produktionsstatistiken des russischen Staats für das Jahr 1911 die in Ostpolen hergestellten Produktionsmengen als russische Produktion auf.[41] Der Beitrag der oberschlesischen Hüttenwerke zur Verbreitung der Stahlindustrie in Russland ist aber schon zuvor nicht zu unterschätzen, 1895 gründete ein Konsortium von Friedenshütte und einem deutsch-russischen Stahl- und Drahthersteller aus St. Petersburg den Kern der »Donets-Yur'evka Metallurgie-Gesellschaft«, sie wuchs zu einem der größten Stahlproduzenten in Russland heran. John Mc Kay zitiert in seinem »Pioneers of Profit« ein zeitgenössisches Dossier der Credit Lyonnais-Bank, nach dem die deutschen Ingenieure der Donets-Yur'evka Gruppe die bestqualifizierten Entwickler der Martin-Stahl-Produktion waren.[42]

Die am Turm zu beobachtenden Hohlprofile werfen in vieler Hinsicht Fragen auf: ein dünnwandiges Profil der entsprechenden Dimension erscheint ungeeignet

---

41 Siehe dazu GLIVITZ 1911 (wie Anm. 40) und Ippolit Glivitz: Potreblenie zheleza v Rossii [Eisenverbrauch Russlands], St. Petersburg 1913.
42 McKAY 1970 (wie Anm. 39), S. 127.

für Verbindungen mit Nietverfahren, ein massives Profil wäre zu schwer. Über die Archivzeichnung des 150-Meter-Turms (die auch Grigory Kovelman publiziert hat[43]), ist das Detail nicht zu klären. Ein Gussteil ist kaum denkbar – zumal ja bereits die Verfügbarkeit der Normprofile schwierig genug zu sichern war. Die Detailausbildung mit den röhrenförmigen Stegen zwischen den U-Profilen (Abb. 4a–c) verbessert offenbar die Steifigkeit des Bauteils. Hier liegt die Vermutung nahe, dass die Rohr-Stücke aus dem Bauhof-Sortiment der Firma Bary stammen könnten, die ja als Dampfkesselhersteller derartige Materialien für die Produktion brauchten. In den Reklamebroschüren der Firma von Alexander Bary wird im Jahr 1900 davon gesprochen, dass Produkte der amerikanischen »National Tube Works« jederzeit auf Lager seien. Zu Beginn des 20. Jahrhunderts war es also offenbar einfacher – und wohl auch preiswerter –, Stahlrohr-Hohlprofile zu importieren als sie in Russland selbst zu walzen oder zu ziehen[44], deshalb wurde die lokale Produktion durch staatliche Subvention unterstützt.

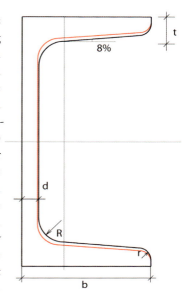

b=0.25h+25mm
d=0.025h+4mm for h<100mm
d=0.025h+3.5mm for h>100mm
2r=R=t=1.5d

b=0.25h+25mm
2r=R=t=1.5d

4c   Vergleich der deutschen und russischen Normalprofile

Die Profile an den oberen Turmsegmenten zeigen überraschenderweise eine andere Herkunft als die Teile an der Basis – am sechsten Segment finden sich Stempel der Russischen Firma »Providence«. Dr. Andrij Kutnyi von der Technischen Universität München ist der erste, der eine Verbindung zwischen Schuchovs Bauten und der Firma »Providence« festgestellt hat.[45] Providence wurde 1897 in der Provinz Ekaterinoslav gegründet, sie war ein Ableger der Forges de la Providence aus Marchienne-au-Pont in der Charleroi-Niederung – einer der größten belgischen Stahlproduzenten.[46] Die Firma war einer der beiden russischen Metallproduzenten, die Thomas-Stahl herstellen konnten (die zweite Firma war »Taganrog«, ebenfalls mit belgischen Wurzeln). Der Materialwechsel ist auch im Erhaltungszustand der Oberflächen offenbar. Der qualitativ an den Martin-Stahl nicht ganz heranreichende Thomas-Stahl wurde offenbar in den oberen Abschnitten eingesetzt: ein außerordent-

---

43 Grigory Kovelman: Tvorchestvo pochetnogo akademika injenera V.G: Schuchova [Das Werk des Ehrenmitglieds der Akademie der Wissenschaften und Ingenieurs V.G. Schuchov], Moskau 1961, S. 154.
44 Der erste Versuch der Herstellung von Rohrprofilen ist in den Metallischen Werken Vyksa in Nizhny Novgorod bereits in den 1860er Jahren bezeugt, zwischen 1876 und 1890 gründete der Belgier Georges Chaudoir drei Rohr-Werke, nach 1890 kamen Produkte nach den Patenten von Mannesmann auf den Markt.
45 Die Publikation von Dr. Kutnyi zu diesem Thema ist in Vorbereitung.
46 McKay 1970 (wie Anm. 39), S. 46.

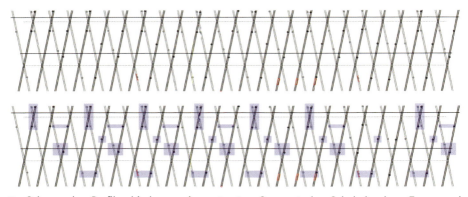

5 Schema der Profilverbindungen im untersten Segment des Schabolovskaya-Turms und Rekonstruktion der Struktur

lich bedeutendes Dokument der Industrialisierungsgeschichte Russlands und Beleg intelligenten Materialeinsatzes in den Zeiten der Ingenieur-Avantgarde.

Die Turmkonstruktionen Suchovs konnten auf Basis von Muster-Konstruktionsanleitungen aufgerichtet werden, entsprechende Beispiele etwa für Wassertürme wurden publiziert.[47] Die Schema-Vorgehensweise erklärte, wie die Position der horizontalen inneren Zug-Ringe in Bezug auf die Winkel der Schrägstäbe festzulegen sei, wie auch die Fixierung der Lage der inneren und äußeren Profilstäbe und ihrer Verlängerungen. So konnte die Folge der Arbeitsschritte gesteuert werden. Für den Schabolovskaya-Turm kennen wir kein Aufrichtungs-Schema. Beim Survey wurde daher versucht, die sichtbaren Verbindungen im unteren Turmsegment zu skizzieren und fotografisch zu dokumentieren, um mit diesen Beobachtungen die Rekonstruktion eines Aufbau-Schema zu versuchen: es zeigt sich ein regelmäßiges Muster, das die Konstruktionsfolge plausibel erklärt. (Abb. 5) Wir nehmen an, dass zuerst durch acht Schrägstützenpaare eine Basis hergestellt wurde, nach der provisorischen Fixierung jener Stäbe weitere sechzehn Profile hinzukamen. Wahrscheinlich begann der Zusammenbau von den kurzen Teilen der Doppelfüße aus, so konnten die Neigungswinkel besser an einem kürzeren Teil mit geringer Durchbiegung fixiert werden. Am Bau ist zu beobachten, dass die Regelmäßigkeit der Struktur an zwei Stellen gestört ist: In diesem Bereich befinden sich an drei Stützenpaaren Verstärkungen durch Eisenplatten. Möglicherweise sind Verformungen und Verstärkungen Zeugnisse der Reparaturarbeiten nach dem bekannten Unfall bei der Errichtung des Turms.

Fotografien, die bei jüngsten Archivrecherchen[48] aufgefunden wurden, zeigen, dass offenbar beim Schabolovskaya-Turm alle Segmente zeitgleich auf dem Boden innerhalb des schon konstruierten unteren Teils zusammengefügt worden waren und

---

47 Dazu bereits Abb. 221 in: GRAEFE/GAPPOEV/PERTSCHI 1990 (wie Anm. 14) und Grigory Kovelman: Tvorchestvo pochetnogo akademika injenera V.G: Schuchova [Das Werk des Ehrenmitglieds der Akademie der Wissenschaften und Ingenieurs V.G. Schuchov], Moskau 1961, S. 138.
48 Zentral-Museum für Kommunikation (St. Petersburg), 4-2-250-1.

dann nach oben gezogen wurden – im Gegensatz zum späteren NiGRES-Turm, dessen Aufbauprozess ebenfalls durch Fotografien dokumentiert ist.[49] Beim Moskauer Turm stehen alle Teile eng auf dem Boden ineinander – ganz wie bei einer russischen Puppe. (Abb. 6) Ein Nachteil dieser Lösung war (neben dem Konstruieren auf beengtem Raum), dass beim Unfall im Jahr 1921 die bereits fertiggestellten Teilstücke auf dem Boden durch den Absturz des Segments beschädigt wurden, der zeitgleiche Aufbau erlaubte aber vielleicht die Installation eines guten Messnetzes im Innern und eine gute geometrische Kontrolle der einzelnen Segmente.

Das Studium des Konstruktionsprozesses zeigt eine fast paradoxe Situation – einerseits ein kühnes Experiment, was Fügung der Teile und Logik des Bauprozesses betrifft, andererseits hinsichtlich der Materialknappheit jener Jahre ein fast unsinnig emblematisches Unternehmen, das fragen lässt, ob die funktionalen Erfordernisse nicht hätten einfacher und mit weniger Mitteln[50] erfüllt werden können. Es ist auch fraglich, ob für die Sendefunktion unbedingt die Bauhöhe von 150 m notwendig ist.

Der Turm diente dem Sendebetrieb der internationalen Radiostation, die Verbindungen nach Paris, Lyon und Coltano[51] betrieb – ein technisch ebenfalls ambitioniertes Programm, das durchaus nach einem besonderen Standort verlangte: wir wissen aus den Akten des Wirtschaftsarchivs, dass der erhöht im Zentrum der Stadt liegende Moskauer Kreml als möglicher Bauplatz untersucht worden war.[52] Der Ingenieurbericht dazu vom 15. Juni 1919 diskutiert mögliche Standorte zweier hölzerner Mastkonstruktionen von 100 und von 60–75 Metern Höhe und folgert, dass die notwendigen Abspannanker nicht untergebracht werden könnten. Offenbar wurden Standortalternativen zunächst für konventionelle Maststrukturen untersucht. Eine ambitionierte Konstruktion wie der realisierte Turm hätte sicherlich aus der Sicht der Staatsführung ebenfalls im symbolischen Zentrum des neuen Staats, dem Kreml, stehen müssen; vielleicht stellten sich hier aber neben Gründungsproblemen auch Fragen von Störungen durch die vorhandenen Metalldächer.

Die für den Kreml zunächst diskutierte Konstruktion für einen Sendemast war eine – gemessen am realisierten Schabolovskaya-Turm – erheblich leichtere und durchaus erprobte Konstruktion für Radioantennen. Die Masten konnten erhebliche Höhen erreichen, die Großfunkstelle in Nauen[53] beispielsweise sendete 1911 von einem 200 Meter hohen Mast. Vermutlich lagen Patentrechte für die Maste mit Abspannkonstruktionen bei der Dortmunder Stahlbaufirma Jucho[54]; die Elektrifizierung der Territorien, die ebenfalls eine große Zahl von Stahlmast-Entwicklungen erforderte, war im Westen bereits weiter vorangetrieben. Im Vergleich zu den Mast- und Turm-

---

49 Beim NiGRES-Turm wurden die Segmente nacheinander zusammengefügt und nach oben gezogen, dazu siehe Abb. 192–197 in: GRAEFE/GAPPOEV/PERTSCHI 1990 (wie Anm. 14).
50 Einfache Gittermastkonstruktionen oder sogar Holzkonstruktionen wären ebenfalls möglich gewesen.
51 Russisches Staatsarchiv für Wirtschaft (RGAE), 3527-9-216, S. 9.
52 Russisches Staatsarchiv für Wirtschaft (RGAE), 3527-9-216, S. 10.
53 Allerdings schon 1912 durch einen Sturm beschädigt. Siehe auch die erhaltene Anlage in Königs Wusterhausen mit 210 Meter.
54 Siehe z.B. P. Sturzenegger: Maste und Türme in Stahl, Berlin, 1929, S. 10.

6   Die sechs Turmsegmente stehen ineinander, Foto vermutlich von 1921. Zentral-Museum für Kommunikation (St.-Petersburg), 4-2-250-1 (Erstpublikation)

konstruktionen Suchovs waren die hohen Stahlmaste mit Ankerkonstruktionen zwar weitaus leichter, sie erforderten aber vergleichsweise komplexe Gussteile für die Konstruktion der Basis, eine aufwendige Gründung und auch eine sehr gute Qualität von Stahlseilen. Die Suchov-Türme brauchten mehr Material, konnten aber aus vergleichsweise einfachen Qualitäten und konventionellen Profilen errichtet werden.

Radiotechnik und der Einsatz »Symbolischer Form«

Zum Zeitpunkt der Turmkonstruktion in Moskau war die Radiotechnik in stürmischer Entwicklung (und auf dem Weg zu einem Massenmedium). Viele physikalische Fragen waren noch ungeklärt, der Wettbewerb unter den Firmen der Elektroindustrie blühte. In den Labors studierte man den Radio-Effekt, mehrere Übertragungssysteme wurden gleichzeitig weiterentwickelt, die politische Bedeutung der neuen Technologien war enorm.[55] In diesem Umfeld entwickelten sich auch die technischen Anlagen des Schabolovskaya-Turms. Zum Zeitpunkt seiner Errichtung übermittelte der Turm Morsezeichen. Die tägliche Übertragungskapazität lag zunächst bei etwa 3500 Worten, im Januar 1922 übertrug man zum Beispiel 3915 Worte pro Tag, im Februar 4670 Worte, im März 3467 Worte, im April 1691 Worte.[56]

Im Januar 1919 waren elektrotechnische Unternehmen verstaatlicht worden. Der neu gebildete »Electrotrust« war im Staatseigentum und verfügte über drei Bereiche: Starkstrom, Schwachstrom und Kabelproduktion. Die Archive des Elektrotrust sind nur teilweise erhalten und es ist nicht leicht, die Strukturen der Organisation zu verstehen, es scheint aber doch durch Akten belegt, dass ein Departement mit der Bezeichnung »GORZ«[57] existierte, dessen Auftrag die Steuerung der Rundfunkbetriebe war. Kopf dieser Abteilung war Semen Aisenstein, Gründer der ebenfalls verstaatlichen »ROBTiT«.[58] Aisenstein nahm am 7. Juni 1919 an einem Treffen der Elektro-Ingenieurgesellschaft teil, bei dem der Aufbau der internationalen Radiostation diskutiert wurde, er verfasste einen Bericht über allgemeine technische Anforderungen für die Konstruktion von Radiotürmen mit internationalen Sende- und Empfangsaufgaben.[59] Drei Varianten wurden erörtert:

- ein Verbund von sechs Türmen, zwei davon mit der Höhe von 250 Metern, vier Türme mit 200 Metern; sie sollten die 24-Stunden Verbindung Moskau – Krasnoyarsk mit einer Übermittlungskapazität von 20 000 Worten pro Tag sowie eine 16-Stunden-Verbindung Moskau – Vladivostok und Moskau – New York mit täglich 5000 Worten sicherstellen.
- ein Verbund von zwei 200-Meter-Metallmasten und acht 150-Meter Masten aus Holz und Metall, die die 24-Stunden-Verbindung Moskau – Krasnoyarsk mit der Sendekapazität von täglich 12 000 Worten und eine 16-Stunden-Verbindung zwischen Moskau – Vladivostok sowie Moskau – New York mit 3000 Worten pro Tag ermöglicht hätten.

---

55 Frühe Versuchsanordnungen sind von russischen Ingenieuren bekannt (Alexander Popow in St. Petersburg in den 1890er Jahren), Telegrafie-Verbindungen über den Atlantik gelangen kurz nach der Jahrhundertwende.
56 Zentral-Museum für Kommunikation (St.-Petersburg), 4-1-308.
57 GORZ–Gosudarstvennie Objedinennie Radiotelegrafnie Zavodi [Staatliche Fusionierte Radio Telegrafische Werke].
58 ROBTiT–Russkoe Obchestvo Bezprovolochnogo Telegrafa i Telefona [Russische Gesellschaft der drahtlosen Telegrafie und Telefonie].
59 Russisches Staatsarchiv für Wirtschaft (RGAE), 3527-9-196, S. 39.

- ein Verbund von drei 350 Meter hohen Masten (oder zwei Masten mit 350 Metern und zweien mit der Höhe von 275 Metern); sie hätten wiederum die 24-Stunden Verbindung Moskau – Krasnoyarsk mit 30 000 Worten täglich gesichert, Moskau – Vladivostok und Moskau – New York mit 10 000 Worten pro Tag.

Der Bericht belegt die Relation von Masthöhe und der Sendekapazität – jedenfalls für die damals genutzte Übermittlungstechnik, den Poulsen-Transmitter.[60]

Während der Bauzeit des Schabolovskaya Turms wurde das Sendenetz bereits provisorisch über 150-Meter-Holzmasten, die in der Nähe des Bauplatzes errichtet wurden, aufgenommen. Ein Test-Sendebetrieb wurde zwischen dem 24. März und dem 3. Juni 1920 durchgeführt –Verbindungen zu Paris, Berlin, Archangelsk und San-Paolo konnten hergestellt werden. Die Radiostation galt bereits zur Zeit der temporären Masten als die kraftvollste Sendezentrale im gesamten Russland.[61] Während der Bauzeit des Stahl-Turms blieb sie über zwei Jahre hinweg in Betrieb, zum Zeitpunkt der Installation des Transmitters auf dem Schabolovskaya-Turm am 19. März 1922 war allerdings ironischerweise die technische Führerschaft im Sendebetrieb bereits verloren: Die Khodinskaya Radio Station war jetzt schon der leistungsstärkere Sendeturm. Inwieweit die Verwendung von Metall für die Turmkonstruktion möglicherweise die elektrischen Felder der Antennen und Transmitter störten, wurde bereits zur Bauzeit des Turms diskutiert. Versuche dazu fanden unter Vladimir Tatarinov im Radio Laboratorium in Nizhny Novgorod[62] statt, wo sich auch überraschenderweise Bilddokumente dazu erhalten haben.[63] (Abb. 7)

Die Auswertung der Archivquellen ergänzt also die Baubeobachtung – nur in der Kombination beider Methoden können Befunde am Objekt interpretiert werden, reine Vermessung oder das Studium der erhaltenen Pläne sind nicht ausreichend. Das Ziel möglicher maßgenauer Erfassung der erhaltenen Strukturen kann nicht nur das Dokumentieren sein (wiewohl selbstverständlich aus konservatorischer Sicht eine Grundlage für allfällige Reparaturen und Instandsetzungsarbeiten unverzichtbar ist), notwendig ist das Verständnis der Wechselwirkungen und Abhängigkeiten von Entwurf, Zwängen der Baustelle, technischen Realisationsmöglichkeiten, Theoriebildung und Umsetzung in die Praxis. Schon die sehr kurze Bauuntersuchung ergibt auf der Basis des Studiums der konstruktiven Kontexte – Industrialisierung, Materialproduktion, Ausbildung und fachlichem Austausch der Akteure, internationalen Wissens-Netzwerken – ein differenziertes Bild der Leistungen und Entscheidungen am Ort. Die konstruktionsgeschichtliche Würdigung kann ebenfalls differenziert werden: der Turm ist kein Beispiel ressourcensparenden Leichtbaus, sondern intelligent-pragmatische Lösung in einer Zeit des Mangels, nicht zuletzt aber auch Fortschrittsmetapher, bewusst eingesetzte symbolische Form.

---

60 Der nach dem dänischen Ingenieur Valdemar Poulsen benannte Bogen-Frequenzwandler, der Strom in Radiowellen umwandelt.
61 Russisches Staatsarchiv für Wirtschaft (RGAE), 3527-9-270, S. 108–111.
62 Das Radio Laboratorium in Nizhny Novgorod wurde 1918 gegründet.
63 Zentral-Museum für Kommunikation (St.-Petersburg), 4-2-2730.

7 Das Modell des Turms im Nizhny Novgorod Radio Laboratorium, Zentral Museum für Kommunikation (St.-Petersburg), 4-2-2730 (Erstpublikation)

Bildnachweis

1, 3, 4a, b: Foto: E. Nozhova, 2012. – 2: aus SCHUCHOV/KANDEEV/KOTLIAR 1934 (wie Anm. 29), S. 255 und S. 244. – 4c, 5: Zeichnung: E. Nozhova. – 6, 7: Foto: Zentral-Museum für Kommunikation (St.-Petersburg), 4-2-250-1 (vermutlich 1921) und 4-2-2730.

Direktiven für die Direktion?

Das unterschätzte Untergeschoss der Neuen Nationalgalerie von Ludwig Mies van der Rohe

Britta Bommert

Die Neue Nationalgalerie in Berlin, die Ludwig Mies van der Rohe 1965–68 als einziges Gebäude in Deutschland nach seiner Emigration in die Vereinigten Staaten im Jahre 1938 errichtet hat, soll saniert werden. Im März 2012 wurde das britische Büro David Chipperfield Architects mit der Planung dieser Aufgabe betraut. Neben der Grundinstandsetzung von Bausubstanz und Technik stellt sich aufgrund gewandelter Anforderungen im heutigen Museumsalltag die Frage nach einer möglichen Umnutzung einzelner Räume. So ist die künftige Belegung des Verwaltungs- und Direktionstrakts, der derzeit in einzelnen Bereichen nicht entsprechend seiner ursprünglichen Bestimmung genutzt wird, zu diskutieren. Vor dem Hintergrund einer möglichen Umwidmung gilt es jedoch vorab zu klären, welche Bedeutung Mies diesem Bereich innerhalb des Gesamtensembles beigemessen hat.

Dem folgenden Beitrag liegt die These zugrunde, dass Mies im Museumsgeschoss der Neuen Nationalgalerie seinen offenen, fließenden Grundriss thematisiert, den er in den 1920er Jahren entwickelt hat. Diesen führt er bis in den Vorraum des Verwaltungs- und Direktionsbereichs fort und zitiert im angegliederten Direktorenzimmer und Konferenzraum charakteristische Elemente dieser spezifischen Raumgestaltung. Es wird aufgezeigt, dass der Architekt den Vorraum als öffentlichen Bereich konzipiert hat und der Verwaltungs- und Direktionsbereich somit nicht als ein in sich geschlossener, von dem Ausstellungsbereich zu trennender Bautrakt zu verstehen ist, sondern in unmittelbarem Zusammenhang mit diesem gesehen werden muss.[1]

---

[1] Die Erarbeitung dieses Beitrags wurde dankenswerter Weise ermöglicht durch das Bundesamt für Bauwesen und Raumordnung Berlin, das mir das denkmalpflegerische Gutachten zur Verfügung stellte, welches das Büro adb anlässlich der Sanierung der Neuen Nationalgalerie erarbeitet hat. Ebenso wurde mir hier ein Einblick in Kopien zu den projektbezogenen Korrespondenzen aus dem Mies van der Rohe Archiv im Museum of Modern Art in New York (Projekt Nr. 6204: Neue Nationalgalerie Berlin, 1963–68) gewährt. Diese werden im Folgenden mit MoMA unter Angabe des Folders entsprechend der Bezeichnung im Archiv gekennzeichnet. Die Architekturabteilung der Kunstbibliothek der Staatlichen Museen zu Berlin eröffnete mir den Zugang zu den Ausführungsplänen zur Neuen Nationalgalerie aus den Jahren 1965–68 (Inv.-Nr. 1980.136) und zur Projekt-Präsentationsmappe Ludwig Mies van der Rohes, die aufgrund eines beiliegenden Schreibens der Redaktion der Zeitschrift »Bauwelt« an Werner Düttmann vor den 20. Juni 1963 zu datieren ist. Das Institut für Museumsforschung der Staatlichen Museen zu Berlin gestattete mir die Einsicht in ihre Diasammlung zur Neuen Nationalgalerie aus dem Besitz des ehemaligen Generaldirektors der Staatlichen Museen zu Berlin Stephan Waetzold. Das Kunstgewerbemuseum Berlin händigte mir die unveröffentlichte Diplomarbeit von Jochen Bartscht aus dem Jahr 2005 aus, die ein Restaurierungskonzept zu der Ausstattung aus Holz in der Neuen Nationalgalerie beinhaltet

1   Neue Nationalgalerie Berlin, Skulpturengarten mit Öffnung zum Podium, 1967

Ludwig Mies van der Rohe wurde 1961 von dem damaligen Bausenator des Landes Berlin Rolf Schwedler und seinem Senatsbaudirektor Werner Düttmann gebeten, ein Bauwerk in Berlin zu errichten – der Stadt, in der Mies seine ersten Erfahrungen als Architekt bei Bruno Paul und Peter Behrens sammelte und ab 1921 sein eigenes Büro ›Am Karlsbad‹ betrieb. Hier artikulierte er seine ersten wegweisenden Schriften und zeichnerischen Architekturvisionen, plante bahnbrechende Bauprojekte wie die Stuttgarter Weißenhofsiedlung, den Barcelona Pavillon oder das Haus Tugendhat in Brünn und leitete das Bauhaus bis zu seiner Schließung. Bis 1938 lebte Mies in Berlin, bevor er von hier aus in die Vereinigten Staaten emigrierte. Der Bau der Neuen Nationalgalerie war Ausdruck eines politischen Willens. Fritz Neumeyer spricht von einem beispiellosen Akt der geistigen Wiedergutmachung durch die öffentliche Hand.[2] Mies wählte aus drei verschiedenen projektierten Vorhaben den Museumsbau am zu errichtenden Kulturforum, der zunächst nur die Galerie des 20. Jahrhunderts

(Jochen Bartscht: Die Ausstattung der Neuen Nationalgalerie von Ludwig Mies van der Rohe. Bestandserfassung, Untersuchung und Entwicklung eines Konservierungs- und Restaurierungskonzepts. Unveröffentlichte Diplomarbeit in der Studienrichtung Konservierung und Restaurierung von Objekten aus Holz an der Fachhochschule Potsdam, Fachbereich Architektur und Städtebau, Studiengang Restaurierung, Potsdam 2005).

2   Fritz Neumeyer: Der Spätheimkehrer: Mies van der Rohes Neue Nationalgalerie in Berlin, in: Paul Kahlfeldt und Andres Lepik (Hg.): Neue Nationalgalerie Berlin. Dreißig Jahre, Berlin 1998, S. 27.

Direktiven für die Direktion?

des Landes Berlin, dann aber auch die Bestände der Nationalgalerie der Staatlichen Museen Preußischer Kulturbesitz beherbergen sollte.

Der Bau der Neuen Nationalgalerie basiert auf zwei unrealisierten Entwürfen Mies van der Rohes. Sowohl für das Verwaltungsgebäude Ron Bacardi in Santiago auf Cuba (1957–60) als auch für das Georg-Schäfer-Museum in Schweinfurt (1960–63) plante er einen über einem Sockelgeschoss vollständig verglasten, quadratischen Raum mit auskragendem Dach, das auf jeweils zwei Stützen je Seite ruht. Ebenso erhebt sich bei der Neuen Nationalgalerie die 8,40 m hohe Ausstellungshalle aus Stahl mit raumbegrenzender Glasfassade über einem geschlossenen Sockelgeschoss aus Naturwerkstein. In diesem ist das niedrigere, vier Meter hohe Museumsgeschoss für die Sammlungen des 20. Jahrhunderts mit anschließendem Skulpturengarten beherbergt. (Abb. 1)

Die herausragende Bedeutung der Ausstellungshalle in seiner Umsetzung als frei überspannter, eingeschossiger, offener Universalraum[3] und die Beziehung der tempelartigen Gesamtanlage zum Schinkelschen Klassizismus in Berlin[4] sind in der Literatur unbestritten. Das Museumsgeschoss, das über zwei symmetrisch angeordneten Treppenanlagen in der Ausstellungshalle erschlossen wird und neben verschiedenen Ausstellungsräumen eine Treppenhalle, die Cafeteria, Besuchertoiletten, den Verwaltungs- und Direktionsbereich sowie die Technik- und die Depoträume beherbergt, findet hingegen wenig Beachtung in Hinblick auf die Gesamtaussage der Neuen Nationalgalerie. Lediglich der Skulpturengarten, der im Westen an die Ausstellungsräume angegliedert ist, sich nach oben hin öffnet und vom Podium der Ausstellungshalle aus einzusehen ist, wird als ein weiteres entscheidendes Element der Anlage herausgestellt.[5]

---

3 Rolf D. Weisse: Mies van der Rohe. Vision und Realität. Von der Concert Hall zur Neuen Nationalgalerie, Potsdam 2001, S. 44–49. – Peter Carter: Mies van der Rohe at work, London 1999, S. 94–99. – David Spaeth: Mies van der Rohe. Der Architekt der technischen Perfektion, Stuttgart 1968, S. 152.

4 Mies van der Rohe selbst stellte bereits in seiner Projekt-Präsentationsmappe zur Neuen Nationalgalerie von 1963 einleitend heraus: »Diese Lösung erlaubte einen klaren und strengen Bau, von dem ich glaube, dass er im Einklang mit der Schinkelschen Tradition Berlins steht.« Entgegen der damals gängigen Auffassung, das Werk Mies van der Rohes verkörpere den Neoplastizismus und wende sich gegen den Klassizismus, zeigte Fritz Neumeyer den Bezug des Werks Mies van der Rohes zum Klassizismus und zur klassischen Architektur auf: Fritz Neumeyer: Mies van der Rohe. Das kunstlose Wort. Gedanken zur Baukunst, Berlin 1986, für die Neue Nationalgalerie im Speziellen: NEUMEYER 1998 (wie Anm. 2), S. 27–36. – Vgl. auch Artur Gärtner: Von der elementaren Gestaltung zur Konstruktion, in: Paul Kahlfeldt, Michele Caja, Artur Gärtner, Fritz Neumeyer: Ludwig Mies van der Rohe, Berlin 2007, S. 90–91. – SPAETH 1968 (wie Anm. 3), S. 152. – Franz Schulze: A Critical Biography, Chicago/London 1985, S. 311. – Wolf Tegethoff: Die neue Nationalgalerie im Werk Mies van der Rohes und im Kontext der Berliner Museumsarchitektur, in: Berlins Museen. Geschichte und Zukunft, München, Berlin 1994, S. 281–292. – Joachim Jäger: Neue Nationalgalerie Berlin. Mies van der Rohe, Ostfildern 2011, S. 51–52. – Zum Schinkelbezug in zeitgenössischen Besprechungen: Gerwin Zohlen: Anachronismen leben länger. Erkundungen zur zeitgenössischen Mies-Rezeption, in: KAHLFELDT/LEPIK 1998 (wie Anm. 2), S. 40–42.

5 Monografien zur Neuen Nationalgalerie thematisieren das Museumsgeschoss, allerdings zumeist in einem unausgeglichenen Verhältnis zur Ausstellungshalle. Für den Ausstellungsbereich wird die freie Raumuntergliederung durch die flexibel anzuordnenden Trennwände herausgestellt. Der Verwaltungs- und Direktorenbereich findet in der Regel keine Erwähnung. Joachim Jäger (wie

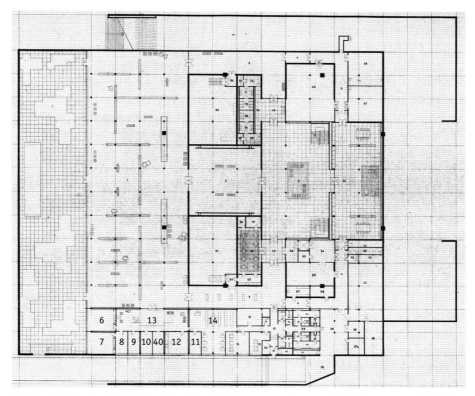

2 Neue Nationalgalerie Berlin, Grundriss des Museumsgeschosses, »6 Konferenzraum, 7 Direktor, 8 Sekretärin, 9 Oberkustos, 10 Assistent, 11 Kustos, 12 Restauration Graphik, 13 Büro Vorraum, 14 Bibliothek, [...], 40 Assistent« (zit. aus der Planlegende)

Im Museumsgeschoss dient die rechteckige Treppenhalle der Erschließung des Ausstellungsbereichs für die ständige Sammlungspräsentation des Hauses. Von ihr aus öffnen sich die Zugänge gleicher Gestaltung zu den verschiedenen Ausstellungsräumen. (Abb. 2) Auf der einen Seite der Treppenhalle, in Richtung Osten, befindet sich der Eingang zum Grafischen Kabinett. Auf der anderen Seite führen drei Zugänge zu drei axialsymmetrisch angeordneten Ausstellungsräumen, die wiederum der Erschließung des großen Ausstellungsraums mit vorgelagertem Skulpturengarten im

---

Anm. 4). – Maritz Vandenberg: Ludwig Mies van der Rohe. New National Gallery, Berlin 1962–8, in: Twentieth-Century Museums I, London 1999, o. S. – Sonja Hildebrand: Entwurf und Bau der Neuen Nationalgalerie, in: Gabriele Wachter (Hg.): Mies van der Rohes Neue Nationalgalerie in Berlin, Berlin 1995, S. 24. Sonja Hildebrand benennt hierin explizit die »formal sekundäre Rolle« des Untergeschosses gegenüber der Ausstellungshalle. »Kelleratmosphäre« oder »Bilderkatakombe« sind umschreibende Betitelungen für das Museumsgeschoss in einigen Kritiken ab 1968, s. Renate Pauli: Die Nationalgalerie als Ort des Kunstvergnügens, in: WACHTER 1995 (wie Anm. 5), S. 80. Die Aufsatzsammlung zum dreißigjährigen Jubiläum der Neuen Nationalgalerie beinhaltet keine Auseinandersetzung mit dem Museumsgeschoss, KAHLFELDT/LEPIK 1998 (wie Anm. 2).

Direktiven für die Direktion?

Westen dienen. Während die beiden äußeren der drei Ausstellungsräume L-förmig ausgebildet und somit gangartigen Charakters sind – entsprechend vom Architekten auch als »Museumsgang« ausgewiesen – zeigt der zentrale Raum einen quadratischen Grundriss. Diesen benannte Mies in Anlehnung an den anschließenden »Großen« als »Kleinen Raum« des Ausstellungsbereichs. Der Zugang zum »Kleinen Raum« ist in der Mitte der Langseite von der Treppenhalle angeordnet und erfolgt direkt, während sich die beiden Zugänge zu den sogenannten Museumsgängen seitlich an den Schmalseiten der Treppenhalle befinden und über einen Vorraum führen. Aufgrund der Anordnung der Zugänge, der Raumfolgen und der Raumstruktur liegt eine Hierarchisierung in der Bedeutung der den großen Ausstellungsraum erschließenden Ausstellungsräume vor. Der kleine, quadratische Ausstellungsraum ist demnach als Auftakt zu der Sammlungspräsentation in dem großen Ausstellungsraum zu bewerten.

Der einleitende, kleine Ausstellungsraum ist als ununtergliederter, quadratischer, gut zu überschauender Raum konzipiert. Zur Präsentation von Gemälden sind in diesem Raum seitlich zwei gemauerte Vorwände vorgesehen. Hingegen wird der anschließende, querrechteckige Ausstellungsraum bis auf zwei, rechts und links des Eingangs fest installierte Wände zur Ummantelung zweier, die Dachlast tragender Stützen von flexiblen Trennwänden untergliedert. Diese raumhohen Trennwände können innerhalb des Achsrasters der Stahlbetonstützen und des Rasters der abgehangenen, kassettierten Decke frei angeordnet werden.[6] Sie unterteilen den Raum in einzelne Segmente, die zueinander offen sind und fließend ineinandergreifen. Diese offene, fließende Raumstruktur ist für den Besucher nicht zu überblicken. Sie muss in der Bewegung nacheinander erschlossen werden. Die gegenüber der Ausstellungshalle deutlich niedrigere Deckenhöhe garantiert dabei Proportionen der einzelnen Segmente, die dem menschlichen Maßstab angenähert sind. Dem verweilenden Aufenthalt zum Betrachten der Kunstwerke dienen nebeneinander gereihte Barcelona-Sessel, -Bänke und -Hocker mit den dazugehörigen Tischen. Diese labyrinthisch abzuschreitende Raumfolge gipfelt in dem Außen des Skulpturengartens, auf das vereinzelte Topfpflanzen im Raum bereits verweisen.[7] Zum Skulpturengarten ist der Ausstellungsraum in ganzer Breite und Höhe über eine Klarglaswand wenn auch nicht materiell, so aber visuell geöffnet. Drei Zugänge, einer mittig, die anderen beiden am jeweils äußeren Ende der Glaswand, ermöglichen den Zutritt.

Die Trennwände selbst sowie die raumumfassenden Wände erheben sich, abgesetzt durch eine Schattenfuge, über einer Sockelleiste und erstrecken sich bis auf

---

6 Vgl. Ausführungsplan A 36 »Hängewände im U. G. mit Details«, Bemerkungen zum Grundriss des »Großen Raums«: »1. Hängewände dürfen nur in den Säulenachsen aufgestellt werden. 2. Die Länge der Wände ist von den Deckenplatten abhängig. Angeschnittene Platten dürfen keinesfalls auftreten.«

7 Der Projekt-Präsentationsmappe Ludwig Mies van der Rohes von 1963 liegen drei Innenraumaufnahmen von dem Erweiterungsbau des Houston Museum of Fine Arts bei, der 1958 nach den Plänen Ludwig Mies van der Rohes erbaut wurde. Mies van der Rohe fügte diese Fotografien als Anregungen zu einer möglichen Präsentationsform von modernen Gemälden und Skulpturen bei. Diesen Fotografien ist zu entnehmen, dass hier die Integration von Topfpflanzen im Museumsraum umgesetzt wurde.

3   Neue Nationalgalerie Berlin, Museumsgeschoss mit Glasfassade zum Skulpturengarten, 1968

eine abschließende Schattenfuge über die gesamte Raumhöhe. Dabei ist eine Leiste zur Hängung der Gemälde in die obere Schattenfuge integriert. Augenscheinlich demonstrieren die Schattenfugen, dass es sich bei den Wänden um nicht tragende Architekturelemente handelt. Das fluchtende Raster der kassettierten Decke, das über den Wänden fortläuft, unterstützt diesen Eindruck eingestellter Flächen. (Abb. 3) Seitlich wird das Wandelement deutlich von seinem Trägerkern abgehoben, indem die Wandflächen der mobilen Trennwände nicht bis zur Kante fortgeführt werden. In der Folge bildet sich eine vertikale Schattenfuge im inneren Winkel, werden zwei Trennwände senkrecht zueinander aufgestellt. Diese zeigt wiederum auf, dass die Wände frei zueinander positioniert sind.

Die Beleuchtung des Raumes erfolgt über Wallwasher zur vertikalen Beleuchtung von Wandflächen, über Downlights für die Allgemeinbeleuchtung sowie über Spotlights zur Ausleuchtung von Einzelobjekten. Architektenseits waren anfänglich ausschließlich flächenbündig installierte Wallwasher als Beleuchtung im Museumsgeschoss vorgesehen. Diese, in Abhängigkeit zu den Ausstellungswänden eingesetzt, führen zu einer beabsichtigten Inszenierung der Wände. So führte Gene Summers, bis 1965 verantwortlicher Projektleiter im Büro Ludwig Mies van der Rohes, 1964 in einer Besprechung unter persönlicher Teilnahme von Mies zum Thema »Beleuchtung des Museums« aus, »daß man im Sockelgeschoß keine Allgemeinbeleuchtung wünsche, sondern lediglich eine Beleuchtung der vertikalen Ausstellungsflächen. Durch diese

Art der Beleuchtung wird eine etwas dramatische Atmosphäre erzielt, bei der sich die Ausstellungswände sehr deutlich abheben und dominierend wirken.«[8] Dieses Beleuchtungskonzept hatte Mies bereits 1963 bei seinem Vorentwurf vorgesehen und in seiner damaligen Präsentationsmappe zur Neuen Nationalgalerie artikuliert: »Sie [die im Grundriss gegebenen Wände] werden von Deckenleuchten angestrahlt, die entlang den Wänden angeordnet sind.«[9]

Um befürchteten »Blendungserscheinungen« entgegenzuwirken, einigte man sich noch in derselben Besprechung auf eine zusätzliche Allgemeinbeleuchtung in Form von Downlights in der Größenordnung von 150 Lx horizontal, die deckenbündig im Anordnungsraster der Stützen und der Anemostate zu installieren seien.[10] Ihre Beleuchtung sollte den starken Lichtkontrast mildern und mögliche Blendungen vermeiden. Wie wichtig Mies die Umsetzung seines Beleuchtungskonzepts und somit die lichtinszenierte Betonung der Ausstellungswände war, belegen die Konsequenzen, die er aufgrund der Bemusterungen des angedachten Leuchtsystems einzufordern bereit war.

Im Juli 1966 wurde eine erste und im folgenden Oktober eine zweite Probebeleuchtung anhand eines 1:1 Modells vorgenommen. Ziel der protokollierten Korrekturwünsche der Anwesenden, darunter Mies, sein Mitarbeiter und Enkel Dirk Lohan, der damalige Generaldirektor der Staatlichen Museen Stephan Waetzold und der erste Direktor der Neuen Nationalgalerie Werner Haftmann, war eine flächendeckende »Gleichmäßigkeit der Vertikalbeleuchtung« durch die Wallwasher.[11] Darüber hinaus bemängelten Stephan Waetzold und Werner Haftmann insbesondere die Schatten, die durch das vertikal ausgerichtete Licht von den Bilderrahmen auf die Gemälde geworfen wurden. »Besonders störte die Herren der Rahmenschatten auf dem Bild, der die Bildfläche optisch verkleinert.«[12] Die Alternative, eine Lichtdecke mit Leuchtstofflampen zur Unterbindung dieser Rahmenschatten in Betracht zu ziehen, wurde von Seiten des Architekten und des Lichtplaners zurückgewiesen.

---

8   Folder 17, MoMA, Aktennotiz der Firma Interlumen, Köln, zur Besprechung vom 30.9. und 1.10.1964 zum Thema »Beleuchtung des Museums«, unter Teilnahme unter anderen von Ludwig Mies van der Rohe, Gene Summers, Werner Düttmann und von der Firma Interlumen Herr von Malotki, S. 2. Vgl. auch folgende Notiz in selbigem Protokoll: »Es war die Absicht des Architekten im Museumsgeschoß lediglich mit den Beleuchtungsbrücken vertikale Flächen anzustrahlen und auf jede allgemeine Beleuchtung (horizontal) zu verzichten.«
9   MIES VAN DER ROHE 1963 (wie Anm. 1), o.S.
10 Folder 17, MoMA, Aktennotiz der Firma Interlumen, Köln, zur Besprechung vom 30.9. und 1.10.1964 zum Thema »Beleuchtung des Museums« (wie Anm. 8). Frei untergehängte Spotlights wurden nicht geduldet, s. Folder 14, MoMA, Protokoll zur Besprechung am 9., 10. und 11. November 1965 in Chicago, datiert 15. November 1965, unter Teilnahme unter anderen von Ludwig Mies van der Rohe, Gene Summers, Dirk Lohan, Stephan Waetzold und von der Firma Interlumen Herr von Malotki.
11 Folder 11, MoMA, Vermerk »Betr.: Neue Nationalgalerie Berlin, Bau eines Modells 1:1, Probeleuchtung am 5. und 6. Oktober 1966.« unter Anwesenheit unter anderen von Ludwig Mies van der Rohe, Dirk Lohan, Stephan Waetzold, Werner Haftmann und von der Firma Interlumen Herr von Malotki, S. 2.
12 Folder 11, MoMA, Vermerk »Betr.: Neue Nationalgalerie Berlin, Bau eines Modells 1:1, Probeleuchtung am 5. und 6. Oktober 1966.« (wie Anm. 11).

Mit dieser Lichtdecke stelle sich ein »antiseptisches« langweiliges Lichtklima ein, das jede Differenzierung und Akzentuierung ausschließe.[13] Neben einer lichttechnischen Korrektur durch die zusätzliche Anordnung von Spotlights direkt hinter den Wallwashern entwarf das Büro Mies van der Rohe daraufhin einen Bilderrahmen für die zu hängenden Gemälde. Nach Einschätzung von Stephan Waetzold hätte dieser das Problem der Schattenbildung auf den Gemälden zweifelsohne beseitigt, doch lehnte er diese Lösung mit folgender Begründung ab: »Gerade bei den Werken des Impressionismus oder auch bei den Bildern der Romantiker usw. warfen die starkplastischen Rahmen des 19. Jahrhunderts jene tiefen Schatten auf die Leinwand. Es ist völlig undenkbar, diese Bilder nach Ihrem Vorschlag umzurahmen und zwar erstens aus konservatorischen Gründen [...], zweitens aus ästhetischen Gründen, denn die Rahmen gehören zu den Bildern und sind mit ihnen gleichzeitig.«[14] Dieser Sachverhalt zeigt auf, welche Bedeutung Mies seiner Lichtführung beimaß. Trotz gravierender ausstellungstechnischer Einschränkungen war er nicht bereit, von seinem Ziel der Lichtgestaltung, die deutliche Betonung der Wand, abzuweichen, und zog dafür sogar das Umrahmen historischer Gemälde in Erwägung.

Es sind die frei im Raum zu positionierenden Wände und die damit einhergehende Möglichkeit einer offenen und fließenden Strukturierung des Raums, die Mies im Museumsgeschoss der Neuen Nationalgalerie zum Thema macht – das Thema seiner baukünstlerischen Auseinandersetzung in den 1920er Jahren. Neben der wandbetonenden Lichtgestaltung setzt er dies über die Wandbehandlung um, welche die Wand als raumkonstituierendes Element in Frage stellt. Schattenfugen signalisieren, dass die Wand aufgrund technischer Errungenschaften und konstruktiver Möglichkeiten der Moderne ihrer tragenden Funktion enthoben und somit frei im Raum zu platzieren ist. Diesen Eindruck verstärkt das Raster der kassettierten Decke, das über die Wände hinwegfluchtet. Die durch die frei zu platzierenden Wände erzielte, fließend untergliederte Raumstruktur gipfelt in der vollständigen Raumöffnung zum Skulpturengarten durch die Glaswand. Die Verwendung des transparenten Materials Glas mit seiner Eigenschaft, die Raumgrenze zwar materiell zu setzten, aber nicht visuell zu markieren, stellt auch hier das raumbegrenzende Charakteristikum der Wand in Frage. Zur Verdeutlichung dieses offenen, in der Bewegung wahrzunehmenden Raumverständnisses ist der »Kleine«, ununtergliederte, sofort zu überblickende Ausstellungsraum als Gegenmodell vorangestellt. Mit dieser Gegenüberstellung nimmt Mies auf die erstmalige Verwirklichung seines fließenden Grundrisses in dem so genannten Stuttgarter Glasraum von 1927 Bezug.[15]

---

13 Ebd.
14 Folder 14, MoMA, Schreiben von Herrn Dr. Grote, im Namen von Stephan Waetzold, an Herrn Lohan am 20. Dezember 1966.
15 Die Verortung der Neuen Nationalgalerie im Werk Mies van der Rohes der 1920er und 1930er Jahre basiert auf Ergebnissen der bislang unveröffentlichten Dissertation: Britta Bommert: Studien zum Raumverständnis bei Ludwig Mies van der Rohe und Walter Gropius – dargelegt an den Räumen der Werkbundausstellungen Stuttgart 1927 und Paris 1930, Köln 2010.

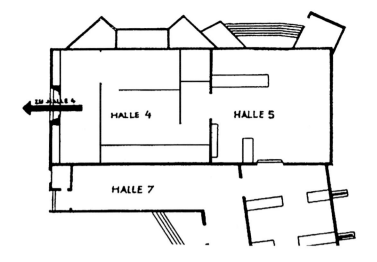

4 Werkbund-ausstellung »Die Wohnung« Stuttgart 1927, Ausschnitt Grundriss Gewerbehallenausstellung

Mies setzte sein neues Raumverständnis erstmalig in gebauter, für das Publikum unmittelbar wahrnehmbarer Form auf der Stuttgarter Werkbundausstellung »Die Wohnung« von 1927 um, dessen künstlerischer Leiter er war. Gegenstand der temporären Ausstellung waren neue Lebensformen großstädtischen Daseins im Allgemeinen und die Frage nach zeitgemäßem Wohnen im Besonderen. Dieser eröffnete Mies entsprechend seinem Selbstverständnis als Architekt ein thematisches Feld, in dem er modellhaft seine baukünstlerische Vorstellung von einer dem modernen Dasein gemäßen Raumgestaltung demonstrieren konnte. Die Ausstellung war untergliedert in drei örtlich voneinander getrennte Bereiche: In der Mustersiedlung »Weißenhof« waren verschiedene, größtenteils möblierte Wohnhaustypen zu besichtigen. Die Präsentation von Haushaltsgeräten und Ausstattungselementen fand in der Gewerbehalle statt. Und in den städtischen Ausstellungshallen war die »Internationale Plan- und Modellausstellung Neuer Baukunst« angesiedelt, die die Internationalität der modernen Architekturbewegung belegen sollte.

Die Produktpräsentation in der Gewerbehalle, die dem Thema der Ausstattung moderner Wohnungen gewidmet war, nutzte Mies zur Visualisierung seines Raumverständnisses. So thematisierte er in den Hallen 4 und 5 die raumbildenden Elemente Wand und Boden und nahm hierbei eine bewusste Gegenüberstellung eines gegensätzlichen Raum- und Flächencharakters der beiden Raumgestaltungen vor. (Abb. 4) In der Halle 4 setzte er gerahmtes Spiegelglas als Wandelement ein und untersuchte es auf seine raumgestaltenden Eigenschaften. In der Halle 5 war es der Bodenbelag Linoleum.

Mit dem so genannten Glasraum in der Halle 4 verfolgte Mies die Idee, »neuartige Lösungen der Verwendung von Spiegelglas und Sperrholz für den Innenausbau der Wohnung«[16] zu zeigen. Zur Präsentation dieser Produkte und ihrer Eigenschaften

---

16 Die Arbeiten in der Werkbund-Ausstellung ›Die Wohnung‹. Stuttgart, 23. Juli – 9. Oktober 1927, in: Die Form, 2. Jg., 1927, H. 7, S. 213.

richtete er einen begehbaren Wohnraum[17] mit offenem Grundriss ein. Zuvor fand diese Idee in seinem Entwurf zu einem Landhaus aus Backstein, den Mies auf der Großen Berliner Kunstausstellung von 1924 präsentiert hatte, bereits programmatischen Ausdruck.[18] Da das Projekt aber über das Planungsstadium nie hinausgekommen ist, war es für den Rezipienten nicht unmittelbar erlebbar.

Die eingezogenen Trennwände des Glasraums, die den Raum rechtwinklig in verschiedene Zonen untergliedern, sind aus »hellem, mattem und farbigem Spiegelglas«.[19] Genauere Angaben zu dem Sperrholz, mit dem einige der Wände verkleidet sind, liegen nicht vor.[20] Unterschiedliche Möbel deuten verschiedene Nutzungsbereiche wie Arbeits-, Speise- und Wohnzimmer an, jeweils unterlegt mit schwarzem, weißem beziehungsweise hellrotem Linoleum.[21] Türen, Schiebewände oder Vorhänge gibt es nicht. Die Übergänge von einem Wohnbereich in den anderen sind fließend. Dennoch haben die einzelnen Zonen durch die separierenden Trennwände einen eigenständigen Charakter. Textilbahnen überspannen einheitlich den Gesamtraum und zerstreuen das Licht der Hallenoberlichter. Eine Ausnahme bilden die einzigen, vollständig vom Wohnraum abgetrennten Raumsegmente, von denen das eine durch Topfpflanzen als Außenraum und das andere durch die Plastik »Mädchentorso, sich umwendend« von Wilhelm Lehmbruck aus den Jahren 1913/14 als Kunstraum charakterisiert ist. Es handelt sich bei dem Skulpturen- und dem begrünten Außenbereich um die einzigen beiden Zonen, die für das Publikum nicht zugänglich sind. Mies gibt den Blick des Betrachters jedoch allein auf diese beiden Bereiche durch vollständig transparente Trennwände ungehindert frei. Alle anderen Glasflächen sind entweder getönt oder mattiert. In Anbetracht ihrer herausgestellten Gestaltung bilden der Raumabschnitt mit der Plastik von Wilhelm Lehmbruck und der mittels Topfpflanzen angedeutete Naturraum die beiden Kulminationspunkte der offenen, ineinander fließenden Raumfolge.

Diese Raumstruktur des Glasraums ist für den Besucher trotz axial angelegter Zugänge nur sukzessiv zu erkennen, da die zu betretenden Raumabschnitte ohne Erschließungstrakt aneinandergereiht sind. Der Besucher muss für das Erfassen des Gesamtraums die offene Raumfolge wie in einem Labyrinth abschreiten, das heißt, er ist gezwungen, sich durch den Raum zu bewegen. Dabei erfährt er den

---

17 Im Ausstellungskatalog wird der Raum explizit als »Wohnraum« bezeichnet. Werkbund-Ausstellung ›Die Wohnung‹. Stuttgart 1927. 23. Juli – 9. Okt. Amtlicher Katalog (= Schriftenreihe Weissenhof, Bd. 2), Stuttgart 1998, S. 91.
18 Vgl. Wolf Tegethoff: Mies van der Rohe. Die Villen und Landhausprojekte, Bonn 1981, S. 37. In einem Vortrag von 1924 stellte Ludwig Mies van der Rohe das Charakteristische der neuen Raumstruktur seines Entwurfs heraus: »Die Wand verliert hier ihren abschliessenden Charakter und dient nur zur Gliederung des Hausorganismus.« Manuskript vom 19. Juni 1924, zit. nach NEUMEYER 1986 (wie Anm. 4), S. 227, Fußnote 22.
19 WERKBUND-AUSSTELLUNG 1998 (wie Anm. 17), S. 91.
20 Vgl. Karin Kirsch: Die Weissenhofsiedlung. Werkbund-Ausstellung ›Die Wohnung‹ – Stuttgart 1927, Stuttgart 1987, S. 37.
21 Werner Gräff (Hg.): Innenräume. Räume und Inneneinrichtungsgegenstände aus der Werkbundausstellung »Die Wohnung«, insbesondere aus den Bauten der städtischen Weißenhofsiedlung in Stuttgart, Stuttgart 1928, S. 163.

Gesamtraum von Flächenwerten in Form von Wänden plastisch durchwirkt und erlebt die Charakteristik der neuen Raumstruktur: das Offene. Besonders deutlich wird dies in der Gegenüberstellung zum anschließenden Linoleumraum in der Halle 5, für dessen Einrichtung die Betonung seiner Flächen bestimmend ist. Die Ausstattung der quadratischen Halle gliedert sich in einen Informationsbereich im Raumwinkel zwischen Ein- und Ausgang und in einen Bereich Produktpräsentation, der die umliegenden Wandflächen bespielt. Verschiedenfarbiges Linoleum ist auf aufgeständerten Tafeln nicht rechtwinklig im Raum platziert, sondern entlang der linken Seiten- und der Rückwand der Ausstellungshalle gereiht. Dem Besucher wird durch ihre pyramidale Anordnung eine visuelle Orientierung geboten, indem sein Blick entlang der steigenden Stellwandfolge über Eck zur höchsten Linoleumtafel geleitet wird. Durch seine äußerst übersichtliche, prospekthafte Gestaltung kann die gesamte Präsentation vom Mittelpunkt aus in einem Rundumblick erfasst werden, ohne dass der Besucher sich weiter in dem Linoleumraum bewegen muss.

Mit dem Glasraum, in dem der Charakter des Räumlichen vorherrscht, und dem Linoleumraum, in dem der Eindruck des Flächigen bestimmend ist, liegt somit im Rahmen der Stuttgarter Werkbundausstellung ein bewusstes Gegenüberstellen eines gegensätzlichen Raumverständnisses vor. Zurückverweisend auf den Glasraum liefert der Linoleumraum zudem Anhaltspunkte für eine mögliche Untergliederung mittels seiner Produkttafeln, die wie die eingestellten Wände im Glasraum fünf an der Zahl sind. In der Art seiner Einrichtung zementiert er jedoch die statische, geschlossene Raumstruktur der Ausstellungshalle, die gegensätzlich ist zur dynamischen, offenen Raumschöpfung des Glasraums.

Ludwig Mies van der Rohe fand mit dem Stuttgarter Glasraum zu einem Ausdruck seiner Raumvorstellung, die den Menschen in ein neues Verhältnis zu seiner Umgebung setzt. Parallel verwirklichte er diese Raumvorstellung mit flexibel anzuordnenden Wänden aus Holz in seinem Mehrparteienmiethaus, das er im Rahmen der Werkbundausstellung in der Mustersiedlung »Weißenhof« baute. In seinen folgenden Projekten wie dem Barcelona-Pavillon (1929) oder dem Tugendhat-Haus (1930), um nur die beiden prominentesten Vertreter zu benennen, verfolgte der Architekt den auf der Werkbundausstellung formulierten offenen, dynamischen Ansatz weiter und erhob ihn zum zentralen Gegenstand seiner Bauten der 1920er Jahre. Die Öffnung der bislang geschlossenen Raumstruktur sinnlich erfahrbar zu machen, war dabei sein ausdrückliches Ziel. Einen Wendepunkt stellt sicherlich das Farnsworth-Haus dar, das Mies Ende der 1940er Jahre in den USA errichtete. Hier deutet sich die vollständige Auflösung aller entbehrlichen Wände in Glas an, die zum nicht untergliederten, vollverglasten, stützenfreien Universalraum führen sollte.

Der offene, fließende Grundriss, der das Bauschaffen Mies' in den 1920er Jahren prägt und der seine bedeutendsten Bauten dieser Jahre auszeichnet, wird von ihm nicht nur in dem großen Ausstellungsraum im Museumsgeschoss der Neuen Nationalgalerie aufgegriffen, sondern bis in den angrenzenden Vorraum des Verwaltungs- und Direktionstrakts fortgeführt. (Abb. 2) Den Vorraum gleicher Raumhöhe öffnet er bei durchgehendem Fußbodenbelag über die doppelflügelige, holzgerahmte Glastür, die er auch in der Treppenhalle für den Zugang zu den Ausstellungsräumen verwendet.[22] Diese Tür bedeutet eine großflächige visuelle Öffnung zum angrenzenden Raum, ist sie doch zudem von einer Glasscheibe bis zur Decke überfangen und von zwei Glasscheiben in gleicher Breite und gesamter Raumhöhe flankiert. Die Wände des Vorraums mit Sockelleiste und Schattenfugen entsprechen der Wandbehandlung im Ausstellungsbereich. Auch Bildhängeleisten waren explizit vorgesehen.[23] Ebenso finden die gleichen Ausstattungselemente für den Vorraum Anwendung: der Barcelona-Sessel, der entsprechende Tisch und eine Topfpflanze. Wie im Museumsraum wird auch der querrechteckige Vorraum in offener, fließender Weise untergliedert. Eine freistehende, deckenhohe, vertikal gemaserte Holzwand gegenüber der Glastür separiert den öffentlichen Empfangsbereich von den dahinter befindlichen Büroräumen und verstärkt zudem die Ausrichtung des Raums nach den beiden Schmalseiten. Für ihre Bedeutung in diesem Raumabschnitt spricht die einzige wandbetonende Lichtgestaltung über eine Reihe Wallwasher, wie wir sie für die Wände im Ausstellungsbereich vorfinden. Im Gegensatz zu den mobilen, frei im Raum stehenden Wänden des Ausstellungsbereichs ist diese Holzwand jedoch fest in der Decke verankert. Eine Sockelleiste, die die Wand horizontal vom Boden abgrenzen würde, gibt es hier nicht. So wird angezeigt, dass die Wand direkt auf dem Boden steht. Vorgeblendete Holzpaneele, die die Wand in Anlehnung an die Türraster zweigeschossig in zehn Achsen untergliedern, bilden jeweils eine Schattenfuge zum Boden und zur Decke. Die Schattenfugen signalisieren motivisch auch hier, dass es sich bei der Wand nicht um ein tragendes Architekturelement handelt. Am seitlich sichtbar belassenen Trägerkern wird jedoch deutlich, dass diese Holzwand feststehend im Raum montiert ist. Sie trennt unverrückbar und undurchsichtig den Vorraum von einem dahinter abgegrenzten Flur, über den die nebeneinander gereihten Büroräumen zu erschließen sind. Die Holzwand ist somit mehr ein die Raumfunktionen trennendes als ein offen untergliederndes Element wie im Ausstellungsbereich. Dem Unverrückbaren der Holzwand entsprechen denn auch die fest in der Putzdecke installierten Deckenleuchten im Gegensatz zum flexibleren Beleuchtungssystem über die auswechselbaren Deckenplatten im Ausstellungsraum. Zudem bildet die Putzdecke kein fluchtendes Linienraster aus und manifestiert durch ihre plane Optik den mehr abtrennenden als öffnenden Charakter der Holzwand. Die Holzwand als ein Raumfunktionen trennendes Element findet sich im Œuvre Mies van der Rohes ebenfalls bereits in seiner Berliner Zeit im Haus Tugendhat von 1930 und im Haus auf der Berliner Bauausstellung von 1931.

Mies setzt den Ausstellungsbereich des Museumsgeschosses in einen direkten räumlichen Zusammenhang mit dem Vorraum des Verwaltungs- und Direktionsbereichs, indem er die Räume zueinander öffnet und den fließenden Grundriss bis in

---

22 Der Teppichboden der Ausstellungsfläche sowie der Direktionsräume war als Bouclé-Teppichboden aus reiner Schurwolle mit 10 mm Dicke auf einem 5 mm starken Unterteppich im Spannverfahren verlegt worden. Denkmalpflegerisches Gutachten (wie Anm. 1), S. 37.
23 Vgl. Ausführungsplan A34 »Verwaltungsbereich Grundrisse + Details«, Detail 1.

Direktiven für die Direktion?

5 Neue Nationalgalerie Berlin, Vorentwurf Grundriss Museumsgeschoss 1963, »4 Empfang, Sekretärin, Volontär, 5 Direktor, 6 Konferenzraum, 7 Mitarbeiter, 8 Sachbearbeiter, 9 Ausstellungsbüro, 10 Ausstellungsbüro, 11 Graphisches Kabinett, 12 Bibliothek, Katalog-Sammlung / Fotoarchiv« (zit. aus der Planlegende)

den Vorraum fortsetzt. Er kennzeichnet den Vorraum somit als öffentlichen Raum. Als solcher war er bereits in dem Vorentwurf von 1963 geplant. (Abb. 5) Der Verwaltungs- und Direktionsbereich beherbergte von Anfang an neben den Mitarbeiterbüros mit Direktions- und Konferenzzimmer eine Bibliothek sowie damals noch das Graphische Kabinett. Der Vorraum wurde schon an dieser Stelle als »Empfang« bezeichnet und sah einen Arbeitsplatz für eine »Sekretärin« und einen »Volontär« vor. Die Öffnung vom Ausstellungsbereich sollte hier über die gesamte Breite des Vorraums durch eine weitflächige, sich über das Raster von vier Stützen erstreckende Glaswand mit zwei seitlichen Zugängen erfolgen. In diesem Planungsstadium waren es die beiden einzigen Zugänge zum Verwaltungs- und Direktionsbereich. Eine rückwärtige Wand trennte auch hier die Mitarbeiterbüros von dem Vorraum. Das Direktorenzimmer und die Bibliothek, die den Vorraum jedoch seitlich flankieren sollten, wären über einen direkten Zugang mittig an den Schmalseiten des Vorraums erreichbar gewesen. Lediglich der im Vergleich zum Ausstellungsbereich kleinteiligere Bodenbelag kennzeichnete den Verwaltungs- und Direktionsbereich, der in dem frühen Planungsstadium durch die

Anlieferungsrampe deutlich von dem technischen Verwaltungsbereich getrennt war, als zu den Nebenräumen wie Depots oder Maschinenräumen zugehörig.

Dass dem Vorraum ein Verständnis von einem öffentlichen Raum zugrunde liegt, belegt zudem ein Schreiben in Zusammenhang mit der Erstausstattung für die Neue Nationalgalerie aus dem ersten Quartal des Jahres 1966. Zur Begründung einer gehobenen Möblierung wird explizit darauf verwiesen, dass es sich bei dem Vorraum, der in diesem Schreiben als »Lobby« bezeichnet wird, um einen öffentlich zugänglichen Raumabschnitt handelt. Darüber hinaus wird seine mögliche Nutzung als zusätzlicher Ausstellungsbereich angezeigt: »Dieser Raum ist dem Publikum zugänglich und erfüllt verschiedene Funktionen

a) Ausstellungsraum für prominente Neuankäufe oder für kleinere Sonderschauen
b) Zeitschriftenleseraum für Besucher
c) Durchgang in die öffentliche Bibliothek […] und Wartezimmer für die Besucher aller Mitarbeiter«.[24]

Eine freie Zugänglichkeit vom öffentlichen Vorraum weiter zu den Büroräumen wird durch die blickdichte Paneelwand aufgrund ihrer Materialität, Dimensionierung und Positionierung allerdings nicht angezeigt, sondern nahezu unterbunden. Zudem sollte ein Mitarbeiter, für den ein Schreibtisch im Vorraum platziert war, das Publikum und die Bibliotheksbesucher in Empfang nehmen. Die Büroräume wiederum sind durch einflügelige Holztüren zum Vorraum blickdicht abzuschließen. Es handelt sich hierbei um die gleichen Türmodelle, die Mies im Museumsgeschoss für alle Zugänge von öffentlichen zu nicht öffentlichen Bereichen verwendet.

Die zum Vorraum anders gelagerte Bestimmung der Reihe an Büroräumen für Sekretariat, Kustoden, Assistenten sowie der Restaurierung und der Bibliothek des Verwaltungs- und Direktionsbereichs, die entlang der Außenwand zur Zulieferrampe gereiht sind, zeichnet sich auch in ihrer Gestaltung ab. Sie weisen zwar die charakteristische Wandbehandlung mit Sockelleiste und Schattenfugen wie im Ausstellungsbereich und Vorraum auf, allerdings ohne entsprechende Lichtinszenierung.[25] Eine Bildhängeleiste für die obere Schattenfuge war seitens des Architekten für die Büroräume nicht vorgesehen. Man kam dem Wunsch nach Hängemöglichkeiten für Bilder allerdings nach, indem man nachträglich Leisten auf die Wände aufbrachte.[26]

---

24 Folder 15, MoMA, Schreiben »Zusammenstellung und Kostenschätzung der Erstausstattung« aus »Anlaß: Schreiben des Kurators vom 8.11.1965, sowie die Ergebnisse der Referentenbesprechung am 25. November 1965 (Anlaß zu Punkt 3 der Tagesordnung).« Das Schreiben ist mit der handschriftlichen Datierung »1.3.66« und einem Eingangsstempel des Büros Mies van der Rohe versehen sowie durch einen beigefügten Kommentar von Dirk Lohan ergänzt.

25 Vgl. Ausführungsplan A32 »Reflektierte Deckenpläne mit Details«, Detail 4.

26 Folder 26, MoMA, Schreiben von Herrn Dr. Grote an Herrn Lohan am 21. April 1967; Folder 22, MoMA, Protokoll der Besprechungsergebnisse während des Besuches von Herrn Lohan vom 25.6.–5.7.1967, Schreiben, gez. Neuendorff, dat. 11.7.1967 (gleiches Protokoll auch abgelegt in Folder 51), vgl. BARTSCHT 2005 (wie Anm. 1), Anhang; Folder 28, MoMA, Vermerk zu den Besprechungen mit Herrn Lohan anlässlich seines Besuches vom 8.–14.4.1968, vgl. BARTSCHT 2005 (wie Anm. 1), Anhang; Folder 25, MoMA, Protokoll vom 27. Mai 1968, S. 1, Besprechung unter Anwesenheit unter anderen von Stephan Waetzoldt, Werner Haftmann und Dirk Lohan.

Bis auf die Restaurierungswerkstätten war ursprünglich auch derselbe Bodenbelag für die Büroräume vorgesehen. Wohl aus finanziellen Gründen nahm man im Laufe der Planungen davon jedoch Abstand.[27] Ebenso wurde für die Büroräume eine günstigere Möblierung gewählt.[28] Das maßgebliche architektonische Element, das die Büroräume, die Restaurierung und die Bibliothek von dem Vorraum unterscheidet, ist aber ihre niedrigere Deckenhöhe von 3,35 m gegenüber 4,00 m, die sich deutlich sichtbar an den unterschiedlichen Proportionen der oberen hölzernen Türfüllung abzeichnet.

Das Direktorenzimmer und der nebenliegende Konferenzraum nehmen im Verwaltungs- und Direktionsbereich eine Ausnahmestellung ein. Gegenüber den anderen Büroräumen weisen sie bei einer großzügigen, nahezu quadratischen Dimensionierung eine Deckenhöhe auf, die derjenigen des Ausstellungsbereichs und des Vorraums entspricht. Wie der Ausstellungsbereich sind auch diese beiden Räume durch die Glasfassade vollständig zum Skulpturengarten geöffnet. Die besondere Beziehung dieser beiden Räume zum Ausstellungsbereich und Vorraum liegt jedoch darin, dass jeweils eine der Seitenwände, die auch hier in gleicher Weise inklusive Sockelleiste, Schattenfugen und Bildhängeleiste umgesetzt sind[29], über eine Reihe wandbegleitende Wallwasher inszeniert wird, die in die gleiche Deckenkonstruktion wie im Ausstellungsbereich integriert ist. Obwohl das Direktorenzimmer und der Konferenzraum nicht mehr Teil der fließenden Raumfolge vom Ausstellungsbereich in den Vorraum sind, greift Mies in den beiden Räumen das Thema des Museumsgeschosses, die Auseinandersetzung mit dem raumkonstituierenden Element Wand und die flexible Öffnung der geschlossenen Raumstruktur, noch einmal in zitierender Weise auf. Entsprechend ist auch der Einbau des Wandschranks im Direktorenzimmer vorgenommen. Abgesehen davon, dass der Wandschrank wie die umliegenden Wände eine Sockelleiste, eine darüber sowie unter der Decke befindliche Schattenfuge aufweist, macht der seitliche Wandvorsprung den Schrankkorpus unkenntlich und lässt in der Folge den Einbau als eingestellte Wandfläche in Erscheinung treten. Die Gründe für die besondere Behandlung des Direktorenzimmers und des Konferenzraums liegen sicherlich in ihrer repräsentativen Funktion. Das entscheidende Kriterium für die besondere Behandlung dieser beiden Räume ist jedoch ihre Einsehbarkeit vom Skulpturengarten aus. Die Bestimmung und Gestaltung des Direktorenzimmers war mit Erstellung

---

27 Stephan Waetzoldt wünschte einen Sisalteppich für die Büroräume und die Bibliothek in ähnlicher Farbgebung wie der ausgewählte Teppich für den Vorraum und den Direktions- und Konferenzraum. Vgl. den Schriftverkehr zur Wahl des Bodenbelags im MoMA: Folder 14, MoMA, Protokoll zur Besprechung am 9., 10. und 11. November 1965 in Chicago, (wie Anm. 10); Folder 22, MoMA, Protokoll der Besprechungsergebnisse während des Besuches von Herrn Lohan vom 25.6.–5.7.1967 (wie Anm. 26); Vermerk zu den Besprechungen mit Herrn Lohan anlässlich seines Besuches vom 16.2.–22.2.1968, in: BARTSCHT 2005 (wie Anm. 1), Anhang.
28 Folder 25, MoMA, Schreiben von Herrn Dr. Stephan Waetzoldt an Herrn Lohan am 1. April 1968.
29 Die Bildhängeleisten waren für den Raum 6 und 7 bereits im Ausführungsplan A 31 »Verschiedene Details«, Detail 1, vermerkt. Die Ausführung erfolgte als abgekantetes Blech nach Zeichnungen des Architekturbüros und sollte »zur Fortführung des Putz-Nutes« angebracht werden. Folder 23, MoMA, Besprechungsergebnisse in Chicago, Maerz 1967; Folder 22, MoMA, Protokoll der Besprechungsergebnisse während des Besuches von Herrn Lohan vom 25.6.–5.7.1967 (wie Anm. 26).

der Baupläne 1965 eindeutig festgelegt und wurde nicht mehr in Frage gestellt. Hingegen wurde die Belegung des Konferenzzimmers mit der Restaurierungswerkstatt zwischenzeitlich verhandelt. Die Möglichkeit einer Umnutzung relativiert die dem Konferenzraum beigemessene Bedeutung in seiner repräsentativen Funktion. Dennoch liefern die Quellen keinen Anhaltspunkt dafür, dass man von der Wandinszenierung im Falle einer Werkstatteinrichtung absehen wollte. Das Gestaltungskonzept sollte somit wohl unabhängig von der konkreten Raumnutzung realisiert werden. Letztendlich wurde der Raum als Konferenzraum mit entsprechender Wandgestaltung umgesetzt und mit einer gehobenen Möblierung ausgestattet.[30]

Im Direktions- und Verwaltungsbereich nimmt der Architekt eine deutliche Differenzierung zwischen öffentlichen und nicht frei zugänglichen Bereichen vor. Mit der großflächigen Öffnung durch die Glastür und der freien Raumuntergliederung durch die lichtinszenierte Holzwand setzt er den fließenden Grundriss des Ausstellungsbereichs bis in den Vorraum des Verwaltungs- und Direktionsbereichs fort. Zugleich markiert er jedoch mit der angezeigten Verankerung und der äußerst breiten Dimensionierung der Holzwand eine deutliche Trennung zu den dahinter befindlichen Büroräumen. Die verputzte Decke mit ihren Einbaudeckenleuchten, der die fluchtenden Linien der kassettierten Decke fehlt, unterstreicht diesen abschließenden Ausdruck der Wand. Auf Seiten der Mitarbeiterbüros, der Bibliothek und der Restaurierungswerkstätten sind die Wahl der geschlossen gefüllten Türen und die niedrigere Deckenhöhe deutliche Unterscheidungsmerkmale gegenüber dem offenen Charakter des Vorraums. Eine Sonderstellung nehmen das Direktorenzimmer und der Konferenzraum ein. Einerseits sind sie ebenso wie die Mitarbeiterbüros nicht mehr Teil der fließenden Raumfolge und deutlich vom Vorraum durch die Türwahl getrennt. Andererseits greift Mies hier die charakteristischen Gestaltungsmerkmale des Ausstellungsbereichs in zitierender Weise noch einmal auf. Zusammen mit der gehobenen Ausstattung wird er so den repräsentativen Erfordernissen dieser Räume gerecht. Vor allem aber gewährleistet er auf diesem Weg die gestalterische Einheit der Raumfolge entlang der transparenten Glasfassade, die vom Skulpturengarten aus einsehbar ist.

Die Öffnung des Ausstellungsbereichs zum Verwaltungs- und Direktionstrakt in der Neuen Nationalgalerie ist in der deutschen Museumslandschaft der 1950er, 1960er und 1970er Jahre singulär.[31] Die Bedeutung, die dieser Geste beizumessen

---

30 Laut unveröffentlichtem restauratorischem Gutachten von Jochen Bartscht wurde der Konferenztisch in zwei Hälften geteilt. BARTSCHT 2005 (wie Anm. 1), S. 109.
31 Als Vergleichsbauten seien hier aufgeführt das Wallraf-Richartz-Museum in Köln (1951–57) von Rudolf Schwarz als erster deutscher Museumsneubau nach dem Zweiten Weltkrieg, das Wilhelm-Lehmbruck-Museum in Duisburg (1959–64) von Manfred Lehmbruck, das Historische Museum am Hohen Ufer in Hannover (1960–66) von Dieter Oesterlen, die Kunsthalle in Bielefeld (1966–68) von Philip Johnson und das Deutsche Schiffahrtsmuseum in Bremerhaven (1970) von Hans Scharoun. Vgl. Hannelore Schubert: Moderner Museumsbau. Deutschland, Österreich, Schweiz, Stuttgart, 1986. – Heinrich Klotz, Waltraud Krase: Neue Museumsbauten in der Bundesrepublik Deutschland, Frankfurt a.M./Stuttgart 1985, 2. erweiterte Auflage 1988.

ist, spiegelt sich bereits in der Vorplanung von 1963 wider, in der Mies sogar eine vollständige Verglasung des Vorraums vorsah. Einerseits stellt er mit der Erschließung des Verwaltungs- und Direktionsbereichs über die Ausstellung einen repräsentativen Zugang für die Besucher des Direktors und seiner Mitarbeiter sicher. So war das Betreten dieses Bereichs in dem frühen Entwurfsstadium allein über zwei Zugänge in der Glaswand zum Vorraum geplant. Aufgrund seiner Einmaligkeit stellt sich andererseits die Frage, ob diese Öffnung zwischen Verwaltung und Ausstellung einem spezifischen Verständnis geschuldet ist, das Mies von einem Museum, seinen Aufgaben und seinem Leiter hat.[32] Da diese Öffnung beiderseits angelegt ist, stellt sie nicht nur eine Zugangsmöglichkeit für die Besucher dar, sondern auch eine direkte Verbindung von Verwaltung, Wissenschaft und Leitung zu ihrem Gegenstand und ihrem Publikum. Diese Frage wäre im Zusammenhang mit Mies' Lehr- und Leitungsfunktion am Bauhaus und am Department of Architecture des Illinois Institute of Technology zu betrachten. Im Rahmen dieses Beitrags wird sie nicht näher erörtert. Es wurde jedoch herausgestellt, dass diese Öffnung im Zusammenhang mit der Fortsetzung des frei untergliederten, fließenden Grundrisses vom Ausstellungsbereich in den Vorraum des Verwaltungs- und Direktionsbereichs steht. Der offene, fließende Grundriss, den Mies in den 1920er Jahren in Berlin entwickelt hat, ist das bestimmende Thema des Museumsgeschosses, das er insbesondere über die Wandbehandlung und das Beleuchtungskonzept gestalterisch formuliert. Begreift man die Neue Nationalgalerie als Mies' Vermächtnis, als sein architektonisches Erbe[33], bedeutet dies, sowohl seinen Universalraum, umgesetzt in der Ausstellungshalle, als »Quintessenz seines Denkens«[34] zu würdigen als auch das Museumsgeschoss mit seinem frei untergliederten Grundriss als dessen Ausgangspunkt und Basis zu achten.

Bildnachweis

1: Fotograf Reinhard Friedrich, Institut für Museumsforschung, Staatliche Museen zu Berlin, © VG Bild-Kunst, Bonn 2012. – 2: Inv.-Nr. 1980.136 A4, Architektursammlung der Kunstbibliothek, Staatliche Museen zu Berlin, © VG Bild-Kunst, Bonn 2012. – 3: Fotograf Stephan Waetzoldt, Institut für Museumsforschung, Staatliche Museen zu Berlin, © VG Bild-Kunst, Bonn 2012. – 4: Werkbund-Ausstellung Die Wohnung. Stuttgart 1927. 23. Juli – 9. Okt. Amtlicher Katalog (Schriftenreihe Weissenhof, Bd. 2), Stuttgart 1998, © VG Bild-Kunst, Bonn 2012. – 5: Projekt-Präsentationsmappe, Architektursammlung der Kunstbibliothek, Staatliche Museen zu Berlin, © VG Bild-Kunst, Bonn 2012.

---

32 Wolf Tegethoff geht der Frage nach, welches Konzept von einem Museum Mies van der Rohe der Neuen Nationalgalerie zugrunde gelegt hat. Dafür untersucht er die architektonische Präsentation der Kunstwerke in diesem Museum. Diesbezüglich weist er auch Parallelen zur Auffassung Karl Friedrich Schinkels auf. Das Thema der Öffnung des Verwaltungs- und Direktorentrakts zum Ausstellungsbereich findet dabei keine Berücksichtigung. TEGETHOFF 1994 (wie Anm. 4).
33 Vgl. Andres Lepik: Letzte Instanz. Dreißig Jahre Neue Nationalgalerie, Berlin, in: KAHLFELDT/LEPIK 1998 (wie Anm. 2), S. 24. – Werner Haftmann, Vorwort, in: JÄGER 2011 (wie Anm. 4), S. 11.
34 HAFTMANN 2011 (wie Anm. 33), S. 11.

Das Mallinckroth-Gymnasium in Dortmund[1]

Ein Beitrag zur Nachhaltigkeit im Schulbau

Sonja Schöttler

> Wer Schulen gründet und die Wissenschaft pflegt, macht sich um sein Volk
> mehr verdient, als wenn er neue Gold- und Silberadern fände.
> *Philipp Melanchthon*

Im Frühjahr 2012, also rund 500 Jahre nach Melanchthon, hat sich am Wahrheitsgehalt obiger Aussage nichts verändert. Der Tenor, wie wichtig die Auseinandersetzung mit Wissen und Wissenschaft sowie der Erwerb von Kenntnissen und Fähigkeiten sind, und welche gesellschaftlichen Dimensionen sich damit verbinden, besitzt ungebrochene Aktualität. Die zeitgenössische Auseinandersetzung mit dem Thema macht zudem die Notwendigkeit deutlich, Lernen und Bildung nicht auf einen Lebensabschnitt zu begrenzen, sondern als lebenslangen Prozess zu verstehen. Dieser Umstand ist wohl v.a. der kurzen Halbwertszeit des heutigen Wissens geschuldet, wohingegen Lehr- und Lerninhalte damals eher »Ewigkeitscharakter« für sich beanspruchen konnten. Wurden damals Wissen und Wissenschaft von ihrer Bedeutung materiellen Gütern als übergeordnet anerkannt, so wird Bildung in jedweder Form in der zeitgenössischen Diskussion und dem Zeitgeist pflichtschuldig mehr als Mittel zum Zweck eingestuft, ohne die es nicht möglich ist, an materieller Prosperität teilzuhaben.

Einige Schlagworte bezüglich des Themas sind der Homepage des Bundesministeriums für Bildung und Forschung entnommen und sollen genügen, den Facettenreichtum der Diskussion präsent zu machen.[2]

- Bildung ist der Schlüssel für gesellschaftliche Teilhabe und selbstbestimmtes Handeln.
- Aufstieg durch Bildung: Die Qualifizierungsinitiative der Bundesregierung dient der Förderung und Unterstützung von Bildung über den gesamten Lebensweg von der frühkindlichen Bildung bis zur Weiterbildung im Beruf.
- Gute Bildung für jedes Kind – das ist nicht allein Aufgabe für den Staat und die Schulen, sondern für die ganze Gesellschaft. Mit ihr wächst die Aussicht auf mehr Chancengleichheit.
- Der Wettbewerb um die besten Zukunftschancen ist im Kern ein internationaler Wettbewerb um die Qualität von Bildungssystemen geworden. Unabdingbar in diesem Zusammenhang sind Innovationen in der Bildung.

---

1 Anschrift: Südrandweg 2–4, 44139 Dortmund.
2 *http://www.bmbf.de/* vom 7. Februar 2012.

- Ausbildung ist eine gute Investition in die Zukunft. Dies gilt nicht nur für deutschstämmige Mitbürger, sondern auch für diejenigen mit Migrationshintergund. Denn deren Bildungserfolge sind nicht nur eine zunehmend unersetzbare Ressource, sondern auch für die Integration in die und die Integrität der Gesellschaft von herausragender Bedeutung.

Das Bewusstsein für die Notwendigkeit, Förderung, Bildung und Wissenschaft in weiten Teilen der Gesellschaft zu verankern, scheint also mittlerweile fraglos konsensfähig geworden zu sein. Die Umsetzung dieser Erkenntnis in erfolgversprechende Strategien ist allerdings nicht im »luftleeren« Raum zu bewirken, sondern nur unter Nutzung ganz handfester materieller und organisatorischer Infrastrukturen. Wie können diese, wie müssen diese aussehen? Wie sind zweckdienliche Maßnahmen finanziell zu stemmen? Im vorliegenden Aufsatz soll einem dieser Aspekte nachgegangen werden: Am Beispiel des Dortmunder Mallinckroth-Gymnasiums wird der Versuch unternommen, dem Einfluss architektonischer Gegebenheiten nachzuspüren, die auf ihre Weise in der Lage sind, das Lehren und Lernen und die Heranbildung reifer Persönlichkeiten zu befördern und damit einen relevanten Mosaikstein innerhalb eines komplexen Maßnahmenkatalogs darzustellen.

Zu 150 Jahren Schulgeschichte

Das Mallinckroth-Gymnasium blickt auf eine bemerkenswerte und bewegte Schulgeschichte von 150 Jahren zurück, die von innovativen Umstrukturierungen geprägt ist. Dabei wurden verschiedentlich temporäre Schulschließungen als konstruktives Potenzial für Neuanfänge genutzt. Die Geschichte der Schule beginnt 1849 mit der Unterzeichnung eines Vertrags zwischen dem katholischen Schulvorstand der Stadt Dortmund und Pauline von Mallinckroth, einer katholischen Schwester, die im selben Jahr die Kongregation der Schwestern der Christlichen Liebe gegründet hatte.[3] Sie wurde im Jahr 1985 selig gesprochen.[4] Die katholische Mädchenschule nimmt den Schulbetrieb im Januar 1851 mit 123 Schülerinnen im Südflügel des ehemaligen Dominikanerklosters an der Propsteikirche auf. Aus Kapazitätsgründen kommt zu dieser Elementarschule seit 1871 eine weitere hinzu; eine private Töchterschule als Vorläuferin des späteren Mädchengymnasiums wird ab 1864 projektiert. Im Spannungsfeld eines Kompetenzgerangels zwischen Kirche und Staat werden die Schulen 1874 geschlossen.[5] Nach der Wiedereröffnung am angestammten Ort des Dominikanerklosters im Jahr 1892 entwickelt sich die Schule innerhalb einiger Jahre zu drei Lyzeen mit unterschiedlichen Namen und Standorten innerhalb der Stadt, eines davon ist das Mallinckroth-Lyzeum am Eisenmarkt. In der Zeit des Nationalsozialismus wird eine dieser Schulen geschlossen, weil die Verhältnismäßigkeit der

---

3 Ewald Oelgemöller, Johannes Joachim Degenhardt, Gerhard Langemeyer u.a.: 150 Jahre Katholische Schule in Dortmund. 1851–2001. Mallinckroth-Gymnasium, Festschrift, Dortmund 2001, S. 18.
4 OELGEMÖLLER U.A. 2001 (wie Anm. 3), S. 25.
5 OELGEMÖLLER U.A. 2001 (wie Anm. 3), S. 19.

Anzahl konfessioneller und staatlicher Bildungseinrichtungen als nicht gewahrt erachtet wird. Nach einem Großangriff auf Dortmund im Mai 1943 muss der Schulbetrieb auf Grund weitreichender Zerstörungen eingestellt werden.[6]

1949 beginnt nach unermüdlichen Initiativen der Wiederaufbau der Schule am Eisenmarkt, so dass 1951 der Schulbetrieb mit zunächst knapp 150 Schülerinnen wieder aufgenommen werden kann. Die Attraktivität der Schule mit dem Fokus auf Leistung einerseits und andererseits dem besonderen Anspruch, Erziehung im Sinne christlicher Werte zu vermitteln, lässt die Schülerinnenzahlen bis 1978 auf 900 anwachsen. Damit einhergehende Kapazitätsprobleme, die in den angestammten Räumlichkeiten nicht lösbar sind, sowie baurechtliche Anforderungen, die sich ebenfalls nicht erfüllen lassen, machen einen Neubau unumgänglich. Aus den finanziellen Ressourcen der Kongregation ist dies jedoch nicht zu bewerkstelligen. Das Problem erfährt seine Lösung, indem die Trägerschaft an das Erzbistum Paderborn übergeht, das sich in den darauffolgenden Jahren in zahlreichen Verhandlungen erfolgreich der Klärung der Grundstücksfrage und der Finanzierung eines Neubaus widmet.[7]

Zur Auftragsvergabe für den Neubau wird ein beschränkter Wettbewerb unter sieben Architekturbüros ausgelobt, aus dem das Büro Brigitte und Christoph Parade, Düsseldorf, als erster Sieger hervorgeht, und nach dessen Plänen der Bau auch tatsächlich realisiert wird. Die Planungsphase beginnt 1981. Nach der feierlichen Grundsteinlegung am 30. März 1984 durch den Generalvikar Bruno Kresing erfolgt die Ausführung des ersten Bauabschnitts (Schulgebäude) zwischen 1983–85, diejenige des zweiten Bauabschnitts (Sportanlagen) von 1985–88.[8] Der Unterrichtsbetrieb im Neubau beginnt am 12. April 1986. Nach langwierigen und zähen Diskussionen konnte ein koedukatives Erziehungsmodell durchgesetzt werden.

Zum städtischen und architektonischen Konzept

Städtebauliche Situation

Das Mallinckroth-Gymnasium wurde auf einem Grundstück in der Nähe des historischen Ortskerns nach dem Abriss des Elisabeth-Kinderheimes (für den Schulbau) und der Niederlegung des Altenheims Christinenstift (für den Turnhallenbau) errichtet und zeichnet sich durch eine bevorzugte innerstädtische Lage aus. Das Umfeld ist von architektonischer Heterogenität und einem Mangel an stringenten Bezugspunkten geprägt, was den Architekten die Freiheit einräumte, keine integrativen Absichten verfolgen zu müssen, sondern vielmehr durch den neuen Baukörper einen dezidierten städtebaulichen Akzent innerhalb der umliegenden belanglosen vielgeschossigen Bebauung zu setzen. Die Situation eines für das geplante Bauvolumen knapp bemessenen Eckgrundstückes, das überdies ein Geländegefälle von etwa einem halben Geschoss

---

6 OELGEMÖLLER U.A. 2001 (wie Anm. 3), S. 20.
7 OELGEMÖLLER U.A. 2001 (wie Anm. 3), S. 21–24.
8 Sonja Schöttler: Bauen für die Bildung. Die Schulbauten des Architekturbüros Parade (= Kölner Architekturstudien), Diss. phil. Köln, Köln 2007, S. 403.

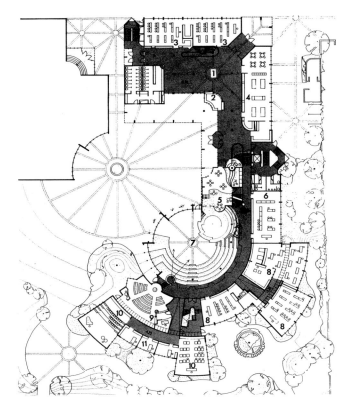

1 Erdgeschoss-Grundriss des Mallinckroth-Gymnasiums

aufweist, barg besondere Herausforderungen. Das Gelände verfügte über einen wertvollen alten Baumbestand, der für die Planung der Außenanlagen ausdrückliche Berücksichtigung fand und auch die Konzeption des Baukörpers mitbestimmte.

Grundriss und Raumdisposition
Der Grundriss des viergeschossigen und unterkellerten Baus lässt sich als einseitig offener Hoftyp in Nord-Süd-Erstreckung mit Öffnung nach Westen beschreiben (Abb. 1); gleichzeitig ist er als Derivat eines J-förmigen Baukörpers zu benennen. Im Norden befindet sich ein querrechteckiger Baukörper, der süd-westliche Riegel schwingt mit zwei gegeneinander versetzten durch Eck- bzw. Seitenrisalite strukturierte Segmentbögen halbkreisförmig aus und umschließt das kreisrunde Pädagogische Zentrum (Aula), das gleichzeitig als Konzertsaal und Veranstaltungsraum mit Bühne dienen kann. Das Gebäude wird über den Haupteingang im Nord-Osten erschlossen, von wo aus man das Foyer betritt, und einem weiteren Eingang, der Zugang vom Forum aus ermöglicht. Die Geschosserschließung erfolgt im nord-östlichen Haupteingangsbereich sowie im Bereich des Pädagogischen Zentrums. Um dieses herum sind die Flure einbündig konzipiert und öffnen sich einseitig über Galerien zur Aula hin; in den übrigen Gebäudebereichen finden sich zweibündige Dispositionen.

2 Differenzierte Außenbaugestaltung des Mallinckroth-Gymnasiums, hofseitige Ansicht

Im Erdgeschoss sind weitläufige Kommunikations- und Foyerbereiche anzutreffen, die ihren architektonischen Höhepunkt in Pädagogischem Zentrum finden. Angegliedert sind diesem die Kapelle, Computerräume und eine Lehrküche sowie der musische Fachbereich. Die Musiksäle sind in den Gebäuderisaliten um das Pädagogische Zentrum ausgelagert, so dass sie tatsächlich dem ungestörten Musizieren dienen können und den sonstigen Lehrbetrieb nicht durch einen höheren Geräuschpegel beeinträchtigen. In der südlichen segmentbogenförmigen Architektureinheit um die Aula sowie im zweiten Obergeschoss sind Normalklassen und ein Sprachlabor untergebracht. Der nördliche Querriegel beherbergt die Verwaltung und als wichtigen Bezugspunkt für Lehrende und Lernende die Bibliothek, sodass Ausgewogenheit im Hinblick auf die Verteilung wesentlicher Funktionseinheiten innerhalb des Gebäudes erreicht ist.

Außenbau

Der viergeschossige, mit roten Klinkern gemauerte und mit Bändern aus kontrastierenden weißen Aluminium-Sprossenfenstern ausgestattete Stahlbetonbau mit Flachdach zeigt sich mit deutlich differenzierten Ansichten. (Abb. 2) Besondere gestalterische Aufmerksamkeit erhalten straßenseitig die Erschließungsbereiche, namentlich der Haupteingang und die Treppenhäuser. Dieser ist an der Gebäudeecke mit einer gewissen Bescheidenheit zurückversetzt, wodurch sich eine Sogwirkung in Richtung des Foyers entfaltet. (Abb. 3) Gleichzeitig wird er dadurch hervorgehoben, dass sich die Geschosse über diesem aufgeständerten Bereich treppenartig zurückstaffeln, wobei sich das zweite und dritte Obergeschoss durch einen verglasten Baukubus zusammenschließen. Die Treppenhäuser ihrerseits werden durch dreieckig verglaste Erkerbauten als strukturierende Reliefs an der Fassade sichtbar gemacht. Hofseitig wird das Hauptaugenmerk auf das vollständig verglaste Pädagogische Zentrum gezogen. Diese Ansicht wird insbesondere vom Zusammenspiel der runden bzw. kreissegmentbogenförmigen und weiterhin orthogonalen Formen bestimmt, wobei sich eine architektonische Spannung durch deren kontrapunktischen Zusammenschluss aufbaut. Demselben Anliegen, Gegensätzliches miteinander zu verbinden, ist auch die Fassadenbegrünung mit Hilfe von Rankgittern verpflichtet: Das Mauerwerk erhält einen belebenden Akzent.

Neben der strukturellen Vielgestaltigkeit ist eine sorgfältige Detailausbildung festzustellen, die z.B. in einem zahnschnittartigen Fries in der Gesimszone oder in abgetreppten Wandbereichen des Haupteingangs zum Ausdruck kommen. Der Bau fordert respektvolle Aufmerksamkeit ein und wirkt in seiner optischen Differenziertheit dennoch nicht aufdringlich repräsentativ. Unterstützt wird diese Aussage durch die Materialverwendung: Der rote Klinker in Verbindung mit den weißen Fensterbändern entfaltet eine gediegen-freundliche Wirkung, die auch in den vielen Jahren der Schulnutzung nur unwesentlich gelitten hat, denn die verwendeten dauerhaften Materialien altern weitgehend unproblematisch. Der hohe Anspruch der Schule betrifft sehr offensichtlich nicht nur pädagogische und weltanschauliche Parameter, sondern zeigt diesen auch im Hinblick auf Architektur. Die »steinernen Hülle« stellt sich ganz bewusst in den Dienst der Nutzer, indem sie ein Umfeld schafft, welches das Lernen erleichtert.

Innenbau
Die konsequente Haltung des Bauherrn und der Architekten findet ihren Ausdruck auch in der von individuellen Lösungen geprägten Gestaltung der Innenräume. Zu nennen sind in diesem Zusammenhang Überlegungen zu strukturellen Fragestellungen und zur Lichtregie, die Verwendung ausgesuchter und langlebiger Materialien sowie der besondere und vielfältige Einsatz künstlerischer Objekte und von Spolien des Vorgängerbaus.

Hervorstechende Merkmale der Gestaltung sind zumeist tageslichthelle Räume. Zudem schaffen innerbauliche Fenster und Öffnungen optische Durchlässigkeit. Im Hinblick auf die Lichtregie und eine freundliche Gesamtsituation spielen Oberlichter der Klassenräume in Richtung der Flure eine wichtige Rolle: Sie beugen innerhalb der Unterrichtsräume einer unangenehmen Käfigwirkung vor und sorgen in den Fluren für ein Mindestmaß an Tageslichteinfall. Die Glastüren der Flure zitieren mit ihren segmentbogenförmigen Zargen Portale und kombinieren dadurch eine verhalten repräsentative Wirkung mit Transparenz. Auch halbgeschossige Versetzungen der Stockwerke tragen zu einer angenehmen Aufenthaltsqualität bei und wirken dem

3   Haupteingang des Mallinckroth-Gymnasiums

Eindruck einer schematischen Standardarchitektur entgegen wie dies auch durch Rundläufe um Klassencluster in den Obergeschossen gelingt. Hierdurch entsteht ein aufgelockertes Architekturerlebnis, das u.a. dem Bewegungsdrang der Schüler notwendigen Raum gibt. Abgerundete Strukturen unterstützen als Detail eine Raumwirkung, die ganz darauf abzielt, am Ort »Schule« Wohlbefinden zu schaffen: Man eckt nicht an.

Als Materialien sind rote Klinker verwendet, die auch nach jahrzehntelanger Beanspruchung im Schulalltag immer noch tadellos aussehen; als Kontrapunkt hierzu dienen Stützen und Sockelzonen in einigen Fluren sowie die Treppenhäuser in schalungsrauem Sichtbeton, der allerdings weiß überfasst ist. Die Decken bestehen aus weiß geschlämmten Holzpaneelen, die in den Erschließungszonen in diagonaler und in den Klassenräumen in wandparalleler Anbringung montiert sind. Das Foyer und das dortige Treppenhaus weisen einen hellen Natursteinboden (Kalkstein) auf, die weiteren Treppenhäuser haben einen Belag aus Klinkern und Beton. Flure und Klassenräume sind – nicht zuletzt aus Gründen der Schallminderung – mit einem blauen Nadelfilzteppichboden ausgestattet.

Besonders auffallend bei einem Rundgang durch den Schulbau ist die vielfältige Ausstellung von Kunst. Hierdurch wird die Fortschreibung und Ehrung von Traditionen verdeutlicht und den jungen Menschen eine Geschichtlichkeit des Ortes bzw. einer Institution vor Augen geführt. Sie werden damit wie selbstverständlich zum Innehalten und Nachdenken ermutigt.[9] Vielleicht gelingt es dadurch einen Kontrapunkt zur allgemeinen Schnelllebigkeit zu setzen und die stabilisierende Wirkung einer konstruktiven Vergangenheit als verlässliche Grundlage der Gegenwart lebendig zu machen. Der Gesamteindruck ist hell und freundlich, dabei gediegen ohne unmodern zu wirken. Deutlich wird ein architektonisches Konzept, das Beliebigkeit ausschließt, Tradition rezipiert und sichtbar macht und mit individuellen Gestaltungselementen anreichert.

Foyer
Bereits vor dem Betreten des Foyers wird dem aufmerksamen Besucher die geistige Haltung der Schulgründerin deutlich: »Die Liebe zählt nicht, nur die Liebe zählt.« Diese Motto-Inschrift ist in den eingemauerten Grundstein gemeißelt.[10] Hat man die Schule betreten, so öffnet sich das Foyer als tageslichthelier Durchgangsraum, der tendenziell ungerichtet ist. Für Ausgleich sorgt die Orientierung zum Licht durch eine raumhohe Fensterfront zum Innenhof. Dies mag neben alltagspraktischen Vorzügen als Metapher gelesen werden. Die Ausstattung trägt ihrerseits zu einer gewissen Zentrierung bei: Radial angelegte Holzvertäfelungen der Decke korrespondieren mit den Fußbodeninkrustationen aus Naturstein und wollen damit wohl symbolhaft die Ausstrahlung einer in sich ruhenden Schöpferkraft versinnbildlichen.

Besondere raumprägende Wirkung besitzt der stufenförmig angelegte und damit kaskadenartig fließende Brunnen aus hellem Naturstein, der rechts neben der zum Pädagogischen Zentrum führenden Treppe liegt. Die Idee des Bauherrn und der Architekten, durch fließendes Wasser Leben und Lebendigkeit zu gegenwärtigen und damit gleichzeitig eine beruhigende Geräuschkulisse zu schaffen, ist nachvollziehbar. Leider musste der Brunnen abgeschaltet werden, denn durch die als »witzig« gedachte Zugabe von Waschmittel mit entsprechender Schaumentwicklung und das ständige Verstopfungen des Abflusses durch Dreck, überwog der Aufwand der Instandhaltung des Brunnens gegenüber der ästhetischen Wirkung.

---

9 So findet sich im Sekretariat eine kleine figürliche Darstellung der Pauline Mallinckroth, die 1986 nach der Vorlage einer Holzfigur aus dem Paderborner Domgestühl von Heinrich Gerhard Bücker (1922–2008), einem bedeutenden Künstler im Bereich Sakralkunst, realisiert wurde. Im Treppenhaus ist ein monumentales Porträt der Pauline von Mallinckroth auf der Grundlage eines Postkartenmotivs zu sehen. Das Gemälde wurde in den 1970er Jahren durch den damaligen Kunstlehrer Rainer Labus geschaffen.

10 Ausführender Künstler ist der noch lebende Johannes Niemeier, ein bedeutender Bildhauer im Bereich der Sakralkunst (*1932). Der Grundstein wurde im Jahr 1986 angefertigt.

Ist das Foyer zur Hälfte durchquert, so steht der Besucher vor einer halblebensgroßen Plastik der Pauline von Mallinckroth, einem Bronzeguss im Typus einer Schutzmantelmadonna. Die Figur ist dort in einer eigens für sie bestimmten Nische aufgestellt und erweist sich gleichzeitig als Beschützerin wie stille Mahnerin, im Geiste der Schulgründerin zu agieren.[11] Nicht weit entfernt, in der rechten Seitenwand des Foyers und gewissermaßen ursprünglich als stilles Pendant zum lebendigen Wasser des Brunnens gedacht, befindet sich ein Aquarium. Hier sind einige Kacheln des Herstellers Villeroy und Boch als Spolien des Schulbrunnens aus dem Vorgängerbau in die Wand eingelassen. Sie stammen aus dem Jahr 1903.[12] Im Foyer hat mittlerweile digitale Technik Einzug gehalten und auf einem unter der Decke angebrachtem Monitor neben der Pförtnerloge werden aktuelle Veranstaltungen und wichtige Informationen kommuniziert.

Pädagogisches Zentrum
Das Pädagogische Zentrum, gleichzeitig Aula, Konzertsaal, Bühne und multifunktionaler Kommunikationsort bildet den architektonischen Mittelpunkt der Schule. (Abb. 4) Durch seine kreisrunde Form stellt es sich als ruhender Pol dar, gleichzeitig ist es auch ein höchst lebendiger Ort. Zur Schaffung eines lebendigen Bewegungsraums ist der Zuschauerbereich arenaartig angelegt, wobei die Sitzstufen unterschiedlichsten Zwecken dienen können. Sie wurden architektonisch durch das bereits weiter oben angesprochene natürliche Geländegefälle möglich. Die umlaufenden Galeriegeschosse mit den Normalklassenräumen ermöglichen zumindest vom ersten Obergeschoss aus eine optische Teilhabe am kollektiven Geschehen. Die im Bereich der Sitzstufen platzierte Kanzel auf rundem Grundriss schafft eine weitere Plattform für das Mitteilungsbedürfnis von SchülerInnen und LehrerInnen.

Als wesentliches Merkmal wird eine unbeschwerte und doch als substanziell erfahrene Raumfülle erlebbar, die sich der Großzügigkeit der architektonischen Konzeption einerseits und der hohen und durchdachten Qualität der Ausstattung andererseits verdankt. So besteht beispielsweise die Möglichkeit, Instrumente für Konzertveranstaltungen oder die Bestuhlung für jedwede Art von Aufführungen über einen Aufzug direkt auf die Bühne zu transportieren. Die Ausstattung mit radial um eine Windrose angelegtem und damit die architektonische Grundform optisch intensivierendem Parkettboden übersteigt den üblichen Standard an Schulen bei weitem. Die hofseitig vollständige Verglasung der Aula rückt dies und vor allem die lebendigen Aktivitäten der Schülerinnen und Schüler im besten Sinne des Wortes ins rechte Licht. Durch die verglasten Wände wird auch der Blick auf den rückwärtigen Hof möglich, womit das Pädagogische Zentrum optisch sehr bereichert wird, denn hier kann der Blick nicht nur über ein teilweise architekturfreies Areal schweifen, vielmehr richten sich die Augen auch wie selbstverständlich auf die Portikussäulen des historischen Vorgängerbaus und rücken damit die Geschichte und Tradition der Schule ins Bewusstsein.

---

11 Künstler: Johannes Niemeier. Aufstellung: 1986.
12 Schöttler 2007 (wie Anm. 8), S. 405.

4 Pädagogisches Zentrum des Mallinckroth-Gymnasiums

Lebendigkeit und Vitalität soll auch durch unterschiedliche Pflanzbecken thematisiert werden, wobei allerdings zu bemerken ist, dass die Berankungen des Baus im Außenbereich überzeugender wirken. Infrastrukturell bzgl. der Raumdisposition ist zu bemerken, dass die Nähe zur Kapelle einerseits – wenngleich diese nicht unmittelbar zugänglich ist – und damit der Aufforderung, den ruhenden Pol inmitten alltäglicher Turbulenzen und Aktivitäten nicht zu vergessen, und der Caféteria als besonderer Ort ungezwungener und spontaner Kommunikation auch jenseits ausschließlich schulischer Belange andererseits mitnichten als zufällig anzusehen sind, vielmehr verdeutlichen, wie sehr das Zentrum in den Gesamtkontext eingebunden und mit diesem stringent und multilateral vernetzt ist.

Neben der sehr hochwertigen Gesamtausstattung setzt ein Kruzifix aus Südtirol, das um 1730 datiert wird (auf modernem Kreuz), einen gleichermaßen inhaltlich-weltanschaulichen wie künstlerischen Akzent. Es handelt sich bei dem Kunstwerk um eine Dauerleihgabe des Diözesanmuseums Paderborn.[13]

---

13 Schöttler 2007 (wie Anm. 8), S. 405.

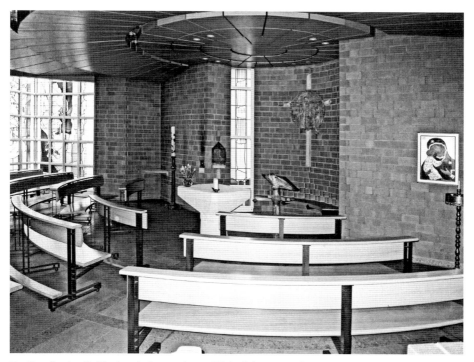

5   Kapelle des Mallinckroth-Gymnasiums, Blick Richtung Apsis

Kapelle
Der religiösen Ausrichtung der Schulgründerin und des heutigen erzbischöflichen Trägers Rechnung tragend gehört zu den zentralen Räumen innerhalb der Schule eine Kapelle, in der Andachten und Gottesdienste im kleinen Kreise stattfinden können.[14] (Abb. 5) Da die Türen während der Schulöffnungszeiten nie verschlossen sind, besteht für alle SchülerInnen und LehrerInnen ebenso die Möglichkeiten zur privaten Besinnlichkeit.

Der Kapelle ist zur Unterstützung einer meditativen Atmosphäre zum (außerhalb der Pausenzeiten) ruhigen rückwärtigen Hof ausgerichtet. Auf der Kapelleneingangstür ist der stilisierte Grundriss des Schulbaus dargestellt, die Grundstrukturen sind als verglaste Elemente eingesetzt. Sie steht im räumlichen Kontext zur Aula und verdeutlicht dadurch ihre Herzschrittmacherfunktion. Es handelt sich um einen in etwa halbkreisförmiger Raum mit radialen Erschließungsbereichen, wobei Bodeninkrustationen in verschiedenen Natursteinen diese Disposition optisch unterstützen und dabei künstlerische Wirkung entfalten. Die Bestuhlung folgt den Raumkonturen und indem sie die radialen Erschließungsbereiche frei lässt, entsteht ein dreischiffiger Kirchenraum mit Apsis.

---

14   Zur musikalischen Begleitung steht eine kleine Orgel mit mehreren Registern zur Verfügung.

Die Kapelle ist nicht nur ein Ort der inneren Einkehr, sondern wartet mit einer sehr hochwertigen Ausstattung auf.[15] Abstrakt gestaltete Kirchenfenster tauchen den Kapellenraum in ein warmes Licht. Die Entwürfe stammen vom Krefelder Künstler Heinrich Spierling[16], deren Realisierung erfolgte in der Glaswerkstatt Otto Peters[17] in Paderborn im Jahr 1986. Wesentliche weitere Ausstattungsstücke wie der Altar, der Tabernakel, ein Kreuzigungsgruppe aus Bronzeguss, sowie Lesepult und Osterleuchter sind Werke des Rietberger Künstlers Johannes Niemeier. Sämtliche Objekte wurden in den Jahren 1985–87 geschaffen.[18] Der hohe Aufwand und die Ausstattungsdichte machen den Stellenwert der Kapelle innerhalb des Gesamtkontextes deutlich. Ein ungewöhnlicher Ort in einer ungewöhnlichen Schule, der sich in der Schülerschaft einer respektvollen Wertschätzung erfreut.

Bibliothek

Die Bibliothek im ersten Obergeschoss des Verwaltungsbereichs präsentiert sich als geschützter Raum, der sich dennoch weder nach innen noch nach außen abschottet: Durch eine achsenartige Fensteranordnung zum Flur und großflächiger Verglasung zum Hof sind Blicke in den mit weißen Metallregalen ausgestatteten Raum und durch ihn hindurch bis in den Außenbereich möglich. Als Motivation, um demokratische Umgangsformen einzuüben, steht in einer ebenfalls durchfensterten, vom Flur aus einsehbaren und vom Bibliotheksraum aus zugänglichen Rotunde ein runder Tisch zur Verfügung. Die freundlich einladende Atmosphäre wird durch die Aufstellung von Vitrinen verstärkt, die künstlerische Arbeiten der Schüler und Auszeichnungen von Wettbewerben zeigen. Die gute Nutzerfrequenz wird seit einigen Jahren durch PC-Arbeitsplätze unterstützt.

Klassenräume

Die Klassenräume sehen sich dem Anspruch verpflichtet, nicht als nüchterne Räume, die einem unvermeidlichen Zwangsaufenthalt dienen, gestaltet zu sein. Zwar ist eine gewisse Stereotypie durch die Notwendigkeit der Vielzahl gleicher funktionaler Einheiten de facto unausweichlich. Umso wichtiger also ist der Ansatz, einer Belanglosigkeit vorzubeugen, indem der unspektakulärsten und gleichzeitig wichtigsten Struktur innerhalb der Schule besondere planerische Aufmerksamkeit zuteilwird, zumal die Quadratmeterzahlen nicht im optimalen Verhältnis zur Schülerzahl stehen. Die Klassenräume folgen den gestalterischen Vorgaben innerhalb des Baus und erzeugen

---

15 Die beteiligten Künstler stehen durch Werk und Wirkung alle im Zusammenhang mit dem Erzbistum Paderborn, dem Träger der Schule.
16 Hubert Spierling (* 1925) studierte in Hamburg, Dortmund, Düsseldorf und Krefeld und ist seit 1954 in Krefeld als freischaffender Künstler tätig. Er arbeitete mit bedeutenden Kirchenbaumeistern wie Hans Schilling, Rudolf Schwarz oder Hans Schwippert zusammen.
17 Das Unternehmen wurde 1912 in Paderborn gegründet und wird heute mit sechzig Mitarbeitern in der vierten Generation geführt. Es ist unter anderem durch die Gestaltung der Fenster des Paderborner Doms hervorgetreten, agiert aber heute auch auf internationalem Parkett.
18 SCHÖTTLER 2007 (wie Anm. 8), S. 405.

mit weiß geschlämmten Holzdecken, taubenblauem Nadelfilzteppichboden und einer Naturholzausstattung für Tische und Bestuhlung eine gewisse Wohnlichkeit, in der entspanntes Arbeiten erleichtert wird.

Die Disposition der Räume innerhalb des architektonischen Konzepts mit einer Orientierung nach außen, d.h. mit Ausblick auf das beruhigende Grün des umgebenden alten Baumbestandes nutzt ein natürliches Entspannungspotenzial. Weiterhin tragen die an den offenen Galerien um das Pädagogische Zentrum angeordneten Klassenräume dazu bei, die Schüler in ihren Klassenräumen nicht zu isolieren, sondern am kollektiven Geschehen jederzeit teilhaben zu lassen. Dass dies in Einzelfällen, etwa bei Konzertproben während der normalen Unterrichtszeit, zu einer gewissen Geräuschbelastung beiträgt, ist ein nicht zu leugnendes Faktum, das jedoch im Gesamtkontext als vertretbar wahrgenommen wird. In einem Teil der nach Süden orientierten Klassenräume entstehen im Sommer Raumtemperaturen, bei denen die Konzentration nicht dauerhaft gewährleistet ist.

Außenanlagen
Die Außenanlagen sind kein unpersönlicher und gnadenlos übersichtlicher »Appellplatz«, sondern hier sind für größere und kleinere Kommunikationsgruppen unterschiedliche individuelle Orte entstanden. Die kreative Lösung der Pausenhofgestaltung mit seinen unterschiedlichen Gesichtern wird durch das ansteigende Gelände, die Integration des alten Baumbestandes und die Aufstellung von Kunst begünstigt. Auf dem Pausenhof steht in gebührender Entfernung und optisch sehr wirkungsvoll auf einem Podest mit vorderseitigen Stufen eine Rotunde aus Säulen, die vom Eingangsportikus des Vorgängerbaus stammen, und als Spolien die traditionsreiche Geschichte der Schule ins Gedächtnis rufen. Sie erinnern mit einer gewissen Magie an eine germanische Thingstätte.[19] Vor der Kapelle ist eine Stele aufgestellt, welche die Jugend zur Einhaltung von Frieden ermahnt.[20] Eine kunstgewerbliche Arbeit in Form einer gesockelten Sonnenuhr aus Stein und Bronze zählt die Stunden, wenn auch nur die sonnengesegneten. Tempus fugit, auch wenn die Jugend das sicherlich noch nicht so recht glaubt. Zusammengebunden und strukturiert wird das Außenareal durch eine aufwendige Natursteinpflasterung. Sie nimmt durch radial angelegte Strukturen Bezug zu innerräumlichen Vorgaben.

Seit Herbst 2011 steht im rückwärtigen, an den Sportplatz angrenzenden Bereich, ein neues, mit Leichtmetall und dunklem Klinker verkleidetes dreiteiliges Gebäude mit flachen Pult- bzw. Satteldächern, roten Fensterlaibungen und weißen Fenster. Es dient als Mensa und erfüllt damit eine Notwendigkeit im Rahmen der Ganztagsschule. Die optische Einbindung in den Gesamtkontext hätte sensibler erfolgem können.[21]

---

19 SCHÖTTLER 2007 (wie Anm. 8), S. 405f.
20 Diese Stele entstand im Jahr 1986 im Rahmen einer Aktion der katholischen Jugend im Erzbistum Paderborn unter Federführung des Pfarrers Meinolf Wacker. Identische Stelen wurden in Kirchengemeinden und kirchlichen Einrichtung aufgestellt.
21 Der Bau wurde als Wettbewerbserfolg vom Architekten Thomas Quack aus Herford realisiert (Auskunft im Sekretariat des Mallinckroth-Gymnasiums im Februar 2012).

Sportanlagen

Das Zentrum für den Sport wurde wenige Jahre nach der Schule in Betrieb genommen und nimmt materialtechnisch Bezug zum Hauptbau. Die beiden Großturnhallen sind teilbar und bieten mit moderner Ausstattung Gelegenheit, einen gesunden körperlichen Ausgleich zur geistigen Anstrengung zu schaffen. Dabei ist die räumliche Nähe zu den sonstigen Unterrichtsstätten ein unbestreitbarer Vorteil.

Würdigung

Dem Gebäude ist die Absicht von Bauherrn und Architekten abzulesen, durch die Sprache der Architektur zu verdeutlichen, dass es geistige Inhalte sind, welche Sinn und Zweck der Erziehung und Bildung darstellen. Die Großform des Baus versinnbildlicht das Prinzip von Verinnerlichung. In besonderer Weise wird der ruhende Pol der Architektur durch die kreisrunde Form des Pädagogischen Zentrums repräsentiert, um das sich weitere Gebäudeeinheiten gruppieren und damit den Radius ihres gemeinsamen Zentrums vergrößern. Der Grundriss thematisiert einander ausgleichende und sich kontrapunktisch ergänzende Prinzipien, indem runde und orthogonale Formen zu einem harmonischen Ganzen verschmolzen werden. Der Gestus von Geborgenheit bei gleichzeitiger Offenheit wird v.a. von der Hofseite aus eingelöst. Die im Besonderen markante Kreisform des Grundrisses wird innerhalb des Baus im Foyer und in der Kapelle nochmals als Variation des Grundmotivs aufgegriffen. Den einzelnen Bauteilen sind definierte Funktionen zugeordnet, womit sich die Nutzungsphilosophie eindeutig von Ansprüchen an Multifunktionalität um jeden Preis, wie man sie in den 1970er Jahren glaubte verwirklichen zu können, distanziert, und auf diese Weise neben einer als positiv erlebten Orientierung ohne einen irritierenden ständigen Wechsel von Bezugspunkten und sinnvollen Raumbezügen auch die Möglichkeit für eine hochwertige, weil fest installierte und dem jeweiligen Zweck in besonderer Weise dienlichen Ausstattung eröffnete. Deutlich festzustellen ist die Abkehr von einem gestalterischen »Einheitsallerlei« für einen »genormten« Menschen, vielmehr die individuelle Gestaltung von vielfältig differenzierten Außen- und Innenräumen. Alle Maßnahmen zielen darauf ab, ein Umfeld zu schaffen, in dem entspanntem Arbeiten und fruchtbarer Kommunikation positive Voraussetzungen geboten werden.

Die stringente Entwurfshaltung ist frei von Belanglosigkeit. Anleihen am traditionellen architektonischen Formenkanon sind nicht als dekorative Effekthascherei eingesetzt, sondern durch sie grenzt sich der Bau selbstbewusst ab.[22] Die Ausstattung mit langlebigen und weitgehend natürlichen Materialien trägt dazu bei, das Unverfälschte, gewissermaßen das »Wahre, Gute und Schöne«, zu versinnbildlichen. Vermutlich wird diese Aussage eher unbewusst wahrgenommen. Die unaufdringliche Hochwertigkeit der verwendeten Materialien wird durch ein zurückhaltend harmonisches Farbkonzept unterstützt. Nicht die plakative Eleganz wird gesucht, sondern der natürliche und

---

22 In diesem Zusammenhang sind z.B. Risalite, Zahnschnitte am Gesims, Säulen und Pfeiler zu nennen.

dauerhafte Wert des Materials zur Anschauung gebracht. Last not least sind es die Spolien des Vorgängerbaus und die hochwertige künstlerische Ausstattung, welche zur Unverwechselbarkeit der Schule einen unübersehbaren Beitrag leisten.

Das Mallinckroth-Gymnasium erscheint als gelungenes Beispiel dafür, wie es Architektur gelingen kann, ihren Nutzern ein Umfeld bieten, das in kreativ-konstruktiver Weise genutzt und angenommen wird. Die Aspekte des Gesamtkonzeptes sind klug aufeinander abgestimmt und bieten den Nutzern ein Angebot, das gerne und weitgehend sorgsam in Anspruch genommen wird. Was nun im Zusammenhang mit einer positiv funktionierenden Bildungseinrichtung im Vordergrund steht, ob es die Architektur selber ist oder das Potenzial der Nutzer, die entweder in konstruktiver, indifferenter oder destruktiver Weise mit dieser umgehen, das lässt sich vermutlich niemals mit Gewissheit klären. Es wird wie überall das Ineinandergreifen unterschiedlicher Faktoren sein. Im besten Fall – wie im Beispiel des Mallinckroth-Gymnasiums – sind Voraussetzungen geschaffen, die eine für alle Beteiligten gedeihliche Atmosphäre und ein Umfeld bieten, in der sich Leben und gute Lebenserfahrung entwickeln können. Der auffällig hohe Anteil ehemaliger Schüler mit einer positiven Rückverbindung durch Besuche und ein Kontakthalten zum Ort ihrer schulischen Ausbildung verdeutlichen den hohen und prägenden Stellenwert einer Schulzeit, die nicht nur fachlich auf das spätere Berufsleben vorbereitet, sondern die offensichtlich auch in ihrer Absicht und ihrem Bemühen reüssiert hat, Inhalte ins Bewusstsein der heranwachsenden Menschen einzupflanzen, die im besten Sinne geeignet sind, ein Rüstzeug zur Lebensbewältigung darzustellen. Offensichtlich ist es gelungen, einen Ort zu schaffen, der als Lebensraum wahrgenommen wird. Der hohe planerische und damit einhergehende finanzielle Aufwand sowohl im Hinblick auf die Erstellung als auch Instandhaltung erscheinen damit mehr als gerechtfertigt, tragen sie doch dazu bei, der Notwendigkeit vorzubeugen, im weiteren Verlauf einen weit unerfreulicheren Aufwand betreiben zu müssen, indem möglicherweise kostspielige Reparaturmechanismen in Gang gesetzt werden müssen. Im Hinblick auf das »Überleben« schulischer Einrichtungen in Anbetracht der demografischen Entwicklung sei in diesem Zusammenhang noch darauf hingewiesen, dass das Interesse vieler Eltern, ihre Kinder am Mallinckroth-Gymnasium anzumelden, nicht zuletzt mit dessen gelungener Architektur in Verbindung steht. Vermutlich wird man sich über zu geringe Schülerzahlen in den kommenden Jahren keine Sorgen machen müssen. Das Mallinckroth-Gymnasium könnte dazu anregen, die Ressourcenverteilung neu zu diskutieren. Nachhaltigkeit und Langlebigkeit hat ihren Preis und ist damit doch im besten Sinne preiswert. Es braucht etwas Mut, dies in Zeiten immer leerer werdender Kassen nicht aus den Augen zu verlieren.

Bildnachweis

1–4: Bauwelt 78 (1987), Heft 11, S. 1674, 1675, 1677. Foto: Dieter Leistner, Dortmund. – 5: Foto: Sonja Schöttler, 13.2.2012, Köln.

Geschichte und Theorie der Architektur als Herausforderung

Wolfgang Sonne

Wie kann man heute Geschichte und Theorie der Architektur für angehende Architektinnen und Architekten sowie Bauingenieurinnen und Bauingenieure lehren? Welchen Zugang braucht es, damit Geschichte nicht nur als das »ganz Andere«, das allein aus historisch-hermeneutischen Gründen von Interesse ist, angesehen wird? Welchen Zugang braucht es aber auch, damit Geschichte nicht als »Steinbruch«, als beliebige Verfügungsmasse, missbraucht wird? Als Nachfolger von Norbert Nußbaum auf dem Lehrstuhl für Baugeschichte (heute: Geschichte und Theorie der Architektur) an der Fakultät Bauwesen (heute: Fakultät Architektur und Bauingenieurwesen) an der Universität Dortmund (heute: Technische Universität Dortmund) – braucht es mehr Beweise für die Reformfähigkeit der deutschen Universitäten? – möchte ich hierzu die grundlegenden Überlegungen für meine Lehre vorstellen.

Die Ferne und die Nähe der Geschichte

Die Forderung nach »zeitgenössischem Bauen« ist ebenso verbreitet wie unbegründet. Sie ist eine der letzten Bastionen des Modernismus und gründet in der Ideologie, dass jede Zeit ihre eigenen architektonischen Formen haben müsse. Diese Ideologie schneidet die Bauerfahrungen der Vergangenheit von der Baupraxis der Gegenwart ab und unterminiert gleichzeitig die Relevanz der Architekturgeschichte für die heutige Architektenausbildung wie die Reichhaltigkeit der heutigen Architekturauffassung. Folgt man dieser Ideologie, so können historische Bauten keine direkten architektonischen Lehren für das zukünftige Bauen enthalten, sondern lediglich der Illustration ihrer Entstehungszeit dienen. Diese totale Historisierung der Architektur übersieht jedoch, dass es in der Architektur trotz allem historischen Wandel Bestandteile und Bedingungen gibt, die keineswegs kurzfristigen Veränderungen unterworfen sind. Gesellschaftliche Bedingungen etwa mögen sich unablässig wandeln, statische Bedingungen etwa tun dies nicht. Ja, wir befinden uns nicht selten in der paradoxen Lage, dass die für »unsere« gesellschaftlichen Bedingungen entworfenen Wohnungen weit weniger beliebt sind als die für deutlich andere gesellschaftliche Ansprüche errichteten »Altbauten«.

Wie kann das sein? Zum einen ist Architektur weit weniger von externen Faktoren determiniert, als dies gemeinhin unterstellt wird. Gesellschaftliche Bedingungen mögen eine Rolle spielen, sie sind aber niemals die einzige Bedingung der architektonischen Form und zudem keine hinreichende. Ökonomie, Politik, Technik, Kultur und nicht zuletzt Natur treten stets als weitere Bedingungsfelder hinzu – und es wäre absurd zu glauben, dass eine kleine Veränderung in einem dieser Bereiche das Ganze der Architektur revolutionieren müsse. Zum anderen gelten in der Archi-

Franzkapelle

Gustav Arnold war ein ebenso gottesfürchtiger wie eigensinniger Mann. Schon als Kind fiel er auf, weil er ständig ungebührliche Fragen stellte und mit dem Pfarrer über theologische Grundsätze stritt. Als er siebzehnjährig die elterliche Landwirtschaft übernahm, verkaufte er die Hofstelle im Dorf sofort und zog hinaus ins Moor, um dort ein Bauwerk zu errichten, das die göttliche Weltordnung verkörpern sollte. Das nüchterne Gebäude, 1907 aus bunzlauer Ziegeln errichtet, beherbergte im Erdgeschoß die Tiere, im ersten Stock eine spartanische Wohnung, darüber, dem Himmel am nächsten, eine schmucklose Kapelle. Zwei Jahre nach Fertigstellung wurde Arnold bewusst, dass er in der Hierarchie seiner „erleuchteten Wirtschaft" die Pflanzenwelt vergessen hatte. Folglich legte er unter dem Stall ein Gewächshaus an, das wegen des hohen Grundwasserspiegels die meiste Zeit unter Wasser stand. Kurz danach wurde Arnold von einer Vision heimgesucht. Der heilige Franziskus erschien und brachte ihn zu der Erkenntnis, dass die Tiere, da frei von Sünde, über den Menschen anzusiedeln seien. Also baute Arnold eine hölzerne Rampe und brachte die Kühe im ersten Stock unter, während er selbst fortan im unbeheizten Stall hauste. 1914 wurde Arnold zum Kriegsdienst eingezogen. Seine ledige Halbschwester Erna Kübler übernahm den Einödhof und stellte ihre eigene Ordnung her: Tiere in den Stall, Kinder in die Wohnung, sie selbst bewohnte die Kapelle. Arnold galt seit der Schlacht von Gorlice als verschollen. Angeblich erschien er bis in die dreißiger Jahre immer wieder auf dem Hof und forderte lauthals, die „göttliche Ordnung" wieder herzustellen. Erna Kübler und ihre Kinder gingen in den Wirren des Zweiten Weltkrieges verloren. Die Franzkapelle steht seither leer und wird anscheinend von wildlebenden Kühen bewohnt. Zwar hat man die Kühe nie im Gebäude angetroffen, doch trotz der verwinkelten Treppen finden sich auf jeder Etage immer wieder frische Kuhfladen.

1   Franzkapelle, Blatt aus der Mappe: »Schwermut und Abenteuer des Hausbaus. 24 Portraits verlorener Gebäude« (2008) von Gottfried Müller, der seit 2010 an der Fakultät für Architektur und Bauingenieurwesen der TU Dortmund das Fach Architekturdarstellung lehrt

tekturgeschichte nicht automatisch dieselben Gesetze wie in der Politik-, Sozial- oder Kunstgeschichte. Von diesen Feldern der historischen Forschung wurden bislang Entwicklungsvorstellungen unkritisch auf die Architekturgeschichte übertragen, ohne zu hinterfragen, welche spezifischen Eigenschaften der Architektur vielleicht andere Entwicklungsvorstellungen erfordern.

Ist der Glaube an die permanente notwendige Veränderung der Architektur und an die damit verbundene Irrelevanz historischer Bauerfahrung für die zeitgenössische Baupraxis erst einmal ausgeräumt, so kann man sich auch zugestehen, wie zahlreich und fundamental auch heute die Anregungen aus der Architekturgeschichte sein können. Wände stehen zumeist immer noch senkrecht, da es die Schwerkraft erfordert; Mauerwerk wird zumeist immer noch in versetzten Lagen verlegt, obwohl sich die sozialen, politischen, ökonomischen und sonstigen Bedingungen seit Römertagen mehrfach gewaltig gewandelt haben; Dächer sitzen zumeist immer noch oben auf den Häusern, da Regen trotz Klimawandel immer noch nass ist und selten von unten kommt – die Reihe dieser alltäglichen Beispiele ließe sich fortsetzen. Sie zeigt, dass tatsächlich aus der Architekturgeschichte ganz unmittelbar gelernt werden kann und gelernt wird, selbst wenn die unsinnige Forderung nach »Zeitgenössischem« erhoben wird. Auch dies ist erklärbar: Architektur ist eine Disziplin, die notwendig der Erfahrung bedarf. Sie ist keine theoretische Wissenschaft, sondern entsteht stets konkret in Raum und Zeit. In dieser geschichtlichen Ausdehnung bildet sich ihr Erfahrungsschatz. Architektur ist also ganz wesentlich Architekturgeschichte – dem kann selbst der verbohrteste Avantgardist nicht entkommen.

Von diesen grundsätzlichen Überlegungen her ergibt sich eine neue Ausrichtung der Architekturgeschichte, deren Relevanz für die Architekten- und Ingenieursausbildung evident ist. Architekturgeschichte dient nicht mehr nur dem historischen Verständnis architektonischer Formen (dies tut sie nach wie vor – die Autonomie historischer Hermeneutik ist unhintergehbar), sondern bietet auch unmittelbare Lehren für den heutigen Entwurfsprozess. Aus welcher Zeit auch immer Bauwerke stammen mögen, dem aufmerksamen Beobachter bieten sie meist eine Fülle von Kenntnissen, die er nutzbringend anwenden kann. So ist etwa die Feinheit der griechischen Steinbearbeitung nicht einfach durch die Überwindung der Sklavenhaltergesellschaft abgelegt, sondern eine Herausforderung für heutige Bauqualität. So ist die Proportionalität und Maßstäblichkeit einer Renaissancevilla nicht einfach mit dem Verlust des Humanismus *ad acta* gelegt, sondern eine Herausforderung für heutige Entwurfsarbeit. So ist die Haptik der Materialien eines Arts-and-Crafts-Hauses nicht einfach mit der Mittelalterromantik verloren, sondern eine Herausforderung für heutigen Materialeinsatz.

Viele Bedingungen der Architektur mögen sich verändert haben, dennoch behalten viele architektonische Erfahrungen ihren Wert. Architekturgeschichte hat die Aufgabe, diese Erfahrungen darzulegen und die jungen Entwerferinnen und Entwerfer für sie zu sensibilisieren. Von historischen Bauten lässt sich unmittelbar lernen – dies muss wieder erkannt und geübt werden. Selbst die unter dem Originalitätszwang des Geniekults einstudierte Furcht vor dem Kopieren gilt es zu hinterfragen: In der

Kastl

1764 kaufte Vinzenz Laaber für nur 980 Gulden den Bitzerhof bei Assmannskofen – wie sich bald herausstellte, ein schlechtes Geschäft. Der Einödhof stand an einem zugigen Tobel, die kargen Äcker gaben wenig her, doch vor allem spuckte es: Abends zogen Irrlichter ums Haus, schwarze Pilze wuchsen in den Kleidern, häufig gerieten die Tiere in Panik. Am schlimmsten war die „Druud", die nachts ins Haus kam und die Schlafenden drückte. Lange Zeit half kein Mittel gegen den Spuk, doch Laaber war nicht bereit aufzugeben. Mit Unterstützung des Pfarrers begann er 1781, den Hof radikal umzubauen. Auf drei Seiten vermauerte man alle Fenster und Türen, dem Hauptgiebel wurde eine Holzkonstruktion mit zwei gewaltigen Torflügeln vorgesetzt. Laaber ließ das Tor aufwendig mit „Heiligen und allerlei Bildwerk gegen die bösen Mächte" bemalen und zu Allerseelen 1782 weihen. Anscheinend halfen die Maßnahmen, denn die Familie harrte weiterhin aus und gewöhnte sich daran, nachts, bei schlechtem Wetter und im Winter eingeschlossen zu sein. Offenbar bereitete anfangs die Sauerstoffzufuhr erhebliche Probleme, denn während einer der ersten „Verschlussnächte" erstickten etliche Ferkel und die Grossmutter. Eiligst wurden vier mit bizarren „Geisterabweisern" versehene Luftnutzen nachgerüstet. Über sieben Generationen bewirtschafteten die Laabers den Bitzerhof mehr schlecht als recht – kein Wunder, hieß es, wenn man sich „zeitlebens im Kastl versteckt." 1921 übernahm Korbinian Laaber den elterlichen Hof. Am 6. Mai begann er, die alte Stalltür wieder aufzubrechen, tags darauf waren er und seine Familie spurlos verschwunden. 1945 ließen sich einige Flüchtlinge in dem verlassenen Anwesen nieder und verschwanden ebenfalls binnen weniger Tage. Das Gebäude befindet sich trotz des langen Leerstandes in gutem Zustand; die bemalten Torflügel verkaufte die Gemeinde vor zwei Jahren an einen Sammler aus Dubai.

2 Kastl, Blatt aus der Mappe: »Schwermut und Abenteuer des Hausbaus. 24 Portraits verlorener Gebäude« (2008) von Gottfried Müller (wie Abb. 1)

Kubus Edwin Neuhauser

Edwin Neuhauser (geb. 1929) studierte von 1949–55 Architektur und Mathematik an der technischen Hochschule Hannover. Er absolvierte mit Auszeichnung und reiste anschließend in die USA, wo er bei Eero Saarinen, Mies van der Rohe und Philip Johnson arbeitete. Nach seiner Rückkehr 1961 verdingte er sich in diversen Büros, wurde aber immer wieder nach heftigen Zerwürfnissen entlassen. Neuhauser publizierte in allen Fachzeitschriften und erwies sich als radikaler Vertreter der minimalistischen Schule. 1964 gründete er ein eigenes Büro, konnte jedoch wegen seiner kompromislosen Haltung keine Aufträge umsetzen und ging im Jahr darauf Konkurs. Bald darauf fand er in der 32 Jahre älteren Renata von Gezla-Rindesloh eine großzügige Förderin, 1967 heiratete das Paar. Edwin Neuhauser setzte sein erstes Bauvorhaben um: Ein würfelförmiges Wohnhaus in der niedersächsischen Tiefebene. Ausgehend vom Rastermaß 1 Meter, entspricht das Gebäude äußerlich einem dreidimensionalen Schachspiel. Auch bei der Innengestaltung hielt sich Neuhauser strikt an das Raster und ließ als weitere Maße nur 1/2 und 1/10 seiner Grundeinheit zu. Dementsprechend gab es in dem vierstöckigen Gebäude nur quaderförmige, festmontierte Möbel aus Sichtbeton. Neuhauser bestand sogar auf den Einbau eigens angefertigter Wasserleitungen mit Querschnitt 10x10cm. Wenige Tage nach Bezug des Hauses verließ Renata ihren Mann, reichte die Scheidung ein und ließ das Haus nach der rechtskräftigen Trennung abreißen. Da Neuhauser in Fachkreisen nicht mehr ernstgenommen wurde, verließ er Europa. Heute wirkt er in Singapur als Chefkoordinator des sozialen Wohnungsbaus.

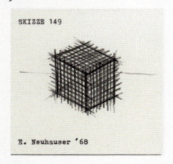

3 Kubus Edwin Neuhauser, Blatt aus der Mappe: »Schwermut und Abenteuer des Hausbaus. 24 Portraits verlorener Gebäude« (2008) von Gottfried Müller (wie Abb. 1)

Wissenschaft oder der Wirtschaft mag Kopieren (zumindest nicht nachgewiesenes Kopieren) ein Vergehen sein, in der Architektur ist es üblich, nützlich und hilfreich (zumindest sofern bewährte und gute Vorbilder oder Vorgehensweisen kopiert werden).

Die Themen und die Bedingungen der Architektur

Architektur ist ein komplexes Gebilde. Sie ist vom Menschen gemacht – und unterliegt doch den Gesetzen der Natur. Sie dient konkreten Zwecken – und hält doch meist länger als diese wechselnden Anforderungen. Sie kennt oft einen Autor – und wird doch von vielen gemacht und genutzt. Sie ist Kunst, Handwerk und Wissenschaft zugleich. Die spannendste Frage für den Entwerfer, für den, der es werden will, und für den, der Entwürfe verstehen will, ist die, wie die architektonische Form – die dreidimensionale und materielle Gestalt der Gebäude – zustande kommt. Tatsächlich ist es nicht allein der Künstler-Architekt, der im Stillen die Form bestimmt. Es sind ebenso eine Reihe mitbestimmender Faktoren, die einen Einfluss auf die Form bzw. die Gestalt der Bauten haben. Dabei können wir unterscheiden zwischen internen Faktoren, d.h. Themen, die in das Gebiet der Architektur gehören, aber nicht mit der Gestalt der Bauten identisch sind, und externen Faktoren, d.h. Bedingungen, die nicht zum Gebiet der Architektur zählen, aber einen Einfluss auf die Gestalt der Bauten haben.

Die wichtigsten internen Faktoren oder Themen der Architektur sind:
- Material
- Technik, Konstruktion
- Funktion (praktischer Zweck)
- Ästhetik (Schönheit, Erhabenheit, das Malerische)
- Semantik (die Bedeutung der Bauformen)

Die wichtigsten externen Faktoren oder Bedingungen der Architektur sind:
- Natur (Schwerkraft, Topographie, Klima)
- Ökonomie
- Gesellschaft
- Politik
- Religion, Ideologie, Philosophie
- Kunst und Kultur

Auch wenn sich die Wirkung eines einzelnen Faktors an einem bestimmten Beispiel besonders gut demonstrieren lässt oder ein einzelnes Thema bei einem bestimmten Fall besonders heraussticht, so steht doch jedes Gebäude unter dem Einfluss aller Faktoren, bzw. erfordert Entscheidungen zu allen Themen. Ja, man kann die bewusste Komplexität geradezu zu einem Qualitätsmaßstab von Architektur machen: Ein Gebäude ist dann gut, wenn es auf die Vielfalt der Faktoren unter Berücksichtigung der wichtigsten Themen möglichst umfassend angemessen reagiert. Diese Erkenntnis der komplexen Abhängigkeiten der Architektur ist keineswegs eine, die *a priori* gewonnen werden könnte. Im Gegenteil, sie bedarf der Erfahrung, der architektonischen Erfahrung – und noch genauer: der Untersuchung der architektonischen Erfahrung. Und diese architektonische Erfahrung – dauere sie nun 5 oder 5000 Jahre – ist nichts weiter als die Geschichte der Architektur, deren Untersuchung wiederum ist die Geschichtsschreibung und die Theorie der Architektur. In diesem Sinne ist die Geschichte konstitutiv für die Architektur – und eine Erkenntnis dessen, was Architektur ist, kann nur aus der Untersuchung der Geschichte der Architektur erwachsen. Deshalb ist Geschichte und Theorie der Architektur ein zentrales Fach der Architektur- und der Ingenieurausbildung.

In der Lehre werden historische Bauten von der Antike bis heute auf ihre jeweiligen Bedingungen und Themen hin untersucht. Dabei steht meist ein bestimmtes Gebäude im Mittelpunkt, dessen formale Eigenarten oder Qualitäten analysiert und die dann durch die Erforschung ihrer Faktoren erläutert und verständlich gemacht werden. Dabei soll deutlich werden, dass jeder Bau zu seiner Zeit auf spezifische Weise bestimmten Bedingungen gerecht wurde bzw. bestimmte Themen behandelte. So können die Studierenden lernen, die Bauformen aus ihrem jeweiligen historischen Entstehungszusammenhang heraus zu begreifen. Aber sie lernen noch mehr: Indem kritisch hinterfragt wird, welche Bedingungen und Themen sich gewandelt haben und welche konstant geblieben sind, können wir feststellen, welche architektonische Formen wir – trotz allem historischen Wandel – noch mit Fug und Recht weiter und wieder gebrauchen können. Auf diese Weise kann uns die Geschichte zweierlei lehren: die Komplexität der historischen Entstehungsbedingungen und das konkrete Handwerkszeug des Entwurfs.

Schluss

Wozu also Architekturgeschichte? Nicht, um eine Entwurfshaltung zu rechtfertigen. Nicht, um vermeintliche Entwicklungsgesetze zu belegen. Nicht, um gebrauchsfertige Entwurfsrezepte aufzuzeigen. Nicht, um vor den Aufgaben der Gegenwart zu flüchten. Sondern, um die vielfältigen Formen der Architektur aus ihren jeweiligen historischen Bedingungen und Absichten heraus zu verstehen. Und auch, um den reichhaltigen historischen Erfahrungsschatz des Bauens nicht fahrlässig brachliegen zu lassen. Architekturgeschichte als Herausforderung: das heißt, es zumindest nicht schlechter zu machen, als es schon einmal war.

Und wozu Architekturtheorie? Nicht, um eine Formenwahl zu rechtfertigen. Nicht, um Architektur auf ein vermeintliches Grundgesetz zu reduzieren. Nicht, um durch noch nie dagewesene Behauptungen zu verblüffen. Nicht, um ein dürftige Praxis mit verheißungsvollen Worten zu verschleiern. Sondern, um das komplizierte Gebiet der Architektur in angemessen komplexer Weise aufzufassen. Und auch, um durch ein verfeinertes Verständnis zu einer besseren Praxis zu gelangen. Architekturtheorie als Herausforderung: das heißt, es sich nicht einfacher zu machen, als es in Wirklichkeit ist.

Restaurant Kumpfmüller

Im Januar 2001 beschloss der Zellersbacher Gemeinderat die Gemarkung „Obere Gründelwiesen" zur Bebauung freizugeben. Drei ortsansässige Familien hatten dieses Ziel beharrlich über Jahrzehnte verfolgt, am meisten profitierte davon die Familie Kumpfmüller. Ihnen gehörte angeblich bereits das halbe Tal, nun wollten sie ihre vielfältigen touristischen Unternehmungen mit einem sensationellen Spitzenrestaurant krönen. Für das Bauvorhaben wurde ein junger russischer Architekt verpflichtet, dessen Entwurf heftige Proteste in der Bevölkerung hervorrief. Der Baubeginn verlief reibungslos. Doch dann lud Kumpfmüller Senior, der jedes Jahr einige Monate auf seiner namibischen Farm verbringt, seinen Architekten zu einer ausgedehnten Safari ein und übertrug die Bauleitung seinem Sohn. Als Bauherr und Architekt im Mai 2002 nach Zellersbach zurückkehrten, war das Gebäude zwar weitgehend fertig gestellt – jedoch um 180 Grad gedreht, sodass die Terrasse statt eines überwältigenden Panoramas nur Ausblick auf den steilen Hang bot. Die Folge waren familiäre Zerwürfnisse, eine Flut von Prozessen und die Einstellung der Bauarbeiten. Inzwischen ist das Bauwerk,

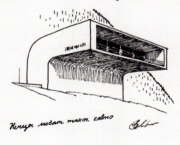

dessen schwebendes Obergeschoss ohnehin wegen statischer Berechnungsfehler starken Schwankungen ausgesetzt ist, durch die fortschreitende Erosion des Geländes einsturzgefährdet. Ob das Spitzenrestaurant Kumpfmüller jemals eröffnet wird, ist fraglich.

4   Restaurant Kumpfmüller, Blatt aus der Mappe: »Schwermut und Abenteuer des Hausbaus. 24 Portraits verlorener Gebäude« (2008) von Gottfried Müller (wie Abb. 1)

Geschichte und Theorie der Architektur als Herausforderung

Ballard und Koolhaas

Eine retroaktive Autopsie der Moderne

Claudia Deckers und Julian Jachmann

>»Dreams of the space age had filled the night,
>memories of white runways as calm as glaciers, […]«[1]

Wenn die Träume von der weißen Moderne in der heroischen Stille des Weltalls und zeitloser Gletscherlandschaften ihren Ort haben, so erscheint das unruhige Enzephalogramm[2], mit dem James Graham Ballard die Silhouette von London vergleicht, als ihr psychographisches Pendant, in das sich die Umbrüche und Widersprüche in der Architektur seit dem Zweiten Weltkrieg einschreiben. Noch vor den formalen Experimenten der sogenannten dekonstruktivistischen Architektur ist ein erster Höhepunkt in der Skepsis gegenüber einer tektonisch-funktionalistischen Autorität der gebauten Umwelt in den 1970er Jahren erreicht. Der fundamentale und theorielastige Charakter der Kritik beruht auf bislang wenig gewürdigten Verbindungspunkten zwischen Architektur und Belletristik, die anhand einer parallelen Lektüre von zwei besonders exponierten Protagonisten exemplarisch verdeutlicht werden sollen. Für die Literatur dient dabei der jüngst verstorbene britische Autor J.G. Ballard als Kronzeuge, für die Architektur und ihre Publizistik Rem Koolhaas. Der 1944 in Rotterdam geborene Architekt und sein Büro OMA zählen ebenso durch die gebauten Werke wie eine Reihe provokativer Veröffentlichungen zu den prominentesten Vertretern im postmodernen und aktuellen Architekturdiskurs. Von zentraler Bedeutung sind dabei Koolhaas' frühe Publikationen und Entwürfe, die eine Weichenstellung für sein gesamtes späteres Schaffen bedeuteten.[3] Den Anfang markiert bereits 1971 eine zielsichere Provokation: die Analyse der Berliner Mauer als architektonisches Objekt. Als würde eine derartige Nobilitierung noch nicht ausreichen, beschreibt er sie außerdem als »heartbreakingly beautiful«[4] und verdient sich somit redlich seine Stellung als enfant terrible der Architektur. Charakteristisch für seine Vorgehensweise ist jedoch, dass er keinesfalls bei derartig zynisch und elitär anmutenden Werturteilen verbleibt, sondern sich um eine Würdigung und Aneignung des Phänomens in seiner ganzen

---

[1] James Graham Ballard: Memories of the Space Age, in: James Graham Ballard: War Fever, London 1999, S. 130 (1. Publ. in: Interzone 1, 1982, Heft 2, S. 3–13).

[2] James Graham Ballard: High-Rise, London 2003, ¹1975, S. 4.

[3] Arie Graafland: Of Rhizomes, Trees, and the IJ-Oevers, Amsterdam, in: Assemblage 38, 1999, Heft 1, S. 39. – Rem Koolhaas: Delirious New York. A Retroactive Manifesto for Manhattan, New York 1994.

[4] Publiziert wurden die Ergebnisse 1993 unter dem Titel »Field Trip«. (Rem Koolhaas: Field Trip. A(A) MEMOIR (First and Last…) (1993), in: Rem Koolhaas: S,M,L,XL, Köln 1997, ¹1995, S. 222).

Komplexität gerade jenseits überkommener Wertungsraster bemüht. Die bauliche Struktur des Todesstreifens nutzt er als Ausgangspunkt für ausgehöhlte und streifenförmige Entwürfe. Das räumlich eingeschlossene und dabei ideologisch freiheitliche Westberlin führt ihn zu seiner Idee des freiwilligen Gefangenen, mit der er die paradox machtlose Allmacht der Architektur konkretisiert. Bereits 1972 setzt er diese Gedanken in einem utopischen Projekt um, dem »Exodus« genannten Beitrag für einen Wettbewerb zum Thema »The City as Meaningful Environment«.[5] Koolhaas entwirft hier einen monumentalen Streifen aus Neubebauung, der sich gewaltsam seinen Weg quer durch das Zentrum Londons bahnt. Die Struktur funktioniert wie ein von der Umwelt abgeschlossenes Flüchtlings- oder Gefangenenlager. Die Lebensqualität wird einerseits von einer Intensivierung der Sinneswahrnehmungen, andererseits durch eine archaische Unmittelbarkeit der Emotionen geprägt.[6] Eine ähnliche Stoßrichtung hatte die 1978 publizierte, aber mehrere Jahre früher entwickelte Studie zu Manhattan: »Delirious New York, a retroactive manifesto for Manhattan«. Der Autor versteht sich hier als »ghostwriter« einer Stadt, der das rückwirkende Manifest für eine nicht verbalisierte, dabei aber umso virulentere Architekturtheorie, der »Culture of Congestion«, verfasst.[7] In seinen späteren Publikationen – wichtig sind in programmatischer Hinsicht vornehmlich »S,M,L,XL« und »Content« – setzen sich diese Themen fort und werden insbesondere mit Analysen außereuropäischer Städte verbunden, die zu einer sukzessiven Stadtskepsis führen.[8]

Die Entwürfe und Publikationen von Koolhaas und OMA sind bereits in der kunsthistorischen Forschung gewürdigt und kontextualisiert worden.[9] Bislang bewegte sich der Forschungsdiskurs – nicht zuletzt auch implizit gelenkt von den wortgewaltigen Publikationen des Architekten selbst – auf einer konzeptionellen Makroebene; oftmals

---

5   Rem Koolhaas, Elia Zenghelis, Madelon Vriesendorp, Zoe Zenghelis: Exodus, or The Voluntary Prisoners of Architecture (1972), in: Koolhaas 1997 (wie Anm. 4), S. 2–21, vgl. ebd. S. 219.
6   Die Erweckung eines an den Instinkt gebundenen und an die Oberfläche drängenden Unterbewussten macht Ballard in Form einer Archaisierung und Devolution immer wieder zum Thema. So sind »[s]ecurity, food and sex« (Ballard 2003 [wie Anm. 2] S. 155) die drei treibenden Kräfte im verfallenden high-rise, wobei auch Gehör, Geruch und Tastsinn überlebensnotwendig werden (ebd. S. 67f.). In Exodus beschreibt Koolhaas, wie die Flüchtlinge im Empfangsbereich des rücksichtslos in die Topographie und Geschichte der Stadt eingreifenden »landing strip for the new architecture of collective monuments« mittels diverser Stimuli trainiert werden, ihre Sinne zu gebrauchen. (Koolhaas 1997 [wie Anm. 5], S. 7). Auch hier werden menschlicher Instinkt und Überlebensdrang angesprochen: Aggressionen und Kämpfe ersetzen sportliche Aktivitäten (ebd. S. 17f.) und die Medizin ist weniger moderne Wissenschaft denn Ritual (ebd. S. 16f.).
7   Koolhaas 1994 (wie Anm. 3), S. 10. – Vgl. hierzu auch Heike Sinning: More is More. OMA/Rem Koolhaas. Theorie und Architektur, Tübingen 2000, S. 21f.
8   In Content werden Aspekte wie Instabilität, Wandel, Freiheit und ein »almost existential pursuit of discomfort« in Hinsicht auf den (post)modernen Städtebau verhandelt (Rem Koolhaas; Brendan McGetrick (Hg.): Content. Triumph of Realization, Köln 2004, S. 16). Brendan McGetrick bezeichnet Content in seiner Einleitung als »product of the moment« (ebd. S. 16) und betrachtet die Schrift, deren Layout sich durch die oft collagenartige Vermengung evokativer Fotos von Situationen, Weltkarten und Statistiken auszeichnet, demnach selbst als eine Art Ereignis (ebd. S. 30f.).
9   Besonders verdienstvoll ist in diesem Zusammenhang die Monographie von Jacques Lucan (Hg.): OMA – Rem Koolhaas. Architecture 1970–1990, New York 1990.

werden zahlreiche Strömungen und Künstler in wenig differenzierter Weise aufgerufen, um Rezeptionsmuster bei Koolhaas aufzuzeigen.[10] Die von uns vorgeschlagene parallele Lektüre von Ballard und Koolhaas hingegen zielt auf eine stärkere Würdigung der Mikrostruktur. Obwohl Koolhaas Ballard – neben zahllosen anderen Autoren – in »S,M,L,XL« explizit zitiert[11], sind Versuche, mögliche Analogien zwischen diesen Protagonisten herauszuarbeiten, bis heute weitgehend ausgeblieben.[12]

Ähnlich Koolhaas ist Ballard bereits wissenschaftlich gewürdigt worden, auch er jedoch mit erheblichen Schwierigkeiten bezüglich einer verbindlichen Einordnung. Statt der oft bemühten Oberkategorien der Science Fiction und der Dystopie ist vor allem sein Frühwerk eher der New Wave-Literatur zuzuordnen. Diese entwickelte sich in den 1960er Jahren als Reaktion auf die sogenannte pulp-Science Fiction mit dem Ziel, nicht nur die literarischen Qualitäten des Genres zu steigern, sondern dieses auch inhaltlich zu erweitern.[13] Ballards erster Roman »The Wind from Nowhere«

---

10 Anthony Vidler macht v. a. Roland Barthes und Michel Foucault für Koolhaas namhaft, führt Koolhaas' Werk jedoch etwas einseitig auf Ironie zurück (vgl. Anthony Vidler: unHEIMlich: Über das Unbehagen in der modernen Architektur, Hamburg 2002, S. 241–7). Roberto Gargiani weist auf die Bedeutung der engen Zusammenarbeit mit Oswald Mathias Ungers hin (Roberto Gargiani: Rem Koolhaas / OMA. Essays in Architecture, London 2008, S. 25). Auch geht er auf Koolhaas' Tätigkeiten als Journalist und Drehbuchautor sowie seinen intensiven Kontakt mit Archigram, Superstudio und Archizoom während seines Architekturstudiums an der Londoner AA School ein. Grundlegendes zur Würdigung und Rezeption von Delirious New York findet sich in Philipp E. Wegner: ›The Mysterious Qualities of This Alleged Void‹: Transvaluation and Utopian Urbanism in Rem Koolhaas's S,M,L,XL, in: Imagining and Making the World. Reconsidering Architecture and Utopia, Hg. Nathaniel Coleman, Bern 2011, S. 283–298. Ferner gibt Ibelings eine gute Zusammenfassung über das Tätigkeitsprofil von Koolhaas (Hans Ibelings: Architecten in Nederland. Van Cuypers tot Koolhaas, Gent 2005, S. 39f.).
11 Zitate aus Crash finden sich hier unter »Fictions« (S. 492), »Junction« (S. 866) und »Speak« (S. 1162, 1164). Unter »Hierarchy« (S. 746, 772), »Staff« (S. 1170) und »View3« (S. 1276) zitiert Koolhaas High-Rise und eine Stelle aus Ballards Kurzgeschichte The Terminal Beach (1964) wird im Abschnitt »Remnant« (S. 1100) angegeben. »Mammals« (S. 924) rekurriert außerdem auf Ballards Project for a Glossary of the 20th Century (in: Jonathan Crary, Sanford Kwinter [Hg.]: Zone 6: Incorporations, New York 1992).
12 In der Literatur erscheinen vereinzelte Hinweise auf eine Verbindung zwischen Ballard und Koolhaas. Schinko und Morel weisen darauf hin, dass Koolhaas Ballard in S,M,L,XL zitiert (Thomas Schinko; Philippe-Marie Morel: S,M,L,XL – Rem Koolhaas und Frankreich, in: Kritische Berichte 27, 1999, Heft 3, S. 21). Hubeli hingegen ist der Ansicht, Koolhaas zitiere nicht direkt, sondern verwende lediglich indirekte literarische Bezüge (Ernst Hubeli: Rem Koolhaas' Architekturprogrammatik und Projekte vom Office for Metropolitane [sic!] Architecture, in: Werk, Bauen + Wohnen 74, 1987, Heft 5, S. 37). Simon Grant betont, dass über Ballards Einflüsse auf die Kunst bisher wenig bekannt sei (Simon Grant: Art in Ballard's Shadow, in: Apollo 171, 2010, Heft 573, S. 56). Deyan Sudjik weist auf die Wirkung Ballards auf verschiedene Architekten hin und erwähnt Koolhaas explizit (*http://www.guardian.co.uk/books/2009/apr/20/jg-ballard-film-music-architecture-tv*; eingesehen am 9.8.2012). Einen kurzen Verweis auf Ähnlichkeiten zwischen Ballard und Koolhaas liefert außerdem der Literaturkritiker Fredric Jameson in seinem Aufsatz Future City (in: New Left Review 21, 2003, Heft 3, S. 65–79).
13 Vgl. Gary Westfahl: The Popular Tradition of Science Fiction Criticism, 1926–1980, in: Science Fiction Studies 26, 1999, Heft 2, S. 187–212. Ballard räumt zwar ein, dass einige seiner frühen Kurzgeschichten und Romane wie The Drowned World (1962) oder The Crystal World (1966) der Science Fiction im klassischen Sinne sehr nahe kommen, betont jedoch, dass sie auch außerhalb des Genres gelesen werden können (Jeremy Lewis, James Graham Ballard: An Interview with J. G.

erschien 1961, der kommerzielle Durchbruch gelang ihm jedoch erst 1984 mit dem später von Steven Spielberg verfilmten »Empire of the Sun«. Schon Ballards frühe Kurzgeschichten und Romane beschäftigen sich oft mit dem Gegenstand der Architektur. Zentral wird dieses Thema jedoch erst in den 1970er Jahren und somit zeitgleich zu den entscheidenden Publikationen von Koolhaas. In »Concrete Island« (1974) und »High-Rise« (1975) stehen dabei die psychologischen und soziologischen Potentiale moderner Architekturformen im Vordergrund. Das frühere der beiden Werke ist von der Idee getragen, gerade einen Architekten durch einen Autounfall auf einer abgeschnittenen Restfläche zwischen mehreren Schnellstraßen – »literally a deserted island«[14] – stranden zu lassen. Nach etlichen ebenso qualvollen wie vergeblichen Versuchen des Verletzten, über die dicht befahrenen Straßen und durch einen Drahtzaun hindurch zu entkommen, wird diesem deutlich, dass ihm von Anfang an die Absicht gefehlt hat, eine Flucht überhaupt gelingen zu lassen. Endpunkt ist eine vollständige psychische und subjektiv-körperliche Identität des Protagonisten mit dem dreieckigen Stück Land, dessen freiwilliger Gefangener er ist: »I am the island.«[15] Vielschichtiger ist der Ansatz in »High-Rise«. Hier stellt Ballard die ideale Architektur der Moderne vor – einen technisch perfekt ausgestatteten, künstlerisch durchgestalteten Hochhaus-Wohnblock mit Gemeinschaftseinrichtungen und einer Mieterschaft, die sich ausschließlich aus wohlhabenden und gebildeten *urban professionals* zusammensetzt. Dennoch oder vielleicht gerade deshalb fällt die soziale Struktur in idealtypisch archaische Lebensformen und Stammesstrukturen zurück. Angefangen von einer Hierarchiebildung in Relation zur Stockwerkshöhe und einem Antagonismus zwischen Bewohnern mit Kindern und solchen mit Hunden führt die Entwicklung bis hin zur Alltäglichkeit tödlicher Gewalt, Vandalismus und sexueller Perversionen. Ballard schildert diese ›umgekehrte Evolution‹ anhand von drei Bewohnern des Hauses. Während sich der ehemalige Rugby-Spieler Wilder, auf seine physische und psychische Überlegenheit vertrauend, von seinem Apartment am Fuß des Gebäudes bis auf die Dachfläche kämpft, versucht sein Gegenspieler, der in einem Penthaus residierende Architekt Royal, die Undurchlässigkeit der hierarchischen Schichtung aufrecht zu erhalten. Die Antagonisten scheitern letztlich, und es ist der anpassungsfähige Dr. Laing aus der Mitte des Gebäudes, der dessen Möglichkeiten für die neue Unmittelbarkeit vorzivilisatorischer Lebensformen voll ausschöpfen kann.

Eine erste auffällige Parallele zwischen Ballard und Koolhaas scheint in den Urteilen der Sekundärliteratur und Kritiker bezüglich ihres Wertespektrums auf. Die scheinbar unberechenbaren und ambivalenten Wertungen in ihren Werken werden nicht selten als widersprüchlich oder zynisch charakterisiert, was eine Auslegung erschwert.[16]

Ballard, in: Mississippi Review 20, 1991, Heft 1, S. 35). Für einen Überblick über Ballards frühes und reifes Werk s. David Pringle, J. G. Ballard: A primary and secondary bibliography, Boston, Mass. 1984.

14 James Graham Ballard: Concrete Island, London 1994, ¹1974, S. 32.
15 BALLARD 1994 (wie Anm. 14), S. 71.
16 Schinko und Morel verweisen auf Koolhaas' Ambivalenz, indem sie ihm eine »zuweilen zynische oder optimistische Vision der urbanen Welt« attestieren (SCHINKO/MOREL 1999 [wie Anm. 12],

Charakteristisch ist beispielsweise Koolhaas' Vorschlag, eine dreidimensionale lebensgroße Version von Gericaults »Floß der Medusa« als Tanzfläche vor einem Hotelhochhaus in Manhattan treiben zu lassen, auf das die Gäste von ihren Zimmern und Bars herabblicken können: »Guests feel like captains here, drinking their cocktails in the euphoria of apparent control, oblivious to the disaster that occurs 30 floors below them.«[17] Eine berechtigte aber nicht erschöpfende Interpretation dieses Motivs betont seine Wirkung als Spiel mit einem Zitat aus dem bürgerlichen Bildungskanon, seine ironische Brechung sowie den werbewirksam kalkulierten Überraschungsmoment und Schockeffekt, der mit der Überlagerung menschlicher Tragödie und trivialer Unterhaltung verbunden ist. Bei einem Vergleich mit Ballard wird jedoch deutlich, dass die Aneignung eines Ereignisses im Sinne einer kulturell vereinnahmten Katastrophe zu einem zentralen künstlerischen Thema wird.[18] Die künstlerisch aufgearbeitete historische Katastrophe, die hier ebenso dargestellt wie ignoriert wird, kollidiert dabei mit einer gänzlich unerwarteten realen, wenn Koolhaas an einer anderen Stelle seines Werkes schildert, wie eine zweite schwimmende Struktur – eine Mischung aus Schiff und Schwimmbecken, welche die konstruktivistische Moderne symbolisiert –, das postmoderne Floß rammt und zerschneidet.

Eine vergleichbare Überlagerung von Unglück und Alltag findet sich bei Ballard bereits in den einleitenden Sätzen von »High-Rise«, welche die Charakteristika seiner Erzählweise idealtypisch verdichten: »Later, as he sat on his balcony eating the dog, Dr Robert Laing reflected on the unusual events that had taken place within this huge apartment building during the previous three months. Now that everything had returned to normal, he was surprised that there had been no obvious beginning, no point beyond which their lives had moved into a clearly more sinister dimension.«[19] Neben der Verschränkung von Alltäglichem und Abseitigem, der Gegenüberstellung überraschender und scheinbar konventioneller Werturteile ist es vor allem der Wechsel der Perspektive bzw. des Betrachtungsabstands, der den Autor hier wie ein Pendant zu Koolhaas im Bereich der Literatur erscheinen lässt. Auf einer deskriptiven Ebene lässt sich dieser Wechsel als Spannungsverhältnis bezeichnen: Ausgehend von der äußerst knappen Schilderung einer konkreten Situation – dem zweifelhaften Genuss gegrillten Schäferhundes auf dem Balkon – lässt Ballard seinen Protagonisten gedanklich abschweifen, wodurch diesem verblüffenden Nahblick sogleich eine Ebene der Reflexion oder Fernsicht zur Seite gestellt wird. Letztere manifestiert sich in verallgemeinernden Urteilen von technokratischer Kühle, einer bisweilen geradezu

---

S. 35). Auch Hubeli nennt Koolhaas' Werke »mehrdeutig und unberechenbar« (HUBELI 1987 [wie Anm. 12], S. 39). Ähnlich wurde Ballard oft für die vermeintlich fehlende politische Aussage seiner Werke angegriffen (vgl. Brian Baker: The Geometry of the Space Age: James Graham Ballard's Short Fiction and Science Fiction of the 1960s, in: Jeanette Baxter [Hg.]: J. G. Ballard. Contemporary Critical Perspectives, London 2008, S. 14. – Michel Delville: J. G. Ballard, Plymouth 1998).

17   KOOLHAAS 1994 (wie Anm. 3), S. 306.
18   Ballard bedient sich v.a. der Popkultur auf ähnliche Weise. In seinem 1973 erschienenen Roman »Crash« ist der zentrale Charakter Vaughan besessen von tödlichen Autounfällen prominenter Persönlichkeiten wie James Dean, Jayne Mansfield oder Albert Camus, die er vor Publikum nachstellt.
19   BALLARD 2003 (wie Anm. 2), S. 1.

historiographischen Schilderung von Abläufen oder der kartographischen Überschau vom Feldherrenhügel aus. Gerade in der Verbindung dieser scheinbar gegensätzlichen Sichtweisen auf der Mikroebene von Narration und Raumprogramm sind Ballard und Koolhaas vergleichbar. Ein zentrales Schlagwort findet sich ebenfalls in dem bereits angegebenen Zitat: das Ereignis.[20] Die Prosa von Ballard zeichnet sich durch einen szenischen Stil aus, der einzelne Episoden von hoher evokativer Kraft in eher loser Weise zu einer sich langsam entwickelnden Geschichte verflicht. Auf diese Weise möchte der Autor unter anderem ähnlichen Erscheinungen isolierter Informationsbruchsteine in den modernen Massenmedien begegnen.[21] Es sind diese einzelnen Szenen, die als lebendige Bilder mit großer assoziativer Wirkung gestaltet und dem eher rational-technokratischen Blick kontrastierend gegenübergestellt werden: »Ballard's vignettes often seem to exist in a sterilized vacuum which seems quite remote from the deep, ›archeopsychic‹ sense of self experienced by the protagonists of his disaster novels. As in Wesselman's depthless nudes and much of Pop art, what remains here is an unsubstantial, reified ›I‹ lost in a maze of fractured images and phantasmagoric fictions [...].«[22] Für die Frage nach der »situative[n] Umsetzung von Bedeutung«[23] in der Literatur und der damit verbundenen Interdependenz von Raum und Handlung hat Gerhard Hoffmann bereits 1978 in seiner Schrift »Raum, Situation, erzählte Wirklichkeit« ausgehend von einer Analyse der Geschichte englischer und amerikanischer Literatur eine kritische Terminologie vorgeschlagen, die sich für die Werke von Ballard und Koolhaas als hilfreich erweist. Der Literaturwissenschaftler unterscheidet zwischen Panorama, Tableau[24] und Szene.[25] Während das Panorama vom statischen Betrachterstandpunkt aus einen Überblick ermöglicht und über seinen »Totalitätscharakter«[26] mit dem Unendlichen verbunden ist, so steht diesem die Szene als zeitlich bestimmt und geordnet gegenüber. Hier dominieren die Nahsicht und oft

---

20 Die Abfolge der Ereignisse ist bei Koolhaas wie auch bei Ballard essentiell von einem filmischen Charakter im Sinne Gilles Deleuzes geprägt. Während ersterer als Drehbuchautor tätig war (vgl. Hubeli 1987 [wie Anm. 12], S. 37), beschreibt Corin Depper die Erzählweise Ballards als »endless, cyclical tracking shot« (Corin Depper: The Cinematic Imagination of J. G. Ballard, in: Jeanette Baxter [Hg.]: J. G. Ballard. Contemporary Critical Perspectives, London 2008, S. 53).
21 Delville (wie Anm. 16), S. 27.
22 Ebd. S. 25.
23 Gerhard Hoffmann: Raum, Situation, erzählte Wirklichkeit. Poetologische und historische Studien zum englischen und amerikanischen Roman, Stuttgart 1978, S. X.
24 Der Begriff Tableau bezeichnet ein Bild, das sich aus mehreren in statischen Posituren befindlichen Figuren zusammensetzt. Tableaux fanden sich häufig am Ende von Akten in Melodramen und Possenspielen des 19. Jahrhunderts. In der Literaturwissenschaft wird der Terminus für Beschreibungen eher statisch arrangierter Szenen mit mehreren Personen herangezogen (Chris Baldick: The Concise Oxford Dictionary of Literary Terms, New York 2004).
25 Gerhard Hoffmann differenziert »Panorama, Tableau, räumlich-bestimmte Szene« (Hoffmann 1978, S. XI) wie folgt: Das Panorama ist statisch und dient dem Überblick. Das Tableau hingegen wird als eine nahsichtige Beschreibung in Bewegung, bei der das Element der Zeit aufgehoben ist und anhand derer komplizierte simultane Überlagerungen vermittelt werden können, definiert. Die Szene verschafft einen Nahblick, zeichnet sich jedoch durch räumliche und zeitliche Geschlossenheit aus. Diese drei Typen können Mischformen ausbilden (vgl. Hoffmann 1978 [wie Anm. 23], S. 446–8).
26 Hoffmann 1978 (wie Anm. 23), S. 460f.

auch der Dialog.[27] Wichtig ist nun, dass Hoffmann zwischen der panoramatischen und szenischen Struktur das Tableau als Schnittstelle oder Scharnier namhaft macht. Charakteristisch sei hier die Beschreibung aus der Bewegung heraus, wobei jedoch die Handlungen wie in einem Bild eingefroren werden oder zumindest gegenüber der räumlichen Anordnung zurücktreten. Auf diese Weise verbindet das Tableau die Statik des Panoramas mit der Zeitgebundenheit der Szene. Auch bezüglich der Maßstabsebene besitzt es eine Mittlerrolle zwischen Überblick und Nahsicht. In der Gelenkfunktion erschöpft sich die Rolle des Tableaus jedoch nicht, vielmehr eignet es sich durch seinen spezifischen »Simultaneitätseffekt« bei gleichzeitiger Vermittlung eines scheinbar objektiven Darstellungscharakters besonders für eine Kontraststeigerung, für Ironisierungen und Relativierungen.[28] Die Werke von Ballard und Koolhaas zeichnen sich durch einen starken Gebrauch der Darstellungsform des Tableaus aus, mittels derer szenische und panoramatische Darstellungen zusammengeführt, verschränkt und für die Argumentation nutzbar gemacht werden.

Diese Struktur findet sich bei den Schilderungen des räumlich-architektonischen Kontextes ebenso wieder wie bei Dialogen oder den kurzen, aber dramatischen Handlungssträngen. So ist der Ausgangspunkt der als Rückblende begonnenen Erzählung der detailliert geschilderte Sturz einer Sektflasche auf den Balkon von Laing. Dieses scheinbar unwichtige Ereignis wird in einem Dialog mit Wilder als Resultat einer grundlegenden Entwicklung gedeutet – der gerade jetzt als »critical mass« bezeichneten Vollbesetzung des Wohnhochhauses. Das einzelne Ereignis wird zum Fingerzeig für die tektonischen Verschiebungen innerhalb der Erzählung, umgekehrt setzt sich letztere jedoch gerade aus diesen szenischen und heterogenen Mosaiksteinen zusammen. Diese paradoxe Überblendung und Verschneidung von Nahsicht und Überblick, von Aktion und Analyse, Detail und Ganzem innerhalb seines Tableaus nutzt Ballard als Erzähltechnik, um weitere herkömmliche Dichotomien aufzubrechen und in Frage zu stellen, wie insbesondere die Kluft zwischen soziologischer und psychologischer Betrachtungsweise, zwischen moralischen Werturteilen und neutraler Schilderung oder Imagination und Realität. Deutlich wird dies an einer Stelle, die gerade Koolhaas wörtlich zitiert: »The fiction is already there. The writer's task is to invent the reality.«[29] Ihren Extrempunkt besitzt diese Technik in der Aufhebung der Grenze zwischen Objekt und Subjekt, wenn etwa der Protagonist und sein architektonischer Ort eins werden.

Interessant ist im Kontext unserer Fragestellung vornehmlich die unmittelbare Verbindung des Tableaus mit der Architektur. Ballard meidet es, der Architektur einen entweder rein passiven oder rein aktiven Charakter zuzuweisen. Zentral ist stattdessen der Begriff der Möglichkeit[30], welche durch eine architektonische Struktur eröffnet wird:

---

27 Ebd., S. 534ff.
28 Ebd., S. 481ff., 533.
29 KOOLHAAS 1997 (wie Anm. 4), S. 492 (»Fictions«), zitiert nach: James Graham Ballard, Einleitung zu Crash, New York 1989.
30 Ballard zufolge sei die Architektur in High-Rise »[n]ot to blame«, vielmehr ermögliche sie »the whole set of unfolding logics« (PRINGLE 1984 [wie Anm. 13], S. 17).

»With its forty floors and thousand apartments, its supermarket and swimming-pools, bank and junior school – all in effect abandoned in the sky – the high-rise offered more than enough opportunities for violence and confrontation.«[31] Dabei wirkt die Differenzierung der Räumlichkeiten anregend und strukturbildend: Die Isolation der einzelnen Wohnzellen bietet inzestuösen Kernfamilien Raum, benachbarte Stockwerke verbinden sich zu Stammesgesellschaften, die Aufzüge, Treppen und Gemeinschaftseinrichtungen dienen als Ausgangspunkt für ritualisierte und tödliche Gewaltakte. Gleichzeitig ist jedoch der Aspekt einer teilweise rabiaten und anarchischen Aneignung der Räume zentral, das heißt die geradezu schöpferische und dadaistische Weise, wie die Bewohner die Räume und Artefakte einer aufgeklärt-pragmatischen Kulturvorstellung zu Fetischen, Tabus und Waffen umwidmen. Die Architektur ist hier weder Zwangsjacke noch neutraler Rahmen, sondern eine Art katalysatorgesättigtes Substrat, das mit einer Abfolge räumlicher Zwänge und Freiheiten soziale Entwicklungen und psychologische Prozesse zum Keimen bringt – oder wie Jonathan Crary in seiner Analyse von Ballards »Atrocity Exhibition« (1969) formuliert: »a fully saturated spectacular space neutralizes the interpretive delirium of paranoia at the very moment of inciting it«.[32] Gerade diesbezüglich ist erneut der Maßstabswechsel wichtig, der die Narrationstechnik von Ballard prägt. Die architektonische Struktur ist so gewählt, dass neben klaustrophobisch engen und phänomenologisch konkreten Situationen auch immer wieder Überblicke entstehen: Der enge Kastenraum des Aufzugs neben der flugzeugträgergroßen Dachterrasse, die abgeschlossene einzelne Wohnung neben dem Blick auf die Gesamtheit der identischen Nachbargebäude vom Balkon aus. Erst durch die Perspektivwechsel der einzelnen Tableaus entsteht die für Ballard charakteristische Verbindung aus dichter Atmosphäre und distanziertem Blick. Diese lassen sich letztlich auch als moralischer Appell deuten, den Menschen in der Intransparenz seiner Komplexität ernst zu nehmen statt ihn durch die pseudorationalen Konstrukte technokratisch instrumentalisierter Sozialwissenschaften zu ersetzen, die der Autor als Ausdruck seelischer Abgründe für seine Darstellung vereinnahmt. Die Leichtfüßigkeit, mit der Ballard zwischen diesen Perspektiven springt, entspricht einer biographischen Zäsur – nach einem abgebrochenen Medizinstudium war der Autor kurzzeitig auch als Pilot tätig. Das anatomische invasiv-detaillierte Arbeiten und der euklidische Blick aus der Vogelschau entsprechen exakt den beiden Polen seiner Erzählweise.[33]

Eine Parallele zu Koolhaas ist in der mehrfachen und engen Verbindung von baulichem Raum und literarischer Form augenfällig. Der Architekt und Autor behandelt Baukunst wie Collagen, Projektpublikationen wie Lexika oder Werbebroschüren; die Intermedialität wird zu einem zentralen Mittel des Entwurfes und seiner Artikulation. Weit wichtiger ist jedoch eine noch unmittelbarere Analogie bezüglich des erwähnten

---

31 BALLARD 2003 (wie Anm. 2), S. 1.
32 Jonathan Crary: Eclipse of the Spectacle, in: Brian Wallis [Hg.]: Art after Modernism – rethinking Representation, New York 1984, S. 283–294, hier S. 291.
33 Dieser ›zweifache Blick‹ kommt in vielen von Ballards Werke zum Tragen, so setzt der Autor sich nicht nur immer wieder mit der Psychoanalyse auseinander, sondern thematisiert wiederholt das Fliegen und den damit einhergehenden Perspektivwechsel.

Perspektivwechsels: Für Koolhaas ist die Darstellungsweise der Axonometrie, also einer Parallelprojektion ohne festgelegten Betrachterstandort, die einen distanziert-schwebenden Blickpunkt vor oder über dem Objekt impliziert, besonders wichtig.[34] Ähnlich verwendet er kartographische und diagrammatische Darstellungen, die einen Überblick erlauben und übergreifende Zusammenhänge erläutern. Die rationalen Ansprüche dieser Visualisierungsformen werden jedoch stets durch eine Konfrontation mit Bildtypen vom anderen Ende des Spektrums an Möglichkeiten als cartesianischer Mythos entlarvt. Porträts, assoziationsreiche Details, Standbilder aus Filmen, visuelle Zitate und Werbebilder werden zu ironischen Collagen zusammengefügt oder einander zumindest kontrastierend gegenübergestellt, wobei diese Sinneinheiten als Tableaus im Sinne von Hoffmann verstanden werden können. Bezeichnend ist etwa eine Seite in »Delirious New York«, auf der ein Grundriss von New Amsterdam mit einer Darstellung kombiniert wird, welche die historische Szene des Landkaufes des Manhattan-Gebietes zeigt.[35] Noch ausgeprägter ist die Abfolge von Grundriss, dicht gestalteten Collagen, Vogelschau und pornographischen Standbildern in *Exodus*. Verschiedene Medien können bei Koolhaas sowohl zusammen verwendet als auch auf analoge Wirkung hin geprüft werden. So gemahnt seine Charakterisierung der Shopping Mall als »quasi-panoptical universe in which all contents rearrange themselves in split seconds around the dizzy eye of the beholder«[36] weit eher an die Wahrnehmung eines Filmes als einer Architektur. Der strukturelle Zusammenhang zwischen den Einzelmotiven der Nahsicht kann wie bei Ballard am besten über die Kategorien des Ereignisses und des Tableaus beschrieben werden, die Koolhaas auch für die (In)kohärenz seines eigenen Œuvres in Anspruch nimmt: »Architecture is by definition a chaotic adventure. Coherence imposed on an architect's work is either cosmetic or the result of self-censorship.«[37]

In der sprachlichen Argumentation sowie den Raumkonzepten findet sich dieser Kontrast der Blickweisen, der auf Überraschung und Irritation zielt, ebenso wieder wie in seiner gebauten oder geplanten Architektur. In »Exodus« beginnt Koolhaas beispielsweise mit biblischem Pathos: »Once, a city was divided in two parts.« Das auf diese Weise gerahmte Tableau wird dann von einer ebenso atmosphärisch dichten wie detaillierten Beschreibung des Raumprogramms ausgemalt. Gerade seine konzeptionellen Grundlagen sind von diesem Umgang mit Wahrnehmung geprägt und sorgen trotz aller Wandlungen und inhärenter Widersprüche für eine Kohärenz seiner Standpunkte von »Exodus« bis zu »Generic City«. Sie manifestieren sich konkret in den Entwürfen von OMA für den Parc de la Villette von 1982/3.

---

34 Vgl. GARGIANI 2008 (wie Anm. 10), S. 22. Die Möglichkeiten der Axonometrie werden auch für eine verfremdende Distanzierung zum Objekt genutzt, so etwa bei der Darstellung des Gefängnisses in Arnheim, das durch die gewählte Geometrie merkwürdig verzerrt wirkt. Die über dem aufgeschnittenen Objekt schwebende Kuppel lässt hierbei den Eindruck entstehen als handele es sich um ein geöffnetes Modell (KOOLHAAS 1997 [wie Anm. 4], S. 252f.).
35 KOOLHAAS 1994 (wie Anm. 3), S. 16.
36 Rem Koolhaas: Junk-space, in: KOOLHAAS/McGETRICK 2004 (wie Anm. 8), S. 177.
37 KOOLHAAS 1997 (wie Anm. 4), S. xix.

Im Sinne einer »mise-en-scène« von Natur sollten hier durch Baumreihen »screens«, »curtains« oder auch »sliding landscapes« geschaffen werden, die zwei Wahrnehmungsweisen ermöglichen. Blickt der Besucher orthogonal auf die Reihen und somit auch durch sie hindurch, wird ihm ihre Überlagerung deutlich. In diesem Moment wird gleichzeitig Komplexität erzeugt wie intelligibel gemacht, indem sich die Verfahrensweise der räumlichen Schichtung offenbart. Richtet er den Blick hingegen zwischen die Reihen, wirken diese wie Grenzen, die situative Binnenräume erzeugen: »This play of enclaves and connections produces the effect of contracting or expanding the apparent depth of field.«[38] Auch in der Erschließung seiner Bauten entwickelt Koolhaas Konzepte mit ähnlicher Stoßrichtung. Besonders wichtig wurde für ihn die Idee der Zusammenfassung von Stockwerken durch Rampen und Halbgeschosse zu einem Kontinuum, etwa in den Bibliotheken Jussieu. Ähnlich lässt sich die Erschließungslösung des sogenannten Trajektes verstehen, eines sich vor, durch und aus dem Bau der niederländischen Botschaft in Berlin windenden Erschließungsraumes einschließlich Rampen und Treppen.[39] François Chaslin charakterisiert diesen wie folgt, indem er den Ausgangspunkt in einer Freifläche erkennt, die Hauptbau und Nebenflügel trennt: »This empty space frees the building, disengaging it as though it had been cut out from the mass of the cluster. Then the void penetrates it brusquely at the first floor, on the level of the foyer, and rolls up within it in the form of the interior ›trajectory‹, in a jerky, irregular ascent. [...] The superimposition creates chance events along the way, as though knotted within the hollow of the block.«[40] Chaslin vollzieht in seinem Text sehr ausführlich den Weg durch das Gebäude nach, was auch die hervorragende Verbalisierbarkeit von Koolhaas' Architektur belegt, und beschreibt ihn als eine Reihe von intensiven und vielfältigen Eindrücken und Assoziationen.[41] Auch die Darstellungen der Botschaft in den Publikationen von Koolhaas belegen, dass es hier um eine Abfolge überraschender und vielfältiger Eindrücke geht, die durch die lineare Struktur des Trajektes zu einem Tableau verbunden sind.[42]

---

38 Zitiert nach LUCAN 1990 (wie Anm. 9), S. 89–91. Auch hier sind die beiden Wahrnehmungsweisen des Überblicks und des Involviertseins als eine Art Kippeffekt in Szene gesetzt. Ähnlich sollen Promenade und Boulevard unterschiedliche Wahrnehmungen implizieren: erstere durch Überraschungen, letzterer durch einen Überblick, der das Kommende lange vorher erkennen lässt.

39 Vgl. Anna Klingmann, Rem Koolhaas: Architektur als kollektiver Erlebnisraum. Rem Koolhaas im Gespräch, in: Tain 5, 1998, S. 50–56. Anna Klingmann spricht hier die »cinematischen Szenenfolgen« von Koolhaas' Räumen an und stellt eine Verbindung zum Passagen-Werk Walter Benjamins, insbesondere zur Theorie des Flanierens, aber auch zu den Szenen eines Theaterstücks her. Große Bedeutung misst Koolhaas Verkehrsanlagen bei, die weniger programmatisch bestimmt seien und so Freiheiten in der Bewegung und Verschränkungen zwischen verschiedenen Aspekten bieten (S. 52f.).

40 Zur Botschaft vgl. François Chaslin/OMA: The Dutch Embassy in Berlin by OMA/Rem Koolhaas, Rotterdam 2004, S. 35f.

41 Chaslin nutzt diese Art der Beschreibung auch, um das Konzept von der ›promenade architecturale‹ von Le Corbusier abzugrenzen, die er als »contemplative and slightly narcissistic vision« (CHASLIN 2004 [wie Anm. 40], S. 42) beschreibt.

42 Vgl. KOOLHAAS/MCGETRICK 2004 (wie Anm. 8), S. 360ff.

Mit dem Erzeugen von Komplexität und Widersprüchen[43] ist die bei Koolhaas so omnipräsente Methode graphischer Überlagerungen als Ausgangspunkt für den Entwurf verbunden, deren Intention sich ebenfalls mit einem Blick auf Ballard grundlegender erschließt. Auf einer eher technischen Ebene ist dieses Verfahren geeignet, Ereignisse durch eine Kombination aus Planung und Zufallselement herzustellen oder zu provozieren. Auf diese Weise sind sie einer nachträglichen und verbalisierten Analyse prinzipiell zugänglich – über ein archäologisches oder anatomisches Auseinanderpräparieren der überlagerten Schichten – ohne dabei in monokausale Muster oder Planbarkeitsillusionen zu verfallen. Gleichzeitig impliziert dieses Verfahren eine gewisse Offenheit, indem die Auswahl der geschichteten Strukturen selbst keine Verbindlichkeit besitzt, sondern als *pars pro toto* für die prinzipiell infiniten Möglichkeiten der Interpretation und Aneignung stehen. Die extremste Form gewinnt diese Überlagerung bei der von Ballard und Koolhaas mehrfach aufgegriffenen Negation der Subjekt-Objekt-Grenze: Der Nutzer wird selbst zum Bauwerk, psychisch oder physisch.[44] Dieser Gedanke findet sich bei Ballard noch deutlicher als bei Koolhaas. Der auf der »Concrete Island« schiffbrüchige Architekt versucht zunächst als rational-selbstreflexiver Robinson Crusoe seiner Situation mit dem Diktum technischer Beherrschbarkeit zu begegnen, um sich schließlich mehr und mehr mit seiner räumlichen Umgebung zu identifizieren.[45] Bei Koolhaas hingegen ist es eher das Bauwerk, das menschliche Züge annimmt, wenn es etwa einer Lobotomie unterworfen werden kann[46] – auch diese Idee findet sich bei Ballard wieder, der die buchstäbliche Psychose eines Bauwerkes in den Fokus einer Erzählung rückt.[47]

Die von der Architektur begünstigten Ereignisse sind bei Ballard und Koolhaas ganz ähnlichen sozialen und psychologischen Zielen zugeordnet, wobei diese Parallele

---

43 Vgl. Robert Venturi: Complexity and Contradiction in Architecture, New York 1966.
44 In High-Rise kommt die Auflösung der Subjekt-Objekt-Dichotomie, die Verschmelzung von Mensch und Architektur, besonders deutlich zum Tragen. Mit dem Verfall gesellschaftlicher Regeln und Normen innerhalb des Hochhauses ist schließlich auch dessen organischer Tod verbunden. In seinem Essay Junk-space (2001) fragt Koolhaas: »Will Junkspace invade the body?« und überträgt dieses Konzept auf den durch Schönheitsoperationen und Gentechnik veränderbaren Körper (KOOLHAAS 2004 [wie Anm. 36], S. 189).
45 Vgl. BALLARD 1994 (wie Anm. 14), S. 40, 44, 64f.
46 Die Künstlerin und Mitbegründerin von OMA Madelon Vriesendorp schuf eine Serie surrealistischer Gemälde mit dem Titel The Secret Life of Buildings, in der Gebäude Manhattans menschliche Handlungen vollziehen. Gargiani sieht hier zurecht Verbindungen zu Dalí, Freud, Magritte und einem von Koolhaas geschilderten Maskenball in New York 1931, auf dem Architekten als Gebäude verkleidet auftraten (GARGIANI 2008 [wie Anm. 10], S. 26–29; KOOLHAAS 1994 [wie Anm. 3], S. 128f.).
47 Vgl. James Graham Ballard: The Thousand Dreams of Stellavista (1962), in: James Graham Ballard, Vermillion Sands, London 2001, ¹1973, S. 185–208. Die Gleichsetzung von Architektur und menschlicher Seele oder subjektiver Körpervorstellungen wird bei Ballard wie auch Koolhaas mit Begriffen aus der Psychologie beschrieben. In Nachfolge entsprechender Ansätze im Surrealismus werden Psychosen, Paranoia oder Hysterie zu schöpferischen und positiven Momenten umgedeutet, (vgl. KOOLHAAS 1994 [wie Anm. 3] S. 103–5, 247ff.). Koolhaas schätzt v. a. die paranoisch-kritische Methode Salvador Dalís, weil hier Analyse und Schöpfung identisch werden (GARGIANI 2008, S. 12f.; für Ballard vgl. BAXTER 2008 [wie Anm. 16], S. 5; PRINGLE 1984 [wie Anm. 13], S. xiv).

bei einem Vergleich von »High-Rise« und »Exodus« besonders eklatant wird. In beiden Fällen werden die Errungenschaften und Instrumente der Moderne zu archaisierenden Fetischen und räumlichen Tabus umgewidmet[48] und in beiden Fällen dienen gerade das Bad und das Hochhaus als »social condenser«[49], »incubator«[50] sowie als Ausgangspunkt für eine »creative chain reaction«.[51] Koolhaas macht hier nicht nur einen Gebrauch von diesen beiden Architekturformen, welcher demjenigen bei Ballard nahezu identisch ist, sondern nutzt sie wie dieser auch, um eine Spannung zwischen der Immersion des Badens und dem möglichen Überblick aus der Perspektive der Vogelschau aufzubauen. Ersteres dient dabei eher sozialisierend-erotischen Zwecken, während das Hochhaus – »channel[ing] aggressive desires into creative confrontations«[52] – mit Kampf und Aggressivität verbunden ist (vgl. Abb. 1, 2). Auch Formulierungen wie »a reservoir of sustained tension waiting to be released«[53], »the Park is a Sanatorium where the patients recover from remnants of Old World infections«[54] oder »this incredibly demanding and mutant form of social behavior« könnten wörtlich auf die Beschreibungen baulicher Strukturen bei Ballard übertragen werden. Architektonisch gibt Koolhaas dieser Idee die Form von zwei Hochhäusern. In der Darstellung werden sie von einer Formation von Kampfflugzeugen als Symbol ritualisierter Gewalt überflogen – man mag sich Ballard im Cockpit vorstellen. Das erste der beiden Bauwerke besteht aus 42 Plattformen und einem Magnetfeld, »a tension that mirrors the psychological motivations of their users.«[55] Die einzelnen horizontalen Elemente bieten sowohl kleinere Räume für Kämpfe zwischen wenigen Personen wie größere Flächen für Gruppenkonflikte. Durch Sichtverbindungen wird die Dynamik der Situation verstärkt, zusätzlich ist der Aufstieg das unbewusste Ziel jedes Kombattanten – eine gewaltsame Durchdringung der Architektur, die wiederum mit einem wachsenden Überblick belohnt wird: »as they pierce each floor, their view of the activities below improves, and around the architecture of great height they experience an exhilarating new sensation of the unfolding spectacle«.[56] Dem Abstieg dient der zweite Turm, so stoßen sich die Kämpfer gegenseitig von den Stockwerken des ersten Gebäudes, um dann durch die Spirale des zweiten zu stürzen, die auch psychologisch das Gegenstück zum vollzogenen aggressiven Aufstieg darstellt: »the relentless spiral of introspection«.[57] Auf physikalisch nicht weiter erläuterte Weise

---

48 Vgl. Koolhaas 1997 (wie Anm. 5), S. 16f.
49 Als wichtigen historischen Bau beschreibt Koolhaas den Downtown Athletic Club von 1931. Dort gehe die ›Culture of Congestion‹ die perfekte Synthese mit dem Hochhaus ein: »In the Downtown Athletic Club the Skyscraper is used as a Constructivist Social Condenser: a machine to generate and intensify desirable forms of human intercourse.« (Koolhaas 1994 [wie Anm. 3], S. 152f.).
50 Koolhaas 1994 (wie Anm. 3), S 158.
51 Koolhaas 1997 (wie Anm. 4), S. 13f.
52 Ebd., S. 17.
53 Ebd., S. 19.
54 Ebd.
55 Ebd., S. 17.
56 Ebd.
57 Ebd.

1 Reception Area, Teil des Projektes Exodus (Rem Koolhaas u. a. 1972; Collage 26,7 × 36,8 cm)

können die »human missiles«[58] sich in Wandöffnungen der Spirale retten, um ihren gemeinsamen Sieg in einer stadionartigen Struktur des Parks zu feiern.

Hinter diesen fantastisch kolorierten Utopien verbergen sich bei Koolhaas vergleichsweise konventionelle, geradezu idealistische Vorstellungen von Stadt. Die hysterisch dichte Abfolge von Ereignissen, in die sich die Architektur einzureihen hat, ist letztlich einem urbanen Lebensziel mit eigenem kulturellem Wert zugeordnet.[59] In »Delirious New York« gründet er diesen Gedanken auf einer historischen Analyse von Manhattan. Auch hier argumentiert Koolhaas vergleichsweise philanthropisch. Die oft in existenzialistischer Radikalität durchgespielten Ereignisse und Möglichkeiten in den benachbarten Vergnügungsparks auf Coney Island seien embryonale oder experimentelle Vorformen, die bei Erfolg im Raster von Manhattan weiterentwickelt würden. Gerade dieses Raster hat bei Koolhaas letztlich noch eine autoritative, beruhigende – trotz allem fast cartesianische – Bedeutung, weil es die Gleichwertigkeit der umgesetzten Möglichkeiten im Sinne eines demokratisch gezähmten Pluralismus garantieren kann und es zudem der Polyphonie der Ereignisse als Notenschlüssel dient: »The Grid is the neutralizing agent that structures these episodes.«[60] Und auch

---

58 Ebd., S. 17, 19.
59 Vergleichbar mit der bereits 1966 von Robert Venturi publizierten Schrift Complexity and Contradiction in Architecture sieht Koolhaas in urbanen Strukturen eine ›Culture of Congestion‹ manifest.
60 KOOLHAAS 1994 (wie Anm. 3), S. 104.

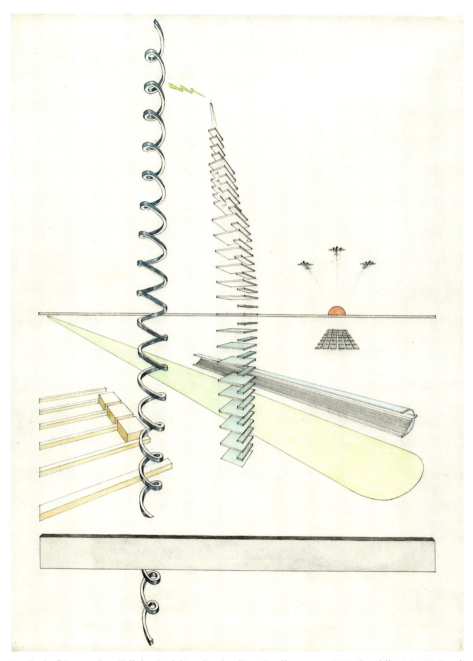

2   Park of Aggression, Teil des Projektes Exodus (Rem Koolhaas u. a. 1972; Graphik 41,9 × 28,9 cm)

in seiner zwanzig Jahre jüngeren zynisch anmutenden Stadtskepsis in »Junk-space« und »The Generic City« ist es immer noch das Ereignis – sein Ermöglichen, seine Unmittelbarkeit, seine szenische Abfolge, sein Kontext innerhalb eines Tableaus – welches das Grundgerüst von Text wie architektonischem Raum bildet. So ist die Architektur einer weltumspannenden Shopping Mall völlig in eine Reihe ephemerer Eindrücke aufgelöst – Oberflächeneffekte teurer oder synthetischer Materialien, mobile Stellwände, Dekoration – die wie bei Ballard sowohl passiv goutiert wie kritisch rekonstruiert und physisch zerstört werden können und sollen.

Auch Koolhaas geht es nicht um eine politische Aneignung der Architektur im Sinne der Situationisten[61] oder gar die bieder-zwanghafte Heimfindung in den Raum der Phänomenologen, sondern auch hier wird gerade der Kippeffekt zwischen Überblick und involvierter Lage zentral, der für den Architekturteilnehmer die Sicherheit bedeutet, sich selbst in ironischer Distanz wahrnehmen zu können. Diese Möglichkeit, aus jeder räumlichen und semantischen Situation quasi mit dem cartesianischen Hubschrauber entkommen zu können, impliziert gegenüber Koolhaas die oft geäußerte Kritik eines intellektuellen und elitären Zynismus, der trotz aller sorgfältiger Detailstudien vornehmlich den Schulterblick aus dem abhebenden Flugzeug kennt. Tatsächlich ist mit diesen Perspektivwechseln wie bei Ballard gerade eine Vorstellung von Moral verbunden, deren explizite Urteile Koolhaas sonst so sorgfältig vermeidet. Vordergründig wird eine Berücksichtigung der vollständigen Komplexität der architektonischen und sozialen Realität eingefordert, die sich in einem methodisch offenen und sorgfältigen Ausarbeiten von Programmen äußert: »all boxes crossed«[62] gilt hier auch für den Anforderungskatalog an den Architekten, der jedoch nicht die Früchte seines Werkes ernten darf, da das Werk allenfalls in Dialog mit den Nutzern Erfolg zeitigen kann, statt diesen unmittelbar zu implizieren. Konkret manifestiert sich die Komplexität im Begriff des Ereignisses, das als Schnittstelle von Architektur und ihrer menschlichen Aneignung verstanden wird; analog zu Ballard sind architektonische Räume dabei Katalysator für Handlungen, auch wenn sie durch diese umgestaltet oder zerstört werden, und auch hier dient die Baukunst gleichermaßen dazu, das Ereignis in einen Sinnhorizont einzuordnen, ihm einen möglichen interpretativen Rahmen zu bieten – als Diagramm, Grundriss oder Ideologie. Koolhaas sieht das Risiko, dass Architektur auch Ereignisse verhindern kann; oft zitiert wird seine pessimistische Aussage: »Where there is nothing, everything is possible. Where there is architecture, nothing (else) is possible.«[63] Obwohl Koolhaas hier vornehmlich auf eine konventionell-

---

61 Auch wenn Koolhaas die politischen Ansprüche der Situationisten nicht teilt, baut er sichtlich auf ihren Theorien auf, etwa dem Projekt New Babylon des niederländischen Malers Constant (1956–74). Zu Constants Œuvre s. Jean-Clarence Lambert (Hg.): Constant. Les trois espaces, Paris 1997. Zur politischen Stoßrichtung der Situationisten vgl. Simon Sadler: The Situationist City, Cambridge, Mass. 1998, S. 17.

62 Rem Koolhaas: The Generic City (1994), in: KOOLHAAS 1997 (wie Anm. 4), S. 1248–1264, hier S. 1253.

63 Rem Koolhaas: Imagining Nothingness (1985), in: KOOLHAAS 1997 (wie Anm. 4), S. 199. Interessant ist in diesem Zusammenhang, dass Koolhaas die Berliner Mauer als Objekt als wenig eindrucksvoll und sich fast einer Entmaterialisierung nähernd erfährt. Sie besäße architektonisch gesprochen

ikonische Auffassung von Baukunst zielt – »architecture« ist hier Ronchamp, nicht die Shopping Mall – ist damit auch das grundsätzliche Problem angesprochen, dass keine materielle Struktur Möglichkeiten erzeugen kann, ohne andere auszuschließen. Die Inklusion eines Raumes ist immer auch die Exklusion eines anderen. Wie Ballard so löst Koolhaas dieses Problem über die positive Wirksamkeit des Nicht-Ereignisses, der erwarteten Katastrophe, des durch Sicherheitsmaßnahmen vorweggenommenen und in der Imagination längst eingetretenen Unfalls: »Manhattan is an accumulation of possible disasters that never happen.«[64] Die Konvergenz simulierter und realer, ignorierter und imaginierter, abschreckender und attraktiver Ereignisse verdeutlicht der Architekt anhand der ebenso vorgetäuschten Unglücke und Gefahren wie echter Brandfälle in den Vergnügungsparks auf Coney Island: »Each nightmare exorcised in Dreamland is a disaster averted in Manhattan.«[65] Ikonischer Ort derartig verdichteter Ereignislosigkeit ist jedoch der Flughafen, von dem Ballard und Koolhaas gleicherweise besessen sind. Hier überlagern sich die faktische Ereignislosigkeit des Wartens und der Erwartungshorizont eines katastrophalen Unglücks unmittelbar, sind Fiktion und Realität im Sinne einer kritischen Paranoia verschränkt. Auch die Aushöhlung von Architektur, die von Koolhaas als »Lobotomy« oder »Void« beschrieben wird, gewinnt in diesem Sinne als Freiraum für Ereignisse eine positive Konnotation, die auch für die Shopping Mall gilt: »the effect of its richness is a terminal hollowness«[66]. Konsequenz ist eine Apotheose der Wartelounge bei Ballard und eine global verbindliche Flughafenarchitektur bei Koolhaas.[67] Noch plastischer entwickelt Ballard das Thema in einer Kurzgeschichte, die sich um die Notlandung von Astronauten auf einer unbekannten Raumstation herum entwickelt. Nachdem die Protagonisten die *Unidentified Space Station* betreten und dabei charakteristischerweise ein »disaster« knapp vermeiden konnten, stellt sich im Laufe der Erzählung heraus, dass sich die menschenleeren Innenräume, die mit »lounges and waiting rooms« als »transit depot for travellers«[68] gestaltet sind, Millionen von Lichtjahren weit in alle Richtungen erstrecken, wobei durch die Krümmung des Raumes jede Orientierung in Raum und Zeit verloren geht und das bekannte Universum selbst in diese Struktur eingebettet scheint: »Is the entire universe no more than an infinite vast space terminal?«[69] Selbst

---

keinen Objektcharakter, sondern stelle vielmehr »an erasure, a freshly created absence« (KOOLHAAS 1997 [wie Anm. 4], S. 228) dar. Gerade die »nothingness« (ebd. S. 228) der Berliner Mauer, die Leerstelle, die sie darstellt, ist der Ereignisse provozierende Faktor (vgl. ebd. S. 222f.).

64 KOOLHAAS 1994 (wie Anm. 3), S. 51.
65 Ebd.
66 KOOLHAAS 2004 (wie Anm. 36), S. 176.
67 Vgl. auch den Entwurf des CCTV, Peking (Naomi Shibata, Rem Koolhaas, Ole Scheeren: CCTV by OMA (Architecture and Urbanism, Sonderausgabe), Tokyo 2005). Hier wird die Idee der Schleife, bzw. des Kontinuums oder Kreises aufgegriffen, um eine architektonisch begründete Hierarchiebildung zu vermeiden.
68 James Graham Ballard: Report on an Unidentified Space Station, in: War Fever London 1999, ¹1982, S. 96.
69 BALLARD 1999 (wie Anm. 68), S. 98f. Schon Ballards erster Roman The Wind from Nowhere (1961) beginnt mit einer Flughafenszene, einem Topos, der als »universe of possibilities« immer wieder aufgegriffen wird (DEPPER 2008 [wie Anm. 20], S. 50).

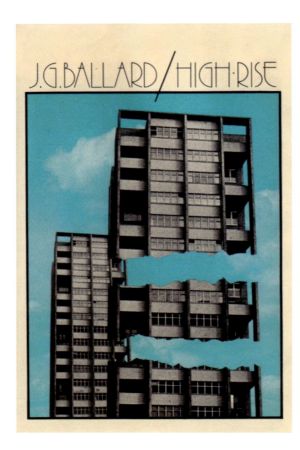

3   »All that is solid melts into air?« Die Rezeption der Philosophie Marshall Bermans bei Koolhaas (S,M,L,XL, S. 1292) ließe sich problemlos auf dieses Umschlagbild der 1975 in London erschienenen Erstausgabe von J. G. Ballards High-Rise übertragen. Als Motiv wurde das auf die Hauptfassade reduzierte und verdoppelte Punkthochhaus von Hans Schwippert gewählt, das für die Interbau im Berliner Hansaviertel errichtet wurde. Der Bezug zu Ballard ist eklatant. Die Bauausstellung von 1957 gilt nicht nur als idealtypisch für einen hochrangigen Umsetzungsversuch moderner Dogmen, sondern der Architekt versuchte durch die gigantomanischen Betonlamellen vor der Fassade zudem, die Privatsphäre der Bewohner zu schützen; der Auflösung dieser autistischen Wohnsphären in High-Rise entspricht die zur Schwerelosigkeit zerrissene Struktur auf dem Buchumschlag.

die existentiellen Auseinandersetzungen in »High-Rise« werden durch lange Wartezeiten unterbrochen: »On the surface, the apartment building remained quiet, but much to Laing's relief the first incidents broke out by the early evening. He waited in the lobby through the late afternoon, standing about with a group of his fellow residents. Perhaps, insanely, *nothing* was going to happen?«[70]

Die Parallelen zwischen Koolhaas und Ballard lassen sich bis in die Mikrostruktur ihrer Werke verfolgen, was sowohl die Formen als auch die Inhalte betrifft. Auffällig ist die gleiche Begriffswahl, etwa bei den Überschriften in »Delirious New York«, die gleiche Verselbstständigung von Publikationsformen wie etwa des Indexes[71] oder der nahezu identische Kanon an zentralen Bau-und Raumtypen – Pool, Vergnügungs-

---

70   BALLARD 2003 (wie Anm. 2), S. 119.
71   In S,M,L,XL sind die zahllosen Zitate als lexikonartiger alphabetischer Index organisiert, der sich durch das gesamte Buch zieht. Ähnlich spielerisch geht Ballard in seinen Kurzgeschichten Notes Towards a Mental Breakdown oder Answers to a Questionnaire vor. Während erstere sich aus Fußnoten zusammensetzt und ein vermeintliches Buchfragment darstellt, liefert letztere nur die Antworten eines Fragebogens (BALLARD 1999 [wie Anm. 68], S. 81, 161).

anlagen, Hochhäuser, Flughafen, Internierungslager.[72] Insbesondere der Aspekt der Grenze und ihr Changieren zwischen Hürde und Provokation, physischer und psychischer Existenz ist wichtiges Movens für beide Protagonisten, die von einer freiwilligen Gefangenschaft der Bewohner ihrer Bauten ausgehen.[73] Trotz dieser zahlreichen Überschneidungen ist eine unmittelbare Rezeption des einen Protagonisten durch den anderen unwahrscheinlich.[74] Es ist vielmehr von einer parallelen Entwicklung auszugehen, die Koolhaas insoweit würdigt, als er Werke von Ballard später in »S,M,L,XL« mehrfach zitiert.[75] Beide gehen von einer ähnlichen Auswahl an Vorbildern und Quellen aus, die jedoch sehr breit angelegt ist und alle Bereiche der klassischen und populären Kultur umfasst. Bezüglich der Frage nach der Architektur und der hier beobachteten Verbindung zu einem Oszillieren von Ereignis und Überblick, Subjekt und Objekt sind gemeinsame Wurzeln in Psychologie und der damit verbundenen Theorie des Surrealismus[76] eklatant – etwa der bei Koolhaas explizit erwähnten paranoisch-kritischen Methode Dalís. Weitere Parallelen ergeben sich zur situationistischen Theorie, der Popart und der utopischen Architektur der 1960er Jahren mit ihren beweglichen Architekturen, die sich Ereignissen anpassen bzw. solche auch provozieren sollen – man denke an die Begegnung zweier *Walking Cities* von Archigram. Während hier die technischen Möglichkeiten noch als Utopie gefeiert werden, sind Ballards und Koolhaas' Konzepte eher mit den ebenfalls etwa gleichzeitigen, kritischeren Überlegungen Bernard Tschumis vergleichbar.[77] Durch seine umfangreichen theoretischen Arbeiten, aber auch durch den umgesetzten Entwurf für den Parc de la Villette ist dieser Schweizer Architekt besonders deutlich und auf der Basis expliziter Äußerungen mit der Kategorie des Ereignisses zu verbinden. Tschumi versucht, die in der Moderne überstrapazierte Identität von Bauwerk und

---

72 Zum Internierungslager vgl. KOOLHAAS 1997 (wie Anm. 5); James Graham Ballard: Empire of the Sun, London 1984). Der Swimmingpool, der laut Gargiani ein zentrales Motiv bei Koolhaas darstellt (vgl. GARGIANI 2008 [wie Anm. 10], S. 40f., Rem Koolhaas: The Story of the Pool, in: KOOLHAAS 1994 [wie Anm. 3]), ist auch für Ballard von sehr großer Bedeutung (vgl. u. a. High-Rise, Empire of the Sun, Cocaine Nights [1998], Super-Cannes [2000]). Beide Autoren greifen nicht nur in hohem Maße auf Aspekte der zeitgenössischen Populärkultur zurück (vgl. u. a. James Graham Ballard, The Atrocity Exhibition [1969], Crash [1973], Hello America [1981]; Rem Koolhaas, Content [2004]), sondern auch auf den etablierten Kanon an Theoretikern und Werken der allgemeinen Kulturgeschichte. Vor allem Ballard verweist häufig auf kanonische Künstler und Arbeiten der europäischen Kunstgeschichte.
73 Vgl. KOOLHAAS 1997 (wie Anm. 5), S. 7. Die Grenze ist dabei mit dem Gedanken einer Loslösung des Äußeren und Inneren der Architektur gekoppelt, da sie den Informationsfluss an der Fassade hemmt – sei es als geschlossener Monolith der Gebäudekategorie ›bigness‹ bei Koolhaas, oder den Bewohnern des Hochhauses bei Ballard, die alles tun, um zu vermeiden, dass die Außenwelt von den archaischen Zuständen im Innern erfährt (vgl. KOOLHAAS 1994 [wie Anm. 3], S. 101 und BALLARD 2003 [wie Anm. 2]).
74 Abgesehen von der Kurzgeschichtensammlung The Terminal Beach, die erstmals 1964 publiziert wurde und aus deren gleichnamiger Kurzgeschichte Koolhaas in S,M,L,XL (S. 1100) zitiert, finden sich bei Koolhaas keine Hinweise auf die Rezeption Ballards früher Publikationen.
75 Vgl. Anm. 11.
76 Zu Ballard und den Surrealisten vgl. DELVILLE 1998 (wie Anm. 16), S. 16, 31.
77 Vgl. Bernard Tschumi: Architecture and Disjunction, Cambridge, Mass. 1996.

Programm ebenso zu vermeiden wie die traditionelle künstlerische Vorstellung eines Bauwerkes als hermetische, quasi autistische Einheit. Zu diesem Zweck entwickelte er unter dem Oberbegriff der Disjunktion eine Reihe von Entwurfstechniken wie Überlagerung, Wiederholung oder Interferenz, die sich bei Koolhaas wiederfinden lassen und auch in einer identischen Verwendung der Ereigniskategorie münden, wie Michaela Gugeler herausarbeiten konnte.[78] La Villette soll »jedem Ereignis gemäß neu besetzt werden«, wobei dieses nicht als inszeniertes, gesuchtes ›Event‹ verstanden wird, sondern »als der Moment einer situationsbedingten Konfrontation zwischen Handlung bzw. Bewegung und Raum. Daraus entsteht überhaupt erst ein Ort, zumindest momentan.«[79] Architektur ist nach Tschumi »simultaneously space and event«[80], damit ist eine doppelte Rolle verbunden, die – ganz ähnlich Ballard und Koolhaas – wiederum mit dem Begriff der Gefangenschaft erläutert wird: »Even though it produces space, society is always its prisoner.«[81] Teil der Produktion und Aneignung von Raum sind Blickwechsel, Maßstabsebenen und Ambivalenzen, ebenso eine wechselseitige Abhängigkeit von Architektur und Benutzer, die nach Tschumi prinzipiell gewalttätigen Charakter besitzt: »Architecture's violence is fundamental and unavoidable, for architecture is linked to events in the same way that the guard is linked to the prisoner, the police to the criminal, the doctor to the patient, order to chaos.«[82] Auch die spannungsreiche Abwesenheit von Ereignissen findet sich bei ihm wieder, jedoch zeitigt diese eine weniger zentrale Stellung als bei Ballard und Koolhaas, sie bleibt eher implizit.[83] Zudem tritt bei Tschumi der Aspekt einer gesellschaftlichen Verantwortung des Architekten stärker in den Mittelpunkt, insofern tritt er in die Fußstapfen der situationistischen Theorie.[84] Gerade dieser Aspekt einer kulturkritischen Wertung, der von den Intentionen Koolhaas' und Ballards fortführt, wird von der jüngeren Theorie architektonischer Räume primär wahrgenommen, etwa vom Architekturtheoretiker Anthony Vidler, der von »The Architectural Uncanny« und »Warped Space«[85] spricht, oder vom Ethnologen Marc Augé und seiner Kategorie

---

78 Tschumi überlagert hier mehrere Ebenen: ein Punktraster aus Pavillonbauten in einem identischen Rotton, ein System aus Linien, v. a. zur Erschließung und ein System aus Flächen, v. a. Gärten (vgl. Michaela Gugeler: Der Parc de la Villette – Würfelwurf der Architektur. Das Zusammenwirken von Bernard Tschumi und Jacques Derrida beim Parc de la Villette in Paris, in: Kritische Berichte 33, 2005, Heft 2, S. 45f.).
79 GUGELER 2005 (wie Anm. 78), S. 48.
80 TSCHUMI 1996 (wie Anm. 77), S. 22.
81 Ebd., S. 22.
82 Ebd., S. 122 (die Textstelle erschien ursprünglich in dem Beitrag Violence of Architecture 1982).
83 Ebd., S. 122ff.
84 In seiner Einleitung wird deutlich, dass Tschumi weit stärker als Koolhaas und Ballard zunächst von einer politischen Relevanz der Architektur ausgeht und seine eigene gesellschaftliche Verantwortung stärker in den Fokus rückt. In seiner Argumentation, Raum sei ein »peaceful instrument of social transformation, a means of changing the relation between the individual and society by generating an new lifestyle« (TSCHUMI 1996 [wie Anm. 77], S. 6f.) erinnert er jedoch an Koolhaas' und Ballards Auffassung von Architektur als Schöpferin von Möglichkeiten.
85 Anthony Vidler: The Architectural Uncanny. Essays in the Modern Unhomely, Cambridge, Mass. 1992 und Warped Space. Art, Architecture, and Anxiety in Modern Culture, Cambridge, Mass. 2002.

der »non-lieux«.[86] Während Augé in der Isolation des Reisenden an Nicht-Orten wie Flughäfen oder auf Straßen die Gefahr einer Isolation sieht, so gehen Koolhaas und Ballard einen Schritt weiter, indem sie von einer Herausbildung neuer Sozialisierungsformen ausgehen. In diesem Sinne können die Räume von Koolhaas und Ballard als Heterotopien[87] im Sinne Michel Foucaults gedeutet werden, die jedoch eine nonchalante Umstülpung erfahren: Sie definieren nun die Normalität, während die übrigen Räume in heterotope Fremde und Ferne gerückt werden. Auf diese Weise stehen sie auch dem Konzept der Hyperrealität Baudrillards nahe, ohne in deren Medienkritik aufzugehen.[88]

Es ist jedoch auffällig, dass Ballard und Koolhaas gerade nicht die Anbindung an zeitgenössische Theorien oder Architekturformen suchen, sondern ihre Vorstellungen am Ur- und Gegenbild der klassischen Moderne, insbesondere Le Corbusier entwickeln.[89] Koolhaas fällt hier ansatzweise in den postmodernen Reflex zurück, gerade diesen Architekten als Sündenbock für alle Fehler der Moderne namhaft zu machen, möglicherweise weil dieser den Vorschlag unterbreitet hatte, das von Koolhaas so geschätzte Manhattan in der bekannten Tabula-rasa-Manier neu zu gestalten. Allerdings urteilt der Autor Le Corbusier nicht nur als Cartesianer ab, sondern spricht ihm auch eine ausgeprägte Paranoia zu, was im Kontext einer Würdigung von Dalís Blick auf New York wiederum als positive Wertschätzung zu verstehen ist. Zudem arbeitet sich Koolhaas an den Projekten Le Corbusiers ab, am Plan Voisin ebenso wie an der Villa Savoye. Noch eklatanter ist die Strahlkraft von Père Corbu bei Ballard. Seine in »Concrete Island« entfaltete Idee, einen Menschen auf der menschenfeindlichen Restfläche zwischen drei Schnellstraßen stranden und hausen zu lassen, kann dabei als Umkehrung von Le Corbusiers »Plan Obus« für Algier gelesen werden. Zentral für dieses Vorhaben war es, über und unter einer Hochstraße Wohnungen zu errichten, hier also den Verkehr mit der Behausung harmonisch zu verschmelzen. Kaum zu übertreffen ist die Nähe zu Le Corbusier jedoch bei »High-Rise«. Die detaillierte Schilderung des Hochhauses ist eine fast wortwörtliche verbale Nachzeichnung der Unités, angefangen von Rahmendaten wie Einwohnerzahlen und Erschließungssystem bis hin zu den konzeptionellen Grundlagen und Begriffen wie der vertikalen Stadt[90], oder eines Einschiebens

---

86 Augés Studie über Nicht-Orte beginnt bezeichnenderweise mit einem Abflug auf einem Flughafen. In der detaillierten Schilderung der Abläufe eigener Handlungen werden auch zufällige Ereignisse betont (vgl. Marc Augé: Nicht-Orte, München 2011, ¹1992, S. 11–14). Augé erkennt ein »Übermaß an Raum«, das zu einer Vermehrung von Nicht-Orten wie Lagern, Einkaufszentren, Verkehrsflächen etc. führt, die auch in Koolhaas' und Ballards Œuvre mehrfach behandelt werden (ebd., S. 39, 42). Die Nicht-Orte der »Übermoderne« (im Gegensatz zur ersten Moderne) haben ephemeren Charakter: sie werden nur durchreist und ihnen fehlt die Verankerung im Gedächtnis. Darüber hinaus werden sie eher individuell erfahren und isolieren den Einzelnen (ebd., S. 83).
87 Zur Heterotopie s. Michel Foucault: Of Other Spaces, in: Diacritics 16, 1986, Heft 1, S. 22–27.
88 Zum Konzept der Hyperrealität vgl. Jean Baudrillard: Simulacra and Simulation, Ann Arbor 2003 (1981¹), ders.: Simulacra and Science Fiction, in: Science Fiction Studies 18, 1991, Heft 3, S. 309–313.
89 Auch die Situationisten bezogen sich auf Le Corbusier und seine Unité (SADLER 1998 [wie Anm. 61], S. 22–24).
90 BALLARD 2003 (wie Anm. 2), S. 53.

der Wohnungen in das Raster des Gebäudes.[91] Möglicherweise ist sogar der Auftakt des Buches, die dystopische Erweckung des Protagonisten Laing durch die zersplitterte Sektflasche eine ironische Brechung von Le Corbusiers berühmtem Flasche-Regal-System. Insgesamt stellt sich jedoch das Aufgreifen moderner Topoi weitaus vielfältiger dar als eine bloße Verfremdung oder Verurteilung. Stattdessen kann Ballards Lesart der Unité als konsequentes Weiterdenken betrachtet werden. So hatte Le Corbusier den Block zwar einerseits als vertikale Gartenstadt bezeichnet und großen Wert auf Gemeinschaftseinrichtungen gelegt, andererseits jedoch keine Vorstellung entwickelt oder namhaft gemacht, wie sich eine Gruppe von rund 1800 Personen konkret sozialisieren sollte.[92] Auf diese Weise erzeugt er ein doppeltes Potential, das Ballard ausschöpft: Zum einen die Möglichkeit einer Übertragung aller Brüche und Probleme der historischen Stadt auf die jungfräuliche Neuschöpfung, zum anderen das Ausloten der Möglichkeiten, welche die verschiedenen Räume und Infrastrukturen der neuen Anlage für Abgrenzung und Interaktion bieten. Es wird deutlich, dass die klassische Moderne für Ballard und Koolhaas nicht nur ihre stereotype Rolle als Feindbild und Versatzstücklieferant für ironische Verschränkungen einnimmt, sondern gerade mit dem zentralen Konzept von Ereignis und Überschau verbunden ist. So bietet das in sich widersprüchliche und facettenreiche Werk Le Corbusiers bereits ähnlich grundlegende Maßstabswechsel – von der beliebten Vogelschauperspektive seiner Idealstädte bis hin zu einer detailverliebten Poesie der Materialien – allerdings ohne den impliziten Widerspruch aufzulösen.[93] Als innovativen Ansatz zur Verklammerung der dichotomischen Pole wurde bei Koolhaas und Ballard die Kategorie einer spannungsgeladenen Ereignislosigkeit namhaft gemacht, also die Omnipräsenz von räumlich manifesten Erwartungen, Sicherheitsvorkehrungen und Imaginationen, die selbst zum Ereignis werden – die zeitgenössische Gesellschaft ist für sie durch die Hysterie, nicht die Katastrophe definiert. Einen ersten Hinweis gibt Le Corbusiers berühmtes Diktum in seinem Schlüsselwerk *Vers une architecture*: »Architecture ou Révolution«. Als Gegenmittel zu sozialen Unruhen wird der Architektur gerade die Erwartung derartiger Ereignisse immanent. Viel deutlicher stellt sich die Parallele jedoch in den Architekturformen dar.

---

91 Die Nähe von Ballards Wohnhochhaus zu Le Corbusiers Unités zeigt sich bereits in der Darstellung der Fakten: In 1000 auf 40 Stockwerke verteilten Wohnungen leben 2000 Einwohner, die sich aus einer relativ einheitlichen gesellschaftlichen Schicht mit etwa gleichen Gewohnheiten und Präferenzen zusammensetzen. Neben den Wohnungen beinhaltet der Bau u.a. Freizeitstätten wie Schwimmbäder und Sportzentren, Einkaufsmöglichkeiten sowie eine Schule.
92 Le Corbusiers Ausführungen zu den Kartäusern oder dem Ozeandampfer, die eine Individualisierung betonen, spiegeln sich auch in High-Rise wider. Koolhaas zitiert eine entsprechende Textstelle in S,M,L,XL (»Staff«, S. 1170): »The high-rise was a huge machine designed to serve, not the collective body of tenants, but the individual resident in isolation. Its staff of air-conditioning conduits, elevators, garbage-disposal chutes, and electrical switching systems provided a never-failing supply of care and attention that a century earlier would have needed an army of tireless servants.« (BALLARD 2003 [wie Anm. 2], S. 45).
93 Zum »architektonischen Ereignis« bei Le Corbusier vgl. Lilian Haberer: Modernereflexionen, in: Ursula Frohne; Lilian Haberer (Hg.): Kinematographische Räume, München 2012, S. 127–167, hier 138.

4 Die Villa Savoye im Bau

Folgt man der engen Fokussierung der idealtypischen Modernerezeption[94] auf die geometrisch abstrakte, formal und farblich bereinigte Architektursprache der 1920er Jahre, so ist diese in mehrfacher Weise die Vorwegnahme einer Katastrophe. In ihrer Anlehnung an ein Passagierschiff nimmt sie ihren eigenen Untergang vorweg, in der maximalen Verletzlichkeit ihrer subtilen Ästhetik – reinweiße Flächen, harte klare Kanten, perfekte Orthogonalität – provoziert sie eine Verstümmelung und eine Zurückführung in den Bereich des Organischen, die Tschumi so lustvoll und plastisch anhand des Zustandes der Villa Savoye 1965 schildert – eine Textstelle, die wörtlich den Zustand in Ballards »High-Rise« beschreiben könnte – »stinking of urine, smeared with excrement, and covered with obscene graffiti«.[95] Im Gegensatz zur späteren *béton brut*-Ästhetik besitzen diese Bauten durch die extreme Diskrepanz von Baumaterial und Oberfläche bereits vor der Fertigstellung einen ruinösen und paradoxerweise durch zahlreiche Baustellenfotos stolz dokumentierten Charakter, in den sie rasch zurückfallen, wenn der Faktor Zeit nicht durch ständige intensive Pflege negiert wird: Der Bau verjüngt sich im Bauprozess zu einem kurzen Moment idealen Alters, der weit eher als imaginiertes denn reales Ereignis zu verstehen ist. (Abb. 4)

---

94 Zum Problem der Modernerezeption vgl. Sebastian Fitzner: Die kinematographische Installation als architektonisches Ereignis – Über La Ricarda von Michel François, in: Ursula Frohne; Lilian Haberer (Hg.): Kinematographische Räume, München 2012, S. 169–194 sowie Haberer 2012 (wie Anm. 93) im selben Band, S. 127–167.

95 Tschumi 1996 (wie Anm. 77), S. 73 (die Textstelle erschien ursprünglich in dem Beitrag Architecture and Transgression 1976). Vgl. auch ebd., S. 121–135. Zum wichtigen materiellen Verfall der Moderne vgl. Sadler 1998 (wie Anm. 61), S. 10.

Auch die starren sozialen Implikationen moderner Architektur nehmen den Konflikt vorweg, wobei die Sprengung von Pruitt-Igoe 1972 als ultimative Banalisierung des darin geborgenen Potentials zu verstehen ist. Das zentrale Argument von Ballard und Koolhaas wird also zur konsequentesten Rehabilitation der Moderne, welche sich als optimales Substrat für eine idealtypische urbane Hysterie zwischen situativer Gefangenheit und kontemplativer Reflexion offenbart. Eine derartige Interpretation der Moderne ist nicht nur als Autopsie zu verstehen[96] – die Aneignung des scheinbar überwundenen Phänomens als gefahrloses Studienobjekt zwischen distanziertem Interesse und dalíscher Nekrophilie – sondern auch als retroaktiv im Sinne von Koolhaas' »Retroactive Manifesto« für Manhatten, einer rückwirkenden und belebenden Neuinterpretation im Licht neuer Prämissen.

Bildnachweis

1, 2: Rem Koolhaas, Madelon Vriesendorp, Elia und Zoe Zenghelis: Exodus, or the Voluntary Prisoners of Architecture. The Reception Area (project, 1972). New York, Museum of Modern Art (MoMA). Patricia Phelps de Cisneros Purchase Fund, Takeo Ohbayashi Purchase Fund, and Susan de Menil Purchase Fund. Acc. n.: 364.1996.© 2012 und 372.1996.© 2012 Digital image, The Museum of Modern Art, New York/Scala, Florence. – 3: James Graham Ballard: High-Rise, London 1975, Umschlag. – 4: Foto: Lucien Hervé, aus: Timothy Benton: Le Corbusiers Pariser Villen, Stuttgart 1984, S. 203.

---

96 Der in Content aufgegriffene Begriff der Autopsie ist auch für Ballard wichtig (KOOLHAAS/ MCGETRICK 2004 [wie Anm. 8], S. 240). Dieser setzt die von den Medizinstudenten vorgenommene anatomische Sektion mit dem Verfall des sozialen Lebens im Hochhaus gleich (BALLARD 2003 [wie Anm 2], S. 35).

Mapping the Studio

Zur Vermaßung kreativer Räume

Ursula Frohne

> quaqua on all sides then in me bits and scraps try and hear a few scraps two or three each time per day and night string them together make phrases more phrases
> *Samuel Beckett, How it is*

> Only an interruption in the flow of temporality can change subjectivity, which can in turn be reoriented. At that moment a new process begins, a constitutive process out of which a different form of subjectivity arises. We have to consider the instruments at our disposal to create these partial interruptions in temporality. It's essential that we break out of the market's temporality.
> *Maurizio Lazzarato*

Künstlerische Inszenierungen oder Essenzialisierungen von Verlangsamung und Langeweile fordern die Selbstwahrnehmung der zeitgenössischen Rezipienten auf ganz andere Weise heraus als die von der Avantgarde emphatisch vereinnahmten Beschleunigungsmotive der Moderne. Walter Benjamin hob sie als ein genuines Erfahrungsmoment dieser Epoche hervor, »weil sie den Einzelnen mit einer ungeahnten Zunahme an Kontingenzerlebnissen konfrontieren« und hierbei »die Sinnlichkeit des Subjekts selber fundamental umstrukturieren, die Wahrnehmungsorgane des Menschen also im Sinne einer Dialektik von Zerstreuung und geschärfter Aufmerksamkeit neu modellieren«, wie der Germanist Lutz Koepnick über Benjamins Auffassung von den Erfahrungen und Formungen des Menschen in der Moderne formuliert.[1]

Demgegenüber hat eine Vielfalt ästhetisch aufgewerteter Darbietungen von Monotonie und scheinbar ereignisloser Dauer einen zentralen Stellenwert innerhalb der jüngeren Kunstentwicklung seit den 1960er Jahren erhalten und gegenläufige »Formungen« der Rezeption künstlerischer Konzepte befördert. Durch Unterdrückung von Stimulanz wird in diesen künstlerischen Ansätzen eine Verlangsamung des Zeiterlebens bewirkt und dadurch das moderne Paradigma eines effizienten Verhält-

---

* Bei diesem Beitrag handelt es sich um eine überarbeitete und leicht veränderte Fassung des Aufsatzes »Maßlose Langeweile«. Zur Produktivität von Passivität und Leere in Bruce Naumans Videoinstallation ›Mapping the Studio I (Fat Chance John Cage)‹, in: Doris Schumacher-Chilla; Julia Wirxel (Hg.): Maß oder Maßlosigkeit. Kunst und Kultur in der Gegenwart, Oberhausen 2007, S. 227–250. Eine nochmals überarbeitete und erweiterte Fassung erscheint demnächst unter dem Titel »Creativity on Display? Visibility Conflicts or the Claim for Opacity as Ethical Resource«, in: Hille Koskela; J. Macgregor Wise (Hg.): New Visualities, New Technologies. The New Ecstasy of Communication, London 2013.

1 Siehe Lutz Koepnick: Langsamkeit: Benjamin und die Politik der Entschleunigung, in Trajekte 13, 7, 2006, 23–28, hier S. 23.

1 Bruce Nauman, Mapping the Studio I (Fat Chance John Cage), 2001. Installationsansicht Dia Center for the Arts, 545 West 22nd Street, New York City, 2002

nisses von Zeit und Tätigkeit in unterschiedlichen Inszenierungsformen absoluter Ereignislosigkeit ad absurdum geführt. In solchen künstlerisch aufgewerteten Wahrnehmungskorridoren, in denen der Leerlauf zum eigentlichen Inhalt wird, scheint sich das Entleeren von Zeit in quälender Langeweile zu materialisieren.

Bruce Nauman hat in seiner Raum greifenden und große Zeitspannen vereinnahmenden Installation *Mapping the Studio I (Fat Chance John Cage)* (2001) (Abb. 1) eine Apotheose dieser bis in die Gegenwart reichenden künstlerischen Tendenzen geschaffen, die den repetitiven, filmisch aufgezeichneten Performances des Künstlers in seinem leeren Atelier aus den späten 1960er und frühen 1970er Jahren ein nachdrückliches Echo verleiht und gleichermaßen den neugierigen Erwartungen des Kunstpublikums an die nahtlose Produktivität und sich selbst immer wieder übertreffende Originalität des anerkannten Künstlersubjekts eine unpopuläre Haltung der Unterbrechung und Enthaltung von Aktivität kompromisslos und provokant entgegenstellt. Anhand einiger Überlegungen zu dieser Arbeit soll gezeigt werden, dass eine dramatische Reduktion von Aktivität sich nicht zwangsläufig in einer rückwärtsgewandten Flucht aus der Moderne erschöpft, sondern andere, brachliegende Dimensionen der Rezeptivität und Produktivität in einer der zeitlichen Messungen enthobenen Situation erprobt, die im Widerspruch zu den gesellschaftlich dominierenden Zeitökonomien und ihrer linearen, stets auf ein Ziel hin ausgerichteten Ökonomie der optimalen Zeiterfüllung steht. Maß und Maßlosigkeit finden in diesem künstlerischen Konzept in einem merkwürdigen Komplementäreffekt zueinander, denn Nauman entfaltet in seiner Arbeit eine unüberschaubare und unkontrollierbare Zeitlichkeit, die nach heutigen Ermessenskriterien als unproduktive Zeitspanne gelten würde. Künstlerisch in Szene gesetzt wirkt sich die ausgedehnte Spanne der relativen Ereignislosigkeit in *Mapping the Studio* jedoch als Öffnung der Wahrnehmung für die existentielle Abhängigkeit von Zeit als Rahmung der individuellen Lebens- und Schaffensprozesse aus. Die Besucher dieser Installation sind dem »Passieren« von Zeit in einem offenen, polymorphen Prozess ausgesetzt, denn die hier entfaltete Temporalität entzieht sich den üblichen Parametern der Aufrechterhaltung einer rezeptiven Aufmerksamkeitsspanne. Indem sie die erkennbare Struktur und Totalität eines Kunstwerks in die unermessliche Ausdehnung von verspürter Gegenwart verwandelt, mutet die Arbeit dem Publikum zu, sich auf das ungewisse Ausmaß des Flusses von Zeit, auf das unbeeinflussbare Vergehen von Zeit und damit auch auf die Spürbarkeit der eigenen Zeitlichkeit ohne Zugeständnisse an die ökonomisierten Zeitvorstellungen gegenwärtiger Lebensauffassungen einzulassen. »Aber diese Deaktivierung der konkreten Möglichkeiten offenbart«, wie in Anlehnung an Giorgio Agambens Auslegung von Martin Heideggers Abhandlung über die Stimmung der Langeweile gezeigt werden soll, »[…] ganz allgemein *das Ermöglichende*, die reine Möglichkeit oder […] *die ursprüngliche Ermöglichung*«.[2]

Nachfolgend sollen zunächst die Bezüge dieser jüngeren Videoarbeit zu Bruce Naumans frühen »Erfahrungsarchitekturen« aufgezeigt werden, um dann das Spannungsverhältnis zwischen Raumanordung und Handlungsbogen zu charakterisieren, wobei die strukturelle Verflechtung des Ateliermotivs mit der Überwachungsthematik als Hinweis auf das implizierte Verhältnis zwischen der Produktivität des Künstlersubjekts und dem Anspruch der Öffentlichkeit auf Einblick in das kreative Schaffen der Person, die in der öffentlichen Wahrnehmung steht, beleuchtet wird. Hierbei wird die Unermesslichkeit und die von Entzug gekennzeichnete Arbeitsökonomie als Verweis auf die Komplexität der inkommensurablen künstlerischen (Denk-)Prozesse gedeutet, deren Produktivität weder in sichtbarer Tätigkeit aufgeht, noch sich in diagrammatisch darstellbaren Vermessungen abbilden lässt, sondern den Vorstellungen effizienter Wertschöpfung widersteht. Der Vollzug schier unüberschaubarer, repetetiver Prozesse, die Nauman seit den späten 1960er Jahren in unterschiedlichen medialen Ausformungen erprobt hat, provoziert Erfahrungen der Lange-Weile, die nicht zuletzt gegenüber dem zwanghaften Zeitvertreib und der Weltarmut ubiquitärer Scheinpartizipation als tatsächliche »Chance« einer möglichen Rückgewinnung (re-)kreativer Erfahrungsräume aufscheint.

Allein im Atelier

Zwischen den Jahren 1969 und 1974 produzierte Bruce Nauman eine hinlänglich bekannte Serie hybrider Installationsanordnungen, in denen die klassische Rolle des Kunstbetrachters durch unterschiedliche Provokationsansätze der körperlich-sinnlichen

---

2   Siehe Giorgio Agamben: Das Offene. Der Mensch und das Tier, Frankfurt a.M., S. 75 (Hervorhebungen vom Autor). Agamben bezieht sich auf Martin Heidegger: Die Grundbegriffe der Metaphysik. Welt – Endlichkeit – Einsamkeit, in: ders.: Gesamtausgabe. II. Abteilung: Vorlesungen 1923–44, Bd. 39, hg. von Susanne Ziegler, Frankfurt a.M. 1983.

2 Bruce Nauman, Live-Taped Video Corridor, 1969–70. Videomonitore und Korridor

Selbstwahrnehmung durchbrochen wurde. In Kombination mit Spiegeln, Videokameras und Monitoren sowie durch intensive, farbige Lichteffekte schuf Nauman minimale architektonische Substrukturen im Galerie- oder Museumsraum, die den Ausstellungsbesuchern als Arena der physischen Interaktion mit dem Kunstwerk dienten. (Abb. 2) Das zunächst unabgeschlossen wirkende Partizipationsprinzip dieser Arbeiten, das charakteristisch für viele Ansätze der 1960er und 1970er Jahre die Objekthaftigkeit und den Produktcharakter des Kunstwerks zugunsten einer engagierten Besucherbeteiligung zur Disposition stellt, basiert auf einem strengen Balanceverhältnis zwischen der offenen Werkanordnung und einer absichtsvollen Manipulation – wobei der disziplinierende Aspekt dieser Konstellationen zunächst hinter der experimentellen Anordnung zurücktritt. Der Betrachter, der auf das Angebot der Erprobung dieser Versuchsanordnungen eingeht, bleibt ganz unter dem Einfluss des Künstlers, der durch die unverrückbaren räumlichen Vorgaben strikte Kontrolle über die Betrachteraktivität behält. So sind es weniger die Besucher, die den Arbeiten ihre Gestalt verleihen, als dass der präzise Installationsrahmen das Verhalten der Betrachter und deren Partizipationsanteil bestimmt. Nauman selbst hat seine Abneigung gegenüber einem spielerischen, von zu viel Freiheit ausgehenden Umgang mit seiner Kunst wiederholt betont: »Das erste war nur ein Aufbau für eine Performance, die ich auf Video aufgezeichnet habe, und sie wurde auch so präsentiert, […] ohne irgendeine

Beschreibung der Performance. Das war ein enger, weißer Korridor. Ich konnte nichts anderes tun, als hinein- und hinauszugehen, die Möglichkeiten waren wirklich sehr eingeschränkt. Ich mag nämlich die Idee der freien Manipulation nicht: Man stellt irgendetwas hin, und die Leute könnten damit machen was sie wollen. Mir schwebten wirklich etwas spezifischere Erfahrungen vor. […] Durch die Präzision des Raums wollte ich spielerische Erfahrungen unmöglich machen«.[3] Die vermeintlich unspezifische Ästhetik der schlichten Sub-Architekturen und nüchternen videoaufgezeichneten Raumsegmente, die dem Besucher den Eindruck einer Interaktionsfähigkeit des Kunstwerks vermitteln, kaschieren dessen tatsächlichen Disziplinierungscharakter, denn es prägt seine Besucher auf ein ganz spezifisches Reaktionsverhalten, das der Konzeption des Künstlers unterliegt. Diese spezifische Struktur einer gesteuerten Betrachterpartizipation hat die Kunsttheoretikerin Janet Kraynak mit dem Begriff der »participation as obligation« [Partizipation als Verpflichtung] bezeichnet. Sie richtet hiermit den Blick auf das kontextuelle Zusammenspiel zwischen sublimen Formen der Unterwerfung der Rezipienten in einer Vielzahl künstlerischer Konzepte der späten 1960er und frühen 1970er Jahre und der Konjunktur technokratischer Diskurse in den USA in einer historischen Phase des Übergangs von einer Produktionsökonomie in eine Informationsgesellschaft.[4] »Technocratic society«, so schreibt Kraynak, »[…] is precisely built on this dynamic: a dialectic of participation and control«.[5] Wie Kraynak überzeugend darlegt, sind die formalen Strukturen von Naumans Raum- und Partizipationsanordnungen somit als Reflexion auf die sozial-politischen Maximen seiner Zeit zu verstehen und nicht in erster Linie als Selbstzweck der Erzeugung einer ästhetischen Wahrnehmungsirritation.[6] Vielmehr sind seine frühen Manipulationsszenarien von der Absicht geleitet, das brisante Wechselverhältnis zwischen Partizipation und Kontrolle durch die Möglichkeit des physisch-psychischen Ausagierens in einen Prozess der Selbstwahrnehmung und der Erkenntnis normativer sozialer und ästhetischer Strukturen zu überführen. Über die Möglichkeit des Selbstexperiments verleihen Naumans Versuchsanordnungen der Auffassung Gewicht, dass die Interaktion mit vorgegebenen Strukturen weniger als emanzipatorischer Akt im Sinne eines Gewinns an Selbstbestimmung zu bewerten sei, denn als unbewusste Einwilligung zur Vereinnahmung durch ein prinzipiell überlegenes und dominantes System.

---

3   Siehe: Friederike Wappler: The piece goes on…, in: Werner Lippert (Hg.): Bruce Nauman. Mental Exercises, Düsseldorf, NRW Forum 2006, S. 14.
4   In den 1930er und 1940er Jahren sahen Wissenschaftler und Technologen die Lösung der sozialen und ökonomischen Krise der großen Depression in der Einführung rationalistischer und technologischer Neuerungen. Technologie wurde als Instrument der Effizienzsteigerung und als Grundlage der Verbesserung sozialer Bedingungen gesehen. Mithilfe avanciertester technologischer Methoden sollte auf die soziale Ordnung Einfluss genommen werden. Thorstein Veblen und Fredrick W. Taylor traten bekanntlich für eine breite Anwendung technokratischer Prinzipien ein und wirkten mit am Wandel der industriellen, produktionsbasierten Ökonomie zu service-orientierten Sozialstrukturen der neuen Informationsgesellschaft. Siehe Janet Kraynak: Dependent Participation. Bruce Nauman's Environments, in: Grey Room 10, Winter 2003, S. 22–45, hier, 31/32.
5   Siehe Kraynak 2003 (wie Anm. 4), S. 31.
6   Das Paradox jeder Ästhetik nach Adorno, Kunst sowohl autonom als auch sozial bedingt zu denken, ist charakteristisch für die Struktur der Arbeiten Naumans.

Für den Verständnishorizont von *Mapping the Studio I* sind die Dispositive dieser frühen Installationen zentral. Im Unterschied zur traditionellen Rezeptionslogik, die entweder eine kontemplative oder partizipatorische Haltung gegenüber dem Kunstwerk voraussetzt, basieren Naumans Arbeiten auf einem dialektischen Wechselverhältnis zwischen den Wahrnehmungs- und Erkenntnisprozessen, die besonders in diesen installativen Arbeiten zum Tragen kommen. Partizipation und Kontemplation sind zudem nicht als statische Begriffe zu verstehen, sondern sie bedürfen unter den Bedingungen des technologisch-gesellschaftlichen Wandels einer historisch-kulturellen Auslegung. Während Nauman in den frühen Installationen das partizipatorische Versprechen technologisch optimierter Arbeitsprozesse und Gesellschaftsstrukturen noch problematisiert und als potentielles Zwangssystem ausbuchstabiert, widersetzten sich seine jüngeren Konzepte jeglicher Disziplinierung durch technische oder soziale Bedingungen, indem sie die Produktions- und Wahrnehmungsprozesse thematisieren. Der Künstler konterkariert die technologisch verbürgten Systeme, die absolute Sichtbarkeit und Taxierbarkeit menschlicher Tätigkeit und tätiger Wertschöpfung garantieren. Seine aktuellen Installationsanordnungen bezeugen die enge Komplizenschaft zwischen der freiwilligen Anpassung an die Technologien realzeitlicher Leistungserhebung und den wirtschaftlichen Produktionsmaximen. Die hier zur Diskussion stehende Installation erprobt die Intensitätserfahrung vermeintlicher Passivität vor dem Erfahrungshorizont einer global vernetzten Kommunikationsgesellschaft, in der die Freiräume temporärer Unsichtbarkeit zum Privileg der Systemverwalter transformiert sind und allenfalls Strategien medien-mimetischer Scheinpartizipation kreative Auswege aus dem Spektakel einer vermeintlich lebensintensivierenden Dauer- und Allpräsenz weisen.

Das panoptische Atelier

Mapping the Studio I (Fat Chance John Cage) wurde erstmals 2001 in der Dia Art Foundation in New York gezeigt.[7] Neben der bereits erwähnten Wiederaufnahme des Überwachungsmotivs aus den frühen Korridorinstallationen knüpft das Thema der Installation an Naumans wiederholte Reflexionen über den Status des Künstlers unter den Bedingungen historisch sich wandelnder Werkbegriffe und Arbeitsökonomien in der Kunst an. Seine plakative Äußerung über die Rolle des »wahren« Künstlers als Vermittler »luzider« Einsichten bildet die Vorgeschichte seiner Atelierstücke, die »allein aufgrund ihres Schauplatzes […] einer selbstreflexiven Argumentation zugerechnet werden« können, wie Philipp Kaiser betont.[8] *Mapping the Studio* treibt die Kartografie der Bedingungen heutiger Kunstproduktion im Spiel mit der Depotenzierung des Künstlersubjekts auf die Spitze.

---

[7] Die Installation existiert in mehreren abgewandelten Versionen, die jeweils leicht variierende Titel tragen. Die hier ausgeführte Analyse konzentriert sich auf die abgebildete Fassung.

[8] Siehe Philip Kaiser: Atelierstücke, in: ders. (Hg.): Bruce Nauman. Mapping the Studio, Ausst.-Kat., Basel, Museum für Gegenwartskunst, 2005, S. 2–9, hier S. 5.

Die räumliche Anordnung von insgesamt sieben großformatigen Videoprojektionen konstruiert eine bühnenhafte Situation, die den Betrachter in die Mitte des Bildraumes führt. Die gestaffelten Videoprojektionen zeigen ereignisarme Alltagssituationen, die als Referenz an John Cage auch im Titel der Arbeit zu deuten sind. Naumans anekdotische Erklärung für den Impuls zu dieser Installation verweist auf eine Begebenheit im Sommer 1999: Als der Künstler bemerkte, dass sein Atelier auf seiner Ranch in Galisteo, New Mexico von einer Feldmausplage heimgesucht wurde, entschloss er sich, die nächtlichen Aktivitäten der Tiere mit einer Infrarotkamera zu filmen und in einer logbuchartigen Aufzeichnung anhand des technisch aufgezeichneten Videomaterials akribisch zu dokumentieren.[9] Die auf diese Weise entstandenen Bildsequenzen verteilen sich auf die vier Wände eines Raumes, der insgesamt sieben Projektionsflächen vereint. Drei Wände zeigen je zwei nebeneinander ablaufende Videoprojektionen, zwischen denen ein deutlicher Abstand besteht; die vierte Wand wird mit nur einem Bild bespielt. Insgesamt erinnern die Nachtaufnahmen an die Ästhetik dokumentarischer Aufnahmen aus Polizeiarchiven. Die Geräusche der natürlichen Umgebung des Farmgeländes, das Bellen von Hunden, das Surren der Mücken und das Flattern der Motten betonen den ungefilterten Alltagskontext, der in der nächtlichen Atmosphäre des verlassenen Raumes zugleich eine düster-romantische Färbung annimmt.

Im Vergleich zu den frühen Installationen, in denen der Betrachter als *Subjekt* der Handlung ebenso wie auch als *Objekt* der äußeren Wahrnehmung in Erscheinung trat, richtet sich hier – in einer Inversion der Blickverhältnisse – die Beobachtung des Betrachters auf die Arbeitsumgebung des Künstlers. Die vervielfachte Projektion der Videoaufzeichnungen aus dem Künstleratelier fügt sich zu einer Beobachtungssituation »zweiter Ordnung«, wie Niklas Luhmann solche autopoetischen Konstellationen bezeichnet hat, denn der Blick auf den (abwesenden) Künstler geht wiederum ein in die Beobachtung der Besucher, die zugleich die anderen beobachtenden Besucher beobachten. Luhmann hat dieses Konzept der Beobachtung eines beobachtenden Beobachters als ein geschlossenes System aufgefasst, das hochgradig abstrakt und unabhängig von den materiellen Voraussetzungen der Beobachtungskomponenten seine eigene operative Dynamik entfaltet.[10] In dieser paradoxen und oft als kalt und technokratisch kritisierten Struktur lokalisiert Luhmann einen blinden Fleck der Beobachtung, der genau in der Differenz zwischen dem, was der Beobachter beobachtet und der Unmöglichkeit der gleichzeitigen Selbstbeobachtung entsteht – es sei denn eine Instanz höherer Ordnung übernimmt diese Funktion.[11] Während die

---

9   Siehe Nauman in »Tausend Worte: Bruce Nauman spricht über *Mapping the Studio*«, in: Christine Litz, AC: Bruce Nauman. Mapping the Studio I (Fat Chance John Cage), Ausst.-Kat., Köln, Museum Ludwig, S. 9.
10 Siehe Niklas Luhmann: Identität – was oder wie?, in: Soziologische Aufklärung 5: Konstruktivistische Perspektiven, Opladen 1990, S. 16.
11 Einen theoretischen Brückenschlag zwischen künstlerischen Strategien, die das Motiv der Überwachung reflektieren und Niklas Luhmanns Systemtheorie, unternimmt Christian Katti in seinem Aufsatz »Systematically« Observing Surveillance: Paradoxes of Observation According to Niklas Luhmann's Systems Theory, in: Thomas Levine, Ursula Frohne, Peter Weibel: CTRL Space. Rhetorics of Surveillance from Bentham to Big Brother, Cambridge, Mass., 2002, S. 50–63.

früheren Installationen die Videokamera als Instrument einer *in situ*-Überwachung der Besucher einsetzten und damit das Verhalten der Probanden unter den Einfluss der Aufzeichnung geriet, ist hier der Handlungsraum des Künstlers unter die Beobachtung des Publikums gestellt. Allerdings beschränkt sich dieser Einblick auf ein virtuelles Beobachtungsverhältnis, denn die Aufnahmen sind ihrerseits unter der Kontrolle des Künstlers entstanden und geben nur ein selektives, ja konstruiertes Bild der Atelierwirklichkeit wieder. Die insgesamt als Realzeitaufzeichnung entstandenen Aufnahmen sind in letzter Instanz der Freigabe des Künstlers unterstellt. Man wird sich der Regieführung über das Videomaterial gewahr, sobald man erkennt, dass die sieben Projektionsfelder insgesamt gesehen kein logisches Gesamtbild der Ateliersituation ergeben, sondern editorischen Bearbeitungen unterlagen.

Im Verlauf der Abspielzeit, deren Gesamtheit das Zeitmaß eines gewöhnlichen Museumsbesuchs bei weitem übersteigt, lassen sich minimale Veränderungen der Ateliereinrichtung ausmachen, die jedoch erst nach einer geduldigen Observierung der stundenlang abspulenden Bildstrecken ins Auge fallen. Die Ursache bleibt zunächst rätselhaft, doch verweisen sie auf die latente Präsenz des weitgehend unsichtbaren Künstlers, der tagsüber die Gegenstände in seinem Studio bewegt hat. Ein übergeordneter Sinnzusammenhang dieser Handlungschoreographien lässt sich indessen nicht als Orientierung dieser Veränderungen ausmachen, denn die Aktivphasen der Ateliernutzung am Tage bleiben der Kameraaufzeichnung vorenthalten. Selbst die Realzeitaufzeichnung, die in Überwachungsräumen als Garant der Sichtbarkeit jeglicher Bewegung und Abläufe eingesetzt wird, kann die Anwesenheit des Künstlers allenfalls *in absentia* bezeugen. So wird das scheinbar autorlose Arrangieren der Gegenstände kaum als Resultat einer künstlerischen Absicht nachvollziehbar, sondern es verwirklicht sich rätselhaft und wie von Geisterhand vollführt: Einmal mehr scheint Nauman hier seine frühe Behauptung einzulösen: *The True Artist helps the world by revealing mystic truths* (1967). Denn es ist weniger das »künstlerische Unbewusste« das hier »des Nachts im Atelier«[12] zu wirken scheint, als dass die minimalen Spuren des künstlerischen Schaffens auf eine nach rationalen Maßstäben nicht messbare Arbeitsökonomie deuten. Die optisch kaum registrierbaren und somit auch nicht darstellbaren Resultate seiner Aktivität sind Ausdruck einer primär gedanklichen Tätigkeit, die weder kalkulierbar noch taxierbar oder antizipierbar wäre und sich in langen Phasen scheinbar ereignisloser Passivität entfaltet. Naumans Einsatz der Videotechnologie zur Aufzeichnung der Umstände dieser unsichtbaren Aspekte des künstlerischen Schaffens korrespondiert mit der Auffassung des italienischen Philosophen Maurizio Lazzarato, der in der Videotechnologie eine Nachahmung der mentalen Prozesse sieht, eine Aufzeichnungsmethode, die den Verlaufsformen des Denkens, Imaginierens und Erinnerns entspricht, welche sich nicht systematisch, sondern sprunghaft, fragmentarisch, unberechenbar, sporadisch und zirkulär ereignen.[13]

---

12 Siehe KAISER 2005 (wie Anm. 8), S. 6.
13 Siehe Maurizio Lazzarato: Videophilosophie. Zeitwahrnehmung im Postfordismus, Berlin 2002.

An Stelle des Künstlers belohnen die vorbeihuschenden Mäuse die ausdauernde Beobachtung der Betrachter, denn trotz der wiederholt in den Bildfeldern patrouillierenden Katze gehen sie unbehelligt ihrer Wege. Diese nächtlichen Bewohner des Ateliers, deren Augen wie feurige Leuchtkörper in den Infrarotaufnahmen aufscheinen, verschwinden, sobald sie den Bildausschnitt der Kamera verlassen, in den Zwischenräumen der Videobilder. Realisiert man, dass sie in den unmittelbar angrenzenden Projektionsbildern nicht wieder auftauchen, erweist sich die angenommene Totalität der Projektionsanordnung als hinfällig, denn nur in Ausschnitten zeigt sich uns das Atelierszenario: »Die sieben Projektionen imitieren durch ihre Größe vom Boden bis zur Decke das tatsächliche Atelier, wobei bei längerem Betrachten auffällt, dass die räumliche Ordnung nicht mit der zeitlichen übereinstimmt.«[14]

Die vermeintliche Kartographie des Ateliers, die, im Titel als *Mapping* bezeichnet, eine topographische Übersicht verspricht, löst sich folglich nicht als systematische Visualisierung der Raumes und der sich darin ereignenden Handlungsabläufe ein. Die Bündelung des mehr oder weniger zufällig entstandenen visuellen Materials, das insgesamt 42 Stunden Videoaufnahmen umfasst, die innerhalb von 42 Nächten und während eines Zeitraumes von zwei Monaten kompiliert wurden, ist demnach anderen Auswahlkriterien unterstellt als solchen, die auf das Ziel einer exakten Rekonstruktion des Ortes gerichtet sind. Die aufgefächerten Projektionsflächen repräsentieren den Raum ausschnitthaft und geben kontingente Einblicke in den Atelierbereich. Sie fügen sich zu einer technologisch gesteuerten Perspektive, in der die Präsenzmomente des Künstlersubjekts, auf die sich zweifellos die Aufmerksamkeit und Geduld der Betrachter konzentrieren, schemenhaft und flüchtig bleiben. Die objektivierende Aufnahmetechnik der Überwachungskameras registriert zwar jede Bewegung, doch die entscheidenden Prozesse des künstlerischen Schaffens entgehen ihr. Die weitgehende Gleichförmigkeit der Bilder, die den passiven Blick der unpersönlichen Beobachtung der Überwachungskamera reproduzieren, nivellieren alle Begebenheiten. Im Blick der linearen Registrierung einer mechanisch gesteuerten Standkamera – die heutzutage nahezu alle Bereiche des öffentlichen, semi-öffentlichen und privaten Lebens erfasst – verblassen die Konturen der Ereignisse und jeglichen spezifischen Moments. Absorbiert vom Fluss schier unüberschaubarer Zeitspannen und Bildsequenzen verflüchtigt sich der Produktivitätsmythos vom Künstler als Prototyp des kreativen Menschen: Vielmehr transformiert sein Denk- und Arbeitsraum unter Dauerbeobachtung in ein Projektionsfeld schöpferischer Negation.

Im Unterschied zu Naumans frühen Videobändern, die ihn bei monotonen Tätigkeiten im Atelier dokumentieren und auf diese unspektakulären Abläufe den Anspruch *künstlerischer* Bedeutung erheben bzw. den Kunstcharakter banaler und repetitiver Handlungsabläufe ausdrücklich durch die Videoaufzeichnungen belegen, zeigt *Mapping the Studio* wie die Unterscheidungen zwischen unbedeutenden und markanten Momenten, zwischen harten Fakten und illusionären Chimären im panoptischen Blick und unter den Bedingungen der Dauerbeobachtung gänzlich verschwimmen.

---

14 Siehe KAISER 2005 (wie Anm. 8), S. 6.

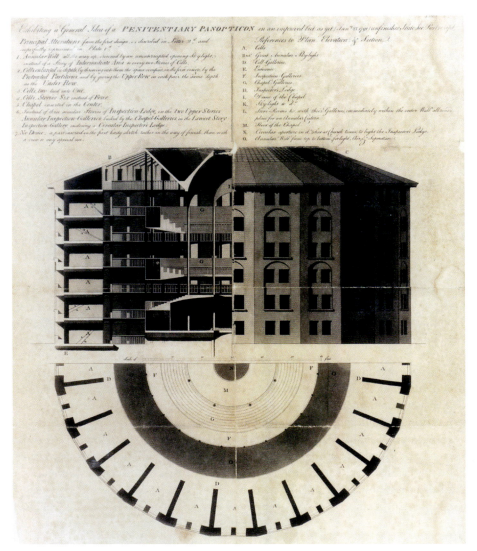

3   Jeremy Bentham »Plan for the Penitentiary Panopticon«, 1787, Zeichnung von Willey Reveley

An Jeremy Benthams Entwurf eines Panoptikums (Abb. 3) erinnernd, positioniert Naumans Installation die Zuschauer im Zentrum der vergrößerten Überwachungsbilder, wobei die erhöhten, mobilen Drehstühle die Souveränität der Betrachter mit der uneingeschränkten Sicht des Aufsehers in Benthams Schema analogisiert. Ihr Blickpunkt nimmt die Perspektive der Kameraeinstellung ein, die wiederum mit der zentralen Position des Gefangenenaufsehers in Benthams Gefängnisarchitektur und Foucaults Analyse der disziplinierenden Beobachtungsperspektive übereinstimmt. Der illusionäre Realraum des Künstlerateliers rückt in den Beobachtungsfokus. Das

4　Filmstills aus dem Film von Hans Namuth: Jackson Pollock an der Arbeit.

Dispositiv der Überwachung, das Nauman in der räumlichen Inszenierung der Rundumprojektion reproduziert, unterstreicht das Betrachterverlangen, dem »auratischen« Moment (der künstlerischen Überschreitung, der Schöpfung oder des Scheiterns) als Live-Erlebnis beizuwohnen – ein Motiv, das in der Kunst spätestens seit den 1950er Jahren mit Hans Namuths Filmaufnahmen von Jackson Pollock bei der Arbeit eine neue Dimension der Publikumspartizipation einleitete. (Abb. 4) Solchem Unmittelbarkeitspathos, das dem klassischen Mythos des Künstlergenies huldigt, verweigert sich Naumans minimalistisches Videogramm seiner eigenen Untätigkeit. Das Atelier fungiert hier buchstäblich als Produktionsraum der Ideen, die sich als Projektionen von Vorstellungen und Erwartungen auf das Künstlersubjekt richten. Marcel Duchamps Pose eines selbstgewählten bedeutungsschweren Schweigens scheint in dieser forcierten Deaktivierung des künstlerischen Handlungsraumes wie ein vergegenwärtigendes Echo zu inkarnieren.

Das »Versagen« des Künstlers

Trotz der reduzierten Ereignishaftigkeit der Bilder macht es die Größe der Projektionsfelder und die Rundumanordnung nahezu unmöglich, die parallelen Bildsequenzen gleichzeitig zu erfassen. Erst wenn der Blick, ohne ein Ereignis zu erwarten, abschweift, gewinnt die Eigendynamik der Aufzeichnung an Wirkung. »[...] man muss passiv werden«, so Nauman und versuchen »sich nicht zu konzentrieren [und] sich stattdessen auf das periphere Sehvermögen verlassen«, um die Momente der Veränderung zu erfassen.[15] Erst in einem Zustand der mentalen Unschärfe erstehen revelatorische Bewusstseinsmomente aus der uferlosen Monotonie. Als Erkenntnishorizont setzt

---

15　Siehe Litz 2003 (wie Anm. 9), S. 10.

die ungerichtete Visualität und Akustik dieser Arbeit eine prinzipielle Offenheit voraus, die zulässt, dass etwas unbemerkt ins Blickfeld rückt. Instinktgeleitet wie die Mäuse, Motten oder die Katze richten sich die Sinne auf das Unerwartete. Naumans Empfehlung, eine passive Haltung einzunehmen, korrespondiert mit dem reduzierten Handlungsprofil, das der Künstler selbst in dieser Arbeit in Szene setzt. Zugleich lässt sein Appell an Walter Benjamins Konzept der »Zerstreuung« denken, das dieser mit der Rezeption des Films in Verbindung brachte und als ein Motiv der Überforderung durch die medialen Veränderungen der Wahrnehmungswelten zu Beginn des 20. Jahrhunderts beschrieb. Der Aufforderung Naumans, sich in einen Zustand des Laissez-faire der Wahrnehmung gleiten zu lassen, steht die Fixiertheit der Publikumserwartung, die ungeduldig auf das Erscheinen des Künstlers oder irgendein (erlösendes) Ereignis lauert, diametral entgegen. Die Fokussierung auf den antizipierten »einen Moment« wird von der narrativen Struktur des Mediums indessen aufrechterhalten und von der Bildästhetik der invasiven Infrarotkamera als Suggestion eines Einblicks in verborgene Bereiche noch bestärkt, während sie von der ausdauernden Unsichtbarkeit des Künstlers zugleich *ad absurdum* geführt wird. Obwohl mittels Infrarotkamera die ins Dunkel getauchten Bereiche schemenhaft einsehbar sind und somit der Eindruck erweckt wird, man wohne geheimnisvollen Begebenheiten bei, passiert über eine lange Phase beinahe nichts. Nauman selbst erscheint nur kurz und geisterhaft, wenn er eine neue Videokassette einlegt, um sofort wieder von der Bühne abzutreten und die bildschöpferische Tätigkeit wieder der »blinden« Technologie zu überlassen. Das nur in minimalen Spuren sich andeutende Tagewerk des Künstlers vollzieht sich vollkommen unspektakulär. Allenfalls unerhebliche Verschiebungen und minimale Verrückungen der wahllos verstreuten Gegenstände im Atelier deuten auf ein stetiges Tätigsein, das aber keine Systematik erkennen lässt – weder eine Konzeption noch konvulsivische Inspirationsschübe zeichnen sich ab. Schmutz und Unrat, die sich im Atelier angesammelt haben, unterstreichen indessen das *ennui* des kreativen Subjekts, das sich in scheinbar endlosen Sequenzen der Ereignislosigkeit und in Erduldung schöpferischer Leere dahinschleppt: »Ich wollte das Gefühl erzeugen, dass der Film einfach da ist – fast wie bei einem Objekt. Er sollte einfach da sein, weiterlaufen, er selbst sein. Ich wollte, dass er Echtzeitqualität hat. Mir gefällt der Gedanke, dass man weiß, es läuft weiter, ob man anwesend ist oder nicht«.[16]

Das hierin angedeutete Ewigkeitsmotiv, bei dem die Bilderzeugung – an die Apparatur der Technologie delegiert – auch ohne die Beteiligung des Künstlers weiterläuft, verweist zugleich auf die problematische Überlagerung von aufgezeichneter Echtzeit und gelebter Zeit, die die televisuellen Präsenzverleihungen unserer gegenwärtigen Kultur zutiefst durchdringt. Das dem Sublimen innewohnende Erstaunen über eine schier überwältigende Phase anhaltender Ereignislosigkeit trifft sich hier mit der Erfahrung maßloser Leere angesichts einer ins Monumentale sich erstreckenden Zeitspanne. Dieses Zusammenspiel irritierender ästhetischer Erfahrungen, hat Sianne Ngai mit dem Begriff *stuplime* erfasst, worin die Affinität zwischen dem historischen

---

16 Siehe LITZ 2003 (wie Anm. 9), S. 9.

Konzept des Sublimen als ein schockierender Moment der Überwältigung und einer ermüdenden Erfahrung von Langeweile zum Ausdruck gebracht wird.[17]

Allen vorherrschenden Ökonomisierungen von Zeit und Schaffensprozessen widersetzt sich Naumans Atelier als ein Raum des Wartens, der nicht, wie uns die klassische Typologie dieses Motivs glauben macht, in erster Linie als ein Aktionsfeld, als ein Quellpunkt des Schöpferischen zu begreifen ist, an dem sich die Künstlerkreativität durch immer neue Höchstleistungen selbst übertrifft. Nauman stellt indessen das Unbegreifliche des künstlerischen Tuns als eine ontologische Leerstelle zur Schau. In Fortsetzung des Gedankens, den Beatrice von Bismarck in ihrer Studie zu Naumans künstlerischen Selbstreflexionen entwickelt hat, wird das Arbeitsumfeld hier zu einem Speicher der Absenz brachliegender Formen der Ermöglichung[18]: Gleich einer Selbstreferenz an die Negativabdrücke von Körperteilen in Naumans Œuvre formt sich das gesamte Atelier zu einem Raum der Negativität, der den imaginären Körper des Künstlers wie eine panoptische Architektur umgibt und seiner Abwesenheit durch die erwartungsvolle Publikumsbeobachtung eine nicht minder präsente Gestalt verleiht. Die Leerstelle bzw. der Hohlraum, der in vielen skulpturalen Arbeiten Naumans als Verweis auf die Präsenz eines Abwesenden zum eigentlichen Thema wird und in Arbeiten wie *Audio-Video Underground Chamber* (1972–74) oder *Model for a Room with my Soul Left Out, Room That does Not Care* (1984) frühzeitig anklingt. Die Allgegenwart der aufzeichnenden Videokamera suggeriert indessen, dass sie den Entzug des Künstlers durch Dauerbeobachtung zu kompensieren vermag, denn ein Erfolgsprinzip der Medien besteht schließlich darin, dem Absenten eine glaubwürdige Präsenzerscheinung zu verleihen. Tatsächlich setzt Nauman die Videoaufzeichnungen wie ein formbares, neutrales Material ein, ähnlich wie der traditionelle Bildhauer den Abguss einer Skulptur erzeugt, um mit dessen Hilfe eine Negativform seines Modells anzufertigen. George Didi-Huberman hat dieses heuristische Verfahren künstlerischer Reproduktion unter dem Paradigma der Spur diskutiert, in der sich Berührung und Verlust gleichermaßen materialisieren.[19] Nauman knüpft mit der Realzeitaufzeichnung seines Ateliers an diesen Topos an, da sie die künstlerische Tätigkeit als Spur ab-bildet, gleichwohl sie als Verweis auf die Authentizität seines Schaffens fragwürdig bleibt, da der Künstler selbst nur mehr als Phantom an diesem Prozess beteiligt ist.

Die invasive Bildtechnik der Infrarotaufzeichnungen kennzeichnet das Atelier als einen kulturellen Realzeitraum, in dem der Künstler die Exponiertheit seiner Person

---

17 Sianne Ngai schreibt der ästhetischen Erfahrung der Langeweile einen dem Sublimen vergleichbaren überwältigenden Effekt der Ermüdung zu, die sie mit der Rezeption der Werke Gertrude Steins, James Joyces oder des »Atlas« von Gerhard Richters verbindet. Siehe Sianne Ngai: Stuplimity: Shock and Boredom in Twentieth-Century Aesthetics, in: Postmodern Culture, 10, 2, Jan. 2000, S. 15.
18 Siehe Beatrice von Bismarck: Bruce Nauman. Der wahre Künstler. Ostfildern 1999. Siehe auch Beatrice von Bismarck: Hinter dem Studio. Bruce Naumans Auseinandersetzung mit dem Atelierraum, in: Texte zur Kunst, Nr. 49, März 2003, S. 38–40.
19 Siehe Georges Didi-Huberman: Ähnlichkeit und Berührung. Archäologie, Anachronismus und Modernität des Abdrucks, Köln 1999, S. 10.

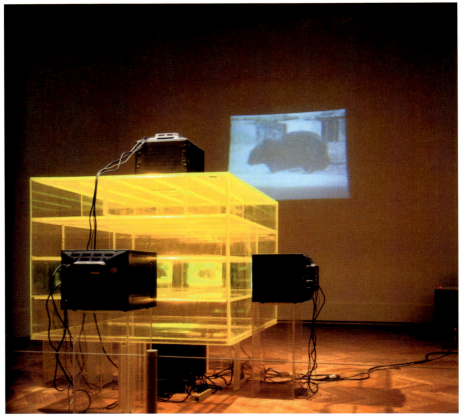

5   Bruce Nauman, Rats and Bats (Learned Helplessness in Rats II), 1988 (Installationsansicht), Art Institute of Chicago, 1990)

im Blickfeld der Öffentlichkeit erlebt. Der traditionelle Projektionsraum künstlerischer Allmacht, das Atelier, wird mit dem wachsenden sozialen wie ökonomischen Interesse an avantgardistischen Kunstpositionen gegen Ende des 20. Jahrhunderts zu einem Fluchtpunkt des öffentlichen Begehrens. Daher inszeniert Nauman das Künstler-Studio als rundum einsehbaren, potentiellen Handlungsraum, in dem der Künstler aber wie in einem gläsernen Diorama der öffentlichen Wahrnehmung (von Kunstmarkt, Kuratoren und Kritikern) preisgegeben ist. Vergleichbar mit dem stets sichtbaren Gefangenen in Benthams Gefängnisentwurf agiert der schöpferische Mensch des 21. Jahrhunderts unter ständiger Taxierung seiner Leistung. Der zirkuläre Charakter dieser Beobachtungssituation, die mitsamt der Nachtsichttechnologie wie eine wissenschaftliche Versuchsanordnung auf den prägenden Verinnerlichungsprozess solcher allgegenwärtigen, realzeitlichen Erhebungsmethoden hinweist, ähnelt den experimentellen Parametern der früheren Installationen *Learned Helplessness in Rats (Rock and Roll Drummer)* und *Rats and Bats (Learned Helplessness in Rats II* (beide 1988) (Abb. 5), in denen Videoaufnahmen das Verhalten von Ratten in einem rundum transparenten

Labyrinth aus Plexiglas aufzeichnen und mit Beklommenheit auslösender Nüchternheit das Verhalten dieser Tiere in einem hermetischen System von Kontroll- und Manipulationsinstanzen dokumentieren. In Fortführung der Korridorarchitekturen spiegeln sich hierin die prägenden Eigenschaften sozialer Lebensräume, ein Ansatz, den Nauman in *Mapping the Studio* durch die Beobachtungssituation in Realzeit, jedoch in einer veränderten sozio-historischen Gesamtkonstellation aufgreift. Mit dem Ausbleiben der Handlungsprozesse, auf deren Partizipation das Publikum konditioniert ist, rückt Nauman aber andererseits die Möglichkeit des künstlerischen »Versagens« in einer doppelten Bedeutung in den Blick: Während unter dem verspürten Erwartungsdruck der Öffentlichkeit die Furcht des Künstlers vor dem Versagen wächst, versagt er sich in Subversion dieser äußeren wie inneren Kontrolle jegliches sichtbare Resultat seines Schaffens. Wie in einer seiner früheren Arbeiten – *People Die of Exposure*[20] – postuliert, findet der Künstler nur zu seinem Handlungspotential, wenn er sich in den blinden Fleck des Publikums begibt. Da die Forderungen nach Produktivität heute nicht mehr auf die Aktivität am Arbeitsplatz begrenzt sind, sondern jedem Einzelnen die Verpflichtung auferlegt ist, seine Lebenszeit zu intensivieren, indem sowohl die »Freizeit« als auch die Affekte und Empfindungen (power shopping, quality time etc.) programmatischen Wertschöpfungsmaximen unterstellt werden, geht die individuell-persönliche Zeitökonomie zunehmend auf in diesem Anspruch unbedingter Qualitätssteigerung. Naumans Atelierarbeit gibt demgegenüber zu bedenken, dass die Spielformen des Zufalls, jene glücklichen Momente einer produktiven Arbeitssituation entspringen, in der das Zulassen des passiven Wartens und das Aushalten des *ennui* als Teil des schöpferischen Prozesses Raum gewinnt.

»Chance«

Die visuellen und akustischen Spuren der heimlichen Mitbewohner des Ateliers akzentuieren diesen Mangel an zielgerichteter Handlung, was Nauman nachträglich dazu motivierte, diese belebenden Elemente, die sich ungefiltert in die Videoaufnahmen eingeschrieben haben, in ein Protokoll der arbiträren Informationen zu übertragen. Diese Diagramme der nicht steuerbaren Zufallsoperationen, die wohl niemand eindrucksvoller als John Cage der Publikumswahrnehmung zugänglich machte, lassen sich nicht bewusst oder in Antizipation der Betrachteraufmerksamkeit herbeiführen. Weil sie ihrem eigenen Rhythmus folgen und unberechenbar bleiben, können sie dem Künstler zum Impuls werden, als »Chance« gleichsam und zu genau jenem fruchtbaren Zufall, der sich laut Cage durch seine »non-compressibility«, seine nicht beeinflussbare Eigengesetzlichkeit auszeichnet. Das Sublime des Unvorhersehbaren ist es, worauf Nauman den Atelierraum und die Wahrnehmung hin öffnet. Doch bedarf es des Aushaltens der puren Dauer, um die Zeit- und Raumstrukturen zu ermessen, in der sich diese Möglichkeit des Zufalls ereignen kann. Der Sensibilität, die Cage für die Schlichtheit

---

20 Nauman verwendet diese Zeile als Schlusssatz in einem Text, der Teil der 1975 entstandenen Installation »Consummate Mask of Rock« ist.

Mapping the Studio

der Veränderungen des Alltags aufbrachte, verleihen Naumans Raum- und Tonaufzeichnungen ein hommageartiges Echo, in dem die semantischen Verschiebungen und Kondensierungsphänomene der absichtslosen Geschehnisse selbst wie Zufallsprodukte der gedanklichen Aktivität anagrammatisch mitschwingen: Cage / Chance / Change.

Doch in *Mapping the Studio* ist es nicht mehr die *Handlung*, die die Installation zur Kunst erweckt, wie noch die frühen Vermessungen des Ateliers durch die Körperaktivität des Künstlers oder die Korridore durch die Beteiligung der Besucher zu ihrer plastischen Vollendung fanden. Vielmehr konzentriert sich der künstlerische Anspruch in dieser aktuellen Arbeit auf die Findung einer *Haltung*, die schließlich in die *Enthaltung* des Künstlers einmündet und das Aushalten des Publikums gegenüber seiner Passivität bzw. praktizierten Langeweile herausfordert. Der schöpferische Akt erfüllt sich somit in der Thematisierung und vielleicht auch Theatralisierung der Erschöpfung des Künstlers und seines Publikums gleichermaßen. Im Entzug findet der Künstler zurück zu seiner Souveränität. Vor der Folie und unter den Bedingungen einer expansiven Kultur der Veröffentlichung aller persönlichen Bereiche reagiert Nauman indirekt auch auf die prinzipiellen Lebens- und Arbeitsbedingungen im Zeitalter der elektronischen Totalvernetzung. In einer Welt, in der die Logik des Spektakels zur Voraussetzung privater, ökonomischer und politischer Selbstbehauptung geworden ist, steht eine (künstlerische) Praxis der Introspektion und der Verlangsamung der Schaffensprozesse im Widerspruch zur allgegenwärtigen Partizipations- und Effizienzkultur. Indem Nauman die Ökonomie der Sichtbarkeit und den Zwang zum Anschluss an die Kommunikationskanäle in eine *Twilight Zone* forcierter Unsichtbarkeit und kreativer Untätigkeit verwandelt, eröffnet er einen Raum, der zur Entfaltung bringt, was Gilles Deleuze die »reine Form der Zeit« genannt hat.[21] Wäre somit die von Nauman gewählte unpopuläre Form einer Langzeiterfahrung als Versuch zu verstehen, dem Ansturm von Antizipation und Interaktion zu entgehen und das Verbringen von Zeit als Grundbedingung für ein anteilnehmendes soziales Verhalten zu vergegenwärtigen? Den leeren Ökonomien technokratischer Systeme und medialer Partizipationsangebote setzt Nauman eine Anökonomie (Derrida) ökonomischer Uneinforderbarkeit entgegen, die das Zulassen von Untätigkeit als produktive Chance und Rettung der (An-)Wesenheit des Subjekts begreift. Naumans Studio steht somit auch für einen symbolischen Raum innerhalb der deregulierten und ökonomisierten Alltagserfahrung unserer Gegenwart. Als Sphäre alternativer Zeiterfahrung dient er nicht nur dem Künstler als Quelle kreativen Handelns, sondern steht für ein Grundbedürfnis nach Vergegenwärtigung des menschlichen *Daseins*.[22]

---

21 Siehe Gilles Deleuze: Differenz und Wiederholung, München 1997, S. 365; Im französischen Original heißt es »[…] dans la forme pure du temps«. Siehe Gilles Deleuze: Différence et Répétition, Paris 181, S. 376.
22 Gemeint ist ein Zustand der Muße »als Abwesenheit von Arbeit, aber nicht als Abwesenheit von Tätigkeit, sondern als tätige Untätigkeit, als distanziertes Engagement«. Siehe Christoph Wulf und Jörg Zirfas: Die Muße. Vergessene Zusammenhänge einer idealen Lebensform, in: dies.: Muße, Themenband von Paragrana, Internationale Zeitschrift für Historische Anthropologie, Band 16, Heft 1, 2007, S. 9. Darin auch Doris Schumacher-Chilla: Entschleunigung. Motive und Brechungen, S. 158–174.

Bildnachweis

1: Bruce Nauman; Mapping the Studio I (Fat Chance John Cage), 2001. From the installation at Dia Center for the Arts, 545 West 22nd Street, New York City. January 10, 2002-July 27, 2002. Photo: Stuart Tyson. Collection Lannan Foundation; Long-term loan. Courtesy Dia Art Foundation. – 2: Bruce Nauman; Live-Taped Video Corridor, 1969–1970; Videomonitore und Korridor; aus: Hanhardt, John G., The Worlds of Nam June Paik, Ausst.-Kat. Guggenheim Museum, New York 2000, S. 102. – 3: Jeremy Bentham »Plan for the Penitentiary Panopticon« (1787). Drawing by Willey Reveley. © University College London Library, Bentham Papers 115/43. – 4: Filmstills aus dem Film von Hans Namuth: Jackson Pollock an der Arbeit; aus: Ellen G. Landau, Jackson Pollock, New York: Harry N. Abrams, 1989, verso der Titelseite. – 5: Bruce Nauman; Rats and bats (learned helplessness in rats II), 1988 (Installationsansicht, Art Institute of Chicago, 1990) Chicago, Sammlung Gerald S. Elliott. © Chicago, The Art Institute (I); Walker Art Center (V); aus: Joan Simon: Bruce Nauman (Ausst.-Kat. Madrid, Museo Nacional Centro de Arte Reina Sofia, 30.11.1993–21.2.1994), Minneapolis 1993, S. 81.

Raum-Konfigurationen im Werk von Dan Graham

Stefanie Lieb

Das Zusammenrücken globaler Räume aufgrund der Medien wie Fernsehen, Telekommunikation und Internet ruft neue Raumvorstellungen und -dimensionen hervor bzw. verursacht hinsichtlich der Sicherheit über den Raum eine Krise. Die Soziologin Martina Löw charakterisiert diese Entwicklung folgendermaßen: »Durch schnelle Transporttechnologien, sekundengenaue Übertragungen von Informationen über die ganze Welt, schließlich auch durch die neuen Möglichkeiten, sich in virtuellen Räumen zu bewegen, scheint der Raum im Sinne eines materiellen Substrats völlig bedeutungslos zu werden.«[1] Der französische Architekt und Philosoph Paul Virilio sprach bereits 1983 davon, dass von den Menschen »nicht mehr der Raum, sondern die Zeit [...] bevölkert« werde.[2]

Raum und Zeit als konstante und sich doch ständig wandelnde Determinanten des menschlichen Lebens wurden nicht nur in Soziologie und Philosophie, sondern auch in der Kunst der Moderne zu einem wichtigen Themenkomplex der künstlerischen Auseinandersetzung.[3] In den letzten vierzig Jahren entwickelten sich vor allem innerhalb der Gattung Skulptur unterschiedliche Raumvorstellungen und -bilder, die durch die Erweiterung der räumlichen Dimensionen bei Environments und Land Art-Projekten sowie der Inszenierung von Ereignisorten bei Happening und Performance zu einer Ausweitung des Kunstbegriffs geführt haben.[4]

Die Konzentration auf die Problematik des künstlerischen Raums bewirkte eine Annäherung an die Grundlagen der Architektur in Material, Form und Konstruktion; seit den 1980er Jahren wird diese Wechselbeziehung auch als »architektonische Skulptur« oder kurz »ArchiSkulptur« bezeichnet.[5] Neben der Beschäftigung mit den

---

1 Martina Löw: Raumsoziologie. Frankfurt a.M. 2001, S. 10, S. 69–129. – Zu dem Thema weiterhin P. Noller, K. Ronneberger: Globalisierung, Stadträume und Lebensstile. Kulturelle und lokale Repräsentation des globalen Raums, Opladen 1999.
2 Paul Virilo: Der kritische Raum, in: Tumult, 7. Jg. 1983, S. 16–27, hier S. 16, zitiert nach Löw 2001 (wie Anm. 1), S. 10.
3 Vgl. Gerhard Kolberg: Raumfahrten. Zum Wesen und Wirken des künstlerischen Raums im 20. Jahrhundert, in: KölnSkulptur 3. Zeitgenössische Künstler im Skulpturenpark Köln, Köln 2001, S. 11–32.
4 Vgl. Hans Joachim Albrecht: Skulptur im 20. Jh. Raumbewußtsein und künstlerische Gestaltung, Köln 1977.
5 Vgl. Dietrich Clarenbach: Grenzfälle zwischen Architektur und Plastik. Diss. München 1969. – Architectural Sculpture, Ausst.-Kat., 2 Bde., Institute of Contemporary Art Los Angeles 1980. – Claus Bury (Hg.): Architektonische Skulpturen 1978–1986, Ausst.-Kat. Wilhelm-Lehmbruck-Museum der Stadt Duisburg 1986. – Markus Stegmann: Architektonische Skulptur im 20. Jh. Historische Aspekte und Werkstrukturen, Tübingen, Berlin 1995. – Ute Müller: Zwischen Skulptur und Architektur. Eine Untersuchung zur architektonischen Skulptur im 20. Jh. Diss. Aachen 1995, Aachen 1998. – Markus Brüderlin (Hg.): ArchiSkulptur. Dialoge zwischen Architektur und Plastik vom 18. Jahrhundert bis heute. Ausst.-Kat., Fondation Beyeler, Basel-Riehen 2004–05, Ostfildern-Ruit 2004.

Bedingungen des materiellen Raums setzen sich Künstler durch die Einbeziehung neuer Medien wie Film, Fernsehen, Video und Internet auch mit der Krise des Raums und mit Fragen nach einer Neukonstituierung im Zeitalter der Medien auseinander. Eng damit verbunden ist die Integration des Betrachters in seiner Funktion als körperlicher Bestandteil des Raumes sowie durch seine Fähigkeit der Raumwahrnehmung und -reflexion.

Ein Künstler, der exemplarisch in seinem Werk unterschiedliche Aspekte der Raumkonfiguration und -erfahrung thematisiert, ist der Amerikaner Dan Graham. 1942 in Urbana/Illinois geboren und aufgewachsen in den Suburbs von New York, studierte Graham einige Semester Philosophie an der Columbia University, bevor er seine Tätigkeit im Kunstbetrieb zunächst als Galerist begann. 1965 musste er seine Galerie schließen und widmete sich von da an seiner eigenen künstlerischen Arbeit.[6] Eine einheitliche Charakteristik seines vielschichtigen Œuvres ist schwierig, eine Differenzierung in zeitliche Phasen mit der jeweiligen Anwendung unterschiedlicher Medien zur Formulierung der künstlerischen Aussage erscheint hier sinnvoller. So setzte sich Graham von 1965 bis 1969 mit verschiedenen Formen von Gedrucktem auseinander, zwischen 1969 und 1978 arbeitete er mit Performance, Film und Video, und seit 1978 entstehen Video-Installationen sowie maßstabsgetreue architektonische Modelle und Pavillons.[7]

Die Kunstwissenschaft hat bisher vorrangig versucht, Dan Grahams Arbeiten in kunstinhärente Kontexte wie Konzeptkunst, Minimal Art, Pop Art, Postmoderne und Dekonstruktivismus einzuordnen[8]; ein sicherlich legitimes Vorgehen, da Graham in seinen Schriften selbst auf diese Bezüge hinweist und Stellung gegenüber einzelnen Kunstrichtungen, Künstlern und Architekten bezieht.[9] Dennoch soll unabhängig von einem formalistischen Konzept im Folgenden versucht werden, die immer wieder in Grahams Werk auftretenden Hinweise auf Raum-/Zeitsysteme und ihre Wahrnehmungsmuster zu bündeln und darüber hinaus zu untersuchen, inwieweit Graham, der seine Arbeiten zwar in erster Linie als medienbestimmt und als gegenwärtige »Orte der In-Formation« ansieht[10], auf traditionelle Raumtheorien und -bilder zurückgreift und diese als Metaphern für existentielle Aussagen einsetzt.

Die Installationen und Skulpturen Grahams mit Raumbezug sind seit 1970 feststellbar und lassen sich nach den medialen und materiellen Mitteln ihrer Umsetzung in Film- und Videoräume, sogenannte »Nur-Räume«, Modell-Räume und Architektur-Räume aufteilen. Nach ihrer Konzeption und ihrem Aussagegehalt können sie weiterhin drei Kategorien von Raumbegriffen zugeordnet werden, die aus den drei

---

6   Rainer Metzger: Kunst in der Postmoderne. Dan Graham, Diss. München 1994, Köln 1996, S. 17.
7   Anne Rorimer, Dan Graham: Eine Einführung, in: Dan Graham. Pavillons, Ausst.-Kat., Kunstverein München 1988, S. 7–36, hier S. 7.
8   Vgl. METZGER 1996 (wie Anm. 5). – Marianne Brouwer (Hg.): Dan Graham. Works 1965–2000. Ausst.-Kat., Kröller-Müller-Museum Otterlo 2002, Düsseldorf 2002.
9   Vgl. Ulrich Wilmes (Hg.): Dan Graham. Ausgewählte Schriften, Stuttgart 1994.
10 Jean-Francois Chevrier (Hg.): Walker Evans & Dan Graham. Ausst.-Kat. Westfälisches Landesmuseum für Kunst und Kulturgeschichte Münster 1993, S. 39.

wissenschaftlichen Bereichen Physik/Philosophie, Soziologie/Psychologie und Kunst/ Architektur ableitbar sind: absoluter und relativer Raum, öffentlicher und privater Raum und Wohnraum und Naturraum. Ausgehend von dieser Struktur ist es meines Erachtens möglich, die Botschaften der Raumbilder Grahams zu konturieren und darauf aufbauend abschließend die Frage nach der Bedeutung des Raumes in seinem Werk zu diskutieren.

Absoluter und relativer Raum

Viele der Rauminstallationen Grahams basieren auf einem durch Wände abgeschlossenen rechteckigen, leeren Raum, der durch die Performance-Aktion des Künstlers, die Film- und Videokameras und ihre Übertragungen sowie die Wahrnehmungsinitiative der Besucher gefüllt wird. Dieses Bild des »Behälterraums« oder auch »containers« stammt ursprünglich aus der Antike und wird durch Isaac Newtons mathematische Definition des »absoluten Raums«, der als »eine von den Körpern selbständige Realität« existiert, modifiziert.[11] Doch die Ausgangslage von diesem vermeintlich absoluten euklidischen Raum ändert sich in den Grahamschen Räumen sofort, sobald ein wahrnehmungsfähiges Subjekt diese betritt. Nun wird für den Betrachter je nach Standort und Blickwinkel die Relativität des Raumes sichtbar, mit der Bewegung wechseln die Perspektive und das Verhältnis von Körper zu Raum. Die Theorie der Lagerelationen Leibniz' sowie Kants erkenntnistheoretisches Verständnis des Raums als »formalem Prinzip der Sinnenwelt« kann in diesem Moment nachvollzogen werden.[12]

Graham definiert diesen von der sinnlichen Erfahrbarkeit abhängigen Raum selbst folgendermaßen: »Raum kann nur wahrgenommen werden durch die Bewegung der Augen des Betrachters oder durch den Ort seines Körpers in der Zeit.«[13]

Dieses Ordnungsprinzip des Menschen zur Orientierung im Raum bricht Graham jedoch weiter auf, indem er mit dem Einsatz von Film, Video, Glas- und Spiegelwänden Irritationen und Verunsicherungen im empfundenen Raum-Zeit-Gefüge hervorruft. Sicherlich wäre, um in der Chronologie der physikalisch-philosophischen Raumtheorien fortzufahren, ein direkter Analogieschluss zu Einsteins Relativitätstheorie zu vereinfachend, dennoch könnte Einsteins Annahme eines Raum-Zeit-Kontinuums,

---

11 Löw 2001 (wie Anm. 1), S. 24/25. – Isaac Newton: Mathematische Grundlagen der Naturphilosophie (1687), hg. von E. Dellian. Hamburg 1988, S. 44. – Siehe auch Max Jammer: Das Problem des Raumes. Die Entwicklung der Raumtheorien, Darmstadt 1960. – Wolfgang Meisenheimer: Der Raum in der Architektur. Strukturen, Gestalten, Begriffe. Diss. Aachen 1964. – Elisabeth Ströker: Philosophische Untersuchungen zum Raum, Habil.-Schrift Hamburg 1964, 2., verb. Aufl. Frankfurt a.M. 1977.
12 Vgl. Löw 2001 (wie Anm. 1), S. 27–30. – Gottfried Wilhelm Leibniz, Streitschriften zwischen Leibniz und Clark (1715/16), in: ders.: Hauptschriften zur Grundlegung der Philosophie, hg. von Ernst Cassirer, Bd. 1, Hamburg ³1966, S. 120–241. – Immanuel Kant: Über die Form und die Prinzipien der Sinnen- und Geisteswelt, Diss. (1770), Hamburg 1958. – Immanuel Kant: Kritik der reinen Vernunft (1781), Frankfurt a.M. ²1996, S. 72.
13 WILMES 1994 (wie Anm. 9), S. 34.

1 Dan Graham, Roll, 1970

das immer in Abhängigkeit vom Bezugssystems der Beobachter steht[14], als Grundvoraussetzung für die im folgenden angeführten Arbeiten Grahams gelten.

Bei der Performance »Roll« von 1970 arbeitet Dan Graham mit zwei Kameras in einem Raum. (Abb. 1) Die eine »objektive« Kamera steht auf dem Boden im Sichtfeld des Performers, die zweite »subjektive« Kamera wird vor das Auge des Performers gehalten. Während die zwei zueinander parallelen Kameras filmen, rollt der Performer, die Kamera an sein Auge haltend, langsam von links nach rechts und versucht beständig, seinen Sucher auf die statische Kamera ihm gegenüber zu zentrieren.[15] Bei der Betrachtung der beiden Filme wird der Unterschied zwischen dem Raum-Körper-Verhältnis aufgrund differierender Bezugssysteme deutlich: während der Film der subjektiven, bewegten Kamera ein beständig rotierendes Bild zeigt und ein schwerelos empfundenes Körpergefühl vermittelt, bildet die objektive, statische Kamera den Körper von außen als Objekt ab, »das sich an dem Gesetz der Schwerkraft orientiert und gegen eine statische parallele Kraft opponiert, die das muskuläre/skelettäre Gerüst des Körpers niederdrückt.«[16]

---

14 Löw 2001 (wie Anm. 1), S. 34. – Albert Einstein, L. Infeld: Die Evolution der Physik, Reinbek 1995.
15 Vgl. RORIMER 1988 (wie Anm. 7), S. 19. – BROUWER 2002 (wie Anm. 8), S. 130/131.
16 RORIMER 1988 (wie Anm. 7), S. 19.

Raum-Konfigurationen im Werk von Dan Graham

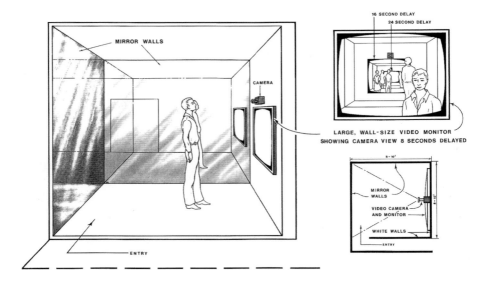

2   Dan Graham, Present Continous Past(s), 1974

Die beiden Video-Installationen »Present Continous Past(s)« und »Opposing Mirrors and Video Monitors on Time Delay« von 1974 verdeutlichen darüber hinaus die Raum-Zeit-Problematik, die mithilfe des Mediums Video sichtbar gemacht werden kann. Die physische Begrenzung von »Present Continous Past(s)«[17] ist ein Innenraum mit den Maßen von 2, 40 × 3, 60 m im Quadrat mit einer einzigen Türöffnung. (Abb. 2) Die Rückwand und die dem Eingang gegenüberliegende Wand sind verspiegelt, die Eingangswand und die Vorderwand mit Videokamera und -monitor sind weiß verputzt. Der den Raum betretende Besucher wendet sich, nachdem er sich kurz in der gegenüberliegenden Spiegelwand registriert hat, dem Bildschirm zu. Dort sieht er mit einer Verzögerung von acht Sekunden die Situation, die die Kamera ihm gegenüber aufgezeichnet hat. Neben dem tatsächlich im Raum befindlichen Objekt filmt die Kamera das Spiegelbild des Raumes sowie das Spiegelbild des Monitors. Verharrt der Betrachter also etwas länger vor dem Bildschirm, so kann er sein eigenes Bild von vor acht Sekunden als auch das, was der Spiegel acht Sekunden davor vom Monitor reflektierte (was also sechzehn Sekunden zurückliegt) sehen. Dieser Einsatz der zeitlichen Verzögerung in Verbindung mit dem Spiegel erlaubt dem Zuschauer eine Wahrnehmung, die normalerweise visuell nicht möglich ist: »die Gleichzeitigkeit seines Selbst sowohl als Subjekt wie auch als Objekt.«[18] Weiterhin verdeutlicht die Rauminstallation die Unmöglichkeit der Lokalisierung einer reinen Gegenwart. Dan Graham

---

17   RORIMER 1988 (wie Anm. 7), S. 23. – WILMES 1994 (wie Anm. 9), S. 81–84. – BROUWER 2002 (wie Anm. 8), S. 147.
18   WILMES 1994 (wie Anm. 9), S. 82.

3   Dan Graham, Opposing Mirrors and Video Monitors on Time Delay, 1974

formuliert in diesem Zusammenhang ein komplexes Zeitmodell: »Die Erinnerung (in der Gegenwart) an die Vergangenheit hängt von der Projektion jedes instabilen Moments einer antizipierten Zukunft ab. Diese Zukunft ist nicht sicher oder festgelegt, sondern besteht lediglich in einem Satz sich verändernder Wahrscheinlichkeiten. Der gegenwärtige Moment ist nichts weiter als eine Serie von Erinnerungsfragmenten der Vergangenheit, die ihre Bedeutung durch eine Projektion in eine mögliche Zukunft gewinnen. Es besteht eine Verbindung zwischen Futurologie und Archäologie.«[19]

Bei der Installation »Opposing Mirrors and Video Monitors on Time Delay« wird die Komponente der Raumperspektive noch stärker betont, und die Komplexität der verschiedenen gespiegelten und aufgezeichneten Zeitstufen nimmt erschreckend verwirrende Dimensionen an. (Abb. 3) Graham unterscheidet hier zwischen dem Spiegel- und dem Videobild. Während das Spiegelbild optisch auf die Bewegung des menschlichen Betrachters reagiert und somit durch Änderung der Position eine andere Raumperspektive bietet, verschiebt sich im Gegensatz dazu das aufgezeichnete Videobild auf einem Monitor mit einer Veränderung der Position des Betrachters perspektivisch nicht. Das bedeutet, das sich das Spiegelbild direkt und subjektiv mit der Zeit-/Raumachse des Wahrnehmenden verbindet, während das Videobild durch die zeitliche Verzögerung eine distanzierte und objektive Haltung des Betrachters gegenüber der eigenen Person im Raum ermöglichen kann.

Mit der Vorstellung der Koordinaten des mathematisch-physikalischen Raums und seines Raum-Zeit-Gefüges sowie der Auflösung desselben durch irritierende Momente

---

19   WILMES 1994 (wie Anm. 9), S. 84.

in der Rezeption, hervorgerufen mithilfe von Spiegel- und Videoinstallationen, nutzt Dan Graham den Raum als Metapher der menschlichen Selbstwahrnehmung und -erkenntis.[20]

Öffentlicher und privater Raum

Graham beschäftigte sich bereits während seiner Phase des Konzeptionellen in den sechziger Jahren, in der er sich ausschließlich mit schriftlichen und fotografischen Arbeiten befasste, mit Fragen des urbanen Wohnens, seiner Formensprache und seinem Verhältnis zu Mensch und Umgebung. Sein Fotoartikel »Homes for America« von 1966 zeigt Bilder von Reihenhaussiedlungen in Amerika: Außenansichten, Details sowie Menschen, die sich in den Räumlichkeiten aufhalten. In dem dazu gehörigen Text charakterisiert Graham die Materialien und Gestaltungselemente dieser Vorstadtarchitektur als billig, standardisiert und ohne historischen Bezug zur Umgebung: »There is no organic unity connecting the land site and the home. Both are without roots – separate parts in a larger, predetermined, synthetic order.«[21] Diese Gedanken zum sozialen Wohnraum greift Graham bei Raum- bzw. Modell-Installationen in den siebziger Jahren wieder auf und verdichtet sie hier zu Raumentwürfen des Öffentlichen und Privaten und den damit verbundenen Assoziationen.

Das Raum-Environment »Public Space – Two Audiences«, das 1976 auf der Biennale in Venedig erstmalig gezeigt wurde, ist ein sogenannter »Nur-Raum«, d.h. ohne den Einsatz von zusätzlichen Medien wie Film oder Video konzipiert. (Abb. 4) Der Raum ist durch eine mittlere Glaswand in zwei Räume aufgeteilt, nur einer der beiden Teilräume hat eine verspiegelte Rückwand, der Raum ohne verspiegelte Wand ist schalldicht isoliert. Wenn nur ein einzelner Besucher den Raum betritt, funktionieren die Mechanismen der Irritation von Selbstwahrnehmung und -reflexion. Sind jedoch mehrere Anwesende in den beiden Räumen, werden die Materialien und die räumliche Struktur zu »Kontrollinstanzen des psychologischen und sozialen Verhaltens.«[22] Die mittlere Glaswand schafft einerseits Distanz zwischen sich gegenüberstehenden Besuchergruppen, gleichzeitig stellt sie jedoch ein optisches Fenster dar, das ein Beobachten des Verhaltens der anderen Gruppe ermöglicht. Die Wahrnehmungssituationen der beiden Gruppen unterscheiden sich aufgrund der einseitigen Spiegelinstallation, dies führt zu verschiedenen Verhaltensmustern der beiden Gruppen. Die

---

20 Wolf Herzogenrath spricht in diesem Zusammenhang der Closed-Circuit-Installationen von den »eigenen Erfahrungen mit dem Doppelgänger«, ein uralter Topos, der in vielen Videoinstallationen thematisiert wird. Siehe Wulf Herzogenrath, Die Closed-Circuit-Installationen oder: Die eigenen Erfahrungen mit dem Doppelgänger, in: ders. u. Edith Decker (Hg.): Video-Skulptur, retrospektiv und aktuell, 1963–1989, Köln 1989, S. 39–49. – Weiterhin: Doug Hall, Sall Jo Fifer (Eds.): Illuminating Video. An Essential Guide to Video Art. Aperture Foundation, New York 1990.
21 Dan Graham: Homes for America, in: Arts Magazine, 41, 3 (December 1966 – January 1967), S. 21–22. – Siehe auch CHEVRIER 1993 (wie Anm. 10), S. 132/133. – WILMES 1994 (wie Anm. 9), S. 26–32.
22 WILMES 1994 (wie Anm. 9), S. 92. – METZGER 1996 (wie Anm. 5), S. 135–139. – BROUWER 2002 (wie Anm. 8), S. 172/173.

4 Dan Graham,
Public Space / Two
Audiences, 1976

Gruppe im Raum ohne Spiegelwand schaut nur in die Richtung von Glaswand und Spiegel und beobachtet vor allem sich selbst und die andere Gruppe im Spiegelbild. Die zweite Gruppe im Raum mit Spiegel kann sich selbst von der anderen Gruppe abwenden und im Spiegel betrachten oder aber den direkten Blickkontakt durch die Glaswand mit der ersten Gruppe wählen und sich so der unmittelbaren Kontrolle preisgeben. Meine eigene Erfahrung mit dieser konstruierten sozialen Situation war eine eher unangenehme und hat mir verdeutlicht, wie schnell man die eigene Privatsphäre als bedroht empfindet, aber auch die Inversion, wie man selbst ungewollt zum Kontrollorgan mit voyeuristischem Blickwinkel werden kann.[23]

Für Dan Graham sind somit auch die Materialien eines solchen Raumes nicht neutral, sondern transportieren einen sozialen Code. Besonders Glas als typisches Material der modernen funktionalistischen Architektur kennzeichnet trotz seiner Transparenz die Abgrenzung von privatem und öffentlichem Raum, denn die Trans-

---

23 Vgl. hierzu weiterführend Michel Foucault: Überwachen und Strafen. Die Geburt des Gefängnisses, Frankfurt a.M. 1977.

5 Dan Graham, Alteration to a Suburban House, 1978

parenz ist nur visuell und nicht verbal, der Raum hinter der Glaswand ist durch diese nicht betretbar.[24]

In Anlehnung an Mies van der Rohes und Philip Johnsons Glashäuser aus den späten vierziger Jahren (z.B. Philip Johnsons eigenes Haus von 1949 in New Canaan), die als private Wohnbauten mit gläsernen Wänden konzipiert wurden[25], entwirft Graham 1978 ein Modell für ein Vorstadthaus mit gläserner Front- und Rückwand sowie einer durch die mittlere Längsachse des Hauses durchlaufenden vollverspiegelten Scheibe.[26] (Abb. 5) Mit diesem Modell »Alteration to a Suburban House« führt Graham die vertrauten Vorstellungen von privat und öffentlich ad absurdum. Während das Glashaus von Johnson durch den separierten Standort in einem großen Parkgelände die Privatsphäre trotz transparenter Wände aufrechterhalten kann, sind bei einem Wohnhaus in der Vorstadtsiedlung trotz vermeintlichem »Glück im Winkel« die gesellschaftliche Einbindung und die Öffentlichkeit immer präsent.[27] Um dies

---

24 »The glass gives the viewer the illusion that what is seen is seen exaclty as it is. [...] The transparency is visual only: glass separates the visual from the verbal, insulating outsiders from the locus of decision-making and from the invisible, but real, links between company operations and society.« Aus: Dan Graham: Art in Relation to Architecture/Architecture in Relation to Art, in: Artforum, Februar 1979, S. 22–29, hier S. 23.

25 »›Alteration to a Suburban House‹ relates to the ›glass houses‹ of Mies van der Rohe and Philip Johnson, set in isolated, private, wooded estates. [...] Because these houses are on private estates, they are not meant to be seen by the community from the outside, and thus the question of the position of the building in the community, or of viewing by an outside spectator is not considered.« Aus: Dan Graham: Building and Signs. Ausst.-Kat., hg. von Anne Rorimer, Museum of Modern Art, Oxford 1981, S. 35.

26 Brouwer 2002 (wie Anm. 8), S. 179–180.

zu verdeutlichen, verwendet Graham Glas- und Spiegelwände, die die urbane Umgebung in das Innere des Hauses projizieren bzw. die intime Wohnsituation dem öffentlichen Raum preisgeben.

Die Raumbilder Grahams werden in diesem Kontext und mit Bezug zu Architektur und Städtebau zu Metaphern für das soziale Gefüge der Gesellschaft und die komplexe Durchdringung von privatem und öffentlichem Bereich.

Kulturraum und Naturraum

Seit den achtziger Jahren konzentriert sich Dan Graham in seiner künstlerischen Arbeit auf die Errichtung von Pavillons, kleinen Architekturabbreviaturen bzw. begehbaren Skulpturen mit geometrischer Formgebung, die er zumeist im Außenraum positioniert. Die Videoinstallation als Möglichkeit der Raummanipulation fällt bei diesen Pavillons weg, stattdessen werden durch den Einsatz des Materials Zweiwegglas und der Anordnung in einer Landschaft neuartige sowie historische Raumkonnotationen wachgerufen. Zweiwegglas mit seiner Eigenschaft, nach außen zu spiegeln und von innen Transparenz zu gewährleisten, ist für Graham einmal ein Zeichen für das Fassadenbild von Bank- und Versicherungsbauten in der Großstadt – verdeutlicht hier an zwei Architekturfotografien von Graham aus New York und Den Haag –, darüber hinaus ist Zweiwegspiegelglas auch eine Reflexionsfläche für den umgebenden Außenraum, die das Körpervolumen aufzulösen scheint, und, aufgestellt in einem Park, wie z.B. beim Oktogon-Pavillon in Münster von 1987, architektonische und arkadische Strukturen optisch miteinander zu verbinden vermag.[28]

Die Skulptur »Two Adjacent Pavilons«, die 1982 erstmalig im Skulpturenpark der documenta 7 gezeigt wurde und heute ihren Platz im Parkgelände des Kröller-Müller Museums in Otterlo hat (Abb. 6), besteht aus zwei axial angeordneten kubenförmigen Raumboxen mit einer Höhe von 2,50 m und Breite sowie Tiefe von 1,90 m, deren Wände aus Zweiwegglas bestehen. Beide Pavillons sind durch eine Türöffnung begehbar, sie unterscheiden sich nur darin, dass der eine nach oben mit einer Glasdecke und der andere mit einem lichtundurchlässigen Material abgeschlossen sind.[29] Die Raumerfahrung und -wahrnehmung steht hier in unmittelbarer Abhängigkeit zu den jeweiligen natürlichen Lichtverhältnissen der äußeren Umgebung, denn bei Sonnenlicht ist der Innenraum des Pavillons mit geschlossener Abdeckung dunkler und von außen nicht wahrnehmbar, während der Pavillon mit Glasdach durch Reflexion seinen Innenraum von außen erkennen lässt.[30]

---

27 Siehe METZGER 1996 (wie Anm. 5), S. 153 mit Verweis auf Jürgen Habermas' Darstellung des Strukturwandels der Öffentlichkeit bereits in den sechziger Jahren: Jürgen Habermas: Strukturwandel der Öffentlichkeit. Untersuchungen zu einer Kategorie der bürgerlichen Gesellschaft, Neuwied 1962, Neuaufl. Frankfurt a. M. 1990.
28 Vgl. BROUWER 2002 (wie Anm. 8), S. 223: »›The two-way mirror glass deliberately alludes to the modern bank und administrative building's facades in the surrounding city, while at the same time reflecting the arcadien parkscape.«
29 WILMES 1994 (wie Anm. 9), S. 103. – BROUWER 2002 (wie Anm. 8), S. 203–204.
30 WILMES 1994 (wie Anm. 9), S. 103.

6 Dan Graham, Two Adjacent Pavillons, 1978–82

Mit dem verspiegelten Kubus und dem Typus des Landschaftspavillons thematisiert Graham die utopische Verbindung von zwei gegensätzlichen Raumtraditionen: den Topos der modernen städtischen Architektur mit dem der arkadischen Urhütte, wie ihn im 18. Jahrhundert Marc-Antoine Laugier geprägt hat.[31] Graham selbst verweist in seinen Notizen zu den Doppelpavillons auf diese Beziehung zur Urhütte und darüber hinaus auf den kreisrunden Spiegelsaal des Rokoko-Architekten François Cuvilliés in der Münchner Amalienburg: »Der Spiegelsaal verband Innen und Außen, das Sonnenlicht mit den Materialeigenschaften von Spiegeln und Fenstern sowie das Tageslicht mit der künstlichen Beleuchtung bei Nacht. Die vier Fenster waren auf die vier Himmelsrichtungen ausgerichtet. Von jedem Fenster führte ein Fußweg nach Norden, Süden, Osten oder Westen in den Wald.«[32]

Das weitere herangezogene historische Raumbild verdeutlicht, dass Graham mit seinen Pavillons nicht in erster Linie Fragen nach einer Urbehausung des Menschen nachgeht, sondern vielmehr mit seiner Methode der spiegelnden bzw. transparenten Wände die Wechselwirkung von Innen und Außen, von Architektur und Natur thematisiert. Der »Mikrokosmos der Gesamtstruktur einer Stadt«, symbolisiert durch die Materialien und die Form der Pavillons, wird in die »natürliche bzw. utopische Umgebung« eines Parks integriert.[33]

---

31 Siehe WILMES 1994 (wie Anm. 9), S. 105. – Zur Urhütte weiterhin: Joachim Gaus: Die Urhütte. Über ein Modell in der Baukunst und ein Motiv in der Bildenden Kunst, in: Wallraf-Richartz-Jahrbuch, Bd. XXXIII, Köln 1971, S. 7–70.
32 WILMES 1994 (wie Anm. 9), S. 107/108.
33 WILMES 1994 (wie Anm. 9), S. 105.

7   Dan Graham, Pavilion Sculpture for Aragonne, 1978–81, Kröller-Müller Museum Otterlo

Diese Kombination von eigentlich konträren Raumbildern erfolgt über die ästhetische Gestaltungsauffassung des »Pittoresken«, wie sie in der Garten- und Architekturtheorie des 18. Jahrhunderts diskutiert wurde.[34] Die Architektur der Pavillons verbindet sich aufgrund ihrer Widerspiegelung von physischen Qualitäten der Natur wie Licht, Schatten, Bewegung, Umriss, Textur und Kolorit auf malerisch-reizvolle Art und Weise mit der natürlichen Umgebung.[35] Das Verspielt-Pittoreske kommt auch bei einer jüngeren Arbeit Dan Grahams von 1996 im Skulpturenpark des Walker Art Centers in Minneapolis zum Ausdruck. In labyrinthischer Anordnung kombiniert er hier Stellwände aus Zweiwegglas und durchlöchertem Stahl mit Buschhecken und lässt so begehbare offene Räume und Nischen für eine Natur-Kultur-Reflexion entstehen.

Da zusätzlich bei Grahams Installationen auch der betrachtende Mensch in diese utopisch-reale Szenerie hineingespiegelt wird, werden seine Räume hier zu Symbolen des Versöhnungsgedankens von »ursprüngliche(r) Natürlichkeit« und »unhintergehbare(r) Kulturentwicklung« der menschlichen Existenz.[36]

---

34   Vgl. METZGER 1996 (wie Anm. 5), S. 159, der in diesem Zusammenhang des Begriff des »Pittoresken« anführt.
35   Vgl. Adrian von Buttlar: Der Landschaftsgarten. Gartenkunst des Klassizismus und der Romantik, Köln 1989, S. 71. – Hanno-Walter Kruft: Geschichte der Architekturtheorie. Von der Antike bis zur Gegenwart, München ³1991, S. 300–308.
36   Vgl. Ralf Konersmann: Lebendige Spiegel. Die Metapher des Subjekts, Frankfurt a.M. 1991, S. 149.

Raum-Konfigurationen im Werk von Dan Graham

Raum als Ort der Utopie

Als Fazit der Strukturierung Grahamscher Rauminstallationen und -skulpturen sei abschließend nochmals die Frage nach der Funktion des Raumes im Werk von Dan Graham gestellt. Trotz der unterschiedlichen Themenbereiche, die Graham mit seinen Raumentwürfen anspricht, ist ein konstantes Konzept mit drei Komponenten feststellbar: der reale Raum, der wahrnehmende Betrachter als Mitbestandteil des Raumentwurfs und die Videokamera plus -bildschirm sowie Spiegel als Reflexions- und Projektionsflächen für virtuelle Räume. (Abb. 7)

Graham konstruiert reale Räume bzw. Modelle nach traditionellen Raumtheorien und konfrontiert diese mit reflektierenden Spiegelwänden und virtuellen Räumen des Videomonitors, so dass eine Irritation des Betrachters in der Raumwahrnehmung erfolgt. Es entstehen »Hybridräume«, die dem Subjekt die Gleichzeitigkeit von realer und virtueller sowie von innerer und äußerer Präsenz vor Augen führen und somit als Konstellationen für utopische Seinszustände eingesetzt werden können.[37]

Michel Foucault charakterisiert die Utopie als einen »unwirklichen Raum«, der jedoch durch den Spiegel in seiner Unwirklichkeit sichtbar gemacht werden kann: »Im Spiegel sehe ich mich da, wo ich nicht bin: in einem unwirklichen Raum, der sich virtuell hinter der Oberfläche auftut; ich bin dort, wo ich nicht bin, eine Art Schatten, der mir meine eigene Sichtbarkeit gibt, der mich mich erblicken läßt, wo ich abwesend bin: Utopie des Spiegels.«[38]

Bildnachweis

1–6: aus: Dan Graham Works 2002 (Anm. 8), S. 131, 147 (Foto: M. Kathryn Mish), 160, 173 (Foto: Annick Herbert), 180 (Foto: Angela Cumberbirch), 203. – 7: Foto: Stefanie Lieb.

---

37 Vgl. Löw 2001 (wie Anm. 1), S. 71.
38 Michel Foucault: Andere Räume, in: Michel Foucault: Botschaften der Macht. Reader, Diskurs, Medien, hg. von Jan Engelmann, Stuttgart 1990, S. 145–157, hier S. 149.

Zwischen Bild und Modell

Ein Versuch zum epistemischen Potential Geographischer Informationssysteme (GIS) aus kunsthistorischer Perspektive

Alexander Kobe

Die fundamentale Bedeutung wissenschaftlicher Bilder wie etwa Karten, technische Zeichnungen, Diagramme oder Graphen für die naturwissenschaftlichen, technischen und medizinischen Disziplinen ist ein Phänomen, das Anfang der 1990er Jahre im Zuge des *iconic turn* wiederentdeckt wurde und bis heute Gegenstand intensiver Reflexionen ist.[1] Den Hintergrund der Debatte bildet das Bestreben, das Bild als erkenntnisgenerierendes Medium wieder in sein Recht einzusetzen und den traditionellen Standpunkt angelsächsischer Sprachphilosophie, nach welchem alle Erkenntnis an das Medium der Sprache gebunden sei, zu relativieren.[2] In diesem Sinne konnte Sybille Krämer jüngst konstatieren, dass »die Frage nach dem Bild sowie die Frage nach Bedingungen, Reichweite und Grenzen wissenschaftlicher Visualisierung zu epistemischen Kernfragen avanciert sind«.[3] 2006 hat Wolfgang Ullrich die angebliche »Bilderlosigkeit« der textorientierten Geisteswissenschaften in Zeiten visueller Omnipräsenz als gravierenden gesellschaftspolitischen und forschungsstrategischen Nachteil beschrieben. Für die geisteswissenschaftlichen Fächer leitete er daraus die Notwendigkeit ab, entweder eigene Formen wissenschaftlicher Bildlichkeit zu entwickeln (was zum Scheitern verurteilt sei) oder mit Hilfe bildwissenschaftlicher Kompetenz die »Rhetorik naturwissenschaftlicher Bilder zu dekonstruieren und damit in ihrer Wirkung einzuschränken«.[4] Unabhängig davon, ob man der Vorstellung einer Konkurrenz zwischen den wissenschaftlichen Kulturen folgen mag, ist der These einer geisteswissenschaftlichen »Visualisierungsresistenz« entgegenzuhalten, dass die Er-

---

1   Aus der umfangreichen Literatur zu diesem Thema sei auf folgende Tagungsbände verwiesen: Bettina Heintz, Jörg Huber (Hg.): Mit dem Auge denken. Strategien der Sichtbarmachung in wissenschaftlichen und virtuellen Welten (Theorie: Gestaltung 1), Zürich/Wien 2001. – Martina Heßler (Hg.): Konstruierte Sichtbarkeiten. Wissenschafts- und Technikbilder seit der Frühen Neuzeit, München 2006. – Ingeborg Reichle, Steffen Siegel, Achim Spelten (Hg.): Verwandte Bilder. Die Fragen der Bildwissenschaft, Berlin 2007.
2   Vgl. Ingeborg Reichle: Kunst – Bild – Wissenschaft. Überlegungen zu einer visuellen Epistemologie der Kunstgeschichte, in: Ingeborg Reichle, Steffen Siegel, Achim Spelten (Hg.): Verwandte Bilder. Die Fragen der Bildwissenschaft, Berlin 2007, S. 169–189, bes. S. 169–171.
3   Sybille Krämer: Operative Bildlichkeit. Von der ›Grammatologie‹ zu einer ›Diagrammatologie‹? Reflexionen über erkennendes Sehen, in: Martina Heßler, Dieter Mersch (Hg.): Logik des Bildlichen. Zur Kritik der ikonischen Vernunft (Metabasis 2), Bielefeld 2009, S. 94–123, S. 94.
4   Wolfgang Ullrich: Wissenschaftsbilder und der neue Paragone zwischen Geistes- und Naturwissenschaften, in: Martina Heßler (Hg.): Konstruierte Sichtbarkeiten. Wissenschafts- und Technikbilder seit der Frühen Neuzeit, München 2006, S. 303–316, S. 314. Ullrich geht hierbei davon aus, dass geisteswissenschaftliches Arbeiten per se »unanschaulich« sei, vgl. ULLRICH 2006 (wie Anm. 4), S. 309.

stellung technischer Bilder, etwa in Form von Grund- und Aufrissen sowie Schnitten für kunst- und architekturhistorische Forschungen seit jeher eine fundamentale Rolle gespielt hat. Gerade die wissenschaftlichen Arbeiten von Norbert Nußbaum geben für die Verschränkung von Bilderproduktion und Hermeneutik ein eindrückliches Beispiel ab. Es sei in diesem Zusammenhang nur auf seine These verwiesen, dass zum Verständnis gotischer Bauprozesse und kunsthistorischer Zusammenhänge der wahrnehmungspsychologisch fundierten Stilanalyse ein Vergleich der historischen Bautechniken an die Seite zu stellen sei.[5] Dieser ist allerdings nur durch empirische und quantifizierende Methoden der Bauaufnahme zu realisieren, die einer historischen Deutung der Phänomene vorausgehen müssen. Gerade die »klassische« Form der Bauaufnahme, das Handaufmaß, ist ein Paradebeispiel für das »Denken mit dem Auge«, d.h. die enge Interdependenz von Bilderproduktion und Erkenntnis, da hier qualitative Analyse und quantifizierende, visuelle Dokumentation des Befundes durch den oder die Forschende Hand in Hand gehen.

Gerade im Bereich der Bauaufnahme hat die stetige Fortentwicklung immer kostengünstigerer und mächtigerer Bildbearbeitungs- und CAD-Programme sowie moderner, ebenfalls digitaler, bildgebender Bauaufnahmeverfahren wie Fotogrammetrie, Tachymetrie sowie Laserscanning völlig neue Möglichkeiten wissenschaftlicher Visualisierungen geschaffen.[6] Das wohl spektakulärste Ergebnis der Entwicklung sind digitale 3D-Modelle, die nicht nur in ihrer formalen Erscheinung von abstrakten Volumenmodellen bis hin zu fotorealistisch modellierten Modellen bildhafter Wirkung reichen, sondern durch interaktive Explorierbarkeit, etwa durch virtuelle Kamerafahrten oder Immersion, neue Betrachter-Bild-Relationen eingeführt haben. Auch wenn die Produktion der genannten 3D-Visualisierungen noch weitgehend in den Händen von Informatikern, Architekten und Bauforschern liegt, nimmt ihre Bedeutung für den Kunsthistoriker im Kontext einer interdisziplinär geprägten Forschungslandschaft stetig zu.[7] Wissenschaftliche Bilder beschränken sich damit

---

5 Vgl. Norbert Nußbaum: Form und Technik auf getrennten Wegen? Zum Transfer architektonischer Konzepte im Hochmittelalter, in: Dorothée Sack (Hg.): Bericht über die 45. Tagung für Ausgrabungswissenschaft und Bauforschung vom 30. April bis 4. Mai 2008 in Regensburg, Dresden 2010, S. 41–50.

6 Einen guten jüngeren Überblick über die verschiedenen Aufnahmeverfahren bietet Ulrich Weferling: Bauaufnahme als Modellierungsaufgabe, Diss. Ing. TU Cottbus 2001 (Deutsche Geodätische Kommission bei der Bayerischen Akademie der Wissenschaften, Reihe C Dissertationen 561), München 2002.

7 Zur Entwicklung der verschiedenen Bauaufnahmeverfahren in den letzten Jahren vgl. die Tagungsbände der TU Cottbus: Ulrich Weferling, Katja Heine, Ulrike Wulf (Hg.): Von Handaufmaß bis High Tech. Messen, Modellieren, Darstellen. Aufnahmeverfahren in der historischen Bauforschung. Interdisziplinäres Kolloquium vom 23.–26. Februar 2000, veranstaltet von den Lehrstühlen für Baugeschichte und für Vermessungskunde der Brandenburgischen Technischen Universität Cottbus, Mainz 2001. – Alexandra Riedel, Katja Heine, Frank Henze (Hg.): Von Handaufmaß bis High Tech II. Modellieren, Strukturieren, Präsentieren. Informationssysteme in der historischen Bauforschung. Interdisziplinäres Kolloquium vom 23.–26. Februar 2005, veranstaltet von den Lehrstühlen für Baugeschichte und für Vermessungskunde der Brandenburgischen Technischen Universität Cottbus, Mainz 2006. – Katja Heine, Klaus Rheidt, Frank Henze, Alexandra Riedel (Hg.): Von Handaufmaß bis High Tech III. Erfassen, Modellieren, Visualisieren. 3D in der

nicht darauf, allein das Objekt kunsthistorischer Erkenntnis zu sein; sie dringen in zunehmendem Maße in Forschungsprozesse und -diskurse ein und avancieren damit zum Medium kunsthistorischen Forschens selbst.

Mit den Geographischen Informationssystemen (GIS) ist ein weiterer Typ von Software angesprochen, der auf verschiedenste Formen wissenschaftlicher Bilder zurückgreift und insbesondere in planerischen, naturwissenschaftlichen und ökonomischen Kontexten intensiv genutzt wird.[8] Während Geschichtswissenschaft und Archäologie auf universitärer Ebene bereits zahlreiche Erfahrungen mit GIS gesammelt haben, konzentrieren sich kunsthistorische Anwendungen bisher auf den Schnittpunkt von Boden- und Baudenkmalpflege bzw. die Kunstdenkmälerinventarisierung.[9] Vor dem Hintergrund der geschilderten Tendenzen mag das geringe Interesse der universitären Forschung erstaunen, da Geographische Informationssysteme nicht nur die Rolle digitaler und wissenschaftlicher Bildlichkeit in den Geisteswissenschaften, sondern auch das Feld des *spatial turn* mit seinem kulturwissenschaftlich gespeisten Interesse am Raum berühren, worauf am Schluss noch zurückzukommen sein wird.

Geographische Informationssysteme, Modelle und wissenschaftliche Bilder

GIS besitzen wie alle Informationssysteme die Aufgabe, Datenbestände zu ordnen, auszuwerten und dadurch neue Informationen – Erkenntnisse – zu generieren. Ihren spezifischen Charakter erhalten sie aus der besonderen Art von Daten, die verarbeitet werden. Gegenstand eines GIS sind sogenannte Geoinformationen, also Daten, die sich in direkter oder indirekter Weise auf den Raum, einen durch den Untersuchungsbereich definierten Ausschnitt der Erdoberfläche, beziehen.[10] Aus

---

historischen Bauforschung, Interdisziplinäres Kolloquium vom 24.–27. Februar 2010, veranstaltet von den Lehrstühlen Baugeschichte und Vermessungskunde der Brandenburgischen Technischen Universität Cottbus, Darmstadt, Mainz, 2011.

8   Zu den strukturellen und funktionalen Gemeinsamkeiten wissenschaftlicher Bilder und GIS-Anwendungen auf der Grundlage Sybille Krämers Konzepts der »operativen Bildlichkeit«, vgl. Julian Jachmann, Alexander Kobe: Diagrammatik als wissenschaftliche Praxis der Kunstgeschichte. Geographische Informationssysteme, in: Dietrich Boschung, Julian Jachmann (Hg.): Diagrammatik der Architektur (Morphomata 6), München 2013, S. 380–407, bes. S. 381–398.

9   In der Denkmalpflege haben GIS schon seit längerem Einzug gehalten, wo sie in Form sog. Denkmalinformationssysteme wie DenkXWeb (Hessen), BayernViewer-Denkmal oder DEGIS (Schleswig Holstein) Zugriff und Weitergabe denkmalrelevanter Informationen über Intranet oder WWW verbessern sollen. Ihre Einführung ist weniger durch fachspezifisch-erkenntnisorientierte Fragestellungen motiviert, sondern dient vielmehr der Verwaltungs- und Kommunikationsoptimierung im Rahmen des Ausbaus der staatlichen Geodateninfrastruktur. Vgl. hierzu Gerhard Ongyerth: Geographische Informationssysteme in der städtebaulichen Denkmalpflege in Bayern, in: Berichte zur deutschen Landeskunde 73, 1999, S. 381–406. – Gerhard Ongyerth: Computergestützte Verortung und Vermittlung objekt- und ortsübergreifender Denkmalsubstanz. Zur automatisierbaren Darstellung der Bayerischen Denkmalliste in Denkmalkarten, in: Kulturlandschaft. Zeitschrift für Angewandte Historische Geographie 9, 1999, S. 139–165.

10 Vgl. Ralf Bill: Grundlagen der Geo-Informationssysteme, 5., völlig neu bearb. Auflage, Berlin 2010, S. 9 und Ian N. Gregory, Paul S. Ell: Historical GIS. Technologies, methodologies, and scholarship (Cambridge studies in historical geography 39), Cambridge 2007, S. 2–3.

der Softwareperspektive könnte man GIS als Hybrid verschiedener Anwendungen bezeichnen, da sie die Funktionalitäten von Datenbankmanagementsystemen, Kartographie- und CAD-Programmen in einem System zusammenführen.[11] Den Kern eines jeden GIS bildet eine Geodatenbank, in welcher alle Informationen verwaltet werden. Das Alleinstellungsmerkmal von Geodatenbanken liegt in ihrer Fähigkeit, Daten direkt mit ihrem Raumbezug abzuspeichern, wobei dies in der Regel über Koordinaten erfolgt.[12]

Während sich die Lage eines Hauses in einer normalen Datenbank nur in Form eines Tabelleneintrages – etwa über die Adressangabe – ermitteln lässt, ist es in einem GIS möglich, das Haus per Datenbankabfrage im Rahmen einer Karte graphisch darstellen zu lassen.[13] GIS machen sich hierfür zwei zentrale Sachverhalte zu Nutze: Die doppelte Struktur digitaler Bilder[14] sowie die Eigenschaft wissenschaftlicher Bilder als »Syntax distinkter Formen«[15]. Digitale Bilder sind rechenbar, d.h. sie bestehen aus einem mathematischen Untergrund, dem Bildcode, sowie dessen digitaler Visualisierung durch ein entsprechendes Programm.[16] Als Folge haben auch die Visualisierungen diskreten Charakter. Die beiden grundlegenden graphischen Datenmodelle stellen Raster- und Vektorgraphik dar. Während die Bildfläche einer Rasterdatei in der Regel in ein orthogonales Raster aufgeteilt ist, das mit Bildpunkten unterschiedlicher Farbtiefe ausgefüllt wird, werden bei einer Vektorgraphik nur die Koordinaten der Stützpunkte gespeichert, während der Rest der Zeichnung auf Basis ihrer geometrisch-topologischen Relationen berechnet bzw. visualisiert wird.[17] Jedes Element der Visualisierung wird somit mathematisch ansprechbar und ist mit anderen Elementen zu verlinken. Das entscheidende Prinzip eines GIS besteht nun darin, dass

---

11 Vgl. Gerold Olbrich, Michael Quick, Jürgen Schweikart: Desktop mapping. Grundlagen und Praxis in Kartographie und GIS, 3., überarbeitete und erweiterte Auflage, Berlin/Heidelberg/New York 2002, S. 186.
12 Gregory/Ell 2007 (wie Anm. 10), S. 3. Hinsichtlich der Genauigkeit des Lagebezuges unterscheidet man zwischen einem direktem (durch Koordinaten in einem definierten geographischen oder geodätischen Koordinatensystem) sowie indirektem Lagebezug (etwa über eine Adresse oder eine Raumbezeichnung). Vgl. dazu Bill 2010 (wie Anm. 10), S. 12–15.
13 Zum Unterschied zwischen Datenbankmanagementsystemen, Kartographie und CAD–Anwendungen vgl. Norbert de Lange, Geoinformatik in Theorie und Praxis, 2., aktualisierte und erweiterte Auflage, Berlin/Heidelberg/New York 2006, S. 325–326. – Katja Heine: Möglichkeiten und Grenzen von Geoinformationssystemen in der historischen Bauforschung, in: Alexandra Riedel, Katja Heine, Frank Henze (Hg.): Von Handaufmaß bis High Tech II. Modellieren, Strukturieren, Präsentieren. Informationssysteme in der historischen Bauforschung. Interdisziplinäres Kolloquium vom 23.–26. Februar 2005, veranstaltet von den Lehrstühlen für Baugeschichte und für Vermessungskunde der Brandenburgischen Technischen Universität Cottbus, Mainz 2006, S. 93–99. – Sowie David J. Cowen: GIS versus CAD versus DBMS. What are the differences?, in: Donna J. Peuquet, Duane F. Marble (Hg.): Introductory readings in Geographic Information Systems, London 1990, S. 52–62.
14 Vgl. Michael Rottmann: Das digitale Bild als Visualisierungsstrategie der Mathematik, in: Ingeborg Reichle, Steffen Siegel, Achim Spelten (Hg.): Verwandte Bilder. Die Fragen der Bildwissenschaft, Berlin 2007, S. 281–296, S. 284.
15 Vgl. Krämer 2009 (wie Anm. 3) und Jachmann/Kobe 2013 (wie Anm. 8), S. 387.
16 Vgl. Rottmann 2007 (wie Anm. 14), S. 282–283.
17 Vgl. Jachmann/Kobe 2013 (wie Anm. 8), S. 387 mit weiterführender Literatur.

die Lageinformationen zu den einzelnen Bildelementen, also die Koordinaten, nicht relativ zum Einzelbild, sondern durch ein übergeordnetes Bezugsystem definiert werden – in der Regel durch das geodätische Koordinatensystem, das konventioneller Weise zur kartographischen Darstellung des betreffenden Untersuchungsraumes genutzt wird (sogenannte Georeferenzierung). Da die mathematische und visuelle Seite digitaler Zeichenwelten in beide Richtungen transformierbar sind, wird es möglich, sowohl von der visuellen Seite über die Karte auf die Sachdaten zuzugreifen, als auch von der thematischen Seite her über Abfragen neue Karten zu generieren.

Die Arbeit am Bildschirm erfolgt hierbei über eine Benutzeroberfläche (Abb. 1), in deren Zentrum der kartenbasierte Bildausschnitt liegt, während die Instrumente zur Exploration der Daten um die Karte herum angeordnet sind: Visualisierung der Kartenlayer in Form von Listen oder Drop-down-Menus, Buttons zur geometrischen Selektion, Abfrage, Zoom- und Pan-Funktionen usw.[18] GIS stellen zur Analyse bzw. Visualisierung der räumlichen Beziehungen zwischen den Informationen komplexe Werkzeuge zur Verfügung, wovon an dieser Stelle vor allem thematische und geometrische Abfragen, topologische Operationen wie Zonengenerierung oder sogenanntes Buffering und graphische Überlagerung oder Verschneidung genannt seien.[19] Zusätzlich zur kartographischen Komponente können Medien und Bilder aller Art eingeblendet (Fotos, Texte, 3D-Modelle) oder aus der Karte heraus generiert werden (Tabellen und Diagramme).

Von zentraler Bedeutung für unser Thema ist die geoinformatische Definition eines GIS als Modell der realen Welt[20], da der Modellbegriff einerseits die epistemischen Potentiale eines GIS für praxisorientierte und wissenschaftliche Nutzungen aus konzeptioneller Perspektive offenlegt, andererseits die Verbindungslinien zwischen GIS und wissenschaftlicher Bildlichkeit aufscheinen lässt.[21] Modelle wie wissenschaftliche

---

18 Einen Überblick über die Standardelemente einer webbasierten GIS-Benutzeroberfläche gibt Torsten Foy: GIS-gestützte Umsetzung eines historischen Informationssystems im Internet, in: Stefan Kroll, Kersten Krüger, Gyula Pápay (Hg.): Stadtgeschichte und Historische Informationssysteme. Der Ostseeraum im 17. und 18. Jahrhundert, Beiträge des wissenschaftlichen Kolloquiums in Rostock vom 21. und 22. März 2002 (Geschichte: Forschung und Wissenschaft 1), Berlin, Münster 2003, S. 56–72.

19 Vgl. hierzu OLBRICH/QUICK/SCHWEIKHART 2002 (wie Anm. 11), S. 186–190. – GREGORY/ELL 2007 (wie Anm. 12), S. 63–82. – JACHMANN/KOBE 2013 (wie Anm. 8), S. 383–384.

20 Vgl. DE LANGE 2006 (wie Anm. 13), S. 327–328: »Ein Geoinformationssystem ist als Modell der realen Welt zu sehen, das raumbezogene Daten digital erfasst, speichert, verwaltet, aktualisiert, analysiert und modelliert sowie alphanumerisch und graphisch präsentiert.« – Vgl. auch BILL 2010 (wie Anm. 10), S. 18–19. – Norbert Bartelme: Geoinformatik. Modelle, Strukturen, Funktionen, 4., vollständig überarbeitete Auflage, Berlin/Heidelberg/New York 2005, S. 43. – Thomas Ott, Frank Swiacny: Time-integrative GIS. Management and analysis of spatio-temporal data, Berlin/Heidelberg/New York 2001, S. 21–30. – Karl Hennermann: Kartographie und GIS. Eine Einführung, Darmstadt 2006, S. 36–43. – Helmut Saurer, Franz-Josef Behr: Geographische Informationssysteme. Eine Einführung, Darmstadt 1997, S. 139–142.

21 Zu den Parallelen zwischen Modellen und wissenschaftlicher Bildlichkeit vgl. Martina Merz, Inge Hinterwaldner: Neue Bilder, Modelle und Simulationen. Zwischen Repräsentativität und Produktivität, in: Sabine Maasen, Mario Kaiser, Martin Reinhart, Barbara Sutter (Hg.): Handbuch Wissenschaftssoziologie, Wiesbaden 2012, S. 303–316.

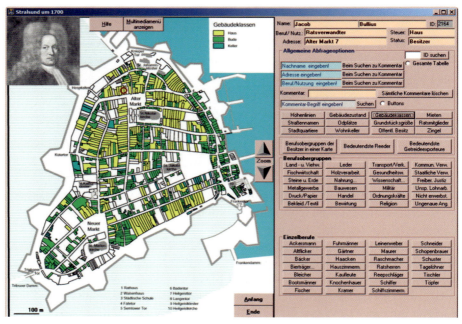

1   Historisches Informationssystem Stralsund um 1700. Benutzeroberfläche mit Karte der Gebäudeklassen »Haus, Bude, Keller«

Bilder stehen nie für sich selbst, sondern beziehen sich immer auf etwas, das außerhalb von ihnen liegt.[22] Nach Sybille Krämer produzieren computergenerierte Simulationen »Zeichenwelten«, deren »Erscheinungsformen« den imitierten Phänomenen solcherart ähneln, dass sich ein Stellvertretungscharakter ergibt. Die »Ähnlichkeit« zwischen Modell und Bezugsphänomen erlaube es folglich, »anhand der künstlichen Welt Zusammenhänge der realen Welt zu erkennen und zu überprüfen.«[23] Modelle können daher als »Werkzeuge des Erkenntnishandelns eingesetzt werden«, wobei die epistemische Funktion des Modells in seiner semantischen Analogie zum visualisierten Objekt begründet ist.[24] Aber was zeigen GIS eigentlich – und wie? Die geoinformatische

---

22 Vgl. z.B. Ingeborg Reichle, Steffen Siegel, Achim Spelten: Die Wirklichkeit visueller Modelle, in: Ingeborg Reichle, Steffen Siegel, Achim Spelten (Hg.): Verwandte Bilder. Die Fragen der Bildwissenschaft, Berlin 2007, S. 9–13, S. 10 sowie MERZ/HINTERWALDNER 2012 (wie Anm. 21), S. 305.

23 Sybille Krämer: Simulation und Erkenntnis. Über die Rolle computergenerierter Simulationen in den Wissenschaften, in: Thomas Lengauer (Hg.): Computermodelle in der Wissenschaft. Zwischen Analyse, Vorhersage und Suggestion. Vorträge anlässlich der Jahresversammlung vom 2. bis 4. Oktober 2009 zu Halle (Saale) (Nova Acta Leopoldina NF 110), Stuttgart 2011, S. 303–322, S. 305. Modell- und Simulationsbegriff stehen in einem engen Zusammenhang. Während der Aspekt des Modells auf die Stellvertretung abzielt, meint Simulation einen experimentellen Umgang mit dem Modell. Vgl. Friedemann Mattern: Modellbildung und Simulation, in: Wilhelm, Reinhard (Hg.): Informatik – Grundlagen, Anwendungen, Perspektiven (Beck'sche Reihe 2038), München 1996, S. 56–64, S. 57 sowie MERZ/HINTERWALDNER 2012 (wie Anm. 21), S. 303–316.

24 Vgl. KRÄMER 2011 (wie Anm. 23), S. 311. – MERZ/HINTERWALDNER 2012 (wie Anm. 21), S. 306.

Literatur beschreibt das Verhältnis von Modell und Bezugsobjekt durchwegs als »Abbildung« und benutzt damit eine Denkfigur, die seit Platon als mimesis oder imitatio eine konstitutive Rolle bei der Bestimmung des Bildbegriffs gespielt hat, deren Tragfähigkeit aber gerade in der Diskussion um die Natur wissenschaftlicher Bilder in Zweifel steht.[25] Diese funktionieren dementsprechend gerade nicht in erster Linie über eine visuelle Ähnlichkeit zwischen Ur- und Abbild; ihr epistemisches Potential zeichnet sich vielmehr dadurch aus, nicht-visuelle Phänomene und Eigenschaften sichtbar machen zu können, zu konstruieren.[26] (Abb. 2) Merz und

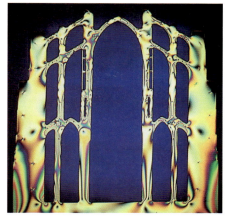

2 Photoelastisches Modell des Chors der Kathedrale von Beauvais. Simulation der auftretenden Kräfte unter Windlast

Hinterwaldner schlagen daher vor, die Referenz zwischen Modell und Bezugsobjekt nicht als »Ähnlichkeitsbeziehung« zu deuten, sondern wählen den neutraleren Begriff der Analogie. Sybille Krämer dagegen hält am Begriff eines »transnatural« verstandenen Repräsentationsverhältnisses fest, da dieses konstituierend für den Aspekt des Fremdbezuges wissenschaftlicher Bilder sei.[27] Mit dem Gedanken der Konstruktion ist der Modellierungsprozess berührt, der notwendig dafür ist, Aspekte der Wirklichkeit in ein digitales Modell zu überführen.[28] So betont die Forschung, dass mit der Konzeption des Modells der zu untersuchende Gegenstand nicht einfach beschrieben, sondern erst eigentlich konstituiert wird.[29] Es wird hierbei stets darauf verwiesen, dass mit der Modellierung eine Komplexitätsreduktion einhergeht, die in der Regel als Vereinfachung, Abstraktion oder Idealisierung charakterisiert wird.[30] Die Reduktion bildet einerseits erst die Voraussetzung zur Analyse und hat anderseits zur Folge, dass das Modell immer nur Teilaspekte der Realität zeigt.[31] Demgegenüber betonen die Vertreter des sogenannten pragmatischen Modellbegriffs, dass sich das epistemische Potential von Modellen nicht in ihrer Semantik erschöpft, sondern

---

25 Vgl. Martin Schulz: Ordnungen der Bilder. Eine Einführung in die Bildwissenschaft, München 2005, S. 56–61. – Sowie Martina Heßler: Annäherungen an Wissenschaftsbilder, in: Martina Heßler (Hg.): Konstruierte Sichtbarkeiten. Wissenschafts- und Technikbilder seit der Frühen Neuzeit, München 2006, S. 11–37, bes. S. 18–24. – Zum Problem der Referenz in Bezug auf GIS vgl. JACHMANN/KOBE 2013 (wie Anm. 8), S. 387–392.
26 HESSLER 2006 (wie Anm. 25), S. 13. – Sowie MERZ/HINTERWALDNER 2012 (wie Anm. 21), S. 304.
27 MERZ/HINTERWALDNER 2012 (wie Anm. 21), S. 304. – KRÄMER 2009 (wie Anm. 3), S. 101.
28 Vgl. JACHMANN/KOBE 2013 (wie Anm. 8), S. 390–392.
29 Vgl. REICHLE/SIEGEL/SPELTEN 2008 (wie Anm. 22), S. 10–12.
30 Vgl. hierzu SAURER/BEHR 1997 (wie Anm. 20), S. 141–142. – HENNERMANN 2006 (wie Anm. 20), S. 37. – BILL 2010 (wie Anm. 10), S. 18. – KRÄMER 2011 (wie Anm. 23), S. 305–306 und 311.
31 Vgl. MERZ/HINTERWALDNER 2012 (wie Anm. 21), S. 306.

vor allem erst im praktischen Umgang mit dem Modell ergibt.[32] Modelle besitzen in diesem Sinne eine »eigenständige Realität«, die dem Nutzer die Möglichkeit zur interaktiven Bearbeitung, zum Experimentieren sowie zur Erstellung von Vorhersagen eröffnet.[33] Gerade der Aspekt des potentiell Infiniten, des iterativen Agierens spielt denn auch bei GIS eine entscheidende Rolle[34], wobei es nur konsequent ist, wenn der Anwender hierbei nicht als externer Faktor, sondern neben Hardware, Software und Daten als integraler Bestandteil eines digitalen Informationssystems gedacht wird.[35]

Aus ihrem handlungsorientierten Charakter leitet sich noch ein letztes, für GIS bedeutsames Merkmal von Modellen ab, das man als Doppelorientierung beschreiben könnte.[36] Ein klassisches Beispiel hierfür stellen physische architektonische Modelle dar, da diese sowohl bereits existierenden Gebäuden nachfolgen, als auch Planungsinstrumente für neu zu errichtende Bauwerke sein können.[37] Modelle dienen daher nicht nur zur Analyse von Sachverhalten, sondern eignen sich aufgrund ihres normierenden Charakters in gleicher Weise zur Steuerung von Prozessen aller Art.[38]

Zwei Anwendungsbeispiele

Um die Interdependenzen von wissenschaftlicher Bildlichkeit, Modellbildung und GIS besser verständlich zumachen, sollen anhand von zwei GIS-Projekten aus dem Bereich der Sozial- und Wirtschaftgeschichte sowie der Archäologie die Aspekte Repräsentation/Konstruktion und Doppelorientierung stärker herausgearbeitet werden. Referenz beider Informationssysteme ist das Problemfeld der historischen Stadt – Stralsund um 1700 sowie Köln zwischen Antike und Gegenwart –, wobei sich Erkenntnisinteresse, methodischer Zugriff und Anwendungskontexte grundsätzlich unterscheiden.

Das 2003 auf CD-Rom publizierte historische Informationssystem »Wohnen und Wirtschaften in Stralsund um 1700« entstand im Rahmen eines Forschungsverbundes zur vergleichenden Städtegeschichte im Ostseeraum des 17. und 18. Jahrhunderts. Es handelt sich nach Kenntnis des Autors um eines der ältesten geschichtswissenschaftlichen

---

32 Vgl. MERZ/HINTERWALDNER 2012 (wie Anm. 21), S. 306–307.
33 KRÄMER 2011 (wie Anm. 23), S. 311. – Vgl. ebenso MERZ/HINTERWALDNER 2012 (wie Anm. 21), S. 306–307 und BILL 2010 (wie Anm. 10), S. 6, nach welchem die »interaktive Manipulation der Daten« im Zentrum eines GIS steht.
34 Vgl. WEFERLING 2002 (wie Anm. 6), S. 68–69. – GREGORY/ELL 2005 (wie Anm. 10), S. 12: »Once a GIS database has been created, mapping the data it contains is possible almost from the outset. This allows the researcher a completely new ability to explore spatial patterns in the data right from the start of the analysis process. As the maps are on-screen they can be zoomed in on and panned around. Shading schemes and classification methods can be changed, and data added or removed at will. This means that rather than being a product of finished research, the map now becomes an integral part of the research process.«
35 Vgl. DE LANGE 2006 (wie Anm. 2006), S. 320.
36 Vgl. Bernd Mahr: Ein Modell des Modellseins. Ein Beitrag zur Aufklärung des Modellbegriffs, in: Ulrich Dirks, Eberhard Knobloch (Hg.): Modelle, Frankfurt a.M./Berlin/Bern, S. 187–218, S. 202.
37 Vgl. REICHLE/SIEGEL/SPELTEN 2007 (wie Anm. 22), S. 9.
38 Vgl. REICHLE/SIEGEL/SPELTEN 2007 (wie Anm. 22), S. 9–11. – Sowie MERZ/HINTERWALDNER 2012 (wie Anm. 21), S. 307.

Projekte im deutschen Sprachraum mit der Intention, GIS-basierte Informationssysteme für die Auswertung schriftlicher Quellen fruchtbar zu machen.[39] Das zentrale Anliegen des Teilprojektes bestand zunächst in der Analyse der sozialen und wirtschaftlichen Strukturen der Stralsunder Bevölkerung zu Beginn des 18. Jahrhunderts, wobei die Vermögensverhältnisse und Erwerbstätigkeiten als wichtigste Indikatoren herangezogen wurden.[40] Darüber hinaus sollte in der methodischen Tradition der Historischen Sozialtopographie nach dem »Zusammenhang zwischen sozialen Schichten und ihrer räumlichen Verteilung«, konkret nach der Korrelation von beruflicher Tätigkeit, Vermögensverhältnissen und Wohnort innerhalb der Stadt gefragt werden.[41] Das Informationssystem zielt also auf den Schnittpunkt von sozialem und physischem Raum ab.

Der methodische Zugriff auf das Thema erfolgte über die Analyse und Aufbereitung serieller und statistischer Schriftquellen, die quantitative – also in Zahlen messbare – und qualitative Aussagen über die soziale Stellung der Bewohner ermöglichen. Die Nutzung eines GIS lag insofern nahe, als traditionelle, in Buchform publizierte sozialtopographische Studien normalerweise durch thematische Karten ergänzt werden, die die Verteilung der relevanten sozialen Charakteristika zeigen.[42]

---

39   Stefan Kroll, Kersten Krüger, Gyula Pápay (Hg.): Stadtgeschichte und Historische Informationssysteme. Der Ostseeraum im 17. und 18. Jahrhundert, Beiträge des wissenschaftlichen Kolloquiums in Rostock vom 21. und 22. März 2002 (Geschichte: Forschung und Wissenschaft 1), Berlin/Münster 2003. Die weiteren Informationssysteme des Forschungsverbundes widmen sich u.a. der Pest in Stralsund 1710, Rostock um 1600, der Sozialstruktur und Sozialtopographie der Stadt Wolgast um 1707/08 sowie der Baustruktur der Altstadt von Wismar. Vgl. hierzu die entsprechenden Beiträge in Frank Braun, Stefan Kroll (Hg.): Städtesystem und Urbanisierung im Ostseeraum in der frühen Neuzeit. Wirtschaft, Baukultur und historische Informationssysteme. Beiträge des wissenschaftlichen Kolloquiums in Wismar vom 4. und 5. September 2003 (Geschichte: Forschung und Wissenschaft 5), Berlin, Münster 2004. – Sowie Stefan Kroll, Kersten Krüger (Hg.): Städtesystem und Urbanisierung im Ostseeraum in der Frühen Neuzeit. Urbane Lebensräume und Historische Informationssysteme. Beiträge des wissenschaftlichen Kolloquiums in Rostock am 17. und 18. November 2004 (= Geschichte: Forschung und Wissenschaft 12), Münster 2006.
40   Das Projekt fußt maßgeblich auf den Vorarbeiten von Stefan Kroll, vgl. Stefan Kroll: Stadtgesellschaft und Krieg. Sozialstruktur, Bevölkerung und Wirtschaft in Stralsund und Stade 1700 bis 1715, Diss. phil. Hamburg 1995 (= Göttinger Beiträge zur Wirtschafts- und Sozialgeschichte 18), Göttingen 1997. – Zum Informationssystem vgl. Stefan Kroll, Gyula Pápay: Die Anwendung der multimedialen GIS-Technologie auf die Geschichtswissenschaft am Beispiel der Sozialtopographie Stralsunds 1706/07, in: Ivo Asmus, Haik Thomas Porada, Dirk Schleinert (Hg.): Geographische und historische Beiträge zur Landeskunde Pommerns. Eginhard Wegner zum 80. Geburtstag (Greifswalder geographische Arbeiten: Sonderband), Schwerin 1998, S. 189–194. – Gyula Pápay: Neue Perspektiven für die stadtgeschichtliche Forschung beim Einsatz raumbezogener historischer Stadtinformationssysteme am Beispiel des Informationssystems »Sozialtopographie Stralsunds 1706/07«, in: Werner Buchholz, Stefan Kroll (Hg.): Quantität und Struktur. Festschrift für Kersten Krüger zum 60. Geburtstag, Rostock 1999, S. 301–322. – Sowie Stefan Kroll, Gyula Pápay: Wohnen und Wirtschaften in Stralsund um 1700. Ein historisches Stadtinformationssystem, in: Stefan Kroll, Kersten Krüger, Gyula Pápay (Hg.): Stadtgeschichte und Historische Informationssysteme. Der Ostseeraum im 17. und 18. Jahrhundert, Beiträge des wissenschaftlichen Kolloquiums in Rostock vom 21. und 22. März 2002 (= Geschichte: Forschung und Wissenschaft 1), Berlin/Münster 2003, S. 90–135.
41   KROLL/PÁPAY 2003 (wie Anm. 40), S. 90.
42   Ein Vorteil von GIS gegenüber analogen Publikationen besteht u. a. darin, dass die Anzahl der Karten geringeren Beschränkungen unterliegt bzw. der Rezipient diese selbst herstellen und explorieren kann. Vgl. KROLL/PÁPAY 2003 (wie Anm. 40), S. 94.

Als historisch-kartographische Quelle für die visuelle Modellierung des Stadtgrundrisses von Stralsund um 1700, d.h. die Herstellung der Vektorkarte, konnte auf einen Stadtplan von 1706/07 zurückgegriffen werden, der im Rahmen der schwedischen Landesaufnahme entstanden ist und als erster geodätisch exakter Plan Stralsunds gilt.[43] Parallel zu den damaligen Vermessungsarbeiten wurde jedes Grundstück hinsichtlich Lage und Bebauung, Besitzer, steuerlichem Status usw. genau beschrieben.[44] In der Zusammenschau mit anderen statistischen Quellen gleichen Alters ergab sich so eine hohe Dichte historiographisch auswertbarer, grundstücks- und personenbezogener Daten, die den entsprechenden Parzellen der Landesaufnahme zugeordnet werden konnten.[45] Die Sachdaten wurden in Datenbanken abgelegt und mit den visuellen Kartenelementen verbunden, so dass die »automatische Visualisierung qualitativer und quantitativer Angaben« möglich wurde.[46]

Die Bildschirmoberfläche des Informationssystems (Abb. 1) gliedert sich in zwei Bereiche: das Kartenfeld links sowie den Bereich rechts zur Abfrage bzw. Visualisierung der Daten. Im oberen Drittel befinden sich die Felder mit den historischen Angaben zum jeweils visualisierten Haushalt, unter anderem der Name des Vorstandes, sein Beruf und die Nutzung des Grundstücks, steuerliche Einstufung des Grundstücks, Adresse sowie besitzrechtlicher Status. Die Lage des aktuellen Haushaltes innerhalb der Stadt und damit der Raumbezug, werden durch einen Kreis auf der Karte markiert. In den unteren zwei Dritteln finden sich die Buttons zur Generierung der thematischen Karten in listenförmiger und blockweiser Anordnung. Der Frage, was die Visualisierungen des Informationssystems repräsentieren oder zeigen, d.h. worin also ihre Referenz liegt, soll zunächst anhand der aktuellen Karte zu den Gebäudeklassen »Haus«, »Bude« und »Keller« nachgegangen werden. Die graphische Gestaltung beschränkt sich auf wenige Elemente. Abstrakte, starke graue Linien verweisen auf eine Stadtbefestigung und die Stadtgrenze, grün schraffierte und blaue Flächen deuten vorstädtisches Gebiet und Wasser an; der eigentliche Stadtgrundriss ergibt sich aus einer Gitterstruktur schwarzer Linien, deren räumliches Verhältnis die Interpretation von Baublöcken sowie Straßen und Plätzen zulässt. Hinzu kommen einige Beschriftungen, die auf Lage und Bezeichnung einiger wichtiger Orte hinweisen. Aber welche Aspekte der Stadt um 1700 veranschaulicht das Bild tatsächlich? Die Vektorkarte zeigt entgegen dem ersten Eindruck nicht die archi-

---

43 Die Originalkarte von 1706/07 setzt sich aus 62 Einzelblättern zusammen, von denen zwei verloren sind. Die Herstellung der Vektorkarte für das Informationssystem erfolgte jedoch nicht anhand der Originalblätter, sondern einer kartographischen Umsetzung, die 1980 entstanden ist. Vgl. KROLL/PÁPAY 2003 (wie Anm. 40), S. 90.
44 KROLL/PÁPAY 1998 (wie Anm. 40), S. 190–191.
45 In der Regel fallen Untersuchungszeitraum und das Alter der kartographischen Quellen nicht zusammen, so dass der entsprechende Stadtgrundriss aus jüngeren Plänen erschlossen werden muss. Die Re-Konstruktion des zeitgenössischen Stadtplanes ist unabdingbar, damit die historiographischen Daten ihrem räumlichen Bezug – d.h. der entsprechende Bewohner der korrekten Parzelle – korrekt zugeordnet werden können. Vgl. KROLL/PÁPAY 1998 (wie Anm. 40), S. 190.
46 KROLL/PÁPAY 2003 (wie Anm. 40), S. 95.

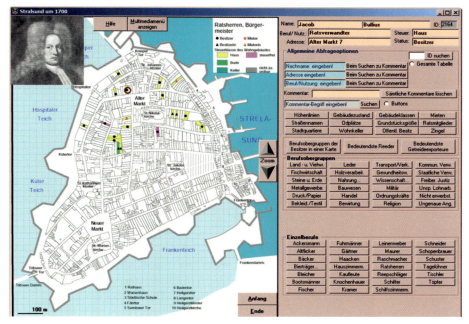

3   Historisches Informationssystem Stralsund um 1700. Karte »Verteilung der Ratsherrenwohnsitze«

tektonische Struktur der Stadt, da weder Hausflächen, noch Hausgrundrisse oder gar Hinweise auf das Aufgehende angegeben sind. Die Darstellungsabsicht zielt vielmehr auf die Grundstücksgrenzen ab, also geometrisch-juristische Strukturen des Stadtraumes, die keine eigene physische Gestalt besitzen, da diese entweder gar nicht oder nur indirekt visuell wahrnehmbar sind, etwa durch Zäune, Hecken oder Fassaden. Die Analogie von digitaler Karte und der Situation um 1700 beruht also *nicht* auf einer visuellen Ähnlichkeitsbeziehung, sondern darauf, dass der Plan eine durch mathematisch-messtechnische, quantifizierende Operationen gewonnene geometrische Abstraktion des Stadtraumes konstruiert, die den besitzrechtlichen Gegebenheiten um 1700 entspricht.

Abgesehen von einigen wenigen grau gefärbten Flächen, den Kirchen, sind die Parzellenflächen buntfarbig kodiert. Gelb steht für »Häuser«, grün für »Buden« und Blau für »Keller«.[47] Auch in diesem Fall besitzt die Darstellung kein optisch wahrnehmbares Korrelat, da die Kartierung nicht etwa die Lage von Gebäudetypen o.ä., sondern die Steuerlast der Grundstücke zeigt. Haus, Bude und Keller sind Quellenbegriffe des 17. Jahrhunderts, die zur steuerlichen Klassifizierung der Parzellen heran-

---

47   Weiß belassene Parzellen deuten auf folgende Sachverhalte hin: Entweder waren die Grundstücke nicht bebaut oder sie unterlagen nicht der Steuerpflicht. Dies gilt insbesondere für kirchlichen, kommunalen und königlichen Besitz oder für Häuser, die erst errichtet und noch nicht steuerpflichtig waren. Vgl. KROLL/PÁPAY 2003 (wie Anm. 40), S. 112.

gezogenen wurden.⁴⁸ Die farbigen Flächen veranschaulichen somit nicht nur den Wert der jeweiligen Parzellen und geben damit Hinweise auf die finanzielle Ausstattung, sondern auch die räumliche Verteilung der vermögenden und weniger vermögenden Hausbesitzer innerhalb der Stadt, woraus sich Aussagen über die soziale Struktur der Stadtviertel ableiten lassen.⁴⁹

Generiert man eine personen- bzw. berufsbezogene Karte wie etwa jene der »Ratsherren«, so werden die personenbezogenen Angaben in Gestalt ihrer entsprechenden Symbole mit ihrem Raumbezug, also den zugehörigen, steuerlich differenzierten Grundstücken kombiniert, wodurch eine neue Visualisierung entsteht. (Abb. 3) Zur Visualisierung der personenbezogenen Daten werden zwei einfache Symbole benutzt. Die Differenzierung zwischen Kreis und Dreieck gibt an, ob es sich um einen weiblichen oder männlichen Hausvorstand handelt, die farbliche Differenzierung in schwarz und rot markiert das besitzrechtliche Verhältnis zwischen Bewohner und Grundstück. Durch den Overlay von Symbolen und farblicher Füllung der Grundstücke zeigt sich somit einerseits die Konzentration der Wohnsitze der Stralsunder Ratsherren und somit einer bestimmten sozialen Gruppe, im Bereich des Jakobiquartiers, andererseits die Korrelation sozialer Merkmale wie beruflicher Tätigkeit, Wohnlage und Steuerklasse der bewohnten Grundstücke.

Das GIS konstruiert somit die in den textlich überlieferten Nachrichten enthaltenen räumlichen Dimensionen sozialer Phänomene – seien diese physischer oder immaterieller, quantitativer oder qualitativer Natur – und setzt diese auf der Basis eines historisch fundierten Raumbezuges in technische Bilder um, aus denen sich wiederum Aussagen über die historische Realität ableiten lassen. Das digitale Modell ermöglicht somit Einsichten in die sozialen und räumlichen Verhältnisse in Stralsund um 1700.

Während das Historische Informationssystem zu Stralsund seinen alleinigen Bezugspunkt in der Geschichte hat, werden archäologische Stadtkataster nicht nur benutzt, um Erkenntnisse über die Vergangenheit zu generieren, sondern darüber hinaus aktuelle und in der Zukunft liegende planerisch-gesellschaftliche Prozesse und Diskurse zu steuern. Sie stellen damit eine Form von Modell dar, das sowohl nachbildet als auch normativ in die Zukunft wirken soll.⁵⁰

Im Unterschied zu Kunstdenkmälern, die in der Regel Struktur und Erscheinung des städtischen Raumes prägen, können archäologische Artefakte ihre Schutzwürdig-

---

48 Vgl. KROLL/PÁPAY 2003 (wie Anm. 40), S. 98. Dass die Zuordnung in eine der Steuerklassen nichts mit Gebäudetyp oder Anspruchsniveau der Bebauung zu tun hat, zeigt die durchgängige Besteuerung der Häuser in den Vorstädten als »Keller«. Vgl. KROLL/PÁPAY 2003 (wie Anm. 40), S. 99 und 113.
49 Vgl. KROLL/PÁPAY 2003 (wie Anm. 40), S. 112–113.
50 Zu archäologischen Stadtkatastern grundlegend die Beiträge der Tagung »Die unterirdische Stadt – Inventarisation archäologischer Denkmäler: Methodik, Datenerfassung, Serviceleistungen«. Wissenschaftliches Kolloquium in Regensburg vom 30. Juni bis 1. Juli 2000, in: Bericht der Bayerischen Bodendenkmalpflege 43/44, 2002/03), S. 9–108. – Zur Einführung vgl. Bausteine Archäologischer Stadtkataster, bearbeitet von Andrea Bräuning unter Mitarbeit von Pat Dennison, Gabriele Isenberg, Heinz Pantli, Christa Plate, Jürg Schneider (= Archäologische Informationen aus Baden-Württemberg 42), Stuttgart 2000.

keit nicht durch eine dauerhaft erfahrbare visuelle Präsenz legitimieren, da sich diese, wenn sie nicht museal oder als Denkmal präsentiert werden, im Erdreich befinden und dem Auge des Betrachters entzogen sind. Dies gilt sowohl für schon bekannte, unter Schutz stehende Befunde, als auch und vor allem für noch nicht entdeckte Artefakte. Mit dem Nicht-Wissen um die potentielle Existenz archäologischer Substanz an einem bestimmten Ort ist somit die große Gefahr ihrer Zerstörung gegeben.

Archäologische Stadtkataster setzen genau an diesem Punkt an. Sie dienen der bodendenkmalpflegerischen Grundlagenforschung, der inventarisierenden Zusammenführung und räumlichen Verortung aller verfügbaren Informationen zu Altgrabungen, Befunden und Fundstellen sowie deren Ergänzung durch Informationen zur naturräumlichen und historischen Topographie, der Stadtgeschichte, den historischen Bauten und relevanten Schrift- und Bildquellen.[51] Wie im Falle des Stralsunder Projektes ergibt sich somit ein dichtes Geflecht aus raumbezogenen Informationen, das sich mit Karten und Geographischen Informationssystemen ideal strukturieren, visualisieren und analysieren lässt. Als Basiskarte wird in der Regel ein aktueller amtlicher Grundriss der Stadt verwendet, wobei durch Überlagerung mit historischen Plänen gemäß dem Verfahren der Rückschreibung u.a. die Lage zerstörter Bauten im heutigen Stadtgrundriss und Etappen der Stadtentwicklung visualisierbar werden. Diese Grundkarte wird dann durch thematische Karten zu Archäologie und Geschichte, also den vorhandenen und geschützten Bodendenkmälern, den Fundstellen und archäologisch schon erschlossenen Flächen, den Bodeneingriffen, den historischen Kellern, Baudenkmälern sowie der historischen Topographie ergänzt. Die zukunftsorientierte, normative Seite archäologischer Stadtkataster zeigt sich in ihrem Einsatz als »Diagnose- und Prognoseinstrument«.[52] Hierbei sollen anhand des Katasters und damit des historisch-kartographischen Modells *im Voraus* Aussagen über die historische Bedeutung und das archäologische Potential noch unerschlossener Stadtflächen erarbeitet werden, die dann in Form archäologischer Bewertungskarten visualisiert werden.[53] Der Kataster wird also zum wissenschaftlichen Instrument,

---

51 Analog geführte Kataster wie z.B. die Bände der Reihe »Archäologischer Stadtkataster Baden-Württemberg« bestehen in der Regel aus einem Textteil mit den historischen Erläuterungen, einem Katalog sowie dem Kartenteil. Eine detaillierte Erläuterung von Gestaltung und Funktion der thematischen Karten anhand gibt z.B. Marianne Dumitrache: Das Projekt Archäologischer Stadtkataster Baden-Württemberg, in: Bericht der bayerischen Bodendenkmalpflege 43/44, 2002/03, S. 35–42.

52 Babara Scholkmann: Zielvorstellungen und Ergebnisanalyse. Eine kritische Bilanz zum Thema Archäologische Inventarisation in historischen Städten, in: Bericht der Bayerischen Bodendenkmalpflege 43/44, 2002/03, S. 89–92, S. 89f.

53 Archäologische Bewertungskarten teilen den städtischen Raum in Areale unterschiedlicher archäologischer Bedeutung, d.h. Schutzwürdigkeit, ein, die von »schützenwert« bis »irrelevant« reicht. Visualisiert wird damit nicht das historische Phänomen selbst, sondern ein historisch-archäologisches Werturteil. Die hiermit unterstellte Prognosefähigkeit archäologischer Stadtkataster ist von hoher praktischer Bedeutung für die epistemische Bewertung und Anwendung von wissenschaftlicher Bildlichkeit bzw. Modellen in diesem Bereich: Während fehlerhafte Modellbildung im Falle des Stralsunder Beispiels in schlimmsten Falle revidierbare historische Fehldeutungen verursachen kann, zieht sie im Kontext der Stadtkataster die potentielle Vernichtung archäologischer Substanz nach sich. Für eine Zusammenfassung der Problematik vgl. die Beiträge von Matthias Untermann:

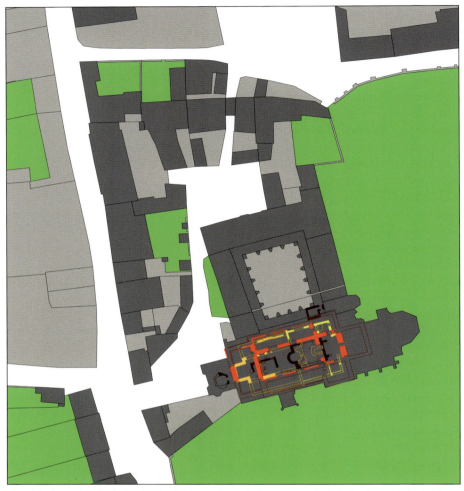

4   Digitaler Archäologischer Stadtschichtenatlas Köln (Kartenausschnitt). Stadt- und Zeitschichten vom 4.–10. Jahrhundert zu St. Severin vor dem Hintergrund des Urkatasters 1836–37

die (potentielle) historische Bedeutung von Stadtarealen zu konstruieren und zu verbildlichen. Modellbildung und Visualisierung helfen somit etwa im Falle von Neubauprojekten zeitnah denkmalpflegerische Maßnahmen zu planen sowie den ermittelten Schutzanspruch – gerade unter den Bedingungen der von Wolfgang Ullrich konstatierten aktuellen, bildgeprägten Kommunikationskultur – in der Öffentlichkeit zu vermitteln und ihm Geltung zu verleihen.[54]

Zielvorstellungen archäologischer Stadtkataster, in: Bericht der bayerischen Bodendenkmalpflege 43/44, 2002/03, S. 9–13. – Sowie SCHOLKMANN 2002/03 (wie Anm. 52).
54 Vgl. z.B. DUMITRACHE 2002/03 (wie Anm. 51), S. 41.

Das Ähnlichkeitsverhältnis von Modell und Welt, von Repräsentation und Konstruktion soll nun anhand eines Beispiels aus dem Archäologischen Stadtatlas Köln, einem GIS-basierten Stadtkataster, der für die Arbeit des Amtes für Archäologische Bodendenkmalpflege der Stadt Köln entwickelt wurde, weiter geschärft werden.[55] Ein Teil seines Geodatenbestandes, die georeferenzierten und vektorisierten historischen Katasterkarten Kölns von 1836–37, 1934–38 und 1948–49 sowie die bauphasengenaue Kartierung der sakralen Baudenkmäler innerhalb des staufischen Mauerrings bis zum 13. Jahrhundert wurde unter der Leitung von Norbert Nußbaum 1996 an der Universität Dortmund begonnen und befindet sich seit 2001 an der Abteilung Architekturgeschichte des Kunsthistorischen Instituts der Universität zu Köln in Bearbeitung.[56] Die Darstellung der archäologischen Befunde und kunsthistorischen Denkmäler im Kölner Atlas folgt insofern dem gleichen Prinzip, als nicht einfach nur Grundrissgestalt und Lage der Objekte, sondern auch die Zeitstellung der jeweiligen Befunde visualisiert werden. (Abb. 4) Hiefür wurde der für die Bearbeitung relevante Zeitraum von der Antike bis zum 13. Jahrhundert in chronologische Abschnitte, die sogenannten Stadt- und Zeitschichten, unterteilt.[57] Jede Schicht ist farblich kodiert, so dass bei simultaner Anzeige die zeitlichen Differenzen zwischen den Befunden sichtbar werden. Im Vergleich zu dem Stralsunder Informationssystem strebt der Stadtkataster Köln also nicht die Rekonstruktion oder Modellierung eines bestimmten historischen Zeitpunktes an, sondern zielt auf die räumliche Verortung und zeitliche Differenzierung aller integrierten historisch-archäologischen Relikte in ihrer historischen Abfolge ab, die potentiell bis zur Gegenwart reicht. Durch Überblendung mit den aktuellen Katasterkarten wird es möglich, die Lage abgegangener Bauwerke und damit die historische Bedeutung urbaner Flächen zu visualisieren, auch wenn deren Relikte längst aus dem modernen Stadtbild verschwunden sind.[58] Abbildung

---

55 Zu Zielstellung und Konzeption vgl. Chrystina Häuber, Norbert Nußbaum, Franz Xaver Schütz, Elisabeth Maria Spiegel: Das Informationssystem Digitaler Archäologischer Schichtenatlas Köln. Stationen einer Entwicklung, in: Günter Horn (Hg.): Stadtentwicklung und Archäologie (= Schriften zur Bodendenkmalpflege in Nordrhein-Westfalen 7), Essen 2004, S. 169–193. – Eine Übersicht über die bisher erschienenen Publikationen findet sich bei JACHMANN/KOBE 2013 (wie Anm. 8), S. 369, Anm. 2.

56 Projektmitarbeiter an der Abteilung Architekturgeschichte waren Monika Läuferts, Susanne Zolper und Alexander Kobe. Die technische Seite der Datenbearbeitung, d.h. der Prozess der Georeferenzierung liegt in den Händen von Michael Wieczorek. Für die wissenschaftliche Begleitung der Integration der frühmittelalterlichen Phasen des 4.–9. Jahrhunderts konnte PD Dr. Sebastian Ristow gewonnen werden. Zu einer 2009 begonnen Erfassung historischer Keller vgl. Anm. 60. Die übrigen kartographischen Daten wurden von Seiten des Römisch-Germanischen Museum erarbeitet. Vgl. diesbezüglich HÄUBER/NUSSBAUM/SCHÜTZ/SPIEGEL 2004 (wie Anm. 55), S. 169–172.

57 Dieses Vorgehen entspricht einer gängigen Methode, die Zeit als Komponente in GIS zu integrieren. Während die Stadtschichten längere Zeiträume ungleicher Länge abdecken, umfassen die Zeitschichten jeweils 100 bzw. 50 Jahre. Die Frage, in welche Zeitschicht ein Befund bzw. eine Bauphase zugeordnet wird, hängt von der Datierung ihres Baubeginns ab.

58 Im umgekehrten Sinne kann durch dieses Verfahren auch historisch-strukturellen Kontinuitäten Evidenz verliehen werden, wenn neue Bebauung zwar die ältere ersetzt, aber z.B. die alten Achsen und Fluchten übernommen werden.

4 zeigt eine Kombination der Vektorkarte des preußischen Urkatasters von 1836/37 sowie der Stadt- und Zeitschichten zur Stiftskirche St. Severin zwischen dem 4. und 10. Jahrhundert. Wie schon im Falle der Stralsunder Karte ist die bildliche Struktur in einfachen Linien und Flächen organisiert. Der Unterschied besteht darin, dass nicht nur die Grundstücke, sondern auch deren Bebauungsstruktur erfasst ist: Gebäude sind dunkelgrau, unbebaute Flächen hellgrau (Hofareale), grün und weiß dargestellt. Die Gestaltung akzentuiert also nicht juristische Grenzen, sondern betont den physischen Aspekt des Stadtraums. Dennoch liegt auch hier die eigentliche Analogie zwischen digitalem Kartenausschnitt und dem Bereich des Severinstiftes um 1830 nicht im Visuellen, da über die Karte keine Vorstellung von der Erscheinung des Severinsviertels zu gewinnen ist. Das *tertium comparationis* beruht darauf, dass die 1836–37 messtechnisch ermittelte geometrische Abstraktion des Stadtraumes mit den Gegebenheiten der damaligen Realität übereinstimmt und die darauf basierende digitale Karte durch den eingangs genannten Prozess der Georeferenzierung, d.h. die mathematische Einbettung der (Karten-)Bilder in ein geodätisches Koordinatensystem, in einen korrekten Raumbezug gebracht worden ist. Nicht die visuelle, sondern die räumlich-mathematische Analogie liefert somit die Legitimation, raumorientierte historische Fragestellungen anhand eines GIS bzw. digitalen Modells zu bearbeiten, da zentrale räumliche Eigenschaften historischer Objekte wie etwa die absolute Lage nicht mehr durch Autopsie des Objektes selbst (etwa per Aufmaß) bestimmt werden müssen, sondern an ihrer digitalen Re-Präsentation ermittelt werden können.

Für die Frage nach dem Referenzverhältnis von Visualisierung und Bezuggegenstand in einem GIS ist jedoch noch ein weiterer Faktor relevant, der abschließend angedeutet werden soll: die Bildgenese. Die Geoinformatik unterscheidet hinsichtlich der Erfassung von Geodaten zwischen originären/unmittelbaren und sekundären/mittelbaren Methoden.[59] Während Geodaten originären Ursprungs durch Vermessung der Objekte eigens neu ermittelt werden, beruhen sekundäre Geodaten auf schon vorhandenen kartographischen Quellen, die meist in anderen Kontexten und funktionalen Zusammenhängen entstanden sind. So gehen viele im Rahmen der Zeitschichten dokumentierte Bauphasenpläne auf publiziertes Planmaterial zurück, das zunächst gescannt, dann georeferenziert und abschließend manuell vektorisiert werden musste.[60] Die Annahme einer direkten Repräsentationsbeziehung zwischen Realweltobjekt oder »Vorbild« und digitalem Korrelat oder »Abbild« erscheint somit auch aus dieser Perspektive kritisch, da die kartographischen Visualisierungen eines GIS in aller Regel nicht ihr Bezugsobjekt, sondern andere Bilder, die dasselbe schon

---

59   Vgl. BILL 2010 (wie Anm. 10). – Sowie allgemein Günter Hake, Dietmar Grünreich, Ligiu Meng: Kartographie. Visualisierung raumzeitlicher Informationen, 8., vollständig neu bearbeitete und erweiterte Auflage, Berlin/New York 2002, S. 299–342.
60   Zum Verfahren vgl. JACHMANN/KOBE 2013 (wie Anm. 10), S. 373–374. Die einzigen von Seiten des Instituts originär erfassten Daten beziehen sich auf neun Kelleranlagen mittelalterlichen Ursprungs im Nahbereich von Altem Markt und Heumarkt. Grundlage waren bauhistorische Untersuchungen durch Dr. A. Wiedenau-Michalski (†) sowie ein tachymetrisches Neuaufmaß durch Dipl.-Ing. Hans Meyer, LVR–Amt für Denkmalpflege im Rheinland.

in generalisierter und interpretierter Form zeigen, zur Grundlage haben.[61] Werden in einem GIS Objekte und Zustände modelliert, die der Vergangenheit angehören, gilt dies in besonderem Maße, wenn die Visualisierung von Strukturen beabsichtigt ist, die dem physischen Zugriff des Forschers entzogen und nur noch indirekt über bildliche Quellen zu erschließen sind. Genau dies ist bei den genannten Beispielen der Fall, da die gezeigten topographischen Grundkarten eben nicht auf aktuellen Vermessungsdaten, sondern auf der Georeferenzierung historischer Bildquellen von 1706 und 1836–37 beruhen.

Visuelle Geodaten wie etwa die Zeitschichten sind somit das Produkt vielfacher Transformations-, Konstruktions- und Umdeutungsprozesse, in deren Verlauf das oder die Bezugsobjekte in analoge oder digitale Reproduktionen, innerhalb der digitalen Welt von der Raster- in Vektorgraphik überführt werden. Hinzu kommen technisch-geometrische Manipulationen durch die Georeferenzierung der digitalen Planvorlagen sowie die inhaltliche Selektion und Umdeutung der Bilddaten entsprechend der intendierten Aussagekraft des digitalen Modells. Visuelle Geodaten stellen insofern das Produkt einer doppelten Referenzbeziehung dar, da sie ideell auf das Realweltobjekt, technisch jedoch sehr oft auf vorangehende Bilder, die »Zeichenvorlagen« bezogen sind. Sie fügen sich als resultierendes Drittes daher in genau jenes Spannungsfeld ein, das Krämer sowie Merz und Hinterwaldner mit den Begriffspaaren Repräsentation/Stellvertretung und Konstruktion/Analogie zu fassen versuchen.

Zusammenfassung und Ausblick

Wissenschaftliche Bildlichkeit ist ein Phänomen, das nicht auf die Naturwissenschaften beschränkt ist, sondern auch in den Geisteswissenschaften zunehmende Verbreitung findet. Unter den modernen Softwaretechnologien bieten insbesondere Geographische Informationssysteme neue Möglichkeiten, auf der Grundlage digitaler Datenverarbeitung und Modellbildung das epistemische Potential wissenschaftlicher Bilder zur geisteswissenschaftlichen Deutung historischer, raumbezogener Sachverhalte nutzbar zu machen. Wie die beiden Beispiele zu Stralsund und Köln gezeigt haben, funktionieren die kartographischen Visualisierungen eines GIS nicht im Sinne des klassischen Abbildgedankens, sondern zeichnen sich durch das zentrale Kriterium wissenschaftlicher Bildlichkeit aus, Sachverhalte verbildlichen zu können – zu »konstruieren« –, die selbst keine visuelle Erscheinung besitzen müssen. Obwohl archäologische Stadtkataster materiell fassbare Gegenstände wie archäologische Artefakte und Baudenkmäler und deren räumlichen Eigenschaften zum Gegen-

---

61 Vgl. BARTELME 2005 (wie Anm. 20), S. 23. Dieses Moment ist von großer Bedeutung, da die qualitativen Differenzen der Bildvorlagen beispielsweise hinsichtlich Generalisierungsgrad, Beeinträchtigung durch Altersverzug im kartographischen Endprodukt nicht mehr erkennbar sind bzw. dieses aufgrund seiner Homogenität eine große visuelle Autorität besitzt. Um eine kritische Prüfung der Datenqualität gewährleisten zu können, ist es daher notwendig, Informationen über die Quellenbasis in Form sog. Metadaten mitzuführen. Vgl. hierzu auch JACHMANN/KOBE 2013 (wie Anm. 10), S. 388–389.

stand haben, liegt die eigentliche Funktion ihrer Bildlichkeit darin, die (ehemalige) historische Bedeutung urbaner Flächen zu rekonstruieren, ihrer Schutzwürdigkeit Gestalt zu verleihen und damit die visuelle Absenz der archäologischen Artefakte als Argument im gesellschaftlichen Diskurs zu kompensieren. Das Erkenntnisinteresse des historischen Informationssystems Stralsund ist demgegenüber nicht auf den physischen Raum, sondern die Bevölkerung, die sozialen Strukturen und deren räumliche Dimensionen gerichtet. In diesem Falle ist der Aspekt der Konstruktion noch evidenter, da die visualisierten räumlichen Phänomene nicht aus bildlichen, sondern schriftlich-statistischen Quellen heraus konstruiert worden sind. Wie anhand des Kölner Beispiels gezeigt werden konnte, ist auch die Frage der Bildgenese für das Repräsentationsverhältnis von Bild und Bezugsgegenstand von großer Bedeutung. Durch den weitgehenden Zwang zum Verzicht auf originäre Erfassungsmethoden ist der Herstellungsprozess bei historisch ausgerichteten GIS sehr stark durch mediale, technische und inhaltliche Transformationsprozesse geprägt, wodurch die Geodaten in eine doppelte Referenz gebracht werden: einerseits zu ihren Bezugsobjekt, andererseits zu ihrer bildlichen Quelle. Kartographische Visualisierungen in GIS zeigen ihren Bezugsgegenstand daher sehr oft nur in vermittelter, indirekter Form.

Obwohl der Raum seit Langem zu einer zentralen, erkenntnisleitenden Kategorie kulturwissenschaftlicher und historischer Forschung erhoben worden ist[62], hat die kunstgeschichtliche Disziplin das epistemische Potential Geographischer Informationssysteme bisher nur in Ansätzen wahrgenommen. Vereinzelte Beispiele wie der Kölner Atlas oder die Analyse des Stadtdenkmals Bamberg durch die Bayerische Denkmalpflege geben jedoch Anlass zu Optimismus.[63] Die Themenfelder zur GIS-gestützten Analyse der Rolle von Kunstwerken im dichten Geflecht »topographischer, institutioneller, sozialer, kultureller und symbolischer Strukturen«[64] urbaner Binnenräume sind äußerst vielfältig und reichen – um nur einen kleinen Ausschnitt zu nennen – von Sakraltopographien über Liturgie und Memoria bis hin zu Repräsentation, Identitätsbildung und topographischer Verortung sozialer Gruppen. Ob GIS tatsächlich in

---

62 Vgl. z.B. Susanne Ehrich, Jörg Oberste: Einführung. Stadt, Stadtraum, Städtelandschaft. Räume als Analysekategorie der mediävistischen Städteforschung, in: Susanne Ehrich, Jörg Oberste (Hg.): Städtische Räume im Mittelalter (Forum Mittelalter-Studien 5), Regensburg 2009, S. 7–16.
63 Vgl. Thomas Gunzelmann: Der Einleitungsband des Bamberg-Inventars »Das Stadtdenkmal Bamberg«, in: Christiane Segers-Glocke (Hg.): System Denkmalpflege – Netzwerke für die Zukunft. Bürgerschaftliches Engagement in der Denkmalpflege, Jahrestagung und 71. »Tag für Denkmalpflege« der Vereinigung der Landesdenkmalpfleger in der Bundesrepublik Deutschland (VdL) vom 22.–25. Juni 2003 in Hannover (= Arbeitshefte zur Denkmalpflege in Niedersachsen 31), Hameln 2004, S. 441–445. – Thomas Gunzelmann, Armin Röhrer: Geographische Informationssysteme als Werkzeug der Denkmalforschung, in: Karlheinz Hemmeter (Hg.): Künftige Strategien der Denkmalerfassung und Denkmalforschung. Das Großinventar im Dialog mit der Städtebaulichen Denkmalpflege. Tagung des Bayerischen Landesamtes für Denkmalpflege am 18. und 19. November 2004 in Schloss Geyerswörth in Bamberg (Bayerisches Landesamt für Denkmalpflege. Denkmalpflege-Informationen, Ausgabe A, 94), München 2005, S. 29–36. – Sowie Thomas Gunzelmann, Armin Röhrer: Zeitschichten. Die Analyse des Stadtdenkmals Bamberg im Geographischen Informationssystem, in: Bericht und Jahrbuch des Historischen Vereins für die Pflege der Geschichte des Ehemaligen Fürstbistums Bamberg zu Bamberg 142, 2006, S. 357–371.
64 EHRICH/OBERSTE 2009 (wie Anm. 62), S. 7.

der Lage sind, das ihnen gerade zugeschriebene erkenntnisgenerierende Potential auf diesem Forschungsfeld tatsächlich einzulösen, wird sich nur in der Praxis erweisen lassen. Es ist daher sehr zu wünschen, dass unsere Zunft die dafür notwendige Neugier und Bereitschaft, sich auf ungewohnte Areale und interdisziplinäre Koalitionen einzulassen, weiterhin aufbringt und intensiviert. Der Autor, der das Kölner Projekt und Institut Mitte 2012 nach langjähriger Mitgliedschaft verlassen hat, kann aus eigener Erfahrung nur berichten: Das Experiment lohnt sich!

Bildnachweis

1, 3: Stefan Kroll, Kersten Krüger und Gyula Pápay (Hg.): Stadtgeschichte und Historische Informationssysteme. Der Ostseeraum im 17. und 18. Jahrhundert, Beiträge des wissenschaftlichen Kolloquiums in Rostock vom 21. und 22. März 2002 (Geschichte: Forschung und Wissenschaft 1) Berlin, Münster 2003, CD-Rom. – 2: Robert Mark: Experiments in gothic structure, Cambrige ⁴1992, Taf. 6. – 4: Digitaler Archäologischer Stadtschichtenatlas Köln; Copyright: Abt. Architekturgeschichte des Kunsthistorischen Instituts der Universität zu Köln.

Schriftenverzeichnis

zusammengestellt von Gabriele Behrens

Monografien

Die Braunauer Bürgerspitalkirche und die spätgotischen Dreistützenbauten in Bayern und Österreich. Ein raumbildnerisches Experiment des 15. Jahrhunderts (= Veröffentlichung der Abteilung Architektur des Kunsthistorischen Instituts der Universität zu Köln 21), Diss. phil. Köln 1982.

Sankt Lambertus in Düsseldorf (= Rheinische Kunststätten 293), Neuss 1984.

Deutsche Kirchenbaukunst der Gotik. Entwicklung und Bauformen (= DuMont-Dokumente), Köln 1985.

St. Aposteln in Köln (= Rheinische Kunststätten 50), 2., völlig neu bearb. Aufl., Neuss 1985.

Der mittelalterliche Baubetrieb Westeuropas. Katalog der zeitgenössischen Darstellungen, gemeinsam mit Monika Barbknecht, Angelika Steinmetz und Susanne Stolz, hg. von Günther Binding (= Veröffentlichungen der Abteilung Architektur des Kunsthistorischen Instituts der Universität Köln 32), Köln 1987 [Frühere Ausg. u.d.T.: Der mittelalterliche Baubetrieb nördlich der Alpen in zeitgenössischen Darstellungen, gemeinsam mit Günther Binding, mit Beitr. von Peter Deutsch u.a., Darmstadt 1978.]

Denkmäler im Rheinland, Bd. 9. Kreis Euskirchen, Teil 5. Stadt Zülpich, gemeinsam bearbeitet mit Harald Herzog (= Denkmaltopographie Bundesrepublik Deutschland), Köln u.a. 1988.

Bauforschung. Dokumentation und Auswertung, gemeinsam mit Gisbert Knopp u. Ulrich Jacobs (= Arbeitsheft der Rheinischen Denkmalpflege 43), Köln 1992.

Deutsche Kirchenbaukunst der Gotik, 2., völlig überarb. Neuaufl. Darmstadt 1994.

Die Westfassade der Zisterzienserkirche Altenberg. Beobachtungen zur gotischen Bautechnik, gemeinsam mit Sabine Lepsky (= Veröffentlichungen des Altenberger Domvereins 5), Bergisch Gladbach 1999.

Das gotische Gewölbe. Eine Geschichte seiner Form und Konstruktion, gemeinsam mit Sabine Lepsky, Darmstadt 1999.

German Gothic church architecture, Transl. from the German by Scott Kleager, New Haven/London 2000.

Gotische Konstruktion und Baupraxis an der Zisterzienserkirche Altenberg. Bd 1: Die Choranlage (= Veröffentlichungen des Altenberger Domvereins 9), gemeinsam mit Sabine Lepsky, Bergisch Gladbach 2005.

Gotische Konstruktion und Baupraxis an der Zisterzienserkirche Altenberg. Bd 2: Quer- und Langhaus (=Veröffentlichungen des Altenberger Domvereins 11), gemeinsam mit Sabine Lepsky, Bergisch Gladbach 2012.

Beiträge in Zeitschriften, Sammelwerken und sonstige Veröffentlichungen

Das ehemalige romanische Zisterzienserkloster Altenberg, gemeinsam mit Günther Binding, Lucie Hagendorf-Nußbaum, Günther Pätzold, Ulrike Wirtler, in: Archäologisches Korrespondenzblatt 5, 1975, S. 241–246.

Grabungsbericht, in: Das ehemalige romanische Zisterzienserkloster Altenberg (= Veröffentlichung der Abteilung Architektur des Kunsthistorischen Instituts der Universität Köln 9), gemeinsam mit Günther Binding, Lucie Hagendorf-Nußbaum, Günther Pätzold, Ulrike Wirtler, Köln 1975, S. 25–32.

Barocke Hofkunst in Wien als politisches Programm? Methodenkritische Anmerkungen zu einer kunsthistorischen Neuerscheinung, in: Zeitschrift für historische Forschung 10, 1983 (2), S. 177–186.

Stilabfolge und Stilpluralismus in der süddeutschen Sakralarchitektur des 15. Jahrhunderts. Zur Tragfähigkeit kunsthistorischer Ordnungsversuche, in: Archiv für Kulturgeschichte 65, 1983, S. 43–88.

Die Braunauer Spitalkirche und die Bauten des Hans von Burghausen. Rezeption und Innovation in der bayerischen Spätgotik, in: Beiträge zum Leben und Werk des Meisters Hanns von Burghausen, gemeinsam mit Volker Liedke und Hans Puchta. Teil 1 (= Burghauser Geschichtsblätter, 39. Folge), Burghausen 1984, S. 83–118.

Die sogenannte Burghausener Bauschule. Anmerkungen zur ostbayerischen Spätgotik und ihrer Erforschung, in: Ostbairische Grenzmarken 26, 1984, S. 82–97.

Schirmgewölbe in der gotischen Architektur Englands und Mitteleuropas, in: Rainer Graefe (Hg.): Zur Geschichte des Konstruierens, Stuttgart 1989, S. 70–80.

Die kurkölnische Landesburg Brühl, gemeinsam mit Gisbert Knopp, in: Denkmalpflege im Rheinland 6, 1989 (2), S. 10–12; ersch. zugl. überarb. in: Burgen und Schlösser 30, 1989, S. 78–80.

Der Battenbergturm in Rees-Haldern, in: Denkmalpflege im Rheinland 6, 1989 (2), S. 13–16.

Der romanische Dachstuhl der ehemaligen Stiftskirche [in Bad Münstereifel], gemeinsam mit Heinz Fischer u. Gisbert Knopp, in: Denkmalpflege im Rheinland 7, 1990 (2), S. 24–28.

Der romanische Torturm der Abtei Siegburg, gemeinsam mit Christina Notarius, in: Denkmalpflege im Rheinland 7, 1990 (3), S. 1–5.

Die Architektur von St. Nicolai und ihre farbige Fassung. Das Sakramentshaus und der Taufstein. Der Kalkarer Marienleuchter, in: Hans Peter Hilger: Stadtpfarrkirche St. Nicolai in Kalkar, Kleve 1990, S. 247–297.

Die romanische Stiftskirche in Solingen-Gräfrath. Eine Dokumentation im Auftrag der Stadt-Sparkasse Solingen, in: Geschäftsbericht der Stadt-Sparkasse Solingen, Solingen 1991, S. 1–39.

Der Bildplan. Ein vorteilhaftes Verfahren der Bauaufnahme, gemeinsam mit Ulrich Jacobs, in: Denkmalpflege im Rheinland 8, 1991 (4), S. 169–173.

Dokumentation: Verfilmung des Planarchivs, gemeinsam mit Gisbert Knopp, in: Denkmalpflege im Rheinland 8, 1991 (1), S. 24–25.

Ein Eifeler Herdraum des frühen 17. Jahrhunderts, gemeinsam mit Heinz Fischer, in: Denkmalpflege im Rheinland 9, 1992, S. 72–75.

Fotogrammetrie und Bauaufnahme in CAD-Umgebung, gemeinsam mit Ulrich Jacobs, in: Denkmalpflege im Rheinland 9, 1992, S. 69–72.

Das spätgotische Atriumsportal des Aachener Münsters, gemeinsam mit Elke Janßen-Schnabel, in: Jahrbuch der rheinischen Denkmalpflege 34, 1992, S. 1–24.

Archive in Baudenkmälern. Die Sicht des Denkmalpflegers, in: Archivgebäude. Umwandlung und Einrichtung für Archivzwecke, Köln 1993, S. 13–20; ersch. zugl. in: Denkmalpflege im Rheinland 10, 1993, S. 62–72.

Der romanische Dachstuhl der ehem. Stiftskirche St. Pankratius, Königswinter-Oberpleis, gemeinsam mit Christina Notarius, in: Denkmalpflege im Rheinland 11, 1994, S. 49–56.

Burg Overbach in Much. Bauuntersuchung 1990–94, gemeinsam mit Sabine Lepsky, in: Heimatblätter des Rhein-Sieg-Kreises 63, 1995, S. 59–84.

Der kreuzgewölbte Raum. Streifzug durch die Geschichte einer Bauidee, in: Udo Mainzer (Hg.): Architektur-Geschichten. Festschrift für Günther Binding zum 60. Geburtstag, Köln 1996, S. 49–62.

Vom Bauch des Architekten [Mies van der Rohe, Barcelona Pavillon], in: RISZ. Zeitschrift für Architektur 1997 (12), S. 22–28.

Die Hauslandschaft »Nordeifel und Voreifel«. Ein Forschungsüberblick, in: G. Ulrich Grossmann (Hg.): Zur Bauforschung im Rheinland (= Berichte zur Haus- und Bauforschung 5), Marburg 1998, S. 62–70.

[Rezension:] Werner Müller und Norbert Quien, Von deutscher Sondergotik. Architekturfotografie-Computergrafik-Deutung, Baden-Baden 1997, in: Journal für Kunstgeschichte 3, 1999, S. 14–18.

Das staufische Langhaus von St. Andreas in Köln. Untersuchungen zu seiner Baugeschichte, gemeinsam mit Ralf Eschenbrücher und Helmtrud Köhren-Jansen, in: Jahrbuch der rheinischen Denkmalpflege 38, 1999, S. 1–30.

[Rezension:] Hans Erich Kubach und Isolde Köhler-Schommer: Romanische Hallenkirchen in Europa, Mainz 1997, in: Kunstchronik 52, 1999, S. 109–112.

Las catedrales góticas en el imperio germánico. Un estudio de tipologías y estilos, in: Juan Ignacio Lasagabaster (Hg.): Congreso Europeo de Restauración de Catedrales Góticas [Vitoria, 20.–23.5.1998], Vitoria 2001, S. 135–157.

Der Hansasaal, gemeinsam mit Lucie Hagendorf-Nußbaum, in: Walter Geis (Hg.): Köln. Das gotische Rathaus und seine historische Umgebung (= Stadtspuren – Denkmäler in Köln 26), Köln 2000, S. 337–386.

Historische Bauforschung, gemeinsam mit Sabine Lepsky, in: Kunsthistorische Arbeitsblätter 2001 (12), S. 51–60.

»Weniger ist mehr«? Überlegungen zur Architektur von Hl. Geist in Landshut, in: Erwin Emmerling u.a.: Das Westportal der Heiliggeistkirche in Landshut. Ein Symposium zur Geschichte und Farbigkeit des spätgotischen Figurenportals, vom 21.–23.9.1997 in Landshut (= Arbeitshefte des Bayerischen Landesamtes für Denkmalpflege 106), München 2001, S. 25–43.

»Something of the castle air«. Englands Suche nach einem nationalen Stil 1688–1715, in: Stefanie Lieb (Hg.): Form und Stil. Festschrift für Günther Binding zum 65. Geburtstag, Darmstadt 2001, S. 253–262.

Der Chorplan der Zisterzienserkirche Altenberg. Überlegungen zur Entwurfs- und Baupraxis im 13. Jahrhundert, in: Wallraf-Richartz-Jahrbuch 64, 2003, S. 7–52.

Das Romanische Haus in Düsseldorf-Kaiserswerth. Bauforschung und Wiederherstellung 1986–95, gemeinsam mit Heinz Fischer, in: Jahrbuch der rheinischen Denkmalpflege 39, 2004, S. 41–70.

Beobachtungen zur spätgotischen Gewölbeplanung über dem Langhaus des Heiligkreuzmünsters in Schwäbisch Gmünd, gemeinsam mit Claudius Homolka, in: Parlerbauten. Architektur, Skulptur, Restaurierung. Internationales Parler-Symposium Schwäbisch Gmünd, 17.–19.7.2001 (= Landesdenkmalamt Baden-Württemberg [Hg.], Arbeitsheft 13), Stuttgart 2004, S. 39–45.

Konformität und Individualität in der deutschen Architektur nach 1350, in: Jan A. Aertsen u. Martin Pickavé (Hg.): »Herbst des Mittelalters«? Fragen zur Bewertung des 14. und 15. Jahrhunderts (= Miscellanea Mediaevalia 31), Berlin u.a. 2004, S. 231–248.

Die ehemalige Stiftskirche St. Suitbertus in Düsseldorf-Kaiserswerth. Neue Erkenntnisse zur Periodisierung ihrer Baugeschichte, gemeinsam mit Gisbert Knopp, in: Jahrbuch der rheinischen Denkmalpflege 39, 2004, S. 23–40.

Das Informationssystem Digitaler Archäologischer Schichtenatlas Köln. Stationen einer Entwicklung, gemeinsam mit Chrystina Häuber, Franz X. Schütz u. Elisabeth M. Spiegel, in: Heinz Günter Horn (Hg.): Stadtentwicklung und Archäologie (= Schriften zur Bodendenkmalpflege in Nordrhein-Westfalen 7), Essen 2004, S. 169–193.

Rheinische Arkadenhöfe des 16. Jahrhunderts, in: Claudia Euskirchen, Marco Kieser u. Angela Pfotenhauer (Hg.): Hörsaal, Amt und Marktplatz. Forschung und Denkmalpflege im Rheinland. Festschrift für Udo Mainzer zum 60. Geburtstag (= Sigurd-Greven-Studien 6), Regensburg 2005, S. 71–92.

Anmerkungen zur Kölner Architektur um 1200, in: Benoît Van den Bossche (Hg.): La cathédrale gothique S. Lambert à Liège. Une église et son contexte (= Études et recherches archéologiques de l'Université de Liège 108), Liège 2005, S. 111–117.

Metal use at the Cistercian church of Altenberg, gemeinsam mit Sabine Lepsky, in: Robert Bork (Hg.): De re metallica. The uses of metal in the Middle Ages (= AVISTA studies in the history of medieval technology, science and art 4), Aldershot u.a. 2005, S. 267–278.

Unschickliche Verbindungen. Ein Versuch zur Hybridität in der Architektur, in: Wallraf-Richartz-Jahrbuch 67, 2006, S. 107–121.

[Rezension:] Tim Tatton-Brown u. Richard Mortimer, Westminster Abbey. The Lady Chapel of Henry VII, Woodbridge 2003, in: Speculum 81, 2006 (2), S. 615–617.

Space and form redefined. Paradigm shifts in German architecture 1350–1550, in: A. Jiménez Martin (Hg.): La piedra postrera, vol.1. Simposium international sobre la catedral de Sevilla en el contexto del gótico final, Sevilla 2007, S. 305–327.

Hybrid design strategies around 1300. Indications of a »post-classical« Gothic architecture?, in: Alexandra Gajewski (Hg.): The year 1300 and the creation of a new European architecture (= Architectura medii aevi 1), Turnhout 2007, S. 143–150.

Das Kastell Moyland im Mittelalter, in: Stiftung Museum Schloss Moyland (Hg.): 700 Jahre Schloss Moyland, Bedburg-Hau 2007, S. 28–39.

[Rezension:] Marc Carel Schurr, Gotische Architektur im mittleren Europa 1220–1340, von Metz bis Wien (= Kunstwissenschaftliche Studien 137), München 2007, in: Kunstform 8, 2007 (9), URL: *http://www.arthistoricum.net/kunstform/rezension/ausgabe/2007/09/12743/cache.off.*

Beobachtungen zur gotischen Konstruktion an der Zisterzienserkirche Altenberg, in: Vorträge Denkmalpflege und Instandsetzung: Wintersemester 2006/07 (= Schriftenreihe des Lehrstuhls für Tragwerksplanung, Technische Universität München 25), München 2008, S. 9–21.

Die Abteikirche Altenberg im 14. Jahrhundert. Modell einer integralen Umplanung, in: Markéta Jarošová u. Jiří Kuthan (Hg.): Prag und die großen Kulturzentren Europas in der Zeit der Luxemburger (1310–1437), Internationale Konferenz aus Anlass des 660. Jubiläums der Gründung der Karlsuniversität in Prag, 31.3.–5.4.2008 (= Opera Facultatis Theologiae catholicae Universitatis Carolinae Pragensis 8), Prag 2008, S. 209–227.

Antike Bautechnik im Mittelalter. Wissenstransfer oder Lernen durch Nachahmen?, in: Dietrich Boschung u. Susanne Wittekind (Hg.): Persistenz und Rezeption. Weiterverwendung, Wiederverwendung und Neuinterpretation antiker Werke im Mittelalter. Beiträge zu e. Kolloquium d. Lehr- und Forschungszentrums für die antiken Kulturen des Mittelmeerraumes u. des Zentrums für Mittelalterstudien der Universität zu Köln, 17.–18.2.2006 (= Schriften des Lehr- und Forschungszentrums für die Antiken Kulturen des Mittelmeerraumes – Centre for Mediterranean Cultures 6), Wiesbaden 2008, S. 161–188.

Literatur zur Architektur der mittelalterlichen Frauenklöster, in: Kunstchronik 61, 2008, S. 367–381.

Die Raumentwürfe des Hans von Burghausen und die Ökonomisierung des Bauens, in: Stefan Bürger (Hg.): Werkmeister der Spätgotik. Position und Rolle der Architekten im Bauwesen des 14. bis 16. Jahrhunderts, Darmstadt 2009, S. 92–107.

[Vorwort:] Das Wissenschaftliche Kolloquium zu St. Maria im Kapitol am 23.–24.3.2007. Grundlagen, Ergebnisse, Erfordernisse, gemeinsam mit Hiltrud Kier, in: Interdisziplinäre Beiträge zu St. Maria im Kapitol zu Köln (= Colonia Romanica 24), Köln 2009, S. 7f.

Kunst des Konstruierens. Die gotische Architektur als technisches Projekt, in: Norbert Nußbaum (Hg.): Die gebrauchte Kirche. Symposium und Vortragsreihe anlässlich des Jubiläums der Hochaltarweihe der Stadtkirche Unserer Lieben Frau in Friedberg (Hessen) 1306–2006 (= Arbeitshefte des Landesamtes für Denkmalpflege Hessen 15), Stuttgart 2010, S. 169–182.

Form und Technik auf neuen Wegen? Zum Transfer architektonischer Konzepte im Hochmittelalter, in: Bericht über die 45. Tagung für Ausgrabungswissenschaft und Bauforschung vom 30.4.–4.5.2006 in Regensburg, Dresden 2010, S. 41–50.

Die Frühgeschichte des Zinkhütter Hofes in Stolberg, in: Ulrich Stevens u. Ulrike Heckner in Zsarb. mit Norbert Nußbaum (Hg.): Denkmal-Kultur im Rheinland. Festschrift für Udo Mainzer zum 65. Geburtstag (= Arbeitsheft der rheinischen Denkmalpflege 75, Sonderband), Worms 2010, S. 229–339.

Recherches récentes sur le gothique tardif (1350–1550), in: Bulletin monumental 168, 2010 (3), S. 243–280.

Form und Funktion an der Trierer Liebfrauenkirche, in: Hans Wilhelm Ehlen (Hg.): »Die Rose neu erblühen lassen …«. Festschrift zur Wiedereröffnung der Liebfrauen-Basilika zu Trier, Trier 2011, S. 53–60.

Planen, organisieren, bauen. Skizzen zum Alltag in der mittelalterlichen Bauhütte, in: Johannes Grabmayer (Hg.): Baubetrieb im Mittelalter (= Schriftenreihe der Akademie Friesach N.F. 2), Klagenfurt 2011, S. 51–67.

Patterns of Modernity. German Late Gothic Architecture reconsidered, in: Monique Chatenet (Hg.): Le Gothique de la Renaissance. Actes des quatrième Rencontres d'architecture européenne, Paris, 12.–16.6.2007 (= De architectura 13), Paris 2011, S. 9–18, 345.

Planning and building without writing. Questions of communication in Gothic masons' lodges, in: Zoë Opačić (Hg.): Architecture, liturgy and identity. Liber Amicorum Paul Crossley (= Studies in Gothic art 1), Turnhout 2011, S. 137–145.

Vom Umgang mit Systemen. Skizzen zur Architektur des 14. Jahrhunderts, in: Wolfgang Schenkluhn u. Andreas Waschbüsch (Hg.): Der Magdeburger Dom im europäischen Kontext. Beiträge des internationalen wissenschaftlichen Kolloquiums zum 800-jährigen Domjubiläum in Magdeburg vom 1.–4.10.2009 (= More romano 2), Regensburg 2012, S. 217–228.

Planen ohne Wörter. Zur Kommunikation in gotischen Bauhütten, in: Uta Hassler u. Christoph Rauhut (Hg.): Bautechnik des Historismus. Von den Theorien über gotische Konstruktionen bis zu den Baustellen des 19. Jahrhunderts (= Construction techniques in the age of historicism), München 2012, S. 280–291.

Die Figurenbaldachine der Kölner Chorpfeilerfiguren. Zur Pragmatik ihres baugeometrischen Entwurfs, in: Klaus Hardering (Hg.): Die Chorpfeilerfiguren des Kölner Domes. Festschrift Barbara Schock-Werner (= Kölner Domblatt 77, 2012), Köln 2012, S. 148–167.

Herausgeberschaft

Kölner Architekturstudien, begr. von Günther Binding, fortgeführt von Norbert Nußbaum, Köln 2003–.

Wege zur Renaissance. Beobachtungen zu den Anfängen neuzeitlicher Kunstauffassung im Rheinland und den Nachbargebieten um 1500, gemeinsam mit Claudia Euskirchen u. Stephan Hoppe, Red.: Hannah Müller (= Sigurd-Greven Kolloquium zur Renaissanceforschung [1]), Köln 2003.

Ein Haus für ein Unternehmen. Thyssen und Landsberg [Institut Denkmalpflege und Bauforschung der ETH Zürich und Abteilung Architekturgeschichte des Kunsthistorischen Instituts der Universität zu Köln], gemeinsam mit Uta Hassler, Mainz 2007.

Stil als Bedeutung in der nordalpinen Renaissance. Wiederentdeckung einer methodischen Nachbarschaft (= Sigurd Greven-Kolloquium zur Renaissanceforschung 2), gemeinsam mit Stephan Hoppe u. Matthias Müller, Red.: Sebastian Fitzner u. Ana Milošević, Regensburg 2008.

Städte, Höfe und Kulturtransfer. Studien zur Renaissance am Rhein (= Sigurd Greven-Kolloquium zur Renaissanceforschung 3), gemeinsam mit Stephan Hoppe u. Alexander Markschies, Red.: Julian Jachmann, Regensburg 2010.

Denkmal-Kultur im Rheinland. Festschrift für Udo Mainzer zum 65. Geburtstag (= Arbeitsheft der rheinischen Denkmalpflege 75, Sonderband), in Zusammenarbeit mit Ulrich Stevens u. Ulrike Heckner, Worms 2010.

Die gebrauchte Kirche. Symposium und Vortragsreihe anlässlich des Jubiläums der Hochaltarweihe der Stadtkirche Unserer Lieben Frau in Friedberg (Hessen) 1306–2006 (= Arbeitshefte des Landesamtes für Denkmalpflege Hessen 15), Stuttgart 2010.

1258 – Altenberg und die Baukultur im 13. Jahrhundert (= Veröffentlichungen des Altenberger Domvereins 10), in Zusammenarbeit mit dem Altenberger Dom-Verein e.V., Regensburg 2010.

Funktionale Eloquenz. Das Kölner Amerika-Haus und die Kulturinstitute der Vereinigten Staaten von Amerika in Deutschland. Sonja Schöttler, mit Beiträgen von Stefanie Lieb u.a., Worms 2011.

August Thyssen und Schloss Landsberg. Ein Unternehmer und sein Haus, gemeinsam mit Uta Hassler u. Werner Plumpe, Red.: Christina Kiefer u.a., Mainz 2013.